图书在版编目（CIP）数据

中国中央电视台年鉴.2000/赵化勇主编：中央电视台研究室编.—北京：中国广播电视出版社，2000.10
ISBN 7-5043-3608-4

Ⅰ.中… Ⅱ.赵…②中… Ⅲ.中国中央电视台-2000-年鉴 Ⅳ.G229.24-54

中国版本图书馆 CIP 数据核字（2000）第 53799 号

中国中央电视台年鉴 2000

主编	赵化勇
编者	中央电视台研究室
责任编辑	沈楚瑾
装帧设计	李 萌 尹桂馥
出版发行	中国广播电视出版社
社址	北京复外大街 2 号（邮政编码：100866）
经销	全国各地新华书店
印刷	利丰雅高印刷（深圳）有限公司
开本	787×1092 毫米 1/16
字数	900（千）字
印张	27.5
插页	80
版次	2000 年 10 月第 1 版 2000 年 10 月第 1 次印刷
印数	2000 册
书号	ISBN 7-5043-3608-4/Z·190
定价	180.00 元

1999年7月22日，江泽民总书记接受中央电视台《新中国》摄制组的专访。

1999年11月，江泽民等党和国家领导人在中南海怀仁堂观看中央电视台《心连心文艺晚会》后与演职员合影。

江泽民总书记亲切抱起参加在中南海怀仁堂《心连心文艺晚会》演出的小演员。

1999年4月，李鹏委员长与《青春中国》摄制组成员合影。

全国政协主席李瑞环与中央电视台1999年《春节戏曲晚会》的演职员合影。

1999年5月9日，胡锦涛副主席听取中央电视台台长赵化勇（左二）汇报。

1999年11月5日，中共中央政治局常委、中纪委书记尉健行在中央电视台视察工作，作了重要指示。

1999年9月7日，中共中央政治局常委、国务院副总理李岚清在中央电视台视察工作，作了重要指示。

中共中央政治局委员、中宣部部长丁关根等领导同志，观看中央电视台1999年春节联欢晚会后与演职员合影。

中共中央政治局委员、中宣部部长丁关根参观中央电视台网站。

中央电视台领导

台长兼总编辑　赵化勇

副台长　刘宝顺

副台长　李东生

副台长　张长明

副台长　刘宜勤

国庆50周年

中央电视台对国庆50周年的宣传报道隆重、热烈、全面、深入。此项报道参加人员之多；持续时间之长；宣传规模之大，是前所未有的。全台新闻、文艺、专题等方面的107个栏目，制作了大量国庆专题和配合性节目。仅10月1日，各套节目共播出国庆庆典11场次，共计41小时11分钟。

国庆50周年

中央电视台利用强势媒体的优势，对澳门回归的宣传报道及时、充分、庄重。第一和第四套节目，分别进行了48小时和38小时的直播，收视率达98.5％，创造本台直播时间最长的新纪录。

參與社會共建澳門特區

澳门今天回到祖国的怀抱

回归澳门

NO SMOKING

CCTV REPORTING THE MACAO HANDOVER

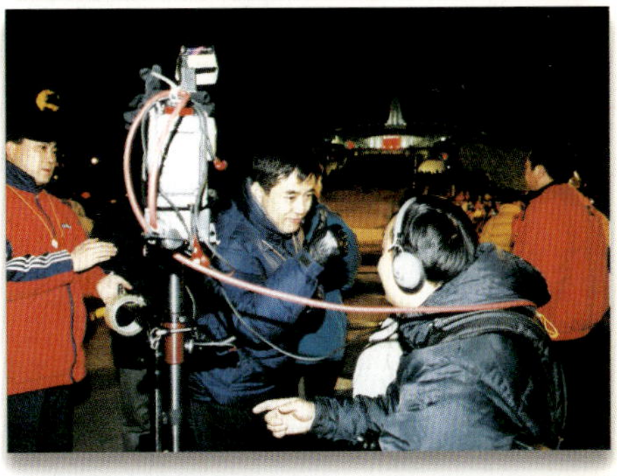

迎接新千年的电视报道气势恢宏。全台7个节目中心通力合作，24小时特别节目在海内外引起强烈反响。

对北约袭击我驻南联盟大使馆的报道和揭批“法轮功”邪教、揭批李登辉“两国论”的宣传气势大、立意新、形式活、效果好。中央电视台两次派出6名记者赶赴南联盟，新闻、社教等节目快速鲜明地宣传报道声讨

以美国为首的北约的野蛮行径，有力地配合了我国政府的外交斗争。对揭批“法轮功”的宣传报道深入持久，声势强大，促人警醒。揭批李登辉及其“两国论”的报道有理有据，旗帜鲜明，内外并举，强劲有力。

中共中央政治局常委尉健行、李岚清1999年先后视察中央电视台。尉健行就新闻媒体实施舆论监督工作指出：加强党风廉政建设，要十分重视和善于发挥新闻舆论监督作用。新闻舆论监督实质上是一种群众监督，具有其他监督不可替代的作用。李岚清同志指出，揭批“法轮功”宣传效果最好的是电视，电视宣传很重要，很重要。

中央电视台认真进行“讲学习、讲政治、讲正气”的“三讲”教育，各级领导班子和领导个人带头整改，提出涉及4个方面的41项整改措施，顺利通过广电总局验收。

国庆50周年前后，"中国电视周"专题节目在137个国家和地区的190家电视机构推出，成为中国电视在海外举办的规模最大的展播活动。与英国BBC合作，由世界62个国家和地区78家电视机构参加的全球电视大联播，以及24小时特别节目《相逢2000年》，突出展示了中华民

族优秀的传统文化；首都各界迎接新千年等大型直播活动，扩大了我国的国际影响。

中央电视台网站正式开通，网页数量由原来的 2 万页迅速扩充到9万页，推出了一批深受广大网友欢迎的栏目，在中国互联网络大赛中被评为“十大优秀网站”之一。

按照“频道专业化，栏目个性化，节目精品化”的思路不断深化改革，出现了一批高质量、高水平的电视栏目和节目。《中国命运的决战》等13部作品荣获第七届“五个一工程”奖。一大批优秀栏目和节目获

"飞天奖"、"星光奖"、"金鸡奖"、中国新闻奖、中国国际新闻奖、中国广播电视新闻奖。其中《海选》在第三十九届蒙特卡洛电视节获"女神银质奖"，这是中央电视台新闻节目首次在国际电视节上获奖。

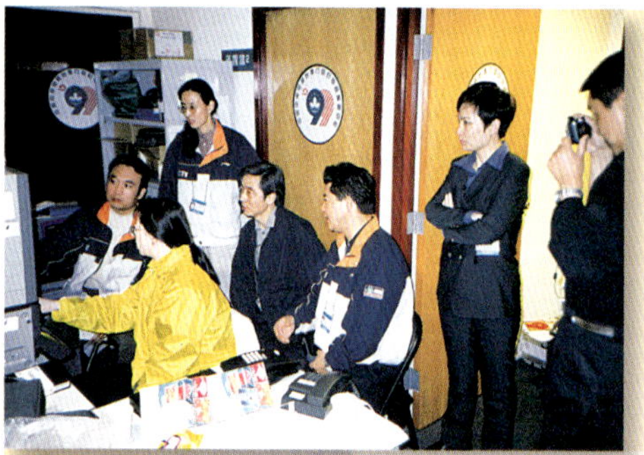

数字高清晰度电视传输实验取得圆满成功

中央电视台在国庆50周年报道中首次使用高清晰度电视技术播出电视节目，同时，利用其抗多径反射干扰的特性，成功地进行了高清晰度电视长距离光纤传输和卫星试验。本台设计完成的高清晰度电视系统，已开始每天播出1～2小时高清晰度电视节目。

国庆节前，将已使用10余年的半自动模拟播出系统改为数字机械手自动播出，完成了全台9套节目播出全自动化、全智能化。全年安全播出创10年来的最好成绩。

推行成本核算，深化内部改革，整顿经营实体，努力提高广告总体效益，全年经济创收有较大幅度的增长。

1999年年初，台分党组提出制订各阶段的发展规划。经各部门多次自下而上研讨，形成了《中央电视台"十五"发展规划和2010年远景目标》（初稿），上报广电总局。

为进一步推动人事制度改革，1999年进行了人力核算、奖金分配管理、临时人员公司化管理的调查研究，就相关问题提出了建议和解决办法。

继续进行房改售房工作，完成业务楼搬迁。

中央电视台二期工程可行性研究报告通过专家评估。由本台承建的中国广播电视音像资料馆开工。为本台老干部提供了新的活动场所。

中央电视台连续7年被评为“首都文明单位标兵”，还被列为“首都创建文明城市活动示范点”。

庆祝中华人民共和国成立50周年阅兵和群众游行，现场直播开始前，新闻节目中心主任孙玉胜在天安门广场与台内的总演播室核对信号和播出衔接细节。

首都各界庆祝中华人民共和国成立50周年现场直播的节目系统负责人李挺在天安门城楼上查看机位设置。

新闻节目中心军事部记者在采访国庆阅兵方队的女兵。

新闻节目中心军事部《大阅兵》摄制组在阅兵村拍摄水兵方队。

①澳门回归特别报道节目系统具体负责人、新闻节目中心副主任张宁在澳门综艺馆现场指挥播出。

②新闻节目中心评论部《实话实说》栏目组在澳门海上录制《澳门回归特别节目·澳胞相会》。

①澳门回归特别报道临播前，演播室导演同主持人商量播出细节。

②1999年12月，为了多角度摄取新闻图像，新闻制作部在250平方米演播室增添了一部分高档吊臂摄像机。图为技术人员为澳门回归电视直播，正在认真检查和装配吊臂摄像机。

③《相逢2000年》特别节目中华世纪坛直播现场，新闻采访部主任在叮嘱摄像人员注意抓取细节。

④迎接新千年《相逢2000年》特别节目开播前，转播车中的切换导演再次认真核对播出单。

⑤新闻节目中心副主任缪署金在与技术管理办公室何宗就主任和技术人员研究技术保障方案。

⑥无尽的哀思——中央电视台赴南联盟记者顾玉龙在许杏虎、朱颖牺牲的地方哀悼战友。

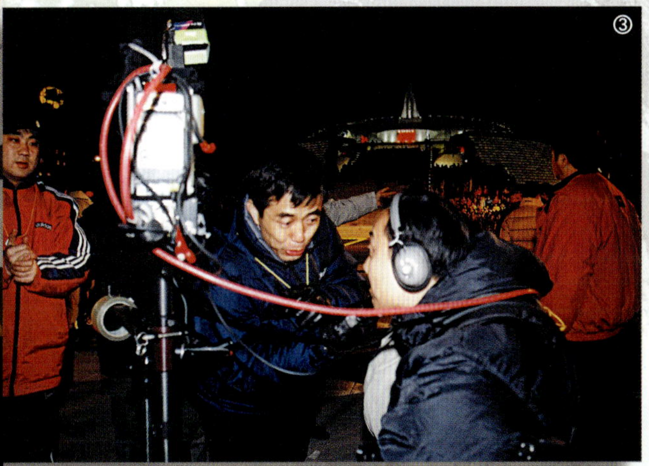

1999年4月下旬，中央电视台赴南联盟记者在南联盟瓦列沃被炸居民区进行现场报道。

《走入1999》元旦升旗大型直播的黑龙江省漠河直播点，记者在日出时刻做现场报道。

重庆綦江虹桥垮塌案庭审现场直播引起强烈反响。图为重庆市第一中级人民法院庭审转播现场。

穿越天门洞现场直播过程中，成功穿越天门洞的惟一女性特技飞行员接受中央电视台记者采访。

1999年7月，新闻节目中心记者在北极采访北极考察队队员。

1999年4月15日，中央电视台赴可可西里报道组跟随参加可可西里一号行动的公安干警，兵分三路由青海、新疆、西藏向可可西里无人区进军，圆满完成报道任务。

1999年10月，新闻节目中心军事部记者在太原卫星发射中心现场报道中国巴西联合发射资源一号卫星。

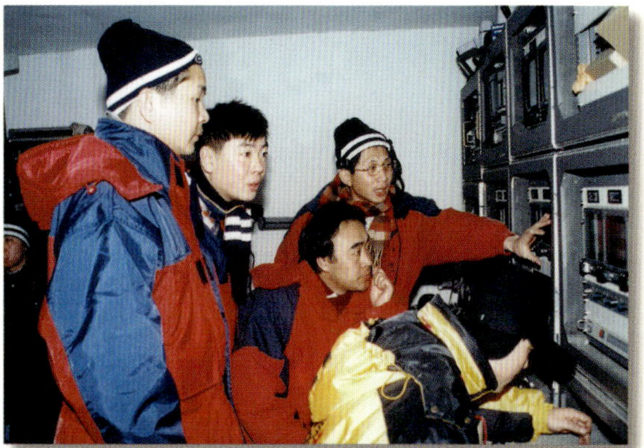

1999年12月，《相逢2000年》特别节目的记者在哈尔滨冰雪大世界直播点进行最后的直播信号测试。

新闻节目中心获奖作品《大官村里选村官》工作照。

新闻节目中心赴南斯拉夫参加战事报道的顾玉龙回京短暂休整时，为编辑部党小组上党课。

新闻节目中心综合部全力配合做好职工无偿献血的后勤保障工作。

新闻节目中心团总支组织团员在长城脚下种植“世纪青年林”。

《中国报道》记者就环保问题采访全国人大副委员长邹家华。

1999年12月14日，中央电视台副台长李东生、海外节目中心主任赵宇辉等向驻澳门部队赠送1000本《澳门万象》。

《天涯共此时》栏目在汕头拍摄外景。

张长明副台长、赵立凡副总编辑在国际频道演播室研究工作。

国务院新闻办主任赵启正、广电总局局长田聪明、西藏自治区书记陈奎元、主席列确、中央电视台台长赵化勇等出席《欢聚一堂》晚会后与演职员合影。

1999年10月，海外幸运观众代表与海外节目中心负责人互赠纪念品。

新中国成立50周年国庆庆典现场直播演练，台领导赵化勇、刘宝顺、张长明等到13演播室检查指导工作。

1999年12月20日，《澳门回归特别报道》国际频道直播演播室主持人方静与嘉宾主持齐鹏飞在主持节目。

《英语新闻》记者在北京采访塞浦路斯总统。

《英语新闻》记者在钓鱼台国宾馆采访末代澳督韦奇立将军。

澳门回归前，《中国新闻》记者在澳门葡京酒店前做现场报道。

《中国风》栏目组赴贵州拍摄《中国风——苗岭风采》。

《东方家园》栏目工作人员在演播室做录像准备。

《今日中国》栏目记者在山西外景地拍摄《中国彩塑》。

第三届北京国际京昆票友电视大赛颁奖晚会剧照。

① 《中华医药》栏目组在新疆拍摄《西域维医》。

② 《十一世班禅》摄制组在西藏日喀则班禅夏宫拍摄十一世班禅学习情景。

③ 改造后的17演播室灯光系统获1999年优质工程奖。

④ 1998年12月3日，海外专题部纪录片《穿越大峡谷》摄制组完成穿越、拍摄、科学考察探险任务后走出雅鲁藏布大峡谷。

相聚惠灵顿——国际频道新西兰开播周年庆祝活动。

九九春节联欢晚会

《情深谊长》——中央电视台“心连心”艺术团赴云南慰问演出，1999年6月22日在云南省禄劝彝族苗族自治县举行。

《综艺大观》直播现场。

《江山赋》——迎澳门回归文艺晚会。

《正大综艺》摄制组在德国阿尔卑斯山脉。

国际部《每日佳艺》的编播人员赴美参加2000年度节目选评工作。

《维也纳新年音乐会》开播前，编导与主持人在认真校对稿件。

电视剧《走过柳源》剧照（该片获第十九届全国电视剧“飞天奖”长篇一等奖）。

《人与自然》栏目组于1999年11月在北京荣获国家林业局森林文化奖。

《走进新时代》——第五届康佳杯中国音乐电视大赛颁奖晚会现场。

音画时尚。

1999年12月30日，在中南海怀仁堂举办的《迎接新世纪·新千年京剧晚会》结束后，江泽民、朱镕基、李瑞环、胡锦涛、尉健行等党和国家领导人与演员合影。

《周末新航线》栏目记者在采访。

1999年11月30日，韩国演员在“首届中韩歌会”上演唱。

《影视俱乐部》在新中国50周年大庆前夕，特请在影视剧中扮演过领袖人物的演员谈他们扮演领袖人物的感受。

1999年9月22日，中央电视台举办大型综艺晚会《江山如此多娇》。

1999年10月中共中央政治局委员、中央政法委书记罗干在参观“全国预防青少年犯罪展览”时，与《今日说法》栏目工作人员亲切交谈。

《读书时间》栏目在制作国庆50周年特别节目——“科学家谈21世纪”。

1999年3月，全国人大常委会副委员长、全国妇联主席彭珮云、全国妇联副主席顾秀莲、最高人民检察院检察长韩杼滨等在全国女检察官论辩大赛现场。

1999年3月24日，《科技博览》、《走近科学》两栏目就“创新”问题联合采访科技部部长朱丽兰。

文献纪录片《李大钊》摄制组于1999年10月采访原中顾委副主任薄一波同志。

第四届中国书法篆刻电视大赛于1999年9月在中央电视台第一套节目黄金时间播出。中央电视台副总编赵立凡与著名书法家启功在演播现场。

1999年9月28日，中共中央政法委秘书长王俊生，副秘书长陈冀平、张耕到《今日说法》栏目慰问全体编导。

最高人民检察院检察长韩杼滨，在“全国预防青少年犯罪展览”的《今日说法》展台前，为该栏目签名留念。

1999年7月，民政部副部长李宝库视察《相约夕阳红》节目录制现场时与编辑亲切交谈。

1999年4月，《祖国各地》组工作人员在西沙群岛拍摄特别节目《梦圆西沙》。

《科技博览》栏目工作人员在昆明世博会拍摄《新中国科技50年》。

《读书时间》栏目在制作特别节目——《纪念五四运动80周年》。

1999年3月,《读书时间》栏目赴山西省沁水县举行送书下乡活动。

社教节目中心《中国一绝》节目邀请各界专家对该节目进行研讨。

1999年重阳节特别节目《重阳话“九九”》。科教部主任冯存礼与嘉宾99岁老人张含英握手。

工作人员正在录制“3·15”特别节目《田野与你同在》。

亚太地区老年消费研讨会，1999年10月在上海举行。

"心系黄河——科学考察"采访发布会。

社教节目中心科教部获得"全国科普工作先进集体"的光荣称号后，中心领导和科教部的同志一起讨论如何使科普电视宣传工作更加深入人心，更为观众喜闻乐见。

高峰主任与"特区20年特别制作"有关工作人员讨论节目制作方案。

社教节目中心领导和所属各部门领导共商中心发展大计。

1999年5月，《情系老区——遵义行》摄制组工作人员在遵义会议旧址参观学习。

1999年8月20日，《五环夜话》请来了当今中国篮坛三巨人——王治郅、巴特尔、姚明。

《中国体育》记者赴西藏，在海拔5000多米的高原上采访拍摄。

①'98世界杯冠军法国国家足球队教练雅凯前来做客。

②'99长城北京国际马拉松赛于1999年10月9日在北京举行。本台记者沙桐在现场采访获得男子组第二名的肯尼亚选手伯拉亚。

1999年3月，'99"郝氏杯"
首届全国台球美式(8球)公开赛。

全国首届电视体育播音员、主持人
研讨会于1999年2月25日在北京开幕。

1999年11月，本台记者赴南非采访拍摄南非黑人体育运动。

主持人宋世雄在全国首届电视体育
播音员、主持人业务研讨大会上发言。

'99CCTV雪碧杯NBA电视主持人
大赛于1999年5月2日在北京举行。

体育节目中心主任马国力在亚广联工作会议上发言。

1999年——2000年摩托罗拉中国羽毛球天王挑战赛第七站比赛于1999年7月17日在大连举行，主持人韩乔生在比赛现场采访获奖运动员。

'98——'99摩托罗拉羽毛球天王挑战赛总决赛于1999年3月6日在北京举行，主持人宁辛、蔡猛在比赛现场。

1999年3月，南非超级体育频道节目总监在中央电视台参观。

1999年10月20日，体育竞赛部党支部开会讨论发展新党员。

为提高编导人员业务水平，体育节目中心与台人事办1999年6月16日在“影视之家”举办体育电视节目制作培训班。图为培训班开学典礼。

'99国际大专辩论会8月23日至29日在京举行。教育部部长陈至立（左）、中央电视台台长赵化勇观看辩论会决赛，并为冠、亚军颁奖。

《动画城》五周年特别节目《我5岁了》剧照。

'99国际少儿电视节目研讨会3月29日至4月2日在深圳举行。青少节目中心主任余培侠在研讨会上发表演讲。

科普栏目《芝麻开门》剧照。

《动画城》栏目'99春节特别节目《相约动画城》剧照。

《东方儿童》栏目角色串联剧照。

《相逢2000年》特别节目《理想远航》。

《儿童剧场》栏目剧照。

世界冠军李永波参加节目录制。

《理想远航》剧照。

1999年10月，银河少年电视艺术团小演员与来访的奥地利维也纳歌唱家在故宫午门参加《音乐家舞台》演出。

52集儿童系列短剧《三毛新传》剧照。

百集科普知识系列片《新编千家诗》剧照。

中国'99世界邮展青少年集邮知识竞赛决赛现场。

① 52集动画系列片《西游记》剧照。
② 10集国产动画系列片《小贝流浪记》剧照。
③52集国产动画系列片《小神仙和小仙女》剧照。
④ 26集国产动画系列片《阿笨猫》剧照。

第八届亚广联儿童节目交换会议1999年7月31日至8月7日在北京举行。这是亚广联首次在我国举办的会议。广电总局外事司副司长安利、中央电视台副台长刘宝顺等出席开幕式。

8集电视连续剧《昆仑女神》的导演宁海强在拍摄现场。

获“飞天奖”短剧一等奖《官井》剧照。

《十七岁不哭》剧照。

30集电视连续剧《中国命运的决战》剧照。

19集电视连续剧《李克农》剧照。

《人间正道》剧照。

15集电视连续剧《我要做好孩子》的导演刘艳臣在现场给演员说戏。

《太平天国》剧照。

《好好过日子》剧照。

电视剧《情感的守望》中霍山生和妻子瑛子。

43集电视连续剧《水浒传》剧照。

剧中心副主任邹庆芳、王伟国慰问《文成公主》剧组。

1999年12月，在拍摄迎澳门回归工作期间，全国政协副主席、澳门特区筹委会副主任委员马万祺先生接见新影厂厂长李建。

1999年12月，赵化勇台长在澳门拍摄现场与新影摄影师亲切交谈。

1999年10月16至21日，在沈阳召开的第十九届“金鸡奖”颁奖大会上，《共和国主席刘少奇》获“最佳纪录片奖”；与八一厂联合出品的大型纪录片《挥师三江》获“纪录片特别奖”；纪录片《世纪大典》获“纪录片奖”提名。

新影厂摄影师在国庆50周年阅兵式上。

1999年新影厂摄影师在阅兵村拍摄女兵方阵。

1999年12月，新影厂摄影师在澳门拍摄澳门人民庆回归的热烈场面。

在第四届上海国际电影节上，新影厂工作人员与外商洽谈业务。

中央电视台副台长罗明与科影厂厂长万迪基1999年7月，在动画片《猫咪小贝》首映式上。

1999年8月，科影厂厂长万迪基为新入厂的大学生讲课。

1999年10月，科影厂副厂长任振华与本厂"金鸡奖"获得者代表合影。

1999年7月，在《猫咪小贝》首映式上，总导演曹小卉接受中央电视台记者采访。

《让生命永存——生物多样性保护与可持续发展》摄制组用小升降机在黄河壶口瀑布拍摄。

猫咪小贝不幸丢失，但它凭着“我能行”的坚定信念，克服重重困难，终于又回到母亲的怀抱。

科影厂美术片《猫咪小贝》剧照。

科影厂美术片《猫咪小贝》剧照。

1999年11月，影片《征服病毒病》、《猫咪小贝》在伊朗第二十九届国际教育电影节上双双夺魁，荣获科教纪录片、科教故事片“金书奖”。图为奖牌、金币和证书。

《让生命永存——生物多样性保护与可持续发展》摄制组在西沙海底拍摄。

1999年4月21日，中央电视台召开1998年度精神文明建设、治安消防综合治理总结表彰大会。

台办室领导李晓明、刘建中、唐世鼎、王瑞山在中心领导碰头会上。

1999年4月，台办室领导在每周的工作例会上研究、部署工作。

秘书处二科工作人员在研究处理《工作日报》稿件。

1999年度秘书处编辑的部分刊物。

1999年7月，保卫处组织台内安全检查。

1999年12月，法规处同志在总结本年度的工作。

1999年12月，外事处全体同志在总结会后合影。

后勤人员为国庆50周年报道活动提供各种服务保障。

1999年12月，在行政处举行的联欢会上，服务人员在表演自己编创的文艺节目。

行政处在方楼南侧悬挂70多米长的巨幅标语，以迎接国庆50周年。

把国庆节期间的中央电视台装点得更加漂亮。

1999年12月，为落实中央关于关怀中小学生的指示精神，减轻职工的后顾之忧，中央电视台举办假期学生冬令营。图为冬令营的小营员们。

中共中央政治局委员、中宣部部长丁关根在刘宜勤副台长的陪同下到中央电视台互联网站视察工作。

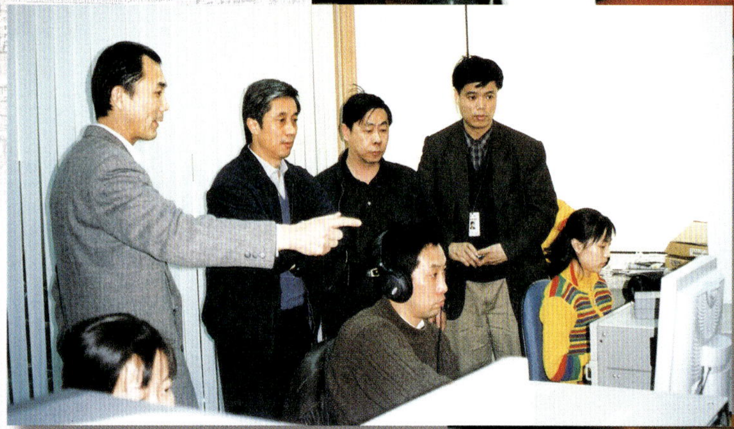

赵化勇台长、罗明副总编辑观看总编室节目资料管理处开发的新闻资料编目和检索系统。

全国省级暨计划单列市电视台总编室主任会议 1999 年 11 月 12 至 14 日在江苏无锡召开。

第三届中国广播电视学会电视学研究会代表大会会场。

赵化勇台长参加1999年12月21日在北京召开的中央电视台观众座谈会。

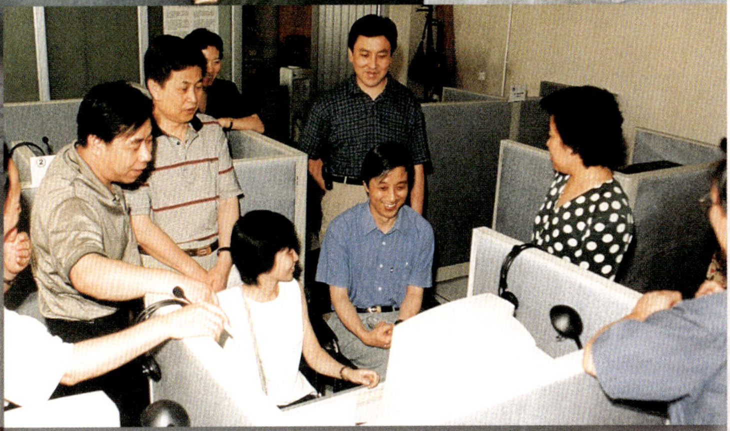

1999年7月2日，赵化勇台长、张长明副台长、罗明副总编辑视察研究处电子阅览室，听取了电子阅览室开发情况汇报，观看了各项功能演示，并对电子阅览室的建设给予了充分肯定。

1999年7月2日，总编室副主任周经在节目宣传会议上发言。

1999年10月，许唐生书记带领总编室代表队参加中央电视台青年足球锦标赛。

电子阅览室是研究处与央视北方技术开发有限公司共同研究开发建设成的。为台领导决策及宣传与电视研究工作服务。

中国电视理论期刊研讨会暨《电视研究》全国优秀电视论文颁奖会1999年7月15至17日在京举行。

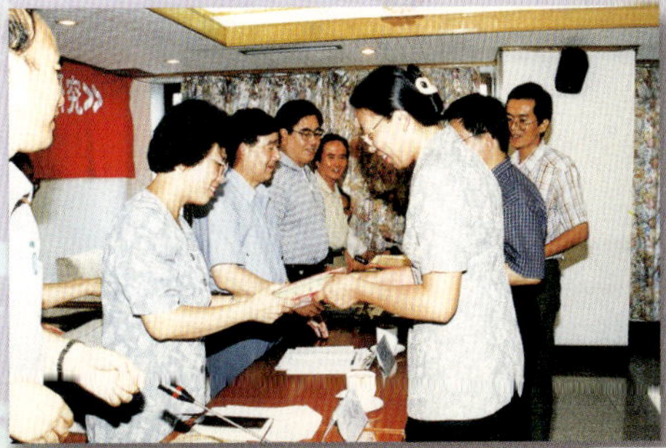

1999年4月，《电视你我他》栏目组工作人员在广西采访“村村通广播电视”工程。

节目组的工作人员正在进行节目编排工作。

技审科的工作人员在对即将播出的磁带进行技术审查。

1999年6月，总编室观联处在革命历史名城遵义市召开座谈会。图为观众代表合影。

播出库管理人员在准备备播带。

中国广播电视学会电视学研究委员会第三届代表大会于1999年11月13日在昆明召开。

1999年2月10日《电视研究》召开改版工作研讨会。

1999年8月28日《精品赏析》栏目邀请影视界专家学者就电视连续剧《牵手》进行赏析。

赵化勇台长、刘宜勤副台长、邵昌有总工程师在技术管理办公室召开的1999年度技术工作总结大会上。

技术人员在澳门向广电总局张海涛副总局长、中央电视台邵昌有总工程师等领导介绍技术准备情况。

①2000年1月5日，技术管理办公室组织召开1999年度重大活动技术工作总结大会，赵化勇台长、刘宜勤副台长、邵昌有总工程师出席了会议。
②1999年10月22日，技术管理办公室组织召开国庆50周年电视转播技术系统总结大会。
③'99北京数字电视技术研讨会会场。

④ 2000年1月14日，技术管理办公室召开1999年度总结表彰会，邵昌有总工程师、何宗就主任向先进人员颁奖。

⑤“电视灯光软件科技成果鉴定会”在业务楼召开。

⑥ 1999年6月，中央电视台召开1999年技术维护工作会议。图为获总局和台技术维护先进集体、先进个人合影。

信息通信处技术人员在对准备带到澳门进行澳门回归电视报道的计算机网络和通讯设备进行检测。

1999年初，技术管理办公室召开处以上干部工作会议，研究制订1999年工作计划，邵昌有总工程师出席会议。

动力处工作人员在中国历史博物馆前澳门回归倒计时牌处，检查直播电源。

科技处1999年全年出版的技术书刊。

①

②

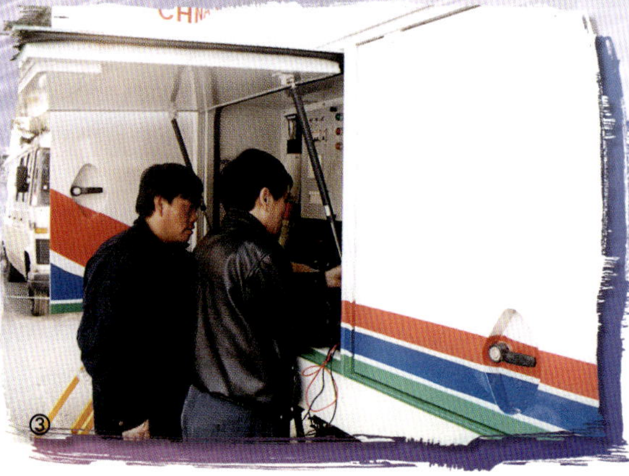
③

①新建EFP/实况转播现场综合通讯系统。
②为准备国庆50周年宣传报道工作，程控交换机房的工作人员在对通讯光缆进行检测。
③工作人员在中国历史博物馆前澳门回归倒计时牌处，检查直播用发电车运行情况。

④录像机3000小时大修。

⑤程控交换机房的工作人员在为业务楼开通通讯线路。

⑥空调系统的计算机控制中心，目前已在集控网上控制47台空调器，控制点数约2500点，24小时运行。

HDTV半自动播出机房。

卫星覆盖示意图。

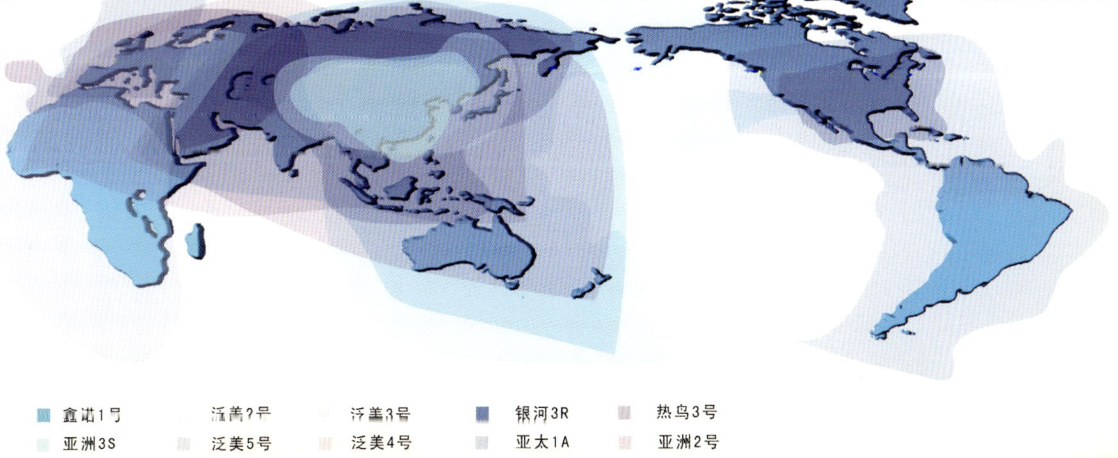

技术制作中心

F329全数字非线性译配录音系统，是一个设备先进的译配音及中小型音乐录音兼容的系统。

技术制作中心召开1999年工作会议，中心主任李旋宗在会上发言。

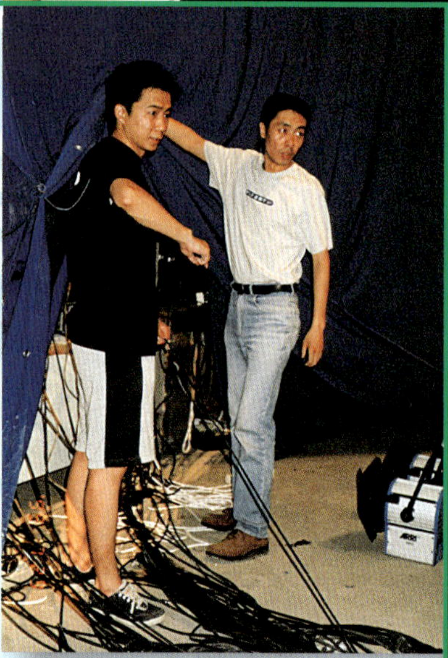

技术人员在为第三套节目包装使用的设备做系统连线。

“第二届中国广播电视学会电视美术作品奖”颁奖仪式于1999年12月23日在北京举行。

第七数字电编合成机房，自1998年建成以来，已制作合成了1999年和2000年春节歌舞晚会等多个重大节目。

二维卡通机房。图为中央电视台大型动画系列片《西游记》的制作现场。

新改造的数字后期合成机房(A614机房)。

后期制作五科多媒体机房，主要承担《商务电视》、《供求热线》、《经济半小时》、《生活》、《金土地》、《商界名家》等栏目的日常节目制作。

第八数字电编合成机房。该机房自1998年建成后，完成了1999年和2000年春节联欢晚会、2000年维也纳新年音乐会等大型文艺节目的后期制作任务。

第十三演播室导演室。每日的《中国新闻60分》就是在这里完成的。

F325数字多声轨音乐录音及配音系统，采用了先进的数字音频工作站24轨数字录音及数控调音台，使节目的译配音质量及效率有了很大的提高。

邵昌有、丁文华在珠海考察驻军报道的转播设备。

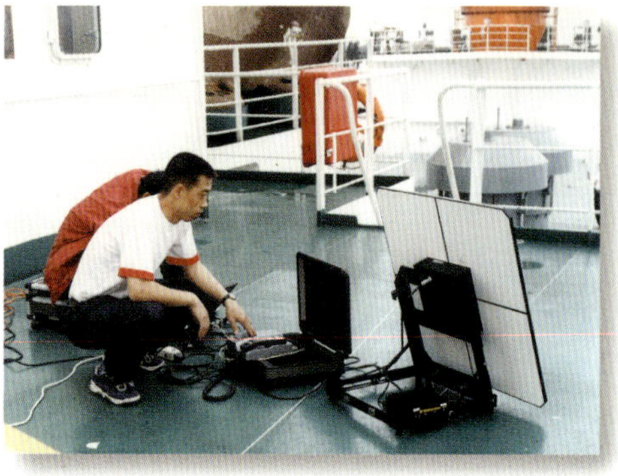

1999年7月，我国首次北极科考，在“雪龙”号上，播送中心技术人员正在调试海事卫星电话B站。

1999年国庆50周年庆典转播中，人民大会堂楼顶是重要的中继点之一。图为传送部副主任肖建生正在仔细监测移动车的接收信号。

1999年6月，转播部工程技术人员随“心连心”艺术团赴西藏参加节目录制工作。图为工作人员在布达拉宫广场架设摄像机。

1999年4月，播出传送中心工程技术人员为转播“’99昆明世界园艺博览会”正在现场架设备。

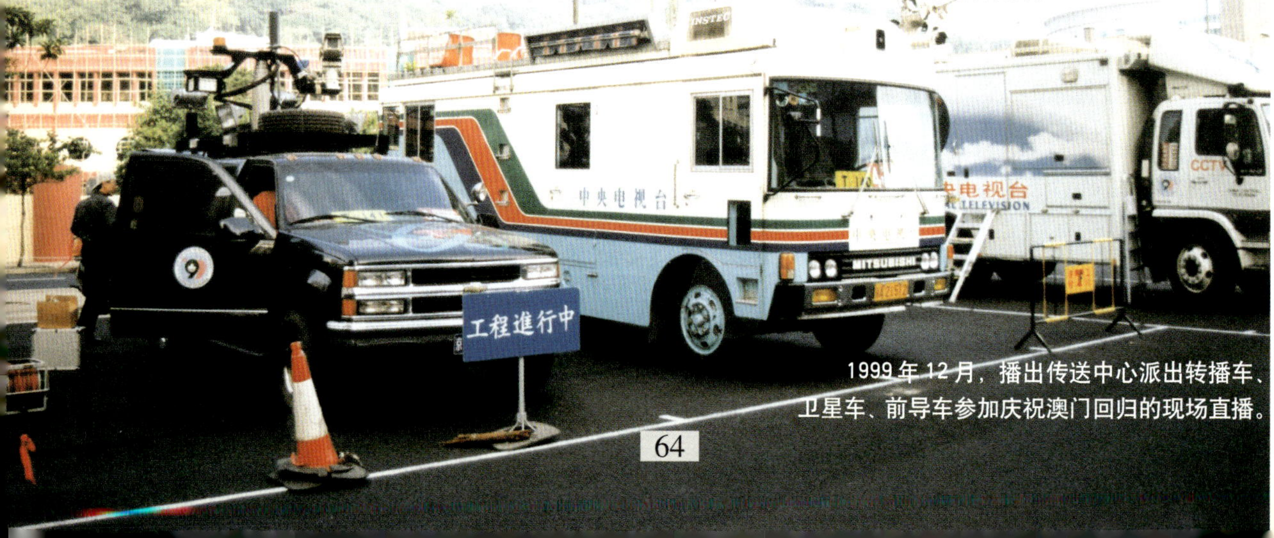

1999年12月，播出传送中心派出转播车、卫星车、前导车参加庆祝澳门回归的现场直播。

1999年12月20日，中央电视台在澳门临时场馆搭建澳门回归政权交接大典直播系统。图为转播部工程技术人员正在调试设备。

工程师张大立，作为参加赴南联盟采访小组惟一的技术人员，出色地完成了任务，中宣部、人事部为其记一等功。

国庆50周年为确保江泽民主席阅兵直播信号传输万无一失，传送部工程技术人员正在红旗敞篷车上安装新引进的数字移动传输设备。

总控数字化工程技术人员1999年胜利完成了主控机房和圆楼各演播室的光缆工程。

1999年12月31日，播出传送中心工程技术人员在中华世纪坛参加《相逢2000年》现场直播。

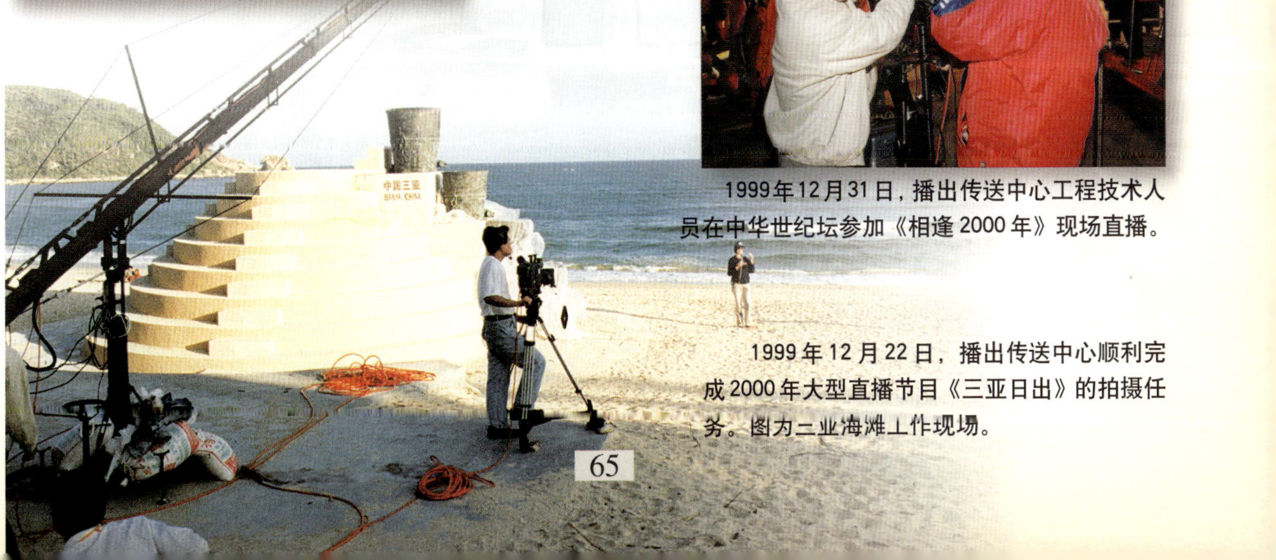

1999年12月22日，播出传送中心顺利完成2000年大型直播节目《三亚日出》的拍摄任务。图为三亚海滩工作现场。

1999年5月1日，电影频道节目制作中心组织全体党团员到延安，接受革命传统教育。

1999年8月，“电影频道改版调研——广告专题座谈会”在北京香格里拉饭店举行。电影频道代理主任阎晓明，在向与会代表和有关专家介绍电影频道发展状况和改版设想。

1999年3月30日，电影频道组织评选的标识征稿的初选作品，在电影频道一楼走廊展出。

1999年11月30日，广电总局局长田聪明、中央电视台台长赵化勇、传播中心副主任田盛华在中央卫星电视传播中心制作机房和工作人员亲切交谈。

1999年10月19至22日，在北京召开“中央卫星电视传播中心代理省厅管理工作会议”。赵化勇台长、电影局副局长杨步亭察看传播中心制作机房编辑设备。

1999年11月30日，在北京召开“中央卫星电视传播中心成立五周年座谈会”，赵化勇台长、广电总局人事司司长雷元亮到会，田盛华副主任主持会议。

中央电视台台长赵化勇以及杨步亭、刘国良、林景云等有关领导出席中央加扰卫星电视代理工作会议。

1999年9月10日，中央卫星电视传播中心在北京召开技术专家座谈会。

1999年3月29至31日，在广东珠海市召开“中央卫星电视传播中心省厅代理工作会议”。图为田盛华副主任给省厅代理单位颁发奖状。

1999年11月7日，广告部主任向台领导介绍招标大会的准备情况。

1999年1月20日，张海潮副主任在“中央电视台'99广告政策暨二套经济栏目广告演示说明会”上讲话。

1999年10月9日，“迎接新时代——首届中国高新技术成果交易会”直播现场。

《世界经济报道》是中央电视台专门报道世界经济的栏目。

《生活》栏目主持人做录前准备。

1999年9月，广告部郑加强主任给广告策划人及客户介绍中央电视台广告经营策略。

1999年12月20日，“我们的时代——商品的故事”特别节目拍摄现场。

1999年9月27至29日，中央电视台经济部与上海电视台合作制作了“’99《财富》全球论坛·上海年会特别节目”。图为论坛专访。

科技大集上，农民争相索取农业科技资料。

1999年6月5日11时，由江泽民总书记题名的“长江源”环保纪念碑揭幕仪式在海拔4556.1米的长江源头沱沱河隆重举行。图为摄制组成员在纪念碑前合影。

赵化勇台长、刘宝顺副台长兴致勃勃地观看本台尊老敬老表彰会文艺演出。

台党委、人事办、离退休处领导陪同刘宝顺副台长看望老台长孟启予。

人事办主任王晞建和获得全国广电系统门球赛冠军的老干部门球队队员合影。

1999年7月，中央电视台九五级在职硕士研究生班5名学员参加北京广播学院举行的硕士学位授予仪式。

1999年6月8日至11日，培训职称处和技术制作中心共同举办音频录音技术培训班。

干部管理处工作人员正在办公。

劳动工资处同志正在测试计算机工资管理系统的各项功能。

1999年8月9日至11日，中央电视台人事干部"三五"普法培训班在顺义培训中心举办。

1999年9月8日，台领导和广电总局领导参加中国广播电视音像资料馆工程的开工典礼。

1999年6月，赵化勇台长、刘宝顺副台长在经营管理处组织召开的“台清理整顿经济实体动员大会”上讲话并做工作部署。

1999年2月，演职培训处举办了消防知识培训班。

财经办主任许二春在工作。

财经办

1999年10月，计划统计处全体工作人员在研究台2000年经费预算计划方案。

1999年8月，在清产核资工作中，处领导和管理科的同志一起与台有关部门核对资产账目。

1999年11月，财务处领导同科组人员一起，为澳门回归直播做好资金保障工作。

1999年12月，财务处组织科组人员认真学习《中华人民共和国会计法》。

机关党委

1999年11月，中央电视台召开第六次党员代表大会。大会听取审议了第五届党委和第四届纪委的工作报告，选举了中央电视台第六届党委会和第五届纪律检查委员会。

1999年11月30日，前世界乒乓球赛冠军许绍发在1000平方米演播室为参加台第十届职工乒乓球比赛表演赛的赵化勇台长发纪念品。

台机关党委专职副书记南玉敏在台第六届党员代表大会上做工作总结。

1999年7月19月，台第十一期暑期“少儿之家”在玉渊潭中学开营，台机关党委专职副书记南玉敏、工会联合会主席任海参加了开营仪式。

文艺部党支部组织的纪念中国共产党成立78周年“爱国与奉献”报告会。

1999年5月，台共青团组织响应团中央的号召，组织了绿色行动营，150多名团员青年来到河北省丰宁县沙化地植树造林。

中央电视台赴南斯拉夫的战地报道记者顾玉龙、王齐放、张大力经过战火洗礼光荣加入中国共产党。图为顾玉龙、王齐放在我驻南使馆被炸的废墟上向党宣誓。

1999年11月10日，审计处和中国国际电视总公司审计室与中国国际电视总公司上海分公司的同志在进行财务收支审计。

1999年11月10日，审计处副处长续建勇和审计处人员及中国国际电视总公司审计室的审计人员在中国国际电视总公司上海分公司进行审计。

1999年3月25日，赵化勇台长在全台反腐败工作会议上讲话。

纪检组组长陈君在纪检监察工作座谈会上发言。

纪检组副组长、监察室主任张海鸽在纪检监察工作会上做工作部署。

1999年3月25日，中央电视台召开反腐败工作会议，总结1998年纪检监察工作，传达并贯彻中纪委、广电总局纪检组监察局反腐败工作会议精神，部署1999年本台纪检监察工作重点。

1999年3月，中央电视台部分新聘请的第四批特邀监察员与广电总局领导合影。

1999年11月18日，总公司在北京隆博广场举办2000年新春联谊会，台领导赵化勇、刘宝顺、罗明等与来自演艺界的演职人员喜迎新千年。图为台和总公司领导向来宾敬酒。

1999年11月16日，李培森总经理会见南非多选公司(HIM)客人，并就有关合作事项达成共识。图为双方签订合作协议。

1999年9月13日，李培森总经理在总公司总部会见汤加国公主及其一行，双方就有关合作事宜进行了广泛的探讨。

1999年11月，李培森总经理在南海影视城会见澳大利亚新闻集团总裁默多克。

1999年7月14日，中共中央政治局委员、广东省委书记李长春视察了南海影视城。

总公司召开1999年工作总结表彰大会。

中国电视报社1999年总结表彰大会在京召开，台副总编辑赵立凡出席并讲话。

中国电视报社领导和编辑在研究版面。

首批“智强杯”特邀观众到京参加由中国电视报社主办的“智强杯”现场录像活动。

中国电视报社刘晶晶荣获广播电影电视总局精神文明演讲第一名。

为提高《中国电视报》报纸质量和编辑业务水平，特邀请《人民日报》高级编辑给本报记者、编辑授课。

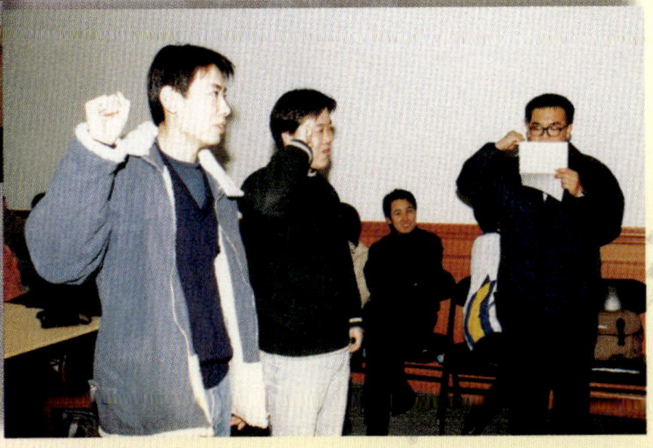

1999年10月，中国电视报社又发展两名同志加入中国共产主义青年团。

1999年6月4日至6日，日本NHK大型电视直播节目《世界悠悠——西域·敦煌》由梅地亚中心电视部与NHK共同完成。图为敦煌莫高窟的直播现场。

央视调查咨询中心召开1999年工作总结会。

央视调查咨询中心召开总监例会。

央视——索福瑞公司召开收视率调查工作研讨会。

总经理陈若愚在上海参加“新技术在市场调查中的应用”研讨会。

1999年3月1日，美国国务卿奥尔布莱特到中央电视台参观访问。

1999年4月29日，赵化勇台长会见英国文化、传媒和体育部大臣克里斯·史密斯。

1999年3月25日，赵化勇台长会见美国特纳国际广播公司亚太地区总裁史蒂夫·马可波图先生。

1999年3月18日，赵化勇台长会见巴黎市副市长雅克·杜蓬。

1999年9月，刘宝顺副台长会见香港博爱医院董事局访京团萧成才局长。

1999年9月29日，刘宝顺副台长会见罗马尼亚国家电视台台长克里斯蒂安。

1999年5月6日，刘宝顺副台长会见美国亚洲协会加州分会会长拉尔森。

1999年7月6日，李东生副台长会见美国有限电视网(CNN)负责全球新闻采集和国际网络的总裁依森·乔丹。

1999年6月22日，李东生副台长会见希腊新闻代表团。

1999年4月20日，李东生副台长会见赞比亚新闻广播部部长津巴。

1999年5月28日，张长明副台长会见塞浦路斯驻华大使马尔基季斯女士。

1999年7月8日，张长明副台长会见蒙古国外交部新闻司副司长其米德道尔吉先生。

1999年8月，张长明副台长会见亚广联节目部主任佐滕信弘。

1999年5月17日，刘宜勤副台长会见纳米比亚广播公司代表团。

1999年1月14日，刘宜勤副台长会见南非代表团。

1999年11月9日，赵立凡副总编辑会见瑞典波尼亚集团老板。

1999年10月，台办室主任李晓明代表中央电视台与日本东京放送代表团签订双方合作协议书，赵化勇台长出席。

编辑说明

一、《中国中央电视台年鉴》是反映中国中央电视台电视事业基本情况和发展变化的资料工具书。

二、本年鉴从 1994 年起，每年编印一册，作为中央电视台上年各方面情况的实录。

三、作为迎接新千年的《中国中央电视台年鉴》2000 年版，在积累和总结经验的基础上进行了比较大的充实和调整。增加了图片和文字的篇幅，特别是增加了“回眸”的篇章：列录了党和国家三代领导人的关怀；中央电视台 1993 年以前的大事回顾；中央电视台历史上的“第一”；中央电视台机构的演变；历届中央电视台台长和副台长简介；中央电视台著名人物；中央电视台老同志名录等。其他篇章，有些也增加了回眸的内容。如频道、栏目、报刊部分，往年只介绍上年新增加或改变的内容，2000 版年鉴则是把现有的频道、优秀栏目、网站都介绍一遍。“人物”的人物志部分，往年仅介绍上年新评聘的正高级专业职务人员和新任命的正处级以上干部，2000 版年鉴则是对以前在职的所有正高级专业职务人员和副局级以上干部都予以介绍，等等。今后每五年，年鉴都会增加一些回眸的内容。另外，本期年鉴增加了“索引”部分，便于查阅。

四、有关电视宣传工作和动态的介绍是本年鉴的主体。对事业建设、技术和后勤保障也做了介绍。

五、《中国中央电视台年鉴》的编辑工作得到了台内外有关部门的领导、专家以及出版单位的大力支持，在此一并表示感谢。

《中国中央电视台年鉴（2000）》编辑委员会

主　编： 赵化勇

副主编： 赵立凡　王　录

编委会主任： 赵化勇

副主任： 刘宝顺　张长明　罗　明　胡　恩　何宗就　赵立凡

编　委： 赵化勇　刘宝顺　张长明　罗　明　胡　恩　赵立凡（常务）
孙玉胜　刘国良　万迪基　李　建　李晓明　南玉敏　张海鸽
王晞建　许二春　赵宇辉　余培侠　何宗就　李宏红　丁文华
王　录（常务）　宋宜纯　马国力　高　峰　程　宏　高建民
李培森

《中国中央电视台年鉴（2000）》编辑部

主　　任： 王　录

副 主 任： 王　甫　王亚平

文字编辑： 宋连昌　于礼厚　王东晖　姜　伟　刘　珊
周　滢　曹文莉　郭秀芬

图片编辑： 尹桂馥

编　　务： 张国菊

出版统筹： 叶少刚　尹桂馥

分类目录

1. 图片纪事

亲切的关怀 *1～5*
中央电视台领导 *6*
'99中央电视台十宗大事 *7～23*
新闻节目中心 *24～27*
海外节目中心 *28～31*
文艺节目中心 *32～35*
社教节目中心 *36～39*
体育节目中心 *40～42*
青少节目中心 *43～45*
中国电视剧制作中心 *46～47*
中央新闻纪录电影制片厂 *48～49*
北京科学教育电影制片厂 *50～51*
台办公室 *52～53*
总编室 *54～57*
技术管理办公室 *58～61*
技术制作中心 *62～63*
播出传送中心 *64～65*
电影卫星频道节目制作中心 *66*
中央卫星电视传播中心 *67*
广告经济信息中心 *68～69*
人事办公室 *70*
财经办公室 *71*
机关党委 *72*
纪检组 监察室 审计处 *73*
中国国际电视总公司 *74*
中国电视报社 *75*
梅地亚电视中心有限公司 央视调查咨询中心 *76*
外事活动 *77～80*

2. 回 眸

一、党和国家三代领导人的关怀 1
二、中央电视台1955—1992年大事记 5
三、中央电视台历史上的"第一" 16
四、中央电视台机构沿革 17
五、中央电视台历届台长和副台长简介 19
六、历年中央电视台全国党代表、全国人大代表、全国政协常委及委员、全国总工会执委、全国青联委员、全国妇联委员、全国先进工作者、全国先进女职工、全国"三八"红旗手、全国十大杰出青年名录 23
七、中央电视台老同志名录
获得广电总局1998年颁发从事电视工作40年荣誉证书的老同志 24
获得中央电视台1998年颁发从事电视工作30～39年荣誉证书的老同志 24

3. 特 载

一、中央领导讲话
江泽民在全国宣传部长会议上的重要讲话 26
江泽民在全国对外宣传工作会议上强调要站在更高的起点上把外宣工作做得更好 27
朱镕基在《政府工作报告》中强调要实施"科教兴国"战略和可持续发展战略 发展新闻出版与广播影视事业 28
丁关根为纪念党的十一届三中全会20周年的理论研讨会发表文章强调要坚定不移地学好邓小平理论 29

二、中央领导对中央电视台工作的重要指示 31

三、广电总局领导讲话
做好广播影视工作 加强管理 为扶贫攻坚 促进"村村通"做贡献
——国家广播电影电视总局局长田聪明在全国宣传部长座谈会上的发言（摘要） 34
关于国家广电总局机关机构改革情况的通报
——国家广播电影电视总局副局长李树文在全国广播影视厅局长会议上的发言（摘要） 37
唱响主旋律 打好主动仗
——国家广播电影电视总局副局长吉炳轩在全国广播影视厅局长会议上的发言（摘要） 39
关于1999年广播电视事业的发展与改革工作
——国家广播电影电视总局副局长张海涛在全国广播影视厅

局长会议上的发言（摘要） 41

4．概　况

一、1999 年中央电视台十宗大事 43
二、1999 年中央电视台宣传工作概况 45
三、1999 年中央电视台技术工作概况 49
四、1999 年中央电视台党政工作概况 50
五、1999 年中央电视台经营工作概况 52

5．频道、栏目、节目、网站

一、1999 年中央电视台频道介绍
第一套节目（CCTV—1） 55
第二套节目（CCTV—2） 55
第三套节目（CCTV—3） 55
第四套节目（CCTV—4） 56
第五套节目（CCTV—5） 56
第六套节目（CCTV—6） 56
第七套节目（CCTV—7） 56
第八套节目（CCTV—8） 56
第九套节目（CCTV—9） 57

二、1999 年中央电视台栏目介绍
《早间新闻》 57
《滚动新闻》 57
《新闻 30 分》 58
《新闻联播》 58
《现在播报》 58
《晚间新闻》 58
《世界报道》 59
《时事纵横》 59
《焦点访谈》 59
《东方时空》 59
《实话实说》 59
《新闻调查》 60
《人民子弟兵》 60
《军事天地》 60
《军事报道》 60
《当代军人》 60
《军事百科》 60
《军营文化》 60
《中国武警》 61
《走军营》 61
《祝你成才》 61
《体育新闻》 61
《中国体育》 61
《体育大世界》 61
《世界体育报道》 61
《城市之间》 61
《康乐年华》 62
《足球之夜》 62
《健美五分钟》 62
《闻鸡起舞》 62
《纹枰论道》 62
《假日体育》 62
《周末体育回音壁》 62
《黑白世界》 62
《名将说牌》 62
《篮球公园》 63
《意甲》 63
《德甲》 63
《体育系列教学片》 63
《现场直播》 63
《体育商城》 63
《国内竞技场》 63
《实况录像》 63
《国际象棋》 63
《体育欣赏》 64
《卫星赛场》 64
《五环夜话》 64
《美能多体育大放送》 64
《全国足球甲 A 联赛》 64
《爱立信中国乒乓球擂台赛》 64
《摩托罗拉中国羽毛球天王挑战赛》 64
《全国男篮甲 A 联赛》 64
《中国排球联赛》 65
《夕阳红》 65
《田野》 65
《科技博览》 65
《走近科学》 65
《天天饮食》 66
《希望——英语杂志》 66
《再就业之友》 66
《电视讲座》 66
《外语教学》 66
《地方台 30 分》 66
《祖国各地》 67
《半边天》 67
《今日说法》 67
《当代工人》 67
《读书时间》 67
《健康之路》 67
《社会经纬》 67
《万家灯火》 68
《中华民族》 68
《美术星空》 68
《大风车》 68
《同一片蓝天》 68
《东方儿童》 68
《儿童剧场》 69
《芝麻开门》 69
《动画城》 69
《12 演播室》 69
《第二起跑线》 69
《综艺大观》 69
《旋转舞台》 69
《戏剧天地》 70
《戏剧博览》 70
《音乐电视城》 70
《戏曲采风》 70
《名段欣赏》 70
《戏苑百家》 70
《中国音乐电视》 70
《音乐桥》 71
《每周一歌》 71
《地方文艺》 71

《东西南北中》 71
《午间乐园》 71
《精彩十分》 71
《学唱京剧》 71
《戏曲直播》 71
《音乐空间》 72
《国乐飘香》 72
《影视同期声》 72
《影视俱乐部》 72
《交响世界》 72
《影视金曲》 72
《电视诗歌散文》 72
《八面来风》 72
《新视听》 72
《星光无限》 73
《精彩早知道》 73
《走进电视》 73
《演艺网站》 73
《音画时尚》 73
《曲苑杂坛》 73
《电视书场》 73
《文化视点》 73
《艺文手册》 74
《朋友》 74
《荧屏诗坛》 74
《神州大舞台》 74
《中国京剧音配像》 74
《正大综艺》 74
《正大剧场》 74
《环球》 75
《人与自然》 75
《国际影院》 75
《世界名著名片欣赏》 75
《原声影视》 75
《世界影视城》 75
《海外剧场》 75
《世界影视博览》 75
《世界各地》 75
《动物世界》 76
《世界文化广场》 76
《佳艺大世界》 76
《佳艺五线间》 76
《佳艺新视点》 76
《佳艺剧场》 76
《佳艺影院》 76
《外国文艺》 76
《中国新闻》 76
《粤语新闻》 77
《中国报道》 77
《中华医药》 77
《中国旅游》 77
《纪录中国》 77
《中国风》 77
《英语新闻》 78
《今日中国》（英语） 78
《一周中国要闻》（英语） 78
《环球瞭望》（英语） 78
《中国投资指南》（英语） 78
《中华艺苑》（英语） 78
《音乐电视》（英语） 79
《华夏风情》（英语） 79
《中国各地》（英语） 79
《功夫》（英语） 79
《厨艺》（英语） 79
《教汉语》（英语） 79
《电视剧场》（英语） 79
《周日话题》（英语） 79
《外国人看中国》（英语） 80
《东方家园》 80
《千秋史话》 80
《欢聚一堂》 80
《海峡两岸》 80
《天涯共此时》 80
《观众之友》 80
《华夏掠影》 80
《变化中的中国》 81
《中华文明之光》 81
《中国文艺》 81
《经济半小时》 81
《中国财经报道》 81
《世界经济报道》 81
《生活》 82
《商界名家》 82
《金土地》 82
《欢乐家庭》 82
《幸运 52》 82
《供求热线》 83
《商务电视》 83
《商桥》 83
《电视购物》 83
《广而告之》 84
《银幕采风》 84
《电视你我他》 84
《星火科技》 84
《中国人口》 84
《请您欣赏》 84
《农业教育与科技》 84
《精品赏析》 85
《收视指南》 85
《纪录片之窗》 86
《世纪回眸》 86
《科教片之窗》 85
《流金岁月》 85
《中国电影报道》 85
《边说边看》 85
《电影市场写真》 86
《电影大百科》 86
《佳片有约》 86
《今日影视》 86

三、1999 年中央电视台优秀节目介绍

纪录片《新中国》 86
系列报道《新闻联播·人民不会忘记》 86
《焦点访谈·亲历》 87
系列新闻片《共和国备忘录》 87
《新中国第一》 87
系列片《如歌岁月》 87
元旦升旗现场直播《走入一九九九》 87
“重庆綦江虹桥垮塌案”庭审直播 88
现场直播《穿越天门》 88
’99 云南昆明世界园艺博览会系列报道 88
《实话实说·感受坚强》 88
文献纪录片《李大钊》 89
系列报道《澳门万象》 89

《世纪龙腾——全国澳门知识竞猜》特别节目 89
《周日话题·澳门特首何厚铧专访》 89
系列专题片《民众评说“两国论”》 89
《台湾“9·21”大地震两岸寻亲热线》特别节目 89
《天涯共此时·十八罗汉归故里》 90
《为了绿色家园——’99 世界环境日》特别报道 90
《’99〈财富〉全球论坛·上海年会》特别报道 90
现场直播《1999·科技下乡》 90
系列片《商品的故事》 91
《共架七彩桥》特别节目 91
系列片《新中国科技 50 年》 91
《展望 21 世纪的科学——六位诺贝尔奖获得者和优秀青年学者共话未来 91
纪录片《百年科技启示录》 91
专题片《发现曾侯乙墓》 91
系列片《让生命永存——生物多样性保护与可持续发展》 92
系列专题片《青春中国》 92
《’99 国际大专辩论会》 92
专题片《新中国体育 50 年》 92
专题片《我是巴西的儿子，我以世界的名义一访阿维兰热》 93
系列专题片《铿锵玫瑰》 93
’99 春节晚会系列（3 台） 93
“心连心”艺术团慰问演出系列（5 台） 94
《江山如此多娇——中央电视台庆祝国庆 50 周年大型文艺晚会》 95
大型文艺晚会《祖国颂》 95
《正大综艺·西藏民主改革 40 周年》特别节目 95
《第二届中国京剧艺术节开幕式暨’99 新年京剧晚会》 95
《五洲风——1999 中英语双语元旦晚会》 96
《第三届国际京昆票友电视大赛颁奖晚会》 96
《世纪之花——’99“六一”晚会》 96
电视连续剧《开国领袖毛泽东》 96
电视连续剧《牵手》 96
电视连续剧《雍正王朝》 97
电视连续剧《中国命运的决战》 97
电视连续剧《昆仑女神》 97
电视连续剧《李克农》 97
系列动画片《西游记》 97

四、中央电视台网站介绍 98

6. 专 辑

一、中央电视台对国庆 50 周年的宣传报道
国庆 50 周年宣传工作总结 100
直播庆典 艺术展现 103

二、中央电视台对澳门回归的宣传报道
中央电视台澳门回归电视宣传总结 105

三、中央电视台对以美国为首的北约集团袭击中国驻南使馆事件的宣传报道
坚决贯彻中央指示精神 搞好突发事件的电视宣传 109
关注科索沃
——近期新闻类节目收视情况分析 111

四、中央电视台对揭批李洪志及邪教“法轮功”的宣传报道
新闻节目中心揭批“法轮功”宣传报道小结 112
全面投入揭批“法轮功”的报道战役 114

五、中央电视台对揭批李登辉“两国论”的宣传报道
新闻节目中心报道情况 115
海外节目中心报道情况 116

六、中央电视台对喜迎新千年的宣传报道
《相逢 2000 年》特别节目报道综述 117

7. 机 构

1999 年中央电视台机构设置
编委会 120
技委会 120
行管会 120
分党组纪检组、监察室 120
台办公室 121
秘书处 121
法规处 121
保卫处 121
外事处 121
行政处 122
房管处 122
总编室 122
宣传规划处 122
节目播出管理处 122
节目资料管理处 122
观众联系处 123
研究处 123
审片组 123
新闻节目中心 123
综合部 123
新闻采访部 123
社会新闻部 123
地方新闻部 124
新闻编辑部 124

新闻评论部 124
新闻制作部 124
军事部 124
海外节目中心 124
海外联络部 125
海外新闻部 125
海外专题部 125
海外编辑部 125
对台编辑部 125
外语新闻部 125
外语专题部 125
海外制作部 126
社教节目中心 126
综合部 126
专题部 126
科教部 126
纪录片部 126
文艺节目中心 127
综合部 127
文艺部 127
国际部 127
影视部 127
戏曲音乐部 127
广告经济信息中心 127
综合部 128
广告部 128
经济部 128
信息部 128
图文电视部 128
体育节目中心 128
综合部 128
体育新闻部 129
体育竞赛部 129
青少节目中心 129
综合部 129
青年部 129
少儿部 129
动画片部 129
技术管理办公室 129
技术业务处 130
科技处 130
工程管理处 130
信息通讯处 130
动力处 130
技术制作中心 131
综合部 131
采录部 131
制作部 131
录制部 131
音频部 131
动画技术部 132
播出传送中心 132
综合部 132
播出部 132
转播部 132
传送部 132
总控部 133
人事办公室 133
干部管理处 133
劳动工资处 133
培训职称处 133
离退休人员管理处 133
财经办公室 133
计划统计处 134
财务处 134
财产物资处 134
经营管理处 134
基建处 134
演职培训处 134
机关党委 134
党委办公室 135
纪委 135
工会 135
团委 135
审计处 135
中国电视报社 135
中国电视剧制作中心 136
中央新闻纪录电影制片厂 136
北京科学教育电影制片厂 137
中央卫星电视传播中心 138
中国国际电视总公司 138
中国广播电视国际经济技术合作总公司 138
中视实业发展有限责任公司 138
中视电视技术开发公司 138
北京金视光盘有限公司 139
中国电视节目代理公司 139
节目制作（部）公司 139
央视调查咨询中心 139
无锡中视影视基地股份有限公司 139
中视演艺中心 140
中国国际电视总公司上海分公司 140
中国国际电视总公司西北分公司 140
深圳中视国际电视公司 140
中国国际电视总公司电视画廊分公司 140
中视形象设计制作分公司 140
中视卫星传送分公司 140
中国国际电视总公司体育推广分公司 140
北京视澜广告有限公司 140
北京未来广告公司 141
中视电视购物有限公司 141
北京金手杖电视服务公司 141
中央电视台南海影视城 141
梅地亚电视中心有限公司 141
电影卫星频道节目制作中心 141

8. 工作会议和研讨会

一、全国性电视工作会议
中国广播电视学会电视学研究委员会第三届代表大会 142
'99全军电视军事宣传工作年会 142
'99中央卫星电视传播中心代理工作会议 143
'99全国电视对外宣传选题规划会 143
中国广播电视学会对外宣传研究委员会成立大会 144
第八届亚广联儿童电视节目交换会议 144

'99 农村用户发展现场会议 145
中国电影电视技术学会照明技术交流会 145
中央卫星电视传播中心代理省厅管理工作会议 145
全国省级暨计划单列市电视台总编室主任工作会议 146
'99国际卡通暨少儿节目博览会 146
第四届全国电视美术交流会 146

二、全国性理论和业务研讨会

首届全国体育播音员、主持人业务研讨会 147
'99 全国音乐电视研讨会 147
'99 国际少儿电视节目研讨会 147
第五届全国影视节目声音学会奖评选会 147
首届全国电视诗歌散文研讨会 148
全国电视理论期刊研讨会 148
纪录片部选题规划暨业务研讨会 148
第五届全国影视节目声音学会颁奖暨影视声音技术研讨会 149
中国广播电视学会受众研究会电视部研讨会 149
'99中国广播电视学会电视科技教育节目评奖暨研讨会 149
电视产业经营与节目创新研讨会 150
'99电视媒体计算机技术应用研讨会 150
“迈入 2000 年”国产动画制作观摩研讨会 150
'99 北京数字电视技术研讨会 151

三、中央电视台工作会议和研讨会

国庆 50 周年“中国电视周”策划研讨会 151
'99 设备购置项目审查会 151
中央电视台 1999 年工作会议 151
中央电视台 1998 年工作总结表彰大会 152
中央电视台'99 反腐败工作会议 152
电视传媒在信息社会中的发展趋势研讨会 153
广告经营研讨会 153
中央电视台 1999 年年中工作会议 153
品牌经营与中央电视台广告投放策略研讨会 154
揭批“两国论”电视报道研讨会 154
大型历史剧《战国》研讨会 154
1999 年《精品赏析》举办系列赏析和研讨活动 154
计算机 2000 年问题技术保障会议 155
澳门回归电视报道总结表彰大会 155

9. 观众调查

1999 年中央电视台观众调查研究工作综述 156
1999 年中央电视台节目收视情况年度报告 157
1999 年中央电视台观众来信综述 166
1999 年《中国电视报》读者来信综述 171
中央电视台观众满意度调查年度报告（1999 年度） 172
从观众中来到观众中去——中央电视台五城市观众座谈会总结 175

10. 新技术装备

数字移动传输新技术 180
VPG8000 光端设备 181
六讯道高清晰度电视转播车 182
1999 年微波中心机房 183
国庆 50 周年庆典高清晰度电视转播试验 183
数字化多用途录音棚系统 184
全数字非线性译配录音系统 185
大型活动现场直播信号传输系统 186
1000 平方米演播室系统数字化改造 186
1000 平方米演播室装备直播型数字调音台 187
1000 平方米演播室灯光设备 188
国庆 50 周年庆典高清晰度电视转播试验设备配置 188

11. 对香港、澳门特别行政区及台湾地区交流与合作

1999 年对香港、澳门特别行政区及台湾地区交流与合作大事记 190

12. 对外交流与合作

一、对外交流与合作综述 191
二、对外宣传 193
三、1999 年对外交流与合作大事记 194

13. 专　论

一、论文摘要

增强政治意识 大局意识 责任意识 为改革开放和社会主义现代化建设服务 赵化勇 199
百年大计 质量为本——中央电视台加强基本建设项目管理的几点意见 刘宝顺 202
铸造现代电视新闻理念 李东生 204
90年代我国电视对外宣传的突破性进展 张长明 207
尽快建立我国地面数字电视广播网 何宗就 209
从1999年“两会”报道看电视外宣工作的新特点 赵宇辉 阎天颖 210
回眸中央电视台国庆50周年庆典直播报道 唐世鼎 211
从《焦点访谈》看舆论监督的指向 孙 杰 212
谈新中国文献纪录片的创作 傅红星 213
《社会经纬》改版后法制专题节目的定位 黄海星 214
浅谈栏目优势 李长荣 215
论科教节目的重要性 王元林 216
电视与科学普及 马伟平 217
电视节目要精心设计结构 张 悦 218
国产电视剧发展概观 张大勤 219
论电视剧的选材 于振铎 220
浅议影视剧的可视性 张 哲 221
谈谈电视剧的录音 辛敏成 223
电视服务类栏目的观众分析、定位及选题 任达清 224
尽快完善制片队伍 韩 扬 225

二、论点摘编

电视“关注人”的革命 226
直播庆典 艺术展现 226
主持人要讲自己的真实感受 227
《现在播报》的成功与不足 227
关于舆论监督几个可借鉴的原则 227
横断学科群围绕信息的“整合”思考 228
构建中国电视媒体产业的新框架 228
塑造好人物 写好人物命运 228
面对变化中的观众需求 229

14. 文章篇目辑览

电视事业与管理 230
电视新闻 231
电视专题 231
电视文艺 234
电视播音与主持人 236
电视技术 236
其他 237

15. 电视书、报、刊及音像出版物

一、1999年中央电视台编辑出版新书选介

《20年记忆——改革开放20年人物志》 239
《记录历史的瞬间——中央电视台国庆50周年宣传报道纪实》 239
《目击历史——〈新闻调查〉幕后的故事》 239
《20年巨变》 240
《20年·20人》 240
《相聚在党旗下》 240
《焦点的变迁——〈焦点访谈〉改革开放20周年特别报道》 240
《聚焦〈焦点访谈〉》 240
《焦点访谈》系列丛书 240
《图说<焦点访谈>》(一、二) 241
《綦江虹桥垮塌案审判实录》 241
《澳门万象》 241
《让世界了解中国——电视对外报道40年》 241
《中央电视台'98抗洪报道回眸》 241
《世纪之辩》 242
《电视制片人的现状与发展前景》 242
《电视综艺节目特色与走向》 242
《财富对话》 242
《五环夜话——话里画外》 242
《商界名家》 242
《话筒前》 243
《时局——以中国人的视角看世界》 243
《走近科学》 243
《实用电视新闻理论》 243
《中央电视台年鉴(1999)》 243
《电视与儿童》 244
《1999年电视对外宣传优秀论文选》 244
《1987年中央电视台新闻目录》 244
《中国先秦服饰艺术》 244

二、1999年中央电视台编辑出版的其他新书目录

《天天饮食》 244
《亚洲金融风暴》 244
《在路上》 244
《电视纪录片论语》 245
《青春与未来》 245
《商务调查》 245

三、1999年中央电视台报刊选介

《中国电视报》 245
《电视研究》 245
《工作日报》 245
《中央电视台简报》 245
《电视信息》 246
《电视生活报》 246
《业务交流》 246
《党内通讯》 246

《梅地亚报》 246
《中国国际电视总公司工作简报》 247
《科影通讯》 247
《广告资讯》 247
《国际日报·中国电视》 247
《国内外电视动态》 247

四、1999年中央电视台音像出版物选介
《开国领袖毛泽东》 248
《伟大的旗帜》 248
《中国1949》 248
《五十年·人民的记忆》 248
《阅兵·游行·焰火晚会》 248
《新中国第一》 248
《上下五千年》 249
《共和国部长专访》 249
《新中国舞台影视艺术精品选》 249
《中国电视周》 249
《新闻调查——硝烟中的霸权》 249
《紫禁城》 249
《西藏风云》 250
《丝绸之路》 250
《学科大观》 250
《让生命永存——生物多样性保护与可持续发展》 250
《敦煌》 250
《猫咪小贝》 250
《种子正传》 251
《基督山伯爵》 251

五、1999年中央电视台其他音像出版物目录 251

六、1994—1998年中央电视台部分图书音像出版物目录 252

16. 规章制度选载

关于印发《中央电视台关于党风廉政建设责任制的规定》的通知 258
中央电视台关于党风廉政建设责任制的规定 258
关于印发《中央电视台公文处理办法》的通知 261
中央电视台公文处理办法 261
关于调整节目经费中餐费等四项费用使用比例的规定 265
中央电视台职工出国（境）探亲、访友、旅游暂行规定 265
中央电视台职工出国（境）探亲、访友、旅游注意事项 266
中央电视台常驻国（境）外机构、人员管理暂行办法 266
关于下发《合同管理补充规定》和《合同管理补充规定实施细则》的通知 267
合同管理补充规定 267
合同管理补充规定实施细则 268

17. 获奖·表彰

一、新闻类
第九届（1999年）中国新闻奖中央电视台获奖名录 270
中国广播电视新闻奖1998年度电视新闻奖中央电视台获奖名录 270
中国广播电视新闻奖1998年度电视社教节目奖中央电视台获奖名录 271
'97～'98对外电视节目“中国彩虹奖”中央电视台获奖名录 271
第九届（1999年）宣传人民代表大会制度好新闻奖中央电视台获奖名录 273
第八届宣传中国共产党领导的多党合作和政协好新闻奖中央电视台获奖名录 273
全国社会治安综合治理好新闻1998年度电视奖中央电视台获奖名录 273
第五届（1999年）中国人口新闻奖中央电视台获奖名录 274
第五届中国残疾人事业好新闻奖中央电视台获奖名录 274
全国“五一”好新闻奖（1998年度）中央电视台获奖名录 274
第五届（1998年度）“五四”好新闻奖中央电视台获奖名录 274
第五届（1999年度）金盾新闻奖中央电视台获奖名录 275
首届中国科技新闻奖中央电视台获奖名录 275
'99全国十大产品质量新闻奖中央电视台获奖名录 275
'99水利好新闻奖中央电视台获奖名录 275
'99林业好新闻奖中央电视台获奖名录 275
'98中华环保世纪行组织奖中央电视台获奖名录 276
中华环保世纪行先进集体、先进个人优秀奖中央电视台获奖名录 276
全国环保好新闻先进集体奖中央电视台获奖名录 276
第九届（1999年）全国杜邦杯环境好新闻奖中央电视台获奖名录 276
首届梁希好新闻奖中央电视台获奖名录 276

二、文艺类
第十九届（1998年度）全国电视剧“飞天奖”中央电视台获奖名录 276
第十三届（1998年度）全国电视文艺“星光奖”中央电视台获奖名录 279
第十七届（1999年）中国电视

“金鹰奖”中央电视台获奖名录 282
第十一届全军电视“金星奖”中央电视台获奖名录 284
第七届中国人口文化奖中央电视台获奖名录 284
首届中国“百佳电视艺术工作者”中央电视台获奖名录 285
第七届中宣部“五个一工程”奖中央电视台获奖名录 285
中国广播电视学会’99老年专题节目奖中央电视台获奖名录 285
第五届法制题材电视节目“金剑奖”中央电视台获奖名录 285
第五届中国广播电视学会法制节目奖中央电视台获奖名录 285

三、电影类

第十九届（1998年度）中国电影“金鸡奖”中央电视台获奖名录 286
第十九届（1998年度）中国电影“华表奖”中央电视台获奖名录 286
第八届中国电影青年优秀纪录片奖中央电视台获奖名录 286

四、综合类

第四届“金话筒”电视节目主持人中央电视台获奖名录 287
首届（1999年）中国新闻名专栏奖中央电视台获奖名录 287
1999年中国广播电视学会播音与主持作品奖中央电视台获奖名录 287
1999年播音学研究委员会第十一届优秀播音与主持作品奖中央电视台获奖名录 287
1999年中国播音与主持作品奖中央电视台获奖名录 287
第五届全国影视节目声音学会奖中央电视台获奖名录 287
第六届（1999年）全国优秀科技音像制品奖中央电视台获奖名录 288
1999年中国广播电视学会科技教育节目奖中央电视台获奖名录 288
1999年中国广播电视学会经济节目奖中央电视台获奖名录 288
’99地球奖中央电视台获奖名录 289
第五届（1998年度）中国电视纪录片学术奖中央电视台获奖名录 289
第三十六届广播电视节目奖中央电视台获奖名录 289
首届精神文明建设“金鼎影视奖”中央电视台获奖名录 289
1999年中央电视台优秀栏目、优秀节目获奖名录 289
1999年中央电视台电视节目技术优质奖名录 292
1999年中央电视台安全播出奖名录 292
1999年中央电视台优质工程奖名录 292
1999年中央电视台技术维护奖名录 292
1999年中央电视台优质管理服务集体奖名录 293

五、文稿类

新中国新闻事业50年百篇优秀论文奖中央电视台获奖名录 294
第六届全国广播电视学术论文奖中央电视台获奖名录 294
第九届中国新闻论文奖中央电视台获奖名录 294
第十届（1999年）播音学研究委员会优秀论文奖中央电视台获奖名录 295

六、国际类

1999年中央电视台在国际评奖中获奖名录 295
第四届（1998年）中国国际新闻奖中央电视台获奖名录 295

七、表彰类

1999年中央电视台获得荣誉称号和立功名录 296
1999年荣获中央电视台先进集体、先进个人名录 296
1998～1999年荣获中央电视台先进党支部、优秀党员、优秀党员领导干部、优秀党务工作者名录 299

18. 人　物

一、享受政府特殊津贴人员名录（1999年评定） 300
二、正高级专业职务人员名录（1999年评聘） 300
三、副高级专业职务人员名录（1999年评聘） 300
四、人物志（1999年在职的副局级以上干部和正高级专业职务人员）
赵化勇 301
刘宝顺 302
李东生 302
张长明 302
刘宜勤 302
罗　明 302
胡　恩 302
何宗就 302
陈　君 303
贾文增 303
邵昌有 303
赵立凡 303
张华山 303
王伟国 303
方进基 303

李　建　303
李培森　304
吴达审　304
李晓明　304
李旋宗　304
刘广全　304
南玉敏　304
孙玉胜　304
王晞建　304
许二春　305
阎连俊　305
余培侠　305
赵宇辉　305
张海鸽　305
丁文华　305
高长龄　305
程　宏　306
王　录　306
张复华　306
陆善家　306
周　经　306
徐　起　306
胡运芳　306
缪署金　306
张　宁　306
敬一丹　306
高　军　307
刘效礼　307
张玉山　307
李小萍　307
康　平　307
袁正明　307
张长江　307
杨宪文　307
韩金度　307
李瑞英　308
邢质斌　308
侯明古　308
王建宏　308
董石才　308
李海明　308
房纪庆　308
吕　斌　308
吴明训　308
拉　白　308
郎　昆　309
高丽萍　309
迟连方　309
王晓明　309
李近朱　309
盛亦来　309
张　丹　309
王有才　309
崔雁敏　309
冯　云　310
邢京和　310
魏　斌　310
丁俐丽　310
李　娟　310
赵德珍　310
杜长彬　310
程仁沛　310
贾廷安　310
王光龙　310
王　青　311
王进友　311
陈　铎　311
童　宁　311
李　凯　311
张金鹏　311
孙素平　311
段忠应　311
赵　安　311
邹友开　311
赵忠祥　312
张子扬　312
种荣茂　312
孟　欣　312
王　晓　312
冯万友　312
张晓海　312
倪　萍　312
尹希元　312
吴　珊　312
袁德旺　313
白志群　313
马国力　313
宋世雄　313
佟占武　313
冯一平　313
师旭平　313
岑传理　313
王明玉　313
李金熔　313
高　峰　314
潘　超　314
张小军　314
卞美瑾　314
张　敏　314
徐　威　314
吕大庆　314
孙长庚　314
李小沛　314
朱宽涛　314
李　勇　315
李秀增　315
李国燚　315
谢丽虹　315
韩素真　315
李功达　315
陈爱民　315
陆天明　315
周　锴　315
白智运　315
李一丁　316
潘小扬　316
张绍林　316
蔡晓晴　316
周　寰　316
潘　霞　316
朱一民　316
沈好放　316
金　萍　316
杨　阳　316
蒋耀玢　317
陈道明　317
章金莱　317
蔡龙西　317
王东明　317

陈谷华 317
吴继尧 317
陈若愚 317
郭　严 317
田盛华 317
姚大禹 318
曹小卉 318
李伟民 318
王盟盟 318
王鲁彬 318
次　登 318
陈泽人 318
张福全 318
于立华 318
姜英杰 318
刘为光 318
徐楚德 319
张舜琦 319
邵振堂 319
凌嘉陵 319

19. 统　计

一、电视事业发展概况

全国电视事业发展概况 320
中央电视台事业发展概况 321

二、中央电视台业务建设概况

1999年中央电视台各类节目播出时数及构成比例 322
1999年中央电视台各套节目播出时数一览表 322
中央电视台1990～1999年电视节目播出时间比较 322
中央电视台1990～1999年播出事故率比较 323
1996～1999年中央电视台节目录制情况对照表 323
1999年中央电视台第一、二套节目全国平均收视率排名 324
1999年中央电视台第五套节目全国收视率排名 330
1999年中央电视台第八套节目全国收视率排名 330
1999年中央电视台制作（含合拍）电视剧一览表 330
1999年中央电视台播出电视剧一览表 332
1999年中央电视台一、二、八套节目黄金时段电视剧播出一览表 338
1999年中央电视台译制片播出一览表 340
1999年中央新闻纪录电影制片厂制作和播出纪录片一览表 347
1999年中央新闻纪录电影制片厂制作和播出《名段欣赏》一览表 349
1999年北京科学教育电影制片厂制作和播出《科教片之窗》节目一览表 352
1999年中央电视台首播中国电视剧制作中心电视剧一览表 353
1999年中央电视台重播中国电视剧制作中心电视剧一览表 354
1999年中央电视台新闻节目大型直播活动统计表 355
1999年中央电视台“心连心”艺术团慰问演出活动一览表 356
1999年中央电视台大型文艺晚会播出(直播、录播)一览表 357
1999年中央电视台经费收支概况一览表 359

三、中央电视台队伍构成概况

1999年中央电视台各系统在职人员人数统计 359
1999年中央电视台在职人员各类专业技术职务统计 359
1999年中国电视剧制作中心在职人员各类专业技术职务统计 360
1999年中央新闻纪录电影制片厂在职人员各类专业技术职务统计 361
1999年北京科学教育电影制片厂在职人员各类专业技术职务统计 362

20. 大事记

1999年中央电视台大事记 363

21. 附　录

1999年中央电视台驻港、澳记者名录 381
1999年中央电视台驻外记者名录 381
1999年中央电视台（1—8套）节目播出时间表 382
1999年中央电视台第一、二、三、四、七套广告价目表 399
1999年中央电视台体育频道（CCTV—5）广告价目表 401
1999年中央电视台电影频道（CCTV—6）广告价目表 402
1999年中央电视台电视剧频道（CCTV—8）广告价目表 403
《中国中央电视台年鉴（2000）》特约编辑名录 404
《中国中央电视台年鉴（2000）》资料员名录 404

22. 索　　引

数字索引 406
英文字母索引 407
汉语拼音索引 408

CCTV 2000 YEARBOOK

Contents

1. Pictures
2. Review to chronicle
3. Specials
4. General Descriptions
5. Introduction to Regular Programs and E-mail
6. Document of Certain Special Events
7. Organizational Structure
8. Working Conferences and Seminars
9. Ratings and Audience Surveys
10. New Technology and Appliances
11. Exchange and Cooperation with HKSAR, Macao and Taiwan TV Organizations
12. Exchange and Cooperation with TV Stations of Other Countries and Regions
13. Theses
14. Index of Theses
15. Publications and Audio-Video Products
16. A Selection of CCTV Rules and Regulations
17. Competitions and Awards
18. Who' s who at CCTV
19. Statistics
20. A Chronicle of Significance Events
21. Appendices
22. Index

2. 回 眸

一、党和国家三代领导人的关怀

1964 年 12 月，毛泽东主席为北京电视台(中央电视台前身)题写的台名

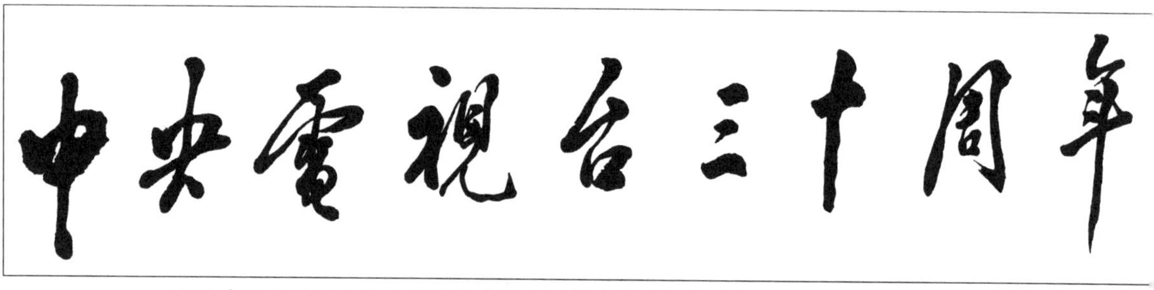

1988 年 5 月 11 日，中央军委主席邓小平为中央电视台建台 30 周年题词

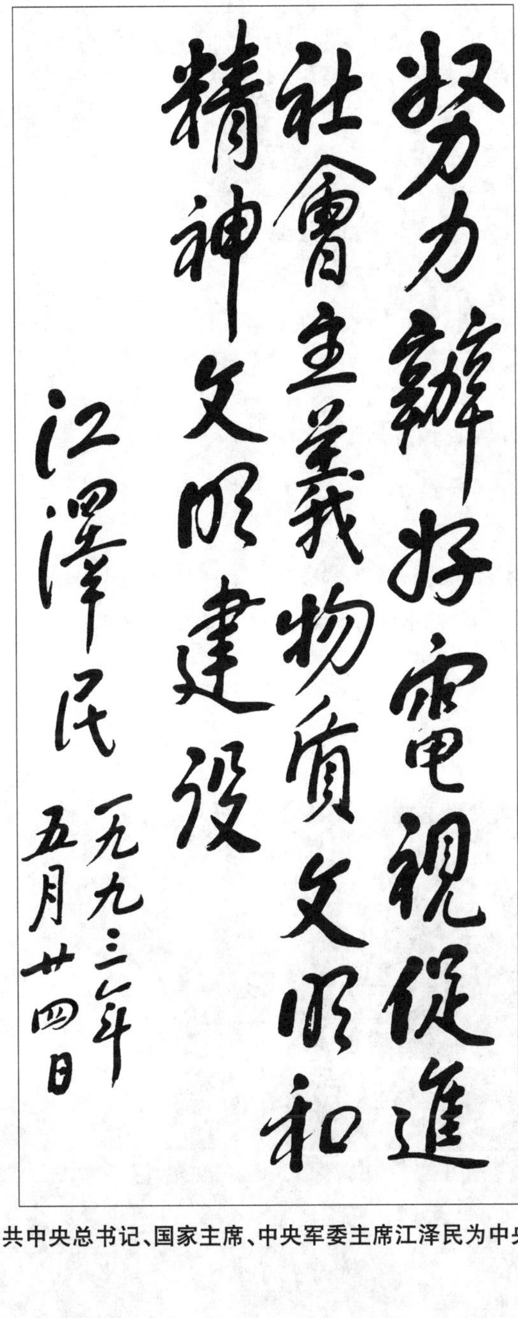

1993 年 5 月 24 日，中共中央总书记、国家主席、中央军委主席江泽民为中央电视台建台 35 周年题词

邓小平与中央电视台记者亲切握手

1997 年 12 月 28 日，中共中央总书记、国家主席江泽民
为 1998 年元旦发表讲话录像后，与广电部领导、中央电视台记者合影。

二、中央电视台1955－1992年大事记

(按:1994年开始出版《中央电视台年鉴》,对1993年以后各年度的大事均有记录。现将中央电视台从1955年到1992年的大事补记如下。)

1955年

2月5日 中央广播事业局为在北京建立中等规模电视台向国务院二办写了报告。周恩来总理2月12日批示:“将此事一并列入文教五年计划中讨论。”

1957年

8月17日 中央广播事业局党组决定设立北京电视实验台筹备机构。要求于1958年5月1日实验广播。实验筹备工作由李伍领导,罗东任筹备处主任,孟启予、胡旭任副主任。8月,北京广播器材厂开始试制电视发射和播送系统设备。

8月,筹建机构的9位同志(全部是共产党员)成立了北京电视台第一个党小组。

12月15日 北京电视台筹备处负责人罗东、孟启予等组成中国电视代表团出访苏联和民主德国,学习办电视的经验。

1958年

4月29日 中央广播事业局党组在给中央宣传部、国务院并转党中央的报告中提出:北京电视台应根据自己的工作特点,担负起宣传政治、传播知识和充实群众文化生活的任务。

5月1日 中国第一座电视台——北京电视台开始实验广播。

5月8日 北京电视台第一次播送外国电视节目——民主德国为庆祝五一国际劳动节和中国第一座电视台开始实验广播寄来的贺词和电视新闻片。

6月1日 北京电视台第一次播出自己摄制的新闻片“中共中央机关刊物《红旗》杂志创刊”。

6月8日 北京电视台第一次播送电视讲话。讲话人是河南省封丘县应举农业生产合作社主任崔希贤。

6月15日 中央广播实验剧团在北京电视台演出了中国第一部电视剧——《一口菜饼子》。内容是反映解放前人民的悲惨生活,告诉人们要珍惜粮食,注意节约。这部电视剧是直播的,当时还没有正式演播室。

6月19日 北京电视台转播“八一”男女篮球队同北京男女篮球队的表演赛。这是中国电视史上第一次体育比赛实况转播。

6月26日 北京电视台首次在剧场进行现场实况转播,内容是革命伤残军人演出的文艺节目。

8月22日 中共中央宣传部批复中央广播事业局:“同意出版《电视节目报》周刊”。

9月2日 北京电视台经过4个月实验广播,正式开播。

9月4日 北京电视台播出反映工人邱财康英雄事迹的电视剧《党救活了他》。这是我国第一部专为电视创作的电视报道剧。

10月1日 北京电视台播出自己当天摄制的在天安门广场举行国庆大典的新闻片,片长20多分钟。

11月2日 北京电视台开始播出口播新闻节目,名称为《简明新闻》。这是电视新闻的又一形式,每次5分钟,由中央人民广播电台新闻部供稿。

12月15～20日 中央广播事业局在北京召开全国电视台基建工作座谈会。会议研究了电视事业的发展方针、发展规划和技术方案以及我国电视台基本建设中的关键问题。

1958年 试制成功1千瓦图像发射机1部,500瓦伴音发射机一部,播送室低周控制设备1套,摄像机7架,为电视台建设作了必要的物质准备。

1959年

2月19日 周恩来、陈毅、薄一波、习仲勋等

视察新建成的广播大楼，参观了电视播送室、中控室、播音室等技术设施，并听取了广播电视工作情况的汇报。

1959 年 4 月 18 日 北京电视台第一次直播周恩来总理在第二届全国人民代表大会第一次会议上作《政府工作报告》的实况。

5 月 1 日 北京电视台首次在天安门广场转播首都各界人民庆祝五一国际劳动节大会和群众游行实况。

5 月 15 日 北京电视台和文字改革委员会开始联合举办《汉语拼音字母电视教学讲座》。这是我国的第一个电视教育节目。

9 月 12 日 周恩来总理视察北京电视台。

10 月 19 日 刘少奇主席到中央广播事业局视察工作，表扬了生产电视设备和建设电视台的工作人员，指出下一步应该搞彩色电视。

同年 朱德同志、刘少奇同志视察北京电视台。

同年 中共北京市委文教书记邓拓首次召集会议，商讨筹备成立北京电视大学问题。

同年 越南领导人胡志明到北京电视台参观。

1960 年

1 月 1 日 北京电视台试行固定节目时间表，设置了新闻、少儿、文教、科技、体育爱好者、祖国各地、故事影片等十几个专栏节目。

同日，北京电视台第一次向国外赠送祝贺新年的节目，分送给东欧以及拉美一些国家。

3 月 8 日 北京电视台和北京市教育局联合开办的北京电视大学开学。这是一所进行系统知识教育的业余大学，是我国电视教育事业的开端。

5 月 1 日 北京电视台彩色电视实验成功。

11 月 4 日 北京电视台播送周恩来总理 6 月 5 日同英国记者费利克斯·格林的电视谈话。英国广播公司在 11 月 3 日播送了这部电视片。

12 月 北京电视台成立第一届党总支委员会，孟启予任总支书记，全台共有党员 46 名。

1961 年

1 月 5～14 日 北京电视台派记者随同由周恩来总理率领的中国政府友好代表团访问缅甸。这是北京电视台第一次派记者报道国家领导人的出访活动。

4 月 4 日 北京电视台在北京转播中国历史上第一次举办的世界性体育比赛——第二十六届世界乒乓球锦标赛。北京电视台首次向联邦德国、巴西、澳大利亚等国出售电视片。

5 月 9 日 周恩来总理和邓颖超晚上到北京电视台演播室观看河北梆子剧团演出的《杜十娘》。

1962 年

1 月 25 日 梅益应英联邦国际新闻影片公司经理柯尔邀请赴英，商谈交换电视新闻片的问题。

1963 年

4 月 刘少奇主席对印度尼西亚、缅甸进行友好访问，北京电视台派两名记者随行采访拍摄电视新闻片。

9 月 1～10 日 以中央广播事业局副局长左漠野为团长的中国电视代表团参加在阿联（埃及）亚历山大港举行的第二届国际电视节。中国影片《金小蜂与红铃虫》获科教片二等奖，这是中国首次参加国际性电视节。

1964 年

1 月 5 日 中共中央、国务院转发的教育部七年规划要点中提到要“有计划地发展一些广播电视学校”。

5 月 9～29 日 北京电视台和天津电视台用微波线路互传节目试验成功。

8 月 14 日～9 月 11 日 以北京电视台副台长戴临风为团长的中国电视代表团一行 3 人到开罗参加阿联第三届国际电视节，带去的科教片《对虾》被评为科教片二等奖。

9 月 15 日 北京电视台第一次正式通过微波线路向天津电视台传送节目。

11 月 2 日 北京市人民委员会任命吴晗为北京电视大学校长。

12 月 毛泽东主席为北京电视台题写台名。

1965 年

6 月 15 日～7 月 19 日 以梅益局长为团长的中国广播电视代表团访问日本。

12 月 9 日 《人民日报》发表毛泽东、刘少奇等党和国家领导人为我国人民广播事业创建 20 周年的题词。

1966 年

1 月 北京电视台首次使用黑白录像设备制作节目。

2 月 北京电视台军事组正式成立。该组受总政治部与电视台双重领导，宣传业务暂归新闻部。

3 月 27 日～4 月 2 日 周恩来总理 3 次到中央广播事业局视察，对广播、电视工作作了重要指示。

5 月 北京电视台的黑白电视节目通过微波线路（途经太原）传送到西安。

9 月 2 日 北京电视台党总支向中央广播事业局党委呈送报告，要求成立电视台临时党委。局党委做出决定，同意电视台成立临时党委，徐国盛任书记，周凡、戴临风任副书记。全台党员增至 106 人。

12 月 31 日 中央广播事业局给中央宣传部写了“关于停止电视播出的请示报告”。停播理由是，电视观众大部分投入“文化大革命”，专业文艺团体已停止演出，缺乏节目来源。

1967 年

1 月 2 日 北京电视台播放通知：从 1 月 3 日起除重大政治事件和重要节日仍将播出外，在一个时期内暂时停止一般性的电视节目播出。

1 月 6 日 北京电视台暂停播出。

2 月 4 日 北京电视台在停播近一个月后播出第一次节目。

12 月 12 日 中央广播事业局实行军事管制。毛德厚为驻北京电视台军代表。

1968 年

1 月 北京电视台月坛发射台建成。发射功率为 10 千瓦，有效发射半径 60～80 公里。

1969 年

3～6 月 北京电视台派出记者到珍宝岛前线采访，同时派出两名记者赴新疆前线采访。

4 月 17 日 周恩来总理在审看“九大”新闻片时说：“你们的电视节目粗糙，要严肃、要活泼、要扎实。”“编辑要动脑筋编好，质量要高一点。”

1970 年

1 月 16 日～2 月 1 日 全国电视专业会议在北京举行。这次会议是由中央广播事业局、第四机械工业部、中国人民解放军通信兵、国家电信总局联合召开的。会议确定集中主要技术力量研制彩色电视，并适当发展黑白电视。

3 月 北京电视台决定：（1）为确保安全播音，成立电视宣传把关小组，负责审看所有播出的节目，认真把好政治关。（2）经中央和天安门翻修工程指挥部批准，同意在天安门城楼上安装电视遥控摄影和遥控摄像设备。（3）为让中央领导人能在天安门城楼上看到电视播出，天安门指挥部责成北京电视台协助解决制作 4 架坐地式电视接收机。（4）经批准，北京电视台决定在北京中山公园修建彩色电视机房。

8 月 16 日 周恩来总理就实况广播朝鲜乒乓球队同我乒乓球队比赛一事指出：“告诉广播电台、电视台，注意不要只讲我们，把人家放在一边。”

9 月 25 日 北京电视台制订《1971 年～1975 年发展规划（草案）》。计划在 1971 年至 1975 年内大力发展彩色电视，同时适当发展黑白电视。

10 月 北京电视台的节目传送范围从 1969 年前的天津、河北、山西、陕西 4 省及直辖市扩大到湖北、辽宁、河南、山东、湖南、安徽、浙江、江苏、四川、江西、广东等 15 个省、直辖市。

1971年

5月1日 北京电视台通过微波干线将“五一”焰火晚会的实况传送到20个省、自治区、直辖市。

8月8日 北京电视台开始不定期播出国际新闻节目。

11月22日 北京电视台从即日起每次电视节目开始时，播用毛泽东主席手书的“北京电视台”台标。

1972年

2月 北京电视台协助美国三大广播公司通过卫星转播美国总统尼克松访华活动的电视节目。这是首次从中国通过国际卫星向世界发送电视报道。

8月18日 美国全国广播公司电视摄影队来我国拍摄了《故宫》等节目。这是我国接待的来自美国的第一个大型电视摄影队。

1973年

5月1日 北京电视台开始彩色电视试播，每周播出4次。

10月1日 北京电视台彩色电视节目正式播出。

10月21～27日 北京电视台转播武汉电视台通过微波向北京传送的电视节目。这是我国第一次通过微波从外地向北京传送节目。

1974年

4月4日 邓小平副总理率领我国政府代表团出席联合国大会第六届特别会议。北京电视台记者随团采访。

10月1日 北京电视台彩色电视经过一年的播出实验，当日正式播出。

1975年

1月 北京电视台由过去向全国各省、自治区、直辖市交叉传送黑白和彩色节目改为全部传送彩色节目。

9月5～21日 以王枫为团长的中国电视代表团一行5人前往南斯拉夫访问。

同年 全国有26个省、自治区、直辖市相继使用微波干线收转北京电视台节目，并可向北京回传部分节目（西藏、新疆、内蒙古除外），初步形成了全国电视广播网。

1976年

1月9日 周恩来总理1月8日逝世。北京电视台9日晚在节目开始时播出讣告，播放周总理遗像，并配哀乐。治丧期间，调整了原有节目。北京电视台陆续播出了向周总理遗体告别、吊唁活动和追悼会等电视新闻片，经邓小平副总理批准，又通过卫星向国外传送。

7月1日 全国电视台“新闻联播”节目开始试播。

7月6日 朱德委员长逝世。北京电视台于7日播出讣告。12日和13日北京电视台播出《沉痛哀悼朱德同志逝世》电视片，并将电视片寄送朝鲜、罗马尼亚、日本、南斯拉夫等8个国家。

9月9日 毛泽东主席逝世。北京电视台当天连续播出中共中央、全国人大常委会、国务院、中央军委发布的《告全党全军全国各族人民书》，并播放哀乐。9日至22日治丧期间，集中报道治丧活动，文艺节目一律撤销。12日到20日，北京电视台通过卫星向国外播送关于悼念毛泽东主席的电视报道。

10月23～26日 北京电视台通过三大洋上空的国际通信卫星，向国外播放首都军民庆祝粉碎“四人帮”伟大胜利的电视节目。24日，北京电视台在天安门广场转播首都百万群众庆祝大会的实况。

12月21日 北京电视台转播《诗刊》编辑部主办的诗歌朗诵音乐会实况。遭“四人帮”迫害的文艺工作者王昆、郭兰英、王玉珍、常香玉等登台演唱，缅怀老一辈无产阶级革命家，纵情歌唱粉碎“四人帮”的伟大胜利，会上演唱了许多曾被禁锢的优秀歌曲。

备,简化节目制作过程,提高了节目时效。

1977年

1月6～14日 为纪念周恩来总理逝世一周年,北京电视台组织了《周恩来总理逝世一周年文艺演唱会》和《诗歌朗诵音乐会》,播放了彩色纪录片《敬爱的周恩来总理永垂不朽》等节目。

7月20日 北京电视台的另一座彩色电视中心已安装调试完毕。25日,第一套节目用2频道正式向全国播放彩色电视节目。

10月26日 北京电视台国际部开办《世界各地》栏目,首次播出电视片《伊朗的风光和艺术》。

11月29日 播放南斯拉夫电视剧《巧入敌后》,这是北京电视台播放的第一部外国电视剧。

12月19日 教育部和北京电视台联合主办的英语、数学、电子技术讲座开始播出。北京电视台在中断十多年后恢复向全国播送电视教学节目。

1978年

1月1日 北京电视台恢复播音员出图像向观众报告节目。新闻节目正式定名为《新闻联播》。

2月6日 农历除夕,北京电视台为观众举办了第一场春节晚会,晚会播送到凌晨1时左右。

3月 迎接全国科学大会的召开,北京电视台改《科学知识》为《科学与技术》栏目。该栏目于1958年创办,最早称《科学常识》,十年动乱期间停办,1971年恢复,称《科学知识》。

4月 为满足广大体育爱好者的要求,北京电视台体育部开办《体育之窗》专栏。

5月1日 经中央批准,北京电视台改名为中央电视台,英文缩写为“CCTV”。对国外称“中华人民共和国中央电视台”。

6月24日 中央人民广播电台和中央电视台合编的《广播电视节目报》正式出版。

6月25日 中央电视台通过国际卫星,从阿根廷向国内转播第十一届世界杯足球比赛实况。这是中国电视台第一次通过卫星从国外传回体育比赛实况。

7月 国家标准计量局发布由中央广播事业局、第四机械工业部和邮电部共同制定的《黑白电视广播标准》。

12月 中央电视台开始使用ENG电子采访设备,简化节目制作过程,提高了节目时效。

1979年

1月 中央电视台开办《外国文艺》栏目,编辑黄望南。首播节目《罗浮宫》。

8月8日 《丝绸之路》中日联合摄制组开始拍摄活动。这是我国电视台首次与外国合拍大型纪录片。

8月12日 中央电视台开办《为您服务》栏目。

8月18～27日 全国电视节目会议在北京举行,这是我国电视事业创建21年以来第一次就电视节目进行专业探讨的全国性会议。

9月15日～10月21日 中央电视台举办“庆祝建国30周年全国电视节目联播”,有25个省、自治区、直辖市电视台推荐了节目。这次联播,是我国电视事业21年来组织的第一次大规模的节目交流。

11月11日 中央电视台第一套节目开办《星期日英语》节目。

11月25日 播出中央电视台拍摄的电视剧《他是谁》,这是我国第一部用16毫米彩色胶片拍摄的电视剧。

12月 中央电视台开办广告业务,分别在面向全国和面向北京地区的两套综合节目中播出。

1980年

1月16日 中央电视台、中央人民广播电台、中国青年报社、体育报社联合举行1979年全国最佳运动员授奖大会。这是首都4个新闻单位首次联合举办评选全国最佳运动员活动,有9.5万多名体育爱好者参加评选。

2月16日 中央电视台开办《人民子弟兵》栏目。

4月1日 中央电视台开始收录英国维斯新闻社和美国合众独立新闻社分别从伦敦和纽约通过卫星传送的国际电视新闻。

4月 中央电视台和日本佐田企画签订合拍《长江》电视纪录片协议,计划从长江上游岷江开始,拍至长江入海口崇明岛。

5月1日 中央电视台播出中日合拍的大型纪录片《丝绸之路》第一集《古都长安》。日本于5月7日首播。

7月7日 中央电视台《新闻联播》开始播送中央

气象台发布的天气预报。

7月12日 中央电视台创办的第一个评论性专栏《观察与思考》首次播出，评论的题目是“北京居民为什么吃菜难”。

7月 中央电视台全部节目开始使用录像带播出。

7月～9月 中央电视台派出记者去柬埔寨境内采访。

8月4日 《交流》专栏节目开播。

9月27日～10月26日 中央电视台在第一套节目里举办1980年全国电视台节目大联播。这次大联播中播出的节目，都是中央电视台和各地电视台新近摄制的电视剧、电视纪录片、风光片，戏曲、歌舞、音乐、杂技、魔术、各类专题节目以及译制片等。

10月1日 中央电视台开始收录太平洋和印度洋通信卫星传送的世界新闻电视节目，供当日的《国际新闻》选用。

10月20～26日 为了解决国内新闻来源，及时报道各省、自治区、直辖市的重大新闻，中央电视台通过微波干线收录各省、自治区、直辖市电视台新闻，在全国新闻联播中播出。

11月16日 中央电视台在19时30分播出《审判林彪、江青反革命集团专题报道》。

12月15日 中央电视台编印的《电视周报》试刊出版。

1981年

1月1日 中央电视台主办的《电视周报》正式创刊，在全国发行。《广播电视节目报》停刊。

4月3～13日 第三次全国电视节目会议在北京召开。会议对1980年1月1日到1981年3月31日在中央电视台第一套节目里播出的各类节目进行评选，评出优秀节目125个。

4月16日 《中国之声》电视节目被美国有线电视台评为亚洲民族系列播出第二名。

4月13～21日 中央电视台在青岛召开全国新闻工作座谈会，各省、自治区、直辖市广播局、电视台代表80人参加了会议。

7月1日 中央电视台《新闻联播》节目改变把国内电视新闻、口播国际新闻和通过卫星收录的国际新闻截然分开的做法，按内容编排到国内电视新闻和通过卫星收录的国际新闻中去。

11月16日 中央书记处会议讨论了广播电视工作，指出广播电视是教育、鼓舞全党、全军和全国各族人民建设社会主义物质文明、精神文明的最强大的现代化工具。这就是广播电视工作的根本性质和任务。

12月31日 中央电视台开办《动物世界》专栏节目。

1982年

2月25日 中央电视台决定将《西游记》、《红楼梦》等古典名著搬上电视屏幕。电视连续剧《西游记》摄制组建立。

6月5日 中央电视台从即日起开辟《舞台与银幕》栏目。

7月20～26日 华北地区广播电视协作会议在承德召开。

11月5～11日 广播电视部在北京召开第一次全国电视台台长会议，着重讨论电视新闻改革问题，要使中央和地方电视台的新闻节目成为全国和当地群众获得新闻的重要来源之一。

11月16日 经广播电视部批准，中央电视台领导机构进行调整。领导成员有：台长王枫，副台长阮若琳、洪民生、孙同耕、张君实，顾问戴临风、蒋建忠。

1983年

2月25日 中央电视台成立分党组。台长王枫兼任书记；副台长阮若琳、洪民生、孙同耕、张君实为分党组成员。

3月5日 中央电视台筹办《兄弟民族》专栏节目，在北京召开了专门会议。

4月16日 中央电视台派出以戴临风为团长的电视代表团参加戛纳国际电视节，并设展台销售节目。

5月30日 中央电视台彩色电视中心主体工程破土动工，这是当时我国70项重点工程之一。

8月 国家标准局发布由广播电视部制定的“彩色电视广播标准”，正式确定我国彩色电视制式采用逐行倒像正交平衡调制(PAL/D)方式。

10月4日 “全国首届优秀电视专栏节目评奖”授奖大会在武汉举行，有64个优秀专栏节目在会上获奖。

10月8日 中央电视台建立驻香港记者站。

10月18日 中国电视剧制作中心成立。

12月16日　中共中央总书记胡耀邦到中央电视台视察。

1984年

1月2日　中央电视台开始增播《午间新闻》。

2月　中央电视台正式参加亚洲——太平洋广播联盟A区的新闻交换，增加了传播中国电视新闻的途径。

5月7日　田纪云副总理视察中央电视台。

9月15日～10月23日　中央电视台举办庆祝中华人民共和国成立35周年全国电视节目展播。

10月24日　国务院批准中央电视台的改革方案，在办好电视节目、提高节目质量的前提下，扩大中央电视台的自主权，经费包干，3年不变。

1985年

1月1日　中央电视台开办经济节目，通过第八频道向全国播出。经济节目包括《经济生活》和原有的《科技与生活》两个栏目。

3月1日　中央电视台第一套节目开播《晚间新闻》。

3月2日　播出1985年春节联欢晚会，由于多方面原因，发生一些失误，不少观众对部分节目的格调不高提出批评。

3月5日　中央电视台研究室创办的内部电视理论业务刊物《电视业务》(《电视研究》前身)试刊第一期出版。5月正式出版。

3月7日　中央电视台开办新栏目《华夏掠影》，专门播出国内各电视台摄制的供国际交流的电视节目。

3月15～25日　1984年全国优秀电视新闻评选交流会在成都举行。

5月7日　中日合拍电视纪录片《黄河》协定书签字仪式在北京举行。这是继《丝绸之路》之后中日电视界的又一次合作。

6月4～15日　受广播电视部委托，中央电视台和电视剧艺术委员会联合举办的第五届全国优秀电视剧“飞天奖”评选活动在北京举行。

7月20日　中央电视台成立新的领导班子，王枫为台长，黄惠群、洪民生、杨伟光、陈汉元为副台长，孙同耕为总工程师。

8月25～31日　由中央电视台、北京舞蹈学院、北京舞蹈家协会和文化部教育局联合举办的中国舞“桃李杯”邀请赛在北京举行。

9月19日　中央电视台代表应邀参加在洛杉矶举行的全美第三届电视节。

9月30日　中央电视台军事部3名记者在柬埔寨进行了5个月的采访后回到北京。

10月8日　全国电视播音会议在北京举行。这是我国第一次召开电视播音方面的专业会议。

11月11～16日　中央电视台主办的电视国际交流节目解说词研讨会在大连举行。

12月1～5日　中央电视台第一次举办“电视短剧、小品征文”评奖会。

12月13日　中央电视台法制专栏《规矩与方圆》开播。

1986年

1月　中央电视台的《电视周报》从本年第一期起更名为《中国电视报》，版面仍为4开8版，报头由赵朴初题写。

1月6～13日　国家教委和语言文字委员会召开工作会议，中央电视台的《学拼音》摄制组荣获文字改革和推广普通话先进单位奖。

1月8日　中央电视台开始通过微波线路召开每周一次的全国各电视台新闻部负责人的电话会议。

2月21日　中央电视台台长王枫、中国电视剧制作中心主任阮若琳主持召开中央电视台和中国电视剧制作中心有关部门负责同志会议，传达了广播电影电视部关于中央电视台与中国电视剧制作中心合并的决定。

3月25日～4月3日　中央电视台副台长洪民生率代表团赴日为1986年中日电视艺术交流活动做准备工作。

5月6日　中央电视台和日本放送教育国际交流协会联合举办的电视教育讨论会在京开幕。

5月9日　田纪云副总理在北京市副市长张百发及谢文清、徐崇华和王枫等陪同下，视察了彩电中心工程。

5月14日　中央书记处书记郝建秀前来参加中央电视台少儿部录制庆祝六一国际儿童节座谈会节目。

5月15日　第六届电视剧“飞天奖”评选会议开

幕。艾知生部长出席了开幕式并讲了话。

5月15日～6月6日　中央电视台举办全国电视剧短剧、小品展播。

6月26日　中国电视剧艺术委员会、中央电视台、湖北和四川广播电视厅联合举办的第三届中日电视艺术交流活动在京开幕。王震出席了开幕式。

8月　中央电视台首次通过国内卫星向全国实况转播了在新疆乌鲁木齐市举行的少数民族运动会。新疆电视台开始通过卫星定期向中央电视台传送节目。

8月17日　第六届(1985年度)全国电视剧"飞天奖"评选结果在北京揭晓。

9月　中央电视台副台长杨伟光率第十届亚运会电视报道组赴南朝鲜。运动会期间共传回节目55小时。

10月　全国专题电视节目评奖大会在包头市召开。

12月11～26日　中央电视台接待首次来华采访的苏联中央电视台摄制组。

12月20～23日　广播电影电视部在青岛召开"中央电视台第二套节目向全国传送会议"。

1987年

1月2日　由专题部主办的综合性栏目《九州方圆》开播。

同日　少儿部为小学生开办《天地之间》栏目。

1月28日　中央电视台首次在彩电中心最大的演播室向全国现场直播《春节联欢晚会》。中央电视台还与中国国际广播电台合作，首次用英语现场直播了这场晚会。

2月1日　中央电视台原对北京地区播出的第二套节目，从即日起开始通过国际通信卫星向全国传送。这套节目是以经济节目为特色的综合性节目。

2月10日～3月5日　中央电视台首次协助日本富士电视台为庆祝日本女孩节，在北京动物园和东京上野动物园进行双向卫星节目传送取得成功。

2月14日　中央电视台社教部开办了《第二课堂》栏目，主要是解决中学生课外遇到的难题。

2月26日　应中央电视台的要求，北京市基建指挥部和建委负责人主持召开了彩电中心工程竣工收尾工作会议。

3月　中央电视台《小百科》专栏开播。

4月13日　11时20分第一套节目向全国播出中葡关于澳门问题声明正式签署仪式实况，同时通过卫星向香港两家电视台、澳门两家电视台、葡萄牙电视台、日本NHK电视台传送。

4月13～23日　全国电视新闻评选会在贵阳召开。

5月2日　电视连续剧《红楼梦》(36集)即日正式开播。香港亚洲电视台与中央电视台同日同时播出。

5月6～31日　我国东北大兴安岭地区发生特大火灾，中央电视台驻沈阳军区记者站、军事部联合作战，在25天的时间里，连续播出60条新闻，4条评论，创《新闻联播》连续报道之最。

5月18日　第十一届亚运会工程总指挥部(87)亚指计字第053号文件批复，"国际广播电视交流中心"工程项目已正式列为亚运会工程的配套项目，建筑面积暂控制在4万平方米以内，基建规模纳入亚运会基建总规划。

6月1～9日　中央电视台彩电中心已相继建成两个临时卫星地面接收站，并开始收录美国CNN新闻。6月9日，第二个卫星地面接收站开始试收苏联、东欧新闻。

6月3～10日　中央电视台台长王枫率领中国电视代表团一行4人在瑞典进行了友好访问。

6月9～13日　中央电视台举办首届全国戏剧小品电视比赛。《芙蓉树下》获一等奖。

6月11日　中国电视国际服务公司将电视连续剧《红楼梦》录像带寄给马来西亚录影中心有限公司后，该公司在马来西亚举行了声势很大的宣传活动，并为发行《红楼梦》录像带，特请王枫台长和戴临风总监题写了祝词。该公司还在吉隆坡举行了记者招待会。

6月17日　中国电视国际服务公司与联邦德国北德电视台就联邦德国首次播出电视连续剧《红楼梦》一事达成协议，并于次日下午在京签署了正式合同书。这是中央电视台第一次将大型电视连续剧输入欧洲电视网。

7月1日　《新闻联播》以新的形式出现，即将以往由一名播音员单播改为男女播音员共同主持、串联节目并增加画面上的抠像和字幕。这项改革受到观众称赞。

7月16日　任命王枫为广播电影电视部副部长，仍兼中央电视台台长。

7月27日～8月7日　12集电视系列片《让历史告诉未来》播出。这是中央电视台军事部和12个记者站向建军60周年的献礼片。

8月4日　全国人大常委会副委员长班禅·额尔德尼·确吉坚赞视察彩电中心，并观看了电视片《康区行》。

8月25日　中央电视台、中国广播电视艺术委员会联合主办的1987年北京国际电视设备展览会在彩电中心开幕。

9月25日～10月2日　中央电视台协助美国广播公司NBC顺利地完成《变化中的中国》卫星实况传送工作。

10月1日　中央电视台开办了《历史上的今天》专栏。

10月7日　广播电影电视部、青海省人民政府、国家民委在北京民族文化宫联合举行表彰嘉奖《唐蕃古道》摄制组大会。

10月9日　联邦德国向中国提供《德语教学》节目演播室设备的交接仪式在彩电中心举行。

10月13日　全国人大副委员长彭冲在人民大会堂接见《两岸同根》剧组总监黄阿原等，对该片给予充分肯定。

10月15日　王枫以代表资格出席了党的第十三次全国代表大会。

10月26日　广告部制作的微型节目《广而告之》与广大观众见面。

11月1日　在彩电中心建成两个卫星地面接收站，通过此接收站可收录东欧和美国CNN新闻。

11月7日　经济部开辟了《周末热门话题》栏目。

11月12日　全国广播电视厅局长会议在中央电视台新建彩电中心大审看间举行。

11月20　中央电视台第一个外景基地——无锡外景基地举行落成典礼。

11月21日　在广州全运会上，国家体委授予中央电视台体育部“全国体育宣传先进单位”光荣称号，并颁发了奖杯。

12月5日　解放军总政治部决定为中央电视台军事部记集体三等功。

12月19日　第七届全国电视剧“飞天奖”评选揭晓，《红楼梦 》、《努尔哈赤》等7部电视剧获奖。

1988年

1月25日　王枫副部长兼台长会见了美国CBS公司总裁一行，双方对长期以来的友好合作表示满意，并希望今后进一步加强联系，广泛合作。

2月26日　中央电视台社教部《社会瞭望》栏目开播。

3月7日　中央电视台开始在新建的彩电中心收录国际新闻并进行亚广联A区新闻交换。日本(NHK)、美国(NBC)、马来西亚(APM)等各接收国反映传送质量很好。

3月8日　第一家外国电视台——日本NHK在彩电中心进行卫星传送。

3月15日　彩电中心播出系统正式启用，中央电视台三套节目开始在这里播出。

3月16日　总编室地方节目组正式成立。它统一管理地方电视台寄送的专题、文艺类节目，改变了过去多头管理的状况。

5月19日　经上级批准，中央电视台领导班子作了调整：台长黄惠群，副台长兼总编辑洪民生，副台长杨伟光、陈汉元、于广华，总工程师孙同耕。

8月30日　因社会上有些人假冒中央电视台记者到采访单位要钱要物，损坏了中央电视台形象，因而决定向全国观众声明：

1. 今后中央电视台记者外出采访都要出示介绍信和本台工作证，凡不同时出示这两个证件的人都不能以“中央电视台记者”的身份进行采访活动。

2. 本台记者拍摄新闻概不收费。广大观众和有关单位如发现中央电视台记者或冒充中央电视台记者借拍摄电视新闻之机要钱要物，请向本台举报，一经查实，必将严肃追究。欢迎大家监督。

8月30日～9月1日　在建台30周年之际，中央电视台组织全台职工进行签名留念活动。

9月1日　中央电视台召开全体职工大会，庆祝建台30周年，部领导艾知生、聂大江、王枫到会祝贺。台领导号召全体职工以此为动力，努力办好节目，为广大电视观众服务。

11月4日　一度中断的《卫生与健康》栏目，经重新调整和认真准备后，正式开播。

11月8日　中央电视台和英国欧洲卫星公司签订供片意向书。

11月13日　《观察与思考》栏目正式开播。

11月15日　新闻部地方组创办了业务交流刊物《新闻议评》。

11月17日～12月7日　国家验收委员会对彩电中心工程进行全面验收。

11月24日　总编室创办的栏目《电视你我他》开播。

12月3日　举行中央电视台与苏联东欧电视新闻交换签字仪式。

12月30日　经中央电视台分党组研究，中央电视台新闻中心正式成立。

12月 中央电视台第五次被评为北京市精神文明先进单位和北京市献血先进单位。

1989年

1月1日 《体育新闻》开播。

1月5日 中日合拍《万里长城》系列片在人民大会堂举行签字仪式。

2月5日 中央电视台第一次在二频道和八频道用中、英文直播《春节联欢晚会》。

2月10日 部党组发出通知,对中央电视台分党组成员进行调整。黄惠群任分党组书记,洪民生为副书记。杨伟光、陈汉元、于广华、孙同耕和张天民为分党组成员。

2月 中央电视台第十一届亚运会电视委员会成立。委员会主任:黄惠群;副主任:杨伟光、孙同耕;秘书长:朱继峰。委员会下设办公室、节目部、公关部、集资部和工程技术指挥部。

3月3日 亚运会组委会新闻部长吴重远等就亚广联(ABV)官员来华等事宜与中央电视台进行了商议,并就电视转播问题与中央电视台达成协议。

3月19日 中央电视台的第一、二套节目根据邮电部安排,已分别于1988年11月1日和1989年3月19日正式使用我国自己研制发射的实用型通信卫星,原用的国际通信卫星转为教育电视和通信业务。

3月24日 中国电视国际服务公司与台湾花旗影视公司在京草签了双方合作在大陆发行录像带的协议,对方提供的第一批节目已到京。

3月31日 中央电视台与中影公司签署关于影片播出的协议,部领导艾知生、陈昊苏、王枫等参加了签字仪式。

4月5日 经广播电影电视部批准,中国电视国际服务公司与日本旭通信社合作在京成立中国电视股份公司。陈汉元副台长任名誉会长。

4月13日 中国电视国际服务公司与联邦德国BTS公司(菲力普与波希联合公司)签订300万美元的合同,为亚运会提供转播车及有关设备。

4月17日 台长黄惠群会见苏联广播电视委员会外事局副局长扎鲁比扬等3人,苏方希望中苏首脑会晤期间我方能提供技术协助。

4月17日 由于美国明星公司总裁发表严重损害中国形象和中央电视台声誉的言论,中央电视台通知对方废止已签订的协议。

6月7日 中央电视台召开部、处领导干部会议,艾知生、王枫要求中央电视台要掌握正确的舆论导向,政治上思想上和党中央保持一致。

8月2日 中共中央政治局常委李瑞环到中央电视台视察。

10月1日 中央电视台为日本、美国、苏联、民主德国、香港、台湾等国家和地区的18家电视台进行卫星传送27次,这是中央电视台恢复卫星传送业务以来的最高峰。

10月25日 社教部基础日语教学节目《标准日本语》正式向全国播出。

12月28日 经济部《经济半小时》栏目正式开播。

1990年

2月8日 《神州风采》栏目播出300期,中国电视艺术委员会组织了有关方面专家,对该栏目已播出的节目进行评选。

2月11日 日本广播协会理事青木、体育部杉山到中央电视台与杨伟光副台长一起商定实况转播亚运会有关事宜,决定将日期从组委会原定的10月3日改为9月30日。

3月2日 艾知生部长关于"中央电视台将现场直播亚洲卫星发射实况"的批示:"这次直播、传播也是中央电视台新闻改革的一大突破性进展,对于编辑和技术方面都是一场严峻的考验。"

3月14日 中央电视台文艺部推出综合性文艺专栏《综艺大观》。

3月21日 美国新闻总署东亚司司长赫治考克在美驻华使馆官员陪同下访问中央电视台,黄惠群台长接见了来访者。

5月5日 应蒙古人民共和国电视台和蒙古驻华大使馆的要求,中央电视台首次通过苏联、东欧INTERSPUTNIK卫星传送蒙古国大呼拉尔主席奥其尔巴特访问中国的电视新闻。

5月5日 中央电视台体育部《亚运问答》栏目开播。

5月9日 中央电视台和美国特纳广播系统下属特纳节目公司和电缆电视新闻网合作协议签订仪式在北京长城饭店举行,黄惠群台长和特纳广播系统董事会主席德·特纳分别代表双方在协议书上签字。

5月17日 中央电视台社教部主办的《优生与婴

儿保健》节目开播。

5月22日　由英国广播公司提供、中央电视台社教部改编而成的英语教学节目《客居英国》开播。

8月17日　中央电视台在1988年、1989年度全国优秀电视社教节目评奖中，共获奖51个。

9月5日　梅地亚中心开始营业，在亚运会期间将接待来自74个新闻机构的1300名广播电视记者。

9月26日　以章绍曾为团长的台湾“台视”、“华视”、“中视”3家电视台组成的“台湾地区1990亚运联合采访团”一行7人到中央电视台拜会了黄惠群、杨伟光，双方就亚运会转播方面的事宜进行了交谈，采访团还参观了彩电中心。

10月10～21日　应美国安培公司邀请，林景云副台长等一行4人前往美国纽约参加第三十二届电影电视工程师协会(SMPTE)年会及设备展览会。

1991年

1月1日　社教部推出新栏目《民族之林》，首播节目为“中华盛衰话民族”。

3月10日　经济部《经济半小时》栏目首播国际经济信息图像。

3月20日　《新闻联播》中的《祖国大家庭》栏目开播。

4月20日　广告部在梅地亚中心举办中央电视台广告代理公司经理恳谈会，全国30余家代理公司经理出席。

5月1日　体育部推出《赛场纵横》和《体育大世界》两个新栏目，以取代原来的《体坛纵横》、《体育之窗》和《世界体育》。

5月8日　黄惠群、于广华与涿州市领导就建设电视剧外景基地问题进行座谈。

7月1日　《中国电视报》正式向东南亚地区发行。

7月5日　中央电视台第一套节目9时至9时10分开始直播《早间新闻》。

7月19～29日　于广华副台长等一行4人赴美国洛杉矶召开中国电视有限公司的第一次董事会。

7月23日　中央电视台《宣传日报》第167期刊出总编室观联组反映的情况：今年以来，中央电视台第一套节目在全国的收视率呈下降趋势。

9月1日　经李鹏总理批准，中央电视台通过亚洲一号卫星用NTSC制式全天转播第一套节目，覆盖包括台湾省在内的我国31个省、自治区、直辖市以及港澳地区。

9月23日　经广播电影电视部党组批准，中央电视台正式成立对台编辑部。

10月29日　中外合资的无锡太湖影视设施发展有限公司“世界奇观”景区举行奠基典礼。

11月2日　文艺部推出新栏目《曲苑杂坛》。

12月19日　新闻中心新闻演播室的新闻提示器开始试用。

12月21日　中央组织部组任字[1991]164号文通知：任命杨伟光为中央电视台台长，免去黄惠群中央电视台台长职务。

12月21日　广播电影电视部党组发出通知，对中央电视台分党组成员进行调整。杨伟光为分党组书记，洪民生为副书记，于广华、沈纪、林景云、马瑞流、陈汉元、张天民、黄惠群为分党组成员。

12月　军事部副主任刘效礼荣获首届“范长江新闻奖”。

1992年

1月1日　《神州风采》千期特别节目——《千回话神州》与观众见面。

7月12日　由对外中心制作的《今日中国》英文版节目正式在纽约WNYC－31台播出。

8月7日　广播电影电视部党组发出通知，任命于广华为中央电视台分党组副书记，其他分党组成员不变。

8月31日　中央电视台的《经济信息联播》栏目正式开播。

9月4日　中央电视台专题部《文化生活》栏目改版为《文化园林》同观众见面。

9月26日　中央电视台举行新闻发布会，杨伟光台长宣布中央电视台第四套节目于10月1日正式开播。

10月1日　中央电视台面向台、港、澳及海外华侨观众的第四套节目正式开播。

10月　中央电视台军事部主任刘效礼当选为党的十四大代表。

10月21日　邓小平的秘书来电话，转达了小平同志关于《经济信息联播》的谈话。

(1993年以后的大事记请见1994年及以后出版的历年《中央电视台年鉴》)

三、中央电视台历史上的"第一"

1. 1958年5月1日,第一次试验播出。

2. 1958年6月26日,第一次剧场转播。

3. 1958年9月2日,正式开播。

4. 第一台电视转播车的车号是1-06324。

5. 第一个演播室的面积是60平方米。

6. 1958年拍摄的第一部纪录片《英雄的信阳人民》(记者:孔令铎、庞一农)。

7. 第一个女播音主持人沈力。

8. 第一个男播音主持人赵忠祥。

9. 1958年6月15日,播出第一部电视剧《一口菜饼子》。

10. 1958年9月4日,播出第一部电视报道剧《党救活了他》。

11. 1958年5月8日,第一次播送国外电视节目——民主德国为庆祝五一国际劳动节和为我国第一座电视台开始实验广播寄来的祝词和电视新闻片。

12. 1958年5月19日,播出本台组织的第一个少儿节目——中国木偶艺术团演出的《两个笨狗熊》等5个木偶戏。

13. 1958年,成立了第一个党支部,孟启予任支部书记,全台共有22名共产党员。

14. 1958年6月1日,播出了第一条电视新闻片"中共中央机关刊物《红旗》杂志创刊"(记者:李华、孔令铎)。

15. 1958年6月8日第一次播送电视讲话,讲话人:河南封丘县应举农业生产合作社主任崔希贤。

16. 1958年6月19日第一次现场直播体育比赛实况,"八一"男女篮球队同北京男女篮球队表演比赛。

17. 1959年4月18日,第一次直播周恩来总理在第二届全国人民代表大会第一次会议上作《政府工作报告》的实况。

18. 1959年5月15日,第一个电视教育节目是和文字改革委员会联合举办的《汉语拼音字母电视教学讲座》。

19. 1959年4月21日,第一次向国外寄送的电视片是本台报道的人大会议电视新闻片,航寄给苏联、民主德国、罗马尼亚、匈牙利、波兰、捷克斯洛伐克的电视台。

20. 1959年10月1日,第一次大规模转播中华人民共和国成立10周年大庆。

21. 第一次转播外国文艺团体表演的节目,是在1959年国庆期间,转播前来北京参加庆祝演出的苏联芭蕾舞团表演的《天鹅湖》、乌兰诺娃主演的舞剧《吉赛尔》和《海侠》的片断。

22. 1960年,第一次举办春节文艺晚会。

23. 1960年,第一批在演播室加工的文艺节目,如提琴协奏曲《梁山伯与祝英台》等节目。

24. 1961年,第一次在演播室播出了经过加工的话剧《伊索》。

25. 1961年8月30日,第一次举办了以"笑"为主题的专题晚会,内容是北京和天津的相声演员表演的相声。

26. 1961年12月11日至19日,第一次大规模连续转播活动——为庆祝著名京剧表演艺术家周信芳舞台生活40年,进行了大规模的连续播出。

27. 1963年11月,第一次派出记者随文艺团体出国进行采访报道。

28. 1964年1月4日,为庆祝《毛泽东诗词》出版,第一次举办大型诗歌朗诵会。

29. 1964年12月底,第一次使用录像播出文艺节目——常香玉主演的豫剧《朝阳沟》。

30. 1973年5月1日,首次彩电实验播出。

31. 1973年10月,中央电视台彩色电视正式播出。

32. 1978年1月1日,《新闻联播》正式开播。

33. 1978年5月1日,经党中央批准,北京电视台正式改称中央电视台,英文缩写为"CCTV"。

34. 1978年12月,第一次派记者在国外参加制作国际体育比赛现场实况卫星转播节目——泰国曼谷第八届亚洲运动会。

35. 1979年上半年,第一次播出了南斯拉夫电视剧《巧入敌后》。

36. 1979年2月,联合教育部最早开办"中央广播电视大学"。

37. 1979年10月,开始播出广告。

38. 1980年,开办第一个评论性栏目《观察与思考》。

39. 1980年春节,《人民子弟兵》栏目正式开播。

40. 1981年,第一次对北京秋季国际马拉松赛进行全程电视直播。

41．1983年，首次举办《春节联欢晚会》。

42．1984年1月2日，《午间新闻》正式开播。

43．1984年7月19日，第一个国际时事专题节目《今日世界》开播。

44．1984年，首次采用计算机技术实现自动播出。

45．1985年3月1日，《晚间新闻》正式开播。

46．1985年1月，第一个正式出版刊物——《电视连环画》创刊。

47．1985年1月10日，第一个经济电视专栏《经济生活》开播。

48．1985年5月，第一个有关电视理论研究的刊物——《电视业务》(《电视研究》前身)创办，1993年由内部刊物改为公开发行。

49．1985年，《戏曲欣赏》栏目开播。

50．1985年，举办首届“桃李杯”中国舞蹈邀请赛。

51．1986年，第一次举办全国部分省市电视相声邀请赛。

52．1987年，举办首届“中华杯”谜语大赛。

53．1987年，举办首届戏剧小品电视大赛。

54．1987年10月26日，《广而告之》节目开播。

55．1987年11月20日，第一个外景地无锡外景地举行落成典礼。

56．1988年3月15日，首次在新建的彩电中心进行播出。

57．1989年1月1日，《体育新闻》开播。

58．1989年，第一次举办全国部分民族器乐“山城杯”电视大奖赛。

59．1989年12月18日，《经济半小时》栏目正式开播。

60．1990年10月，第一次与台湾电视制作机构——鑫凯传播联合制作的综艺节目《远山含笑》播出。

61．1990年3月14日，《综艺大观》正式开播。

62．1991年，《人间万象》和《曲苑杂坛》栏目开播。

63．1991年12月26日，《军事天地》正式开播。

64．1991年12月28日，《12演播室》正式开播。

65．1992年5月29日，《天涯共此时》栏目正式开播。

66．1992年8月31日，《经济信息联播》开播。

67．1992年10月1日，第四套节目正式开播。

68．1992年10月1日，《中华大地》栏目开播。

69．1993年5月1日，《东方时空》开播。

70．1994年12月1日，第一次实现机械手全自动播出。

71．1996年，中央电视台在美国亚特兰大第二十六届奥运会上第一次独立建立现场报道中心。

72．1996年1月，第一辆数字转播车进行《春节联欢晚会》的录制，并获得全国电视技术质量评比一等奖。

73．1996年，春节联欢晚会第一次采用三地互传方式与上海、西安联手卫星直播，在技术上获得宝贵经验。

74．1997年1月1日，在长江三峡工程建设工地，第一次使用移动卫星地面站(DSNG)进行现场直播。

75．1997年1月，第一次使用数字EFP投入春节歌舞戏曲晚会的录制。

76．1997年3月4日，第一次使用移动卫星地面站在我国版图的最北端现场直播漠河“日全食”和“彗星”同时出现的自然景观。

77．1997年5月，第一次使用直升机航拍陀螺仪装备直播柯受良飞越黄河壶口。

78．1997年，长江三峡大江截流报道中，中央电视台第一次实现水、陆、空三栖大规模野外环境下的现场直播。

79．1998年5月，第一次用NTSC系统在美国肯尼迪航天中心直播由我国科学家参与研制的阿尔法磁谱议首次升空试验。

80．1998年8月上旬，第一次利用移动卫星地面站在海拔5200米的西藏唐古拉山口，用DSNG设备直播兰州——西宁——拉萨光缆开通和江泽民主席题词的纪念碑揭幕仪式。

81．1999年10月1日，第一次使用数字光端机进行数字传输转播“50周年国庆庆典”实况。

四、中央电视台机构沿革

1982年以前，中央电视台归中央广播事业局领导；1982年，归广播电视部领导；1986年，归广播电影电视部领导。到1992年底以前的历届台长或主要负责人有:罗东、孟启予、任继胜、王枫、黄惠群、杨伟光。

1957年8月16日,中央广播事业局党组通过了《关于设立电视试验台筹备机构的决定》。

1957年8月28日,任命罗东为电视台筹备处主任,孟启予和胡旭为副主任。

1957年底,电视试验台筹备处开始了紧张、艰苦的筹建工作。

1958年5月1日,全台职工仅有30余人。从事电视技术工作的18人,建制在中央广播事业局技术部中控室。

1958年7月31日,电视台筹备处向局党组报告,请求于1958年9月2日正式播出,同时撤销电视台筹备处,建立正式机构,任命干部。

1958年8月14日,中央广播事业局编委会讨论了电视台筹备处的报告,同意于9月2日开始正式播出,并决定暂建电视台领导核心。

1958年8月25日,中共中央宣传部批复了广播事业局党组的报告,同意北京电视台9月2日正式开播。

电视台当时在中央广播事业局内部称电视编辑部。1959年10月10日,中央正式任命罗东为主任、孟启予、胡旭为副主任。电视编辑部设在中央人民广播电台,由中央广播事业局领导。

下设:政治组、文艺组、文教组、播出组、办公室。

1960年9月15日,中央广播事业局党组向中央报告了全局组织机构和干部工作调整安排意见,决定孟启予为局党组成员,并任电视台副台长,台长暂缺。技术系统开始从中央控制室划出一部分归电视台。

调整后的电视台机构设置是:

办公室:下设秘书组、政工组、节目组;

新闻部:下设政治组、国际组、文教组;

播出部:下设技术科、维修科。

1963年4月,中共中央批准了中央广播事业局党组《关于建立党委制和政治工作机构的报告》。同年8月,局党组改为局党委,干部管理工作、政治思想工作、保卫工作统归局党委领导。在局属各单位配备了专职政工干部。中央广播事业局的政治工作机构是政治部,局直属单位设政治办公室或政治处,分别为各级党委的政治工作办事机构,也是干部管理工作的职能机构。根据局里的安排,电视台在机构上进行了调整,设政治工作办公室,办公室设政治协理员,负责全台的政治思想工作。

1963年12月3日,中央广播事业局党委书记丁莱夫在全局干部大会上宣布:孟启予任北京电视台代理主任,负责全台工作,重点抓宣传业务。戴临风主管宣传、行政工作。

1964年3月9日,任命徐国盛为北京电视台政治协理员,主管政治思想工作。

1967年1月3日,一派群众组织宣布夺权。1967年12月12日,中央广播事业局实行军管,派军代表主持电视台的工作。

1969年11月,中央广播事业局军管小组组长批准电视台成立三结合临时领导小组。

1970年,派4名军代表到北京电视台组成北京电视台军管组。

1973年,北京电视台结束军管。

“文化大革命”期间,各级党委及政治工作机构陷于瘫痪。1973年,中央广播事业局建立了党的核心小组,行使党委的职权,恢复了政治部。同年,中央任命任继胜为北京电视台台长,徐国盛、戴临风、王枫、孟启予为副台长。北京电视台党的核心小组组长是任继胜,副组长是徐国盛、戴临风、王枫。

“文化大革命”期间,电视在宣传上出现了严重的曲折,事业建设取得了一定的进展,到1971年,全国微波线路初步建成,电视台的节目通过微波线路可传送到20个省、自治区、直辖市。彩色电视也在1973年5月1日开始试播。由于电视事业的发展,北京电视台人数不断增加,机构也不断调整和扩大。

1973年至1976年,北京电视台的机构设置如下:

台长:任继胜;

副台长:徐国盛、戴临风、孟启予、王枫。

下设机构:宣传办公室、政治处、行政办公室、新闻部、制片部、社教部、文艺播出部、技术部。月坛发射台划归广播事业局无线总处管理。

1978年5月1日,北京电视台更名为中央电视台。

党的十一届三中全会以后,中央电视台的管理体制再次进行调整。根据党政分开的原则,经中央批准,撤销了中央广播事业局党的核心小组,建立了局党组;撤销政治部,分设机关党委、干部司。干部管理机构是干部司,局属各单位都设立了人事处。1979年,中央电视台设人事处机构。撤销政治处,设立机关党委办公室。1980年,成立中国电视国际服务公司。董事长王枫、副董事长张绍季。

1982年11月23日,根据中共中央宣传部任命通知,王枫为中央电视台台长,阮若琳、洪民生、孙同耕、张君实为副台长。

戴临风、蒋建忠为顾问。

为有利电视节目的规划,搞好协调、组织和生产,台里成立了编委会、技委会、行政办公室，分头协调三个系统的工作。

1983 年 3 月 25 日，广播电视部党组广党发(1983)26 号文件批转中宣部 1983 年 1 月 31 日意见：同意中央人民广播电台、国际广播电台、中央电视台设立分党组。中央电视台分党组成员如下：台长王枫兼任分党组书记，副台长阮若琳、洪民生、孙同耕、张君实为分党组成员。

1983 年 3 月，广播电视部决定将中央广播艺术团的电视剧团、中央电视台的电视剧部、电视剧艺委会的制作部合并为中国电视剧制作中心，并于同年 10 月 18 日正式成立。

1984 年 12 月 30 日，广播电视部批准中央电视台成立编委会、王枫兼任总编辑，洪民生、张绍季兼任副总编辑。台宣传办公室改称总编室，为编委会的办事机构。

1985 年，经广播电视部批准，电视剧制作中心机构同中央电视台的相应机构合并。撤销原电视剧制作中心办公室、党委办公室(人保处)、合拍公司、计财处、研究部，保留技术录制部、制作部、艺术处、生产办公室、艺委会办公室。

1985 年 7 月，经广发干字(1985)634 号文件批准，中央电视台领导班子调整如下：

台长：王枫；

副台长：洪民生、杨伟光、黄惠群、陈汉元、孙同耕。

经广党发字(1985)34 号文件批准，中央电视台分党组成员如下：

分党组书记：王枫；

副书记：黄惠群；

成员：洪民生、杨伟光、陈汉元、孙同耕。

1985 年，广发干字(1985)910 号文件通知，任命阮若琳为电视剧制作中心主任，曹惠、文英光为电视剧制作中心副主任。

1988 年 3 月，中央电视台迁入新建彩电中心。这是中央电视台发展史上的一个里程碑。

1989 年台领导班子情况如下：

台长：黄惠群；

副台长：洪民生、杨伟光、陈汉元、于广华；

总工程师：孙同耕；

副总编辑：王传玉；

原台长王枫于 1987 年被提升为广播电影电视部副部长。

1991 年中央电视台机构变化情况如下：

台长：黄惠群；

副台长：洪民生、杨伟光、于广华、林景云、马瑞流、沈纪；

总工程师：方庆浩；

副总编辑：王传玉。

广播电影电视部(1991)广发人字970号文件，根据中组部(1991)164号文件通知，任命杨伟光为中央电视台台长，免去黄惠群台长职务。经中宣部中宣任字(1991)30号文件批准，任命沈纪为中央电视台副台长。

广党发人字(1991)64 号文通知，决定杨伟光任中央电视台分党组书记，沈纪为分党组成员，黄惠群改任分党组成员。

随着改革开放形势的深入发展，中央电视台第四套节目 1992 年 10 月 1 日正式播出。《中国电视报》外文版于 1992 年 7 月正式发行，对外节目播出量增加，涿州拍摄基地正式运营。台有关机构及干部作了相应的调整。

台长：杨伟光；

副台长：于广华、林景云、马瑞流、沈纪；

总工程师：方庆浩；

总会计师：贾文增；

党委专职副书记：宋培福。

1993 年 3 月 15 日，广播电影电视部广发人字(1993)141 号文件批准，任命赵化勇为中央电视台副台长。

1993 年 3 月 15 日，广播电影电视部党组广发人字(1993)12 号文件通知，决定赵化勇任中央电视台分党组成员。

根据广播电影电视部 1993 年 2 月 1 日广发人字(1993)59 号文件通知，任命章壮沂为中央电视台副总编辑(副司局级)。

(1993 年以后机构情况请见各年度《中央电视台年鉴》)

五、中央电视台历届台长和副台长简介

罗　东(1918—1998)原名陶宗侃。江苏省无锡市人。中共党员。1937 年至 1938 年在陕西安吴堡青训班陕北公学学习。抗日战争时期,先后任晋察冀军区抗敌剧社副社长,晋察冀边区戏剧协会主任,文联组织部长,中共平山县委宣传部长,中共中央北方分局文委委员等职。1945 年 8 月起任《冀晋日报》副总编辑、《鄂豫报》社社长等职。1949 年 5 月,参加接管国民党武汉广播电台,后任武汉新华广播电台台长兼总编辑。1950 年改任武汉人民广播电台台长。1953 年任湖北人民广播电台台长。1954 年至 1957 年为《南方日报》副总编辑。1957 年调中央广播事业局任编委,先后在中央人民广播电台、北京电视台(今中央电视台)、北京电台(今中国国际广播电台)工作。1957 年 8 月至 1960 年任北京电视台筹备处主任。1976 年起先后任中央广播事业局总编室副主任、主任。1982 年离休。1998 年病逝。

孟启予(1920—)曾用名陈元。女。福建省长乐县人。中共党员。1937 年 6 月参加南京学联,负责宣传工作。1937 年 9 月参加革命,当过教员、抗敌剧团团员。1941 年 6 月在延安鲁迅艺术学院音乐系学习。1945 年 10 月在延安新华广播电台任播音员、播音组长。1949 年 3 月起在中央人民广播电台任编辑、主任。1955 年 3 月至 1957 年 6 月在莫斯科广播电台做编辑工作,1957 年 7 月回国筹建北京电视台(今中央电视台),任筹备处副主任。1958 年北京电视台成立,为副主任,是中央电视台第一代领导。1979 年曾当选为全国妇女红旗手。1973 年 1 月至 1982 年 12 月任副台长。1982 年离休。中国电影艺术家协会名誉理事、中国广播电视学会理事、中国电视艺术家协会主席团委员、首都女记协特邀理事。1993 年获国务院授予的政府特殊津贴及证书。

胡　旭(1918—)曾用名胡腾骢。满族。山东省益都县人。中共党员。1936 年 11 月参加革命工作,1937 年 1 月至 8 月在北平东方高中担任中华民族解放先锋队八区交通,并在中共北平市委机关工作。1937 年 8 月起在平西游击队"国民抗日军"任政治员,在晋察冀军区军政学校学习,任五支队指导员,一分区战线剧社队长、社长。1945 年 7 月起任张家口人民剧院副院长、华北军区电影队副队长。1948 年 5 月至 12 月在陕北新华广播电台筹办文艺广播。后历任北平人民广播电台文艺科科长、中央人民广播电台文艺部副主任、文学戏剧部副主任。1957 年 8 月至 1961 年任北京电视台(今中央电视台)试验台筹备处副主任。1961 年 5 月调任陕西省广播事业局副局长。1985 年 9 月离休。

王　枫(1931—)辽宁省营口市人。中共党员。1946 年参加革命。1946 年 9 月起先后在承德新华广播电台、热河新华广播电台、东北人民广播电台任技术员,在中央广播事业局东北播送台和长春播送台任主任。1952 年赴捷克斯洛伐克学习无线电大功率发射机制造技术。1956 年回国后在中央广播事业局工作,历任广播科学研究所筹备处发送研究组组长、情报室主任、副所长、代所长。1968 年 10 月任广播科学研究所技术业务组副组长、全国电视会战办公室主任。1973 年 5 月调北京电视台(今中央电视台)任副台长。1982 年 11 月任台长。1987 年 8 月起任广播电影电视部副部长,兼中央电视台台长,并兼任中央广播电视大学副校长、中国广播电视学会副会长、中国电影电视技术学会副理事长。已离休。

戴临风(1920—)曾用名戴永成。满族。辽宁省新宾满族自治县人。中共党员。1939 年 10 月参加革命,从事地下斗争。1942 年 7 月在延安边区艺术干部学校任教师。1942 年 10 月在延安边区"文协"工作,后在西北文艺工作团任研究室主任,在陕甘宁自卫战中立大功一次。1949 年 11 月调中共中央西北局宣传部,1953 年 5 月调中共中央宣传部。曾任陕西渭南县委书记兼宣传部长。1962 年 9 月调入北京电视台(今中央电视台),1973 年 1 月任副台长。离休后任中国电视艺术委员会副主任。1993 年获国务院授予的政府特殊津贴及证书。

徐国盛(1919—1997)山东省人。中共党员。1939 年 2 月参加八路军,历任战士、文书、政治指导员、营政治教导员、师保卫科科长、团政治处主任、团副政委,抗美援朝回国后任团政委。1954 年起在南京军事学院政治系学习三年,毕业后于 1957 年任师政治部主任。1963 年转业到中央广播事业局任电视台政治协理员(党总支书记)、主管思想政治工作的副台长。1982 年离休。1997 年病逝。

任继胜(1923—)山东省淄博市人。中共党员。1940 年 5 月参加革命,加入中国人民解放军,任战士、文书、连指导员等。建国后历任河南军区独立十三团组织股长、军政干校政工队副政委、广州军区训练队政委、教导团主任、政治部宣传科长,湖南郴州军分区政治部主任,湖南零陵军分区副政委,黔阳军分区副政委。1970 年 1 月任中央广播事业局军管小组成员。1973 年任北京电视台(今中央电视台)台长。1980 年 3 月任中央人民广播电台副台长 。1982 年离休。

阮若琳(1929—)女。北京市人。中共党员。一级文学编辑。解放前曾在延安抗日根据地甘泉县任学校教员,在东北解放区辽西康平、法库等地任区委书记、区长、妇女委员会书记等职,任过《大众报》、《胜利报》的编辑、记者,解放后历任江西省委农村部处长,广州市委党校副校长,《广州日报》副总编辑,广东电视台台长,中央电视台副台长,中国国际广播电台副台长,中国电视剧制作中心主任等职。1988年调任中国电视艺术委员会任副主任兼秘书长,后为中国电视艺术家协会党组书记兼副主席。主持、领导了《丝绸之路》、《话说长江》等大型系列片的创作、拍摄工作,重点抓了“飞天奖”和“星光奖”的评奖和颁奖工作,发表过近百篇有关文章。1992年获国务院授予的政府特殊津贴及证书。

朱杏娣(1932—)女。江苏省无锡县人。中共党员。1949年6月在无锡华昌丝厂参加革命,曾做工人,历任保卫科员、代科长、工务室副主任。1955年8月在中国人民大学工业经济系学习,1959年8月大学毕业后在中央人民广播电台工作,历任工业部编辑、记者,新闻部记者,党支部副书记。1973年5月调北京电视台(今中央电视台)新闻部任第一副主任,1975年6月任副台长,1980年7月调回中央人民广播电台。1988年退休。

蒋建忠(1915—)浙江省绍兴市人。中共党员。1938年参加革命,先后在香港、上海、南京等地从事地下斗争。1947年3月随董必武等同志乘飞机撤回延安,受到毛泽东、周恩来、朱德等领导的接见,随后到晋绥边区参加土改。1948年任新华社总社供应科科长。1949年任新华广播电台和广播事业管理处总务科长,后任中央广播事业局行政处副处长、施工处副处长、基本建设处副处长、党支部书记,为广播大楼建设工程作出了贡献。1960年参与援助柬埔寨工程,任专家组组长,获柬方奖章。1963年10月任中央广播事业局办公室副主任兼行政处处长。1975年起组织筹建彩电大楼工程,1979年8月任中央电视台副台长。现已离休。

李先侯(1918—1981)山东省蒙阴县人。中共党员。1938年6月参加革命,历任沂南独立第二营文书、沂蒙地方委员会分会主任、山东抗日军政干校募集员、沂南县行署武装科科员。1942年赴延安,在中央军委三局通信学校学习。1944年到新华社总社做报务工作,后任指导员。1947年到陕北新华广播电台工作。1949年春到中央广播事业管理处工作,先后任双桥发射台副台长、局机关党委副书记。1959年调北京广播学院任办公室主任、党委委员。1979年6月任中央电视台副台长。1981年病逝。

孙同耕(1929—)安徽省石棣县人。中共党员。1952年7月毕业于上海大同大学电机工程系电讯专业,同年9月在中央广播事业局双桥发射台参加工作,1955年5月调中央控制室录音科任副科长。1958年9月调入北京电视台(今中央电视台),历任科长、副主任、主任、副台长、总工程师等职。1983年被评为高级工程师,1988年被评为教授级高级工程师。1992年获国务院授予的政府特殊津贴及证书。现已退休。

洪民生(1932—)浙江省宁波市人。中共党员。高级编辑。1960年于中国人民大学新闻系毕业后留校任中国报刊史助教。1962年调北京电视台(今中央电视台)工作,历任编辑,电教部、文教部、文艺部主任,中央电视台副台长兼总编辑、常务副总编。历年来开创和主办过80多个节目和栏目,多次主持和领导重大的政治性报道和晚会节目。发表过《精心办好电视》、《中国的电视新闻事业》、《中国电视三十年》等专文,著有《我和电视》一书。曾任《当代中国的广播电视》电视篇责任编委、中国电视艺术委员会副主任兼秘书长、中国电视艺术家协会主席团委员、联合国教科文组织中国委员会委员。1992年获国务院授予的政府特殊津贴及证书。

张君实(1921—)原名张振铎,曾化名王萍。河北省赵县人。中共党员。1940年6月参加革命。1948年6月调任冀中区中共十一地委秘书长兼研究室主任。1949年8月任中共河北省石家庄地委副秘书长等职。1952年8月调河北省人民政府任省主席秘书。1961年任教育部机关党委副书记兼人事司副司长,同时兼中央国家机关党委纪律监察委员会委员。1978年3月任教育部学生管理司副司长,主持司里全面工作。1980年8月调任中央广播事业局干部司副司长。1982年2月任中央电视台副台长兼台机关党委书记。1983年被聘任中国老龄委员会委员及中国思想政治工作研究会理事。1985年12月离休。

黄惠群(1931—)女。杭州市人。中共党员。1949年5月参军。1950年5月调第三野战军政治部俄专学习,后转入上海俄专,1952年12月毕业。1953年1月分配到中央广播事业局任俄语翻译,曾任苏联顾问译员,参加542台、571台和广播大楼的建设。1959年8月调北京广播学院外语系任秘书、组长。“文革”期间曾赴阿尔巴尼亚任中国电视组翻译,回国后调中国国际广播电台罗马尼亚语组任编辑、组长。1973年调回北京广播学院,1978年6月任外语系副主任。1983年6月任广播电影电视部干部司教育处处长,1984年8月任干部司副司长。1985年7月调中央电视台任台分党组副书记、副台长。1988年5月任分党组书记、台长。1991年12月卸任,留任分党组成员。1993年1月离休。离休后曾任梅地亚电视中心有限公司董事长。

张绍季(1927—)曾用名李宾。吉林省长春市人。中共党员。高级记者。1945年参加革命。1983年调入中央电视台任副台长,兼国际服务总公司副董事长,中国广告协会副会长兼电视委员会主任,中国外贸广告协会顾问。1985年调广播电影电视部总编室任副主任,部对外宣传小组副组长,中国广播电视学会常务理事,中国广播电影电视报刊协会常务副会长。多次参与起草有关广播电视工作的重要文件,撰写过通讯、特写、评述、消息等,发表在《人民日报》、《光明日报》等报刊上,有些还在电台播出。现已离休。

陈汉元(1936—)浙江省乐清县人。中共党员。高级编辑。1961年毕业于华东师范大学中文系,同年到北京电视台(今中央电视台)任编辑。先后担任专题部、社教部、总编室主任,台长助理,副台长兼副总编辑。1992年任中国电视剧制作中心副主任兼台副总编辑。参与电视纪录片《收租院》、《话说长江》、《话说运河》及《雕塑家刘焕章》等创作,并为其撰稿,其中曾有两篇解说词作为课文收入中学语文课本。1992年获国务院授予的政府特殊津贴及证书。

于广华(1936—)河北省滦南县人。中共党员。高级记者。1961年毕业于北京体育学院,同年9月分配到北京电视台(今中央电视台)新闻部文教组任体育记者。1964年改任时政记者,负责报道我国党和国家领导人的重要活动、国内重大政治事件等。1963年赴印度尼西亚参加第一届新兴力量运动会的报道工作。1964年越南战争期间被派往越南和老挝任常驻记者。随我国领导人周恩来、邓小平、李先念、乌兰夫等出访过70多个国家和地区;一批节目在全国新闻评比中获奖。1984年12月底,调任中央电视台办公室主任。1985年5月任台长助理兼办公室主任、党委副书记。1988年5月任副台长、党委书记。1992年任中央电视台分党组副书记。1993年获国务院授予的政府特殊津贴及证书。

林景云(1933—)广东省澄海市人。中共党员。1954年毕业于南京工学院无线电系,同年分配到中央广播事业局542台工作。1957年参加我国第一套黑白电视设备的试制工作。1958年初调入北京电视台(今中央电视台),历任组长、主任、工程师、技术处处长、副总工程师、副台长等职。1983年被聘为高级工程师。1985年被聘为教授级高级工程师。为广播电影电视部科技委员会常务委员。在40年的工作中,先后参加过电视台的创建与308工程、天安门转播工程的安装调试工作和彩电中心工程的部分设计和老台搬迁工程的设计与实施;组织设备改进、指导大学毕业生的毕业设计以及技术管理等工作。发表有力度的技术论文近30篇。主编《电视制作论集》一书。1992年获国务院授予的政府特殊津贴及证书。已退休。

马瑞流(1933—)广东省台山县人。中共党员。1950年参加中国人民解放军。1950年至1957年在广东军政大学第25步兵学校等军事院校做宣传工作。1957年入北京大学西方语言文学系英语专业学习。1962年毕业后配到中央广播事业局北京广播电台(今中国国际电台)英语组工作,历任编辑、翻译、组长、部主任等职。1983年派往美国建立驻美记者站,任站长兼首席记者。1985年奉调回国,调广播电影电视部总编室任副主任。1991年调中央电视台任副台长,主管电视对外宣传。具有译审职称。1993年获国务院授予的政府特殊津贴及证书。已退休。

沈　纪(1934—)上海市人。中共党员。1951年1月参加工作。先后在南通人民广播电台、上海人民广播电台、中央人民广播电台任记者、编辑;曾任中央人民广播电台新闻部副主任、发稿室主任、新闻中心副主任等职。1985年7月调中央电视台,先后任台长助理、台长助理兼新闻中心主任、新闻中心主任、总编室主任;1991年12月起任副台长兼副总编辑、广播电影电视部编委。高级编辑。除协助台长、总编辑抓好宣传改革和日常宣传宏观管理外,还先后分管总编室、新闻中心、文艺部等部门,参与这些部门的业务实践和节目改革的探索并组织实施,发表过一些业务研究文章;是中国科教电影电视协会理事长、电视经济节目研究会会长、电视学研究会副会长、全国新闻系列高级职称评审委员会委员、北京广播学院客座教授。1992年获国务院授予的政府特殊津贴及证书。

杨伟光(1935—)广东省梅州市人。中共党员。高级编辑。1961年毕业于中国人民大学新闻系,同年分配到中央人民广播电台从事采编工作。1975年起任新闻部副主任、工商部副主任、副台长等职。1985年调中央电视台任副台长、台长。1994年5月任广播电影电视部副部长、副总编辑兼中央电视台台长、总编辑。著有《怎样办好广播》、《广播宣传入门》、《电视新闻论集》等。现为中华全国新闻工作者协会常务理事,中华文化交流与合作促进会副会长,中国广播电视学会理事,中国人民大学、武汉大学、北京广播学院兼职教授。1992年获国务院授予的政府特殊津贴及证书。

六、历年中央电视台全国党代表、全国人大代表、全国政协常委及委员、全国总工会执委、全国青联委员、全国妇联委员、全国先进工作者、全国先进女职工、全国“三八”红旗手、全国十大杰出青年名录

1. 中央电视台中共全国代表大会代表名录

徐肖冰　中共八大代表
王　枫　中共十三大代表
刘效礼　中共十四大代表
孙玉胜　中共十五大代表

2. 中央电视台全国人大代表名录

徐肖冰　全国人大代表(第一、二、三届)
牟　森　全国人大代表(第三、四届)
石梅音　全国人大代表(第五届)
宋世雄　全国人大代表(第六、七、八届)

3. 中央电视台全国政协常委、委员名录

常委:杨伟光　潘　霞(第三、四届政协)
委员:徐肖冰(第五、六、七届政协)
刘效礼　陈　铎　李瑞英　赵　安
赵忠祥　敬一丹(第九届政协)

4. 中央电视台全国青联常委、委员名录

张长明　第六、七、八届青联委员
胡　恩　第七届青联委员
张　悦　第七届青联委员
杜宝风　第七、八届青联委员
董　浩　第七、八届青联委员
张子扬　第七、八、九届青联委员
赵　安　第七、八、九届青联委员
第八、九届常委
张　政　第七、八、九届青联委员
罗　明　第八届青联委员
王晓真　第八届青联委员
亚　宁　第八届青联委员
朱　军　第八、九届青联委员
周　涛　第九届青联委员
郭霁虹　第九届青联委员
方　静　第九届青联委员
斯琴塔娜　第九届青联委员
李瑞英　第九届青联委员
纳　森　第九届青联委员
彭建明　第九届青联委员
李　挺　第九届青联委员
张泽群　第九届青联委员
李东生　第九届青联委员

5. 全国妇联委员名录

孙秋萍　1993 年当选为全国妇女委员会执行委员名录

6. 全国总工会第十三届执委名录

罗　明

7. 中央电视台全国先进工作者名录

庞一农　1989 年全国先进工作者
陈华生　1996 年全国先进工作者
傅红星　1999 年全国先进工作者

8. 中央电视台全国“三八”红旗手名录

孟启予　1970 年全国妇女红旗手
赵　莹　1960 年全国“三八”红旗手
孟　欣　1988 年全国“三八”红旗手
孙秋萍　1992 年全国“三八”红旗手
孙素萍　1996 年全国“三八”红旗手

9. 中央电视台全国十大杰出青年名录

孙玉胜　1995 年全国十大杰出青年

10. 中央电视台全国先进女职工名录

刘瑞玗　1995 年全国先进女职工

七、中央电视台老同志名录

获得广电总局1998年颁发从事电视工作40年荣誉证书的老同志

于碧云(女)
孔令铎
王兴华
王化南
王元洪
王　平(女)
王喜明
化　民
毛玉山
文英光
方庆浩
叶　惠
史启新
孙同耕
刘贵林
李　华
李玉英(女)
宋　珑
杨　洁(女)
苏　实
张正道
佟庆德
吴玉珍(女)
沈　力(女)
孟启予(女)
陈振翟(女)
罗　丹
林景云
周纯荣
庞　啸
赵　林(女)
段小常
秦芝莲(女)
徐增祁
徐家察(女)
晏惠芳(女)
贾　燃
顾群星(女)
曹淑贤(女)
康纯生
曾心影(女)
曾方济
潘殿奎
冀　峰
戴五生

获得中央电视台1998年颁发从事电视工作30～39年荣誉证书的老同志

丁俐丽(女)
于祥泉
于广华
于宝富
于　德
马彦清(女)
马靖华
马鸿章
马超曾(女)
万容智(女)
王扶林
王　录
王文祥
王　岚
王明远
王文彦
王　娴(女)
王南生
王文芝(女)
王崇秋
王　林
王淑斋(女)
王振钰
王峻岭
王树明
王　芷(女)
卞美瑾(女)
邓金绪
邓在军(女)
邓　勤(女)
邓　钊(女)
孙永福
孙冬田
孙寿林
冯一平
田亨九
田玉琴(女)
石成光
石凤山
左耀东
白　戈(女)
叶孔仪(女)
叶邦伟
叶永才
史兰芬(女)
刘宜勤
刘瑾如(女)
刘广全
刘大宣
刘宝祥
刘杏甫
刘志健
刘秉全
刘宗仁
刘　申
刘　义
刘元祯
任　杰
匡　镛
朱景和
朱继峰
吕　斌
吕逢欣
衣兴海
师奠杰
许欢子(女)
许致荣
华　菁(女)
闫洪藻
庄昭英
李俊英
李玉峰
李玉文
李钰芳
李茂宽
李绍武
李万鹏
李荣惠
李德峰
李锡明
李嘉芳(女)
李天春

宋朝彦
宋玉珊(女)
杨德祥
杨臣宝
杨英凯
邱　权
杜时雨(女)
苏玉坤
张复华
张　晶(女)
张　丹(女)
张吉庆
张家成
张朋石
张述芳(女)
吴怀明
陈永祯
陈汉元
陆善家
麦茂平
庞一农
林琼如(女)
金德显
范淑琴(女)
拉　白

宋培福
杨　树
杨　敏(女)
杨美莲
寿沅君(女)
杜宝文
苏春来
张孝英(女)
张玉山
张德生
张瑞来
张星云
张玉兰(女)
张志江
张德珍(女)
吴　影
陈浩海
陈恩慈(女)
邹友开
邵昌有
林庆嶂
金家骥
金　成
郑　薇(女)
房纪庆

郭梅仙(女)
赵忠祥
赵清榜
赵淑兰(女)
段文彬
钟树邦
高长龄
莫　宣(女)
徐贺春
徐文兰(女)
顾守业
黄一中
屠国壁
章壮沂
崔一鹤
谢贺添
韩效举
楚　华(女)
蔡慎木
臧树清
薄跃华
戴临风
戴辛芬(女)
魏学亮

郭宝祥
赵志敏(女)
赵瑞通
段瑞生(女)
荣　先(女)
高慧芬(女)
高金单
徐兴华
徐世荣
贾志杰
黄一鹤
黄望南
阎连俊
笪远怀
彭曼丽(女)
韩志恩(女)
窦水敏
赖淑君(女)
翟世德
薛存爽(女)
穆中里
戴维宇
魏敬民
魏中涛

3. 特　　载

一、中央领导讲话

江泽民在全国宣传部长会议上的重要讲话

（1999 年 1 月）

1 月 22 日中共中央总书记江泽民在与出席全国宣传部长会议的同志座谈时强调，今年是我们党和国家历史上具有特殊意义的一年。大事喜事多，难点热点也多，改革发展稳定任务很重。宣传思想战线的同志要增强政治意识、大局意识、责任意识，兢兢业业地工作，努力为改革开放和现代化建设提供良好的舆论环境和有力的思想保证。

江泽民在讲话中向宣传思想战线的同志们表示亲切的问候。他说，过去的一年，宣传思想战线在宣传贯彻党的十五大精神，宣传抗洪抢险的伟大斗争，宣传改革开放 20 年的巨大成就和历史经验等方面做了大量工作，取得了明显成效。党的宣传思想工作队伍是一支党和人民可以信赖的有战斗力的队伍。

江泽民指出，十四大以来，党的宣传思想工作在实践中形成了许多重要的方针原则和新的经验。我在这些年关于宣传思想工作的历次讲话中已作过阐述。实践证明，这些方针原则和经验都是正确的，希望大家要很好地坚持下去。

江泽民强调，今年宣传思想工作要继续唱响主旋律，打好主动仗。要高举邓小平理论伟大旗帜，进一步兴起学习邓小平理论新高潮。胸中要有大局，牢牢把握正确的舆论导向。对错误的东西要头脑清醒，心中有数，沉着处理。不能把错误的东西炒热，更不能让错误的东西干扰党和国家工作的大局。在事关政治方向、政治原则问题上，必须旗帜鲜明，分清是非，不能听之任之。要特别注意维护社会政治稳定。严格遵守党的政治纪律和宣传纪律，切实做到令行禁止。该管的要管住，重要的宣传阵地和传播手段，一定要把好关口，丝毫不能出问题。要大力加强精神文明建设，认真做好思想教育工作。在发展社会主义市场经济的新的历史条件下，对精神产品要特别注意坚持社会效益第一，力求社会效益和经济效益相统一。要讲学习、讲政治、讲正气。党的新闻工作者，都要坚持党性原则，宣传报道要实事求是，要维护大局、维护团结、维护稳定。绝不要猎奇，不要追求所谓的“轰动效应”。

江泽民最后希望广大宣传思想工作者继续宣传贯彻好党的十五大精神，团结一心，扎扎实实，努力做好今年的工作。

（摘自 1999 年 1 月 22 日《人民日报》）

江泽民在全国对外宣传工作会议上强调
要站在更高的起点上把外宣工作做得更好

（1999年2月）

中共中央总书记、国家主席、中央军委主席江泽民2月27日在全国对外宣传工作会议上发表重要讲话指出，在新的形势下，对外宣传工作的地位和作用更加重要。我们应该站在更高的起点上，分析形势，审时度势，把外宣工作做得更好，我们要在国际上形成同我国的地位和声望相称的强大宣传舆论力量，更好地为改革开放和现代化建设服务，为促进祖国统一，世界和平和人类进步作出更大的贡献。

江泽民首先代表党中央、国务院向全国外宣战线的广大干部职工致以亲切的问候。他说，改革开放以来，外宣战线的同志们坚持以邓小平理论和党的基本路线为指导，认真贯彻中央的方针政策，围绕全党全国工作大局，积极宣传我国改革开放和社会主义现代化建设取得的伟大成就，说明我们党和政府在重大国际国内问题上的原则立场，为增进世界各国对我国的了解，树立我国的良好形象，维护国家利益，改善外部舆论环境，做了大量工作，取得了良好效果。

江泽民指出，对外宣传工作是党和国家的一项具有重要战略意义的工作，党中央历来很重视。毛泽东同志和邓小平同志对外宣工作作出过许多重要论述，是我们做好这项工作的重要指导思想。

江泽民说，我们实现跨世纪发展的宏伟目标，必须有一个包括国际舆论环境在内的良好国际环境。现在，世界多极化和经济全球化的趋势正在深入发展，科技进步日新月异。任何国家要加快发展，不开放不行，不与世界各国交往不行。要开放，要交往，中国需要全面了解世界，也要让世界更好地了解中国。向世界阐明我们党和国家内政外交的方针政策和对国际重大问题的原则立场，介绍我国历史和现实的情况，这对于我们加强同各国经济、技术和文化等方面的交流与合作，增进同各国人民的友谊，争取更多的国际支持和帮助，维护我国的政治经济文化安全，具有十分重要的意义。

在谈到对外宣传工作的目标和任务时，江泽民强调，对外宣传工作要继续坚持以邓小平理论和党的路线方针政策为指导，贯彻我国的对外方针政策，加大向世界全面介绍中国的力度，增进各国对中国的了解，积极开展国际问题报道和国际舆论斗争，加强和维护社会主义中国的国际形象，更好地为改革开放和现代化建设服务，为祖国统一、世界和平和人类进步作出新的更大的贡献。

江泽民指出，对外宣传工作的着力点应该是，继续向世界说明我国改革和建设的伟大成就，说明邓小平同志开创的建设有中国特色社会主义道路的正确性，充分展示中国人民坚定不移地走自己的路、实现社会主义现代化的形象；继续向世界说明我国改革开放的方针政策，充分展示中国人民坚持实行改革开放的形象；继续向世界说明我国反对霸权、维护和平、支持国际正义事业的立场，充分展示中国人民爱好和平的形象；继续向世界说明我国政治稳定、经济发展、社会进步、民族团结的局势，充分展示中国人民为维护安定团结和实现繁荣富裕而不懈奋斗的形象；继续向世界说明我国社会主义民主法制建设的成就，充分展示中国人民依法治国，建设社会主义法治国家的形象。今年是新中国成立50周年，要大力宣传50年来我国建设取得的巨大成就。

江泽民说，要继续宣传我国坚持独立自主的和平外交政策，在和平共处五项原则基础上同世界各国发展友好合作和支持国际正义事业的立场，介绍我国对国际事务的基本原则和主张。继续宣传我国同各大国改善和发展关系的方针政策与举措，促进巩固和落实双边关系发展取得的积极成果。继续宣传我国同广大发展中国家的团结和传统友谊，对发展中国家在国际事务中的作用要给予充分报道和积极评价，支持它们维护自身权益和谋求自身发展的正义事业。继续宣传我国的睦邻友好政策，促进保持安定和平的周边环境。同时，要拓宽报道面，不断增加国外经济科技文化发展的新情况和可资借鉴的先进经验的报道。

江泽民强调，信息传播业正面临着一场深刻革命，以数字压缩技术和卫星通讯技术为主要标志的信息技术的发展，互联网的应用，使信息达到的范围、传播的速度与效果都有显著增大和提高。世界各国争相运用现代化信息技术加强和改进对外传播手段。我们必须适应这一趋势，加强信息传播手段的更新和改造，积极掌握和运用现代传播手段。

江泽民指出，对外宣传工作，政策性和政治性都很强。要旗帜鲜明地维护国家利益、民族尊严和祖国统一。在涉及国家主权、国家利益、民族尊严的问题上，要坚持原则。要树立坚定的国家意识和大局意识，服从和服务于党和国家的工作大局，服从和服务于我国整体对外战略。要坚持以正面宣传为主、以事实为主、以我为主的方针。考虑宣传重点内容和工作部署，一定要着眼于增进外国人对中国的理解和支持。对外宣传工作有自己的规律，要加强研究，不断提高对外宣传的本领。

江泽民强调，外宣工作全党都要做，领导干部要带头做。各级党委和政府的负责同志都要学会做外宣工作，主动做外宣工作。各级党委和政府都要进一步加强领导，加大力量的投入，为更好地开展对外宣传提供必要的工作条件。要加强对外宣传队伍建设，关心外宣干部的成长，努力造就一支政治强、业务精、作风正的高素质的对外宣传队伍。他希望外宣战线的同志们，坚持以邓小平理论和党的基本路线为指导，全面贯彻落实十五大精神，解放思想，实事求是，知难而进，开拓进取，以奋发有为的精神开创对外宣传工作的新局面。

（摘自 1999 年 2 月 27 日《人民日报》）

朱镕基在《政府工作报告》中强调 要实施“科教兴国”战略和可持续发展战略 发展新闻出版与广播影视事业

（1999 年 3 月）

实施科教兴国战略，是实现经济振兴和国家现代化的根本大计，也是本届政府极其重要的任务。

当前最重要的是，大力推进改革，加快国家创新体系建设，解决科技与经济相脱节的问题，促进科技成果的转化和推广。一是推动企业成为技术进步的主体，提高企业的技术开发和创新能力。二是以市场为导向，促进多种形式的产学研结合。三是抓紧制定和实施适应新形势的产业技术政策。集中力量攻克一批关键性技术。加强工程化研究，促进科技成果的产业化。四是进一步重视和加强基础研究。集中力量抓好重点基础研究项目计划的实施，力争在优势领域取得新的进展，增加科技发展后劲。继续改善科技人员工作和生活条件，建立和完善科技人才培养、使用和使优秀人才脱颖而出的机制。

科教兴国，基础在教育。要继续把教育放在优先发展的战略地位。今年，要使全国 80% 以上的人口地区普及九年义务教育，扫除青壮年文盲 300 万人左右；积极发展各种形式的职业教育和成人教育；大力推进素质教育，依法增加政府对教育的投入，充分利用教育资源，注重提高办学效益。振兴教育事业，一要加大改革力度。继续积极改革教育思想、体制、内容和方法。深化高校内部管理体制和其他各类学校管理体制的改革。积极探索发展民办教育的机制。二要更加重视质量。全面提高各级各类学校的教育质量，努力提高教师队伍的政治素质和业务水平。三要更加重视思想政治和品德教育。坚持用马克思列宁主义、毛泽东思想特别是邓小平理论教育学生，使他们树立坚定的社会主义理想和信念，努力提高一代新人的全面素质。

进一步实施可持续发展战略。要以对人民、对子孙后代高度负责的精神，保护资源和生态环境。加强对资源的规划和管理，克服靠浪费资源求发展的短期行为，合理利用和保护资源，切实提高资源综合利用水平。要强化全民族的环境保护意识，继续增加环境保护投入，加强对重点城市、区域、流域、海域的污染治理。坚持控制人口增长，提高人口质量。切实解决基层计划生育工作的实际困难和问题。深化城镇职工医疗保险制度改革，加快医药卫生体制改革步伐，开展社区卫生服务，进一步搞好灾区防疫工作。重视人口老龄化趋势，认真做好老龄人口的工作。关心和加强残疾人事业。广泛开展全民健身活动，努力提高竞技运动水平，逐步改善国民营养水平和健康素质。

坚持“二为”方向，贯彻“双百”方针，促进社会主义文化建设。繁荣文学艺术，重视社会科学研究，发展新闻出版、广播影视事业，加强文物保护工作和档案工作。要坚持正确的舆论导向，加强舆论监督。完善新闻媒介的自律机制。深化文化管理体制改革。整顿和规范文化市场，持续开展“扫黄打非”斗争。加大对书刊、音像盗版活动的打击力度。普及科学知识，消除愚昧现象，反对封建迷信活动。要坚持两手抓、两手都要硬的方针，大力加强社会主义精神文明建设。在全社会倡导遵纪守法、爱护公物、文明礼貌、助人为乐的社会公德，进一步加强对青少年的教育，提高全民族思想道德水平。

（摘自1999年3月18日《人民日报》）

丁关根为纪念党的十一届三中全会20周年的理论研讨会发表文章 强调要坚定不移地学好邓小平理论

（1999年1月）

丁关根同志1月18日在《人民日报》上发表题为《伟大的起点　历史的使命》的文章。文章说，在党的十一届三中全会召开20周年之际，中央隆重举行了纪念大会，江泽民总书记作了非常重要的讲话。总书记的讲话，高度评价了十一届三中全会的伟大意义，充分阐述了改革开放和社会主义现代化建设的巨大成就，深刻总结了建设有中国特色社会主义的基本经验，再次强调了当代中国共产党人的历史使命。

丁关根的文章说，学习江泽民总书记的重要讲话，我们深深体会到，20年前召开的党的十一届三中全会，实现了建国以来党和国家历史的伟大转折，对我国的社会主义建设具有极为重要的意义，产生了极为深远的影响。

十一届三中全会，是我国社会主义事业发展新时期的伟大起点。大家都记得，粉碎“四人帮”的胜利，从危难中挽救了党和国家，但“文化大革命”造成的混乱还很严重，刚刚开始的拨乱反正遇到“两个凡是”的障碍，党的工作出现了徘徊的局面。在百废待兴、百业待举、中国面临向何处去的重大历史关头，邓小平同志等老一辈无产阶级革命家，以马克思主义的科学态度和非凡的政治胆略，领导和支持了实践是检验真理唯一标准的大讨论。党的十一届三中全会和这次全会形成的以邓小平同志为核心的第二代中央领导集体，承担起艰巨的历史使命，冲破禁锢，扭转困境，打开局面，推动我国社会主义事业进入了新的历史时期。我们党重新确立了解放思想、实事求是的思想路线，毅然抛弃“以阶级斗争为纲”的错误方针，实现了工作中心的战略转移，作出了改革开放的伟大决策。党在根本否定“文化大革命”，平反冤假错案的同时，旗帜鲜明地提出坚持四项基本原则，坚决维护了毛泽东同志和毛泽东思想的历史地位。党在完成思想路线、政治路线和组织路线拨乱反正的基础上，制定了符合中国国情和时代要求的发展战略，带领人民集中力量进行社会主义现代化建设。

十一届三中全会，是实行改革开放，走有中国特色社会主义道路的伟大起点。中华人民共和国的诞生和社会主义制度的建立，开始了我国历史的新纪元。但是，多年来我们对“什么是社会主义、怎样建设社会主义”没有完全搞清楚，没有找到适合我国社会主义初级阶段实际的经济体制和经济政策，社会生产力发展缓慢，人民生活得不到理想的改善，社会主义的优越性没有充分发挥出来。这种情况，迫使我们在十一届三中全会上决定实行改革开放，开始了我们党领导的第二次革命。改革经历了从农村改革到城市改革，从经济体制改革到各方面体制的改革，从对内搞活到对外开放的波澜壮阔的历史进程。20年来，党领导人民在这条道路上积极探索，锐意创新，艰苦奋斗，勇往直前，闯过一个又一个难关，取得一个又一个胜利。特别是近10年来，在邓小平理论和党的基本路线指引下，以江泽民同志为核心的党中央带领全党和全国人民，成功地经受住了80年代末90年代初一场国内国际政治风险的重大考验,成功地经受住了1997年以来亚洲金融危机冲击的一场经济风险的重大考验,成功地经受住了1998年特大洪水肆虐的一场自然灾害风险的重大考验。

十一届三中全会,是实现马克思主义同中国实际相结合的第二次历史性飞跃,以邓小平理论指导全党工作的伟大起点。邓小平理论是马克思列宁主义基本原理同当代中国实践和时代特征相结合的产物,是毛泽东思想在新的历史条件下的继承和发展,是马克思主义在中国发展的新阶段,是当代中国的马克思主义,是中国共产党集体智慧的结晶。20年来,面对世界出现的大变化,面对中国发生的大变革,我们能够在探索中认识规律,在困难中坚定信心,在挑战中抓住机遇,在前进中创造奇迹,靠的就是全党坚定、自觉地学习和实践邓小平理论。12亿中国人民从切身的经历中深深认识到,只有这一理论才能解决当代中国社会主义的前途和命运问题,才能指引我们把一个不发达的社会主义国家建设成为富强、民主、文明的社会主义现代化国家。在敬爱的邓小平同志逝世以后,以江泽民同志为核心的党中央反复强调要坚定不移地高举邓小平理论伟大旗帜,党的十五大郑重地把邓小平理论作为党的指导思想写入党章,坚持用这一理论指导我们整个事业和各项工作。这体现了全党全军和全国各族人民的意愿,反映了时代的要求,是我们从历史和现实中得出的不可动摇的结论。

丁关根文章指出,这次理论研讨会,是纪念十一届三中全会20周年的一项重要活动,是理论界的一次盛会。会议畅谈了20年来改革开放和现代化建设的辉煌成就,总结了学习运用邓小平理论指导实践取得的重要经验,交流了研究建设有中国特色社会主义事业的理论成果,进一步明确了理论工作者肩负的历史责任。会议解放思想,实事求是,民主团结,生动活泼,是对十一届三中全会以来党的基本理论、基本路线的一次深入学习,是对新时期理论工作的一次很好检阅,是面向新世纪加强党的理论建设和繁荣社会科学事业的一次有力动员。

20年来,改革建设不断推进,理论工作不断深入,两者紧密联系,相互促进,成为我们党的事业发展的一个显著特点。我们的理论工作者把自己的命运同党和人民的命运紧紧联系在一起,自觉围绕改革和建设的伟大实践,追求真理,潜心钻研,勇于创新,乐于奉献,在建设有中国特色社会主义事业中发挥了重要作用。从真理标准问题的讨论到社会主义初级阶段理论的提出,从农村改革的探索到社会主义市场经济改革方向的确立,从物质文明建设的推进到精神文明建设的加强,从国家的民主法制建设、军队建设、外交建设到新时期党的建设,都凝聚着广大理论工作者的心血和智慧。这20年是广大理论工作者最富创造、最有建树的时期,是建国以来理论工作最具活力、最为繁荣的时期。特别是十四大以来,党中央结合新的形势,着眼新的实践,提出了用邓小平理论武装全党的战略任务,出现了学习、研究、宣传邓小平理论的新气象。理论学习,坚持以学习邓小平理论为中心内容,并同学习马列著作和毛泽东著作结合起来,同了解党的历史实践和总结党的历史经验结合起来,着力提高广大党员特别是领导干部的思想政治素质和解决实际问题的能力。理论研究,坚持把改革开放和现代化建设的重大理论和实践问题作为主攻方向,着力研究新情况,总结新经验。理论宣传,坚持正确导向,采取多种形式,正面引导,释疑解惑,着力把党的理论和路线转化为人民群众的自觉行动,为改革、发展、稳定创造良好氛围。理论学习、研究和宣传工作围绕中心,服务大局,密切配合,不断深化,使科学理论发挥了巨大威力。

20年来,我们党深刻总结历史实践,积极探索新形势下理论工作的特点和规律,在加强和改进党对理论工作的领导上积累了成功的经验。我们深深体会到,做好理论工作,必须高举邓小平理论伟大旗帜,以马克思列宁主义、毛泽东思想、邓小平理论为指导。坚持邓小平理论,就是真正坚持马克思列宁主义、毛泽东思想。要高举邓小平理论伟大旗帜不动摇,坚持把邓小平理论作为我们观察世界、发展自己的强大思想武器,在实践中不断地学习和运用这一理论,丰富和创造性地发展这一理论。

丁关根的文章还说,从现在起到下世纪中叶的50年,是实现社会主义现代化宏伟蓝图的50年,是实现中华民族伟大复兴的50年。这对我们全党和全国人民来说,既是一个充满希望的美好前景,又是一个需要付出艰辛努力的奋斗历程。回顾过去,我们充满自豪;面向未来,更感责任重大,我们要清醒地看到实现现代化的历史任务对党、国家和民族前途命运的重大意义,清醒地看到世界多极化、经济全球化和科学技术迅猛发展对当代中国的深刻影响,清醒地看到在前进道路上还会有可以预料和难以预料的各种困难风险,紧跟时代步伐,倾听实践呼唤,更好地肩负起党和人民赋予的历史责任。

我们一定要紧紧围绕十五大的主题,高举邓小平理论伟大旗帜,把建设有中国特色社会主义事业全面推向21世纪。要认真贯彻江泽民总书记在学习邓小平理论工作会议上的讲话精神,认真贯彻中央《关于在全党深入学习邓小平理论的通知》，进一步兴起学习邓小平理论的新高潮。要把学习邓小平理论同学习、贯彻十五大精神紧密结合起来，在全面正确领会和掌握邓小平理论的科学体系、精神实质上下功夫，在全面正确领会和掌握党的十五大精神上下功夫，把思想和行动进一步统一到十五大精神上来，把智慧和力量进一步凝聚到实现十五大确定的各项任务上来。

我们一定要坚定不移地同以江泽民同志为核心的党中央保持一致，自觉维护中央权威。这是把建设有中国特色社会主义事业继续推向前进的重要保证。要通过卓有成效的理论研究和宣传，做好以科学的理论武装人的工作，帮助人们提高认识，坚定信念，增强学习中央方针政策的自觉性，增强贯彻中央重大决策的自觉性。

我们一定要始终以经济建设为中心，坚持党的基本路线不动摇。“一个中心、两个基本点”，体现了社会主义的本质，反映了中国社会主义发展的根本规律。要始终把一个中心和两个基本点统一于建设有中国特色社会主义的伟大实践。要在基本路线指导下，正确认识和处理改革、发展、稳定的关系，坚持两手抓、两手都要硬，在社会稳定中推进改革和发展，在改革和发展中维护社会政治稳定。

我们一定要坚持解放思想、实事求是，弘扬理论联系实际的马克思主义学风。始终坚持“一个中心，三个着眼于”，大力倡导认真学习、民主讨论、积极探索、求真务实的风气。密切联系马克思主义的历史发展，密切联系我国社会主义初级阶段的基本国情，密切联系改革开放的生动实践，密切联系当代世界的深刻变化，以宽广的眼界和科学的态度，认真总结人民群众创造的新鲜经验，积极借鉴世界各国发展的一切文明成果，深入探索有中国特色社会主义经济、政治、文化发展的规律，为我国物质文明和精神文明建设提供有力的理论支持和思想保证。

我们一定要加强马克思主义理论队伍的建设，多出成果，多出人才。要讲学习，讲政治，讲正气，坚持辩证唯物主义和历史唯物主义的立场、观点、方法，努力使自己成为政治坚定、思想敏锐、学识渊博、深入实际、联系群众的理论工作者。

丁关根的文章最后说，在 1999 年里，我们将迎接新中国成立 50 周年，迎接澳门回归祖国，迎接新世纪。站在百年之交、千年之替的历史时刻，我们深深感到，我们党现在所从事的事业，是十一届三中全会以来 20 年、新中国成立 50 年、中国共产党建立 70 多年来革命和建设事业的继续，也是 100 多年来中国人民争取民族独立、人民解放和实现国家富强、人民富裕这一事业的继续。我们肩负着承前启后、继往开来的伟大使命，前景光辉灿烂，责任重如泰山。我们要进一步增强历史责任感和时代紧迫感，勇于思考，勇于探索，勇于创新，在人民的实践创造中进行理论的创造，在社会的历史进步中推动理论的进步。

让我们紧密团结在以江泽民同志为核心的党中央周围，高举邓小平理论伟大旗帜，为我们民族的伟大复兴，为我们国家的繁荣富强，贡献自己的智慧和力量。

（摘自 1999 年 1 月 18 日《人民日报》）

二、中央领导对中央电视台工作的重要指示

3 月 16 日，江泽民总书记在看完《全国女检察官法庭论辩赛》后打电话给彭珮云。他说，我刚刚看了中央电视台播放的女检察官论辩赛，参加比赛的女检察官们反应敏捷，业务熟练，而且都很年轻。我深为我国妇女的健康成长和在事业上取得的成就而感到高兴。这也反映出，我们抓司法队伍建设是有成绩的。看来，结合实际工作开展论辩比赛，对于促进学习知识，钻研业务，练习口才，是一种好形式。

（据中央电视台《大事记》）

5 月 4 日，江泽民、李鹏、朱镕基、胡锦涛、李岚清等中央领导观看了纪念五四运动 80 周年大型晚会《青春之歌》后，江泽民主席说：节目组织得很好、很精彩，整个晚会我都十分激动，我的心在激烈地跳动，我的热血在燃烧。非常感谢你们。

（据中央电视台《大事记》）

6 月 28 日，江泽民总书记看了《焦点访谈》栏目播出的《禁伐·尽伐》节目后给贵州省委书记刘方仁打电话说：记者能去的地方，我们的干部也应该能够去。一

定要对电视曝光的情况查个水落石出，严肃处理。要加强天然林的保护，要加强对我们干部的教育。

（据中央电视台《工作日报》1999 年第 126 期）

8 月 14 日，李鹏委员长在北戴河打电话给李克农之子李伦说，他看完了电视连续剧《李克农》全部 19 集样带，认为拍得很好，并指出该剧收尾比较仓促，如果能多拍一两集就好了。

（据中央电视台《工作日报》1999 年第 161 期）

7 月 7 日，朱镕基总理在收看了前一天晚上《焦点访谈》栏目播出的《层层转包留隐患》后，召见国家计委主任曾培炎，要求：(一)国家计委重大项目稽查办迅速对这一事件进行调查；(二)调查结束后，召开由有关部委和省、市参加的现场会；(三)国家计委全体干部重新收看这期节目。

（据中央电视台《工作日报》1999 年第 133 期）

11 月 10 日，国务院总理朱镕基看过当晚中央电视台播出的《焦点访谈》后，给国务院有关负责人写信说："刚才看到《焦点访谈》报道'吉烟现象'，不禁感慨系之。我不了解是否吉林省、市、县领导的政策水平都像四平的一样，值得注意。我看那个市委书记的水平还不如一个普通群众，似乎刚刚开过的四中全会对他毫无影响。那个农民还知道'吉烟的销售应该找市场，不应找市长'，市长却不知道'民以食为天'，而不是'民以烟为天'。烟尚如此，其他强迫命令、苛捐杂税可想而知。忧心忡忡，急不择言，尚祈谅察。"

（据中央电视台《大事记》）

9 月 19 日，全国政协主席李瑞环在纪念人民政协成立 50 周年晚会《大道行》结束后说：晚会很好，有新意，较好地将思想性和艺术性结合在一起，谢谢你们。

（据中央电视台《工作日报》1999 年第 186 期）

5 月 1 日，胡锦涛副主席出席"五一"晚会，并祝贺晚会成功。他说：晚会很成功，也很有新意，体现了歌颂工人阶级的主旋律。

（据中央电视台《工作日报》1999 年第 83 期）

6 月 30 日，尉健行、李岚清等中央领导出席观看纪念"七一"78 周年文艺晚会《伟业照千秋》后，对晚会给予充分肯定。尉健行说：节目很好，这个时候搞很有意义。李岚清说：节目有新意，品位很高，很感人。

（据中央电视台《大事记》）

11 月 15 日，尉健行等领导到中央电视台视察工作，在与《焦点访谈》、《今日说法》栏目主持人等座谈时说：经过这些年的努力，中央电视台拥有了一支庞大的、高素质的队伍，拥有了一大批很先进的技术装备，电视事业有了巨大的发展，为推进全国改革发展稳定大局作出了重大贡献。同时，中央电视台在加强法制教育，推进党风廉政建设和反腐败斗争方面也做了大量很有成效的工作，对中纪委的工作是很大的支持。中纪委、监察部有很多工作需要与中央电视台加强合作。电视在当前是一个与群众接触面最大、最有效的宣传手段。宣传教育工作要宣传邓小平同志关于党风廉政建设方面的论述，要宣传以江泽民同志为核心的党中央在党风廉政建设方面的方针政策、重大决策和部署，也要宣传当前形势下党和政府部门涌现出的一大批值得歌颂、值得学习的模范、先进人物。同时，也需要针对反腐败斗争中揭露出的消极腐败现象，查处的腐败分子，进行分析、解剖，把它作为反面教员来教育大家。加强宣传教育不能单纯讲道理，还要结合人和事来开展一些形象的教育，要注意发挥电视媒体的优势，使它在宣传党风廉政建设和反腐败工作中能够起到更好的作用。一些比较典型的案件，新闻媒体可以提前介入，使电视的法制宣传更充实、更丰富。

（据中央电视台《大事记》）

2 月 22 日，李岚清副总理就中央电视台 1999 年春节联欢晚会批示：春节晚会我们全家从头到尾全看了，感谢全体演职人员的努力。当然，年年办晚会，群众的期望值越来越高，也是一件难办的事。不过我想群策群力，总是有办法的。祝你们在新的一年取得更大成绩。

（据中央电视台《大事记》）

7 月 22 日，李岚清副总理等领导同志看了中央电视台播出有关"法轮功"的新闻后说：当日的新闻节目很好，有力度，作用很明显。希望继续加大宣传力度，制作播出更有说服力的节目，教育更多的人。可以采访一些受蒙蔽的"法轮功"练习者，让他们现身说法。

（据中央电视台《大事记》）

9 月 7 日，李岚清副总理在中央电视台视察时说：在揭批"法轮功"的斗争中，一是依靠政法部门，二是依靠宣传部门。宣传效果最好的是电视，在教育、解脱受"法轮功"迷惑的群众过程中起到了很大作用。电视宣传很重要、很重要，今后要进一步扩大电视覆盖，真正做到“村村通”。

(据中央电视台《大事记》)

10月13日，李岚清等领导同志在中南海紫光阁接见文艺晚会《祖国颂》剧组主创人员及演员代表时说：演出的成功首先是创作，创作的源泉在于50年来取得的巨大成就，由此激发了主创和表演人员很高的激情。因此，节目就体现了和人民群众的“心连心”。这些年来坚持的文化下乡“心连心”慰问演出形成了很好的风气，《祖国颂》很好地将新中国的建设成就和文艺成就结合起来，取得了很好的效果。我们要按照江总书记的要求“弘扬主旋律，提倡多样化”，以庆祝新中国建立50周年的文艺宣传为契机，进一步掀起创作的新高潮。

(据中央电视台《大事记》)

10月25日至11月25日期间，李岚清副总理在参观“为了明天——预防青少年违法犯罪”展览时，为《今日说法》栏目题名，并说：用电视节目普法是一种非常好的形式，希望你们继续努力。

(据中央电视台《大事记》)

7月18日，丁关根同志收看了中央电视台“心连心”艺术团赴西藏慰问演出节目后，打电话给赵化勇台长，对这台节目给予肯定。他说：这次的“心连心”是在国际敌对势力搞“台独”、“藏独”的特殊时期举行的一次具有特殊意义的“心连心”演出。这次节目的主题鲜明，歌颂祖国，歌颂解放军，歌颂西藏，歌颂了中华民族的大团结，突出了以江泽民同志为核心的党中央和西藏人民心连心。演出的气氛很热烈，台上台下心连心，观众的情绪很好、很感人，演员激情饱满，感情真挚，尽管能听得出有些气短，说话声音都变了，都有高原反应，但表现都很不错，尽了全力。小品、相声和歌曲都不错。请转达对演员同志和剧组同志的问候。

(据中央电视台《工作日报》1999年第139期)

1月23日，丁关根同志在中央电视台看望正在排练春节联欢晚会节目的全体人员时说：每逢春节，中央电视台都要向全国观众奉献一场精彩的晚会节目，受到广大观众的欢迎，为节日增添了喜庆欢乐的气氛，同志们付出了许多辛劳。希望大家抓紧最后一段时间，精益求精，推出一批新节目，推出一批新人，努力提高晚会质量，把晚会办得更加好看，让广大群众高高兴兴过春节。

(据中央电视台《大事记》)

4月4日，丁关根同志给中央电视台领导打电话，认为前一段宣传工作总体不错，口径把握较好，特别是关于北约空袭南联盟的报道，及时、准确、全面地报道了我国政府的声音，报道的“量”和“度”把握不错。中央电视台顾玉龙、王晓琨两位记者冒着生命危险在一线采访，置个人生死于不顾，非常不易。

(据中央电视台《大事记》)

6月8日，丁关根等领导同志在考察中央电视台互联网站时说：目前互联网发展很快，要加强网上管理，特别是针对一些热点、焦点问题要有针对性地及时组织报道、发布信息，以正确的舆论引导人。同时要大力宣传和介绍中国独特的山水风光、优秀文化等，让世界更好地了解中国。

(据中央电视台《大事记》)

8月11日，丁关根同志打电话对中央电视台当天的《新闻联播》节目提出表扬：在今天揭批“法轮功”的一组报道中，《科学家给李洪志的伪科学曝光》、《“法轮功”害了我女儿》、《吉林省公安厅查明：李洪志购房偷税达万元》、《山东“法轮功”健康实例是如何炮制出来的》等新闻有亮点，很有说服力，很好，每天这样的新闻都要有几条。希望中央电视台的同志们再接再厉、继续努力，圆满打好揭批“法轮功”这场宣传报道战役。

(据中央电视台《大事记》)

11月22日，赵化勇传达丁关根同志对中央电视台2000年春节联欢晚会方案的意见。丁关根对晚会提出五点要求：一要精，要推出一定数量的精品节目，要有一个好相声，两首好歌，三个好小品，四个一般性的好节目，推出五位新人；二要新，晚会要力求出新，要处理好新歌与名曲的关系；三要乐，要有快乐、幽默的气氛，要让观众发自内心地乐；四要真，要投入热情，要有真情实感；五要博，要发挥地方电视台的优势。2000年的春节联欢晚会十分重要，机会千载难逢，主创人员应充满自信，努力推出一台好的晚会。

(据中央电视台《大事记》)

12月19日，丁关根同志就中央电视台澳门回归电视报道予以表扬。他认为：此次电视报道很成功，口径把握得准确，宣传的度把握较好，节目衔接流畅。从屏幕上看得出是做了充分准备的，看得出同志们十分辛苦，向大家表示感谢和祝贺。

(据中央电视台《大事记》)

4月13日，李铁映同志在看完中央电视台制作的大型纪录片《中华文明》第一部《源》后说:"很好,很受教育,很振奋,比我想像的更好。"并建议将该片翻译成英、法、德等国文字版本,影、视及盘、带、书一齐推出,推向国内外。

(据中央电视台《大事记》)

9月11日,张万年同志对中央电视台有关我军军事演习的报道给予高度赞扬。他说,这条新闻(按:指各兵种联合渡海登陆作战演习)很有气势,画面精彩,编辑好,中央电视台反复播出更增加了新闻的震撼力,很好地配合了江主席与克林顿的会晤,配合了政治外交斗争。采访演习的记者队伍是一支快速过硬的队伍,要提出表彰。

(据中央电视台《工作日报》1999年第184期)

彭珮云同志接受中央电视台《万家灯火》栏目记者采访时说:家庭是社会的细胞,是社会组成的基本单元,家庭和睦是社会稳定的基础。这次邀请全国包括港、澳、台的模范家庭参加活动,很好。中华民族应大力弘扬生活中的真、善、美,大力提倡建设幸福文明家庭的好风尚,这对国家的长治久安具有非常重要的意义。

(据中央电视台《工作日报》1999年第105期)

3月5日,罗干同志在接受中央电视台《今日说法》栏目记者采访时说:"我很赞成你们办这个栏目。这个栏目对全国普法教育都有作用,对可能犯罪的人也有警示作用,栏目对全社会产生了很好的效果。我看了多次,节目都很好,我向你们所有记者、编辑和技术人员表示感谢。"

(据中央电视台《工作日报》1999年第46期)

3月6日,罗干同志在中央电视台《工作日报》上批示:"感谢《今日说法》栏目的制作及播放人员。希望继续办好这个栏目,为普法教育、增强群众的法制观念作出贡献。"

(据中央电视台《工作日报》1999年第46期)

三、广电总局领导讲话

做好广播影视工作 加强管理 为扶贫攻坚促进"村村通"做贡献

——国家广播电影电视总局局长田聪明在全国宣传部长座谈会上的发言(摘要)

(1999年8月)

根据会议的安排,要我向宣传部长同志们通报一下广播影视工作方面的情况。

一、在党和国家重大活动、敏感时期和突发性事件中如何做好广播影视工作的一些体会

今年是我们党和国家历史上具有特殊意义的一年。其突出特点,就是党和国家的重大活动多,又遇到突发性事件。今年上半年,纪念五四运动80周年和以美国为首的北约用导弹袭击我驻南使馆、"法轮功"事件等。这期间的广播电视宣传报道,在中央的领导下比较圆满地完成了任务,得到了中央和广大人民群众的好评。

(一)在党和国家的重大活动、敏感时期和突发性事件中,广播影视工作必须更加坚决地、不折不扣地执行中央的决定、指示和部署,并按照中宣部的具体安排进行报道。不论是以美国为首的北约用导弹袭击我驻南使馆事件的报道,还是关于处理"法轮功"问题的报道,首先是在全面准确地学习领会中央精神的基础上,

严格按中央的要求和中宣部的部署进行报道。在做“自选动作”时，也必须强调配合“规定动作”。我们常讲“喉舌功能”。喉舌只能有一个，只能在党中央；所发出的声音有抑扬、有顿挫，但始终有一个主旋律，而且动机和效果是统一的。这就是我们理解的舆论导向，要牢牢把握好。

（二）在党和国家的重大活动、敏感时期和突发性事件中，广播影视工作者，必须忠于职守、操作到位、整体协调、统一行动。具体讲：

1．前方工作人员要出色地工作。如以美国为首的北约轰炸南联盟后，国际电台和中央电视台前方记者经常在轰炸半小时后即赶到现场采访。随采随传。得知我驻南使馆被袭击后，记者不顾个人安危，抢救伤员，安放好牺牲同志的遗体后，继续搞报道。去年抗洪抢险，今年处理“法轮功”问题，均在短时间内即派出记者或通知记者站和地方电视台组织采访活动。

2．后方工作人员要出色地工作。各台的收、录、编、播和技术人员，全天候坚守岗位，根据中宣部的部署，随到随录随传随播。

3．广播电视各种形式的报道形成合力，形成舆论攻势。如消息报道以其快捷、滚动播出，评论性节目、专题性节目则运用史料和专家学者分析，以及听众观众谈切身体会等形式进行深度报道，在满足不同层次听众观众需要中深入引导舆论。比如，在处理“法轮功”问题的宣传报道中，中央电视台的《新闻联播》、《焦点访谈》、《新闻调查》、《实话实说》、《夕阳红》、《今日说法》等栏目，都从各自的角度来做揭批李洪志及其“法轮功”的文章，确实形成了声势、力度和深度。

4．及时调整广播影视文艺节目，使整个舆论氛围与听众观众的关注点和情绪相协调。

5．中央三台带头，同时协调北京市三台，关照中央教育电视台，全国省级和各大中城市的电台、电视台随即很快跟上来，形成了主导舆论。

6．电台、电视台，有线台、无线台，中央台、地方台之间主动配合，新闻资源尽可能共享共用，发挥广播电视整体效益。

7．对内与对外宣传分类指导。以美国为首的北约用导弹袭击我驻南使馆事件发生后，我们一早就得到了消息。经向中央请示报告后，一方面抓紧准备对内报道，以便在中央和中宣部最后敲定后立即播出，另一方面国际电台和中央电视台国际频道对外迅速发出了消息。这样就使我们能够在国际媒体竞争中处于有利地位，防止西方媒体先入为主。而对内报道则按外交部的意见等到声明出来以后已近中午才播出。

8．要依法加强对向境外传输在境内采集的节目信号的管理。

9．依法加强对接收境外（包括港、澳、台）卫星电视节目的管理。

10．严格节目重播重审制度。

11．广播电视节目的技术传输，特别是现场直播，必须做到有主有备，有的要一主三备，并反复检查演练，确保万无一失。

12．加强境内外广播电视节目的监听、监看。对总局来说，是为了及时加强指导和协调。更重要的是为中央领导了解情况提供信息。

（三）在党和国家的重大活动、敏感时期和突发性事件中，广播影视工作各岗位、各环节的同志必须各就各位，各负其责，特别是各级电台、电视台主要领导和分管领导要亲临一线坐镇。一是有利于及时传达落实中央及中央有关部门的意见、要求和向中央及中央有关部门报告情况；二是有利于与一线工作的同志共同商量，及时果断处理问题；三是有利于为一线工作的同志排忧解难。

二、切实加强广播影视宣传管理，确保下半年各项宣传任务的完成

下半年广播影视新闻宣传、文艺创作和播出放映任务都十分繁重。所以，切实加强宣传管理，对确保完成宣传任务，确保正确舆论导向和安全播出，尤为重要。在这方面，我们始终强调：一是明确各级电台、电视台、有线电视台台长责任制，并要求把坚持正确导向，提高节目质量，作为整个工作的重中之重来抓；二是积极倡导和组织广播电视采编人员坚持不懈地学习马克思主义、毛泽东思想、特别是邓小平理论，学习党的十五大精神和党的各项方针政策，坚持不懈地深入实际调查研究，从而把党的新闻宣传思想变成自觉行动；三是认真贯彻团结稳定鼓劲和以正面宣传为主的方针，严格宣传纪律，正确处理正面宣传为主和加强舆论监督的关系。特别是批评性报道，要坚持实事求是，把握好角度、分寸、时机和效果；四是完善新闻宣传管理的规章制度，严格依法管理，杜绝大事故，减少小事故；五是要采取有效措施，净化电视屏幕与电影银幕。当前要着重抓好以下几个方面的工作。

（一）加强播出管理，严把播出关。

当前，除了上面已经讲到的，还想着重强调两个问题：

第一是播出节目管理问题。经过近几年的集中治散治滥，广播电视乱播滥放势头已经得到了遏制，但还未从根本上解决问题，少数基层有线广播电视台把从社会上购买的走私、盗版VCD直接用于电视播放。主

要有这样三个问题：一个是内容有严重问题的节目。另一个群众反映比较强烈的问题，就是在电视节目中随意插播广告和广告播放超过规定时间。还有一个，就是关于一些文艺性、娱乐性栏目设置问题。材料反映，近一时期，全国文艺类节目日益增多，全国65家省级电视频道中，有33家开办娱乐类节目。这类节目满足了部分观众的欣赏需求，在一定程度上丰富了荧屏，但也暴露出一哄而上、相互模仿；内容无聊、品位不高等问题。上述这些归结起来，就是没有正确处理好社会效益和经济效益的关系。

第二是加强技术安全维护，确保广播电视节目的优质安全播出。特别是要精心组织好国庆50周年庆祝活动和澳门回归活动现场直播的安全播出。

（二）加强完整转播中央台第一套节目的管理，确保中央政令畅通。

中宣部和原广电部、广电总局曾多次发出通知，要求各级地方台完整转播中央电台、中央电视台第一套节目。中央领导同志也多次强调这个问题。应该说大多数地区都能够按照中央的要求来做，而且做得比较好，但也确有少数地方转播情况不太好，特别是中央电台第一套节目的有效覆盖在一些地方出现滑坡，严重影响了党中央声音的迅速传送，群众对此意见很大。

国家批准地方设立电台、电视台、有线电视台的一个前提条件，就是必须转播国家规定转播的节目。这也是各国的通行做法。中宣部和原广电部发文要求完整转播中央人民广播电台和中央电视台的第一套节目，主要是从政治上考虑的，从向广大干部群众宣传贯彻党的路线方针政策考虑的。要求转播的是党中央的声音，应该是无条件的。

（三）继续做好转播、接收境外卫星电视的管理，巩固前一阶段集中清理的成果。

根据国务院129号令和原广电部的11号令，允许接收境外卫星电视节目的范围是三部分：一是级别较高、规模较大的教育、科研、新闻、金融、经贸等确因业务需要的单位；二是三星级或国家二级以上涉外宾馆；三是专供外国人和港、澳、台人士办公或居住的公寓等。就是说其他除特殊需要经批准外，均属禁止之列。但近年来确有非法安装接收境外卫星电视节目设施的。今年春天中央领导作了重要批示，要求我们依法加强管理，不能放任自流。所以，广电总局与公安部、安全部联合发文进行整治。

经过集中清理，擅自接收、转播境外卫星电视节目的势头基本得到遏制，但还存在一些认识问题，管理上还存在不少薄弱环节。为此，总局已下发了《关于继续深入开展境外卫星地面接收设施治理工作的通知》等文件，要求各地对接收境外卫星电视节目的治理工作不能“走过场”和“一阵风”。

（四）加强广播电视频道（频率）设置管理，合理配置资源。

目前，各地申请或未经批准擅自开设节目频道的情况仍比较普遍。频道越办越多，而节目源和节目制作能力又不足。这是一些地方电视台，特别是有线广播电视台播放一些格调低下、甚至有严重问题的节目的一个根本原因。

针对这些问题，今年以来，总局下发了《关于加强广播电视播出机构节目频道设置管理的意见》，要求已经登记的地市级以上广播电视播出机构，积极进行节目频道设置的调整工作，切实避免无线和有线、省台和省会市台频道的重复设置和节目内容的雷同。今后，原则上无线电台、电视台不再增设频道，有线电视台频道的设置要体现专业化、对象化、服务化，综合节目频道要严格控制。在已经实现有线电视全省（自治区、直辖市）联网的地区，不再批办县级广播电视台自办电视节目频道；已有的县级广播电视台自办节目频道，将逐步以公共电视频道取代。

（五）加强合拍电视剧管理，繁荣电视剧创作生产。

近年来，境内电视制作机构与境外合拍电视剧的活动比较活跃，仅1997和1998两年分别合拍了21部574集和22部452集。当前存在的一个比较突出的问题是“假合拍”、“假国产”，严重干扰了进口电视剧管理和电视剧市场。这方面我们去年曾查处了一些单位，最近，总局又下发了《关于进一步加强合拍电视剧管理的通知》。

三、大力推进“村村通广播电视”工作，确保到本世纪末全国的行政村听到广播看到电视

“村村通广播电视”是我们去年初提出来的，并于去年9月和12月分别在贵州省和云南省召开了现场会。而且把这件事同我国的卫星直播试验结合起来进行。中央电视台为扩大有效覆盖拿出1400万元购买了1万台电视机，中广卫星公司为扩大市场拿出500万元购买了1万面卫星接收天线等设备，用于“村村通”扶贫攻坚示范。

这件事一方面受到广大农民群众的热烈拥护，一方面得到党中央、国务院和地方党政领导的关心、重视和支持。

目前，全国72万个行政村中，还有10万个村虽已通电但尚未通广播电视。为解决这10万个行政村在本世纪末基本实现“村村通广播电视”的问题，决定在继续搞好边境地区和老少边穷地区广播电视事业建设

的基础上，从1998年开始，国家计委投入1.7亿元，广电总局投入8000万元，各级地方政府配套2.5亿元，用于解决近5万个国家级贫困县广播电视盲村通广播电视的问题；其余5万个行政村听广播看电视的问题，各级地方财政再拿5亿元来扶持。与此同时，广电总局还发动和依靠系统及社会力量，为扶贫攻坚、促进“村村通”做贡献。

（摘自广电总局《决策参考》1999年第9期）

关于国家广电总局机关机构改革情况的通报

——国家广播电影电视总局副局长李树文在全国广播影视厅局长会议上的发言（摘要）

（1999年1月）

按照党中央、国务院的部署和国务院批准印发的国家广电总局的“三定”方案，经过积极稳妥的工作，总局的“三定”及人员定岗分流工作已于1998年9月结束。目前，总局机关正在抓紧制订转变机关职能、转变工作方式、转变工作作风的相应措施，以适应新的机构、编制、体制和新的形势要求。

一、广电总局机关机构改革的基本情况

（一）总局机关机构改革工作分三个阶段进行

一是学习准备阶段。主要是认真组织传达学习党中央、国务院关于机构改革的文件和国务院领导同志的有关讲话并结合实际领会精神，统一思想认识，同时认真制订总局的“三定”方案和机构改革工作方案。3月中旬，全国人大通过国务院机构改革方案后即组织全体公务员认真学习。6月25日国务院批准印发《国家广播电影电视总局职能配置、内设机构和人员编制规定》（以下简称《规定》）后，总局于7月6日召开了机关机构改革工作动员大会，总局局长、党组书记田聪明民志作了动员讲话。经机关全体公务员认真广泛的讨论修改后，党组于7月23日正式印发了总局《关于做好总局机关机构改革工作的安排意见》（以下简称《意见》），同时成立了由人事、纪检监察、机关党委等部门组成的总局机关机构改革工作办公室，办公室工作由总局党组副书记、副局长李树文同志和总局党组成员、机关党委书记王德新同志负责，各司局也相应建立了机构改革工作领导小组。经过长达四个多月的学习准备，从7月份开始，机关的机构改革工作全面展开。

二是机关各司局“三定”及人员定岗分流阶段。机关各司局“三定”的步骤是：由机关各司局按照《规定》的要求，提出本司局“三定”的初步意见，经总局机关机构改革工作办公室与有关司局研究、协调、平衡、修改，形成了各司局的“三定”方案并报党组审批。

人员定编定岗工作分三步实施：首先，按照干部管理权限和任免程序，由党组研究决定司局长和司局级非领导职务公务员的任免。然后根据《中央国家机关人员定编定岗实施办法》和总局党组《意见》规定的工作程序，按照“工作需要，群众参与，综合考评，组织决定”和“公正、公平、公开”的要求，经过个别谈说、民意测评和各司局机构改革领导小组集体研究，任命了正副处长。最后，经过双向选择和各司局领导集体研究，确定了处级及以下非领导职务公务员。

人员分流安排工作的主要步骤是：公布直属企事业单位的岗位需求及承担培训的院校和专业，本人自愿选择，组织研究决定。分流安排工作综合考虑本人志愿和所在司局的意见、机构改革工作办公室的意见、接收单位的意见，在各方面意见大体一致和情况下，通过多次协调和协商，最终妥善安排落实分流人员。

这一阶段，从7月下旬开始，到9月底完成，历时两个多月。

三是在新的机构、体制下，努力实现国院确定的机构改革目标阶段。机构改革以后，人员少与工作任务重的矛盾非常突出。为此，田聪明同志在不同的会议上多次强调指出，机构改革后的当务之急，是研究如何转变机关职能、转变工作方式、转变工作作风的问题，研究依法行政，规范管理的问题，研究提高工作质量，提高办事效率的问题，真正实现宏观管理的间接管理，切实履行政府的协调和服务职能。能否完成这些转变并建立起新的工作机制，是能否巩固这次机构改革成

果的关键，也是衡量这次机构改革成败的标志。总局党组要求总局的领导以及机关各司局，对此要认真研究并提出具体可行的措施。从10月到年底，总局党组和机关各司局围绕这一中心议题，深入学习朱镕基总理关于"三个转变"和"三优一满意"的指示。总局于11月25日召开局长办公会，制定了总局领导"三转变"的措施，接着在机关处以上干部大会上作了通报，力求在机构改革之后进一步规范公务员的行政行为，提高依法行政的能力和水平，提高行政效率，努力做到办事高效、运转协调、职责明确、行为规范，使机关工作出现新的气象。

（二）总局及内设机构"三定"的情况

1.关于职能调整

首先是按国务院机构改革方案和国务院批准的《国家广播电影电视总局职能配置、内设机构和人员编制的规定》，调整了划出的职能和划入的职能，认真按《规定》执行。其次，对总局内设机构之间的职能进行了划分。

2.关于精简机构及定编定岗

总局原有10个职能司局和机关党委，现精简为9个职能司局和机关党委，将人事司与教育司合并为人事教育司。总局机关处级机构从原有的61个精简为45个，减少了16个，精简26%。

人员编制精减50%，从原有的446名精减为223名。定编情况为：总局领导6名，司局长31名，司局级非领导职务10名，正副处长95名，处级及以下非领导职务人员81名。定编定岗结束后，机关公务员队伍的结构发生了明显的变化。从年龄看，整个机关工作人员的平均年龄从45.5岁降到了41.3岁，其中处级干部的平均年龄从44.4岁降到了42.6岁，处级及以下非领导职务公务员的平均年龄从39.6岁降到35.8岁。从学历结构看，大学学历以上人员从55%上升到60%，大专学历以上人员从88%上升到95%。

二、广电总局机关人员分流的基本情况

广电总局机关在此次机构改革中，除去已在机构改革之前陆续调出加强企事业单位的一部分同志外，又分流164人。其中，88人分配到12个直属企事业单位工作，36名2000年底前到达退休年龄的同志，提前离岗到总局调研组工作，18人参加学习培训，9人转到机关服务中心工作，9人到龄退休或提前退休，1人自谋职业。人员分流安排工作按以下步骤和方法实施：

（一）由各司局领导在广泛谈心活动中以个别谈话的方式了解分流人员的意向，由分流人员本人填写分流意向调查表，每人填报三个不同的单位。

（二）请直属企事业单位提出岗位需求及岗位任职条件的大概情况，印发各司局供分流人员选择参考。

（三）根据本人所报志愿、所学专业、在机关所从事的工作以及各直属单位的接收安排能力，由总局机关机构改革工作办公室研究提出分配意见。然后，依次先安排分流的处级领导干部，再安排分流的处级及以下非领导职务人员。

（四）符合提前离岗、提前退休条件的，由个人写出书面申请，经批准，均提前离岗或提前退休。提前离岗的，不再与原所在司局工作混岗，总局将他们组织起来，组建一个调研组，统一参加调研组的工作，承担总局及有关司局安排的调研工作任务。调研组挂靠在人教司，单独成立了党支部，到2000年底，调研组即行撤销。

（五）在人员分流安排的正式方案出台前，做好深入细致的思想政治工作，充分听取分流人员本人的意见。凡是合理的要求，组织上都认真研究采纳，对不合理要求，帮助本人正确认识，做好思想工作。分配方案一经组织决定，即以召开大会的方式宣布。召开大会时，分流人员、所在司局的领导和接收单位的主管理领导都要参加，在会议现场完成人员交接。分配方案宣布后，分流到直属企事业单位的人员就分别由接收单位负责，不留空当。

（六）对参加学习培训的人员，由本人提出申请，根据国家人事部和教育部的通知选报院校和专业，或参加研究生课程进修班，或报考硕士、博士专业学位。对少数只有大专学历、不具备参加教育部组织的学习培训条件的，组织他们插班参加局属北京广播学院专科升本科的学习。上述同志学习培训前与本人签署协议，在学习结束后，如机关有空缺编制，根据工作需要可以回机关工作；如机关无空编，总局负责在直属单位为其安排工作，也允许自行联系工作调出本系统。

三、广电总局机关机构改革工作中的几点体会

广电总局机关的机构改革工作进行得比较平稳，去、留人员均比较满意，特别是人员定岗分流这个关键环节解决得较为稳妥。主要有以下几点体会：

（一）把学习文件、领会精神作为做好机构改革工作的基础。认真学习党中央、国务院有关机构改革的文件和领导讲话，并结合实际反复讨论，切实把全体公务员的思想统一到中央的精神上来。

（二）认真贯彻落实各项政策规定。按照中办发(98)12号文件中的人员定岗分流政策，总局党组在

《意见》中对人员定岗分流的步骤、程序,对分流人员的工资、福利、分房、工龄以及专业工龄的计算等均作出了明确规定。同时,坚持按上级有关部门的规定办事,在人员定岗分流中没有提拔一个干部。由于在定岗分流工作中做到坚持原则,政策落实,因此基本上做到了留得安心、走得愉快,没有遗留问题。

(三)各级领导、各级党组织重视,工作抓得实。党组书记田聪明、副书记李树文和党组成员、机关党委书记王德新同志多次主持召开各种类型的会议,亲自动员、听取汇报、研究讨论机构改革问题,就具体问题提出意见,亲自同各级干部谈话做思想工作。

根据总局领导的要求,机关各司局的负责同志都把主要精力放在了本部门的"三定"及人员定岗分流安排工作上,和本司局的每个同志进行个别谈话,不推卸责任,不走过场,认真负责地安排好每一个人。机关各司局党组织发动党员开展了多种式的思想政治工作,有力地保证了机构改革工作的顺利进行。直属企事业单位的领导同志积极支持、主动配合机关的机构改革工作,接收分流人员不讲条件,有困难自己克服。由于各级领导和党组织的充分重视,切实负起了责任,使得一些难题和矛盾得到了及时圆满的解决。

(四)坚持按民主集中制原则办事。从总局到各司局,都建立了强有力的机构改革工作领导班子,并在工作中遵循中央提出的原则要求和党组和各项规定。对机构改革过程中的一些重大事项,坚持发扬民主,认真征求、听取群众意见,由各级组织集体讨论决定。各司局"三定"方案的形成、确定上岗分流人员名单、制定人员分流安排方案,都是反复听取上上下下的意见,最后按照规定的程序正式印发文件执行。这样做虽然增加了工作量,但是充分相信群众,依靠群众,一些重大事项落实得比较顺利。实践再一次证明,按照党的民主集中制原则办事,是各级领导做好工作的重要保证。

(五)坚持实事求是、一切从实际出发的原则。总局党组在制定政策、方案、研究解决问题时,坚持从总局的实际出发,不搞一刀切。在人员定岗分流工作中,不以年龄和学历划线;在分流人员的安排中,不搞平均分配;在机构改革进程的安排中,不搞平均分配;在机构改革进程的安排上,要求既要抓紧,又不片面追求速度;在机构改革的方式方法上,防止简单化。

(六)既注重做好思想工作,又坚持维护组织决定的严肃性 。一方面是要做好深入细致的思想工作。总局领导多次强调,要求各级党组织和领导干部要在机构改革中做好深入细致的思想工作,就此机会开展一次广泛的谈心活动,发挥政治思想工作的优势,确保机构改革工作的顺利进行。另一方面,党组始终坚持一旦组织做出了决定,就要坚决贯彻执行,一定要维护组织决定的严肃性。

广电总局机关机构改革工作得以顺利进行的实践表明,党中央、国务院的决策是正确的,部署是周密的。同时也说明了我们这支公务员队伍的政治素质是好的,在党和国家的重大决策面前,大家坚决与党中央保持一致,自觉服从大局,执行组织的决定,在关键时刻表现出了国家公务员的基本政治觉悟。这是我们做好工作的最有利因素。

(摘自广电总局《决策参考》1999年第4期)

唱响主旋律　打好主动仗

——国家广播电影电视总局副局长吉炳轩在全国广播影视厅局长会议上的发言(摘要)

(1999年1月)

1999年是我们党和国家历史上具有特殊意义的一年。大事喜事多,难点热点也多。在广播电视宣传工作中,我们要继续高举邓小平理论伟大旗帜,进一步兴起学习邓小平理论新高潮,坚持同以江泽民同志为核心的党中央保持高度一致,坚持党的基本理论、基本路线、基本纲领,紧紧围绕经济建设中心,服从和服务于全党、全国工作大局,坚持团结、稳定、鼓劲和正面宣传为主的方针,牢牢把握正确舆论导向,不断提高舆论引导水平,继续积极、全面、准确、深入地宣传党的十五大精神,宣传1999年中央的工作方针、工作部署,要讲学习、讲政治、讲正气。坚持党性原则,宣传报道要实事求是,要维护大局,维护团结,维护稳定,促进发展,唱响主旋律,掌握主动权,为迎接新中国成立50周年,迎接澳门回归,营造团结奋进、昂扬向上的良好舆论氛围。

重点、热点、难点是搞好新闻宣传的三个关键点,也是保持导向正确,提高引导水平的关键点。这三个关键点是相互联系而又有所区别的。重点就是党和政府从全局高度、战略高度关注的重大课题、重要决策、重点工作;难点就是在实际工作中迫切需要解决的棘手问题;热点是指人民群众普遍关注的社会问题。在我们的视听宣传中,要突出重点,化解难点,引导热点。特别是对于热点的引导,要把注意力放在疏理情绪、化解矛盾上。要充分关注人民群众对社会上出现的一些问题的敏锐反应,及时了解和掌握舆情,以正确的舆论引导热点,而不能人云亦云。热点问题往往是同重点和难点联系在一起的,对热点问题的报道一定要注意研究中央的方针、政策和要求,研究有关部门的工作部署,研究人民群众的呼声,善于从党的政策、法规,实际工作部门的工作部署,人民群众的切身利益、迫切愿望和现实生活中带有普遍指导意义的问题中,寻找与重点和难点相吻合的热点问题来进行报道。要努力做到既符合党和政府的总体部署,又符合人民群众的愿望与要求,又有利于实际工作部门的工作,努力使党、政府、人民群众、实际工作部门都满意。尽可能通过我们的热点引导,在党和政府与群众之间架起一道桥梁,起到宣传政策、反映呼声、沟通情况、释疑解惑、化解矛盾、凝聚力量的作用。由于今年大事多,喜事多,重大活动多,保持一个稳定的政治局面至关重要,所以在热点问题的引导上,必须从稳定大局出发,极其认真、极其负责地去做。要多做团结稳定、鼓劲、增强信心、凝聚力量的工作,多做疏理情绪、释疑解惑、化解矛盾的工作。

加强舆论监督是新闻工作者的职责之一,也是提高引导水平的重要内容。中央领导同志和广大干部群众都对新闻舆论监督非常支持和关注。朱镕基总理赠给《焦点访谈》栏目的编辑记者四句话:“舆论监督,群众喉舌,政府镜鉴,改革尖兵。”这既是对我们工作的有力支持,也是对我们的殷切期望。我们要深刻领会,认真落实。舆论监督在群众中影响越大,越是受到各级党委和政府的重视,我们越要谦虚谨慎,戒骄戒躁,把工作做得更好。

正确开展舆论监督,有助于弘扬正气,改进工作,对于发展社会主义民主、加强社会主义法制建设,对于反对腐败、端正党风、加强党的思想作风建设,对于反映人民群众的意见和呼声、改进党和政府的工作、密切党和政府同人民群众的联系,对于针砭时弊、弘扬正气、化解矛盾、理顺情绪、维护社会安定团结,具有重要意义。批评报道的目的是要激发广大干部群众同消极现象作斗争的信念和勇气,弘扬真善美,鞭挞假恶丑。

进一步做好舆论监督工作,必须坚持党性原则,坚持实事求是,牢牢把握正确舆论导向。我们要有很强的政治意识、大局意识、责任意识、政策意识、纪律意识;要对党、对人民高度负责,坚持为人民服务、为社会主义服务、为全党全国工作大局服务;要加强对宪法和法律实施的监督,维护国家法制统一;加强对党和国家方针政策贯彻的监督,保证政令畅通;加强对各级干部特别是领导干部的监督,防止滥用权力。当前,监督的重点是应该放在党和政府的重大方针政策落实情况,党的政治纪律执行情况,党和政府明令禁止的不良行为,法律、法规、党纪所不容的违法违纪行为,人民群众憎恶的不良行为,违背职业道德、社会公德、败坏社会风气的不良行为等方面。对改革和建设中的工作失误,要具体情况具体分析,不要轻易作结论。我们的态度应该是着眼于解决问题,改进工作,促进改革和发展,维护社会稳定。要坚持做到:

一要出于公心。要站在党和人民的立场上,从党和人民的根本利益出发,坚持对党负责和对人民负责的一致性。要着眼于帮助各级党委和政府改进工作,解决问题。要与人为善,满腔热情,切忌冷嘲热讽、尖刻挖苦。

二要服务大局。要注意选择有普遍意义的事情,抓典型,抓群众关注、领导重视、事关大局的问题,抓能够推进党和政府中心工作的事情,做到有的放矢。要精心处理改革、发展、稳定的关系,正确处理人民内部矛盾,防止激化矛盾,维护安定团结,帮忙不添乱。

三要事实准确。要坚持深入调查研究,多方面听取意见,充分掌握材料,事实要准确,结论要正确,防止断章取义、以偏概全、夸大事实、感情用事,更不可片面追求轰动效应。要用事实说话,让当事人说话,请主管领导机关和负责同志做结论,记者不要当裁判。

四要以理服人。要以事实为依据,政策、法律为准绳,客观公正,入情入理,切忌居高临下,盛气凌人。要充分考虑实际情况的复杂性,善于听取各种意见,防止主观武断,强加于人。

五要把握好度。要坚持团结、稳定、鼓劲、正面宣传为主与舆论监督的一致性,掌握好数量和时机、力度和密度。不能把个别现象和局部问题夸大为普遍现象和整体问题;对一个地区、一个行业的批评报道不要过分集中。点名批评要慎重。

六要遵守纪律。涉及重大问题的批评报道,应事先征求有关上级主管部门的意见。不宜公开报道的问题，可通过内参反映。广播电视也可以搞内部参考带、参考片。要严守新闻职业道德，自觉接受社会监督。要制定有关工作制度，重要选题要经单位领导批准，记者不得私自组团采访，涉及亲属的实行回避，不许以“曝光”的方式相威胁、敲诈勒索，坚决杜绝各种以职务之便谋取私利的行为。

加强舆论监督一定要摆正我们新闻工作者的位置。我们不要去包打官司当法官，不要去当“包青天”，不要去当信访办公室主任，不要把个人的情绪、好恶和地区、部门的利益观念带进新闻报道之中，更不允许借新闻舆论监督之名去谋私利、徇私情、帮私忙，不能借助新闻手段去刻意吹捧或有意贬低一些人或事。一定要以对党、对人民高度负责的态度，坚持真理，出于公心，心系大局，严守纪律，以理服人，把握好度；坚持做到事实要准确，结论要正确，时机要把握，内外要有别，极其认真地搞好舆论监督，不断提高舆论监督的水平。

（摘自中央电视台《电视研究》1999年第4期）

关于1999年广播电视事业的发展与改革工作

——国家广播电影电视总局副局长张海涛在全国广播影视厅局长会议上的发言（摘要）

（1999年1月）

我受总局党组和聪明同志的委托，简要通报两个方面的情况：一是1999年技术事业工作，二是广播电视企事业改革的有关情况。

一、关于1999年技术事业工作

今年是实施我国“九五”广播影视事业发展规划和科技发展计划关键的一年。关于今年的广播电视技术事业工作，在印发会议征求意见的《1999年广播影视工作要点》中已写清楚了，概括起来就是要坚持“两个方针”，强化“两个意识”，认真做好“七项工作”。

坚持“两个方针”，就是要坚持事业发展的重点是覆盖，覆盖的重点是农村的方针，坚持事业发展要紧紧依靠科技进步的方针。

强化“两个意识”，一是要强化大局意识，技术工作要为宣传服务，要服务、服从于宣传这个中心，为宣传不断地提供新的技术手段和服务，这是一个大局；再就是要为国家信息化建设服务，在为国家信息化建设服务中，扩宽广播电视事业新的领域，寻求新的增长点，这也是一个大局。二是要强化改革意识，用市场经济的观念、手段来研究、解决广播电视事业发展的问题。

要认真做好“七项工作”：

1．加强农村广播电视工作，力争在本世纪末基本实现“村村通”的目标。今年是实施“村村通广播电视”工程的第二年，东部经济较发达地区要基本实现“村村通”，中西部经济欠发达地区要有三分之二的盲村盲点实现“村村通”。实现“村村通广播电视”是广播电视服从于全党、全国工作大局的最重要、最直接的手段，有利于带动广播电视事业协调发展，促进我国农村精神文明建设和经济的发展。党中央、国务院领导同志对“村村通”工作非常重视，李岚清、温家宝副总理对此作了重要指示。国家计委等部委也对这项工作给予大力支持。吉林、云南、贵州、福建、广西等省区的经验说明，做好“村村通”工作，关键是统一思想，提高认识，领导重视。我们要认真贯彻落实国务院领导的指示，既加大政府投入、扶持的力度，又要运用市场经济的方法、手段建立良性循环、自我发展的机制，推动“村村通”工作的加快落实。

2．促进广播与电视、无线与有线、卫星与地面的协调发展，着重解决好中一、省一广播节目覆盖滑坡的问题。李岚清副总理在视察广电总局工作时，特别强调要采取有效措施，确保转播好中央和省的第一套广播电视节目，要把解决中央和省广播电视节目的有效覆盖作为一项政治任务来抓。最近，李岚清副总理又委托国务院副秘书长刘奇葆同志，专门开会研究、协调这方面的问题，提出一是要充分运用法律、纪律、管理等手段重点解决好中央广播电视节目的覆盖落地问题；二是各级财政和广电部门要加大投入，重点增加对中波转播台的投入；三是对影响转播的中央和省的广播电视节目的一些政策、体制做局部调整。要研究地市广播电视的合一问题，探索系统内局部体制的调整。

3.继续大力发展有线电视。对于有线电视发展的任务和职责,国家是明确的,有线电视仍然是我们事业发展的重点。目前我国有线电视用户7000多万,占现有家庭户数的21%,发展的任务还很重。要大力发展有线电视用户网,尤其是农村的用户网。要改变先进的有线电视干线网与落后的用户网不相适应的状况,加快用户网的技术改造,加紧多功能开发。

4.加强科技工作,推进广播影视数字化进程。要在跟踪、研究、掌握高新技术的基础上,做好庆祝建国50周年现场高清晰度电视(HDTV)转播、数字地面电视广播、数字音频广播(DAB)、卫星直接入户(DTH)、有线电视多功能开发等五大试验,并抓好相关重大科研项目的研究,推进广播影视数字化进程。

5.加强广播影视标准化工作。1998年国家已经批准总局成立广播电视标准化委员会。1999年是我们内部确定的"标准化年",我们将集中力量,加大投入,力争改变广播影视标准落后于事业发展的局面。

6.继续做好安全播出工作,确保"两会"、五四运动80周年、建国50周年、澳门回归等重大活动的宣传报道任务的完成。

7.加强计算机的应用,逐渐改变广播影视系统管理手段落后的状况,广播影视的管理手段要与事业的发展相适应。要加强战略研究,做好"十五"规划的调研起草工作。

二、关于企事业改革的有关情况

当前,我国改革的力度比较大,改革的政策措施出台的比较多。涉及广播电视企事业改革的主要有三个方面:一是政企分开,二是打破垄断,鼓励竞争,三是事业单位"断奶"。

政企分开是企业改革首先要解决的问题。其含义是政府部门与所办经济实体和直接管理的企业,在行政隶属关系、财务、资产、人员以及干部任免等方面都一概"脱钩"。总局有19家企业,除了电影的9家企业作为特殊行业,经中央批准暂缓"脱钩"外,其余10家企业都已经与总局"脱钩"。今年将进行地方政府机构改革,各省(区、市)厅(局)要提前做好准备,按照政企分开的原则处理好与所属企业、经济实体的"脱钩"问题。

当前,国务院正按照政企分开、打破垄断、鼓励竞争的原则重组中国电信,中国电信的改革将为广电系统的改革创造条件。作为广电部门来讲,要搞好广播电视传输公司的组建。组建传输公司是一项政策性很强的工作,中央和国务院领导对此非常重视和关心。去年我们多次向中央和国务院领导汇报情况、上报方案,今年要继续抓好组建工作。

国家对事业单位将在三年内逐步实施"断奶"。事业单位按照其服务性质分为公益性、准公益性和经营性三类。对于公益性事业单位,经费国家予以保障;对于准公益性事业单位,国家予以资助;对于经营性事业单位,国家不再下拨事业费。今年,总局将根据直属事业单位的性质,初步提出财务分类管理的方案,并从4月1日起全面推行内部成本核算,提高内部管理水平,为适应事业单位改革做好准备。各省(区、市)厅(局)对事业单位的改革要予以重视和关心,并积极做好各项准备。

(摘自广电总局《决策参考》1999年第4期)

4. 概　况

一、1999年中央电视台十宗大事

1999年，中央电视台根据党中央的部署和要求，在国家广播电影电视总局的直接领导下，高举邓小平理论伟大旗帜，贯彻党的基本路线和党的宣传思想工作的方针原则，唱响主旋律，打好主动仗，圆满完成国庆50周年、澳门回归祖国、迎接新千年、揭批“法轮功”和“两国论”等重大宣传报道任务。坚持以宣传为中心，推进“频道专业化、栏目个性化、节目精品化”战略的实施，节目质量、宣传效果明显提高。认真开展“三讲”教育，思想作风建设进一步加强；推行成本核算，深化改革取得可喜成效；技术、党政、经营、管理等各项工作取得显著成绩。1999年中央电视台十宗大事如下：

一、中央领导亲切关怀，多次给予热情鼓励

江泽民、李鹏、朱镕基、李瑞环、胡锦涛、尉健行、李岚清等党和国家领导人，对中央电视台的宣传工作极为重视，经常听取中央电视台的工作汇报，收看中央电视台的节目，对重大宣传报道及时给予重要指示和鼓励，1999年对中央电视台的指示达数十次之多。5月4日，中央领导观看纪念“五四”运动80周年大型晚会《青春之歌》后，江泽民说：节目组织得很好，很精彩，整个晚会我都十分激动，非常感谢你们。7月6日，朱镕基总理看《焦点访谈》的《层层转包留隐患》节目后，第二天召见有关方面的负责人，要求对节目中反映的湖北省洪湖市大堤修建过程中，建设部门违反规定，对工程层层转包而留下质量隐患这一事件进行调查处理。7月22日，中央电视台领导汇报了播出取缔邪教“法轮功”的重要新闻以及对揭批“法轮功”的宣传安排后，丁关根说：“江总书记和胡锦涛同志也收看了有关节目，认为很有说服力，效果好。希望完成好中央部署的宣传任务。”尉健行、李岚清分别到中央电视台视察并作重要指示。尉健行就新闻媒体实施舆论监督指出，加强党风廉政建设，要十分重视和善于发挥新闻舆论监督作用。新闻舆论监督实质上是一种群众监督，具有其他监督不可替代的作用。李岚清指出，揭批“法轮功”宣传效果最好的是电视，电视宣传很重要，很重要。

二、三大喜庆宣传报道，隆重热烈规模空前

中央电视台历时半年多的国庆50周年宣传报道隆重、热烈、全面、深入。全台新闻、文艺、专题等107个栏目制作了大量国庆专题和配合性节目。10月1日，各套节目播出国庆盛况和文艺演出11场次，共计41小时11分钟。澳门回归报道及时、全面、充分，第一套、第四套节目和英语传送频道分别进行了48小时和38小时的直播特别报道，收视率达95.8%，为各次直播之最。迎接新千年报道规模空前，7个节目中心通力合作，24小时特别节目备受海内外关注。对国庆50周年、澳门回归、迎接新千年这三大喜事的电视报道时间长、规模大、效果好，扬国威、壮士气、振民心，中央领导和广大观众对此给予高度评价。

三、配合三项政治斗争，旗帜鲜明强劲有力

中央电视台对北约袭击我国驻南联盟大使馆的报道和揭批“法轮功”邪教、揭批李登辉“两国论”等三项政治斗争的宣传报道，气势大、火力强、形式好、效果佳。中央电视台两度派出6名记者赶赴南联盟，对以美国为首的北约推行强权政治及其野蛮行径，进行了及时、全面、客观的报道，旗帜鲜明地声讨北约悍然袭击我驻南大使馆的罪行，有力地配合了我国政府的外交斗争。揭批“法轮功”的宣传报道深入持久，声势强大，促人警醒。揭批李登辉及其“两国论”的报道旗帜

鲜明,强劲有力,充分表明了我国政府的一贯立场和主张,反映了中华民族和海外侨胞的共同心声。中央电视台围绕以上三项政治斗争的电视宣传,多次受到中央领导的充分肯定。

四、认真进行"三讲"教育,顺利通过上级验收

根据党中央和广电总局党组的部署和要求,中央电视台分党组把"三讲"教育作为全年的重点任务之一,按照四个阶段有计划、有步骤、有目标地进行。台领导带头"三讲",开门整改,电视台所属各单位也以"三讲"为契机,认真梳理在党性党风方面存在的问题,全台提出 41 项整改措施。"三讲"顺利通过广电总局验收。

五、海外展播扩大影响,网上大赛取得优胜

国庆节前后,中央电视台举办的"中国电视周"专题节目在 137 个国家和地区的 190 家电视机构推出,成为中国电视在海外举办的规模最大的展播活动。中央电视台与英国广播公司(BBC)合作完成迎接 2000 年电视专题节目,形成世界 62 个国家和地区 78 家电视机构参加的全球电视大联播,第一、四套节目并机播出 24 小时特别节目《相逢 2000 年》。这些节目突出展示了中华民族优秀的传统文化,给海外观众留下深刻印象,扩大了我们在国际上的影响。

中央电视台网站正式开通,网页数量由原来的 2 万页迅速扩充到 9 万页,推出了一批深受广大网友欢迎的栏目,在中国互联网络大赛中被评为"十大优秀网站"。1999 年 7 月中国国际互联网中心(CNNIC)经过调查,认定中央电视台网站名列全国所有网站的第十二位,是非计算机行业网站的第一位。

六、栏目改版卓有成效,国内外评奖榜上有名

中央电视台按照"频道专业化,栏目个性化,节目精品化"的思路不断深化改革,出现了一批高水平、高质量的栏目、节目。第八套改版为电视剧频道后,收视率一直保持良好的上升势头。第三套节目改版,推出 10 多个新栏目,每周增加首播节目 400 分钟,成为以综艺节目为主的频道。7 月 5 日,21:00 档新闻《现在播报》正式推出,该栏目以信息量大、节奏快、报道有深度,受到广泛关注。《中国命运的决战》等 13 部作品获第七届"五个一工程奖"。一大批优秀栏目和节目在"飞天奖"、"星光奖"、中国电影"华表奖"、中国电影"金鸡奖"、中国新闻奖、中国国际新闻奖、中国广播电视新闻奖等评奖中获奖。中央电视台向 8 个国际电视节选送了 12 个节目参加本年度比赛,取得较好成绩,其中《海选》在第三十九届蒙特卡洛电视节获"女神银质奖",这是中央电视台新闻节目首次在国际电视节获奖。《生命》等 7 部作品获国际电视节目奖。

七、高清晰度电视技术试验成功,节目播出实现全自动化

中央电视台在国庆报道中首次使用高清晰度电视技术播出电视节目,同时,利用其抗多径反射干扰的特性,进行了澳门至北京的长距离光纤传输和卫星试验,证实中央电视台已具备通过光纤和卫星手段长距离传输高清晰度电视的能力。中央电视台设计完成的高清晰度电视系统,已开始每天播出 1～2 小时高清晰度电视节目。

中央电视台使用 10 多年的半自动模拟播出系统已改为数字机械手自动播出,实现了全台节目播出全自动化、全智能化,创 10 年来安全播出最好成绩。

八、推行成本核算、整顿经营实体工作取得明显成效

中央电视台内部成本核算按期启动。经过对电视台所属企业的整顿清理,摸清了这些企业的经营状况和经济效益,为加强和改进全台经营管理打下良好的基础。在市场竞争激烈的形势下,实现稳中求进,广告总体收益比 1998 年增长 15.8%。

九、明确制订发展规划,推行人事制度改革

根据中央电视台分党组提出的要求,全台各部门自下而上制订了本系统近期、中期及远期的工作目标。在此基础上,形成了《中央电视台"十五"发展规划和 2010 年远景目标(初稿)》,上报广电总局。

为进一步推行人事制度改革,有关部门在全台进行了人力核算、奖金分配管理、临时人员公司化管理的调查研究,就相关问题提出了解决办法。

十、贯彻国家房改政策,改善工作与生活条件

全台相关部门顺利完成业务楼搬迁工作;购买、分配和销售职工住房工作有条不紊地进行;为老干部提供 3 处新的活动场所,工作条件和生活条件得到明显

改善。

1999年,中央电视台二期工程可行性研究报告通过专家评估。中国广播电视音像资料馆开工。

注重加强精神文明建设,中央电视台连续七年被评为"首都文明单位标兵",并被列为"首都创建文明单位活动示范点"。

二、1999年中央电视台宣传工作概况

1999年,中央电视台在党中央的关怀下、在中宣部和广电总局的领导下,坚持正确的舆论导向,努力增强政治意识、大局意识、责任意识,圆满完成了国庆50周年、澳门回归、迎接新千年等重大宣传报道活动,及时应对、妥善处理以美国为首的北约袭击我驻南使馆、揭批"法轮功"、揭批"两国论"等突发事件的报道,有力地维护了全党和全国工作大局。

一、主题突出,特点鲜明,重大宣传报道水平有明显提高

1999年年初,中央电视台分党组即围绕国庆50周年、澳门回归、迎接新千年三件大事展开工作部署,随即成立了由台领导组成的国庆宣传报道领导小组,完善组织结构,制定宣传报道方案。下半年,面对多个突发事件,国庆50周年报道的组织运作、实地勘察、方案细化工作一直有序进行,数十次修改转播及技术保障方案,前期运作缜密周全。特别是三项重大事件时间紧凑,间隔很短,在数月之内,几乎同步运作。各相关部门合理安排人员,密切配合连续作战,经受住了一场严峻的考验,三项重大事件的宣传报道均取得圆满成功,受到中央领导、业内专家和广大观众的一致好评。

历时半年多的国庆50周年宣传报道隆重、热烈、全面、深入,规模大,声势强。全台新闻、文艺、专题等107个栏目制作了国庆专题和配合性报道节目,推出了《新中国》、《中国一九四九》、《开国领袖毛泽东》、《中国命运的决战》、《西藏风云》等多部优秀纪录片、电视剧,展示了新中国成立50年来、改革开放20年来社会主义建设所取得的巨大成就,展示了中国人民走向富强、积极向上的精神风貌。特别是10月1日前后的数场现场直播,集中精兵强将和高新技术设备,记录了国庆庆典举国同庆、万众欢腾的宏伟场面,反映了党和国家领导人与民同乐、亲密无间的动人情景,体现了"隆重热烈、团结奋进、欢乐喜庆、昂扬向上"的总基调。建国50周年庆典电视转播,成为建台以来规模最大的一次转播活动。其中,第一、四套和英语传送频道节目针对不同观众,精心设计,巧妙包装,现场直播内容精彩而不雷同,主题统一而各具特色,收到了较好的宣传效果。

为全面、生动、立体式地展现澳门回归这一重大历史事件,中央电视台按照"同步报道重大庆典活动,全面反映普天同庆盛况"的总要求,经过80天连续奋战,第一、四套节目和英语传送频道节目分别成功地进行了48小时和38小时的连续直播特别报道。报道中,充分运用现场直播报道、背景性和时效性强的专题节目、演播室话题、滚动新闻等节目形态,除按照既定日程连续直播历史事件,忠实记录了政权交接、举国欢庆的场面,同时还通过专题形式,介绍了澳门的整体情况;从百姓视角出发,反映澳门民众的生活和心态,以生动活泼的形式,表现严肃重大的主题。报道方式灵活多变,积极创新,是澳门回归电视报道的另一特色。如,只在北京设立总演播室,通过总主持人统一调度前后方各单边注入点,使节目整体更加流畅,凸显总体风格;演播室请进嘉宾主持,谈话内容涉猎广泛,形式轻松平实;对重头戏进行递进式报道,层层渲染,不断铺垫,逐步推向高潮,增强了现场报道的规模和立体感。澳门回归电视报道的收视率达95.8%,为各次直播之最,专家、观众给予了充分肯定和高度评价。中共中央政治局委员、中宣部部长丁关根专门打电话说:中央电视台澳门回归报道口径把握准确,节目衔接流畅,从屏幕上看得出是做了充分准备的。

1999年12月31日17时30分至2000年1月1日17时30分,中央电视台第一、四套节目并机播出24小时特别节目《相逢2000年》,与英国广播公司(BBC)合作完成了由世界62个国家和地区78家电视机构参加的迎接2000年全球电视大联播活动。中共中央总书记、国家主席江泽民参加中华世纪坛首都各界迎接新千年等活动,通过英国BBC全球联播网向全世界现场直播,在国际上产生了积极广泛的影响。迎接新千年的特别节目《相逢2000年》,是与西方主流媒体合作,借助外力,扩大我国际影响的具有突破性的外宣重大举措,在进一步加强对外报道工作方面进行了积极探索,积累了宝贵经验。

经历1999年数次检验，可以看出中央电视台的重大报道各具特色，较好地体现出前期策划合理控制报道规模，分步实施强调有效操作，运作全程加强组织协调，采访播出实现信息共享，证明中央电视台重大宣传报道的组织运行机制日趋成熟，综合报道实力得到明显增强。

二、反应迅速，从容应对，在三项政治斗争中准确把握宣传口径

1999年，相继发生了以美国为首的北约袭击我驻南联盟大使馆、“法轮功”邪教组织策划围攻中南海、李登辉抛出“两国论”等突发性事件。按照中央的统一部署，中央电视台积极展开了声讨北约、揭批“法轮功”和“两国论”三项政治斗争的宣传报道，进行针锋相对的舆论斗争，气势大、立意新、形式活、效果好。

从3月起，中央电视台相继派出6名记者赴南联盟前线，客观、公正地报道了北约空袭南联盟的真实情况，相关报道做到了消息新、节奏快、分析精、背景全，并在报道深度上下功夫，具有较强特色。5月8日，以美国为首的北约悍然用导弹袭击我驻南联盟大使馆。中央电视台迅速反应，及时调整播出节目，报道了我国政府的严正声明和全国人民对北约暴行的抗议活动，并制作了一系列有理有据、分析透彻、观点鲜明的深度报道，保持正确导向，有力地配合了我国政府的外交斗争。同时，通过新闻、专题、文艺等不同形式，满含深情、笔墨生动地宣传了在北约轰炸我使馆中牺牲的邵云环、许杏虎、朱颖三位烈士和我驻南联盟工作人员的英雄事迹，宣传我国稳定的社会环境和经济建设成就，宣传我国坚定不移地推行改革开放的方针政策，收到明显成效。

4月25日，部分“法轮功”练习者围攻中南海。根据中央的部署和要求，中央电视台积极行动，快速反应，及时播发了中办、国办信访局负责人的访谈新闻。7月22日，中央电视台播发取缔“法轮功”非法组织的重要新闻，此后按照中央统一部署，相继开展了三轮揭批李洪志及其“法轮功”邪教组织的宣传战役。中央电视台充分发挥电视媒体的优势，保持强大的舆论声势，宣传报道不断深入。从事实证据挖掘、典型案例控诉、批判歪理邪说等三个层面铺开，做到量大面广、角度新颖、揭露深刻、发人深省。电视新闻不仅将中央的方针政策准确、及时地传达给全国人民，而且以快捷报道，不断跟进采访，汇编整理，有序编排等方式，全方位、多角度地反映了社会各界对中央决策的一致拥护和对李洪志及其“法轮功”邪教组织的严厉批驳。9月7日，中共中央政治局常委、国务院副总理李岚清到中央电视台视察工作时，对揭批“法轮功”的宣传给予充分肯定。

7月11日，中央电视台《新闻联播》播发了中央有关领导针对李登辉抛出“两国论”的谈话，拉开了批驳李登辉及其“两国论”宣传战役的序幕。随后，各新闻栏目报道了我国政府的严正声明和各界人士的强烈反应。《焦点访谈》制作了系列专题节目，对李登辉的分裂言论进行了深刻分析，严厉驳斥，声势浩大，力度强劲。对外宣传成为批驳“两国论”的主战场，海外节目中心《中国新闻》、《中国报道》、《海峡两岸》、《天涯共此时》、《环球瞭望》等栏目相继制作播出了大量新闻、专题节目，邀请民主党派代表、专家学者、海外人士就“两国论”的本质及危害进行深入剖析，充分报道我们坚持一个中国的原则立场。同时利用美国有线电视新闻网(CNN)《世界报道》这一独特窗口，传送反映我国政府立场和观点的深度报道，有理有据，旗帜鲜明，内外并举，引起海内外的强烈反响。

面对突发事件，中央电视台从容不迫，积极主动，第一线的记者甚至冒着生命危险，在极其艰苦的环境下保持高质量的工作，表现出坚定的政治信念和良好的职业素质。1999年，中央电视台对三项政治斗争的宣传报道取得胜利，也反映出全台电视专业水平和综合协调能力有明显提高。

三、全面改版，有的放矢，对外电视报道有声有色

1999年，中央电视台对外报道工作认真贯彻中央外宣办的指示精神，对国际频道进行全面改版，努力提高对外电视节目的针对性，积极推进节目海外落地工作，同时在节目和频道包装方面也进行了有益探索。

在国庆50周年、澳门回归等数次重大报道活动中，对外报道突出特点，注重效果。如在国庆50周年庆典转播过程中，国际频道和英语传送频道分别针对海外观众的收视特点，加强节目包装，精心设计了演播内容，播出符合境外人士视角的专题片；制作精良的“中国电视周”7个专题节目，内容形式风格多样，题材广泛，全方位介绍新中国成立50年来发生的巨大变化和取得的辉煌成就。9种外语版在137个国家和地区的190家电视机构播出，成为迄今为止中国电视媒介在海外举办的规模最大的一次展播活动。在澳门回归报道中，对外报道在新闻采编、演播室访谈、专题节目和背景资料制作方面注意内外有别，适当增加对葡方的报道，及时制作动态新闻，反复播出重大活动的“瞬间回放”，展现大国、大台风范与客观平和的风格。

中央电视台对外节目在海外落地工作取得进展，

对重大事件宣传报道的新闻素材被各国媒体广为采用。1999年,通过海外节目中心、中国国际电视总公司、技术管理办公室、外事处组成的联合小组积极努力,国际频道节目分别进入了法国巴黎有线电视网、南斯拉夫科沙瓦电视台,转播我台国际频道节目的外国电视机构已达41家,遍及22个国家和地区,日本“CCTV—大富”频道的收视用户也稳步增长,已超过一万户。美国CNN等境外媒体采用中央电视台节目数量明显增多,从另一个途径扩大了对外报道的效果。

四、强调宣传艺术,突出报道重点,日常宣传质量稳步提高

中央电视台在围绕重大事件,精心策划,周密部署,展开一轮又一轮宣传报道战役的同时,全台各部门更加注重宣传艺术和效果,在提高栏目、节目的整体质量上下功夫,全年日常宣传报道做到了主题突出,层次分明,效果显著。

1999年元旦和春节报道强调渲染喜庆、祥和的节日气氛,节目新颖,形式多样,内容丰富。全国人大和政协两会报道把握基调,导向正确,重点突出,制作精细,稳中出新。纪念五四运动80周年报道做到了新闻、专题与文艺有机结合,表彰先进与弘扬五四精神有效结合。昆明世界园艺博览会、万国邮政联盟大会的报道信息量大、时效快、形象生动、现场感强,使观众犹如身临其境。西藏自治区民主改革40周年的报道注重新旧对比。对国家新出台政策和重要活动的宣传突出实例,先进典型人物的宣传平实生动,“心连心”艺术团到各地慰问演出,各栏目组织的送图书、送医药、送温暖、送科技等活动的宣传报道,深受广大人民群众欢迎,进一步扩大了中央电视台的影响。

1999年,中央电视台日常宣传工作取得了多方面的可喜进步:

一是坚持客观公正,把握宣传口径,进一步凸显新闻媒体的舆论监督作用。《焦点访谈》更加注重风格的塑造,视角平实,正反事例兼顾。3至4月,中央电视台对重庆綦江虹桥垮塌案进行的庭审直播,丰富了舆论监督的内涵,促进了社会主义法制教育宣传,各方面反映良好,新闻舆论监督也受到中央领导的肯定和赞扬。

二是加强科技教育宣传,推动实施“科教兴国”战略。1999年科技教育的报道保持了相当数量,其中包括黄河科学考察的系列报道、南极科学考察的跟踪报道等。新开办的科普栏目《走近科学》,着重剖析封建迷信与伪科学现象,对帮助广大观众树立正确的世界观、科学观,提高识别能力,起到了很好的作用。

三是加大环境保护宣传力度,促进社会环保意识的形成。6月5日,中央电视台现场直播了“世界环境日”长江源头树碑仪式,成为规模最大的一次以环保为内容的直播报道,也是地域海拔最高的一次直播。此外,相关报道明显加强,报道了可可西里打击盗猎藏羚羊行动,披露了一些地方乱砍滥伐森林,破坏自然资源的事件,推出了系列报道“保卫绿色、关注森林”,系列片《让生命永存——生物多样性保护与可持续发展》,播出了《拯救绿色》、《秦岭金丝猴》、《藏羚羊之死》等专题片,形成一定报道声势,为增强全社会的环境保护意识起到了积极的作用,受到中央领导、全国人大环境资源委员会和国家环保总局的好评。

四是拓展领域,丰富内容,经济宣传出现新面貌。1999年除延续多年的“3·15”特别报道外,中央电视台根据十五届四中全会和中央经济工作会议精神,加强对国有大中型企业建立现代企业制度、加强企业管理、加快技术进步、提高产出效率、实现扭亏增盈的报道。现场直播了《财富》全球论坛上海年会、第八十五届广交会、王府井开街仪式及证券法实施晚会等节目,内容丰富,形式活泼,取得了很好的宣传效果。

五是重视新闻互动,扩大电视宣传影响。1999年,中央电视台宣传报道工作受到全国新闻媒体的普遍关注,各大报刊频频予以报道,从另一个侧面扩大了中央电视台的影响,在社会上树立了良好的形象。

新影厂、科影厂、电视剧制作中心等单位也发挥各自优势,创作、生产了一批优秀的纪录片、科教片和电视剧作品,为丰富电视荧屏做出了积极贡献。随着新闻出版广播影视行业的进一步改革,不同新闻媒介充分发挥各自优势,相互推动,能更充分地发挥新闻媒体的作用。

六是协同作战,保持规模,全台各部门形成合力。在每次重大宣传报道活动的组织、拍摄过程中,全台各部门协同配合,相互支持、主动服务。在保持报道规模的同时,加强了统筹规划,全台协调体制已逐步完善规范。如迎接新千年的《相逢2000年》特别节目,全台7个节目中心齐心协力圆满完成;′99《财富》论坛上海年会报道,总编室牵头进行组织协调,有关部门积极配合,很好地完成了任务。

七是在国内外获奖数量、所获国际奖项规格为历年最高。如,电视剧制作中心拍摄的《中国命运的决战》、《水浒传》,影视部拍摄的《开国领袖毛泽东》,新闻节目中心制作的《新中国》,社教节目中心制作的《改革开放二十年》、《澳门岁月》,新影厂拍摄的《大风歌》等13部作品获第七届“五个一工程奖”,一大批优秀栏目和节目在“飞天奖”、“星光奖”、中国电影“华表奖”、中

国电影"金鸡奖"、"中国新闻奖"、"全国人口文化奖"、"金童奖"等各类专项评奖中赢得荣誉。中央电视台向8个国际电视节选送了12个节目并取得较好成绩，其中，新闻节目中心制作的《海选》在第三十九届蒙特卡洛电视节获"女神银质奖"，这是中央电视台新闻节目首次在国际电视节上获奖。此外，专题片《生命》、《拯救绿色》，动画片《猫咪小贝》，科教片《征服病毒病》，纪录电影《挥师三江》等作品获得国际奖。

五、按照"三化"思路，深化宣传改革收到实效

1999年，针对全年宣传任务繁重的特点，中央电视台分党组明确制定了"稳中求进"的战略思路，提出近、中、远期发展规划，在确保重大宣传报道任务顺利完成、确保正确的舆论导向、确保安全播出的基础上，按照"频道专业化、栏目个性化、节目精品化"的总体思路，深化宣传改革，使节目管理运作体制逐步完善，频道、栏目、节目的改革稳步推进。

一是调整布局，频道的专业特色更加突出。5月3日，第八套节目由文艺频道改为电视剧频道正式开播，备受各界关注，收视率和观众占有率一直保持良好的上升势头。电视剧频道明确频道定位，突出娱乐性和观赏性，设置了《黄金强档》、《海外剧场》、《子夜剧》等全新时段，每日播出大量优秀的国内外电视剧作品，其中《黄金强档》时段收视率最高达7%以上，取得社会效益和经济效益的双丰收。电视剧频道的改版是近年加强频道建设效果最明显、成绩最突出的一次。8月30日，第三套戏曲音乐频道改版后，对频道进行了全新的策划、包装与整合，采用公开招标办法，成功推出《新视听》等10余个具有一定特点的栏目，每周增加播出时间400分钟，观众给予较高评价，认为这个栏目创意新颖、制作精良，具有较高文化品位。目前，第四套国际频道的改版方案已基本成熟，第二套节目的改版工作也正在积极进行中。

二是晚间时段优化编排。1999年初，中央电视台分党组提出重点抓好第一套精品频道的建设的要求，为此，对第一套晚间时段进行了重新编排，增加21:00档新闻含量，进一步突出以新闻为主的综合频道特色。7月5日，新改版的21:00档新闻栏目《现在播报》开始播出，时间由5分钟增至20分钟，并注重与《新闻联播》、《晚间新闻报道》有所区别，有所侧重，有所出新，突出信息量大、节奏快、报道深的特点。同时，对原有时段45分钟的栏目压缩至30分钟，节目形式、内容、编排、包装均有较大改变。

三是明确定位，提高栏目竞争力。在突出频道专业化特色的前提下，各部门纷纷制作播出了一批与频道定位相适应的新栏目，如《天天饮食》、《朋友》、《神州大舞台》、《东方儿童》等。老栏目如《综艺大观》、《科技博览》、《社会经纬》、《生活》、《大风车》、《夕阳红》等，求新求变，更新内容与形式，努力再现辉煌；新开办不久的栏目，如《走近科学》、《今日说法》等，不断进取，积极开掘，力求保持竞争活力。

四是优化流程，节目管理、评估体系进一步完善。宣传管理工作的规范表现在建立了栏目档案，采取节目经费测算等方式对栏目加强管理，调整设置，明确定位。图文资料和磁带管理也采取了机械手、库房自动恒温等新技术，以提高效率、降低成本。同时，对节目调查评估体系进行完善。以中国广播电视受众研究会电视部成立为契机，在节目收视调查方面引入"观众满意度"这一专业评价指标，并尝试对一些重大报道和电视剧进行预测性播前调查，预测节目收视效果。这样既使节目评价更趋实在客观，有利明确改进目标，又有利于节目编排和广告运营。

五是加强内外交流使节目更加丰富。1999年，中央电视台加强与国内外交流合作，除与英国BBC共同完成2000年全球电视大联播外，还与奥地利国家电视台在故宫午门前共同举办了《音乐家舞台》节目，有利于学习境外媒体的先进经验，在节目制作与运作方式上与国际接轨。同时，改变与国内地方电视台的合作方式，选择制作能力强的省、市级电视台，共同完成《财富》论坛、穿越天门洞、世界体操锦标赛等大型直播活动，并在澳门回归等重大报道活动中加强与地方电视台合作，发挥地方电视台作用。一方面丰富屏幕内容，降低投入成本，另一方面在一定程度上减轻了国内电视界的竞争压力。

1999年宣传工作的主要经验是：

1. 领导重视，大力支持。在1999年数次重大报道活动的准备阶段和应对突发事件的报道过程中，中央领导和中宣部、广电总局领导多次给予明确指示，使中央电视台的宣传工作方向明确，得以顺利开展。如，中共中央政治局委员、书记处书记、中宣部部长丁关根在揭批"法轮功"邪教组织以及澳门回归等重大宣传报道中多次打电话作指示，提要求，热情鼓励。国庆50周年庆典转播前，中共中央政治局委员、北京市委书记贾庆林多次要求北京市有关部门积极为做好电视报道工作创造条件。中央电视台宣传工作取得的成绩是与各级领导的关怀、各协作单位的支持分不开的。

2. "稳中求进"，切合实际。事实证明，中央电视台分党组于年初确定的"稳中求进"的工作方针是符合实际、行之有效的。特别是在突发事件频繁、宣传任务不

断加重的情况下，全台上下目标明确，工作扎实，按部就班，有条不紊，保持了较快的工作节奏和较高的工作效率。全年宣传、技术、管理水平和质量均有明显提高，干部职工精神面貌良好，重大事件转播报道、重点栏目、节目受到中央领导和海内外观众的普遍好评。

“稳中求进”，并非裹足不前。1999年，中央电视台频道、栏目、节目纷纷改版，整体包装加强，频道专业化特色进一步突出，改革力度比往年明显增强，且呈逐步深入之势。这是因为改革目标明确，较稳妥地选择了全年改革的切入点，减少相互关联度，最大限度地降低改革带来的冲击。如第三、第八套节目改版工作，相对集中于总编室、文艺节目中心等少数部门，减少回合，降低难度，利于操作，因此效果明显。

3．专业运作，科学高效。中央电视台在1999年圆满完成数次重大事件、突发事件的宣传任务，证明已初步建立了科学规范的专业运作体系，形成了一支具有一定专业水准的报道、转播、服务队伍。

在重大直播活动中，节目、技术、行政服务系统合理分工，职责明确，有条不紊，灵活机动。节目部门充分掌握素材，把握整体报道节奏，串联灵活，及时应变；技术部门合理调配人员，确保重要转播与日常播出两不误；行政后勤部门主动服务，加强协调，组织工作基本程序化，最大限度地杜绝了遗漏。可以说，专业化报道运作模式的初步形成是1999年的最大收获之一。

4．策划先行，反复演练。中央电视台对重大事件的宣传报道和平时的重点节目，都进行了充分的调研、论证，对现场进行反复勘察，操作方案在多次演练中进行磨合，不断修改完善，同时制定多种应急方案。例如，为做好50周年国庆转播，有关人员对35周年国庆及国外阅兵转播等资料进行了多次观摩，邀请具有转播经验的老同志座谈，现场勘察10余次，修改转播方案20余次，进行了9次实地演练。也正是因为基础工作到位，全年重要转播活动基本上做到调控自如，运作精确。

5．坚持创新，勇于竞争。全台职工创新意识在这一年里有所增强，这不仅体现在重大报道活动的方案策划上，而且体现在频道栏目改版、记者采访拍摄、新技术装备使用，乃至办公业务管理等各个方面。

一些新开办的栏目根据观众反馈不断修正栏目定位，丰富节目内容；技术系统加大设备的高新技术含量，在科学论证的基础上勇于尝试。例如，在国庆50周年庆典转播中引进抗多径反射干扰设备，大大提高了信号传输的安全可靠性。行政职能系统由电视台办公室牵头，将全台行政秘书工作评比改为办公业务评比，增加了评比内容、范围，使标准更加科学，更能全面反映行政管理部门的整体工作，同时一改过去平均主义的做法，减少了奖项设置和数量，真正起到了激励先进的作用。

三、1999年中央电视台技术工作概况

1999年，中央电视台技术系统围绕重大宣传报道和节目制作播出，统一协调，加强管理，精心组织，精心实施，圆满完成了全年各种技术保障任务，并加快了设备更新速度，引进高新电视装备，继续引领国内电视技术的潮流，保持了电视技术竞争的优势。

一、以高度的政治责任感为重大宣传报道提供技术保证

技术系统面对诸多重大报道任务和突发事件，设备和人员长时间满负荷运转，而且重大事件的报道系统设备庞杂、高新技术含量大，技术保障任务十分艰巨。技术系统干部职工以高度的政治责任感，从技术方案设计、设备系统配置、通讯电力保障到技术制作组织实施各个环节，将严密、细致的工作态度贯彻始终。每次重大报道活动中，视频、音频、传输、通讯、动力各工种都制定了详尽的备份工作方案，明确岗位，责任到人，反复进行实战演练、重点测试，做到万无一失，重大报道活动的技术质量明显提高。

特别值得提出的是，面对重大报道、突发事件和政治敏感期，在宣传任务繁重的情况下，全台技术人员齐心协力，不断增强安全播出意识，不仅圆满完成了各项重大宣传报道任务，还保证了9套（包括英语传送频道）节目全年安全播出。1999年，全台9套节目播出总时间为60562.5小时，平均每天播出166小时，全年总事故时间为3.7小时，总事故率为每百小时22.17秒，安全播出率为99.99%，达到最好水平。

二、不断增强服务意识，技术质量取得明显进步

在完成重大宣传任务、保证安全播出的同时，技术

系统完成节目制作工作量100万小时，舞美、灯光、服装、化妆、道具等工种完成大型节目87台、中型节目31台、小型节目251台的制作任务，完成转播600多场次，传送节目2万多小时，完成了第一、二、四套新闻类节目的制作任务。在基础建设中，完成了空调系统二期工程改造项目，解决了冬季机房供冷不足、湿度过低等问题，更换全台UPS电源设备，为安全播出提供了保证。

技术系统在确保安全播出的同时，在提高技术质量方面也取得了明显进步。技术系统各部门在各节目制作、传输、播出等环节，高标准，严要求，精益求精，积极引入先进的理念，采用新的科技手段，想方设法改善和提高技术质量。特别是面临繁重的宣传任务，许多工作在非常规和超负荷状态下进行，即使这样，技术部门也没有忘记严把技术质量关。充分体现出近年数字化改造在提高节目质量方面取得的成果。

三、紧追现代科技发展，大力推广应用电视新技术

高清晰度电视开路试验播出，并完成对重大事件的转播报道，是中央电视台技术系统取得的重大成果。1999年，经过高清晰度电视试验小组和技术系统的努力，高质量、高效率地完成了高清晰度电视系统设计、设备选型工作，使用高清晰度电视技术转播录制了建国50周年庆典、澳门回归、跨越2000年等重大活动，同时进行了澳门至北京长距离高清晰度电视光纤传输和卫星试验工作，证实中央电视台已具备通过光纤和卫星手段长距离传输高清晰度电视的能力。中央电视台设计完成的数字高清晰度电视系统，已开始每天播出1～2小时高清晰度电视节目，为我国发展高清晰度电视积累了宝贵的经验。

1999年1月1日，中央电视台网站正式开通，整个网站的网页数量由原来的2万页迅速扩充到9万页，推出的一批深受广大网友欢迎的《实话实说》、《今晚荧屏》、《足球之夜》、《焦点访谈》、《新视听》、《今日说法》等网上栏目，使中央电视台网站内容更加丰富多彩，一跃而成为我国最有影响力的网站之一，在中国互联网络大赛中被评为“十大优秀网站”之一。1999年7月，在中国国际互联网中心（CNNIC）举行的调查中，中央电视台网站名列全国所有网站的第十二位，是非计算机行业网站的第一位。自年初起，中央电视台互联网站相继对春节晚会、建国50周年庆典、澳门回归、迎接新千年等报道活动给予关注，开辟图文专辑，并与电视直播同步进行网上直播，受到来自世界46个国家和地区网络用户的欢迎，专辑访问量和访问人次不断上升，澳门回归专辑的访问人次达20多万。互联网站已成为中央电视台加强对内对外宣传的又一有效手段。

直播卫星技术和数字化播出系统改造，使电视播出传输手段更加先进。目前，中央电视台已拥有无线、卫星加有线、直播卫星接收、高清晰度电视、互联网等5种播出手段，它们相互补充，扩大了节目有效覆盖面。国庆节前，技术系统克服困难，将第一、二套节目使用10余年的半自动模拟播出系统改为数字机械手自动播出，为安全播出创造了条件。

四、解决计算机2000年问题，顺利跨越新千年

由于中央电视台广泛应用了计算机设备，计算机2000年问题十分突出。技术系统对全台信息网络、节目播出控制、供配电、空调、通讯等基础保障系统进行了大量软件升级、硬件更新工作，并通过验收测试 。1999年12月31日至2000年1月1日，是计算机2000年问题发作危险期，正逢迎接新千年的直播报道。技术系统在认真检查的基础上，制定了各项紧急备份措施和手动操作方案，终于制服了“千年虫”。同时，全台计算机信息网络和管理系统应用项目日趋完善，新闻节目中心计算机文稿编辑系统完成交替，已投入使用，行政办公管理系统、节目资料管理系统和编目软件开发、国际互联网网页制作系统功能进一步提高。

四、1999年中央电视台党政工作概况

一、认真进行“三讲”教育，开门整改成效明显

根据《中共中央关于在县级以上党政领导班子、领导干部中深入开展以“讲学习、讲政治、讲正气”为主要内容的党性党风教育的意见》精神，按照广电总局党组关于总局直属单位开展“三讲”教育的部署，中央电视台自1999年4月初至9月底组织所属单位和部门进行了“三讲”教育。

中央电视台分党组对“三讲”教育极为重视，把它作为全年的重点任务之一，成立了由分党组书记、台长赵化勇任组长的“三讲”教育领导小组，制定了详细周密的《中央电视台“三讲”教育实施方案》和《分党组“三讲”教育日程安排》，同时成立了“三讲”教育办公室，严格按教育要求具体组织落实。在总局“三讲”教育领导小组和总局“三讲”教育联络员的具体指导下，严格遵循中共中央有关文件的要求，有计划、有步骤、有目标地进行。

“三讲”教育期间，中央电视台分党组两次听取全台“三讲”教育进展情况汇报，中央电视台“三讲”教育领导小组召开会议8次，听取“三讲”办公室及各部门的情况汇报，研究部署全台“三讲”教育工作。中央电视台“三讲”教育领导小组办公室召开联络员会议7次，布置、督促、检查“三讲”教育工作。组织报告会、座谈会等6次，组织编发《“三讲”教育简报》42期，全台处以上党员干部及非党干部361人全部参加了“三讲”教育。

中央电视台分党组和“三讲”教育领导小组把边整边改作为一个重要的指导思想贯穿于“三讲”教育的全过程，坚持边“三讲”边整改。

针对在评议中和民主生活会上群众反映强烈的问题，电视台领导做到能改的马上改，对一些重大问题进行必要的调研和查处。5月份成立了人事管理、清产核资等3个调研小组，6月初又成立了清理整顿经济实体领导小组，部署清理整顿工作，开始对总公司所属企业的资产情况、经营效益、人员构成等进行调查摸底，之后提出清理整顿合并改组意见。对于涉及全台的公司经营中的问题，分党组加强了集体研究和专家论证工作。

中央电视台分党组对群众提出的意见，理出四个方面61条问题，通过认真调查，在反复研究和多次讨论的基础上，制定了《中央电视台“三讲”教育整改措施》。

对于在“三讲”教育过程中大家对处以上干部提出的意见，分层次去落实和解决。对群众意见比较大的领导干部，通过多种形式进行思想交流，耐心帮助，使其在各方面有了明显转变。对在教育中暴露的个别人的经济问题，经机关党委纪委认真调查，报电视台分党组做出处理。

经过近半年的“三讲”教育，全台党员队伍的思想建设跨上一个新台阶，各级领导干部精神面貌明显改观，促进了全年宣传工作的顺利完成。主要体现在：一是各级领导自觉将“三讲”教育的好作风贯穿于宣传业务之中，以高度的政治意识、责任意识、大局意识，抓好重大宣传报道、突发事件报道工作。二是各级领导的民主决策意识增强。经过“三讲”教育，台领导和各级领导坚持重大事项集体讨论，充分酝酿，加大了民主决策力度，提高了透明度、参与性，增强了责任感。三是转变作风，改变面貌。各级领导对查摆出的问题非常重视，正确对待，诚心接受，及时纠正，工作作风明显转变，焕发了朝气，工作效率明显提高。四是全台各项工作取得明显进步。

二、运作规范，保障有力，提高了服务质量和效率

在中央电视台分党组和行政管理委员会的领导下，党政职能部门的工作更趋规范，服务质量和效率有明显提高。针对重大报道活动频繁、突发事件多的情况，加强了党总支、党支部、党小组三级组织的队伍建设，在各节目中心级单位建立共青团总支，配备了专职团干部。延续以往香港回归报道的办法，在澳门回归报道澳门分部建立了临时党委，在宣传报道中发挥党、团组织的战斗堡垒作用和先锋模范作用。行政职能部门建立健全了宣传播出等重大问题及应对突发事件的请示报告制度，向全台发出《关于加强信息报送及督促检查工作的通知》，完善台内值班制度，坚持台内关键部位和新闻部门24小时值班。这些举措都在应对突发事件中起到了重要作用。7月份，部分“法轮功”练习者持续多日围攻中央电视台，电视台办公室、保卫处及相关部门积极防范，妥善疏导，制定各种应急方案，共接待和处理涉及11个省市的“法轮功”练习者60多批、1000多人次，维护了中央电视台正常的工作秩序。同时党政职能部门还积极做好台内少数“法轮功”练习者的思想转化工作，为安全播出创造了有利条件。

以电视台行政管理委员会为领导，各党政职能部门相互配合的全台行政管理的格局逐步规范。每逢重大宣传报道活动，全台党政职能部门形成合力，减少环节，为编播系统提供细致周到和高质量的综合保障，全台后勤部门的服务质量、工作效率也有明显提高。

年初，根据分党组提出的制定各阶段发展规划的要求，职能系统组织各部门自下而上广泛讨论，形成了《中央电视台“十五”发展规划和2010年远景目标（初稿）》，提出了近期、中期及远期工作目标。同时，为进一步推动人事制度改革，进行了人力核算、奖金分配管理、临时人员公司化管理3个项目的调查研究，就相关问题提出了建议和解决办法，为下一步实施改革打下基础。

在党风廉政建设方面，制定了《中央电视台党风廉政建设责任制》，详细规定了党风廉政工作的组织领

导、部门分工、责任考核、责任追究等，并制定具体考核标准。中央电视台被列为禁止有偿新闻示范单位，加大了有偿新闻的查处力度。加强了反腐败教育，组织多场次法制宣传讲座，坚持领导干部收入申报制度，清理通讯工具。台审计部门完成了22项工程基建项目的财务审计，为台里核减金额上千万元。

精神文明建设取得了显著成绩，1999年中央电视台连续第七次被评为"首都文明单位标兵"，并被列为"首都创建文明单位活动示范点"，同时圆满完成计划生育、无偿献血、交通安全、绿化卫生等多项指标，受到北京市、广电总局表彰，获得多项荣誉称号。此外，文明小区创建活动有序开展，彩电宿舍小区、羊坊店小区，被北京市和海淀区评为先进小区，彩电宿舍区还被命名为"首都创建文明城市活动示范点"。

三、关心职工生活，进一步改善职工的工作和生活条件

各级领导关心职工切身利益，职能部门积极努力，想方设法为职工谋福利，职工生活得到进一步改善。特别是住房分配改革取得进展，售房工作有序进行，改善了职工居住条件。1999年上半年，全台共向职工售房1509套；下半年分配职工住房167套，并在较短的时间内完成了售房工作。同时新购156套住房已开始进行分配、出售。顺利完成了业务楼搬迁工作，改善了办公条件。行政后勤部门不断提高服务水平，改进副食供应方法，职工午间膳食质量有明显提高。

五、1999年中央电视台经营工作概况

中国国际电视总公司在中央电视台分党组和总公司董事会的正确领导下，按照年初确定的经济指标，上下一致，同心协力，围绕提高经济效益狠抓管理，大胆改革，大力开拓，积极向社会拓展业务，各项工作稳步发展。节目制作、音像发行、广告销售、项目投资、境外卫星节目代理等业务都取得了较好的成绩。

一、经营管理工作逐步走向正规

总公司坚持向管理要效益，强化财务管理、制度建设、项目投资和对下属公司的管理，使公司逐步走向规范、走向成熟，为建立现代企业集团打下了良好的基础。

1. 加强财务监督管理，保证财务工作安全运行

总公司是按照集团模式重组的，下属企业比较多，加强财务管理极其重要。因此，总公司除已实现会计电算化外，还专门成立了审计室，对财务收支、预决算、离任经济责任等进行审计监督。为了保证财务工作的安全运行，总公司结合实际情况先后制定修改完善了与财务相关的各项管理制度，如《中国国际电视总公司财务管理办法》、《中国国际电视总公司财务报告制度》、《中国国际电视总公司分公司财务管理办法》、《中国国际电视总公司财务管理纲要》、《中国国际电视总公司财务人员岗位责任制》、《中国国际电视总公司外汇管理办法》和《中国国际电视总公司会计人员违规处罚条例》等。为了加强对货币资金的管理，并能充分发挥集团财务管理的优势，总公司组建了财务决策中心。这些规章制度和措施，保证了总公司及其所属公司财务工作安全运转，对加强总公司的经营工作起到了促进作用。

2. 加强项目投资科学管理，控制经营风险

总公司在抓各项管理工作的同时，加大了对项目投资的管理，保证了总公司的各项投资能够规避风险，不盲目投入。这是总公司1999年卓有成效的一项工作，它充分表明了总公司自1997年重组以来，经过两年的探索和发展，在项目投资和市场运作方面已逐步走向成熟。1999年，总公司为了加强项目投资管理，先后制定了《中国国际电视总公司加强投资项目管理的规定》、《中国国际电视总公司投资子公司的管理办法》和《中国国际电视总公司投资项目的审批及管理办法》等规章制度。一年来，不仅对每一项投资能做到科学论证，同时对已投入的部分项目，也进行了再论证，进一步完善了手续。

3. 清理整顿工作顺利展开

1999年上半年，根据广电总局和中央电视台关于清理整顿所属经济实体的要求，总公司对所属公司进行了深入的调查研究，对各公司进行了分类排队，对存在问题的经济实体提出了整改方案。同时，还重点对所属的参股控股合作公司进行了调查研究，摸清了他们的投资关系。并针对各公司出现的新情况新问题进一步修改和完善了《中国国际电视总公司管理部分管公司管理制度》，以制度保障总公司对管理部分管公司的管理及促进各公司的经营工作。

4. 建立了适应市场经济特点的经营管理体制

总公司按照现代企业的标准，进一步理顺了内部的各种关系，并根据《公司法》的要求，制定和完善了公司的各项规章制度，建立健全了适应市场经济特点的经营管理体制。总公司人事部先后制定出台了《中国国际电视总公司关于考勤打卡的规定》、《中国国际电视总公司关于职工工作时间、休假、考勤、请假的规定》、《中国国际电视总公司关于员工实行年休假的规定》、《中国国际电视总公司关于所属分公司人事管理事宜的规定》等。为加强人事管理，总公司还成立了档案室，管理总公司及其下属公司职工的人事档案。为了加强制度建设，总公司办公室相继制定了《中国国际电视总公司消防管理办法》、《中国国际电视总公司机动车管理办法》、《中国国际电视总公司外事管理办法》、《中国国际电视总公司公文管理办法》、《中国国际电视总公司行政管理制度》等规章制度。通过这些规章制度强化了企业的规范化管理，使企业逐步走上了规范化的经营道路。

5. 加强队伍建设，充分发挥党政工团的作用

总公司在生产要素配置中，坚持把人才放在首位。一是制定了吸纳人才的优惠政策，向社会广招人才，对总公司发展所需要的人才，采用向社会公开招聘的方式招入。二是在用人方面引入了竞争和淘汰机制。三是在日常的经营管理工作中，充分发挥党政工团组织的作用。总公司党委注重思想建设和组织建设。1999年，认真组织干部职工学习全国人大和政协两会文件、邓小平理论、党的十五大精神和揭批"法轮功"邪教组织等有关文件及中央领导的讲话，学习了中共中央四中全会文件精神以及第六届中央电视台党代会文件精神等。1999年上半年，总公司系统认真开展了"讲学习、讲政治、讲正气"的"三讲"教育，全体党员领导干部的政治素质有了很大提高，党性得到了加强，思想作风和工作作风有了转变，对完成全年经济指标起到了促进作用。总公司工会主动向职工送温暖，组织开展丰富多彩的文体活动。这些活动的开展极大地丰富了职工的业余文化生活，增强了凝聚力。

二、努力抓好主业，稳步开展多元化经营

总公司作为企业，所有工作最终的目的都是一个，就是要创造经济效益。总公司要向集团化、国际化目标迈进，就要采取多种措施，加大国内外市场开发力度，拓展市场覆盖面，增加市场份额，提高规模效益。围绕这些，我们主要做了下面几项工作：

1. 加强资本运营，顺利完成配股工作

1999年，对于总公司来说，是不平常的一年：既要维持传统产业的收支平衡，又要通过筹资配股寻求新的利润增长点。为了尽快完成配股工作，总公司根据分党组的要求，经过艰苦努力，在保证稳妥的基础上，顺利完成了配股工作，使公司的进一步发展有了足够的资金保障。

2. 充分发挥优势，全面扩大经营成果

影视音像制品、电视广告和品牌栏目，是总公司的三大优势。1999年，总公司投资、合资、合作生产的电视剧有《钢铁是怎样炼成的》、《嫂娘》、《碧血剑》、《白领农民》、《天降大任》、《哎哟，妈妈》和《突围》等。其中由上海分公司拍摄制作的《哎哟，妈妈》和《无瑕人生》分别获得国家"五个一工程"入选作品奖。

1999年，是总公司广告部和未来广告公司走向规模经营的第一年。从经营一个栏目、一个频道到经营体育频道、电视剧频道和《东方时空》、《今日说法》两个频道、两个栏目，媒体经营规模空前扩大。一年来，在媒体供大于求、省市台上星、有线台联网、广告分流、跨国公司介入中国广告市场的激烈竞争的情况下，总公司广告部和未来广告公司根据市场调研，实施了市场导向经营战略，充分发挥媒体优势，积极进行广告资源的开发。并充分发挥媒体经营规模扩大的优势和中央电视台的品牌优势，积极发展营销网络，扩大客户源，使广告营业额持续大幅度增长，1999年广告营业收入超额完成。节目代理公司在市场需求不足的情况下，坚持以市场为导向，抓住时机开展经营，做到了收入、利润比去年同期有所增长，而且创历史最高水平。在发行优秀的电视节目中，向国内电视市场提供了一批优秀电视节目，受到海内外观众的好评。特别是抓住国庆50周年的好时机，先后制作发行了《庆祝中华人民共和国成立50周年大会庆典》、《开国领袖毛泽东》、《新中国》、《中国命运的决战》、《西藏风云》等一大批重大历史题材的节目。这些节目思想内容丰富，艺术品位高，影响大，教育人，收到了较好的社会效益和经济效益。

3. 大力开拓国内外市场，积极开展各种经营活动

总公司作为境外卫星节目的总代理，始终坚持经济效益和社会效益一起抓，并积极配合总局有关部门对境外卫星进行管理。在此基础上积极开展各种经营活动。到目前为止，已与全国29个省、市的管理部门建立了合作关系和较完善的收费网络。与300多家宾馆、饭店和涉外公寓签订收视美国有线电视新闻网(CNN)节目的协议，基本覆盖了全国的经济发达地区。

4. 积极培育新的经济增长点，扩大增收渠道

总公司资产经营部在1999年的证券投资工作中，

经过深入的市场调研，对上市公司进行认真的分析，形成"三位一体"的投资策略，使证券投资取得了一定的经济效益。中视电视技术开发公司作为总公司的二级公司，在抓好公司经营的同时，积极开展各种经营项目，使公司的经营收入有了比较稳定的增长。年初投资成立的形象设计分公司和卫星传送分公司，经过半年的运作，已产生了很好的经济效益。形象设计分公司积极开拓市场，市场份额不断增加。北京金视光盘公司是总公司惟一的一家生产型企业，虽起步晚、规模小，但他们依靠严格的管理、优良的产品质量和良好的客户关系，深得广大用户的好评。南海影视城开业一年来，积极开拓旅游市场，使影视城的经营管理工作走上良性发展轨道，全年共接待游客 75 万人次。

5. 频道、栏目、节目、网站

一、1999 年中央电视台频道介绍

第一套节目（CCTV－1）

第一套节目是以新闻节目为主的综合频道，1958 年 9 月 2 日正式播出，通过微波和卫星覆盖全国。目前每天平均播出 20 小时左右。第一套节目荟萃了全台制作水平较高的优秀栏目，是中央电视台的精品频道。在第一套节目中，每天播出 13 次滚动新闻，包括新闻栏目《早间新闻》、《新闻 30 分》、《新闻联播》、《现在播报》、《晚间新闻》、《世界报道》、《体育新闻》等，保证了国内外重大新闻事件能够及时播发。其中每天 19:00 播出的《新闻联播》为收视率最高的栏目，收视率在 45%以上，观众有 5 亿多人，是全国公众获取信息的主要渠道。

第一套节目还拥有每年一次的现场直播春节联欢晚会，以及《焦点访谈》、《东方时空》、《新闻调查》、《实话实说》、《综艺大观》、《科技博览》、《今日说法》、《曲苑杂坛》、《旋转舞台》、《体育大世界》、《人与自然》、《大风车》、《半边天》、《社会经纬》、《电视你我他》、《国际影院》、《军事天地》等一批优秀栏目，每天晚上黄金时间还播出 1 至 2 集国产优秀电视剧。

第二套节目（CCTV－2）

第二套节目是以经济节目为主的综合频道，1973 年 5 月正式开播，通过卫星实现全国覆盖，每天平均播出 20 小时左右。它全方位地报道发生在中国及世界各地的重要经济新闻，力求成为广大观众了解和从事经济活动的参谋。主要栏目有《经济半小时》、《生活》、《中国财经报道》、《世界经济报道》、《商务电视》、《幸运 52》、《金土地》、《供求热线》、《电视购物》等，同时也播出《正大综艺》、《欢乐家庭》等文艺节目和电视剧，以及《走近科学》等专题节目和《世界体育报道》等体育节目。

第三套节目（CCTV－3）

第三套节目是戏曲·音乐·综艺频道，1999 年 8 月 30 日由戏曲·音乐频道正式改版播出。目前每天播出 17 小时以上，其中首播节目时长占 49.4%。改版后的戏曲·音乐·综艺频道加强了节目内容和整体包装，推出了许多新栏目，如《艺术入门》、《新视听》、《八面来风》、《星光无限》、《电视诗歌散文》、《朋友》、《音画时尚》、《神州大舞台》、《荧屏诗坛》、《午间乐园》、《艺文手册》、《演艺网站》等，栏目从 24 个增加到 42 个。戏曲节目播出时长约占播出总时长的 47.6%，音乐节目约占 12.5%，综艺节目约占 27.3%，频道宣传服务节目

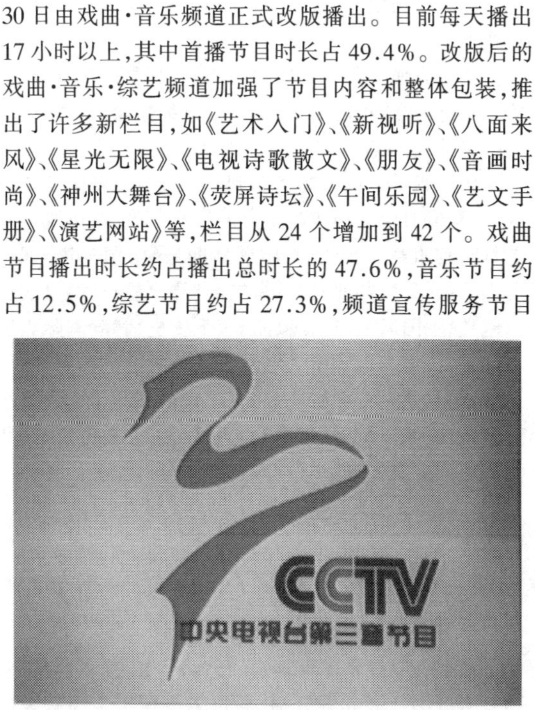

约占 4.5%，广告节目约占 2.3%，少儿节目约占 2.9%，新闻节目约占 2.9%。戏曲·音乐·综艺频道在每日上午、下午、晚上均安排了群众喜闻乐见的戏曲节目，并在晚间黄金时段推出一系列主打栏目，午间固定安排重播第一套节目黄金时段的优秀文艺节目。

第四套节目（CCTV－4）

第四套节目是国际频道，1992 年 10 月 1 日开播。国际频道是以海外华人、华侨和港、澳、台同胞为主要服务对象的卫星电视频道，它及时、客观地向全世界报道和介绍当代中国的政治、经济、社会、文化、科教、历史等各方面的情况，是海外观众了解中国的窗口，也是让中国与世界各国家和地区之间加深了解，增进友谊的桥梁和纽带。这一频道的播出信号采用数字压缩技术，通过“泛美－2,3,4,5”、“银河－3R”、“亚洲－2,3”以及“热鸟－3”等 8 颗卫星的 10 个转发器传输，基本实现了 C 波段信号全球覆盖以及重点地区的 Ku 波段信号覆盖。

近年来，中央电视台陆续与多家海外电视传媒机构合作，使国际频道以进入当地有线电视或卫星直播电视网等多种方式在遍布于亚、非、拉美、北美、欧洲和大洋洲的许多国家和地区实现了全频道或部分节目的落地。在中国国内，这套节目也进入了大多数城市的有线电视网。

为了方便世界不同时区的观众收看这套节目，国际频道全天 24 小时播出，主要节目编排大致以 8 小时为一单元，全天滚动 3 次。

国际频道是以新闻类节目为主导、以文化类节目为支撑、以对台湾报道为重点的综合频道，其中既包括了具有鲜明对外特色的《中国新闻》、《中国报道》、《中国文艺》、《天涯共此时》、《海峡两岸》、《旅行家》、《欢聚一堂》、《中国风》、《东方家园》、《千秋史话》等国际频道自办栏目，也荟萃了中央电视台其他频道的名牌栏目，如《新闻联播》、《东方时空》、《实话实说》、《经济半小时》、《动画城》、《夕阳红》、《综艺大观》、《曲苑杂坛》和优秀国产电视剧等。

第五套节目（CCTV－5）

第五套节目是体育频道，1994 年 12 月 1 日试播，1995 年 1 月 1 日正式开播，通过卫星覆盖全国有线电视网。目前每天播出 16 小时以上，其中首播近 10 小时，成为内容包括国内外重大赛事的现场直播、热点问题的追踪报道、全民健身及娱乐休闲、体育知识普及教育的全方位专业频道。主要栏目有《足球之夜》、《体育新闻》、《中国体育》、《康乐年华》、《五环夜话》、《体育大世界》、《世界体育报道》、《篮球公园》、《体育大放送》、《假日体育》等。1999 年赛事的现场直播超过 650 场，国内比赛和有中国队参加的国际比赛占 75%。

第六套节目（CCTV－6）

第六套节目是电影频道，1996 年 1 月 1 日正式开播，通过卫星覆盖全国有线电视网。每天播出时间近 17 小时，平均每天播 8 部影片，其中 1 部为首播片；同时制作播出一批与电影有关的栏目。几年来，电影频道向全国观众介绍了 3000 多部国产故事影片和优秀的国外故事片，同时播出大量的中外科普性影片和纪录片、美术片。

第七套节目（CCTV－7）

第七套节目是少儿·军事·科技·农业频道，1995 年 11 月 30 日开播。每天平均播出近 17 小时。主要栏目包括《东方儿童》、《大风车》、《动画城》、《儿童短剧》、《芝麻开门》等儿童节目，《军事报道》、《军营文化》、《当代军人》、《军事百科》等军事节目，《农业新闻》、《农村经济》、《农村文艺》、《农业教育》、《致富经》、《科技苑》等农业节目，《科技之光》等科技节目。

第八套节目（CCTV－8）

第八套节目是电视剧频道，1999 年 5 月 3 日由文艺频道正式改版播出，通过卫星覆盖全国有线电视网，每天平均播出 17 小时左右。电视剧频道在节目设置中，国产电视剧占 48.8% 的主导地位，境外影视剧占 35%，影视资讯专题节目占 6.6%，影视音乐占 3%，综艺节目及其他节目占 6.6%。全天不同时段安排有《黄金强档》、《海外剧场》、《百姓剧场》、《少儿剧苑》、《子夜剧》、《精品重播》等不同风格的电视剧栏目，以及周末特别安排的《原声影视》、《世界影视城》、《世界名著名片欣赏》等充满异域风情的境外影视佳作。节目时段安排上采取横向打通、纵向连贯、播出时间固定、白天对位重播的编排方法,使观众容易掌握收视规律。电视剧频道在宣传包装上与国际接轨,频道标识、总片头、宣传片等全天候播出,整合视觉效果,为频道形象全面定位。

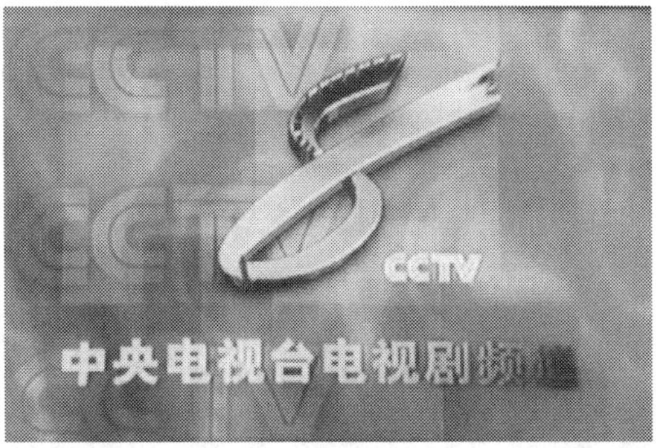

第九套节目(CCTV－9)

第九套节目是英语传送频道,于1996年6月1日开始试播。英语传送频道是面向世界各国英语电视媒体和英语观众的卫星电视频道，这个频道的节目全部使用英语播音或叠加英文字幕。其播出信号通过“泛美－2，3，4，5号”卫星转发，基本实现了C波段信号全球覆盖。英语传送频道每天播出17小时，节目编排大致上以4小时为一单元，全天滚动播出4次。该频道是以新闻和新闻性专题节目为主，集文化、服务、娱乐和电视剧等于一体的综合性频道，其中包括《英语新闻》、《环球瞭望》、《今日中国》、《投资指南》、《中国各地》、《中华艺苑》、《中国音乐电视》、《周日话题》、《学汉语》、《外国人看中国》等十多个栏目。

英语传送频道开始试播以来,已越来越引起各国主流电视传媒和英语主流社会的关注。该频道对香港和澳门回归、中国共产党十五大召开以及新中国50周年庆典等重大事件和活动的实况报道,被包括美国有线电视新闻网(CNN)、美国公众事务有线电视网(C－SPAN)等电视媒体在内的世界100多个国家和地区的有线和无线电视台转播。

由于英语传送频道目前尚未广泛落地,该频道每天有5小时节目分3个时段在国际频道(CCTV－4)中转播。

二、1999年中央电视台栏目介绍

《早间新闻》

1997年5月1日开播的综合性新闻栏目,是一天当中最早的新闻栏目,并在7:00、8:00滚动播出,形成以新消息特别是最新的国际新闻为主的完整新闻时段,其中也包括前一天重要的时政及体育消息,新消息比重占60%以上。在新闻编排上,打破国际与国内分裂的旧模式,按新闻重要性对国内国际新闻进行混编。每日6:00在第一套节目播出,时长15分钟。

《滚动新闻》

1993年4月1日开播的新闻栏目。该栏目将随时随地发生的新闻在最短的时间里与观众见面,并滚动播出这些新闻的发展情况。每日10:00、14:00、16:00、18:00、24:00在第一套节目滚动播出,时长5分钟。

《新闻 30 分》

1995 年 4 月 3 日开播的新闻性栏目。该栏目采用按主题混合编排国内外新闻的方法，有时也采用以一个新闻主题为核心的组合报道的方法。1996 年 4 月，该栏目对节目编排又做了调整，在国际新闻中把亚洲新闻放在显要位置。每日 12∶00 在第一套节目播出，时长 30 分钟。

《新闻联播》

1978 年 1 月 1 日创办的综合性新闻节目。该栏目由中央电视台牵头主办、全国各省级电视台合办。旨在“囊括国内外要闻，宣传党和政府的路线、方针、政策，反映群众呼声，提供各种重要信息”，在全国各地电视台、有线电视台联播，并通过国际卫星频道覆盖全球。每日 19∶00 在第一套节目播出，时长 30 分钟。

《现在播报》

1999 年 7 月 5 日创办的综合性新闻栏目。该栏目以国内新闻为主，兼顾国际新闻，追求大信息量，以首发新闻、时效较强的事件性报道为主，并注意播发一些有深度、有力度的批评报道。每日 21∶00 在第一套节目播出，时长 20 分钟。栏目网址：www.cctv.com，电子信箱：2100@mail.cctv.com。

《晚间新闻》

1985 年 3 月 1 日开播的综合性新闻栏目。1994 年 4 月改版，随后几年又进行了多次改版，该栏目注重

以普通百姓的视角看待所发生的新闻事件，强调新闻的时效性、贴近性及服务性。每日 21：19 在第一套节目播出，时长 10 分钟。电子信箱：0003mail@cctv.com。

《世界报道》

1994 年 4 月 1 日开播的国际新闻栏目。该栏目强调新闻性、时效性、权威性和可视性。1999 年 7 月 5 日改版后，《世界报道》更加强调重点报道，选取当天或最近发生的重大国际时政、经济、科技、文化及社会事件进行跟踪报道、进行背景介绍、分析和点评等。每日 22：02 在第一套节目播出，时长 15 分钟。电子信箱：worldreport@mail.cctv.com。

《时事纵横》

1995 年 4 月 2 日开播的综合性新闻栏目。该栏

目是中央电视台唯一一个双语（普通话、手语）节目，也是一个一周要闻综述节目，特色鲜明，内容丰富，是残疾人了解世界的窗口。设有《时事要闻》、《时事专访》、《时事瞭望》、《时事日历》4 个小栏目。每周日 11：50 在第一套节目播出，时长 10 分钟。

《焦点访谈》

1994 年 4 月 1 日开播的新闻评论性栏目。该栏目以“用事实说话”为报道宗旨，跟踪重大新闻事件，展示广阔社会背景，倡导舆论监督。江泽民等中央领导多次对该栏目反映的问题做出重要指示，李鹏委员长为《焦点访谈》题词：“焦点访谈，表扬先进，批评落后，伸张正义。”朱镕基总理称赞《焦点访谈》：“舆论监督，群众喉舌，政府镜鉴，改革尖兵。”每日 19：38 在第一套节目播出，时长 13 分钟。栏目网址：www.cctv.com，电子信箱：ab30@mail.cctv.com。

《东方时空》

1993 年 5 月 1 日开播的电视新闻杂志栏目。开播之初，《东方时空》由《东方之子》、《音乐电视》、《生活空间》、《焦点时刻》4 个小栏目组成。1996 年 1 月 27 日进行了改版，《东方之子》更多地将镜头对准那些或是为国家和民族做出突出贡献、或是在人生道路上展露非凡的人格力量、或是对社会对人生有独特理解与追求的所有优秀人士，再现他们所具有的人格魅力，并将其人生经验及人生感悟传导给观众。《生活空间》专心致志地平视普通人，“讲述老百姓自己的故事”。《时空报道》“延伸社会新闻，捕捉社会热点，反映民众呼声”，突出报道的快捷、内容的新颖、角度的独特。《面对面》作为主持人谈话栏目，突出言论的迅速、尖锐和高信息量。每周一至周六 7:20 在第一套节目播出，时长 40 分钟。电子信箱：ab30@mail.cctv.com。

《实话实说》

1996 年 3 月 16 日播出的大型主持人谈话栏目。节目采用群体现场交谈形式，它以“真话面前人人平等”为理念，通过主持人、嘉宾、观众的共同参与和直接对话，在生动活泼的气氛中，展开社会生活或人生体验的某一话题，经过叙述、讨论或辩论，达到各抒己见、增进参与者之间交流和理解的目的。每周日 7:20 在第一套节目播出，时长 40 分钟。栏目网址：www.cctv.com/news/talkshow/talkshow.html，电子信箱：n038@mail.cctv.com。

《新闻调查》

1996 年 5 月 17 日开播的大型新闻评论性栏目。该栏目以记者的调查采访为主要形式，以平实、冷静、客观、科学的报道态度，对社会普遍关注的事件或现象进行多侧面、多角度、深层次的剖析，融社会性、故事性、调查性为一体，记录“正在发生的历史”，报道“新闻背后的新闻”。每周五 21:25 在第一套节目播出，时长 30 分钟。

《人民子弟兵》

1980 年 2 月 15 日开播的综合性军事栏目。该栏目内容涉及全国陆、海、空三军、武警部队、公安战线等方面，还包括国防科研、民兵和预备役、复员转业军人等等。在介绍人民军队、树立解放军光辉形象、弘扬正气等方面发挥了重要的作用。目前该栏目分 30 分钟版和 15 分钟版，分别在中央电视台一、二套节目中播出。15 分钟版的纪录片，保持着真实还原生活的风格。主要内容是对国内一切与军事有关的事件与人物的报道，侧重于军队的训练与生活，每周日 12:00 在第二套节目播出。30 分钟版为电视杂志型栏目，设《国防绿》、《军营热线》、《谈兵论武》、《当兵的人》4 个小栏目，每周六 10:10 在第一套节目播出。

《军事天地》

1991年12月26日开办的综合性军事栏目。该栏目以介绍军事历史、军事科技、军事装备、军事将领以及军事领域内其他相关知识为主，通过知识性与趣味性相结合的采编手法达到普及军事知识、加强国防教育的目的。每周一22:57在第一套节目播出，时长15分钟。

《军事报道》

1998 年 1 月 1 日开播的新闻类军事栏目。该栏目立足全国武装力量官兵，面向关心国防和军队建设的广大观众，以领导重视、战士关心、群众喜爱、社会关注的军事动态和先进典型与国防建设风貌为主要报道内容，以新闻和深入报道为主要形式，落实党中央、中央军委和四总部的大政方针，围绕部队中心工作发布权威军事新闻，展示全军将士风采，传播国防科技知识，追踪世界军事风云。每日 19:30 在第七套节目播出，时长 30 分钟。

《当代军人》

1999 年 5 月 1 日开播的综合性军事栏目。该栏目以军事纪录片为主要特色，全面记录人民军队在推进革命化、现代化、正规化建设新征途上的典型人物和典型事件，节目以纪实性、交流式为主体风格。每周六 10:30 在第七套节目播出，时长 54 分钟。

《军事百科》

1999 年 5 月 2 日推出的杂志型军事栏目。该栏目以知识性、系统性及思想性的统一为特色，通过介绍军事地理、历史、人文、科技等多方面知识及外军概况，传播当今世界军事高新技术信息。设有《古今聚焦》、《迷彩世界》、《军事科技》、《今日外军》、《军事擂台》、《军事典故》6 个小栏目。每周日 17:00 在第七套节目播出，时长 54 分钟。

《军营文化》

1995 年 12 月 1 日开播的专题性军事栏目。该栏目围绕军营中的文化，设有多个小栏目，《军旅艺术家》通过访谈和纪实的手法讲述军营艺术家的成长道路和艺术成就；《欢乐一刻》主要播出部队专业文艺团体创作的、反映部队生活为主题内容的小品、相声、戏曲类节目；《献给战士的歌》播出优秀军旅歌曲；《新人新作》

介绍部队专业文艺团体中的青年艺术人才及代表作品。每周日 10:30 在第七套节目播出,时长 54 分钟。

《中国武警》

1998 年 1 月 1 日开播的军事栏目。该栏目全面反映武警部队风貌,着重表现武警部队在当前建设中的重要经验和信息;武警官兵中涌现出的先进人物的生活与经历;武警部队基层文化活动的多彩;警民之间结下的深厚情谊;并对特殊的任务、特殊的技能和特警的战斗生活进行专题报道。设有《警营热线》、《橄榄星座》、《绿地百花 》和《警民新曲》4 个小栏目。每周日 14:00 在第七套节目播出,时长 27 分钟。

《走军营》

1999 年 5 月 2 日开播的军事栏目。该栏目通过主持人深入军营、边关海岛、基层班排,直接反映部队基层文化活动,设有《大篷车》、《无名草》、《官兵乐》、《走跑跳》、《试试瞧》5 个小栏目。每周日 14:30 在第七套节目播出,时长 27 分钟。

《祝你成才》

1996 年 8 月 1 日开播的军事栏目。旨在传播现代科技知识,为宣传和培养军地两用人才服务。该栏目系统介绍科学技术特别是高科技在军事领域中的应用及其现状和未来发展趋势,以及对战争形态、战略战术的影响,并根据社会主义市场经济发展的客观需求,开设电视系列讲座和制作教学片,为干部、战士提供服务;介绍军中各个领域不同类型的人物成才的独特经历, 展示他们的特殊技能, 传递人才信息。每周六 14:00 在第七套节目播出,时长 54 分钟。

《体育新闻》

1989 年 1 月 1 日创办的体育新闻栏目。该栏目与《晚间新闻》、《世界报道》共同构成《晚间新闻报道》,每日 22:31 至 22:41,在第一套节目播出。每天在第五套节目中播出两次。时间分别为 12:00 至 12:10、18:00 至 18:25。时长分别为 10 分钟,25 分钟。

《中国体育》

1994 年 5 月开播的体育新闻栏目。旨在专业、全面、客观地对中国体坛进行报道。该栏目以体坛重大事件、热点话题为报道对象,介绍中国体坛人物,以叙述加评论的形式回顾一周中国体坛大事。设有《我们关注》、《体坛追光》、《七日纵横》3 个小栏目。每周六 21:00 在第五套节目播出,时长 55 分钟。

《体育大世界》

1991 年 5 月 7 日开播的杂志型体育栏目。该栏目主要内容为国内外体育节目汇编。1998 年 11 月 1 日改版,设有《经历未来》、《畅想空间》、《背景透视》和《共同穿越》4 个小栏目,着重对体育事件和体育人物进行报道和分析。每周日 21:25 在第一套节目播出,时长 30 分钟。

《世界体育报道》

1996 年 1 月 2 日开播的体育栏目。该栏目通过体育记者亲赴国外,或采访国际体坛名流,或报道重大体育事件,向中国电视观众介绍国际体坛的人和事;并以体育为窗口,表现不同国家、不同民族各自独特的历史、文化背景和生存状态,反映他们对体育的相同或不同的认识。每周一 21:07 在第二套节目播出,时长 48 分钟。

《城市之间》

1998 年 10 月 30 日开播的大型趣味性体育竞技栏目。它以轻松幽默的竞技游戏项目、妙趣横生的情节、滑稽可笑的举动,使城市之间在相互对垒中增进了解和友谊。该栏目借鉴了欧洲电视中已经成熟的节目样式,并根据中国的国情和丰富的地域人文特色设计并创新。在体育包装内注入文化生命,并弘扬体育精神，强调团队意识和热爱家乡的自豪感。该栏目也是一个城市大博览，力求对中国各城市的历史风貌、人文景观有所触及，具有一定的知识性和观赏性。《城市之间》是一个普通百姓参与、观众喜闻乐见的大众娱乐性栏目。在大制作、大场面的基础上力求创造出最真实的游戏场面，使观众处于友好的竞争和紧张的愉悦之中。隔周五 21:30 在第五套节目播出，时长 90 分钟。该栏目于 1999 年 9 月 6 日停办。

《康乐年华》

1998 年 6 月 1 日开播的体育栏目。该栏目以国务院《全民健身计划纲要》为蓝本，多方位、多角度、多层次地报道全民健身情况，促进这项“利国利民，功在当代，利在千秋”的工作不断发展。每周一、四 8:35 在第五套节目播出，时长 50 分钟。

《足球之夜》

1996年4月4日开播的体育杂志栏目。该栏目为现场直播，由《中国足球》、《国际足球赛场》两个小栏目构成。《中国足球》全面介绍甲 A、甲 B、女足联赛，以及各级国家队参加国际比赛的情况；《国际足球赛场》则充分介绍欧洲三大杯和欧洲、美洲、亚洲各国联赛战况。每周四20:00在第五套节目播出，时长90分钟。

《健美五分钟》

1993 年 2 月 20 日开播的健美操教学栏目。该栏目向健身爱好者介绍器械、形体、减肥等不同的操型。每日 6:53 在第一套节目播出，时长 5 分钟。

《闻鸡起舞》

1997年5月5日开播的体育栏目，是一个集中华传统武术套路的教学欣赏和体育舞蹈、交谊舞的教学欣赏于一体的栏目。内容涉及各式太极拳、太极剑、敦煌拳以及拉丁舞、摩登舞、北京平四的分步教学和完整欣赏。每周一、二、三6:20在第一套节目播出，时长30分钟。

《纹枰论道》

1996 年 5 月开播的围棋专题栏目。该栏目设有多个小栏目，《环球棋讯》包括国内外棋界动态，《业余道场》为业余爱好者园地；《名局精解》介绍国内外名局赏析；《屠龙记》回顾中外历史名局胜负大观。每周日 10:00 在第五套节目播出，时长 90 分钟。

《假日体育》

1997 年 12 月 15 日开播的体育休闲栏目。其宗旨是寓健身于轻松愉快之中，主要报道非奥运、休闲性体育项目。设有《台球城》、《假日大放送》等小栏目。每周三 22:50 在第五套节目播出，时长 90 分钟。

《周末体育回音壁》

1999 年 5 月推出的体育栏目。该栏目是由 1998 年 8 月 7 日开播的《经典时刻》改版而来。它所有小栏目的设置和每期节目内容信息安排全部来自观众来信，设有《深入幕后》、《登门拜访》、《有问必答》、《余音回旋》、《精品回味》、《观众点播》6 个小栏目。每周五 21:30 在第五套节目播出，时长 90 分钟。

《黑白世界》

1987 年 8 月 4 日开播的体育专题栏目。当时以围棋宣传为主，1995 年体育频道开播之后，围棋内容归于《纹枰论道》，该栏目开始专营五子棋初、中、高级技术讲座。节目主要讲解国内外五子棋最新对局和各项基本技术。每周二 17:30 在第五套节目播出，时长 25 分钟。

《名将说牌》

1989 年 8 月 13 日开播的体育专题栏目。该栏目旨在为桥牌在中国的普及提高而努力，请国内一批国际大师、国家特级大师来讲解一些精彩牌局和桥牌各项基本技术。每周日 9:30 在第五套节目播出，时长 25 分钟。

《篮球公园》

1998 年 11 月 2 日开播的体育专题栏目。该栏目集篮球新闻、故事、知识、娱乐、赛场报道为一体，突出"公园"两字的特点，引领电视观众从各个景点了解篮球、认识篮球，展示篮球文化的活力和生命力。设有《篮球新闻》、《球迷热线》、《篮球课堂》、《走进 NBA》等小栏目。每周一 19:30 在第五套节目播出，时长 180 分钟。

《意甲》

1990 年开播的体育栏目，1994 年由录播改为直播。该栏目集可视性、知识性和趣味性为一体，既把赏心悦目的意大利足球甲级联赛呈现给观众，同时还把经营体制、相关知识、球队管理、城市文化和旅游全面翔实地告诉观众。设有《上轮点评》、《中场内容》、《五花八门》、《战绩回眸》、《罗马热线》等小栏目。每周日 21:50 在第五套节目播出，时长 130 分钟。

《德甲》

1993 年开播的体育栏目。该栏目通过对德国足球文化的介绍和对足球技术、战术的分析，为广大球迷打开一扇了解和欣赏德国足球的窗口。设有《上轮点评》等小栏目。每周六 22:20 在第五套节目播出，时长 120 分钟。

《体育系列教学片》

1996 年 6 月 10 日开播的体育知识教学栏目。该栏目比较全面地介绍各项运动的起源、演变、技术发展、基本技术与战术组合、身体素质训练、运动中应注意的事项以及如何预防创伤等，并通过专业人士的讲授与规范动作的示范，进行电视教学。每周不定期在第五套节目中播出 4 次，时长 20 分钟。

《现场直播》

该栏目现场直播全部在北京地区举行的各项体育赛事以及部分在外省市举行的比赛。该栏目不定时播出，播出时间根据项目不同而不同，一般在 90 至 120 分钟之间。

《体育商城》

1995 年 1 月开播的体育商品信息栏目。该栏目主要向观众推荐体育、休闲、保健用品，介绍休闲娱乐场所。每周一 17:00、每周四 19:30 在第五套节目播出，时长 25 分钟。

《国内竞技场》

1995 年 5 月开播的体育栏目。该栏目包括除联赛项目外，在全国各地(含北京地区)所有项目的单场比赛以及部分商业性赛事的现场直播和实况录像。现场直播时间不固定，实况录像固定在每周三 9:30、12:15；周五 9:30、12:15 在第五套节目播出，时长 90 分钟。

《实况录像》

1995 年开播的体育栏目。该栏目主要是安排一些重大的、精彩赛事的重播，或者是没有直播条件但有播出价值的比赛录像的播出。每周播出时间共 420 分钟，在第五套节目不固定播出。

《国际象棋》

1998 年 1 月开播的体育专题栏目。旨在通过宣传国际象棋这一项目，提高其在我国的普及程度。该栏目内容以教学为主,并尽多、尽快地介绍一些国内、国外的重要赛事,对一些精彩对局、残局等进行分析和讲解。每周五 19:30 在第五套节目播出,时长 25 分钟。

《体育欣赏》

1995 年开播的体育音乐栏目。该栏目通过体育画面表现音乐艺术,用人生哲理去揭示体育现象,充分利用电视艺术手段展现竞技场上的美。在第五套节目中播出,时间不固定。

《卫星赛场》

1995 年开播的体育栏目。该栏目每年现场直播近 300 场国际体育赛事,如奥运会、世界杯足球比赛等。该栏目属于时期性和阶段性直播报道,在第五套节目和第二套节目播出,无固定播出时间。

《五环夜话》

1998 年 1 月推出的谈话性体育栏目。该栏目是由 1995 年 1 月 6 日开播的《体育沙龙》改版而来,它采用国内外流行的面对面谈话方式,由资深体育记者担任主持,著名体育人物和专家、学者作为嘉宾,以它独特的视角和形式,捕捉体育热点,聚焦体育人物,关注体育生活。每周五 20:00 在第五套节目播出,时长 60 分钟。

《美能多体育大放送》

1999 年 7 月推出的综合性体育栏目。该栏目是由 1998 年 7 月 24 日开播的《周二大放送》改版而来,它荟萃了乒乓球、网球、羽毛球、滑冰、艺术体操、田径等精彩国际赛事,以及健美操、体育舞蹈、冬泳、登山、攀岩、攀冰、秧歌、幼儿体操等诸多全民健身运动,以及网球、棒球等新兴的体育项目,堪称"体育大观园"。该栏目独特的月末版,设有《明星放送》、《明星印象》、《非常贴近》3 个小栏目。每周二 19:30 在第五套节目播出,时长 120 分钟。

《全国足球甲 A 联赛》

1994 年 5 月 21 日开播的体育专题栏目。该栏目向全国范围转播该项赛事,每年根据全国足球甲 A 联赛的赛制,每个赛季需转播 26 轮,每一场比赛的转播均经过认真的选择,全国每支甲 A 球队的比赛都有机会通过中央电视台向全国转播。赛季期间每周日(包括个别周四)15:50 在第二套节目现场直播。

《爱立信中国乒乓球擂台赛》

1996 年 3 月 9 日开播的体育专题栏目。该栏目是由中央电视台和中国乒协联合主办的一项大型体育赛事,中央电视台在充分开发自身优势的基础上,一改以往对赛事单纯的转播报道,进而成为乒乓球擂台赛的主办方之一,直接参与体育赛事的组织、转播与经营,主动地进入市场,以适应未来的发展。赛季期间,每周六 15:50 在第二套节目播出,时长 120 分钟。

《摩托罗拉中国羽毛球天王挑战赛》

1998 年 3 月开播的体育专题栏目。该栏目以播出摩托罗拉中国羽毛球天王挑战赛和有世界著名运动员加盟的国际羽毛热点挑战赛为主,并插播一些教学片、运动员介绍片以及国际羽毛球大赛特别制作片等。赛季期间每周五 18:30 在第五套节目播出,每周六 15:50 在第二套节目播出,时长 120 分钟。

《全国男篮甲 A 联赛》

1995 年 11 月 21 日开播的体育专题栏目。该栏目在全国范围全程直播该项赛事,赛季期间与北京电视台、上海东方电视台、广东电视台、江苏电视台等 10

家省市电视台合作，转播场次涉及全国 12 个城市，赛季期间每周日和周三转播每轮中的一场比赛，整个赛季共转播 33 场比赛，其中常规赛 22 场、1/4 决赛 3 场、半决赛 5 场和总决赛 3 场，每场时长 120 分钟。

《中国排球联赛》

1996 年 12 月 21 日开播的体育专题栏目。该栏目由中央电视台和中国排球协会联合主办，旨在报道、宣传中国排球运动的改革成就，倡导女排奋勇拼搏精神，振兴中国排球事业，再创中国排球运动辉煌。每年共播出 4 个月的赛季节目，赛季期间每周六 18:30 在第五套节目直播，每周日 15:50 在第二套节目直播，每场时长 120 分钟。

《夕阳红》

1993 年 10 月 22 日开播的以老年人为收视对象的综合性栏目。该栏目坚持热忱地为老年人服务，做老年人的知心朋友，选择老年观众喜闻乐见的内容与形式，努力开阔老年人的视野，拓展老年人的生活空间，真实反映老年人生活的情、趣、乐，倡导全社会尊老敬老的风尚，让全社会关注老年人的生活。该栏目根据各个层面受众的需求，设计不同的栏目板块，同时还根据社会发展的不同阶段、不同时期的老年人需求变化做出相应调整。为增加节目的社会性、时效性，更好地服务于老年观众，《夕阳红》栏目于 1999 年先后两次改版，推出和改进《关注夕阳》、《多彩生活》、《不老人生》、《相约夕阳红》、《夕阳剧场》等小栏目。每日 8:35 在第一套节目播出，时长 30 分钟。

《田野》

1997 年 6 月开播的农村科教栏目。由中央电视台科教节目部和科教节目制作中心合作推出。其宗旨是为广大农民提供科学种田、科学管理、科学经营的方法，以及致富手段和信息，并宣传农村精神文明建设的典型。设有《田野科技》、《田野拾穗》、《田野采风》、《田野观察》、《田野有约》5 个小栏目。每周一、二 14:10 在第一套节目播出，时长 30 分钟。

《科技博览》

1997 年 5 月 5 日开辟的科技栏目。其宗旨是宣传“科教兴国”的基本国策，传播科技知识，增强全民的科学意识，提高中华民族的科学文化素质。内容涵盖古今中外的科技探索与创新、科学方法、科学理念、科学精神等，融科学性、知识性、可视性、趣味性于一体。鉴于该栏目短小且天天播出的特点，1999 年元旦改版，以每周作为一个播出单元，下设《科普知识》、《高新技术》、《身边科学》、《前沿热点》和《国外科技》5 个小栏目，并启用虚拟演播室和主持人，同时为配合重大活动和事件拓展了题材，强化了系列报道，不仅提高了节目的时效性，而且增强了科普宣传的力度。每日 19:56 在第一套节目播出，时长 5 分钟。网址：www.cctv.com/science/review/review.html。

《走近科学》

1998 年 6 月 1 日开播的科技栏目。旨在弘扬科学精神，宣传科学思想，提倡科学方法，传播科学知识。该栏目以提高全民族科学文化素质，树立“学科学、爱科学、讲科学、用科学”的社会风尚为目的，具有信息量大、知识性强、贴近生活、可视性强的特点，在制作上，力求形式新颖、包装精美。设有《科学生活》、《科学关注》、《科学人物》、《发明发现》、《科学论坛》5 个小栏目。每周三、四、五 14:40 和每周日 13:30 在第一套节目播出，时长 30 分钟。

《天天饮食》

1999年2月22日开播的厨艺栏目。该栏目由中央电视台和北京豪文影视文化传播中心联合制作,集知识性、服务性、趣味性、娱乐性为一体。其宗旨是适应人们对现代生活品质不断追求的心理,将厨艺与饮食文化相结合,做家常菜,聊家常事,寻厨艺乐趣,品生活甘甜。使人们在繁忙的工作之余,尽享家庭生活中的轻松与恬静。每期介绍一道家常菜的做法,手法上打破了以往由专业厨师单纯传授烹饪技术的传统节目形态,代之以主持人与观众边聊天边介绍的样式,场景设计颇具现代色彩。每周一至周五13:45在第一套节目播出,时长10分钟。

《希望——英语杂志》

1999年6月16日开播的杂志型英语教学栏目。其宗旨是以轻松活泼的节目形式激发观众学习英语、使用英语的兴趣,为广大收视者提供良好的锻炼听力、学习口语的语言环境。节目有别于以往课堂讲座式的外语教学方式,注重知识性、趣味性、娱乐性的结合。使观众既增长语言知识,又开阔视野。收视对象以有一定英语基础的青年、学生为主。节目采用中、英文双语方式,各板块配以原汁原味的英语解说,内容大意加中文字幕。设有5个小栏目:《我看世界》,介绍世界各地的风光民俗;《我的朋友》,介绍与英文有各种联系的不同职业的人物;《你说我说》,讲解英语语言中各种小知识;《绿地漫步》,播放英文歌曲;《点点滴滴》,介绍与

英语相关的各类信息。每周六16:10在第一套节目播出,时长30分钟。电子信箱:B005@mail.cctv.com。

《再就业之友》

1999年3月1日开播的面向广大下岗职工的专题栏目。该栏目由中央电视台与劳动和社会保障部培训就业司合作推出。旨在为下岗职工提供各种政策、技能、信息服务,帮助下岗职工实现再就业。设有《就业访谈》、《交流会场》、《就业明星》、《咨询网站》等小栏目。每周一14:40在第一套节目播出,时长30分钟。电子信箱:n003@mail.cctv.com。

《电视讲座》

1977年底开播的教育栏目。旨在对各年龄段的观众进行文化、科学的普及和专业培训,配合政治、经济改革,宣传国家各种政策、法规。该栏目还配套出版发行专业书籍及节目录音录像带。每天在第一、二套节目白天播出。

《外语教学》

1977年开播的英、日、德、法、俄5种外语教学栏目。教学对象为不同职业、不同年龄的外语爱好者。每天在第一、二套节目白天播出。

《地方台30分》

1990年5月7日开播的专门播出全国地方电视台纪录片的栏目。其前身为1989年1月9日创办的《地方台50分钟》。该栏目以"记录历史的瞬间,汇集精品的窗口"为宗旨,推出不同风格、不同流派、不同个性的纪录片佳作,是展现中国纪录片发展轨迹的一个窗口。近年来加强了整体策划,发挥各地方电视台的优势,推出了"文化工程"系列纪录片,如《中国家庭》、《中国人》等。每周二22:52在第一套节目播出,时长30分钟。

《祖国各地》

1978年9月30日开播的专题栏目。主要介绍祖国各地独特的山水风光、风俗民情、历史文化、人物事件和建设成就，有一定的艺术品位，强调欣赏性、趣味性和知识性。该栏目近年来还制作了大量紧扣时代脉搏的特别节目和专版节目。设有《旅游探奇》、《城市新星》、《中国一绝》3个小栏目。每周六12:50在第二套节目播出，时长30分钟。

《半边天》

1995年1月5日正式开播的妇女专题栏目。该栏目以城市职业女性为主要收视群，以提升女性生活品质、维护福利健康、拓宽发展空间、增进两性沟通为己任，形成了清晰、温馨、敏锐、领先的栏目风格。设有《传媒广场》、《男性调查》、《无边视界》、《女人故事》、《生活课堂》5个小栏目。每周四、五、六10:40和隔周日13:10在第一套节目播出，时长30分钟。

半边天

《今日说法》

1999年1月2日正式开播的法制栏目。其宗旨为重在普法，监察执法，推动立法，为百姓办实事。通过对百姓所关心、关注案件的报道来传播法律知识，提高公民的法律意识。每日12:37在第一套节目播出，时长15分钟。电子信箱：lawtoday@mail.cctv.com。

《当代工人》

1997年5月19日开播的面向全国3亿劳动者的专题栏目。旨在全方位、多角度地反映当代职工精神风貌，密切关注普通劳动者的生存状态，真实记录他们在转型时期的心灵悸动。主要内容聚焦在职工权益上，反映他们的劳动收入、社会保障、民主权利、文化生活等各方面。该栏目的演播室在生产第一线，镜头对准普通劳动者，报道劳动创造的亮点，展现工人心路历程，与职工们一起探讨他们关心的话题。每周一10:40在第一套节目播出，时长30分钟。

《读书时间》

1996年5月12日开播的文化专题栏目。旨在推荐好书、促进社会主义精神文明建设。每次邀请一本书的作者或译者来到《读书时间》演播室，就大家关心的有关这本书的问题进行访谈。每周五22:52在第一套节目播出，时长15分钟。电子信箱：To15@mail.cctv.com。

《健康之路》

1996年7月6日开播的医药卫生专题栏目。旨在普及医药卫生知识，为群众提供医疗咨询服务，倡导文明健康的生活方式。主要内容是开阔健康视野，更新卫生观念；传递医疗信息，提供咨询服务；倡导文明健康的生活方式，介绍强身健体的方法。设有《健康视点》、《医林传真》、《祝你健康》、《健康话题》4个小栏目。每周六11:20在第一套节目播出，时长30分钟。

《社会经纬》

1996年5月16日开播的法制专题栏目。旨在用法制理念剖析人生。每期节目以某一案件（事件）为线索，广泛、深入地挖掘背景材料，对案件（事件）事实进行全景描述和立体披露，用事实来结构情节，讲述故事。每周四 21:25 在第一套节目播出,时长 30 分钟。

《万家灯火》

1996 年 5 月 9 日开播的社会生活及家庭生活栏目。栏目力求以现代的观点去观察生活,以正确的人生观诠释社会,以真实的情感沟通人与人的心灵。设有《体验》、《往事》、《家》、《接触》4 个小栏目。1999 年 9 月改版,节目更加关注家庭生活,关注人的情感,特别注意关注现代家庭生活的难点与困惑,呼唤对美好家庭的向往。每周四 22:52 在第一套节目播出,节目时长由每期 45 分钟改为 30 分钟。

《中华民族》

1996 年 12 月 29 日开播的民族专题栏目。旨在宣传党的民族政策,报道民族地区的发展,介绍民族地区的文化和风俗。每周日 14:55 在第一套节目播出,时长 30 分钟。

《美术星空》

1997 年 9 月 1 日开播的美术专题栏目。旨在反映时代精神，弘扬民族文化，提高审美情趣，进行美育教育。该栏目以介绍美术史料，传播美术知识，提供作品欣赏，反映艺术家创作，展示人类的绘画成果为主要内容。注重当代，贯穿历史，在广阔的空间与时间背景中，提供准确、多元的文化评论以及丰富的信息知识。每周日 15:25 在第一套节目播出，时长 30 分钟。

《大风车》

1995 年 6 月 1 日开播的杂志型少儿栏目,面对 3 岁至 12 岁儿童。该栏目经过 1997 年的情景性及主持人角色化改版形成现在的版式。栏目分成三个段落,第一段落为国内外精品动画片;第二段落为针对不同儿童收视要求的对象类节目,包括幼儿节目、专题节目、游戏节目等;第三段落为儿童电视剧,包括童话剧、古装剧、现代剧等形式。每周日的《大风车》是 40 分钟的观众联系性直播节目《风车转转转》。每日 18:09 在第一套节目播出,时长 40 分钟。

《同一片蓝天》

1999 年 6 月 5 日开播的少儿综艺栏目。该栏目由中央电视台少儿部主办，联合全国地方电视台协办。收视对象以 6 岁至 14 岁的少年儿童为主。旨在加强全国各民族、各地区少儿朋友的交往，帮助他们认识各民族、各地区的风土人情，通晓人文历史，饱览祖国的大好河山，开阔视野，增进知识。该栏目富有地方特色、民族特色、人文特色，采用专题、文艺、游戏、竞赛以及儿童音乐电视等多种电视艺术形式。是一个展示全国各地方电视台少儿电视节目的窗口。每周六 9:05 在第一套节目播出，时长 50 分钟。

《东方儿童》

1999 年 6 月 1 日开播的杂志型少儿栏目。该栏目由原来分散播出的《天天动画》、《七巧板》、《故事钟》、《蒲公英》、《开心岛》、《和爸爸妈妈一起看》、《大追踪》、《儿童音乐电视》8 个栏目合并改版而成，增加了整体性、时效性和连续性。栏目宗旨为寓教于乐，培养儿童的整体素质，开发儿童的创造力和想象力，以 0 至 16 岁以下的少年儿童为主要收视对象，兼顾家长和教育工作者。设有《七巧板》、《非常之旅》、《和爸爸妈妈一起看》、《信息树》、《大追踪》、《儿童音乐电视》、《星星剧场》、《天天动画》8 个小栏目。该栏目在形式上注重整体形象和整体格局，统一规划，统一包装，统一电视符号，并采用孩子们喜爱的人偶童话剧串联方式，充分展现童真童趣，容纳现代儿童生活景象，塑造未来儿童形象。每日 20:00 在第七套节目播出，时长 60 分钟。

《儿童剧场》

1997 年 8 月 17 日开播的少儿戏剧栏目。旨在弘扬民族文化、扶植儿童戏剧、推出优秀作品、服务少年儿童。1999 年 3 月进行了全面改版,该栏目在改版前,主要以播出优秀儿童话剧、木偶剧等儿童戏剧为主;改版后除保留播出儿童戏剧节目外(儿童戏剧的播出时长缩短为 70 分钟),着重强调了将舞台戏剧电视化,开辟了 30 分钟的演播室观众参与节目,通过让现场的小观众参加《表演游戏》和参与系列短剧《我们的故事》的表演,调动小观众对戏剧表演的兴趣,使小观众在娱乐中了解戏剧表演知识、提高表演能力。同时还开办了《认识你真好》这个小栏目,向小观众们介绍全国著名的儿童戏剧演员及编导。隔周日 9:15 在第二套节目播出,时长 100 分钟。

《芝麻开门》

1999 年 7 月 13 日推出的少儿科普性栏目。旨在对中小学生进行科普知识教育、培养少年儿童对科学的爱好和兴趣。该栏目知识性强、趣味性强、涵盖内容广。由“闯三关”知识问答、“红芝麻题”、“绿芝麻题”知识问答、“战车上升”或“战车下降”几种形式构成。每周一至周六 17:20 在第一套节目播出，时长 10 分钟。

《动画城》

1994 年 7 月 23 日开播的专门播出国产动画片的栏目。该栏目开办至今，制作推出了《小糊涂神》、《大头儿子和小头爸爸》、《西游记》、《阿笨猫》、《小精灵灰豆》、《小神仙和小仙女》、《小贝历险记》等一系列国产动画片。同时，还通过多种方式播出国内其他单位制作的国产动画片。经过多年的努力，《动画城》栏目已经成为国产动画节目播出的窗口和旗帜。与此相伴，一批具有鲜明特点的国产卡通明星涌现荧屏，大头儿子、小头爸爸、小糊涂神、阿笨猫、蓝皮鼠、大脸猫、济公、灰豆、小贝等已经成为中国孩子们耳熟能详的卡通形象。该栏目下设 7 个小栏目：《放映厅》、《风火轮》、《异域传真》、《月光宝盒》、《心语传递》、《哆来咪》和《动画乐园》。每周一至周六 17:30 在第一套节目播出，时长 30 分钟。

《12 演播室》

1991 年 12 月 28 日开播的以青年为拍摄对象和收视群体的专题栏目。由最初的《我们这一代》栏目演变而成。该栏目以谈话和纪录片相结合的方式，拍摄了大量的青年题材的电视节目。除此之外，还承担了大量的特别节目制作，如每年一度的大专辩论会，以及电脑大赛、网络知识大赛、青年节目主持人大赛等。为满足大学生需求，《12 演播室》特意增加了大学生专版。每周三 22:52 在第一套节目播出，时长 30 分钟。

《第二起跑线》

1994 年 4 月 9 日开播的中学生栏目。栏目本着娱乐中学生、服务中学生、教育中学生、塑造中学生的宗旨，为全国各地的中学生提供了一个增长知识、认识社会、展示风采、彰显个性的广阔舞台。设有《起跑线上》、《校园内外》、《知心畅言》和《轻松时刻》4 个小栏目。每周日 14:05 在第一套节目播出，时长 50 分钟。

《综艺大观》

1990 年 3 月 4 日开播的综艺娱乐性栏目。该栏目以“轻松、时尚、娱乐”为主题风格，以现场直播的形式，综合了歌舞、小品、曲艺、戏曲、绝活等各艺术门类的娱乐特征。艺术观赏性和娱乐性并重。每周六 20：06 在第一套节目现场直播，时长 50 分钟。

《旋转舞台》

1985 年创办的文艺栏目。旨在弘扬民族文化，发扬民族精神，推广中国及外国的高雅艺术。该栏目以舞台艺术为主体，集国内外歌、舞、乐之精华，融思想性、艺术性、知识性、可视性为一体，深入浅出，形式丰富、制作精良。隔周六 21:25 在第一套节目播出，时长 30 分钟。网址：http://www.cctv.com/entertainment/xzwt/xzwt.html。电子信箱：A017@mail.cctv.com。

《戏剧天地》

1997 年 10 月 3 日开播的文艺栏目。旨在为广大具有表演愿望，但未有机会得到展示的戏剧爱好者提供舞台。该栏目设有 4 个小栏目，《梦想剧场》突出观众的参与性，观众自己唱主角，自编、自导、自演、自评奖；《戏剧人》是介绍国内戏剧舞台上有艺术成就的人物；《戏剧潮》跟踪报道我国戏剧舞台上上演的最新剧目，介绍外国戏剧的发展走向；《戏剧史》系统地介绍我国戏剧艺术发展历史和外国的戏剧发展史。隔周五 23:30 在第一套节目播出，时长 90 分钟。电子信箱：CCTVdrama@email.com.cn。

《戏剧博览》

1996 年 9 月 1 日开播的文艺栏目。该栏目以播放话剧、歌剧、舞剧为主，也介绍与戏剧有关的专题片，既向观众推荐优秀的戏剧精品，也向大家介绍我国话剧的发展进程，以及各话剧团体。并录制地方、军队排演的优秀剧目。融专业性、艺术性和娱乐性于一体。每周四 19:35 在第三套节目播出，时长 100 分钟。

《音乐电视城》

1996 年 5 月 25 日创办的音乐栏目。旨在为观众呈献最新流行、最新动态、最新作品。该栏目主要介绍国内外最新的音乐电视作品；展示近期最火爆、最流行的歌曲；介绍音乐电视的拍摄过程和在制作过程中所采用的先进科技手段及一些拍摄过程中的趣闻趣事；还配合国内、台内的重大和重要纪念活动，制作专题节目。1998 年 3 月改版，设有《新歌上视》、《打开问号》、《劲爆金曲》、《镜外追踪》4 个小栏目。隔周六 21:25 在第一套节目播出，时长 30 分钟。

《戏曲采风》

1996 年 7 月 1 日开播的戏曲知识性栏目。展示中华戏曲艺术的历史渊源，反映戏曲艺术工作者为戏曲的形成和发展所付出的努力及取得的辉煌业绩，让更多的人了解和热爱祖国的优秀传统文化艺术。设有《梨园群英》、《艺海泛舟》、《戏曲传真》、《华彩乐章》4 个小栏目。每周日 22:05 在第三套节目播出，时长 30 分钟。

《名段欣赏》

1996 年 1 月 1 日开播的戏曲栏目。旨在满足广大戏曲观众欣赏名家名段的需要。该栏目以戏曲界著名艺术家演出传统剧目中的经典唱段和表演绝技为节目的主导，京剧和昆曲是主体，同时兼顾全国上百个剧种，并结合唱段介绍一些戏曲知识。每周二五 12:50 在第三套节目播出，时长 15 分钟。

《戏苑百家》

1996 年 1 月 1 日开播的戏曲栏目。该栏目播出京剧、昆曲和各地方剧种优秀剧目的全剧实况录像节目，每天 9:20、15:00、23:10 在第三套节目播出，时长 155 分钟（地方戏）、120 分钟（京剧）、150 分钟（京剧、地方戏、戏曲电视剧）不等。

《中国音乐电视》

1996 年 7 月 1 日开播的音乐栏目。该栏目 1997 年 4 月进行了改版，1999 年 8 月再次改版，设有 6 个各具特色的小栏目：《音乐坛》、《流行风》、《飞来曲》、《点唱机》、《歌迷行》、《周日版》，从周二至周日每天播出一个小栏目。周二《音乐坛》主要介绍民族及美声唱法的音乐电视作品。周三《流行风》将最流行的音乐电视作品展现给观众。周四《飞来曲》介绍一些港台及国外优秀音乐电视作品。周五《点唱机》给观众提供点播的机会。周六《歌迷行》邀请歌迷和喜爱的歌手在一起,面对面地交流,实现歌迷梦想。周日《周日版》将一周精彩节目进行回顾,展现给观众。周二至周日 21:30 在第三套节目播出,时长 30 分钟。

《音乐桥》

1993年开播的音乐栏目。该栏目作为连接国内、国外音乐事业的桥梁,及时、准确地为观众传递世界乐坛的信息和动态,介绍著名人物、经典作品、音乐盛事,并为广大音乐工作者和音乐爱好者提供一个展示才华的空间和借鉴欣赏的园地,设有《中国百名音乐家》、《音乐使者》、《音乐传真》、《采风》、《音乐与格言》5个小栏目。每周一19:00在第三套节目播出,时长30分钟。

《每周一歌》

1993 年创办的音乐栏目。该栏目将优秀的歌曲作品介绍给广大的电视观众和音乐爱好者。每周一至周日 6:15(一套)、8:35(三套)、11:02(四套)滚动播出,时长 5 分钟。

《地方文艺》

1993 年 8 月 1 日开播的电视文学栏目。该栏目以电视诗歌散文为主,还选播一些作家、学者、艺术家等知名人士对诗歌散文的真知灼见,以及喜爱电视诗歌散文的观众对本栏目的感受与建议。并发挥全国地方电视台的系统优势,策划、组织、带动各地方电视台不断创新,推出精品。1998 年、1999 年该栏目分别举办了一年一届的"全国电视诗歌散文展播"评比颁奖活动,对电视文学的发展起到了推动作用。设有《名家谈散文》、《关于电视散文的话》2 个小栏目。隔周日 23:27 在第一套节目播出,时长 30 分钟。

《东西南北中》

1993 年 1 月 1 日开播的综艺栏目。旨在"汇东西南北中,把欢乐洒向万户千家"。该栏目先后进行了 3 次改版。每次改版都在原有的基础上,进一步丰富节目内容。该栏目以广阔天地为舞台,走出演播室、走出电视台,将外景摄制与精巧的后期编辑相结合,具有节奏快、信息量大、地方特色浓郁、后期制作精良等特点。设有《地方风采》、《请跟我来》、《快乐岛》、《看东方》、《好梦成真》、《地方一绝》等不定期的小栏目。每月一期,周六 20:05 在第一套节目播出,时长 50 分钟。

《午间乐园》

1999 年 8 月 30 日开播的综艺栏目。该栏目荟萃中央电视台近年来各大文艺晚会中的优秀节目,选择精华,精致包装,播放精彩。在充分发挥娱乐效应的同时,也兼顾了一定的服务功能,其点播专栏和点播专辑深受广大观众喜爱。每周一 12:20 在第三套节目播出,时长 50 分钟。

《精彩十分》

1999 年 8 月 31 日开播的文艺栏目。该栏目通过主持人和嘉宾对人们关心的、有趣的社会话题的谈论,引出与其相关的一首歌曲,使电视观众既欣赏了优美的歌曲,又领略了由歌曲内容引出的有趣的社会话题,同时也展现了名人风采。每周一至周五 21:20 在第三套节目播出,时长 10 分钟。

《学唱京剧》

1999 年 8 月 31 日开播的戏曲教学栏目。该栏目以教唱著名的京剧唱段为主,同时介绍该唱段在剧中的相关内容、产生背景、流派特色等,旨在弘扬民族文化,普及京剧知识。每周一、四 19:00 在第三套节目播出,时长 30 分钟。

《戏曲直播》

1999 年 9 月 9 日开播的戏曲欣赏栏目。该栏目通过电视直播，把全国各地各类大型戏曲展演、汇演活动中的精彩剧目、各类艺术节中的优秀戏曲剧目、各戏曲剧团演出的优秀传统大戏或折子戏及新编历史剧、各剧种戏曲名家或新秀的专场演出，展现给各界的戏曲观众，特别是远离城市剧场的广大农村观众。隔周一 19:35 在第三套节目播出，时长 135 分钟。

《音乐空间》

1999 年 9 月 1 日开播的音乐栏目。该栏目为社会各类音乐演出提供了一个展示的窗口。每周二 14:10 在第三套节目播出，时长 50 分钟。

《国乐飘香》

1999 年 9 月 1 日开播的音乐栏目。该栏目以介绍中国民族音乐为主，包括民族弦乐、吹打乐、民族器乐、独奏曲、民歌、民族歌剧选段、民歌合唱以及中国各少数民族的各种音乐表现形式。每周二 20:35 在第三套节目播出，时长 40 分钟。

《影视同期声》

1999 年 5 月 3 日开播的综合性影视栏目。该栏目以宣传、介绍、评述电视剧、电影及相关话题为主，它集新鲜、娱乐、知识为一体，全方位、多角度地报道最新影视资讯，有深度地讨论近期影视圈内外关注的话题。每周一至周五 22:10 在第八套节目播出，时长 20 分钟。

《影视俱乐部》

1999 年 5 月 26 日开播的综合性影视栏目。它是由《影视同期声》周末版发展而来的。该栏目为影视圈的朋友们提供一个周末休息聊天的地方，他们把工作的烦恼、生活的快乐尽情地倾诉出来，让电视机前的观众看到一个个真实而真诚的明星，并和他们一起享受畅谈的快乐。每周六 22:10 在第八套节目播出，时长 30 分钟。

《交响世界》

1999年9月1日开播的音乐栏目。该栏目包括交响乐、歌剧选段、通俗管弦乐、各种体裁的歌曲、电影音乐、舞剧音乐、器乐独奏、室内乐、合唱以及音乐家传记片、音乐风光片、专题音乐片等，旨在传播高雅艺术、严肃音乐。每周二19:35在第三套节目播出，时长60分钟。

《影视金曲》

该栏目是一个音乐栏目，它将影视作品中脍炙人口的歌曲再现荧屏。每周一 22:30 在第八套节目播出，时长 10 分钟。

《电视诗歌散文》

1999 年 9 月 11 日开播的电视文学栏目。该栏目以欣赏为主，以评论为辅；无论是名家名作，还是新人新作，都力求达到选材的精致，同时吸纳外景采访和演播室的录制，使文学的主旨通过调动声、光、影等电视特有的表现语言，达到观众对文学作品的了解和对文学意境的想象。设有《电视诗歌》、《电视散文》、《文苑折枝》、《本色》4 个小栏目。隔周日 23:27 在第一套播出，隔周六 20:45 在第三套节目播出。电子信箱：difangwenyi@263.net。

《八面来风》

1999 年 8 月开播的综艺栏目。该栏目以展示地方电视台综艺节目为主，包括具有民族特色、地域特色的歌舞、器乐，文艺专题及重大节日、重大活动的文艺晚会等。该栏目宗旨是汇集全国电视文艺精品，展示中华民族文化风采。隔周六 20:45 在第三套节目播出，时长 100 分钟。

《新视听》

1999 年 9 月 3 日开播的综合性文艺栏目。该栏目集音乐、戏曲为一体，设有3个小栏目：《华尔森音乐台》以播出各类音乐会、演唱会和采访节目为主，充分展现20世纪经典作品和当代流行音乐；《今日过把瘾》以戏迷为主体，由参与性、趣味性、知识性、服务性、欣赏性内容构成，传播戏曲知识，满足戏迷需求；《艺术无极限》关注文化热点中的创意精神，紧扣时代脉搏。该栏目旨在充分调动电视艺术的视听冲击力，展示音乐、戏曲、文化的艺术魅力。每周五19:35在第三套节目播出，时长100分钟。

《星光无限》

1999年12月18日开播的音乐栏目，由《星星擂台》改版而来。该栏目面向全国的电视观众，发掘新人、传播新作、繁荣歌坛、丰富百姓娱乐生活、现场竞技、观众参与，促进歌手与观众之间的沟通与交流，目的是力荐新人、广推新作、普及音乐文化。设有《星光新曲》、《星光新秀》、《星光回答》、《星光点评》、《星光排行榜》5个小栏目。隔周六19:35在第三套节目播出，时长70分钟。

《精彩早知道》

1999年8月30日开播的文艺节目预告栏目。该栏目以贴近观众、贴近生活、服务观众、宣传频道为宗旨，预报第三套节目下周各栏目的播出情况。每周六21:20在第三套节目播出，时长10分钟。

《走进电视》

1999年5月3日开播的文艺节目预告栏目。该栏目围绕第八套节目的介绍，力求快节奏、大信息量传递信息，宣传频道，服务观众，在电视与观众之间架起一座互相交流的桥梁。设有《收视排行》、《倾听您的心声》、《幕后故事》、《说长道短》、《精彩早知道》5个小栏目。每周日21:15在第八套节目播出，时长30分钟。

《演艺网站》

1999年9月2日开播的杂志型音乐戏曲栏目，由《银屏歌声》和《音乐桥》栏目改版而成。该栏目以音乐文化为主、戏曲文化为辅，面向喜爱音乐、戏曲文化的观众，它既是大众文化又具有一定品位，保持知识性、欣赏性的同时，具有流行性和时尚性。设有《音乐时代》、《我与音乐》、《一方水土一方歌》3个小栏目。每周四、五22:05在第三套节目播出，时长30分钟。

《音画时尚》

1999年9月5日开播的音乐栏目。该栏目以现场演唱会的形式进行实况录像，通过最流行的歌曲、最受欢迎的歌手和组合以及最具震撼力的摇滚乐队，将当今歌坛最新的流行风带给广大观众。充分运用舞美、灯光、音响、动效，营造一个全新的视觉感受。它使艺术作品与文化时尚、娱乐赏析与唯美理念，质朴与华丽、正统与流行两者相得益彰，雅俗共赏。隔周日20:45在第三套节目播出，时长30分钟。

《曲苑杂坛》

1991年开播的曲艺栏目。旨在“弘扬中华传统文化，尽显民族艺术瑰宝”。该栏目主要内容有相声、小品、魔术、杂技、评书、笑话、马戏、说唱等，同时也介绍外国精彩的杂技、马戏和滑稽等节目。每隔三周的周六20:06在第一套节目播出，时长50分钟。

《电视书场》

1992年开办的评书栏目。该栏目在演播传统书目的同时，组织创作现代评书。每日12:40、12:35分别在第一套、第三套节目播出，时长20分钟。

《文化视点》

1996年开播的综合性栏目。该栏目以讨论各种新型文化现象，针砭文化领域之时弊、挖掘古代文明遗产，追踪最新文化动态为主，形式上以演播室内嘉宾、主持人、观众讨论为主、外景采访为辅。隔周二21:25在第一套节目播出，时长30分钟。

《艺文手册》

1999年8月开播的综合性栏目。该栏目由六个版块组成,分别在一周内播出。《灿烂星空》以纪实手法,追踪艺坛新秀,展示幕后人生。每周一22:10在第三套节目播出,时长15分钟。《瞬间世界》多层面表现摄影的艺术性、真实性、趣味性。每周二12:35在第三套节目播出,时长30分钟。《名人回眸》以建国以来各个时期各个艺术门派代表人物和各个时期各个艺术门类的代表作品为节目内容,采用纪实性拍摄和丰富详实的资料,掺入广泛的采访、专家评说。通过对名人的访谈,从各方面展现名家风采。每周二20:20在第三套节目播出,时长15分钟。《舞蹈世界》集专业性、趣味性、大众化为一体,设有《舞讯传真》(舞蹈信息)、《时代舞风》(电视舞蹈)、《舞人掠影》(舞蹈人物)、《舞海漫游》(舞蹈知识)4个小栏目。每周三22:05在第三套节目播出,时长30分钟。《中国服装艺术》用最新的表现手段,将服装、设计师、模特与电视、音乐结合起来,展现服装品牌理念,传递时装业最新的时尚资讯。设有《名师佳作》、《模特舞风》、《明星侃谈》、《佳作欣赏》4个小栏目。每周二22:05在第三套节目播出,时长15分钟。《周末新航线》以文化娱乐信息及周末文化咨询为主要内容,为观众提供最新文化艺术动态及文化消费指南。每周六22:05在第三套节目播出,时长30分钟。

《朋友》

1999年9月5日开播的综艺性谈话栏目。该栏目以主持人与嘉宾畅谈朋友的故事为串联主线,不断邀请嘉宾的亲朋好友轮番出场,畅叙友情。其间,穿插与"朋友"主题或嘉宾本人经历相关,具有欣赏性的综艺表演和一些即兴较强的游戏小测试,它旨在挖掘"朋友"的深刻涵义;展示不同的交友观,以期达到一定的引导作用,力图在嘉宾与观众之间架起一座友谊的桥梁。每周日19:35在第三套节目播出,时长70分钟。

《荧屏诗坛》

1999年9月12日开播的文学类谈话栏目。该栏目旨在把中国古典诗歌,通过电视的传播手段,达到弘扬中国传统文化的作用。它以主持人、嘉宾、演员、观众相互交流的形式,集知识性、探讨性、趣味性、欣赏性与参与性于一体,通过电视丰富的表现手法营造并渲染经典诗篇蕴涵的艺术氛围与美感,再现作者于作品之中传达出的情感与理念,探讨诗歌对现代文化与现代人生活的影响。隔周日20:45在第三套节目播出,时长30分钟。

《神州大舞台》

1999年9月12日开播的综艺栏目。该栏目与各省市联合举办,以当地艺术家表演为主,通过以艺术性为主的《难忘今宵》和以娱乐性为主的《欢乐今宵》两台不同风格的晚会,向观众展示各地的经济建设、风土人情、人文精神。每隔两周的周二19:35在第三套节目播出,时长70分钟。

《中国京剧音配像》

1996年5月开播的戏曲栏目。该栏目以振兴京剧艺术、弘扬民族文化为宗旨,选择著名京剧艺术家在鼎盛时期的演唱录音,加以配像,力求原汁原味再现舞台艺术精品原貌,从而为广大戏迷提供一批声像并茂、艺术品位较高的京剧欣赏剧目。同时,抢救了不少濒临失传的经典作品,为京剧教学和研究、学习和继承提供了范本和根据。每周二、周六20:00在第三套节目播出。

《正大综艺》

1990年4月25日开播的综艺栏目。该栏目集知识性、趣味性和欣赏性于一身,将外部世界的万种风情和演播室内的欢声笑语结合起来,张弛有度,现场部分的精彩表演与每一小栏目播出的影片相得益彰,充分表现该栏目特色:在轻松愉快中丰富知识,开阔眼界。每周日19:38在第二套节目播出,时长50分钟。

《正大剧场》

1990年4月20日开播的影视栏目。该栏目在益智性的《正大综艺》栏目之后，以播放外国文化品位较高的影视剧为主。每周日 20:35 在第二套节目播出，时长 47 分钟。

《环球》

1993 年 5 月 5 日推出的杂志型文艺专题栏目。该栏目开办时名为《环球 45 分钟》，1994 年底更名为《'94 环球》，以后的节目名称根据年号进行调整。它融知识性与趣味性于一体，旨在展示国际优秀电视作品，内容涉及文化、艺术、经济、科技等方面。此外，通过该栏目工作人员在境外采编的节目，《环球》亦向观众展示中国人眼中的外部世界。每周三 21:25 在第一套节目播出，时长 30 分钟。

《人与自然》

1994 年 5 月 11 日开播的环保栏目。旨在传播环境保护和可持续发展的思想，宣传保护人类的生存环境。该栏目通过讴歌生命、关注环境，以达到呼唤爱心，保护地球家园的目的。每周一 21:25 在第一套节目播出，时长 30 分钟。

《国际影院》

1993 年 4 月 20 日开播的影视栏目。该栏目由 1980 年开办的《电视译制片》改版而来，主要播出译配的外国电影、电视剧。每周六 9:30 在第二套节目播出，时长 100 分钟。

《世界名著名片欣赏》

1996 年 5 月 18 日开播的影视栏目。该栏目专门推出世界各国根据文学名著改编拍摄的影视作品和在世界电影电视史上有影响或获得大奖的影视故事片。每周日 21:30 在第八套节目播出，时长 110 分钟。

《原声影视》

1999 年 5 月开播的影视栏目。该栏目最大限度地保持原片风格，用外语原声（配中文字幕）的形式播出国外电影、电视剧。旨在满足部分外语爱好者的需要和广大观众收看原汁原味外国影片的需求。每周六 22:40 在第八套节目播出，时长 110 分钟。

《世界影视城》

1995 年 11 月 30 日开播的影视栏目。专门播出外国影视译制片。每周六 20:55 在第八套节目播出，时长 100 分钟。

《海外剧场》

1999 年 5 月开播的影视栏目。该栏目按照不同地域、流派及风格播出外国电视连续剧，让观众通过本栏目了解各国人民在不同文化与社会背景下的喜怒哀乐、悲欢离合。每周一至周五 22:20 在第八套节目播出，时长 50 分钟。

《世界影视博览》

1999 年 5 月 3 日开播的杂志型影视栏目。该栏目以世界电影电视动态、电影电视拍摄花絮、影视故事梗概为主线，以介绍电影电视的娱乐性为主，以电影拍摄制作的知识性为辅，兼顾电影发行的时效性。在快节奏、大容量的前提下，展示世界影视发展的动态与潮流，向影视频道的观众介绍世界电影的精华。定期推出《电影歌曲晚会》、《电影奖颁奖晚会》、《著名电影电视节实况》、《名片欣赏》4 个小栏目。每周日 23:05 在第八套节目播出，时长 50 分钟。

《世界各地》

1977 年开播的杂志型专题栏目。该栏目以介绍世界各国的风土人情为主要内容，另外还配合中国整体外交的需要，制作一些特别节目，以增进中国电视观众对世界的了解。每周日 19:00 在第八套节目播出，时长 20 分钟。

《动物世界》

1981 年 12 月 31 日开播的专题性栏目。该栏目集中展现世界各国关于野生动物的优秀纪录片，包括中央电视台拍摄的关于中国野生动物的纪录片，生动而艺术地展现地球上形形色色的野生动物。每周五 19:00 在第八套节目播出，时长 20 分钟。

《世界文化广场》

1995 年 11 月 30 日开播的电视杂志型文艺栏目。该栏目主要介绍世界优秀的文化艺术遗产，包括国外的优秀影视、音乐、绘画、戏剧、文学等方面的内容，特别强调介绍近代以及当代的西方艺术，力争在第一时间内为中国观众提供西方文化艺术信息，使中国观众与时代同步，与世界同步。每周六 19:00 在第八套节目播出，时长 20 分钟。

《佳艺大世界》

1996 年 10 月开播的杂志型综艺栏目。该栏目旨在向观众提供集知识性、欣赏性和娱乐性为一体的的综艺节目，内容丰富多彩，包括歌舞表演、生活时尚、科技动态、风土人情、医药知识、幽默小品。每周一 19:30 在第八套节目播出，时长 50 分钟。

《佳艺五线间》

1996 年 10 月 29 日开播的音乐栏目。该栏目主要播放西方古典音乐、经典音乐，以及与经典音乐有联系的相关艺术形式，还包括关于乐器、音乐家生平的专题片及部分流行音乐。每周二 19:30 在第八套节目播出，时长 50 分钟。

《佳艺新视点》

1996年10月开播的文艺专题栏目。该栏目主要播出国外优秀纪录片，旨在从发展变化的角度给人们提供全新的视野、全新的知识和全新的启迪，回顾反思历史上一些古老文明的兴衰演变，关注世纪之交的社会文化，以及科技、环境、自然的演进发展对人类社会的影响。每周三19:30在第八套节目播出，时长50分钟。

《佳艺剧场》

1996年10月26日开播的外国电视剧栏目。该栏目专门播出世界各国反映普通人民生活的电视剧。每周四至周六19:30在第八套节目播出，时长50分钟。

《佳艺影院》

1996 年 10 月 25 日开播的外国电影栏目。该栏目在播出欧美各国影片的同时，努力把更多国家的不同题材和风格的影片介绍给广大观众。每周日 19:30 在第八套节目播出，时长 100 分钟。

《外国文艺》

1979 年开播的专题性文艺栏目。旨在传播音乐文化，增进观众对世界艺术的了解。在最初开播阶段，该栏目曾系统播放介绍世界各地民间艺术、歌舞的节目，并以大量的篇幅介绍和报道世界著名音乐家及其代表作品。1986 年该栏目开始录播奥地利维也纳新年音乐会，自 1988 年通过卫星直播，该音乐会已成为新年期间的保留节目。该栏目不定期在第二套节目播出，时长 30 分钟。

《中国新闻》

1992 年 10 月 1 日开播的对海外播出的新闻栏

目。它荟萃中国国内要闻、国际要闻、来自中国各地的反映中国方方面面变化和百姓生活的新闻，以及中国和世界部分城市的天气预报。目前全世界有数百家电视台播出《中国新闻》节目。几年来，《中国新闻》逐渐增加播出次数，先后开办了《中国新闻粤语版》、《中国新闻综合要闻版》、《中国新闻午间版》等系列节目。1998年6月1日创办了《中国新闻财经报道》和《中国新闻文化报道》。《中国新闻财经报道》本着架起中外经济交流桥梁的宗旨，向世界报道中国经济，为中国招商引资提供服务。设有《财经要闻》、《今日视点》和《金融动态》等小栏目。《中国新闻文化报道》集新闻性、信息服务性为一体，设有《文化热点》、《一周国内文化简讯》、《世界文化新闻荟萃》、《文化新闻人物》和《文化信息资讯服务》等小栏目。《中国新闻》现已成为一个系列栏目，它时效快，信息量大，是港澳台和海外华人、华侨了解中国对外开放、经济发展和人民生活的一个重要窗口。每日在第四套节目多次播出。

《粤语新闻》

1994年10月17日开播的栏目，其对象为港、澳和海内外讲粤语的几千万观众。该栏目是综合性要闻节目，包括中国政治、经济、文化、体育、人民生活、突发性事件等方面的重要新闻。开播初时自采新闻较少，随着编采力量的增强，逐渐增加了粤语同期声采访，使节目形式更活、更接近观众。每日22:40分在第四套节目播出，时长15分钟。

《中国报道》

1991年6月1日创办的新闻栏目。其宗旨是向世界报道中国，以中国人的视点报道世界。它以深度报道国内外重大新闻事件为己任，在形式上由两部分组成，前10分钟为点题新闻，后20分钟是演播室访谈。点题新闻，记者亲临现场，画面详实丰富、大信息量报道新闻事件的现状，并且以充分的材料提供新闻背景；演播室访谈由资深主持人邀请嘉宾对新闻事件作出深入权威的分析，并对事件的影响及发展趋势作出预测。所请嘉宾均为方方面面最具权威的专家、学者和高级官员。每天一期，每期一题。每日21:30在第四套节目播出，时长30分钟。

《中华医药》

1998年6月1日开播的医药栏目。旨在向海内外传播、展示中国的中医药文化遗产和名医名药。该栏目以医说药，以药说医，通过荧屏为遍及世界各地的华人、华侨寻医问药、解答疑难。设有《健康话题》、《医药名家》、《洪涛信箱》等小栏目。每周一10:30在第四套节目播出，时长30分钟。

《中国旅游》

1992年5月开播的专题栏目。该栏目以多元板块结构和专辑形式相配合，全方位，有重点地介绍中国旅游的知识、信息和服务等内容。节目风格：轻松、活泼，有知识，有趣味，视听性强。设有《神州漫步》、《旅游信息》、《见多识广》、《人物专访》等小栏目。每周五10:10在第一套节目播出，时长30分钟。

《纪录中国》

1998年6月1日开播的面向海外观众的纪录片栏目。其宗旨是把握时代脉搏，反映中国改革开放以来的巨大变化。该栏目以播出纪录片为主，通过记录人民群众的生活现状，展示中国历史文化、地域风光，使海内外的观众更好、更深入地了解中国、了解中国人。每周一15:00在第四套节目播出，时长30分钟。

《中国风》

1995年1月1日开播的综合性栏目。该栏目以海外华人，台、港、澳同胞为主要收视对象，以弘扬中华民族优秀文化为内容，包括服饰、建筑、家具、绘画、书法、文物收藏、古迹以及相关的人物。每期节目以某个方面的内容为重点（比如中国服饰文化）并作为一条主线，中间穿插各类与主线相关的文化内容的节目，使节目形散神聚。每周日5:30在第四套节目播出，时长 30 分钟。

《英语新闻》

1986 年 12 月 26 日开播的英语新闻栏目。多年来已由当初面向在华逗留和工作的外国人发展成现向全球观众，成为他们了解中国的一个重要窗口。1998 年 7 月《英语新闻》进行改版。在内容上，午间《英语新闻》除当日要闻和改编前一天的国内要闻外，重点播出社会新闻、文化新闻和时效性强的国际新闻，彻底改变了以往完全重播前一天新闻的做法。晚间《英语新闻》则以当天发生的中国新闻和国际要闻为主，同时加大经济新闻报道量，并针对海外观众的需要，自制了一些有对外宣传特点的系列报道。在形式上，《英语新闻》采用了全新的片头、片花和片尾。在编排上与国际接轨，采用三段式提要，节目中间加栏目宣传片和节目预告，使节目结构简洁、明快流畅。为方便观众更好地理解节目内容，增加了中、英文对照字幕，大大增加了节目的信息量并增强了可视性。每日 12:00、23:00 在第四套节目播出，长度 30 分钟。

《今日中国》（英语）

1991 年开播的新闻性英语栏目。该栏目主要是向海外观众宣传中国，重在记录和反映当今中国发生的重大事件及背景深度报道，反映中国改革开放的成果，体现当代中国的精神风貌。每周一至周五 00:20 在第四套节目、10:00 在第九套节目（英语传送频道）播出，时长 30 分钟。

《一周中国要闻》（英语）

1998 年 5 月开播的英语新闻栏目。该栏目对过去一周发生在中国的主要大事进行总结和回顾，其中也穿插一些新闻背景介绍，大致可分为三个部分：时政新闻、经济新闻和体育新闻，为国内外对中国感兴趣，而又没有时间每天收看英语新闻的观众，提供一个特殊的窗口。每周六 6:30 在第四套节目、10:00 在第九套节目（英语传送频道）播出，时长 30 分钟。

《环球瞭望》（英语）

1998 年 8 月 31 日开播的英语新闻栏目。该栏目以中国的视点阐释国际时事，追求权威性、时效性、知识性和趣味性，观众可以收看到当天最新的国际新闻以及中央电视台、新华社和中国国际广播电台等机构的驻外记者所作的现场报道、电话采访和相关背景报道。每周一至周六为常态报道，星期日为周末版。周末版除播报当天最新的国际新闻以外，还对一周来的重大国际新闻进行深度报道。每日 19:00 在第四套节目播出，时长 30 分钟。

《中国投资指南》（英语）

1993 年 1 月 4 日开播的杂志型英语栏目。该栏目以向海外介绍中国最新经贸政策变动、最具潜力的市场及最佳投资热点和地区为宗旨，向世界展示中国经济发展最引人瞩目的焦点。它是世界了解中国经济发展的一个窗口，也是中国经济走向世界的一座桥梁。设有《经贸评述》、《市场分析》、《经济指数》、《人物专访》、《焦点报道》5 个小栏目。每周二 19:30 在第四套节目和第九套节目（英语传送频道）播出，时长 30 分钟。

《中华艺苑》（英语）

1996 年 11 月 4 日开播的娱乐性英语栏目。旨在为海外观众打开一个了解中国的窗口，同时帮助国内的观众加深对世界艺术的了解和认识。该栏目在向海外介绍中国传统歌舞、戏曲、话剧及影视艺术的同时，也报道中国最新的文化动态以及国内外各艺术团体的演出活动，并对中国著名艺术家以及来华访问演出的世界级艺术家进行专访。设有《文化信息》、《人物专访》、《文化专题》3 个小栏目。每周 5 期普通版，1 期周末版。每日 13:30 在第四套节目播出，时长 30 分钟。

《音乐电视》(英语)

1996年7月1日开播的音乐栏目。该栏目向观众介绍具有中国特色、民族风格的音乐电视作品。所有音乐电视作品都配有英文字幕。每日00:10在第四套节目播出,时长10分钟。

《华夏风情》(英语)

1993年12月1日开播的专题性英语栏目。该栏目主要播出风光民俗片和人物故事片,它以优美的画面、抒情的语言为观众做电视导游,展示祖国各地的自然风光和风俗民情;以纪实手法,记录普通老百姓的日常生活,表现他们的心态。每日12:50在第九套节目(英语传送频道)播出,时长10分钟。

《中国各地》(英语)

1996年11月开播的英语栏目,由中央电视台与各省市电视台合办。该栏目以专题片、纪录片和杂志的形式播出,通过对我国各民族各地区风土民情和文化发展的介绍,突出地域特色,由点到面,向世界展示中华文化的魅力,反映改革开放时代中国人的生活状态和精神风貌,讲述老百姓的故事。形式上可以是专题或纪录片,亦可以是小栏目。被采访者可讲英语,亦可讲汉语或方言,同期声配英语字幕,或用英语配音。每日15:30在第九套节目(英语传送频道)播出,时长30分钟。

《功夫》(英语)

1996年11月4日开播的英语教学栏目,旨在介绍和推广闻名于世的中国武术文化。该栏目通过对各种套路招数的具体讲解和示范,使中外观众可以系统地学习中国武术套路,从而健体强身,也可以了解中国文化的一个侧面。每周一至周六10:30在第九套节目(英语传送频道)播出,时长15分钟。

《厨艺》(英语)

1996年11月10日开播的英语教学栏目。旨在宣传中国博大精深的饮食文化。该栏目教授中外观众如何烹饪中国各种美味佳肴,通过具体展示烹制过程,介绍中国名菜的背景小知识,使中外观众不仅可以学习做中国菜,而且可以更多地了解中国文化。每周日10:30在第九套节目(英语传送频道)播出,时长15分钟。

《教汉语》(英语)

1992年1月开播的英语教学栏目,原名《你好,北京》。该栏目通过对汉语语法、句型和重点词汇的教授,佐以例句和场景对话,使观众能够在轻松的气氛中系统地学习汉语,达到逐步掌握和运用日常生活汉语的目的。每周一至周六10:45在第九套节目(英语传送频道)播出,时长15分钟。

《电视剧场》(英语)

1989年试播,1991年正式开播的英文字幕电视剧栏目。该栏目从中央电视台制作和有播制版权的国产电视剧中,挑选适合对外报道和外国人容易看懂的电视剧,翻译成英语并叠加英文字幕。其宗旨是使不懂汉语的外国人和海外华人也能看懂中国电视剧,了解我国的历史文化、风土人情和改革开放以来各方面发生的巨大变化。每日17:10、20:10在第九套节目(英语传送频道)播出,时长50分钟。

《周日话题》(英语)

1997年9月创办的英语访谈栏目。该栏目访谈内容紧扣国际国内的重大新闻事件;采访人物包括政府官员、专家学者、媒体记者等;以主持人提问和嘉宾回答的形式向海内外英语观众深入介绍新闻事件的背景、发展动向、中国改革后的变化、我国政府的立场,以及专家的评述和分析等。同时兼顾有新闻价值的人物专访,尤其是对国际国内事件有深远影响的国家元首、政治家、社会活动家及作家等。每周日6:30在第四套节目、10:00

在第九套节目(英语传送频道)播出,时长 30 分钟。

《外国人看中国》(英语)

1995 年开播的英语栏目。该栏目以外国人的视角,看中国的历史、文化和中国的现实生活。每期节目采用外国主持人串联的形式,反映一个地区或一个行业。每周日 10:45 在第九套节目(英语传送频道)播出,时长 15 分钟。

《东方家园》

1998 年 6 月 3 日开播的专题性栏目。该栏目从地理知识的角度介绍中国的山川河流、沙漠森林、高原平地,介绍中国的海疆地域、行政区划、城市乡村,介绍中国气候、环境变化成因、自然灾害等。它不仅关注地形、地貌和气候条件,更关心人类赖以生存的生态环境。地理知识所涉及的时空范围宽广,内容丰富。每周三 15:30 在第四套节目播出,时长 15 分钟。

《千秋史话》

1998 年 6 月 2 日开播的史话栏目。该栏目以中华民族历史上的人物或事件为视点,展开一个个令人感兴趣的历史话题,深入浅出地向观众介绍中华民族源远流长的历史。节目采用主持人与嘉宾访谈的形式,配之以丰富的文物古迹画面,从不同的角度展开话题,力求准确、生动、新鲜,具有知识性和趣味性。每周二 10:15 在第四套节目播出,时长 15 分钟。

《欢聚一堂》

1992 年 10 月 1 日开播的综艺栏目。该栏目集娱乐性、观赏性、趣味性和参与性于一体,以欢快活泼的形式、亲切温馨的气氛和幽默诙谐的风格让海内外的华人在精神上欢聚一堂。节目的编排制作采用演播室与外景相结合、专业与业余相结合、海内与海外相结合的方法,构成自身的显著特色。每周日 9:00 在第四套节目播出,时长 50 分钟。

《海峡两岸》

1998 年 6 月 1 日推出的新闻性、评论性栏目。该栏目是由 1996 年 1 月创办的《海峡两岸关系论坛》改版而来。它以台湾观众为主要对象,以促进海峡两岸人民的相互了解,推动两岸关系发展为宗旨。节目定位于把握两岸关系发展脉搏,洞察海峡局势变化潮汐,追踪中国统一进程中的每一个脚印。设有《两岸聚焦》、《人物写真》、《海峡沙龙》3 个小栏目。1999 年下半年再次改版,3 个小栏目合而为一,一个主题,夹叙夹议,报道和评论融为一体。每周四 10:30 在第四套节目播出,时长 30 分钟。

《天涯共此时》

1992 年开播的专题性栏目。该栏目以台湾观众为主要收视对象,兼顾大陆和海外华人观众,关注和报道海峡两岸较有影响的事件和人物,以起到"海峡两岸亲情交流的桥梁"作用。文化性是它的宗旨,服务性是它的特色。设有《台湾故事》、《寻亲絮语》、《百家姓》、《风情万象》、《神州记事》5 个小栏目。每周五 10:30 在第四套节目播出,时长 30 分钟。

《观众之友》

1995 年 12 月开播的对外服务性栏目。该栏目直接与观众沟通、为观众服务,回答观众提出的各种问题,介绍近期播出的主要节目,追踪节目制作的动态花絮,点评热门节目的创作得失。每周五 10:15 在第四套节目播出,时长 15 分钟。

《华夏掠影》

1984 年开播的综合性栏目。该栏目是荟萃全国各地方电视台对外报道的窗口,在报道内容上,题材广泛,涉及经济建设、民族风情、风光名胜、文化生活等各个领域;在报道形式上,以纪实风格为主,富有时代气息、地域特色和对外特点;在报道范围上,兼顾华夏大地东西南北中。每周一 10:15 在第四套节目播出,时长 15 分钟。

《变化中的中国》

1992 年开办的专题性栏目,由中国五洲传播中心和全国地方对外文化交流协会联合制作。该栏目旨在海外的华人和希望了解中国的外国人,从不同角度客观、真实地了解当今的中国。它以介绍中国各地区改革开放和经济发展情况、投资环境的改善以及人文地理、风土民情、自然资源为内容,是海外观众了解中国各地方发展变化的一个窗口。每周四 10:15 分在第四套节目播出,时长 15 分钟。

《中华文明之光》

1995 年 3 月开播的专题性栏目。该栏目是在中央电视台与北京大学合作拍摄的大型系列节目《中华文明之光》的基础上改版制作的。它以中华文明发展的历史脉络为序,上自远古传说,下至五四运动,内容涉及哲学、宗教、文学、语言、艺术、历史、考古、天文、地理、科技、民俗、中外文化交流等方面,包括了中国各民族在各个历史时期所创造的优秀文化成果。每周三 10:30 在第四套节目播出,时长 30 分钟。

《中国文艺》

1996 年 5 月 1 日创办的文艺类杂志型栏目。该栏目基本涵盖中华民族各个具有代表性的艺术门类,包括音乐、舞蹈、戏剧、曲艺、杂技、武术等。设有《今天有约》、《艺林寻根》、《经典传播》、《舞坛流韵》、《歌海拾贝》、《谈笑风生》等小栏目。1999 年 8 月 7 日改版为专题性文艺栏目。每周六 9:00 在第四套节目播出,时长 50 分钟。

《经济半小时》

1989 年 12 月 18 日开播的经济栏目。该栏目以严谨的态度、新闻的眼光、经济的视角、权威的评论，全面关注中国经济生活点滴变化，深度报道各类重大经济事件，忠实记录企业改革发展足迹，见证中国经济的风起云涌。1999 年 7 月 18 日再次改版，对近期发生的重大经济新闻，在最快的时间内进行分析报道，时效明显加快，已逐渐进入经济新闻的主战场。每周一至周六 20:30，周日 21:30 在第二套节目播出，时长 30 分钟。电子信箱：BXSCCTV@263.net。

《中国财经报道》

1996 年 7 月 1 日开播的经济新闻栏目，原名《财经报道》，1997 年 5 月 5 日改为现名。该栏目以全方位报道财经新闻和证券市场动态为主旨，以迅速传递权威信息、提供信息服务为己任，是获取市场经济信息、了解全球财经动态的重要渠道。栏目内容以市场为中心，以发现和揭示市场现象为突破口，以投资理财为重点，为收视对象提供有参考价值的新闻。1999 年 7 月 5 日新版推出，播出时长由原来每天共 75 分钟调整为每天 4 档共 85 分钟，以更大的信息量对中国经济和世界市场进行全面、及时报道，尤其是对证券市场进行全方位多视角的渗透性报道。设有《每周调查》、《一周财经》、《一周国际经贸》、《上海、广东、北京三地经济节目联播》、《人物聚焦》、《税务周报》等小栏目。每日 8:30、12:30、19:35、0:15 在第二套节目滚动播出。电子信箱：CJCCTV@263.net。

《世界经济报道》

1996 年 7 月 3 日开播的世界经济新闻性杂志栏目，原名《环球经济》，1997 年 5 月 11 日更名为《世界经济报道》。它融汇世界经济风云变幻，是中国人了解世界经济的窗口，是中国企业和产品走向国际市场的桥梁，是沟通中国经济与世界经济的纽带。该栏目重在报道世界经济热点，并分析其背后的经济原因，同时对世界市场的重要行情和走势进行报道和分析，对世界顶尖经济巨子和风云人物进行采访报道，对影响本世纪经济变化的重大事件进行回顾，报道如何迎接即将到来的新世纪，其中包括成功企业的兴衰经历和故事等等。设有《世经热点》、《环球市场》、

《人物专访》、《海外传真》、《世纪梦寻》5个小栏目。每周日18：30在第二套节目播出，时长30分钟。电子信箱：sjbcctv@263.net。

《生活》

1996年7月1日开播的综合经济服务栏目。旨在服务百姓，引导消费，提供高品质的生活。以“生生不息，共创美好生活”为主题宣传词。设有《背景》、《消费驿站》、《都市印象》、《生活留言》、《新发现》、《时尚接触》、《教你一招》等小栏目。每周一至周六20:00在第二套节目播出，时长30分钟。电子信箱：shcctv@263.net。

《商界名家》

1996年7月5日开播的经济栏目。原名为《企业家》,1997年5月8日改版更名为《经营有道》,1998年12月31日再次改版用现名播出。该栏目以演播室主持人与国内外商界名家名流对话为主要形式,以国内外经济领域中新闻热点人物为报道对象,强调新闻性与人物形象塑造相结合,既传播现代经济知识,又体现节目的理性思辨和社会教化功能,是一个专门报道经济新闻人物的栏目。该栏目每年春节举办一次规模较大的名为《高朋满座》的特别节目,时长在100分钟以上,已举办两届,形成别具一格的栏目特色。每周四18:30在第二套节目播出,时长30分钟。

《金土地》

1996年7月1日开播的面向农业、农村和农民的综合新闻杂志型栏目。该栏目把握农业走势,及时报道农村最新发生的热点、焦点经济问题、经济现象;关注农村市场的发展;关注农业科技的实施;展现广大农村最新变化;展现中国农民生活状态;展示中国农业现代化、产业化、专业化的过程,是了解中国与世界农业现状及发展的窗口,是农业生产、流通及投资的信息总汇,是城市与乡村伸手相握的地方。设有《信息》、《打开信箱》、《串门》、《生财有道》、《看海外》5个小栏目。每周一、三、五18:30在第二套节目播出,时长30分钟。电子信箱:jtdcctv@263.net。

《欢乐家庭》

1995年12月推出的经济类情景喜剧栏目。1996年7月1日改版为目前的样式固定播出。该栏目是对经济类节目表现形式的一种创新与突破。它把枯燥的经济政策、现象、热点与室内情景喜剧相结合,在诙谐、幽默的调侃中让观众获得有关经济方面的知识,架起一座沟通经济与广大电视观众的桥梁。兼容新闻类节目的时效性、情景喜剧的娱乐性和专题节目的知识性。该栏目分为四小节,每期一个话题,讲述老百姓经济生活的一个故事。每周二、六18:30在第二套节目播出,时长30分钟。电子信箱:CCTVEMTC@public.fnnet.cn.net

《幸运52》

1998年11月22日开播的互动式电视竞猜娱乐栏目。该栏目的原始形态出自英国电视节目“GOBINGO”，是目前全世界特别是欧洲最流行和最受欢迎的娱乐节目之一。《幸运52》是这类节目具有中国特色的升级模式。其主要内容是：现场选手通过知识竞猜夺取价值8666元的实物大奖，竞猜的题目主要以和大众生活密切相关的经济类问题为主，同时涉及文化、历史、科技、军事、民俗等各类知识，其中还有“猜商品价格”、“猜词”等趣味性、知识性较强的竞猜题目。选手每猜对一个问题，便可得到一个商标图形作为积分标志，累积商标图形最多的选手胜出。在场内选手激烈角逐大奖的同时，场外观众也可通过16899052热线电话积极参与，并可得到一定的奖励。该栏目将娱乐类节目、知识类节目和广告宣传类节目有机地融为一体。每周日11:15在第二套节目播出，时长45分钟。

《供求热线》

1996年7月1日开播的经济信息有偿服务栏目。该栏目以厂家、商家、科研等各企事业单位的专业化用户为服务对象，充分发挥电视媒体的优势，以促进微观经济发展，连接新型产、供、销关系，使产品走向市场，企业获得经济效益和社会效益。设有《清风车影》、《中国展会》、《神州采风》、《缤纷市场》4个小栏目。每周一至周五17:40，每周六、日15:30在第二套节目播出，时长20分钟。网址:BUSINESS.BEIJING.CN.NET，电子信箱:SYSTRON@PUBLIC3.BTA.NET.CN。

《商务电视》

1997年5月6日开播的商务信息栏目。该栏目关注国内国际市场，以资金流通、商品流通、商务服务为主要内容，以提高商务人士现代商业意识、开拓商情渠道、促进商务服务为根本宗旨，为推进信息产业的发展提供实用、快捷、有效的服务。设有《金融快讯》、《市场快递》、《商务调查》、《商务便利》、《商务网站》、《人才资讯》、《商务书廊》、《物业广场》8个小栏目。每日18:00在第二套节目播出，次日8:00为早间版(主要是《金融快讯》的内容更换)。时长30分钟。网址:BUSINESS.BEIJING.CN.NET，电子信箱:SYSTRON@PUBLIC3.BTA.NET.CN。

《商桥》

1996年6月16日开播的商业性栏目。该栏目以迅速、有效树立企业形象，准确传递企业信息为主导，以符合市场规律的手法，为大、中型国内外企业或企业决策人开辟展现自我的窗口。每周一至周六19:55在第二套节目播出，时长5分钟。网址:BUSINESS.BEIJING.CN.NET，电子信箱:SYSTRON@PUBLIC3.BTA.NET.CN。

《电视购物》

1998年6月1日开播的购物信息栏目。该栏目以传播规范化的电视直销产品信息为目的，具有内容实用、形式好看的特点。节目形态主要有两类：一类是

5分钟以上的长片广告;一类是主持人在演播室现场介绍直销产品。每周一期,内容分不同版,在每日的7:40、15:35、00:45三个时段内重复播出,时长为30分钟、50分钟不等。

《广而告之》

1987年10月26日开播的社会公益广告栏目。该栏目自1998年下半年起实行了一系列改革，明确了“配合党和国家的政策宣传，提倡树立文明的社会道德风尚”的栏目宗旨，确定了主题化、系列化、精品化的操作策略，重点推出了“科教兴国——知识改变命运”系列、“国庆50周年”系列等公益广告节目，直指当前我国社会广泛关注的热点问题。该栏目短小精炼、具有较强的感染力、亲和力，是电视观众容易接受的一种广告形式。每日有三个时间段在第二、四、七套节目多次重复播出。时长以60秒居多。

《银幕采风》

1995年5月开播的专门宣传国产影片的栏目，是由广电总局电影局、中央电视台联合创办。1998年4月改版后，以坚持宣传国产影片、振兴民族电影为宗旨，配合国内重大的节目和活动，制作介绍最新国产电影的专题片，使观众透过栏目了解国内影片的最新动向。不定期在第一套节目播出，时长15分钟。

《电视你我他》

1985年5月开播的为全国电视观众服务的栏目。它的前身是《电视与观众》，1988年底更名为《电视你我他》，1992年10月3日将《下周屏幕》栏目并入该栏目。其主要内容是介绍中央电视台正在和将要播放的各类重点节目，宣传优秀节目与栏目，引导观众收看。1999年7月该栏目分为两个版面共4个小栏目，《快闻快报》、《先睹先知》为一个版面，《边走边看》、《你说我说》为另一版面，分别于每周六22:52和12:55在第一套节目播出，时长均为15分钟。

《星火科技》

1987年2月4日开播,是由国家科技部与中央电视台联合开办的综合性栏目。旨在“把科技的恩惠撒满人间”。该栏目反映最新科技热点,制作了大量观众喜爱的科技节目。设有《培训园地》、《致富之路》、《星火之光》、《科技纵横》等小栏目。每周四、五12:40在第二套节目播出,时长30分钟。

《中国人口》

1987年元月开播的新闻专题综合栏目。1997年5月11日由《人口与计划生育》改版而来。该栏目旨在宣传我国人口与计划生育以及群众生殖健康活动的知识。设有《人口信息》、《人口专题》、《生殖健康》3个小栏目。每周日11:30在第一套节目播出,时长20分钟。

《请您欣赏》

1985年开播的综合性栏目。其任务是在两个栏目之间垫播一些以风光、花鸟鱼虫、歌舞为主要内容的节目,以保证下一个栏目准时播出。根据电视宣传报道的需要,节目内容也随之变换,如:为配合重大节目或重大活动的宣传,该栏目播放一些欢快的歌曲、舞蹈以及反映我国建设成就的画面;重大国际体育比赛期间则播放一些体育场馆介绍等等。因为是垫播节目,该栏目播出时间、次数均不固定。

《农业教育与科技》

1987年2月2日开播的农业专题栏目。由农业部主办，中国农业电影电视中心承办。该栏目旨在提高广大农民的科学文化素质，普及农业科学知识，推广先进的农业实用技术，落实科教兴农、科教脱贫的策略。以农民、农业科技人员、农村基层干部为主要收视对象，内容涉及农业科技的各个方面，有种植业、养殖业、农副产品加工业等的科普节目，以及农业纪实性、信息性节目。设有《信息台》、《推广站》、《周三信箱》、《五色土》4个小栏目。每周一、二、三12:50在第二套节目播出，时长30分钟。

《精品赏析》

1997年1月30日开播的学术性栏目。旨在用电视手段，通过欣赏和评析相结合的形式，直观形象地揭示电视创作规律，促进精品节目的推出。该栏目每期邀请国内知名学者、专家和影视界的专业人士及观众，对电视上乘作品的社会价值和艺术特色进行深入而广泛的分析与探讨。隔周不固定时间在第一套节目播出，时长30分钟。

《收视指南》

1993年1月1日开播的导视宣传栏目。开播前期主要播出第一、二套节目当天及次日播出部分节目的预告。1998年6月开始成为中央电视台频道包装工作的重要组成部分，旨在积极推广中央电视台的整体形象和理念的传播，并配合全台所有重大宣传事件进行全方位的导视宣传。该栏目主要内容包括中央电视台各类总体形象宣传片，以及重点栏目和节目的中长期宣传片和播出时间提示。每日在第一套节目、第二套节目滚动播出，总长度40分钟。在每日播出总长度40分钟的基础上，增加周五、周六、周日在第一套节目、第二套节目滚动播出，时长3分钟。

《纪录片之窗》

1994年4月2日开播的纪实性电视栏目。该栏目以现在进行时的叙事方式，把画面作为叙事主体，声画并茂地讲述现实生活中的真人真事。每周一17:00在第一套节目播出，时长15分钟。

《世纪回眸》

1996年3月开播的专题性栏目。该栏目通过对20世纪中国所发生的一些重大历史事件、重要的历史瞬间和影响巨大的人物的回顾，多方位、多角度地勾勒出20世纪中国的历史剪影，展现20世纪中国人民所走过的曲折而难忘的历程。栏目风格是，历史资料和客观的分析与回顾相结合，生动的故事和灵活的叙事方式相结合。每周三17:05在第一套节目播出，时长15分钟。

《科教片之窗》

1995年6月8日开播的科普栏目。该栏目以普及科学知识、科学思想、科学方法为主，关注社会热点，题材范围广泛，古今中外兼顾，每期中介绍某一方面的科技知识，内容深入浅出，通俗易懂。每周五17:00在第一套节目播出，时长15分钟。

《流金岁月》

1996年4月16日开播的电影栏目。该栏目是以栏目加影片展映的形式，向观众介绍曾活跃在中国影坛的老电影艺术家和国产的优秀老影片。在影片播映之前，邀请嘉宾座谈，对播映的影片背景资料、拍摄花絮、影人回忆进行生动和详实的介绍，从而引导观众更好地欣赏影片。每周一19:40在第六套节目播出，栏目时长10分钟，影片长度不定时。

《中国电影报道》

1999年6月20日开播的电影新闻栏目。该栏目以报道中国电影界各种信息为主要内容，力求视角独特、快捷、准确、全面，它是观众了解中国电影界情况的窗口。每周日20:00在第六套节目播出，时长10分钟。

《边说边看》

1984年1月4日开播的谈话性栏目。该栏目旨在分析、评论国产重点影片及优秀影片，起到宣传中国电影的作用。它以评说国产优秀影片的艺术创作介绍影片的背景为主要内容。每周日 19:40 分在第六套节目播出,时长 15 分钟。

《电影市场写真》

1998 年 1 月 7 日开播的报道性栏目。该栏目旨在介绍和分析中国电影市场情况,积极起到宣传、培育中国电影市场的作用。它的内容为关注和分析中国农村电影市场动态、介绍最新国产影片情况国产新影片的排行榜。每周三 19:40 分在第六套节目中播出,时长 15 分钟。

《电影大百科》

1998 年 1 月 5 日开播的知识性栏目。该栏目旨在以通俗易懂的方式向观众介绍电影制作知识。其内容以介绍电影高科技制作为主,其他包括影片拍摄、特技、化妆、美术、编辑等有关制作方面的知识。每周一 10:30 在第六套节目播出,时长 15 分钟。

《佳片有约》

1998 年 9 月 26 日正式开播的电影栏目。该栏目的基本宗旨是介绍和传播世界优秀的电影文化,促进中国本土的电影文化建设,栏目内容分为三个部分:《佳片导视》、《佳片剧场》、《佳片漫谈》,其中,《佳片导视》和《佳片漫谈》是对影片的介绍和赏析。在结构上,该栏目把对电影的播放、包装、宣传和欣赏结合起来,强调节目观赏性、权威性、娱乐性的统一。每周六 21:30 在第六套节目播出,《佳片导视》和《佳片漫谈》时长 20 分钟,《佳片剧场》时长不定。

《今日影视》

1996 年开播,是由电影频道与美国派拉蒙 ET 娱乐亚洲公司联合制作的杂志性栏目。该栏目介绍美国好莱坞最新电影动态及各方面信息,设《光影追踪》、《独家报道》、《心灵驿站》、《流光魅影》等小栏目。每周五 7:00 在第六套节目播出,时长 30 分钟。

三、1999 年中央电视台优秀节目介绍

纪录片《新中国》

为庆祝中华人民共和国成立 50 周年,由中央电视台和中央文献研究室、中央党史研究室、当代中国研究所联合摄制了电视纪录片《新中国》。该片按编年史的形式结构全片,紧紧围绕探索建设有中国特色社会主义现代化道路的过程,通过大量珍贵的历史资料和对当事人的采访,充分展现新中国建设成功的经验和失误的教训。节目以普通百姓的视角看待共和国 50 年的巨大变化,对新中国 50 年的发展过程以全新的视点进行了平实的叙述、客观的分析。该片气势恢宏,叙事严谨,向人们展示了一幅波澜壮阔的史诗般的画卷。该片摄制组在全国 20 多个省、直辖市、自治区采访了 300 多个人物,他们当中有普通百姓、劳动模范、战斗英雄、各级干部和重大历史事件的亲历者,以江泽民为首的 7 位中央政治局常委全部接受了采访。在创作过程中,编导们从堆积如山的历史资料中发掘线索,赋予老画面以新的活力,使节目融新闻性、史料性、观赏性为一体,具有一定史料价值。该片共 16 集,每集 50 分钟。1999 年 9 月 9 日起在第一套节目连续播出。

系列报道《新闻联播·人民不会忘记》

为庆祝新中国成立 50 周年,中央电视台在《新闻联播》中推出系列报道《人民不会忘记》,对新中国建立以来不同时期的 53 位英雄模范人物进行回顾性报道,以示共和国今天的成就来之不易,是一代又一代人艰苦奋斗的结果,从而激发人们投身社会主义现代化建

设的更大热情。该系列报道内容精炼,形式新颖。53位英雄人物从新中国成立初期的黄继光、邱少云一直到新时期的李素丽、徐虎等,时间跨度大,具体事迹也不一样。该片采用统一风格进行包装,每一集都由记者出现场,增强现场感;用英模人物的名言警句或用记者提炼出的一句话作特技字幕版,凸现英模人物的精神内涵;结尾处再由记者出现场对英模精神的现实意义作简明扼要的总结,同时预报下一集的内容。在内容安排上对已故的英模既有事迹简要介绍,又有当年熟悉的人对他们的回顾;对健在的英模既有事迹简要介绍,更突出他们如今的工作和生活情况,使人们倍觉亲切。该系列报道共52集,1999年8月22日至11月14日在第一套节目《新闻联播》中陆续播出。

《焦点访谈·亲历》

该片采用第一人称叙述方式,以亲历者的身份,讲述了共和国50年所发生的重大历史事件,其中包括《国歌奏响》、《翻身》、《同工同酬》、《中国有了原子弹》、《焦裕禄》、《重返联合国》、《高峡出平湖》、《致富光荣》、《小平您好》、《时间就是金钱》、《心中的旗》和《中国人在98》,表现"我"见"我"思"我"想及事件对"我"个人的影响。以人代事,突出个人的命运感,同时不泛论宏观事件,反映一些具体事件,宏观事件仅作背景处理。本片在形式上以历史照片为切入点,并作为专访人物的背景,以求形式的新颖统一。全片共12集,每集13分钟。1999年9月19至10月12日在第一套节目《焦点访谈》栏目中陆续播出。

系列新闻片《共和国备忘录》

为庆祝中华人民共和国建国50周年,中央电视台推出新闻系列片《共和国备忘录》,向世人展示新中国的昨天和今天。该新闻系列片将50年来在中华大地上发生的重大历史事件、重大历史决策和涌现出的重大历史人物再现于屏幕,融珍贵的历史资料和鲜为人知的幕后故事为一体,站在历史的高度,真实客观地展示人民共和国历经的风风雨雨和取得的巨大成就。该片共50集,每集3分钟。1999年8月12日起在第四套节目《中国新闻》栏目连续播出。

《新中国第一》

该系列片是为配合共和国50周年大庆而制作的。它展现了新中国建立以后各行各业、各个时代所创造的许许多多的"第一",共同组成了一首雄壮的共和国创业史的颂歌,表现了这一个个"第一"产生的时代背景、奋斗精神,讴歌了在共和国广阔的土地上人们通过自己的双手创造的一个个奇迹。该片每一集节目都注意利用翔实的资料,并通过深入的采访,再现当年那些难忘的历史瞬间,展现了许多为共和国发展作出贡献的人物群像,具有一种令人激动、奋进的激情。中央电视台新影制作中心摄制,共150集,每集5分钟。1999年7月19日至2000年2月25日在第一套节目播出。

系列片《如歌岁月》

该系列片是为共和国50年大庆制作的献礼片。它将无数在人民群众中产生、又广为传唱的优秀歌曲划分为不同的类别,将歌声与时代融为一体,既揭示了这些歌曲的产生背景,也突出了这些歌曲对不同时代不同领域的人们的影响。该片突出的特点是强调抒情元素在片中的运用,歌颂了中华民族为新中国的建立和强大所走过的不平凡的岁月,将动人的故事融入歌声中,令人回味无穷。中央电视台新影制作中心摄制,共7集,每集30分钟。1999年7月7日起在第一套节目《世纪回眸》栏目中播出。

元旦升旗现场直播《走入一九九九》

1999年1月1日6:30至8:30,中央电视台第一套、第四套节目并机,向海内外实况播出了《走入一九九九》元旦升旗大型直播报道。该节目以现场直播黑龙江乌苏镇、西沙永兴岛、上海外滩、深圳大剧院、湖北监利移民新村、北京天安门广场(按升旗时间顺序)6个地点的升挂国旗仪式,及新疆红其拉甫山口、西藏布达拉宫广场、南极冰盖等3个地方的升旗报道为主线,以历史中国、现实中国及未来中国为内在逻辑线索,充分展示了我国50年来所取得的辉煌成就,展望了中华民族的光辉未来。报道点横跨祖国的最东和最西,纵贯华夏南北的陆地和海洋，既有大雪覆盖的边陲，又有高楼林立的都市，直播报道点多，分布范围广，是中央电视台直播节目的一次突破。

“重庆綦江虹桥垮塌案”庭审直播

社会各界广泛关注的重庆綦江虹桥垮塌案1999年3月26日开始在重庆市第一中级人民法院进行公开审理。此案分为两个阶段审理，第一案：3月26日、27日两天公开审理涉嫌受贿和玩忽职守罪的林世元等5名犯罪嫌疑人；第二案：4月1日、2日、3日三天公开审理涉嫌重大安全事故罪的费上利等8名犯罪嫌疑人。中央电视台联合重庆电视台、最高人民法院办公厅，对3月26日上午、3月27日下午、4月3日全天的4场审判过程，在第一套节目进行了现场直播，包括审理、辩论、宣判等重要内容，共计14小时45分钟。这次现场直播由设在北京的直播演播室与重庆的庭审直播两部分构成，通过主持人白岩松及法律专家陈卫东、结构专家侯雪岩，将北京与重庆的节目内容进行串联评议，6个机位的现场切换，为观众提供生动、翔实的新闻信息。此次庭审直播对反腐败，提高建筑工程质量，提高审判质量，普及法律知识，强化中央电视台的舆论监督功能等方面产生了深远影响。

现场直播《穿越天门》

中国张家界世界特技飞行大奖赛于1999年12月8日至11日在湖南张家界荷花机场举行，1999年12月11日14:00至15:15中央电视台第一套节目现场直播了此次大赛。世界排名前十位的8名特技飞行大师进行了穿越张家界天门山天门洞的特技飞行表演。天门洞是位于天门山上海拔1200多米高的穿山石洞，洞长280米，洞的最窄处仅28米，而穿洞的特技飞机平均翼展8米，加上洞内外气流影响、洞内地形复杂、洞外山势险峻等因素，穿越飞行难度极大。为了使观众能够清晰、立体、多角度地欣赏到飞机穿洞的全过程，直播组在现场共设置了13个机位，其中天门洞内2个机位、悬崖峭壁上3个机位、直升飞机上2个移动机位，采取对拍摄对象围追堵截的方式，捕捉拍摄以时速120公里高速运动并进行高难度特技表演的飞机，从不同的角度展示其精彩的穿洞过程。直播组克服重重困难，想尽种种办法，保证了直播信号稳定、清晰，多路微波信号汇总后经光缆传送回到北京。直播还首次实现了利用直升飞机上的移动机位对空中快速移动目标的拍摄。直播节目中，不仅有对穿洞飞机、飞行员的详细介绍，还穿插了大量关于特技飞行知识的背景资料，同时对观众关心的飞机是否会撞坏自然景观、飞行员和飞机保险等问题作了回答，使直播节目集知识性、趣味性于一体。现场主持人、转播顾问以及2名现场记者讲解详细，应对自如，风趣幽默。

′99云南昆明世界园艺博览会系列报道

′99昆明世界园艺博览会开幕式暨文艺晚会和开园式分别于1999年4月30日晚、5月1日上午在昆明举行。我国党和国家领导人江泽民、李岚清等以及许多外国元首和国际组织的贵宾出席了这两场活动。中央电视台对这两场活动进行了现场直播。从2月世博会试运行至年底，中央电视台定期派记者对世博会进行了大量的全方位的报道，共播出新闻160多条，分别对31个省、自治区、直辖市和香港特别行政区及51个参展国与国际组织的展期活动进行了报道，充分发挥了电视特有的优势，做到了信息量大、时效性快、声画并茂、形象生动、现场感强，使观众犹如耳闻目睹、身临其境地感受了这一世纪盛会。

《实话实说·感受坚强》

张穆然是一位身患癌症、年仅16岁的小姑娘，她的最大愿望就是想到《实话实说》节目中表达自己对生命的渴望。为了满足小姑娘的这一愿望，《实话实说》特别制作了这期节目，让张穆然与大家共同感受坚强、勇敢地面对生活中的困难与挫折。该节目表达了强烈的乐观主义精神，思想内容积极向上。在选题和谈话方式上体现了较强的控制性，把握好了凝重与轻松、内容与形式的平衡。桑兰的介入调和了节目的气氛，两个小姑娘都在承受与年龄不相符的苦难这一事实强化了节目的感染力。中央电视台新闻评论部5位主持人联袂出席，他们的倾情表现、真心感受，也构成了该节目独具吸引力的一个要素。1999 年 1 月 17 日在第一套节目播出,时长 34 分钟。

文献纪录片《李大钊》

为纪念中国共产主义运动的先驱、伟大的马克思主义者、杰出的无产阶级革命家、中国共产党的主要创始人之一李大钊诞辰 110 周年,中央电视台摄制了文献纪录片《李大钊》。该片通过李大钊从一个学者型革命者转变为职业革命家,成为中国共产党的创建者和早期领导者的人生轨迹,展示了李大钊探索救国救民的个人奋斗过程和我们国家历史性转折的统一,刻画出李大钊从一个爱国主义者成长为共产主义战士的人生历程。全片共 2 集,时长 100 分钟。1999 年 10 月 29 日在第一套节目播出。

系列报道《澳门万象》

为迎接澳门回归祖国,中央电视台派出摄制组,在澳门历时一年之久,采访了 200 余名澳门各界人士,拍摄了 200 余盘节目素材,制作推出了大型系列报道《澳门万象》。该系列报道内容涉及澳门的历史、地理、政治、经济、文化、社会、民俗、人物和回归等方面,是对澳门社会的一次全面、系统和详细的介绍,堪称一部包罗澳门万象的百科全书。1999 年 3 月 31 日至 7 月 7 日在第四套节目《中国新闻》栏目中连续播出,共 100 集,每集时长 3 分钟左右。

《世纪龙腾——全国澳门知识竞猜》特别节目

由国务院港澳办、国务院新闻办、国家广电总局联合主办,中央电视台承办的全国澳门知识竞猜活动从1999年3月开始在全国陆续展开。为配合这次活动,中央电视台举办了《世纪龙腾——全国澳门知识竞猜》特别节目。该节目分《龙问篇》、《龙唤篇》、《龙腾篇》3个部分,由知识竞猜、文艺活动、新闻人物访谈、热心观众抽奖4条线交替进行。有数百名演员、近千名观众和澳门特别行政区筹委会委员们参加了此次特别节目。1999年9月11日在第一套节目播出,时长99分钟。

《周日话题·澳门特首何厚铧专访》

澳门回归前夕,中央电视台英语访谈栏目《周日话题》主持人,在澳门特别行政区首任行政长官何厚铧办公室对其进行了专访。主持人在采访中大胆设问,层层递进,不回避敏感问题,紧扣海外受众心理,就特首的从政生涯,个人、家庭、澳门的三者关系,两岸三地互动,"一国两制",澳门旅游博彩业,打击黑社会和澳门与内地的治安合作等问题采访了何厚铧。何厚铧用流利的英语坦率、深刻、全面地作了回答,尤其在特区政府新的形象与澳门经济赖以生存的博彩业关系的敏感问题上一针见血,实事求是。对话场面生动、活泼,可视性强。该节目于 1999 年 12 月 19 日和 20 日在第九套节目(英语传送频道)38 小时澳门回归报道直播中反复播出 4 次。时长 30 分钟。

系列专题片《民众评说"两国论"》

1999年7月9日台湾当局李登辉有预谋地抛出了所谓的"两国论"。针对李登辉这种分裂言论,中央电视台《海峡两岸》栏目及时组织报道,进行批驳与揭露,推出了系列新闻评论节目《民众评说"两国论"》。该节目共分7集,第一集为政治篇——《大陆中央政府为什么不承诺放弃使用武力》;第二集《台湾学者评说"两国论"》;第三集为经济篇——《"两国论"给台湾岛内经济带来的危害》;第四集《民众评说"两国论"》;第五集《从我军的演习看祖国统一的决心》;第六集《海外华人评说"两国论"》;第七集《"两国论"面面观》。分别于1999年8月12日、8月19日、8月26日、9月9日、9月16日、11月18日、12月9日在第四套节目播出,每集30分钟。

《台湾"9·21"大地震两岸寻亲热线》特别节目

1999 年 9 月 21 日凌晨,台湾南投地区发生 7.6 级大地震,引起了海内外的强烈关注。中央电视台《中国新闻》栏目除在当天的各档新闻中及时播发和追踪报道了地震灾情的消息外，又在9月23日推出了《台湾9·21大地震两岸寻亲热线》特别节目，跟踪报道了台湾最新灾情，祖国大陆观众寻找失去联络的台湾灾区亲属的寻亲信息，以及寻亲的反馈消息等。从9月23日至26日四天内，该节目在第四套节目中播出5期共150分钟，与台湾无线卫星电视台(TVBS)双向连线3次，尤其是9月23日特别节目开播当天，《中国新闻》主持人方静与台湾TVBS主播钱定远通过卫生实现双向访谈，TVBS还在台湾现场直播了这次访谈。此外，台湾TVBS还根据《中国新闻》栏目的要求，专门为特别节目制作和传送了台湾灾区灾民向祖国大陆亲人报平安的新闻和最新的地震灾区死亡人员名单等。由于该特别节目播出及时，信息量大，又和台湾电视媒介合作，使节目增加了时效性和可视性。

《天涯共此时·十八罗汉归故里》

该节目记述了1999年震惊海内外的一件大事，这就是台湾百大财团之一的震旦集团董事长陈永泰先生，用了几年的时间，从日本、欧洲、东南亚、香港和台湾等地经过千辛万苦，耗尽巨资收齐了山西省灵石县资寿寺1993年底丢失的18个罗汉头像，辗转一年多，经过两岸海基会、海协会和众多热心人的帮忙，又圆满地捐回到山西资寿寺并修复开光迎接游客。该节目通过这件神奇感人的真实故事，盛赞了台湾同胞向往祖国统一，爱护民族文化遗产的可贵精神，同时唤起人们保护祖国文化遗产之心。1999年5月7日在第四套节目《天涯共此时》栏目播出，时长13分钟。

《为了绿色家园——′99世界环境日》特别报道

6月5日是世界环境日。中央电视台和上海东方电视台联合制作推出了以环保为主题的直播节目《为了绿色家园——′99世界环境日特别报道》。1999年6月5日，由江泽民总书记题写碑名的“长江源”环保纪念碑矗立在长江源头，这是我国政府对环境保护最有力的宣言。该节目借助长江源头立碑仪式这一新闻点，在中央电视台设直播室，长江源头设第一直播点，长江尾上海市设第二直播点，进行三地互传直播。以长江的立碑活动为主线，以上海群众参与的“环保时尚”倡议活动为辅线，同时穿插我国各地环保具体措施的执行情况和所有与环保话题相关的背景、知识及个案的报道。两个小时的直播揭示出了在长江源头立碑的深远意义，使广大观众了解长江源立碑与环保的深刻关系。1999年6月5日9:35至11:40在中央电视台第一套节目和上海东方电视台同时现场直播。

《′99〈财富〉全球论坛·上海年会》特别报道

由美国《财富》杂志主办的′99《财富》全球论坛于1999年9月27日至29日在上海浦东举行。中央电视台与上海电视台联合制作推出《′99〈财富〉全球论坛·上海年会特别报道》节目。该节目围绕年会“中国：未来50年”这样一个中心主题，全面报道了世界500强企业首脑在上海的这次重要聚会。“会议新闻”、“财富专访”和“财富对话”构成了此次特别报道的主体结构。“会议新闻”全面快速报道了会议的一线新闻；“财富专访”对中外13位政府和企业著名人士进行专访，探讨了当前和未来人们普遍关注的重大经济问题；“财富对话”邀请17位全球经济界首脑和中外嘉宾到设在上海的演播室，就“如何创造财富和如何看待财富”、“世界500强给我们带来了什么”、“谁能成为、怎样成为21世纪的经济强者”等话题展开面对面的对话。1999年9月27日至29日，每天19:38至21:00，在中央电视台第二套节目和上海电视台同步播出，时长270分钟。

现场直播《1999·科技下乡》

由国务院扶贫开发领导小组、科技部、农业部、湖北省人民政府和中央电视台联合举办的“1999·科技下乡”活动的主体科技大集，在位于大别山区的湖北省罗田县三里畈镇举行。1999年11月20日9:30至11:30，中央电视台第一套节目现场直播了这次科技大集活动。此次直播突出“科技兴农”和“为农民办实事”的主题，以内容丰富的大量现场节目为主体，紧紧围绕大集活动，全面、完整地展示大集的各项精彩活动，并穿插大集之外相关的背景节目。通过科技小分队的活动、典型人物的介绍、参展优秀项目的推荐和部长访谈等系列节目，把依靠科技致富的理念灌输给农民，唤起大别山区乃至全国广大农民学科学、用科学的热潮。

系列片《商品的故事》

该片围绕“用商品的变化来阐述经济的发展”这一基本主题，通过我国50年来的商品发展进程，反映人们物质生活水平的提高，以及人们生活方式、生活观念的变化。节目在创意、选题方面力求出新，用丰富的电视语言生动地展现50年来我国经济建设的伟大成就及科技、文化的巨大进步，体现时代风貌，揭示未来的生活趋向。该片共30集，每集10分钟。1999年11月24日起在第二套节目连续播出。

《共架七彩桥》特别节目

为了加大“村村通广播电视工程”的宣传力度，中央电视台制作了《共架七彩桥》特别节目。片中报道了这项文化扶贫工程的进展情况，表现了“盲点”地区的群众对于广播电视的强烈企盼；偏远山区的人们第一次听到广播、看到电视节目时那种惊喜和激动的心情；以及广播电视对于当地经济建设和文化生活所产生的巨大影响。片中许多感人的细节，不仅能够引发观众心灵的共鸣，而且能够唤起全社会对“村村通广播电视工程”的共同关注和支持。1999年6月12日在第一套节目播出，时长30分钟。

系列片《新中国科技50年》

为了宣传中国科学技术事业的发展与进步，展示科技的辉煌成就，在欢庆新中国50华诞之际，由中央电视台、中国科学院、中国科学技术部共同策划，摄制了多集系列片《新中国科技50年》。该片以中外科技史和党的科技政策、科技事件为背景，以中国科技事业的三大里程碑和党的三代领导集体的高瞻远瞩为线索，以科学领域、学科和行业科技为依托，立足现在，回顾过去，展望未来，再现了20世纪50年代“向科学进军”、70年代“科学的春天”、90年代“科教兴国”的战略决策。揭示了我国科学家和科技工作者向世界科技高峰发起的一次次冲锋。从震惊世界的“两弹一星”，到改革开放以来的高技术成果；从国家200多个开放实验室的建立，到“863”、“火炬”等计划的顺利实施……表明科学技术已进入国民经济的主战场。该片共40集，每集5分钟。1999年9月13日至10月22日在第一套节目《科技博览》栏目连续播出。

《展望21世纪的科学——六位诺贝尔奖获得者和优秀青年学者共话未来》

该节目将6位诺贝尔奖获得者杨振宁、米歇尔、李政道、瓦么斯、丁肇中、穆拉德和众多由中国科学院、高等学府选出来的中国优秀青年学者、学科带头人，请到中央电视台演播室，就21世纪世界科学走向、中国的科学前景以及与人民大众生活的关系等问题，共话未来。青年英才频频提问，科学巨匠娓娓道来，使人们忘情地遨游在多彩的科学殿堂之中。1999年11月4日在第一套节目播出，时长50分钟。

纪录片《百年科技启示录》

《百年科技启示录》以具有代表性的科学大事，全景式地描述了20世纪科学发展的历程，其内容涉及物理、化学、数学、生物等多个学科及无线电、激光、航天、核能等多个技术领域。该片精选了几十个在科学史上有代表性的事件，上百个科学历史人物，从众多的故事中记述了上一百年中科学与技术的飞速发展，以及人类的许多梦想是如何变成现实的。该片是一部带有散文风格的科学纪录片，不仅使观众更直观、更感性地了解科学技术的发展历程，感受科学的力量，而且有利于更好地弘扬科学精神，营造崇尚科学的氛围。中央电视台科教节目制作中心摄制，共30集，每集15分钟。1999年12月30日起第一套节目播出。

专题片《发现曾侯乙墓》

该片以曾侯乙墓的发现、发掘、文物的渊源为线索，以涉及到的人物、事件、历史、学科等为叙述基础，通过当事人和目击者讲述许多鲜为人知的故事，并以现代的科技手段再现墓主曾侯乙生前的形象。该片不仅传播出丰富的知识及趣味，也表现了两千四百年前中国古代文明的神奇和伟大，使人们认识到在这片土地上很早就有一个令世界为之折服的优秀民族，让中华儿女因灿烂的人类文明而感动，因优越的民族业绩而骄傲。全片共6集，即《擂鼓墩之谜》、《古墓逢春》、《千年绝响》、《鬼府神工》、《古城新探》、《永远的谜团》，每集30分钟。1999年1月17日至23日在第一套节目播出。

系列片《让生命永存——生物多样性保护与可持续发展》

该片从社会学角度表现了“保护生物多样性”这一人类共同关注的重大热点话题。它通俗生动地讲述了人类生存与发展面临的重大问题；中国生物多样性和资源的现状；国际上“发展经济与保护环境”的各种观点、观念及事例；近年来中国政府、民间团体及公众在保护生物多样性和保护生态环境方面所做的工作。中央电视台科教节目制作中心摄制，共10集，每集25分钟。1999年7月7日起在第二套节目陆续播出。

系列专题片《青春中国》

为纪念五四运动80周年，中央电视台与中央党史研究室、《中华英才》杂志社联合摄制了系列专题片《青春中国》。该片从历史的高度，以当代青年的视角来追忆80年前那场伟大的运动。以“爱国、进步、民主、科学”为主线，分别从“民主”、“科学”、“教育”、“妇女问题”等几个方面对五四运动的产生、发展及其对中国社会所产生的深远影响进行了客观、深刻的讲述和诠释。该片搜集拍摄了大量鲜为人知的珍贵素材；记录了一批亲身参加五四运动的世纪老人；采访了众多著名专家学者以及党和国家的领导人，展示了今日中国青年的时代风貌。该片共6集，每集30分钟。1999年5月2日起在第一套节目播出。

《′99国际大专辩论会》

由中央电视台和新加坡电视机构联合主办的′99国际大专辩论会，于1999年8月23日至29日在中央电视台举行。来自埃及埃因夏姆斯大学、澳门大学、日本京都外国语大学、马来亚大学、意大利那不勒斯东方大学、莫斯科国际关系学院、新加坡南洋理工大学、台湾大学、西安交通大学、香港大学、澳大亚利新南威尔士大学和耶鲁大学等12所大学的代表队参加了比赛。比赛分A、B两组进行，B组的4支队伍全部由非华裔辩手组成。本届辩论会在阵容、辩论形式、比赛规则、评判制度上都比以往有较大突破。随着国际大专辩论会知名度与影响力的扩大，本届辩论会的参赛队伍由往届的8支增加到了12支，日本、俄罗斯和非洲国家都是首次派队参加；华语辩论赛中前所未有地出现了完全由非华裔辩手组成的埃因夏姆斯大学、京都外国语大学、莫斯科国际关系学院和那不勒斯东方大学4支辩论队；辩手中增加了一个全新的角色——自由人，以增强辩论的激烈程度和观赏性；首次将评委的评判和点评职责分离，聘请国内著名的高校教授和金庸等海内外知名作家、学者分别担任评委和点评嘉宾，以保证评判工作的公正性和科学性。中央电视台对11场比赛进行了实况录像，于1999年8月23日至9月3日在第一套节目播出，每场50分钟。

专题片《新中国体育50年》

在新中国成立50周年之际，中央电视台推出了系列专题片《新中国体育50年》。该片将我国50年体坛历史概括为8个主题，即：体育与国家命运休戚相关；体育随时代的进步改变自己，适应时代；体育人的风貌是时代风貌的体现；体育工作者的智慧、创新是竞技体育水平提高的最根本动力；竞技体育在中外对抗、交锋中发展、壮大；体育传统在50年历程中面临保留与扬弃的双重挑战；体育在50年中改变人们的生活，生活也改变体育的意义；中国体育与世界的交融、汇聚。并围绕这些主题，在大量史料中选择典型人物和事件，生动再现了中国体育的历史风貌。全片共16集，每集30分钟，1999年9月5日起在第五套节目播出。

专题片《我是巴西的儿子，我以世界的名义——访阿维兰热》

前国际足联主席阿维兰热是20世纪世界最著名的体育领导人之一。他的声望和影响使他同时又成为一位重要的政治家、社会活动家。1998年阿维兰热从国际足联主席的位置上退下来以后，到底在干什么？他是怎样安排他的退休生活的？他对国际足坛的一些重大事件有何看法？为此，中央电视台制作了《我是巴西的儿子，我以世界的名义——访阿维兰热》这部人物专访片。对这样一位大人物进行专访应该说有相当难度，编导对阿维兰热只采访了两个半天，基本上采用“不停机”的拍摄方法，捕捉了大量细节，包括环境细节、语言细节、动作细节、表情细节等。正是这些生动的细节，表现出了阿维兰热的人格魅力，令人感动和信服。该片解说朴实、风趣，与画面相得益彰。1999年3月29日在第五套节目播出，时长25分30秒。

系列专题片《铿锵玫瑰》

《铿锵玫瑰》是中央电视台报道1999年在美国进行的第三届女足世界杯的系列专题片。该片展现了中国女足姑娘驰骋绿茵球场的飒爽英姿，讴歌了巾帼英雄不畏强手奋勇拼搏的豪迈气概。该片追踪报道中国国家女子足球队长途跋涉4万公里、克服时差不利因素，连克世界强队闯进决赛的艰难历程，抓拍了场上场下许多感人的细节，全方位表现了女足姑娘作为新一代中国妇女的光辉形象。该片共11集，每集30分钟，1999年6月20日至7月11日在第五套节目播出。

′99春节晚会系列(3台)

′99春节联欢晚会以“欢声笑语张灯结彩春节大团圆，载歌载舞万众欢腾迈向新纪元”为主题，在中央电视台一号演播厅内现场直播。晚会由歌舞、小品、相声、戏曲、杂技、游戏等10种节目类型构成。作为春节晚会的支柱性节目，小品、相声可谓题材多样、风格迥异，有赵丽蓉、巩汉林、金珠的《老将出马》，有赵本山、宋丹丹的《昨天·今天·明天》，曾志伟、沈殿霞、潘长江、李琦等大陆、香港、台湾地区演员联袂演出的《减肥变奏曲》，有陈佩斯、朱时茂再次联手上演的《抓小偷》，以及姜昆、戴志诚、王平等表演的综艺相声《回眸望九》，大山、卡尔罗、莫大伟、露露的洋味相声《同喜同乐》等。与以往不同，1999年的春节晚会全部采用现场演唱的形式，对新老演员而言，无疑都是一个挑战。彭丽媛、董文华、宋祖英、阎维文、郁钧剑、蒋大为、苏芮等在《金曲回顾》中为观众奉献耳熟能详的成名作。莫华伦、胡晓平、梁宁等演唱的《风啊请您告诉我》，反映了海外华人在除夕之夜与全国人民同欢同庆的骨肉亲情。祖海、佟铁鑫与灾区人民和解放军一道共唱《为了谁》，重温难忘的抗洪壮景。《床前明月光》是梅艳芳对千古传诵的唐诗的音乐演绎，《七子之歌——澳门》则是容韵琳对澳门即将回归的热情讴歌。此外，京剧《名家名段》、魔术《变人》、杂技《滚环》、舞蹈《春》和《吉祥》、大学生表演《辩论会》等，各自在精、奇、雅、巧上下功夫，令人过目难忘。晚会由中央电视台《综艺大观》5位导演集体中标联合执导。整台晚会内容文明健康、形式新颖别致，节目精彩，风格欢快，故事动情，营造出一种团结奋进、欢乐喜庆、昂扬向上的节日氛围。时长255分钟。

′99春节歌舞晚会《春天的聚会》，其主题是让一切美好的艺术作品像春天一样在人们心中永驻，让艺术家们的精彩表演给观众留下超越时空的回忆，反映改革开放20年来人民幸福美好的生活。晚会在一片载歌载舞、鼓乐喧闹声中拉开序幕。阵阵清歌、蹁跹妙舞之中，以《放歌今宵》、《七彩四季》、《流金岁月》、《走进明天》4大板块组成的40个节目依次登场。整台晚会在节目的选择、定位和组合上力求创新。其突出特点一是艺术表现形式的有机组合；二是将多种艺术表现手法融为一体；三是在节目制作中，大胆引进在电视领域中尚属尖端科学的虚拟演播室技术；四是整台晚会不设专业主持人，由宋祖英和郁钧剑一曲《真情转动的年轮》拉开晚会的序幕，并用诗歌朗诵的形式将4个板块串联起来。晚会演员阵容强大，囊括了民族、美声两种唱法的最优秀演员彭丽媛、董文华、阎维文、殷秀梅、杨洪基、刘维维、王霞等40余人；荟萃了总政歌舞团、广州芭蕾舞团、重庆歌舞团、总政军乐团、广播民乐团等众多演出单位，共计有300多名演员参加了晚会节目的录制。晚会在深圳未来时代剧场完成拍摄，时长180分钟。

′99春节戏曲晚会《吉祥九九》，以展示青春美，突出文化韵味,体现少数民族戏曲为特色,在37个节目中,有22个剧种登台亮相,其中包括以往荧屏上罕见的少数民族戏曲,如白剧、彝剧、傣剧、藏剧、蒙古剧等,而且大部分剧目还用其民族语言演唱。整台节目风格迥异、形式多样,有保留原汁原味的传统段子,也有重新谱曲作词的新创节目,如开场京剧歌舞《中华神韵》、评剧《剪窗花》,苏、淮、锡、扬四剧种联唱《盛世花怒放》以及京剧歌舞《靓丽行》、《中华大拜年》等。在形式上有所突破的《共绘吉祥图》,将书画界的票友和戏曲界喜爱书画的演员聚集一堂,力求体现各艺术门类之间的相融互补;荟萃港、澳、穗三地演员和票友的新编粤剧《圆梦》,表现了人们喜迎澳门回归的心情。为在有限的时间内传达更多的信息量,此台晚会还采用"强强结合"的方式,即尽量减少单人独唱,对当今戏曲界的顶尖演员进行组合,使同样时长的节目无形之中增大了几倍容量。该台晚会由中青年演员担纲主演,梨园泰斗、京剧票友穿插献艺。在中央电视台1000平方米演播厅录制完成,时长210分钟。

三台晚会于1999年2月15日除夕之夜分别在第一、二、三套节目播出。

"心连心"艺术团慰问演出系列(5台)

中央电视台"心连心"艺术团在1999年组织了5场慰问演出。

春节前夕,中央电视台"心连心"艺术团在西昌卫星发射中心的发射架前,搭起了'99新春中央电视台"心连心"艺术团的第一次深入群众、深入基层现场演出的舞台。这台名为《飞向太空的赞歌》的慰问演出,以强大的演员阵容,壮观的拍摄场面,精湛的文艺节目,表达了全国人民对国防科技工作者的问候与敬意,同时歌颂了国防科技工作者对祖国的无限热爱和一片挚诚。1999年2月6日在第一套节目播出,时长100分钟。

1999年5月16日,中央电视台"心连心"艺术团一行160余人,来到地处太行山下的革命老区、当年八路军总部所在地的山西省左权县麻田镇慰问演出。山西省的领导及当地4万多父老乡亲,坐在一片简单平整过的河滩地上,热情地观看了名为《情系太行》的演出。由于在演出前不久的5月8日,我国驻南联盟大使馆受到以美国为首的北约集团的野蛮轰炸,我驻南联盟的三名记者不幸牺牲,这一事件在我国人民群众中引起巨大反响,艺术团的编导和演员们也非常伤心和气愤。大家几天几夜不休息,对原来的演出主题和内容进行了调整,决心发扬太行山下人民当年抗击日本侵略者的光荣传统,用自己的演出高扬爱国主义的旗帜,声讨霸权主义,从而坚定全民族用实际行动建设强大祖国的决心和信念。1999年5月23日在第一套节目播出,时长98分钟。

1999年6月22日,中央电视台"心连心"艺术团在云南省昆明市禄劝彝族苗族自治县举办了名为《情深谊长》的慰问演出。禄劝县是当年红一方面军长征突破金沙江天险的地方,这里聚居着25个兄弟民族。艺术团在这彩云之南的红土地上,用精彩的节目歌颂赞美了这片美丽的土地。演出分为"一个美丽的地方"、"红军走过的地方"、"民族团结的地方"、"我们生长的地方"和"充满希望的地方"5个篇章,在节目编排上,新创作节目与改编老节目相结合,新老艺术家与当地文艺团体相结合,专题性介绍与文艺表演相结合。演出突出了民族性、地域性、参与性。1999年7月4日在第一套节目播出,时长100分钟。

1999年7月14日,中央电视台"心连心"艺术团带着党中央和国务院对西藏各族人民、驻藏解放军、武警官兵和全体援藏干部的深情厚意,在拉萨布达拉宫广场举办了《同心唱祖国》的慰问演出。演出分为三个部分:"民族团结扎拉西"("扎拉西"藏语"好"之意)、"金珠玛咪呀咕嘟"(藏语"解放军最好"之意)、"扎西德勒新西藏"(藏语"吉祥如意新西藏"之意)。汉藏演员同台欢歌起舞,赞颂民主改革40年来西藏自治区在党的领导下全面发展的历程和西藏各族同胞对祖国的衷心礼赞。1999年7月18日在第一套节目播出,时长100分钟。

1999年11月16日晚8时,由中共中央宣传部、文化部、广电总局、中国人民解放军总政治部联合主办的"心连心"艺术团赴中南海怀仁堂慰问演出,在刚刚装修一新的中南海怀仁堂礼堂内拉开了帷幕。这次演出是为中共中央召开的全国经济工作会议而专门安排的。观看演出的500余名与会代表,都是全国各省、自治区、直辖市及国务院各部、委的党政主要负责人。党和国家领导人江泽民、朱镕基、李瑞环、胡锦涛、尉健行、李岚清及在京的政治局委员、国务委员等观看了演出。整场演出节目紧凑而精彩,演员技艺精湛。演出结束后,江泽民主席、朱镕基总理等领导在接见演员之后,每人在舞台上兴致勃勃地演唱了一段京剧,引起全场一片热烈欢快的掌声和喝彩声。2000年1月13日在第一套节目播出,时长108分钟。

《江山如此多娇——中央电视台庆祝国庆50周年大型文艺晚会》

为庆祝中华人民共和国成立50周年，中央电视台主办了大型文艺晚会《江山如此多娇》。晚会以歌唱伟大祖国50年金色的历程，讲改革开放20载春天的故事，礼赞中国亿万人民豪迈的情怀为主题；以精彩的文艺节目为主体，融入平实、动人的专题性、新闻性访谈内容；以“人”为主线，以“事”为载体，以展示共和国的各项建设成就为背景，将创造这些成就的主体——从共和国的领导者、英雄人物到普通劳动者的风采展现出来。来自全国各地的演员和北京市各界群众1500多人欢聚一堂，演出了歌舞、音乐、朗诵、小品等约20个精彩节目，在节目中穿插介绍采访了50多位各界英模代表或其亲属，以及“新中国第一”的创造者们。晚会外景队从上海、广州、深圳、江苏、江西、陕西、甘肃、香港、澳门等地拍摄的举国欢庆的场面以录像的方式分段插播。整台晚会壮观、热烈，阵容强大，高潮迭起。1999年9月30日在第一、第四套节目播出，时长100分钟。

大型文艺晚会《祖国颂》

为庆祝中华人民共和国成立50周年，由中共中央宣传部、中华人民共和国文化部、国家广播电影电视总局、中国人民解放军总政治部和北京市人民政府在人民大会堂联合主办了大型文艺晚会《祖国颂》。晚会气势磅礴、昂扬振奋、欢乐喜庆、隆重热烈，展现了中国人民在以江泽民为核心的党中央领导下，万众一心、团结奋进、承前启后、继往开来迈向新世纪的精神。江泽民总书记为晚会题名《祖国颂》。晚会分为《序幕》、《意气风发》、《春潮澎湃》、《世纪风帆》、《尾声》5个部分。它荟萃了音乐、舞蹈、戏剧、戏曲、杂技等多种艺术门类，精选了大量新中国成立50年来在人民群众中广为流传的优秀作品，同时也精心创作了一些优秀作品，如歌曲《祖国万岁》、《风帆之歌》、《东方有一个梦》及戏曲《九九归一》等。晚会演员阵容强大，实力雄厚，集中了文化部直属院团、部队文艺团体、地方文艺团体，以及企业文工团等60多个单位的2100多名演员参加演出。其中，国内外知名艺术家就有200余人。此次晚会堪称建国以来规模最大、阵容最强的文艺演出，是一场具有史诗性的大型综合文艺晚会。1999年9月28日在第一、第四套节目现场直播，时长120分钟。

《正大综艺·西藏民主改革40周年》特别节目

1999年适逢西藏民主改革40周年，中央电视台派摄制组两度进藏，拍摄制作了长达97分钟的《正大综艺·西藏民主改革40周年特别节目》。该片全面介绍40年来西藏各方面所发生的变化，以及今天西藏自治区各族人民的生活，同时，进一步向观众展示了西藏悠久的历史、古老的文化、迷人的风光和独特的民俗。1999年10月10日在第二套节目《正大综艺》栏目播出。

《第二届中国京剧艺术节开幕式暨′99新年京剧晚会》

由文化部、北京市人民政府联合主办，广电总局、中直机关事务管理局协办的《第二届中国京剧艺术节开幕式暨′99新年京剧晚会》于1998年12月30日晚在北京全国政协礼堂拉开帷幕。党和国家领导人江泽民、朱镕基、李瑞环、胡锦涛、李岚清、迟浩田、贾庆林、吴仪以及各民主党派负责人与广大观众欢聚一堂，共同欣赏了晚会的精彩演出。北京市副市长刘敬民主持开幕式，文化部部长孙家正致开幕词。这台晚会充分体现了欢快、喜庆、清新、向上的艺术格调，既保持了京剧的传统美，又充满改革、创新的时代气息。节目内容除京剧优秀传统名剧名段外，还有新创编的作品，另外还有参加本届京剧艺术节调演的新戏，以及地方剧种精彩的祝贺演唱。老、中、青、少演员四世同堂，不仅有享有盛誉的表演艺术家，还有京剧研究生班的新秀和少儿演员的代表，特别是香港特别行政区首次派出演员代表参加晚会演出，晚会还特邀了台湾的著名京剧演员参加演出。中央电视台对晚会进行了实况录像。1999年1月2日在第一套节目播出，时长100分钟。

《五洲风——1999年中英语双语元旦晚会》

中央电视台与上海电视台联合举办的1999年中英文双语元旦晚会《五洲风》，于1998年12月31日晚通过CCTV－4、STV－8和国际互联网向全世界100多个国家和地区成功地进行了现场直播。晚会庄重、典雅、气势宏大，中国、美国、意大利、德国、泰国、澳大利亚、法国、瑞典、马来西亚、加拿大和苏丹等11个国家的200多名演员和艺术家作了精彩的表演，节目时长150分钟。

《第三届国际京昆票友电视大赛颁奖晚会》

为了弘扬中华民族博大精深的传统文化，展示戏曲艺术的无穷魅力，“天狮杯”第三届北京国际京昆票友电视大赛决赛于1999年8月12日在北京拉开帷幕。经过初赛、复赛，从来自24个国家和地区的千余名参赛选手中脱颖而出的60多位京昆票友参加了决赛和颁奖晚会。中央电视台第四套节目8月20日现场直播了本届大赛颁奖晚会。晚会在《票友之歌》的大合唱中开场。来自香港、澳门、台湾和大陆的票友陈化玲、杨学森、蔡安安、程梅华、吕维忠合作演出了《汤显祖诗》、《四郎探母》、《女起解》、《珠帘寨》，表达了祈盼澳门回归、血浓于水的骨肉亲情。英国寒松和格伐表演的《梁红玉》、《武松打虎》片

段，尽显洋票友的艺术风采。八旬高龄的台湾老人毛家华的《哭灵牌》和11岁的上海小选手杨蕊的《徐策跑城》，老少麒派的精湛表演，颇具功力。另外，美国的露茜、加拿大的姚瑶和东方尼克、特立尼达和多巴哥的桑丽莎、意大利的艾华罗演唱的《石秀探庄》、《都有一颗红亮的心》、《穷人的孩子早当家》、《拾玉镯》、《闹天宫》等，也都字正腔圆、有板有眼。由中国著名京剧表演艺术家李欣、张火丁、李胜素等演唱的《相期他年》，寓意着中国京昆艺术青春永驻，票友同仁相会有期。晚会时长90分钟。

《世纪之花——′99“六一”晚会》

为庆祝六一国际儿童节，展示中国少年儿童面对现实与新世纪充满积极、自信的精神风貌，中央电视台制作了《世纪之花——′99“六一”晚会》。该晚会强调高雅艺术、具体节目内容和新颖的现代氛围及串联形式的完善结合。不仅充满儿童情趣，也有较强的可视性。在舞美设计上首次采用了移动旋转式天幕，让深邃的星空和绚丽的朝阳交替呈现在背景中，从而烘托了“迎接新世纪，东方少年在奋起”的晚会主题。1999年6月1日在第一套节目现场直播，时长93分钟。

电视连续剧《开国领袖毛泽东》

该剧描写了1949年至1954年开国初期的领袖毛泽东。通过召开党的七届二中全会，百万雄师下江南摧毁蒋家王朝夺取全国胜利，召开新政治协商会议，新中国成立，抗美援朝，土地改革，三反、五反，制定第一部宪法，召开第一届全国人民代表大会等一系列历史事件，生动地展现了毛泽东在创建新中国过程中的雄才大略，以及他求贤若渴的平民意识与广阔胸襟。中央电视台影视部录制，共22集，每集48分钟。1999年8月27日起在第一套节目连续播出。

电视连续剧《牵手》

该剧以城市改革开放为背景，围绕着钟锐、夏小雪夫妇的婚姻危机这一主线，描绘了当今众多人物的生存状态及情感经历。反映了当代中国普通家庭夫妻之间，包括物质形态与精神形态在内的爱情生活所面临的复杂的矛盾冲突，并对当今社会的婚姻状况、第

三者插足、离婚等问题进行了探讨。中央电视台影视部录制，共18集，每集48分钟。1999年4月9日起在第一套节目连续播出。

电视连续剧《雍正王朝》

该剧通过雍正皇帝一生中所经历的一系列历史事件,展示了雍正王朝宫廷中波谲云诡的政治斗争,各地方官吏之间的倾轧和无情争斗,以及文人命运的莫测和不幸。中央电视台影视部、北京同道文化发展有限公司、湖南长沙电视台联合摄制,该剧共44集,每集48分钟。1999年1月3日起在第一套节目连续播出。

电视连续剧《中国命运的决战》

该剧全景式地展现了本世纪40年代发生在中国大地上的一场革命与反革命、光明与黑暗、国共两种命运的殊死斗争。第一次展现了中国共产党在世界反法西斯斗争中的历史作用，着重描绘了中国共产党领导人民革命推翻反动统治建立人民共和国，使人民当家做主的战斗历程。艺术地再现了毛泽东等老一辈无产阶级革命家叱咤风云的动人风采，展示了世界伟人笑傲苍穹、斗智斗勇的政治家风采及人格魅力。中国电视剧制作中心摄制，共30集，每集47分钟。1999年9月21日起在第一套节目连续播出。

电视连续剧《昆仑女神》

该剧是一部以被中央军委授予“喀喇昆仑模范医疗站”称号的新疆军区第十八医院三十里营房医疗站模范事迹为题材所创作的电视剧。该剧用充满情感的笔调，生动多彩地描绘了在“生命禁区”喀喇昆仑山上军营中五位女军人——“五朵金花”的故事。通过一个个感人肺腑、催人泪下的故事，向世人展示了现代军人一颗颗纯洁美好、令人起敬的心灵，使人们看到喀喇昆仑山虽然荒凉而遥远，寒冷而缺氧，但我们的边防军人在战胜大自然险恶的同时，仍旧思考着军队的明天，祖国的明天。中国电视剧制作中心、兰州军区政治部电视艺术中心、新疆军区政治部电视中心联合摄制，共8集，每集47分钟。1999年3月16日起在第一套节目连续播出。

电视连续剧《李克农》

为纪念李克农诞辰100周年，中国电视剧制作中心、国安影视中心联合摄制了电视连续剧《李克农》。该剧通过李克农在情报、保卫、外交战线上的战斗经历和传奇故事，反映出李克农对党、对共产主义事业的无限忠诚，并第一次揭示了中国共产党在对敌斗争中隐蔽战线的发展历程。全剧共19集，每集47分钟。1999年8月2日起在第一套节目连续播出。

系列动画片《西游记》

系列动画片《西游记》改编自吴承恩的同名古典小说。这部历时6年、耗资巨大、动画制作和电脑技术人员近两千人参与制作设计的大型作品,首次完整地将《西游记》故事搬上了动画片屏幕。该片在艺术上重视质量,精心制作,既保持了原著的风格和精髓,又在局部情节上作了删改和丰富,使它成为一部从现代审美要求出发又完美体现中国古典名著风貌的影视精品。在制作工艺上,改变了过去的传统方法,采用世界先进的电脑动画软件和工作站进行二维电脑辅助制作,并引进非线性电脑编辑系统进行组接加工。在音响方面,采用了国际先进的8声道数码录音技术。因此,在画面和音响的技术质量上均达到了国际一流水平。该片由中央电视台动画部和中国国际电视总公司火炬动画分公司共同制作。共52集,每集22分钟。1999年7月23日起在第一套节目《大风车》栏目播出。

四、中央电视台网站介绍

中央电视台国际互联网站（www.cctv.com/www.cctv.com.cn）始建于1996年12月15日，是中国最早成立的中文信息服务网站之一。经过两年的试运行，于1999年1月1日正式推出。

一、网站宗旨

国际互联网作为载体，它的发展方向是多方面的，如电子商务，也就是利用互联网的交互性从事新型商业活动。而其作为一种新兴媒体的特性已经逐渐清晰。因此，中央电视台的网站实际上是探索中央电视台未来发展道路的试验田，由此带来的观念的冲击对中央电视台目前的发展也会起到一定激励作用。中央电视台网站发展方向是：以新闻、娱乐为重点的综合类多频道网站。

二、网站内容

中央电视台网站享有丰富的信息资源。本着方便网民、服务大众的宗旨，陆续创建了以下信息内容：

新闻：设时政、经济、科技、文娱、体育、国际、综合、法制等栏目，全面、准确、权威地报道国内外时事；同时配合电视宣传设立《新闻联播》、《焦点访谈》、《实话实说》、《中国报道》栏目。网上除了文字新闻外，还开设网上直播电视新闻《新闻联播》及《现在播报》，同时可以查询以前的电视新闻。

经济：设《经济新闻》、《经济信息》、《专题报道》、《人物专访》、《编播手记》等栏目，及时、全面地报道国内外财经形势、行业动态以及供交流借鉴的经营理念和管理经验等。

体育：设《体育新闻》、《足球之夜》、《五环夜话》、《篮球公园》、《羽毛球》等栏目。国内体育站点很多，但中央电视台《足球之夜》一直是国内互联网界最有影响的网络体育栏目。

文艺：设《文娱新闻》、《旋转舞台》、《综艺大观》、《新视听》等栏目，其中音乐方面的音、视频等资料为独家所有。

科技：设《科技新闻》、《科技博览》、《走近科学》栏目。

以上各类新闻每日更新5次，遇重大事件随时更新。

健康：设《中华医药》和《健康之路》栏目，它的查询功能非常受欢迎。

收视指南：提供中央电视台及地方电视台的节目时间表、精品节目预告等内容，还可以通过电子邮件来预定节目单。

网上交流：目前设立在线调查栏目，及时反馈网友对热点问题的观点、态度。

此外，网站对国内外重大事件的专题报道及时、全面、权威，如历年春节晚会、香港回归、澳门回归、建国50年大庆、世界杯足球赛等，深受国内外网友喜爱。

英语节目：英语新闻、英语节目时间表、中央电视台介绍，以及部分专题节目。

三、网站影响

网站平均日访问量43000人次（USER SESSIONS）左右，重大活动期间，访问人数激增，如1999年国庆报道期间，创造了日访问人数124187人次（USER SESSIONS）、日点击数6945322次（HITS）；本台的“澳门回归专辑”，一经推出就受到广大网友的喜爱，专辑点击数达到1500万次，页访问量130万次，访问人次20余万，并与电视同步进行48小时网上直播，是国内迄今为止时间最长的一次网上直播活动。

在权威的中国互联网络中心（CNNIC）的例次调查中，中央电视台排位靠前，1999年7月的调查为第12位，均为非计算机类站点的第一名，更是传统媒体网站的第一名。在网站竞争日益激烈的今天，中央电视台网站有与商业网站拼搏的经验和实力。

四、网站特点

中央电视台网站除具有网络媒体共有的特点之外，还具有自身突出的特点和优势。

（一）与电视媒体密切结合，充分体现电视与网络之间的媒体互动

中央电视台经常播放网站宣传片，电视节目结尾有网站网址或节目电子信箱，部分节目如《足球之夜》、《今日说法》等，在节目中反复推介网站；另一方面中央电视台网站充分利用网络媒体超越时空界限的优势，不仅按时在网站上更新节目内容，便于网友查询，而且从多方面充实和丰富节目内容，加强了电视节目的交互性和宣传力度。同时这些举措极大地提高了网站的知名度和网站访问量。

（二）网站音、视频内容日趋丰富，充分体现了互联网多媒体特性

随着互联网的迅猛发展，网民将不再满足于文字、图片的形式。多媒体必将成为互联网内容的主导。而多媒体方式的充分实现依赖于两个因素：一是基础条件方面的网络带宽充裕，二是决定因素方面的网站多媒体节目的制作能力。中央电视台网站在这方面得天独厚，必将在互联网多媒体时代得到充分的发展。

（三）网站有一支经过锻炼的不可多得的队伍

中央电视台网站有 50 多位员工，其中有 20 多位专职网络编辑，员工队伍精干、团结，既锐意进取，又脚踏实地。编辑力量较其他网站强。所有编辑均为本科学历，其中 3 人为硕士学历。具有丰富的互联网工作经验。

6. 专　　辑

一、中央电视台对国庆50周年的宣传报道

国庆50周年宣传工作总结

1999年10月1日，是新中国成立50周年的盛大节日。中央电视台国庆宣传报道，特别是多场大型现场直播，展示了新中国成立50年和改革开放20年社会主义建设所取得的辉煌成就；展示了中国人民走向富强、奋发向上的精神风貌；展示了人民军队威武雄壮的英姿；展示了国庆佳节举国同庆、万众欢腾的恢弘场面；展示了党和国家领导人与民同乐、亲密无间的动人情景。整个国庆电视宣传取得了圆满成功，得到了党和国家领导人和国内外观众的高度赞誉。全台直接参加转播工作人员1500人，编播、技术、行政后勤各部门都作出了突出的贡献。

一、国庆50周年报道隆重、热烈、全面、深入，规模空前

从8月22日至10月15日，仅就首播节目统计，中央电视台共现场直播、录播国庆庆祝活动和文艺晚会10小时45分钟。第一套节目播出相关新闻系列报道530条1041分钟，《焦点访谈》35期455分钟，《东方时空》27期1080分钟。第二套节目播出相关新闻或专题节目83条433分钟47秒。第四套节目播出相关中、英语新闻281条552分钟。专题节目11期330分钟。第七套节目各军事栏目播出相关内容近40小时。第三、第八套节目播出配合国庆宣传文艺节目近25小时。在此期间，全台总计首播有关国庆宣传的新闻、专题、晚会约192小时，电视剧60多小时，电影30部45小时。各套节目首播总计约297小时。新闻、海外、文艺、社教等共107个栏目制作播出了国庆专题或配合性报道节目，占全台现有播出栏目总量的53%。

二、电视转播将国庆宣传报道推向高潮

10月1日，中央电视台第一至第八套节目和英语传送频道并机播出了庆祝大会盛况，第一、第四套节目并机播出了群众联欢晚会。各套节目共播出国庆庆典11场次，共计41小时11分钟。

上午8时30分，首都各界人民庆祝建国50周年纪念大会直播工作拉开序幕。9时50分，庆祝大会转播报道开始。随着大会的进程，35个现场机位完整转播了中共中央总书记、国家主席、军委主席江泽民检阅部队、阅兵分列式、群众游行的壮观场面。突出“欢庆、激昂、隆重、辉煌”的总体风格，体现了气势宏大、热情激越的氛围，使全国、全世界观众得以一同观看盛典。

晚上7时55分，群众联欢晚会电视转播开始。在两个多小时的转播中，充分把握了喜庆、欢腾、激情、壮观的总体风格，通过“贺神州普天同庆”、“吟中华流光溢彩”、“颂祖国万众欢腾”三个篇章和民族色彩浓郁的歌舞、彩灯等艺术形式，使晚会气氛始终隆重热烈、欢乐喜庆。直播中不断穿插在天安门城楼、广场中心表演区、工人表演区、民族表演区、大会堂顶的主持人现场报道，插播了上海、广州、大连、重庆、杭州、香港、澳门等地群众联欢场面，歌唱演员的现场演唱更使整台晚会内容丰富多彩。

从初步的收视率分析结果来看，国庆庆典的电视转播受到全国观众的极大关注。据调查显示，通过中央电视台八套节目和省级卫星电视节目，收看庆典直播的观众占观众总数的89.3%，总收视率达50.4%。北京地区97.6%的观众、广州地区96.2%的观众收看了庆典转播，分别创下两个地区1999年以来的最高收视率纪录。另据中央电视台央视调查中心对全国100个城市(包括所有直辖市和省会城市)的2000个家庭的电话调查显示，有93.3%的家庭收看了电视直播，

有97.4%的观众认为直播做得"好"或"比较好",有90.5%的观众自始至终收看。广大观众来信、来电,对国庆庆典及电视转播给予高度评价。

三、对外电视宣传颇具特色,为海外媒体提供周到服务,努力扩大宣传效果

为做好国庆对外电视宣传工作,国际频道和英语传送频道分别加强了节目包装,针对海外观众的收视特点,精心设计演播室节目内容,播出适合境外观众视角的专题片,如《新中国历次阅兵》、《各国大使谈中国的变化》、《基辛格专访》等。10月1日当天,英语传送频道共安排了14个小时直播,增强了对外宣传效果。我驻外使领馆和海外华人华侨观众纷纷通过电话、传真和国际互联网发来观感,盛赞国庆庆典扬国威、振军威,令人欢欣鼓舞,深感骄傲和自豪。此次,海外119个电视机构转播了中央电视台的第四套或英语传送频道节目,其中美国CNN同步转播了江泽民主席讲话(全文)及阅兵式、群众游行计80分钟,使用信号为CCTV—9,并保留台标。

海外节目中心还精心制作了"中国电视周"7个专题节目,全方位介绍了新中国成立50年来发生的巨大变化和取得的辉煌成就。所有节目除中文外,还译制成英语、法语、西班牙语、阿拉伯语、俄语、葡萄牙语、德语、塞尔维亚语和波斯语等9个外语版,于国庆节前后,在137个国家和地区的190家电视机构先后推出。本届"中国电视周"是迄今为止,中国电视在海外举办的规模最大的一次展播活动。

国庆期间,中央电视台为26家海外媒体提供了节目传送服务,在台内为9家海外媒体提供了单边服务,开通了14条光缆、2条微波通路,为海外媒体进行卫星传送计6775分钟。此外,还为美国CNN搭建了临时露天演播室,供其对我国庆庆典活动进行充分的报道。

四、成功地进行高清晰度电视转播试验,台互联网站同步直播,取得良好宣传效果

10月1日与普通电视转播同步,对广场庆祝大会和群众联欢晚会,成功地进行了6讯道高清晰度电视试验系统现场直播。转播小组克服困难,在短时间内,熟悉高清晰度电视设备,充分利用其技术特点和画面宽幅,展示了国庆庆典宏伟壮观的场面,为我国发展高清晰度电视积累了十分宝贵的经验。这也是国内第一次进行高清晰度电视转播,并将载入中国电视发展史册。高清晰度电视转播,目前在世界上仅有美国、日本等少数国家的媒体能够完成。对盛大庆典进行高清晰度电视直播,也是献给祖国50年华诞的一份厚礼。

中央电视台互联网站9月初开通国庆专辑,10月1日同步进行网上直播国庆庆典活动,受到了全国及世界各地网民的普遍关注。当日网上直播访问量达52920人次,全天总访问量高达12万人次,取得了良好的宣传效果。在互联网站国庆专辑中,编发了有关国庆新闻报道188条,以图文并茂的方式系统介绍我国4次大阅兵的情况,推出了《共和国备忘录》、《新中国第一》、《科技50年》等专题资料。此外,还精选刊发了世界各地的贺信,与国庆50周年官方网站、新华社、人民日报等报道国庆活动的大型专门网站相连接。国庆前后,台互联网站收到来自世界各地华人、华侨、留学生和国内观众的电子邮件约700余封,对中央电视台网站的网上直播国庆活动普遍表示欢迎。

五、顺利完成重要场次直播和录播任务

除10月1日天安门广场国庆纪念活动转播外,其他大型纪念活动也是此次宣传报道的重点。9月30日,中央电视台现场直播了国庆招待会实况,10月2日对中央领导与首都群众游园活动进行了充分报道,现场直播了《祖国颂》大型晚会,录像播出了本台制作的文艺晚会《江山如此多娇》,也取得较好的宣传效果。

9月28日,由中央电视台导演、创作、组织排练的《祖国颂》大型晚会在第一、第四套节目现场直播。由江泽民总书记题写名称的这台晚会,演员阵容强大,集中了60多个文艺团体的2100位演员,精选优秀音乐、歌舞、戏曲节目,歌颂新中国50年来特别是改革开放以来的辉煌成就。电视转播也进行了较完美的二度创作,突出了现场的宏伟气势,同时兼具细部刻画,得到了中央领导同志的高度赞扬。

文艺晚会《江山如此多娇》在9月30日晚第一、四套节目播出。这台晚会较好地突出了电视特点,内外景相结合,文艺节目与专题、新闻性节目相结合,以展示社会主义建设成就为背景,突出展现共和国建设者的风采,艺术感染力和观赏性较强,得到中宣部、广电总局领导的充分肯定。

六、配合性宣传报道异彩纷呈,把握主旋律,营造良好的节日氛围

国庆前夕,中央电视台在第一套节目黄金时间播出了反映新中国成立50年巨大变化的16集大型电视纪录片《新中国》。该片以全新视角,紧紧围绕建设有中国特色社会主义道路的探索过程,通过珍贵的历史资料和对当事人采访,透视50年发展变迁,客观分析

成功的经验和失误的教训,得到观众很高的评价。全片长750分钟,创造了我国电视纪录片之最。此外,还及时制作播出了系列专题片《大阅兵》、《共和国脊梁》,播出了“两弹一星”表彰会、纪念人民政协成立50周年相关节目等,对节日气氛起到了较好的烘托作用。

从8月底开始,各栏目相继推出国庆报道专栏和国庆特别节目,各有侧重,相辅相成,既有全方位的回顾、展示,又有一个个鲜活生动的例证,唱响了“社会主义颂”、“改革开放颂”的主旋律。

《新闻联播》、《新闻30分》、《晚间新闻报道》三档重点新闻栏目分别开设了《人民不会忘记》、《走遍中国》、《辉煌的成就》、《几代人眼里的新中国》、《共和国档案》等专栏,以不同角度反映社会主义建设成就,激发观众热情。《东方时空》播出10集系列节目《人民的记忆》,生动翔实地记录了多位普通中国人的生活故事,可视性较强。《焦点访谈》播出的国庆系列报道《亲历》,撷取典型的历史瞬间,通过亲历者第一人称的叙述,感受新中国跳动的脉搏,细腻而生动。《科技博览》、《走近科学》栏目推出了系列节目《新中国科技50年》、《共和国科技史上的10件大事》,《夕阳红》、《中华民族》、《万家灯火》、《祖国各地》、《地方台30分》等栏目,也推出《我在1949》、《中国人系列》、《地图故事》等具有特色的节目。广告经济信息中心的《中国财经报道》播出系列节目《财经备忘——新中国50年国民经济和社会发展成就辉煌》,以图表的形式,直观展现我国在经济领域取得的显著发展,广告部精心制作播出了国庆公益广告系列《祖国篇》、《红灯篇》。

对外宣传方面,海外中心各栏目播出了系列报道《共和国备忘录》、《神州第一街》、《新中国50年》、《50年百姓生活之变化》、《中国半个世纪的变迁》、《共和国同龄人》、《台胞眼中50年》等。英语传送频道播出了英语系列节目《共和国三代领导核心》,《英语新闻》的《中国视点》也被CNN等媒体多次采用。对外宣传节目充分反映了我国50年来在文化、教育、科技、经济等方面的成就,并注重从具体事件中发掘新闻,着重加强国际社会关心又最能够体现中国变化的内容,取得较好效果。

各文艺栏目,如《中国音乐电视60分》、《音乐电视城》推出“庆祝建国50周年系列音乐电视”,《综艺大观》、《正大综艺》、《影视同期声》、《曲苑杂坛》、《九州戏苑》,也分别播出国庆特别节目,并安排播出了《民运会开幕式》、《人民政协50周年文艺晚会》、《为中国喝彩》、《团结颂》、《我的祖国50年金曲》等10多台大型文艺晚会,为祖国的节日营造欢乐喜庆气氛。

电视剧的宣传方面,推出了重点献礼剧《开国领袖毛泽东》、《中国命运的决战》、《西藏风云》,重现新中国创立、建设初期波澜壮阔的宏伟画卷。《开国领袖毛泽东》对领袖人物性格的塑造得到观众认可,使电视剧收视率明显回升;《中国命运的决战》也因气势磅礴、场面宏大吸引了许多观众。合拍剧目《红岩》、《光荣街十号》、《黄土地蓝土地》等也安排播出。

此外,新影厂投入摄影机52台,人员110多人,圆满完成了国庆庆祝活动的影片拍摄任务,共拍摄底片3万多米,经鉴定样片质量令人满意。科影厂拍摄的美术片《猫咪小贝》已被选入参加新中国建国50周年优秀国产影片展映,科普片《征服病毒病》和用于我驻外使领馆国庆放映的专题片《北京》已制作完成,科普片《新疆北鲵》、《宇宙和人》也已进入后期制作。中国国际电视总公司在节日期间圆满完成了国庆纪念大会和群众联欢晚会等VCD制作任务,共制作中、英文版VCD44万片、录像带2560盘。《首都各界庆祝中华人民共和国成立50周年大会》中文版VCD2万套销售一空,外文版2000套也售完。

总结国庆50周年纪念活动宣传报道工作,可归纳以下几点经验:

1.高度重视,组织严谨。台国庆宣传报道始于年初。台分党组在全年工作部署中即将国庆宣传报道工作视为全年工作的重中之重。3月下旬,成立了由台领导组成的国庆50周年宣传报道领导小组,设立了由各部门负责人组成的专门办公室和节目、技术、安保、后勤服务等工作小组,明确分工,各负其责。转播报道筹备期间,国庆宣传办公室针对各次演练组织了多次系统间协调会,研究解决演练中存在的问题,为直播工作顺利进行打下了良好的基础。

2.精心策划,反复论证。国庆50周年的庆祝活动气势宏大,场面壮观。中央领导及国庆筹委会领导均对电视转播提出了很高的要求。为做好转播工作,中央电视台投入大量高新电视技术设备,并在数月之前就邀请具有国庆35周年转播经验的老同志座谈,进行多次观摩、研讨活动,草拟了转播方案。根据方案,在天安门现场组成5个分系统35个机位的总转播系统和12个机位的高清晰度试验转播系统。此次电视转播总体系统构成复杂,新设备多,前后方战线长,涉及面广,以数字、模拟微波和光缆激光、同轴电缆等多种方式传输信号,进行中英文,海内外普通电视与高清晰度电视以及互联网络同时直播,是历次直播报道中规模最大的一次,也是难度最大、压力最大的一次。节目、技术系统在每次演练之后,均及时总结经验,汲取教训,认真琢磨,集思广益,同时结合现场勘察,不断修改转播方案,使之日趋完善。

3. 寻求突破,勇于创新。在节目构成方面,此次精心设计了庆典前的演播室直播内容,选取1949年、1959年、1984年庆典例证,通过历史见证人的回忆和专题资料片,突出时代背景,展现共和国发展历程和巨大成就。在转播技术方面,经过科学论证,大胆采用了高新技术。引进抗反射干扰、传输频移的OFDM数字传输设备,提高阅兵移动传输的安全可靠性,保证江主席检阅部队的直播万无一失。选取先进的光缆终端设备,保证从天安门现场至台内主控机房、演播室的信号传输。将第一、二套节目由半自动播出系统(APC)转至数字机械手自动播出,基本实现了全数字制作、转播、传输和播出。新思路、新技术的应用,使这场转播更加安全,内容更加丰富多彩。

4. 科学运作,连续作战。在国庆庆典转播准备期间,台各项宣传任务十分繁重,除日常新闻报道外,还开辟了大量国庆专题报道,播出大量献礼电视剧,转播民运会等大型活动。全台干部职工齐心协力,连续作战,科学运作,忙而不乱,妥善处理庆典转播与日常宣传的关系,尽全力确保国庆演练与日常播出两不误。此期间共完成直播45场、录像播出140多场,电视转播车曾在3天内连续完成6场节目的转播任务,创造了转播史的新纪录。9月30日至10月2日凌晨,节目、技术、行政各部门许多人员连续工作20多小时,并保持较高的工作效率和良好的工作状态。

(根据赵化勇台长的总结讲话摘编)

1999年10月1日,中央电视台
9套节目全部直播国庆50周年盛况

直播庆典　艺术展现

共和国50周年庆典举世瞩目。它是中国政治生活中的一件大事,这一天也成为全体中华儿女的盛大节日。作为惟一向全球直播这一盛典的电视媒体——中央电视台所担负的责任是重大的。从10月1日9时50分始至12时05分结束,连续2小时15分钟的全程直播,应该说是气势恢弘、热情激越的,突出了"热烈、激昂、隆重、辉煌"的主基调。央视调查结果显示,当天全国有93.3%的家庭观看了中央电视台的庆典直播,许多海外华人、华侨也通过电视或互联网目睹了这次旷世大典。可以说,中央电视台对共和国50周年庆典所做的现场直播是成功的。

事后,我们发现了一个有意思的现象:中央电视台发行的庆典光盘迅速风靡全国,并且曾一度脱销,甚至出现盗版行为。分析这种现象,我们不难得出结论,人们踊跃收藏这张光盘,不仅是收藏了一段历史,也是收藏了一份艺术品。从这层意义上看,共和国50周年庆典直播,不是一次简单的直播,而是一次复杂艰辛的艺术创作。

之所以言其复杂,我们将这次庆典直播同一般的电视节目制作播出加以对比就可明了。首先,就过程而言,一般的电视节目需经过前期设计、拍摄,后期剪辑、配音等多种流程才能最终播出(甚至拍摄和编辑可以多次反复),而庆典直播是一度直播创作,必须一次完成,其设计过程、摄录过程、剪辑制作过程和播出及观众接收过程是同步进行的。其次,就剪辑而言,一般的电视节目可以进行时间上、空间上的自由组合,多重视觉、听觉可以灵活自如同时呈现,而庆典直播要严格按庆典程序和时间流程进行,只能在同一的时间中对多个空间进行组接。因此,要使庆典直播达到全方位、多角度、立体化的效果,必须在掌握庆典特点和规律的基础上,遵守电视艺术共同法则,熟练运用直播创作多种手法,才能使投射于屏幕之中的庆典真实而富于美感,多彩而富于动感。

一、运用镜头语言,构建庆典叙事框架

我们对庆典全程作简单的分解,可以分为升旗仪式、阅兵式、领导人讲话、分列式和群众游行五项内容。这五项内容是在不同的区域依次展开的,因此,直播也要据此分区域、分段落进行,而每个段落之间应该有明显的过渡。对整场直播作镜头统计,我们发现,庆典的五项内容都是由全景连接过渡的:天安门城楼大全景(开场)——天安门全景(升旗仪式)——从城楼俯拍的广场升旗区全景(阅兵式)——天安门广场大全景(分列式)——天安门城楼摇至广场大全景(群众游行)——天安门城楼全景(结束)。由于全景是用人们正常的视点观察事物,具有较强的现实性感受,在庆典直播的叙事段落中,全景被作为文章中的句号反复使

用,既突出强调了庆典的特定情境,又展示了广场的欢庆氛围;既区分出明显的段落,又强调了视觉的连贯性。

庆典内容的镜头分段相对简单,分列式和群众游行中方队与方队之间关系的交代则要复杂得多。一是因为方队排面太宽,而方队与方队之间的间距又过窄,在广场难以找到最佳的表现机位;二是因为镜头表现方队的区域受到严格限制,而单位时间内方队通过表演区域的时间有限,尤其是分列式中的徒步方阵,镜头表现时间经精确计算只有短短的33秒。如何在有限的时间和空间中完整展现阅兵的游行过程,创作者找到了一种以简代繁的格式化处理方式。比如,徒步方阵的表现,以国防大学方队为例:

在整个分列式和群众游行的镜头组接上,大抵采取的都是以全景交代方队亮相,以各角度的中近景和特写交代组成方队战士的精神面貌和细部表情、动作,以大全景交代方队之间关系的处理方式,简洁明了,段落清晰。

二、调动视觉元素,营造庆典喜庆氛围

作为庆典的主体,分列式和群众游行应是直播中着力表现又难于表现的部分。两者的共同点是,要揭示规模,就要很好地展现队形。两者的不同点是,分列式显示的是军威和气势,而游行注重的是造型和色彩。庆典的直播过程中,既要表现每个方队的规模,又要表现每个方队的特点。形象地说,就是要处理好画龙与点睛的关系,先画龙,后点睛,才能做到形神兼备。

画面造型理论告诉我们,形状是视觉所能把握的物体的基本特性之一,是人的知觉与客观物体之间的最活跃的中介,也是电视画面的重要视觉元素。正因为形状的重要性,受阅部队在天安门前的几次演练中,采取了"走框"的办法——数十名战士围成一个方框行走,中间却没有人。庆典直播的创作者除了用大全景展现每个方队的队形,还巧妙地从侧面俯拍方队,使方队在画框中呈斜线分布,而斜线蕴含的动感是最强的。

这次群众游行队伍无不呈现出富有规律的形状变化。比如,农业方队的"丰"字造型、工业方队的"工"字造型,这些变化规律常常是摄影画面运动变化的依据。在这次庆典直播中,大摇臂作为方队亮相镜头被多次使用,在低角度摄取方队的第一个横排面后升起,在方队上空掠过,尽显方队规律和气势,然后指向某个视觉兴奋点,或是一辆彩车,或是一群表演的群众。随着视点的不断变换,画面的空间格局也不断改变,在连续的运动形态中,展现了完整的统一空间。而观众在连续时间的流动空间结构中,得到了空间再现的感觉。

龙画好了,眼睛才有落点和神采。为表现受阅部队军威,摄像师捕捉了每个方队敬礼、劈刺、踢腿等瞬间变化,不论是三军仪仗队的军旗手甩动八一军旗,还是受阅战士端起步枪,视线追随检阅车等镜头,都给观众留下了深刻印象。为表现群众游行队伍的造型和色彩,摄像师选择了动作富有特点、色彩具有跳跃性的事物,来营造结构重点和视觉美点,其他景物和它们联系呼应,组成有主有次、有起有伏、有重点有烘托的整体,在纷乱中理出秩序。

现代化小区方队中,有一辆金钥匙造型的彩车,彩车的周围簇拥着78对新婚夫妇、128个家庭,既有小孩,又有离退休人员。创作者在短短一分钟时间内,用9个不同景别、不同角度的镜头,就很好地介绍了现代化小区方队的概貌和细节。正如解说所言:"温馨祥和的场面,讲述了发生在你我身边、寻常然而却来之不易的百姓故事。"

三、强调画面风格,延展庆典意蕴空间

电视创作是形象、理念、情感三者的统一。在记录人类社会实践的活动和社会生活的各个方面的真实风貌的同时,电视作为一种艺术创造形式,又承担着艺术表现的功能。对庆典直播来说,不仅要完整形象地展现庆典的全过程,还要以独特的艺术视角,引导人们去发现庆典中蕴含的美感,体现出创作者对共和国的眷恋和热爱。

庆典直播中有不少镜头让人至今记忆犹新,回味无穷。

解说词:"今天,鲜红的地毯第一次从人民英雄纪念碑的基座下向北纵贯广场,一直延续到国旗升起的地方。"与之相配合,"斯坦尼康"机以主观视点低角度向升旗区方向平稳移动,画面背景是天安门城楼,红地毯占据了前景的大部分,其含义是:"200名护旗战士护卫着五星红旗,踏着无数先烈用鲜血开辟的道路,从人民英雄纪念碑走向国旗区,在那里升起我们民族的光荣和希望"。在这里,创作者用色彩营造出一片重音,撞击着观众的情感,快捷而富有冲击力。这幅画面随后被中央电视台网站用作国庆专题首页,并频频被国内外的其他网站转载。

最后一支徒步方队——女民兵方队进入检阅区,镜头随方队平稳跟移。画面中女民兵整齐的队列形成几道直线,齐齐向画面中心汇聚,背景中的天安门城楼雄伟壮丽,行进中的女民兵英姿飒爽。

分列式进入高潮,画面中装甲战车隆隆驶过天安门,天空上飞行梯队掠过广场,冲向远方;前景中,一名战士昂首伫立,几架战鹰在背景中呼啸而过……

从这一幅幅经典的画面中，观众不仅感受到真实的力量，更从中可以焕发起一种崇高感、荣誉感和成就感——一种民族的与自我的信念、智慧、创造力……每一个中国人都能藉此得到一种现实的肯定，都会从中感受到祖国强大所带来的欣慰、自豪的巨大愉悦。这正如爱森斯坦所言："画面将我们引向感情，又从感情引向思想。"

在考虑情绪的现场剪接时，庆典直播主要着眼于景别带来的视觉感受强度的大小。越是激烈、动荡、活泼的情绪气氛，越是加大视觉感受的强度。比如表现徒步方队通过天安门，大都是全景——特写——全景——特写地交叉使用，两极镜头的组接，造成一种强烈的对比效果，能迅速作用于人的视觉，并通过这种视觉震惊效果引起人的心理感受的振动。

谢尔曼在《论剪接的艺术》一文中说得好："机械的剪接再高明，剪接过程仅仅是次要的因素，从一个镜头到另一个镜头思想演变的平稳流畅，也就是有意识地把一系列镜头排列在一起，才是主要的要求。流畅的剪接本身并不是目的，它仅仅是达到戏剧上有意义的连贯性的一种手段。"对于直播的现场创作也是如此。我们看到，正因为共和国50周年庆典直播的创作者运用了合理的结构技巧，为庆典的叙事找到了一种恰当的外化形式，才把阅兵和游行这个"流动的故事"讲得清楚，讲得吸引人、感染人。

（摘自《电视研究》1999年第11期）

中央电视台记者在阅兵村拍摄专题片《大阅兵》

二、中央电视台对澳门回归的宣传报道

中央电视台澳门回归电视宣传总结

一、报道概况

澳门回归祖国，是中华民族永载史册的又一盛事，是完成祖国统一大业的重要一步。

为了全面、立体、生动地展现这一历史性事件，中央电视台根据党中央的宣传精神，在广电总局的领导下，利用仅两个月的集中准备时间，全台上下群策群力，精心策划、精心组织、精心实施，第一、四套节目和英语传送频道按照宣传方案，分别进行了48小时和38小时的直播特别报道，高清晰度电视每天也进行了一定时间的播出，圆满地完成了这次富有挑战性的重大报道任务，在有近4000名中外记者参加的这场全球性的新闻战中处于主动地位，得到党和国家领导人的充分肯定和中外电视观众的好评。

澳门回归期间，央视—索福瑞媒介研究公司对包括所有直辖市和省会城市在内的全国100个城市共2000个家庭进行了随机电话调查。调查结果显示，有95.8%的观众收看了直播节目。这些观众两天中平均每人的收看时间为11.08小时，93.42%的观众对直播报道表示"满意"或"比较满意"。

据统计，世界上共有77个国家和地区的152家电视机构全部或部分转播了中央电视台第四套和英语传送频道节目（其中92家转播第四套节目，60家转播英语传送频道节目），包括美联社、路透社、CNN、加拿大广播公司、俄罗斯国家广播公司、日本NHK、台湾TVBS、埃及国家电视台、澳大利亚国际电视台等著名通讯社或电视机构。几百万华人华侨观看了电视转播。美国南加州的著名华侨顾衍时表示，感谢中央电视台使侨胞能有机会和祖国人民一道观看回归实况直播。纽约一位华侨说：统一的中国将会造福所有的炎黄子孙。澳大利亚的一位华侨看了20个小时直播报道，认为节目很有"大国气派"。

为了全面、立体地报道这一历史性事件，我们提出了"同步报道重大庆典活动，全面反映普天同庆盛况"的总体要求。报道工作以北京为中心，以澳门为重点，以全国6大城市和15个海外记者站（组）为报道点，形成全方位、多角度、立体式的报道网络。这次特别报道准确把握了“庄严、隆重、热烈、欢庆”的总基调，充分调动现场直播报道、背景性和时效性强的专题节目、演播室话题、滚动新闻等节目形态，大量采用高新电视技术手段，既忠实地记录了回归前后的重大历史事件，又从百姓的视角出发，反映了澳门普通人的生活和心态，力求以生动活泼的形式展现严肃深刻的主题。

这次澳门回归电视报道阵容强大。据统计，有2000多名工作人员直接参与，其中派往前方的报道队伍达315人。技术系统动用的设备包括：7辆转播车、3套EFP设备、6个演播室、2个卫星通路、2套DSNG（移动卫星地球站）、27套中继微波设备，以及65套ENG摄像机、86台录像机、10套多媒体设备，租用了1架供航拍用的直升机（海豚号），1艘供海上拍摄用的游船（海燕号）。此外，澳门一线使用的设备全部为最新的数字设备，使回传节目的信号质量较香港回归报道时有明显提高。

报道中，第一套节目共进行了18场直播，累计时长10小时36分钟。共播出新闻类节目30小时7分钟（包括直播），专题类节目9小时59分钟，文艺类节目3小时18分钟。

国际频道共直播重大报道活动15场，演播室访谈39次，播放新闻类节目12小时34分钟，专题类节目18小时41分钟，文艺类节目5小时24分钟。

英语传送频道共播出北京和澳门两地的重大活动直播18场，现场嘉宾访谈30次，新闻性节目8小时35分钟，专题类节目20小时49分钟，文艺类节目8小时31分钟。记者赴海外6国采访，共传送节目20次，合计210分钟；从澳门通过卫星（DSNG）传送新闻97次，合计2340分钟；各驻海外记者站向台内传送新闻71次，合计10110分钟。

此次报道活动与以往的大型报道相比，有以下几项新的突破：（1）赴前方报道团的人数最多，达315人（香港回归时为289人）；（2）直播场次最密集，难度最大（24小时内进行了16场直播，且领导人抵澳和驻澳部队进入等为多点移动直播）；（3）收视率最高（达95.8%）；（4）境外电视机构转播数量最多（达152个）；（5）台互联网站直播时间最长（达48小时）；（6）首次在重大政治事件的直播报道中采用境外的嘉宾主持；（7）首次通过公用电讯系统实现长距离数字信号光纤传输，保证了信号质量，最大限度缩短了延时。

二、主要特点

1．认真贯彻中央精神，准确把握宣传口径

澳门回归宣传是一项政治性和政策性非常强的任务，必须严格按照中央的报道方针和口径设计与组织报道工作。宣传口径把握得准确与否，关键在以下几个部分：总主持人串联词、嘉宾的问答、出镜记者的现场报道、专题片的解说词和新闻播出稿。为此，各分部除了将中央的宣传精神传达到每一个相关人员之外，还反复与主持人、特邀嘉宾磨合节目串联词。澳门回归前夕，中央对澳门回归的宣传口径又不断有新的变化和要求，为此，北京分部、澳门分部、对外分部和办公室及时沟通，多次审查了全部文字稿和备播的专题节目，没有出现任何口径方面的问题。除了第一、第四套节目和英语传送频道外，其他各套节目内容也进行了全面检查，撤换了不符合回归气氛的影视剧，使澳门回归前后各频道播出的节目内容体现了喜庆祥和的气氛。

中央宣传部部长丁关根同志对报道工作给予了积极肯定。他认为，中央电视台的节目不错，口径把握得准确，报道的度把握得很好，节目衔接流畅，从屏幕上看得出是做了充分准备的。

2．节目精心设计，播出一气呵成

第一套节目的48小时特别报道是整个澳门回归报道的重中之重。为了达到理想的屏幕效果和体现远程信号调控自如的大台风范，本次报道有别于“香港模式”，在澳门不设分演播室，只在北京设总演播室，由总主持人通过大屏幕调度，这样可以使节目更加流畅，而且总主持人直接与各报道点的记者对接，有利于更好地体现节目的总体风格。

这次澳门回归报道的一个突破，是演播室中请进了嘉宾主持人。在重大政治事件的直播中请进嘉宾，而且还来自澳门，在政权交接仪式前后的黄金时间主持，这在中央电视台尚属首次。但正是由于有了嘉宾主持人，使演播室的访谈既为观众提供了直播和专题没有涉及到的内容，又以其谈话形式的轻松平实给观众留下了深刻印象。

通过总主持人和嘉宾的串联，第一套节目穿插安排了所有重要活动的直播，播出了提前录制的大量专题性节目。这些专题中既有对澳门社会民生百态的系列介绍，又有与回归进程有关的事件、人物，以及驻澳部队的相关知识。在48小时特别报道中，除了《新闻联播》、《新闻30分》等固定新闻节目外，还多次插播新闻或重要场面的“精彩回放”，及时报道了回归盛况和领导人的活动。还提前向国内重要城市和海外主要国家派出记者，再加上分布在世界各地的12个驻外记者站，全面报道了各地群众和海外华人喜迎澳门回归的盛况。

与香港回归特别报道相比，此次报道引入了直播记者报道"期待"、演播室大屏幕对接、演播室嘉宾主持等新的节目形态，增加了直播的难度。从接受任务的第一天起，第一套的频道播出组就主动与编导、记者取得联系，充分了解节目的所有具体细节，并针对每类、每个节目的直播内容进行具体设计。在直播前的多次节目演练和备份演练中，更是反复推敲，充分考虑各种意外情况发生时的对策。

3. 对外报道别具特色，落地工作扎实有效

对外报道按照"依托一套，突出特点，抓紧落地，确保安全"的指导思想，在新闻采编、演播室访谈、专题节目以及背景资料制作上注意内外有别，突出外宣特点。比如在选题上，对外分部扩大范围，适当报道了葡方的活动；为了配合迎回归和庆回归活动，独家采访了澳门普通市民和各界知名人士；报道重大活动时力争有现场记者出镜，体现直播特点。在前后方的统筹协作下，第四套和英语传送频道分别用中、英文报道政权交接前后的动态新闻和海内外反响，将重大庆典活动的实况报道制作成《简明要闻》或《瞬间回放》反复播出，让不同时区的观众能在当地黄金时间收看到。

在38小时直播中，第四套和英语传送频道首先保证了安全播出，同时力求比香港回归时更突出对外特点，使报道手段有所创新。比如首次让多路信号同时进入演播室，在直播中可以随时有选择地切换不同讯道的信号，把同一时间发生在不同场地的重大活动画面分段切出，并利用前后方传回的公用信号在演播室内进行现场解说，体现了较强的新闻意识和应变能力。

海外联络工作积极主动，除了将国际频道和英语传送频道38小时直播节目的所有公开信息上网之外，还给198个我驻外使领馆、14个中央电视台驻外机构、90家海外主要电视媒体，以及国际广播组织发出传真共302份。上网和传真的内容包括节目单、重点节目的中文和英文简介、接收两套节目的卫星技术参数及联络方式等。随后又根据情况变化，及时将最新信息通报给各方，取得了较好的效果，美联社、路透社等新闻机构也转播了中央电视台的节目信号。

4. 台互联网站同步直播，高清晰度电视再立新功

中央电视台网站专门制作了一个澳门回归电视报道专辑，于11月16日推出，设有《澳海拾贝》、《MTV欣赏》、《视频精选》、《有奖竞猜》、《回归心声》、《晚会追踪》、《盛况直播》及《精彩回放》等几个栏目。截至12月22日，专辑页面的访问量为134万次，访问人次为20多万人('99春节晚会约为10万人次，新中国50周年庆典约为12万人次)。访问视频直播、点播约9万人次。来自世界6大洲的46个国家和地区的用户对网站进行了视频访问，其中排名前3位的分别为：美国的48%，国内的15%，加拿大的11%。

中央电视台网站还与第一套节目同步直播了48小时澳门回归特别报道。如此长时间、大规模地对重大事件进行网上直播，在国内各大网站中也是一个开拓性的尝试。首次实现了网上大屏幕播出，使网上视频信号清晰流畅，质量与以前比有较大改善。在直播同时，还将回归过程中的16个精彩片段做成视频文件上网，方便网友随时调看这些精彩瞬间。据统计，直播最高峰时，同时有700人上网观看，达到了中央电视台网站的极限投放能力。

继国庆报道后，高清晰度电视系统在澳门回归报道中再次发挥了特殊作用。赴澳门报道组的编导和技术人员基本上由国庆50周年报道组的原班人马组成，他们分为4个小组携带4套ENG设备，对澳门回归期间前后方的重大活动，以及澳门法律、历史、地理、人文景观、风景名胜及澳门与祖国大陆的紧密联系等进行了全面的录播报道。高清晰度电视节目分为5个杂志类专题片和两部综合新闻专题片，从12月15日开始在每天晚上8点钟播出，时长约30分钟。其中在20日和21日各播出了90分钟的综合性新闻专题片。

5. 迎回归报道渐近高潮，配合性宣传锦上添花

新中国50周年报道胜利结束后，中央电视台立即将报道重点转向澳门回归。但在节目安排上注意把握节奏，逐渐升温。随着澳门回归日程的临近，《新闻联播》、《中国新闻》等主要的新闻栏目相继开辟了专栏，播出了大量新闻性节目，其中仅澳门报道团从前方发回的新闻和专题节目就有420多条。此外，在第一套节目黄金时间播出了电视剧《澳门的故事》，文艺节目中心拍摄制作了30多首MTV陆续在多个频道中播出，其中《1999个祝愿》、《七子之歌》等精选的10首歌曲在48小时特别报道中滚动播出。各频道通过滚动播放回归宣传片、节目预告片等方式，渲染了回归气氛，使澳门回归报道逐渐升温，直至在48小时特别报道中达到高潮。

为了记录澳门回归这一历史性时刻，调动了各种拍摄手段。除了采用普通电视系统报道回归盛况外，还由新影厂负责摄制了一部纪录片，同时承担拍摄电影资料的任务，共拍摄了35毫米的胶片素材1000多米，16毫米的胶片素材近万米，完成了《海上看澳门》、《空中看澳门》等节目和澳门百姓庆回归场面的摄制任务，采访了何厚铧和马万祺先生。

受国务院新闻办的委托，中央电视台还负责制作

了中央人民政府暨各省、自治区、直辖市及香港特别行政区赠送澳门特别行政区礼品的展示片，在12月20日特区政府成立大会现场播放，并纳入48小时特别报道中播出。此外，《中国电视报》也采取提前刊登48小时播出节目表，刊发我台回归报道动态，有力地配合了电视宣传。

6.技术系统全线投入，确保播出万无一失

在澳门回归电视报道中，共投入技术人员达700多人，占总报道人数的三分之一。技术系统本着安全第一的原则，精心设计，并通过实战演练发现和解决问题。播出传送、技术制作、动力通讯等相关部门都制定了详细的实施方案，所有的技术人员明确责任，一起构筑了安全可靠的节目采制和播出系统，在48小时播出中没有出现任何技术问题。

技术系统7天之内在澳门搭建了一个相对完整的“电视台”和几个固定的现场制作系统，动用直升机、摄影船、红旗车、转播车、卫星车、前导车等交通工具进行动态直播报道。据统计，仅澳门分部就累计使用了110个机位，其中在驻澳部队进入澳门全过程的现场直播中，空中、地面、高点的机位达32个。

播送中心在人员及设备非常紧张的情况下，担负着对整个播出节目信号进行交换与分配和安全播出、为海外媒体提供节目传送服务，前往北京地区各个直播点进行转播等任务，从13日至20日天安门广场试验传输通路历时8天，当时正是北京市近十几年最冷的日子，大家每天露天连续工作十几个小时，不少人脸上手上都冻出了口子，仍然坚持工作，精神十分可贵。

技术制作中心和海外制作部由于大部分骨干派往前方，剩下的设备多是模拟设备，如何同前方传送的信号混合与包装，如何与新闻主演播室、主控室和播控机房协调工作，是这两个部门面临的首要问题。为此，采录、音频、录制等部门主动与编导沟通，了解节目制作量和制作时间，合理调配机房。

信息通讯处承担全部的通讯技术保障以及台内信息网络的技术支持、国际互联网技术制作、信息发布和网上实况直播等多项工作。澳门回归期间共开通直播线路40多部(条)，尤其是为前方架设了台内分机，极大地方便了前后方的联络。技术分部的技术协调组充分发挥龙头作用，统筹调度，研究制定了各种安全播出的运行方案，同时保证了电力供应、设备维护等。

在这次澳门回归报道中，除了自制节目播出外，我台还与澳广视和葡萄牙广播电视公司联合体并列为主播机构，向全世界提供公用信号。这些节目信号通过9颗卫星的14个转发器向全世界传送，覆盖全球98%的地区。12月18至20日，向境外19家媒体共传送60次，时间合计1265多分钟。北京有3家境外媒体在我台收录了公用信号，有5家媒体在天安门广场进行了直播报道。

7.全台体制指挥顺畅，综合保障日趋成熟

为集中力量打好这场宣传战役，台里成立了领导小组，下设澳门、北京、对外、技术、综合五个分部和一个办公室。这种分工既有利于打破部门分工界限，集中力量解决重点和难点问题，同时又能合理调配人力，统筹兼顾，处理好日常工作。经过多次大型活动的磨炼，在这种体制中，从编导人员到各技术岗位，直至办公协调、安全保卫、行政后勤等方方面面都能够很快明确自身的工作任务和进度，经验也越来越丰富。

三、主要经验

1.领导重视，指挥顺畅

从方案制订之初，中央领导和广电总局领导就对澳门回归电视报道给予了特别关注。丁关根同志多次了解情况，并就宣传报道中要特别注意的政治、政策、口径等问题都作了具体的指示，在48小时直播报道中，还打电话给予肯定、鼓励、提醒，直播结束后，又打电话进行表扬和慰问。中宣部、中央对外宣传办公室、国务院新闻办公室、广电总局等部门的领导多次来台视察工作，从各个方面给予了关心和支持。

从体制上看，台里成立了领导小组及办公室，跨中心组建了5个分部，每个分部内部又组建了从七八个到十多个不等的小组，每个小组内的人员定岗定责。经过多次实践检验，这种体制适合中央电视台的实际情况，指挥通畅，协调有力，为重大报道活动起到了组织保障的作用。

2.周密计划，精心实施

这次前后方的一切活动基本按计划进行，前期考察更为细致，演练更有针对性，对变数考虑得更周全，制订的方案都能够落到实处。从节目设计上看，3个频道的直播方案共修改了10多次，在长达48小时的特别报道中，将节目精确到秒。根据规定，编播人员必须每人按播出时间的三倍准备稿件。由于准备充分，因此尽管这次报道的变数很多，如国家领导人抵达澳门国际机场的时间提前等，但基本能够做到调控自如，保持了节目的完整性。此外，技术系统的合理搭建，转播设备的合理转场，电力通讯系统的备份措施，也为节目系统在安全播出的同时有所创新、有所突破提供了前提条件。

从播出上看，经过多次重大直播的磨合，编导们基本能够做到心中有数，应对自如，没有紧张仓促的感觉，前后方的配合也很默契。

3. 专业化运作日趋成熟

在整个直播报道中,台领导对各工种都提出“专业化”的总要求。“专业化”一是指各相关系统要科学合理地分工;二是指各岗位的工作质量要达到专业水准。这次报道中,无论是节目部门、技术部门还是后勤保障部门都在努力向这一标准看齐。各系统的工作人员对自身的职责十分明确,工作开展得有条不紊,应变能力明显增强。前来担任嘉宾主持的澳门朋友评价说:这支队伍非常专业化。

4. 行政后勤系统保障有力

为保证报道工作的顺利进行,前方和后方担负行政后勤工作的同志想方设法为一线的同志提供便利。澳门分部办公室和驻澳门记者站的同志通过各种关系联络协调,解决了证件、住宿、就餐等困难。物资部门为了既能够订购高质量的设备,又尽量为台里节约资金,每个合同都要谈判十几次。设备购置普遍获得5%～45%的优惠。

5. 队伍士气旺盛,富于敬业精神

能打硬仗,善于啃硬骨头,是中央电视台干部的一贯作风,也是最大的优势所在,这主要得益于有一支专业素质精良、富于敬业精神的优秀队伍。澳门回归报道中,全台职工发扬了吃大苦耐大劳的精神,不畏辛苦,不计个人得失,一切以大局为重,涌现了很多令人感动的好人好事。比如12月19日,技术系统在加电时发现,倒计时牌前音频系统有交流电干扰现象,音频部的同志在转播部、动力处的全力配合下,冒着零下5℃的严寒连续工作12个小时,终于查找到故障原因,并采取滤波和净化措施,排除了故障隐患。播送中心在京的全体干部在寒风中经过5个多小时的连续抢修,恢复了转播系统,为19日早晨开始的澳门回归直播提供了保障。

十几年来罕见的低温天气,给转播工作带来了很多困难,很多同志被冻伤,但大家顶着严寒,坚持工作,付出了巨大的辛苦。

总之,在澳门回归电视报道中,中央电视台经受住了种种考验,全面锻炼了队伍,再一次展示了中央电视台的综合实力。全台派往前方的300多名工作人员和后方的1700多名职工始终坚守岗位,不计个人得失,顾全大局,团结协作,以高度的政治责任感,饱满的工作热情和严谨的工作作风,投入到这场举世瞩目的报道战中,澳门回归报道工作的圆满完成,充分证明中央电视台拥有一支能打硬仗的坚强队伍,能够以一流的节目、一流的质量和一流的效率,不断把电视宣传报道工作推向新的高度。

(根据赵化勇台长的总结摘编)

中央电视台新影摄影师在
澳门特区成立庆祝大会现场拍摄

三、中央电视台对以美国为首的北约集团袭击中国驻南使馆事件的宣传报道

坚决贯彻中央指示精神 搞好突发事件的电视宣传

一、及时调整节目，快速作出反应

1999年5月8日凌晨，以美国为首的北约集团悍然袭击中国驻南联盟大使馆事件发生后，中央电视台于当日上午8时30分在第四套节目《早间新闻》播发了新华社对外稿《中国驻南联盟大使馆8日凌晨遭北约导弹袭击》，中午《新闻30分》、《中国新闻》栏目播发了我国政府的声明，做到了反应迅速及时。遵照中宣部和广电总局的部署，中央电视台及时对节目作出调整，取消了主要栏目中一切与美国有关的节目，取消了与形势不适宜或基调过于欢快、容易引发

事端的节目，增加对内、对外新闻节目的播出次数和播出时间，对有关新闻专题报道前后的广告进行处理，增加了抗议北约袭击我使馆的口号。

二、及时充分反映我国政府的严正立场和人民群众的抗议活动

《新闻30分》、《新闻联播》、《中国新闻》、《英语新闻》及英语传送频道多次向海内外播发我国政府的声明，阐明我国政府的严正立场。之后，对全国人大、全国政协、8个民主党派发表声明、各地大学生举行的抗议活动、社会各界和全国各地人民群众对北约暴行的强烈谴责，以及国际社会的反应，都进行了及时充分的报道。特别是对国家副主席胡锦涛的重要讲话，多次重播，并及时播报了全国各界群众对胡锦涛重要讲话的反应。还播出了死难烈士亲属对北约暴行的抗议，如《许杏虎的父亲致克林顿的信》等，感人至深，许多观众流下了眼泪。

5月13日，及时播出了江泽民主席在欢迎我驻南使馆工作人员大会上的讲话。此后，对社会各界和广大人民群众学习江主席讲话，以实际行动抗议北约暴行的情况，及时报道，形成全国抗议北约暴行的浪潮。

除新闻外，《东方时空》的特别节目还播出了《骇人听闻的袭击》、《中国人民不可欺》、《民族的呐喊 不屈的尊严》、《抗议暴行铭记历史》等节目。

为了抒发全国人民不畏强权的爱国情怀，中央电视台于5月8日连夜制作并播出了《保卫黄河》、《毕业歌》、《我的中国心》、《团结就是力量》等一批爱国主义和革命英雄主义的音乐电视作品，有力地配合了抗议北约的斗争。

三、深刻揭露以美国为首的北约实行霸权主义的实质

北约袭击我驻南使馆事件发生后，中央电视台《焦点访谈》、《新闻调查》和第四套节目《中国报道》等栏目制作了多期深度报道，请我国军事、国际法、国际关系等方面的专家进行访谈，揭露北约的霸权主义实质，驳斥北约所谓“误炸”的谬论，谴责北约对国际法的践踏，深刻揭露以美国为首的北约打着维护人权的旗号实行霸权主义的恶劣行径。

四、通过多种形式宣传三位烈士和我驻南使馆工作人员的英雄事迹

为了纪念死难烈士，宣传烈士英雄事迹，中央电视台以新闻、专题、文艺等多种形式对邵云环、许杏虎、朱颖三位烈士和我国驻南外交人员、新闻工作者的英雄事迹作了大量生动的报道。在《新闻联播》等栏目中报道了烈士生平以及他们在报道北约空袭南联盟过程中的感人事迹，对迎接三位烈士骨灰和受伤人员回国的情况作了详细报道，并及时插播了新闻，表达了全国人民的悼念之情。中央电视台还在新闻节目中对“我驻南外交人员和新闻工作者英雄事迹报告会”作了大量的报道，并播出了实况录像。《东方时空》、《焦点访谈》、《新闻调查》等栏目制作播出了从各个角度反映英雄事迹、祖国人民悼念烈士的节目，其中《东方时空》中播出的歌曲《不屈的尊严》，受到观众普遍欢迎。另外，《万家灯火》也推出了特别节目《以记者的名义——战火深情》，观众反响强烈。

为了纪念死难烈士，学习和发扬烈士爱国主义、革命英雄主义精神，6月8日，中央电视台在第一套节目中现场直播了由人民日报社、新华社、光明日报社、中央电视台、中国国际广播电台和中国记协联合主办的《人民的好记者——中国新闻界弘扬爱国敬业奋进奉献精神晚会》。晚会以朗诵、演唱等艺术形式，结合国内外新闻采访报道，缅怀人民的好记者邵云环、许杏虎、朱颖同志，讴歌他们为正义、为和平、为真理，爱国敬业的高贵品质和不畏强暴不怕牺牲的革命精神。激发全国军民化悲愤为力量，建设好伟大祖国的意志和决心。

五、宣传各行各业人民群众坚守岗位，搞好生产，以建设祖国、发奋图强的实际行动抗议北约暴行

遵照中央的指示精神，中央电视台在抗议北约的宣传报道中，把握正确导向，对全国人民坚守岗位，努力工作，在校学生发奋读书，用实际行动抗议北约暴行，作了大量深入全面的报道。除在《新闻联播》等栏目中播出了大量新闻外，还在《焦点访谈》中播出了《悲痛、愤怒、力量》，《含恨悼英灵，发奋振中华》等系列报道，其中包括《经济强国》、《科技强国》、《知识报国》等节目。《东方时空》播出了《我们的心声》、《学习英雄振兴中华》等。通过以上节目，表达了全国各行各业以实际行动抗议北约暴行，发奋图强建设祖国的爱国热情。同时，全面报道了中国目前良好的经济形势和稳定的社会环境，报道了外国友人在华旅游与投资的情况，树立了我国良好的国际形象。

整个宣传报道严格按中央指示精神进行。台领导

首先将中央精神及时传达到全台各部门，各节目部门按中央精神及时采访制作了大量内容翔实、形式生动、有深度、有力度的节目，形成了一定的宣传声势。在宣传中及时根据中央精神调整宣传重点，把握正确的舆论导向，把握好宣传的度，播出的节目有理、有利、有节，受到中央领导的肯定。

在报道科索沃危机和北约袭击中国驻南使馆事件的过程中，中央电视台记者表现出爱国敬业、无私奉献的高贵精神。两批共6名赴南斯拉夫的电视记者，在环境异常危险、艰苦的情况下，冒着炮火及时发回了大量真实生动的现场报道。他们考虑的不是自己的安危，而是如何及时将采制的每一条新闻发回国内。5月16日，中央电视台作出决定，对赴南斯拉夫前线报道组的顾玉龙等6位同志给予表彰。

（综合整理）

中央电视台驻南联盟记者顾玉龙在被北约炸毁的阿瓦拉山电视发射机房前作现场报道

关注科索沃

——近期新闻类节目收视情况分析

3月25日，以美国为首的北约悍然对一个主权国家南联盟发动了空袭，举世震惊。

5月8日，北约更是冒天下之大不韪，用5枚导弹对我驻南联盟大使馆进行了袭击，侵犯我国主权，造成我3名记者牺牲，20多名使馆人员受伤。消息传出，更是举国震怒，世界震惊。

北约使巴尔干成了世纪末全球最让人不安、充满血腥的地区。科索沃成了全世界人民和媒体关注的焦点。

自北京时间3月25日凌晨，北约悍然发动对南联盟的军事打击后，中央电视台新闻节目不负广大电视观众厚望，及时、充分、准确、生动地报道了南联盟形势的最新发展。这是中央电视台继伊拉克危机报道之后，又一次全面跟踪报道国际重大新闻事件。

从3月25日凌晨6时开始，中央电视台第一套节目对正在进行的空袭进行了长达1小时20分钟的直播报道。通过电视图像、前方记者的电话报道、专家访谈、我国外交部发表的声明等一系列深入的报道，有力地表达了我国政府的立场。当天后续的节目如《东方时空》、《新闻30分》、《新闻联播》、《世界报道》、《中国报道》则通过深入的评析，不断更新的前方报道，让观众对事态发展能够充分了解和把握。

3月25日以后，中央电视台的新闻节目继续对南联盟的局势进行关注，《东方时空》每天“面对面”的内容主题也均是“关注科索沃”。

5月8日，中国驻南联盟使馆遭袭击以后，也有很多人是通过中央电视台第一套的《新闻30分》得到这一消息和中国政府的抗议以及各地人民对北约暴行的声讨的。

中央电视台的新闻类节目成为全国人民了解时事背景、关注事态发展的主要媒体。

自3月25日以来，中央电视台的主要新闻节目的收视率都有明显提高。

如表所示：除07:15～08:00以及19:30～20:00时段，中央电视台的几套新闻节目都有不同程度的提高，其中以《新闻30分》和《新闻联播》份额提高相对较多。

收视率的走势也进一步印证了上述数据特点。《新闻联播》、《新闻30分》、早间7时《新闻》等栏目的收视率在近期都有不同程度的上升。

而在晚间22时以后播出的几套节目，如中央电视台第一套的《世界报道》、第二套重播的《中国报道》收视率也出现明显提高。《世界报道》3月25日前后收视率数据的变化幅度为20.77%，《中国报道》在3月25日前后收视率数据的变化幅度为32.27%。

从部分城市传回的数据表明，在我驻南大使馆遭袭击以后，中央电视台新闻节目的收视率更是明显提高。如在广州，中央电视台第一套主要新闻时段的收视份额较1999年1月1日至3月24日的平均收视份额提高了126.22%，其中《新闻联播》、《新闻30分》、《焦点访谈》的收视份额分别提高了132.63%、203.18%和120.16%。在北京，主要新闻时段的收视份额也有明显提高（提高了38.42%）。

可见，在重大和突发新闻事件面前，中央电视台正在成熟和发展，成为观众了解新闻事态的重要渠道。

3月25日前后在中央电视台第一套重要新闻时段收视份额变化比较(%)

时段 日期	07:00－07:15	07:15－08:00	12:00－12:30	19:00－19:30	19:30－20:00
1999年1月1日－3月25日	52.77	53.48	23.94	55.47	42.76
1999年3月25日－4月24日	53.11	53.17	26.92	56.85	41.83

(摘自《电视研究》1999年第6期)

四、中央电视台对揭批李洪志及邪教"法轮功"的宣传报道

新闻节目中心揭批"法轮功"宣传报道小结

一、新闻节目:快速投入,形成舆论强势

揭露和批判李洪志及其邪教"法轮功"是1999年的一场重要宣传战役。自7月22日揭批"法轮功"的宣传战役开始以来,中央电视台新闻节目中心全力以赴,始终保持舆论强势,力度不减,并不断拓展报道领域,调集大批采访力量分赴全国各地,深入挖掘采访线索,使报道内容不断向深广拓展,做到了主题集中,反应迅速,声势浩大,步步深入,形成了强大的宣传舆论声势。这场宣传战役充分显示了以正确舆论引导人的重要性,充分显示了新闻队伍的战斗力,表明我们这支队伍在关键时刻是经得起考验的,也是能打硬仗的。

(一)反应快速,先声夺人

按照中央的统一部署,7月22日15时,中央电视台第一、第四套节目中断正常节目,并机播出了时长68分钟、名为《重要新闻》的电视节目,打响了揭批李洪志及其"法轮功"宣传战役的第一炮。中央电视台新闻中心准备周密充分,反应快速及时,播出井然有序,宣传声势强大。强有力的信息发布通过国内外广播电视媒体广为传播,使党中央的决策和精神及时迅速地传达给了社会各界,掌握了境内外舆论的主动权。

(二)火力迅猛,声势强大

自7月22日下午3时这档《重要新闻》播出后,为加大宣传力度,强化宣传效果,中央电视台第一、第四套节目并机于当日的17:00新闻、19:00《新闻联播》、21:00《现在播报》、24:00和次日的6:00、8:00、10:00新闻、12:00《新闻30分》、14:00、16:00的新闻节目中重复滚动播出了这档《重要新闻》所包含的全部内容,并在《新闻联播》、《现在播报》、《新闻30分》等重点新闻栏目中不断加进记者从各地采制的、各界群众对事态的关注和反应的新闻。如:各界群众表示:取缔"法轮功"大快人心的新闻等,及时报道了全国各地人民群众对中央决策的拥护和对"法轮功"的批判。

7月22日开始至8月中旬,中央电视台第一套的各档新闻栏目都打破常规,延长播出时间,新闻节目的累计播出量是常规播出量的2倍多,形成了强大的宣传声势。7月23日的《新闻联播》节目更是突破时长纪录,达到115分13秒。

(三)乘胜前进,再掀高潮

继电视片《李洪志其人其事》之后,8月12日中央电视台播出的电视片《4·25非法聚集事件真相》,将揭批"法轮功"宣传报道推向深入,让人们擦亮眼睛进一步认清"法轮功"的本质。

(四)层层递进,步步深入

在揭批"法轮功"战役持续的一个多月时间里,新闻节目一直保持了较高质量,记者采访逐步深入,播出编排更加科学,揭露批判更加深刻,宣传效果愈加明显。新闻节目中心的新闻节目主要从多方面进行揭批,揭批的力度和深度逐步增强。

此外,新闻节目中心的新闻节目,还从原"法轮功"组织者和修练者醒悟转化、各地清查追缴"法轮功"出版物、倡导积极健康生活等多个层面进行了全方位及时跟进的报道。

从7月22日至9月5日,中央电视台一套节目的各档新闻栏目累计播出揭批"法轮功"的新闻1722条

(其中《新闻联播》播出389条),累计时长共计6068分钟。

二、新闻专题栏目全面融入揭批“法轮功”报道

中央电视台新闻节目中心的《东方时空》、《焦点访谈》、《新闻调查》、《实话实说》四个新闻专题栏目全面投入了揭批“法轮功”的宣传战役,一些重点节目,如:《李洪志其人其事》、《4·25非法聚集事件真相》、《诱惑与操纵——透视“法轮功”黑网》等电视片,在中央电视台的多套节目中反复重播,同时被许多地方电视台录制播出。

(一)推出一批重量级节目

1.电视片《李洪志其人其事》

全长32分钟的电视片《李洪志其人其事》,针对人们普遍关注的李洪志及其“法轮功”的真伪问题,用李洪志自己“讲功”“治病”的录像,用采访对李洪志知根知底的早期合作者、小学班主任、邻居所了解到的大量事实,彻底揭穿了他所谓“真善忍”的谎言;通过介绍李洪志借“法轮功”组织蛊惑人心、愚弄群众,冲击新闻单位,骚扰党政机关,组织大规模的非法聚集活动等事例,揭露了其政治危害性和社会危害性。节目的后半部分以受害者家属的控诉,剥下了“法轮功”能“避灾消祸”的伪装,还“法轮功”愚弄群众、蛊惑人心的本来面目。节目以戳穿谎言、揭露本质为目标,使很多练功者如梦方醒,认清了李洪志和“法轮功”祸国殃民的真面目。

2.电视片《4·25非法聚集事件真相》

电视片《4·25非法聚集事件真相》用大量铁的事实表明,4·25大规模非法聚集,完全是一起有目的、有预谋、有组织的向党和政府施压,企图搞乱全国的重大政治事件。李洪志声称他“对政治不感兴趣”,不参与政治,只是传“法”。事实上,传“法”、练功只是表象,建立非法组织,造谣惑众,制造事端,与党和政府相抗衡才是其实质。一次又一次围攻党政机关和新闻单位,李洪志犹嫌不够,还要煽动练习者们“去中央、去国务院”,以至围攻中南海。事实证明,李洪志策动围攻静坐事件的根本目的,就是企图制造动乱,颠覆国家政权。

电视片在区别“法轮功”的顽固分子和普通练习者的问题上严格掌握政策界限,特别用一大段的主持人话语来解脱普通练习者。节目号召广大人民群众紧跟党中央的部署,一鼓作气,乘胜追击,彻底摧毁“法轮功”组织,彻底肃清李洪志歪理邪说的流毒,夺取这场斗争的胜利。

3.《诱惑与操纵——透视“法轮功”黑网》

在8月5日晚上黄金时间段,播出了52分30秒的电视片《诱惑与操纵——透视“法轮功”黑网》。这是新闻评论部调集《新闻调查》节目组、《东方时空》试验节目组等部门的精兵强将,起用全新的《新闻调查》演播室,抽调《东方时空》总主持人白岩松全程跟进,在短时间内完成的。节目以目前发现的证据和知情人的披露为基础和资料,邀请中国社会科学院研究员到演播室与主持人一起探讨,同时又在演播室的电视屏幕上放映外采专家的录像,引导讨论步步深入,系统分析了李洪志和“法轮功”从精神上控制练功者,从组织上胁迫练功者,从行动上操纵练功者的阴险手段,引导观众认清“法轮功”在精神和组织上编织出的黑网及其险恶的政治图谋。

4.《焦点访谈·看透李洪志》系列报道

7月31日晚,《焦点访谈》时段开始播出系列电视片《看透李洪志》。这个电视片是中央电视台按照中央指示,对“法轮功”进行深入揭批推出的又一个重量级系列节目。本系列节目共分5集,每集都是30多分钟,分别对李洪志的发迹、编造治病神话、办班出书敛财、组织非法机构闹事、宣扬“末世论”、推出“救世论”等方面进行批驳。比如第一集《李洪志是如何发迹的》,时长31分43秒,综合已经发现的大量证据,通过当事人、见证人、知情人的叙述,梳理出李洪志的发迹过程,亦即从普通人到“气功师”再到“最大的佛”的骗人过程、投机钻营过程、野心膨胀过程。8月1日播出了第二集《李洪志是怎样敛财的》,该片全长31分5秒,它通过采访早期与李洪志合作的知情人、原“法轮功”吉林总站站长、太原总站站长、原“法轮大法研究会”负责财务的工作人员、长春市地方税务局的工作人员、国家新闻出版署图书司司长等,对李洪志几年来打着免费推广“法轮功”的招牌,大肆掠夺练功人的钱财、偷逃国家税款的犯罪行为做了无情揭露和系统报道。

5.《焦点访谈·卑劣骗术　歪理邪说》系列报道

在认真总结前一阶段宣传报道经验的基础上,中央电视台于8月21日至8月25日又推出了一个重量级节目——《焦点访谈·卑劣骗术　歪理邪说》系列节目。本系列节目一共5集,每集20分钟。

按照中央的布置,这个系列节目是中央电视台揭批“法轮功”宣传报道战役的最后一战。它高度浓缩了到目前为止揭露出来的所有李洪志骗人敛财、组织非法围攻和静坐活动、宣扬歪理邪说、对抗政府等证据和内幕。

(二)所有专题栏目全面投入

《东方时空》、《焦点访谈》、《新闻调查》、《实话实

说》4个有代表性的专题新闻栏目全面投入这场宣传报道战役，名牌栏目的社会效应发挥得淋漓尽致。

按照中宣部、广电总局早些时候的布置，《东方时空》只做外围的配合，即根据栏目的实际情况做一些"自选动作"就可以了，没有硬性的"规定动作"。但22日15时以后铺天盖地的宣传攻势展开后，中央电视台的各级管理者都强烈地意识到，在这样的背景下第一套新闻节目中如果再出现别的内容，就会在客观上造成宣传步调不一致、分散观众注意力、减弱打击力度的后果，各档新闻栏目必须保持高度的政治敏感，自觉与党中央保持高度的一致。23日早上，经过十多个小时的紧张工作，《东方时空》播出了一期快速反应节目。这期节目用类似报纸的通栏标题的做法，由一个总题目贯穿始终，播出了系列特别报道《坚决取缔"法轮功"(一)》。这一节目，因其反应快、事实新、形式好而受到中央领导表扬。此后《东方时空》播出的《坚决取缔"法轮功"》特别系列节目持续播出了11集，每集40分钟。

《实话实说》由于近一个时期节目质量提高明显，社会影响越来越大，受到中宣部领导的重视，这次战役开始时即被点名参战。节目组全体同志没有辜负领导的信任，克服种种困难，积极主动地制作节目。他们大大缩短了前期调查征集、策划论证的时间(常规节目一般需要三个星期到一个月)，只用4天就录制完成了《送瘟神》节目，且一次审查通过，在7月25日播出后受到中宣部领导的表扬和广大观众的欢迎。此后，他们又受命赶制《真相》、《回家》、《目击》，这些节目从不同的侧面对"法轮功"展开揭批。内容集中在对"法轮功"和李洪志反动本质的揭露批判，形式上保持了《实话实说》生动活泼寓教于乐的特色。这些节目均是当周策划，当周录制，连夜编辑，准时播出，事实真实感人，揭露准确到位，说理清楚透彻，形式生动活泼，播出后收效较好，受到了领导和群众的肯定和表扬。

7月22日至8月25日，中央电视台等一套节目播出揭批"法轮功"的专题节目66个，累计时长2902分钟。

(根据新闻节目中心材料摘编)

全面投入揭批"法轮功"的报道战役

自7月22日15时中央电视台成功地打响揭批李洪志及其"法轮功"宣传报道战役的第一炮后，中央电视台新闻节目中心评论部，充分发挥新闻评论节目的优势，使报道不断向纵深挖掘、拓展，同其他各档新闻栏目一起，形成合力，使批驳"法轮功"的宣传报道十几天来持续保持了强大的舆论声势。

新闻评论部所属《东方时空》、《焦点访谈》、《新闻调查》、《实话实说》4个栏目7月22日至8月2日，11天的总体运作大致分三个阶段：

第一阶段为启报阶段(7月22～23日)

在组织这一阶段的报道时，中央电视台宣传，报道的第一炮打得准、响、猛。第一场战斗是推出电视片《李洪志其人其事》，于7月22日15时和《国家民政部关于取缔"法轮大法研究会"的决定》、《中共中央关于共产党员不得修炼"法轮大法"的通知》等新闻一起播出，成为第一冲击波，打响了第一枪。这个电视片以夹叙夹议的形式，以大量的事实戳穿了李洪志"真、善、忍"的谎言，初步揭示了"法轮功"的危害所在。如今，《李洪志其人其事》已经成为这次宣传战役的标志性作品，它的播出也成为这次历史事件的象征性行动。

第二阶段为展开揭批阶段(7月24～29日)

在这一阶段，《东方时空》、《焦点访谈》、《新闻调查》、《实话实说》4个有代表性的专题新闻栏目全面投入这场宣传报道战役，名牌栏目的效应发挥得淋漓尽致。这4个名牌栏目11天来每天的节目长度都在三四十分钟左右，不仅覆盖了第一、第二、第三、第四套节目等多个频道；而且覆盖了从周一到周日的多档黄金时段。

其中《实话实说》制作的《送瘟神》节目寓控诉于诙谐，在播出后的几天里应观众要求重播了6次，打破了该栏目开办以来单个节目的重播纪录。

第三阶段为深入揭批阶段(7月30～2日)

7月29日，公安部发出通缉令，当晚《新闻联播》首发了通缉令和公安部发言人就通缉李洪志所发表的谈话。7月30日以后几天的专题性新闻栏目更在深挖上下功夫，一方面继续发掘新的证据和线索，另一方面对已有素材进行新的组合，内容更多了。首先是节目播出了对多位法学专家的专访，对李洪志和"法轮功"的罪行及对李洪志应受的惩处做了详细论述。其次是在大量事实的基础上，对素材进行整理、归纳和深入剖析，推出有深度的理性报道。

(摘自1999年8月《中华新闻报》)

五、中央电视台对揭批李登辉“两国论”的宣传报道

新闻节目中心报道情况

1999年7月9日，李登辉在接受“德国之声”广播电台记者采访时，公然宣称台湾与大陆之间是“国与国之间的关系”。李登辉再一次抛出“两国论”，受到包括台湾同胞在内的全国人民和海外侨胞的强烈反对与谴责。7月11日，中央电视台《新闻联播》播发了中共中央台湾工作办公室、国务院台湾事务办公室发言人就此发表的谈话，由此开始了揭批李登辉的“两国论”的宣传战役。

第一阶段(7月11～22日)义正辞严，炎黄子孙怒斥“两国论”

7月12日，中央电视台《新闻联播》播报了外交部发言人就李登辉“两国论”发表的谈话，报道了海协会会长汪道涵对辜振甫把两岸会谈说是“国与国会谈”的说法“表示惊讶”的消息。此后几日，《人民日报》、新华社连续发表评论员文章，指出李登辉抛出“两国论”的要害是破坏国家统一，阐明一个中国的原则是实现海峡两岸和平统一的基础。7月17日，中共中央台湾工作办公室发表署名文章《分裂闹剧的背后——李登辉“两国论”透视》。港、澳舆论和各界人士也纷纷发表文章或组织座谈，严正批驳李登辉的“两国论”。董建华、霍英东等先后发表声明，强调一个中国原则是发展两岸关系的基础。对这些消息《新闻联播》都及时作了报道，并在各档新闻中滚动播出。与此同时，《新闻联播》还播发了大量批驳李登辉分裂言论的新闻。如：《参加海峡两岸关系研讨会的学者痛斥李登辉分裂祖国的谬论》，《港澳各界人士批驳李登辉分裂祖国的言论》，《中国和平统一促进会、台盟中央、全国政协港澳台委员会举行座谈会批驳李登辉分裂祖国的言论》，《全国政协港澳台侨委员会发表严正声明》，《共青团、妇联、在京少数民族各界人士等批驳李登辉分裂祖国的言论》，《中国国民党革命委员会发表严正声明，谴责李登辉分裂言论》等等。

李登辉的分裂言论也受到海外华侨的同声谴责。旅居法国、泰国、美国等国家的华侨华人通过组织座谈会等形式强烈谴责李登辉分裂言论，中央电视台都进行了及时报道。

李登辉的“两国论”在国际上也引起了强烈反响，许多国家政府包括美国和日本政府纷纷重申支持中国政府对台湾问题的立场，坚持只有一个中国的原则，那就是中华人民共和国。7月19日，《新闻联播》播出江泽民主席与克林顿总统通电话，重申中国政府在台湾问题上的严正立场，美国政府坚持一个中国的政策。7月20日，《新闻联播》又播发了中央和国务院台办负责人发表的谈话，坚决反对台湾分裂势力按照“两国论”“修宪”的图谋。

对因“两国论”的影响，使台北股市连续多日遭受重挫，台湾《民生报》抨击“两国论”有百害而无一利，台湾百余名大学教授发表声明反对李登辉鼓吹“两国论”等动态，中央电视台《新闻联播》都在第一时间作了及时报道。

第二阶段(7月25日～8月10日)晓以大义，规劝台湾当局悬崖勒马

7月25日，新华社发表评论员文章，指出诡辩挽救不了李登辉。7月26日，《人民日报》评论员撰文指出，中国的领土和主权不容分割。7月27日和29日，新华社评论员又先后发表文章，指出国际社会没有“两国论”的生存空间，台湾当局切莫把两岸关系当儿戏。7月27和28日，《人民日报》连续发表署名文章，指出奉行一个中国原则的国际潮流不可阻挡，台湾当局必须悬崖勒马。7月28日，联合国秘书长安南再次强调联合国始终坚持一个中国政策。这些消息，中央电视台都通过各档新闻节目及时作了报道。

7月30日，台湾海基会董事长辜振甫发表讲话稿，为李登辉的“两国论”进行辩护。中央电视台新闻节目及时报道了大陆海协会负责人发表的谈话和新华社、《人民日报》的文章，针锋相对予以驳斥。从8月3日至9日，《新闻联播》连续报道了农业部、首都法学界、首都科技界、首都体育界、交通部、外经贸部、信息

产业部以及文化界、旅游界人士和全军官兵纷纷召开座谈会,批驳李登辉的“两国论”。

中央电视台驻外记者站再次报道了国外各地华人华侨批判李登辉及其“两国论”的消息,以示中华儿女维护祖国统一的坚定信念。

第三阶段(8月10日以后)旗帜鲜明,反台独决不手软

8月10日,李登辉狂妄叫嚣,“‘两国论’愈闹愈大,愈大愈好,这样才会引起全世界的关注”,并指令台湾“新闻局”加强对外宣传力量。

与此同时,台湾当局第七次掀起“加入联合国”的恶浪,在国际社会散布“两国论”。台“外交部”纠集、收买尼加拉瓜等12个国家,于8月12日向联合国秘书长安南递交提案,要求联大“审视中华民国在台湾所处的特殊国际处境及参与联合国和其他相关组织问题”。就此,中共中央台湾办公室、国务院新闻局发表了《一个中国是无可争辩的事实——评台湾当局对“特殊国与国关系”的书面说明》。与此同时,外交部发言人就尼加拉瓜等少数国家提出台湾加入联合国议案发表谈话。对这些重要谈话和文章,中央电视台都在新闻节目中及时作了报道。

从8月17日至20日,中央电视台《新闻联播》还连续播发了《解放军报》评论员文章,中国驻美国大使李肇星关于中国不承诺放弃对台使用武力的声明,《人民日报》和新华社评论员文章等。

在一个月的时间内,中央电视台共播发揭批“两国论”各种新闻109条。其中以口播形式及时播发、摘发的重要文稿和消息56条,约68分钟。播出本台记者自采新闻53条,约50分钟。

8月28日至29日,台湾国民党召开十五次大会二次会议,将“特殊两国论”纳入国民党文件。8月31日,中央电视台播发中央台办负责人发表的谈话,对此进行了严厉谴责。9月1日,《新闻联播》中摘播了新华社评论员文章:《评“两国论”列入国民党决议》。9月3日至8日,《新闻联播》相继播发了国内外的反应。9月10日,《新闻联播》在播出我人民解放军在东海、南海海域进行多兵种渡海登陆作战实兵演习的消息后,随即摘播了《解放军报》评论员文章,阐明我们为什么不承诺放弃对台湾使用武力。此后,还陆续播出《人民日报》、《求是》杂志、新华社评论员的文章,以及美国前驻华大使认为“两国论”有损美国利益的消息。8月23日至9月20日,中央电视台播出揭批“两国论”的新闻28条总计36分钟,《焦点访谈》1期,13分钟。随着台湾局势的变化,中央电视台揭批“两国论”和“台独”的宣传报道仍在进行。

(根据新闻节目中心材料整理)

海外节目中心报道情况

李登辉自7月9日散布“两国论”以来,遭到海内外中国人及国际舆论的强烈反对和普遍谴责。海外节目中心按照中央的精神,从对外报道的角度,及时地制作和播出了大量专题新闻节目,全面地、多角度地揭露批驳了李登辉所谓的“两国论”,向世界表明了中国政府和中国人民坚决捍卫祖国统一,维护国家主权,反对分裂祖国的严正立场。

《中国新闻》采编、播发有关批驳“两国论”的新闻112条,平均每天3~4条,形成了一定的宣传声势;《中国报道》陆续播出了《玩火者必自焚》、《分裂没有出路》、《对李登辉“两国论”的诡辩不能接受》和《李登辉“两国论”危害台湾经济》等4期120分钟的专题节目,海内外各界人士从“两国论”对两岸关系、对亚太乃至对世界和平与经济发展的严重危害等角度对“两国论”进行了批驳;《海峡两岸》陆续播出《TMD与台湾》、《辜振甫谈话稿之剖析》、《李登辉搅乱台湾人民宁静生活》和《“制造麻烦”的李登辉必作茧自缚》等4期节目,其中《“制造麻烦”的李登辉必作茧自缚》播出后受到海外观众的普遍认同。《海峡两岸》还策划制作了“民众评说李登辉‘两国论’”6集系列节目,邀请大陆和台湾各界人士、海外华人华侨代表进行座谈,从两岸军力对比、“两国论”出笼的背景与实质和对台湾的经贸等方面深入分析,阐述了“两国论”的巨大危害。《天涯共此时》栏目制作了3集系列片《祖国大陆与台湾先民》,以无可争辩的事实批驳了李登辉妄图从历史上寻找理论根据分裂祖国的险恶用心,向世人昭示了台湾先民与祖国大陆同根同祖的史实。

《中国新闻》充分发挥电视新闻的时效优势,继续深入揭露批驳“两国论”;《中国报道》栏目发挥反应快、报道充分、访谈深入的优势,从国际形势、军事、李登辉其人、国际法和历史等角度,分门别类地以“专项话题”方式播出有关揭批“两国论”的节目。

(根据海外节目中心材料整理)

六、中央电视台对喜迎新千年的宣传报道

《相逢 2000 年》特别节目报道综述

中央电视台《相逢 2000 年》特别节目从 1999 年 12 月 31 日 17 时 30 分开始，至 2000 年 1 月 1 日 17 时 30 分结束，第一套和第四套节目并机播出。这是在庆祝建国 50 周年和澳门回归报道之后的又一重大宣传报道活动。整个宣传报道工作参考国际的做法，突出体现了中华民族优秀的传统文化；体现了中国与世界的结合；北京与全国各地的结合；传统与现代的结合；局部与整体的结合；直播与录播的结合；新闻、专题与文艺节目的结合；节目与创收的结合。

一、报道量统计

1. 新闻类报道 161 分 12 秒

专题 36 个(包括重播)461 分 45 秒；文艺晚会 4 场，124 分钟。

歌曲(包括重播歌曲)42 分 48 秒。

少儿类节目 1 个，25 分钟。

竞赛类节目 2 个，77 分钟。

2. 现场直播

①“首都各界迎接新世纪和新千年庆祝活动”，总计 40 分钟。滚动重播中华世纪坛庆祝活动专题 3 次，共 34 分 30 秒。②利用国外信号直播(基里巴斯、新西兰查塔姆岛、澳大利亚、日本、印度、俄罗斯、东二时区国家、巴西、美洲国家、西萨摩亚)10 段，总计 115 分 30 秒。其中，外派记者在国外(基里巴斯、澳大利亚、日本、巴西)现场直播 38 分 15 秒。③利用国内信号直播(北京、三亚、泰山、西安、上海、哈尔滨)6 段，总计 118 分 40 秒。

3. 延时播出

利用国外信号播出《东亚、南亚千年午夜庆典》、《古风起舞》、《拉美午夜庆典》、《夕阳无限》、《转动的极点》、《欧洲午夜庆典》、《新郎、新娘、新千年》、《一日千年》、《维也纳》、《各国集锦》等庆典活动或节目，总计 142 分 42 秒。在参加 BBC“今日 2000”大联播的 64 个国家和地区的电视机构提供的信号中，我们共选取了 47 个国家和地区电视机构提供的信号。利用国内信号播出 1 段(浙江石塘镇)10 分钟。

在 24 小时节目中，共采用全国 61 家省市电视台信号及台、港、澳三地共 64 家电视台的信号。

4. 为英国 BBC 上传节目 5 段(开篇长城锣鼓、2000 年圣火取火种仪式、中华世纪坛庆祝活动、三亚日出、泰山日出、结尾龙腾)，总计 34 分钟，英国 BBC 全部采用了中央电视台的上传信号。

5. 高清晰度电视 1 月 1 日 10∶00 播出世纪坛活动、世纪坛介绍节目，长度 38 分 30 秒。

6. 中央电视台从 1999 年 12 月 31 日 17 时 30 分至 2000 年 1 月 1 日 17 时 30 分，在本台互联网站同步直播了《相逢 2000 年》特别节目。据统计，24 小时中点击数为 5235665，访问页面数为 665423，访问人次为 91147。

访问者来自 49 个国家和地区。其中 50%来自美国，18%来自中国大陆，11%来自加拿大。

二、确保重大活动现场直播顺利实施

在 24 小时的节目中，北京中华世纪坛举行的“首都各界迎接新世纪和新千年庆祝活动”是重中之重。在时间紧、任务重、变数多、协调困难等不利条件下，编播、技术等部门密切配合，圆满完成了这场重要活动的直播任务。做到了：①突出反映了在以江泽民同志为核心的党中央领导下，高举邓小平理论伟大旗帜，全国各族人民满怀豪情迎接新世纪、迎接新千年的精神风貌。②保证中央领导活动的报道，尤其是把江泽民主席的重要讲话作为重点，取得了很好的宣传效果。

在圆满完成中华世纪坛的庆典活动的现场直播任务之后，还抓紧时间，连夜编辑了精彩回放，分别在 2000 年 1 月 1 日早 8 时 53 分和 11 时 30 分重播。

三、报道特点

1. 准备时间最短

此次报道活动的最后准备时间相当短，尤其是世纪坛的转播，需要多次与北京电视台磨合，需要经常与世纪坛活动组委会联系。直到 12 月 24 日才最终确定由中央电视台承担世纪坛活动的转播，并要在保证生

台节目的前提下，全力支持北京电视台的转播计划。

2. 涉及部门、人员最广

这次直播是充分体现“世界性”和“世纪性”的大型活动，也是充分体现中央电视台集体智慧的活动。在圆满完成澳门回归报道后不足10天的时间里，编播、技术、行政后勤等部门调集精兵强将，发挥各自特点，形成合力，围绕一个主题共同制作了24小时的精彩节目。全台直接参与到24小时直播的工作人员近2000人。

负责高清晰度电视拍摄任务的人员来自社教中心、广告经济信息中心、青少中心、新闻中心、技术制作中心等单位。虽然只有3天的准备时间，但由于大家通力合作，充分利用技术系统(6讯道、4台单机)，较好地完成了高清晰度电视的报道任务。

3. 直播现场变数最多

由于中华世纪坛活动在短时间内迅速上升为国家级重大活动，而现场一期工程刚刚竣工，许多条件尚不具备，这为我们圆满完成报道活动带来了许多意想不到的困难。如：由于场地狭小转播车摆放的位置和机位设置的不断变化；用电难以保证；制高点的人员和拍摄机位发生变化；现场人多，传输线路随时有被踩断的危险等等。为此，办公室、保卫处、节目和技术系统的负责人多次与组委会、北京电视台、现场周边单位，甚至于中央有关部门协商，不断调整转播方案，以满足报道工作的需求。

4. 技术手段最复杂

在圆满完成澳门回归的报道任务之后，参加澳门回归报道技术设备立即投入到2000年的报道活动当中。一部分转播设备于12月24日运抵海南三亚；另一部分设备日夜兼程，于12月30日上午抵达北京，比计划提前半天。在24小时内，先后投入到31日人民大会堂新年音乐会、中华世纪坛庆典活动和2000年1月1日凌晨天安门升旗的转播工作中。

《相逢2000年》特别节目电视直播是以800平方米演播室为主切换中心，由1000平方米演播室两个分切换室组成。其中400平方米演播室负责世纪坛现场转播，1000平方米演播室负责迎千年《相逢2000年》文艺晚会特别节目。1000平方米、400平方米演播室节目信号经分级切换进入800平方米演播室演播，作为《相逢2000年》特别节目与BBC提供的世界多个国家、地区电视台和全国各省、市、自治区电视台的电视信号共同组成直播信号来源，经800平米演播室切换后对全国和世界进行24小时连续直播。

在首都各届迎接新千年庆祝活动中，中央电视台提供的主要电视设备包括：电视转播车2辆，高清晰度电视转播车1辆，配套的单机设备5套，录放像机35套，对编设备4套，以及4个演播音频控制室的全套设备，录音棚2个，调音台12台，各种周边设备42台，通讯系统设备1套，开通通讯线路58条，信号传输设备、微波设备16套，通讯卫星8个，国内微波干线3条，灯光照明设备，发电车1部。总共投入工程技术人员700多人。

四、领导和观众给予高度评价

央视—索福瑞媒介研究有限公司于2000年1月1日对全国100个城市中2001户家庭进行了电话调查访问。调查结果如下：

有81.3%的家庭收看过中央电视台《相逢2000年》电视直播节目。其中，有46%的观众收看了大部分或全部节目；有19.8%的观众看了一半左右；有21.8%的观众看了一部分。有86.8%的观众对此次24小时直播表示“满意”或“比较满意”。截止到2000年1月1日16时30分，观众中平均每个人的收看时间约为5.5小时。观众印象最深的场面是零点前后的“首都各界迎接新世纪和新千年庆祝活动”；其次是以“天地人和”为主题的文艺晚会；以及以世界各地庆千年活动为主要内容的时空驿站节目。

中央宣传部部长丁关根、中央办公厅主任曾庆红、北京市委书记贾庆林等领导同志对节目的成功表示了祝贺。广电总局领导称赞中央电视台的这次报道活动为1999年的重大宣传报道活动画上了一个圆满的句号，同时也为2000年的宣传开了一个好头。

在24小时直播节目播出时，各地观众不断发来电子邮件或打来电话，纷纷表示感谢中央电视台为全国人民安排了一台优秀的节目。整个节目显示了中央电视台与国际接轨的大台风范。香港九仓电视台全程转播了《相逢2000年》特别节目，亚洲电视、凤凰卫视也部分 转播了这台精彩节目。

五、取得良好效益

据统计，《相逢2000年》24小时特别节目的广告收益为1234万元(不包括每天的固定广告收入800万元)，与以往大型节目相比，这台特别节目在取得良好社会效益的同时，也取得了良好的经济效益。

(综合整理)

7. 机　构

1999 年中央电视台机构设置

1999 年中央电视台的机构在经过 1998 年的大调整以后，没有变化，仍然是下设 15 个中心、室（副司局级），3 个直属机构（处级）。

1. 办公室

下设：秘书处、法规处、保卫处、外事处、行政处、房管处。

2. 总编室

下设：宣传规划处、节目播出管理处、节目资料管理处、观众联系处、研究处。

3. 新闻节目中心

下设：综合部、新闻采访部、社会新闻部、地方新闻部、新闻编辑部、新闻评论部、新闻制作部、军事部。

4. 海外节目中心

下设：海外联络部、海外新闻部、海外专题部、海外编辑部、对台编辑部、外语新闻部、外语专题部、海外制作部。

5. 社教节目中心

下设：综合部、专题部、科教部、纪录片部。

6. 文艺节目中心

下设：综合部、文艺部、国际部、影视部、戏曲音乐部。

7. 广告经济信息中心

下设：综合部、广告部、经济部、信息部、图文电视部。

8. 体育节目中心

下设：综合部、体育新闻部、体育竞赛部。

9. 青少节目中心

下设：综合部、青年部、少儿部、动画片部。

10. 技术管理办公室

下设：技术业务处、科技处、工程管理处、信息通讯处、动力处。

11. 技术制作中心

下设：综合部、采录部、录制部、制作部、音频部、动画技术部。

12. 播出传送中心

下设：综合部、播出部、转播部、传送部、总控部。

13. 人事办公室

下设：干部管理处、劳动工资处、培训职称处、离退休人员管理处。

14. 财经办公室

下设：计划统计处、财务处、财产物资处、经营管理处、基建处、演职培训处。

15. 机关党委

下设：党委办公室、纪委、工会、团委。

台直属机构有监察室、审计处、中国电视报社。

台属企事业单位有中国电视剧制作中心、中央新闻纪录电影制片厂、北京科学教育电影制片厂、中国国际电视总公司、中央卫星电视传播中心。

中央电视台设有编委会、技委会、行管会。

中央电视台分党组书记赵化勇，分党组副书记刘宝顺、李东升，成员：张长明、刘宜勤、陈君、万迪基、李建、胡恩。

中央电视台台长、总编辑赵化勇，副台长刘宝顺、李东升、张长明、刘宜勤，副总编辑赵立凡、罗明，总工程师邵昌有，副总工程师刘广全。

中央电视台机关党委书记刘宝顺。

分党组纪检组组长陈君，副组长张海鸽。

台属 15 个中心（室）的主任分别是：办公室主任李晓明，总编室主任罗明（兼），新闻节目中心主任孙玉胜，海外节目中心主任赵宇辉，社教节目中心主任高长龄，文艺节目中心主任邹友开，广告经济信息中心副主任张海潮（正处级），体育节目中心主任阎连俊，青少节目中心主任余培侠，技术管理办公室主任何宗就，技术制作中心主任李旋宗，播出传送中心主任丁文华，人事办公室主任王晞建，财经办公室主任许二春，机关党委专职副书记南玉敏。

中国电视剧制作中心主任胡恩，副主任邹庆芳、王伟国、张华山。中央新闻纪录电影制片厂厂长李建，副厂长张建华、王盟盟、干颖力。北京科学教育电影制片厂厂长万迪基，副厂长任振华、杨杰亭、安伟民。中国国际电视总公司总经理李培森，副总经理王丹洁、冷敏述、赵健。中央卫星电视传播中心主任赵化勇（兼），副主任田盛华、杨步亭（兼）。

中央电视台事业编制为2503人。

编　委　会

中央电视台编委会是中央电视台宣传工作的最高决策机构。编委会在台分党组和台长的领导下，按照中央的宣传政策方针和广播电影电视总局编委会的部署，负责全台节目规划的制订审查、各套节目栏目的设置、栏目出台前的论证、重大选题的审定、重要节目的审查、重大宣传战役的部署等。编委会还有责任对各节目中心和节目制作单位的舆论导向、节目内容和制作水平进行监督、检查和评估。

台编委会由下列人员组成：

总编辑：赵化勇

副总编辑：李东生、张长明、赵立凡、罗　明

编委会成员：

胡　恩　孙玉胜　阎连俊　高长龄　邹友开
赵宇辉　张海潮　余培侠　张建华　薛继军
周　经　刘效礼　高建民　黄平刚

台总编室为编委会的办事机构。

技　委　会

中央电视台技术委员会（简称技委会）是中央电视台最高技术决策机构，其成员由主管技术的台领导及技术系统的部分负责人和专家组成。中央电视台技术委员会的主要职责是：研究把握电视台未来电视技术的发展方向；对新技术、新设备的引进作出规划和决策；审定设备购置和配备计划；审查批准电视技术工程项目；审定电视技术标准；审定大型活动的技术方案。另外，技委会还为台领导重大决策和全台管理工作提供技术依据和发挥参谋作用。

技委会由下列人员组成：

主　任：刘宜勤

副主任：邵昌有

成　员：刘广全　何宗就　徐　威　李旋宗
丁文华　陈凤龄　陈　默　朱慰中
李树声　缪署金　肖月桃　曹　青

行　管　会

中央电视台行政管理委员会（简称行管会）是在台分党组领导下负责全台重大行政、党务、经营工作的议事机构，成员包括各行政职能部门的主要领导。行管会办公会议由分管副台长主持，主要根据台分党组的授权，审议职能部门提交的全台性的重大事项，协调宣传、技术、经营系统与职能部门间的工作关系，提出行政管理部门保障宣传工作实施的工作方案。行管会主要通过每两周一次的办公会议开展工作。会议的组织工作和记录由台办公室负责，会议纪要由分管副台长签发。重要的决策方案报台分党组同意后实施。

行管会由下列人员组成：

主　任：刘宝顺

副主任：陈　君　贾文增

成　员：李晓明　张海鸽　南玉敏　王晞建
许二春

分党组纪检组、监察室

纪检组和监察室为培训各级
纪检监察干部举办的培训班现场

1994年10月，经中央纪委同意，原广播电影电视部党组批准，设立中央电视台分党组纪检组，并同监察室合署办公。

分党组纪检组、监察室合署办公后的主要职责和任务是：在中纪委驻广播电影电视总局纪检组、监察部驻广播电影电视总局监察局和台分党组、台长双重领导下，检查本台各部门和所属单位的党组织与党员领导干部执行党的路线、方针、政策和决议的情况，对台分党组及其成员和其他党员领导干部实行党章规定范围内的监督；检查本台党员领导干部违反党纪的案件以及所属单位的重要违纪案件，并根据有关规定提出处理意见，台纪委按照党的隶属关系和干部管理权限，对所查案件中的党员作出处理决定；协助台分党组管好党风，加强廉政建设，纠正行业不正之风；配合有关部门对党员和党员领导干部进行党风党纪教育；指导本台和所属单位党的纪律检查工作；受理本台和所属单位党员的控告和申诉；监督检查本台各部门和所属单位工作人员贯彻执行国家法律、法规和政策以及决定、命令的情况；受理对台各部门和所属单位工作人员违反国家法律、法规以及违反政纪的行为的检举、控告；调查处理本台各部门和所属各单位工作人员违反国家法律、法规以及违反政纪的行为；受理台各部门和所属单位工作人员不服行政处分的申诉，以及法律、法规规定的其他由监察机关受理的申诉。

分党组纪检组、监察室编制9人，现有正式职工6人。纪检组组长陈君，副组长兼监察室主任张海鸽，监察室副主任黄瑞刚。

台办公室

台办公室是台分党组和台领导的日常办事机构，是组织协调全台行政管理工作的主管部门，是中央电视台对外联络的主要窗口。主要任务是：管理全台的文秘、信息、法规、安全保卫、外事、行政后勤和房屋分配与修缮工作；组织协调全台宣传、技术、行政、经营工作的重大活动；督促检查台领导交办各中心（室）、部（处）日常工作的完成情况，提出全台行政管理工作改进意见和建议。下设秘书处、法规处、保卫处、外事处、行政处、房管处。现有正式职工184人。台办公室主任李晓明，副主任刘建中、唐世鼎。

台办公室秘书组在为本台1999年工作会议服务

秘书处

是隶属于台办公室的一个综合职能部门，承办台分党组和台领导交办的日常事务。负责台办室担任的全台性宣传、技术、行政、经营等方面重大活动的协调工作，以及全台文秘、信息、会务、联络、调研、档案、公关、收发等承上启下的工作；主办全台《工作日报》、《中央电视台简报》等内部刊物。保证全台政令畅通，运转顺利。下设秘书一科、秘书二科、秘书三科、档案科、摄影科、收发科。现有正式职工33人。秘书处处长唐世鼎（兼），副处长滕云平。

法规处

该处隶属台办公室，是中央电视台的一个职能部门，负责全台的法律事务工作。主要职责是：参与起草、制订、修改全台的各项规章制度；参与台投资、租赁、资金转让、拍卖、招投标及下属企业改制等涉及本台重要权益的经济活动，处理相关事务，对台属各部门对外签署的合同等法律文件进行审议和管理，代理本台进行诉讼；办理台属企业的工商登记及商标、专利、商业秘密等法律事务；对台属二级机构的法律工作进行管理指导。现有正式职工5人。法规处副处长仇刚。

保卫处

保卫处成立于1981年8月，是中央电视台的一个职能部门。其主要任务是负责中央电视台的安全保卫工作，包括治安、警卫、消防等项任务。配备有先进的消防监控系统及先进的治安闭路电视监控设备。保卫处设消防科、治安科、警卫科、电视消防监控中心科。现有正式职工21人。保卫处处长刘建中（兼），副处长吴雪民、高进印。

外事处

外事处成立于1984年，是中央电视台的一个职能部门。主要职责是接待外国及港、澳、台地区的电视界人士来访；安排台领导的外事活动；负责在中央电视台工作的外国专家管理工作；审核中央电视台各部门出国任务、办理出国手续；组织协调涉外合作项目，签订合作协议及其他有关的外事管理工作。下设欧美大科、亚非拉科、接待科。现有正式职工12人。外事处处长张永富，副处长迟洪业、贺萍。

行政处

行政处成立于1984年，是中央电视台的一个职能部门。它负责行政管理、精神文明建设方面的工作，包括计划生育、职工福利、办公家具、劳保用品、礼品纪念品、交通安全、爱国卫生、家属委员会等。行政处设综合科、行政科、接待科、交通安全管理科。现有正式职工24人。行政处处长刘振瑞，副处长李宝珊、田应坪。

服务中心成立于1993年6月22日，现隶属行政处，是中央电视台的后勤保障部门。主要职责是：为全台职工制作价廉物美的伙食，为各类节目制作提供车辆、运输保障，为全台职工防病、治病，以及全台各类文件的印刷。宗旨是：服务全台、造福职工。服务中心设：财务科、食堂一科、食堂二科、交通科、医务室和文印科。现有正式职工58人。服务中心主任李宝珊。

房管处

房管处成立于1998年6月，隶属台办公室，负责全台房产管理工作。主要职责是：贯彻执行国家有关房屋管理的方针、政策、法律、法规，并根据广电总局的有关规定，结合中央电视台实际情况，研究制订相应的管理办法和实施细则，并组织实施；负责全台房屋及其产权资料的积累、立卷、归档工作；负责全台办公用房和职工宿舍的分配、调整、维修和管理工作；负责全台中、小型自管房屋维修工程计划的审核、施工、验收、检查等工作。下设维修科、房管科、综合科，现有正式职工14人。房管处副处长刘威。

总 编 室

中央电视台总编室是编委会的执行机构，按照编委会的要求负责处理日常宣传业务，定期向编委会报告工作并提供决策性建议。总编室的日常工作是在编委会领导下，根据中央的宣传精神，负责组织管理全台的宣传工作。总编室下设宣传规划处、节目播出管理处、节目资料管理处、观众联系处、研究处、审片组。现有正式职工100人。总编室主任罗明（兼），副主任周经、胡运芳，党总支专职副书记许唐生。

总编室承办的“全国电视理论期刊研讨会”现场

宣传规划处

宣传规划处是中央电视台负责宣传管理工作的职能部门。它负责组织管理中央电视台宣传规划，制订全年宣传计划和重点选题计划；负责审定各部门栏目选题；负责全台节目资金分配、各类节目数据的统计与分析；协调全台节目引进工作；承担本台国际互联网宣传总体设想及规划；负责全台网上节目的编辑工作；参与组织有关电视宣传的工作会议、“五个一工程”评奖和国际节目评奖活动；负责编辑出版《电视信息》、《业务交流》两种内部刊物。宣传规划处下设：宣传规划组、综合组、互联网组。现有正式职工19人。宣传规划处副处长罗琴。

节目播出管理处

节目播出管理处是中央电视台负责节目编排、节目播出管理和协调重大宣传活动播出的职能部门。负责全台每周各套节目的编排、召集全台有关部门讨论即将登报的一周各套节目播出表、日常节目的更改协调、下达节目播出指令和制订各套节目的栏目表；对全台重点节目、优秀栏目和频道特色进行宣传包装；完成固定专题栏目《电视你我他》和《银幕采风》的编辑工作；对全台入库待播节目进行技术整备，对台外制作的所有拟用节目进行技术审查。下设节目科、频道包装科、节目宣传科和技审科。现有正式职工21人。节目播出管理处处长周经（兼），副处长霍振恒。

节目资料管理处

节目资料管理处主要负责向中央电视台播出的八套节目和英语传送频道提供备播磁带，负责节目资料磁带与胶片的管理和资料整理工作，并负责中央电视台节目生产管理系统的日常维护工作。下设播出库、新闻库、资料库、业务楼库、空白磁带库、胶片库、播出节目目录编辑组和综合技术组。截至1999年底，库存节目带、素材带、胶片总量共计220542盘（盒）。现有正式职工21人。节目资料管理处副处长强西京。

观众联系处

观众联系处是专门负责联系观众和进行观众调查研究的机构。主要负责日常观众来信的整理和分析(每星期为台领导提供一份"近期观众反映",在办公例会上通报;编辑观众信息反馈的内部专刊《观众反映及分析》);召集观众座谈会以及组织栏目评议活动;组织一些大型的调查研究项目(如1997年开展了第三次全国电视观众抽样调查);承担屏幕语言差错的统计工作;承担对互联网站观众来信电子邮件的整理和分析工作;委托央视调查咨询中心进行一些电视专项调查活动。下设数据分析科和观众信息管理科。现有正式职工8人。观众联系处处长胡运芳(兼),副处长刘建鸣、虢亚冰。

研究处

研究处成立于1983年4月,是负责电视理论研究,编辑、出版、发行电视理论刊物、图书、年鉴,组织精品赏析活动,收集和提供电视图文资料的职能部门。电视学会活动和各类评奖工作亦由研究处负责组织实施。研究处设学术组,图书资料室,《精品赏析》节目组,年鉴、图书编辑科,《电视研究》编辑部。现有正式职工29人。研究处处长王录,副处长王甫、王亚平、孙秋萍。

审片组

审片组成立于1986年4月,由具有高级专业职称的离退休人员为主组成,是受台领导委托专门审看节目的机构,具体业务由总编室领导。审片组实行集体审看,共同把关。审看的节目范围包括:第一、二套节目黄金时段播出的电视剧、译制片、栏目外播出的专题节目;新影厂和科影厂播出的固定栏目;台领导委托审看的其他节目。目前有正式职工2人。组长陆善家。

新闻节目中心

新闻节目中心于1988年建立,1989年调整后逐步完善,实现了新闻采、编、播"一条龙"的管理体制。1998年上半年机构调整后,部门由原来的6部1组而改为8个部,即综合部、新闻采访部、社会新闻部、地方新闻部、新闻编辑部、新闻评论部、新闻制作部、军事部。现有正式职工359人。新闻节目中心主任孙玉胜,副主任李挺、缪署金、张宁,党总支专职副书记郭书兰。

新闻节目中心工作人员在50周年国庆大典天安门城楼转播现场

综合部

成立于1998年5月,是在原新闻中心办公室的基础上组建的。下设秘书科、驻外记者站管理科。负责新闻节目中心的文秘、后勤协调工作,以及驻外记者站的建站和管理工作。继1998年之后,1999年再次获得中央电视台办公业务评比特等奖。现有正式职工4人。综合部主任郭书兰。

新闻采访部

成立于1989年7月,是在新闻中心所属原政文部的基础上调整、充实组建的。新闻采访部承担中央电视台的政治、外事外交、经济、科学技术、社会发展等方面的新闻采访报道工作。设有时政组、综合组、经济组、农业组、金融科技组等5个记者组。现有正式职工55人。新闻采访部副主任王建宏(主持工作)、庄殿君、王连生、谷云龙、张玉山。

时政组主要负责党和国家重大时政活动报道,党和国家领导人重要活动报道,重要外事活动的报道。

综合组主要负责国家宏观经济管理方面及国家重大方针政策、经济和社会发展中的重大事态、事件方面的报道。

经济组主要负责纺织、煤炭、航空、航天、石油、冶金、化工、机械、电子等产业经济方面的新闻报道。

农业组主要负责农业、林业、水利、农村社会经济发展等方面的报道。

金融组主要负责金融、财税、科技方面的报道。

社会新闻部

社会新闻部是1998年5月25日成立,基本建制由原《新闻30分》组和原采访部文教组及社会组三部分组成。社会新闻部的主要任务和目标是就社会法制、社会民生、社会文化等内容向各档次新闻提供节目,同时负责每天《新闻30分》栏目的编排与播出。社会新闻部成立后就建立了全台第一个24小时值班的新闻策划指挥组,建立了一套专门应付突发新闻事件的特快反应机制,并在一些突发新闻事件中发挥了重要的作用。每天除了为自己的栏目《新闻30分》供稿处,还同时向《新闻联播》、《早间新闻》、《晚间新闻》及各次滚动新闻供稿,一年供稿量约3000条左右。与此同时还完成了多次大规模的直播任务,每次直播及连续报道都在社会上引起良好的反响。现有正式职工152人。社会新闻部副主任盖晨光(主持工作),副主任李毅。

地方新闻部

地方新闻部成立于1998年5月20日，主要职责是组织全国各省、市电视台向中央电视台各新闻栏目供稿；及时向各省、市台通报有关的宣传精神，协调中央电视台与全国各省级电视台之间的新闻业务关系；负责编辑、审看全国各省、市电视台传送来的稿件及本部门派出人员与地方台合作采编的稿件；按照正确的舆论导向和舆论规律对各省、市电视台向中央电视台传送的主要稿件进行策划和组织，确保地方上发生的重大新闻和日常新闻能够及时在中央电视台各档新闻栏目中播发；协调召开全国电视新闻系统年会。地方新闻部暂设两个编辑组，另有专人负责通联工作。现有正式职工13人，临时人员40人。负责人陆伟昌。

新闻编辑部

新闻编辑部主要任务是:负责国内外新闻的组织、收集、选择、改编、汇编和编译工作;负责中央电视台第一套节目各次综合性新闻节目的设计、编排、制作和播出。新闻编辑部每天负责制作和播出的新闻节目14次,共计3小时25分钟,新闻节目均实现了直播。新闻编辑部设国内新闻一组、国内新闻二组、国际新闻组、对外新闻组、策划组和新闻播音组。现有正式职工66人。新闻编辑部常务副主任范昀,副主任侯明古、杜宝风、李昕。

新闻评论部

成立于1993年12月21日,由原来的《观察与思考》、《今日世界》以及《东方时空》组成。现有4个栏目。2个每天播出的栏目:《焦点访谈》和《东方时空》,2个每周播出一次的栏目:《新闻调查》和《实话实说》。其中《焦点访谈》长13分钟,在每天《新闻联播》后黄金时段播出。《东方时空》总长40分钟,设有《东方之子》、《面对面》、《生活空间》、《时空报道》4个子栏目。《新闻调查》在1999年7月9日,由原节目时长45分钟改为30分钟,每周五21时25分首播;《实话实说》时长40分钟,每周日按《东方时空》播出时间段播出。新闻评论部下设13个科组:部办公室、编辑策划组、访谈中心组、企划组、记者一组、记者二组、记者三组、记者四组和《东方之子》组、《生活空间》组、《新闻调查》组、《实话实说》组、制片组。新闻评论部实行制片人负责制。1999年12月底,新闻评论部工作人员300余人,其中正式职工82名。新闻评论部第一届领导班子成员是:主任孙玉胜、副主任袁正明,张海潮。第二届领导班子是主任袁正明,副主任梁建增、时间。

新闻制作部

新闻制作部成立于1989年,承担新闻中心所有节目的制作和全天的新闻滚动播出任务,已形成一套完整的录播、制作合成技术系统。其中有非线性编辑系统、宽泰美工创作系统、音乐和创作系统、MIDI及音频工作站。该部设中心科、录制科、照明科、美工科、电讯科。现有正式职工66人。新闻制作部主任缪署金(兼),副主任李志平、张宝安。

军事部

军事部是中央电视台专门从事军事宣传报道的编辑部门,由中央电视台和解放军总政治部双重领导,建制在中央电视台,宣传业务由中央电视台负责。其前身是1966年4月成立的军事组。该部负责军事新闻的报道和《军事天地》、《人民子弟兵》等栏目的节目摄制。中央电视台许多重大题材如《让历史告诉未来》、《长征·生命的歌》、《中华之门》、《望长城》、《中华之剑》、《毛泽东》、《长征·英雄的诗》、《背负民族的希望》、《邓小平》、《新中国》等大型专题片都是以军事部为主,与台内外的制作力量合作的成果。这些节目全部在全国评比中获大奖。中央电视台第七套专业频道开播后,军事部门的节目制作任务又有增加。军事部对中央电视台驻军队系统的17个记者站实行业务指导。军事部设新闻组和专题组。现有现役军人25人。军事部主任刘效礼,副主任赵元贵、王增臣。

海外节目中心

海外节目中心由原对外中心与第四套节目部于1993年11月合并成立,是中央电视台对外宣传节目的制作编播部门。其主要任务是:负责国际频道卫星电视即第四套节目和英语传送频道节目的制作和编排播出,承担对外大型系列节目的制作播出;创办和发展海外电视宣传阵地,促进两个频道的卫星电视节目在世界各国落地播出;向中国驻外使、领馆以及海外电视台、电视机构提供和传送中、外文节目;协同全国各地方电视台制作播出对外宣传电视节目;承担国际电视交流、接待外国来华摄制组和海外观众联络工作;定期为美国《国际日报》编发《中国电视》专版,向海外介绍中国电视。海外节目中心下设海外联络部、海外新闻部、海外专题部、海外编辑部、对台编辑部、外语新闻部、外语专题部和海外制作部。现有正式职工 321 人。海外节目中心主任赵宇辉,副主任盛亦来、拉白、李树声,党总支专职副书记冉素霞。

海外节目中心编导人员正在
策划大型连续报道《共和国备忘录》

海外联络部

海外联络部成立于 1998 年 6 月,负责海外节目中心的日常行政办公、文秘、经费等管理和协调工作,协助中心组织全国性会议、节目评比、易地采访等活动。同时还承担以下任务:第四套节目和英语传送频道节目的播出编排、频道宣传和包装、两套对外节目的磁带管理、向海外寄送节目磁带、国内联络、观众联络、国际联络、接待境外电视摄制组、定期编发《电视海外宣传通讯》和美国《国际日报》的《中国电视》专版,以及《华夏掠影》和《观众之友》栏目的日常编辑播出。此外,还负责译制法语、西班牙语、阿拉伯语和俄语版的对外节目,在本台播出或向海外寄送。该部门下设节目组、对外联络组、对内联络组、观众联络组、外语组和信息编辑组。现有正式职工 37 人。海外联络部主任陆金龙,副主任冉素霞、景春寒、陈龙城。

海外新闻部

海外新闻部成立于 1993 年,是在原第四套节目部基础上调整、充实组建的。海外新闻部承担着中央电视台国际频道对外新闻的采访制作播出工作,同时还承担国际频道对重大新闻事件直播的报道任务。海外新闻部最初开办的一档《中国新闻》至今已发展到在国际频道新闻滚动播出,其中重点新闻栏目《中国新闻》(晚间)、《中国新闻午间报道》、《中国新闻 60 分》,目前每天播出新闻 8 次,日播出量 212 分钟。海外新闻部下设时政组、文教组、经济组、社会组 4 个前期采访组和编辑一组、编辑二组、地方组 3 个后期编辑组。现有正式职工 45 人。海外新闻部主任杨刚毅,副主任赵树清、马勇。

海外专题部

海外专题部是海外中心专题节目制作部门,承担《中国报道》、《中华医药》、《中国风》、《旅行家》、《纪录中国》、《民族大家庭》、《中华文明之光》、《语林趣话》、《世界华人》等专题栏目的采访编辑制作任务;同时,每年还承担若干大型系列节目和上级指令性节目的采访编辑制作任务。该部设《中国报道》组,《中华医药》组,《中国风》组,《旅行家》组,《纪录中国》组,《民族大家庭》组,文化组和特别节目组。现有正式职工 52 人。海外专题部主任吴明训,副主任张希岑、王广令。

海外编辑部

海外编辑部负责制作国际频道的文化、综艺类节目,下设 4 个组承办 5 个栏目,即:《中国文艺》、《神州戏坛》、《欢聚一堂》和文化教育类栏目《东方家园》、《千秋史话》。另外还担负制作大型文化类系列片和大型文艺晚会的任务。现有正式职工 30 人。海外编辑部主任吕斌、副主任郎昆、郭清华。

对台编辑部

对台编辑部成立于 1998 年 6 月,主要负责涉及台湾新闻性节目及各类专题节目的制作,节目主要以台湾的观众为对象。目前开办的栏目有:《天涯共此时》和《海峡两岸》。现有正式职工 22 人。对台编辑部主任李海明,副主任苏大清、李晓奇。

外语新闻部

外语新闻部负责英语传送频道和第四套节目中的英语新闻及亲闻性专题节目的采访、编辑、制作。主要栏目有:《英语午间新闻》、《英语晚间新闻》、《环球瞭望》、《今日中国》、《一周要闻》、《周日话题》等。该部除负责对港、澳、台和海外的英语新闻节目制作外,还负责定期向美国 CNN 和我驻外使馆提供新闻和专题节目。该部设《午间新闻》组、《晚间新闻》组、《国际新闻》组、《今日中国》组和新闻采访组。现有正式职工 32 人。外语新闻部副主任江和平、汪飞舟。

外语专题部

外语专题部成立于 1998 年 6 月。该部由经济组、纪录片组、文化专题组、教学组和影视剧组 5 个组组成,是以制作文化专题类、经济类、文艺娱乐类和教学类英语节目为主的部门,承办《中国各地》、《中华艺苑》、《中国投资指南》、《外国人看中国》、《华夏风情》、《音乐电视》、《功夫》、《厨艺》、《经典回放》、《汉语教学》等栏目。制作的节目均在英语传送频道中播出,其中部分节目在中央电视台国际频道中播出。

海外制作部

海外制作部是中央电视台对外宣传（第四套和英语传送频道）节目制作的主要生产单位，是一个集视频、音频、灯光为一体的电视节目制作及技术保障部门。现有演播室、虚拟演播室；大型后期制作机房、小型合成机房、大型制转、复制机房；多媒体后期制作系统；编辑设备；译制合成音频系统、配音设备；电子采访设备；以及动画、机算机系统等。海外制作部下设综合科、制作一科、制作二科、制作三科、制作四科、制作五科、制作六科、制作七科、复制科。现有职工57人。海外制作部主任李树声（兼），副主任陈玉良、张军农。

社教节目中心

社教节目中心于1990年3月成立。其任务是对社会教育节目制作播出实行集中统一管理。该中心负责制作法制类、专题对象类、生活服务类、教学类、科技类、地方台窗口和大型纪录片等类型的节目,节目涵盖内容丰富多彩,其内涵深刻、贴近生活、通俗易懂。社教节目中心的一批精品栏目历久不衰,一批新版栏目、改版栏目求新求变。现办有18个栏目,不同文化层次的观众都能从中找到适合自己的节目。社教中心下设综合部、专题部、纪录片部和科教部。现有正式职工183人。社教节目中心主任高峰,副主任王进友,党总支副书记杨菁。

《相约夕阳红》制作现场

综合部

综合部于1998年6月成立,是社教中心的行政管理部门,公文运行、综合事务处理的中枢。负责处理中心领导和上级主管部门交办的各项任务,管理中心固定资产和节目经费的协调,收集传达信息,承办各类大型会议,组织大型活动,协调中心内外关系。下设秘书科和综合科。现有正式职工2人。综合部副主任王玉清。

专题部

专题部成立于1980年6月,负责法制、文化、卫生、民族、工人、妇女以及家庭生活等节目的编辑制作。现有9个栏目:《读书时间》、《健康之路》、《今日说法》、《当代工人》、《社会经纬》、《万家灯火》、《半边天》、《美术星空》、《健康之路》。1999年还录制了《世纪龙腾——全国澳门知识竞猜》、《二十世纪中国女性史》、《历史的飞跃》、《战火深情》、《中国少数民族扶贫报告》等节目。这些栏目和节目内容专一,各具特色,满足了不同层次观众的需要。专题部实行栏目制片人制,综合业务科协助各栏目制片人做好经费管理工作。专题部正式职工78人。主任尹力,副主任熊文平、魏淑青。

科教部

科教部的前身为教育节目部,为配合中央关于"科教兴国"战略决策的实施,于1997年初改为现名。科教部是中央电视台科技类和教育类节目的主要编辑制作部门。现设有科普栏目《科技博览》、《走近科学》、老年栏目《夕阳红》、农业科技栏目《田野》;1999年春节推出《天天饮食》栏目;1999年3月推出为下岗职工提供政策、技能、信息服务的系列节目《再就业之友》;1999年6月推出了外语教育栏目《希望——英语杂志》。同时办有各类题材的系列教育节目、科普系列节目和外语教学节目。科教部设有《教育节目》组、《科技博览》编辑组、《走近科学》编辑组、《夕阳红》编辑组、制片科、部办公室。现有正式职工64人。科教部主任冯存礼,副主任刘民朝、孙素萍、陈学林。

纪录片部

纪录片部成立于1998年5月,主要承担重大题材系列专题片和大型纪录片的创作任务。1999年,纪录片部创作并播出了大型文献片《李大钊》,与教育部联合摄制了专题片《千秋基业——邓小平与中国教育》,为配合澳门回归制作并播出了《九九归一》、《澳门岁月特辑——澳门回家》。为了迎接新世纪到来,制作并播出了300集系列片《百年中国》。纪录片部组成了高清晰度电视试验小组,不断研究探索并拍摄播出了《港风澳景》、《王府井》、《北京海洋馆》等高清晰度电视节目。另外与地方台合作制作了40集系列片《环保纪事》。纪录片部现有2个栏目:《地方台30分》(每周在第一套和第二套节目各播出一次)、《祖国各地》(每周播出一次,每次30分钟)。现有正式职工32人。纪录片部主任魏斌,副主任李虹。

文艺节目中心

文艺节目中心成立于1994年3月。它承担着中央电视台第一、二套节目中文艺类节目,第三、八套所有节目及国际节目的制作编播任务;承担着国内电影、电视剧的制作播出任务;承担着国外引进影视剧的译制、编辑制作和播出任务。其主要节目形态包括影视剧、音乐、舞蹈、曲艺、杂技、戏剧、戏曲等各类文艺节目。中心下设综合部、文艺部、国际部、戏曲音乐部。现有正式职工223人。文艺节目中心主任高建民,副主任张子扬、苏峰。

中央电视台"心连心"艺术团
在云南演出现场

综合部

综合部成立于1998年5月,是中心的综合组织协调部门和处理日常事务的办事机构。主要负责中心的行政管理、公文文秘、节目经费管理、中心内部人事管理等工作;同时负责中央电视台第三、八套节目的管理、编排、包装、串播和节目预告以及部分宣传包装性栏目的制作。该部目前主要栏目有《走进电视》、《精彩十分》、《走进幕后》、《下周屏幕》、《节目预告》等。下设秘书组、宣传策划组、节目组。现有正式职工5人。综合部副主任倪代光。

文艺部

文艺部成立于1962年,早在建台初期,便以文艺组的编制出现。它承担中央电视台各类文艺节目的录制播出工作。该部目前所设的栏目有《综艺大观》、《曲苑杂坛》、《旋转舞台》、《当代剧场》、《电视书场》、《文化视点》、《戏剧天地》、《艺苑风景线》、《戏剧博览》、《专题文艺》、《朋友》、《音画时尚》、《神州大舞台》、《精彩十分》、《荧屏诗坛》、《午间乐园》、《艺术入门》、《艺文手册》。文艺部设有综艺组、歌舞组、社会文艺组、戏剧组、曲艺组、编辑组、《文化视点》组、节目组、专题文艺组、摄像科、制片科。现有正式职工76人。文艺部主任赵安,副主任王晓、张晓海。

国际部

国际部成立于1987年4月,主要承担外国电视节目的引进、译制工作以及国际节目的采编工作。主要栏目有:《正大综艺》、《正大剧场》、《动物世界》、《人与自然》、《世界各地》、《佳艺大世界》、《佳艺新视点》、《佳艺剧场》、《佳艺五线间》、《佳艺影院》、《国际影院》、《原声影视》、《环球》、《外国文艺》、《世界影视城》、《世界名著名片欣赏》、《世界文化广场》、《世界影视博览》等。该部下设《正大综艺》组、《环球》组、《人与自然》组、《佳艺》组、《动物世界》组、《世界各地》组、编导组、编译组、制片组。现有正式职工66人。国际部主任张子扬(兼)。

影视部

影视部全称为电影电视剧编辑管理部,是中央电视台电影、电视剧播出的主管部门,成立于1984年。该部下设编审一组、编审二组、编审三组和制片组。现有正式职工23人。影视部主任高建民(兼),副主任冯骥、汪国辉。

戏曲音乐部

戏曲音乐部成立于1995年12月,主要承担戏曲、音乐节目的录制播出工作。1999年8月全面改版,改版后的栏目有:《新视听》、《中国音乐电视》、《音乐电视城》、《每周一歌》、《地方文艺》、《八面来风》、《电视诗歌散文》、《东西南北中》、《国乐飘香》、《交响世界》、《音乐空间》、《音乐桥》、《演艺网站》、《星光无限》、《戏曲采风》、《戏曲直播》、《九州戏苑》、《学唱京剧》、《名段欣赏》、《中国京剧音配像》、《戏苑百家》。戏曲音乐部下设:音乐电视组、音乐组、《东南西北中》组、地方组、专题组、戏曲组、地方戏曲组、摄像组、制片组。现有职工53人。主任尹希元,副主任孟欣、王志军。

广告经济信息中心

广告经济信息中心成立于1996年5月24日,下设综合部、广告部、经济部、信息部和图文电视部,担负全台广告创收、经济节目、信息类节目的宣传及图文电视事业发展的任务。现有正式职工143人。广告经济信息中心副主任兼党总支副书记张海潮,专职副书记李萍。

1999 年中央电视台广告招标现场

综合部

综合部成立于 1998 年 6 月,其前身为该中心办公室,是中心的综合组织协调部门和日常的办事机构。主要负责行政管理、协调中心内外关系和中心节目选题规划的组织等工作。现有正式职工 2 人。综合部副主任李萍。

广告部

广告部成立于 1987 年 7 月，其前身为 1979 年 10 月成立的广告科。广告部全面负责全台商业广告的管理和销售以及公益广告宣传。1998 年 6 月又新开办了《电视购物》栏目。广告部下设业务科、资讯科、办公室。业务科负责广告的日常销售，资讯科主要负责广告业务宣传推广以及为广告客户提供全面的服务。正式职工 26 人。广告部主任郑加强，副主任郭振玺。

经济部

经济部成立于 1984 年,1996 年 6 月划归广告经济信息中心。经济部承担中央电视台经济方面的宣传报道任务。现设 8 个栏目:《经济半小时》、《中国财经报道》、《金土地》、《生活》、《商界名家》、《世界经济报道》、《幸运 52》、《欢乐家庭》。另设信息策划组,负责信息搜集、选题策划和栏目包装;制片协调组,负责部内人员管理、后勤保障,制片业务和规章制度的执行监督;主持人组,负责主持播音、业务研讨等。1999 年组织专门队伍负责重大事件的电视直播工作,如“3·15 晚会”、“世界环境日直播”、“《财富》论坛”、“科技下乡”等。现有正式职工 88 人,经济部主任汪文斌,副主任刘连喜、王进。

信息部

信息部成立于 1998 年 6 月,它的成立是为适应知识经济时代的市场细分化、信息传播高速化、观众接受信息系统化的需求,对市场中的各类权威性、专业性的经济信息进行归纳划分、编辑播出,达到全面分析和介绍国内外市场主要产业动态、行业走势、企业形象及产品策略等市场信息的目的。现有 3 个栏目:《商务电视》、《商桥》、《供求热线》。还设有 3 个相关业务科组:特别节目组、业务发展组、信息网络组。现有正式职工 31 人。信息部主任王晓真,副主任王焰。

图文电视部

图文电视部是中央电视台专门从事逆程图文电视和数据广播的编辑、技术、经营及管理工作的部门。主要业务有经济信息咨询服务、提供信息类电视节目资料,图文电视信息系统的技术开发、技术转让、技术服务及开发产品的销售。目前开发的主要产品有中视天运图文卡(内置式、外置式),该卡采用 PHILIPS 公司新 SAA5284 图文电视接收专用芯片,可配接多种股票分析软件,是全国数据广播系统中领先产品。现有正式职工 34 人,主任韩建群,副主任郑健。

体育节目中心

体育节目中心于 1998 年 5 月在原体育部基础上成立,是中央电视台全民健身及运动休闲、体育竞技、体育新闻、体育知识教育等节目的主创部门。负责规划、选题、采编、制作和播出国内外体育节目,管理、编排第五套节目及其他频道有关体育的节目播出工作。下设综合部、体育新闻部和体育竞赛部。现有正式职工 69 人。体育节目中心主任阎连俊,副主任马国力。

体育节目主持人(右)与网球赛的转播顾问在一起

综合部

综合部成立于 1998 年 5 月,其任务是负责落实体育节目中心的节目播出方案,宣传、包装体育节目;承办《城市之间》、《经典时刻》、《康乐年华》等栏目并组织协调特别节目;协助中心领导管理日常行政及文秘和其他交办的工作。另有体育节目信息互联网,1998 年 10 月开通。168 体育热线在全国 200 多个城市开通。正式职工 11 人。综合部副主任杨斌。

体育新闻部

体育新闻部成立于 1998 年 5 月,主要负责日常体育新闻事件的报道,并制作有关的专题节目。设有 6 个栏目:《体育新闻》、《体育大世界》、《中国体育》、《世界体育报道》、《五环夜话》、《足球之夜》。现有正式职工 29 人。体育新闻部副主任张兴、程志明。

体育竞赛部

体育竞赛部成立于 1998 年 5 月,主要负责国内国外重大体育赛事的转播和有关体育竞赛节目的编播。设有 11 个栏目:《篮球公园》、《周二大放送》、《假日体育》、《纹枰论道》、《棋牌乐》、《卫星赛场》、《国内竞技场》、《德国足球甲级联赛》、《意大利足球甲级联赛》、《跟我学系列》、《实况录像》等。体育竞赛部下设国内节目组、国际节目组和播音组。现有正式职工 25 人。体育竞赛部副主任岑传理、白钢。

青少节目中心

青少节目中心成立于 1998 年 6 月,是中央电视台青少年和儿童节目的主创部门。负责青少年儿童节目的规划、制作和播出。组织摄制青少年儿童题材新闻、专题、文艺和儿童电视剧、国产动画片等具有欣赏、教育意义的电视节目。设有《大风车》、《动画城》、《东方儿童》、《12 演播室》、《第二起跑线》、《芝麻开门》、《同一片蓝天》、《儿童剧场》等 10 多个栏目,每天播出节目量 8 个多小时。中心下辖综合部、青年部、少儿部、动画部 4 个部。现有正式职工 120 人。青少节目中心主任余培侠,党总支专职副书记郑淑贞。

青少节目中心《相约动画城》专栏剧照

综合部

综合部是青少中心的日常办事机构。承办中心内部公文的撰写、传递、保管、归档等工作;收集整理信息资料,为中心领导提供决策依据;管理中心内部财产物资;协助中心领导组织职工考核、职称评聘;处理中心外事工作的程序性事务;检查、督促台各项规章制度和中心所布置任务的贯彻执行。综合部还负责青少节目中心节目外延产品的开发工作,并协助中心领导管理卫视少儿节目编辑策划组和银河少年电视艺术团。综合部下设秘书组、少儿艺术组和第七套卫星少儿节目编辑策划组。现有正式职工 18 人。综合部副主任李小健。

青年部

青年部是以 14～35 岁青年为主要收视对象的节目制播部门。青年部下设中学生组、大学生组和社会青年组。现有栏目《第二起跑线》和《12 演播室》,均在中央电视台第一套节目首播。除制作日常播出的中学生节目、大学生节目和社会青年节目外,还定期承担“五四”青年节特别节目、“国际大专辩论会”等一些大型节目的录制工作。现有正式职工 25 人。青年部主任高峰,副主任潘超。

少儿部

少儿部是以 13 岁以下儿童为收视对象的节目制作与播出部门。下设《大风车》编辑策划组、儿童剧组、社会节目组、学前节目组和摄像组。开设有杂志型少儿栏目《大风车》,综艺性少儿栏目《同一片蓝天》,儿童戏剧栏目《儿童剧场》等。少儿部还承担一些大型综艺晚会节目的拍摄任务,如“六一”儿童节晚会等。现有正式人员 37 人。少儿部主任张小军,副主任王英。

动画片部

动画片部是中央电视台专门负责国产动画片创作、制作和播出的部门。动画片部播出的窗口为《动画城》栏目,这是目前我国唯一一个专门播出国产动画片的栏目。动画片部下设创作一组、创作二组、创作三组、编辑组和制片组。现有正式职工 38 人。动画片部主任梁晓涛,副主任赵文江。

技术管理办公室

技术管理办公室成立于 1991 年 4 月,是中央电视台技术主管领导和技委会的办事机构,是技术系统的运行管理、监督检查归口部门。根据技委会的要求，负责处理技术系统运行及管理工作，协助台领导做好技术系统各项协调工作，负责制订技术事业发展规划，承办和落实台领导、技委会下达的任务，为台领导提供重大技术问题的决策依据。技术管理办公室下设技术业务处、科技处、工程管理处、信息通信处、动力处。现有正式职工 169 人。技术管理办公室主任何宗就，副主任徐威、黄平刚，党总支专职书记谢和平。

技术管理办公室国际互联网新技术制作机房

技术业务处

技术业务处成立于 1998 年 5 月。是技术管理办公室的办事机构。负责落实和承办技术管理办公室交办的各项工作。拟定技术发展规划，提出技术系统经费的预算方案；拟定汇总大型节目制作和重大实况电视转播的技术方案；拟定汇总专业技术设备购置计划、专业设备的分配方案；负责专业技术设备、备件的出入库管理，安排、协调全台节目的技术制作工作；负责技术管理办公室的办公秩序和行政事务管理；协调安排台技术主管领导的公务活动，组织协调技术系统的重大活动；负责技术系统公文撰写、处理、收发、登记、阅办及技术系统的日常工作。现有正式职工 6 人。技术业务处处长黄平刚（兼），副处长谢和平、路晓俐。

科技处

1994 年 4 月由技术处更改为科技处。主要职责范围：拟定全台科技项目的研究、开发，并负责对科研立项、论证、研究、开发的组织和管理；负责把科研成果及时向广电总局和国家科委申报推举；负责节目技术质量的监测管理，技术设备的技术指标测试；对引进的新技术、新系统和新设备进行论证、试运行和推广；组织制定广电总局下达的电视标准立项审定工作，以及草拟台技术系统的各类标准和规范；负责技术系统职工的再教育、业务培训、技术交流等；负责选派参加国际电视技术年会和标准审定会议的组织工作；负责台电视技术系统的各类技术性刊物和专著的编辑出版工作。科技处下设三个科：培训科、检测科和信息科。现有正式职工 17 人。科技处处长李建成，副处长张国琛、袁辉。

工程管理处

工程管理处原名工程维护处，1998 年 5 月改为现名。负责全台技术工程新建、改建项目的论证、立项、预算编制、资金使用、合同签订、执行的管理；实施工程监理、项目验收、质量评比及档案汇编审查；本处固定资产、租赁协议及新影厂、科影厂、台属公司租用设备管理；制定全台技术维护规章制度、维护规范；技术维护工作的考核、评比、总结等；全台年度维护经费预算编制及使用管理；全台电视设备、设施、计划维修的组织、实施和代理维护的管理；全台技术系统大修的组织和实施；电视设备光学部件的维护维修；台内有线电视、业务用电视设备、办公设备的维修管理。正式职工 8 人。工程管理处副处长王冀林。

信息通讯处

信息通讯处成立于 1996 年 1 月，由原新技术应用开发室和动力通讯处中的通讯部分组成。负责中央电视台计算机信息网络系统、通讯系统和通讯线路的建设、运行、管理和维护；负责为全台行政办公、电视宣传、节目制作等工作提供通讯业务的技术保障和服务，为全台自动化办公系统和其他计算机应用系统提供技术服务和支持；负责全台计算机信息网络的运行和管理；负责全台计算机技术和通讯技术的引进、应用、开发工作；负责管理全台计算机设备和软件；负责管理全台通讯业务和技术设备；负责协调和处理与信息和通讯相关的各项工作；负责全台通讯业务和计算机信息网络业务经费的管理。现有正式职工 48 人。信息通讯处处长徐威（兼），副处长季小军、丁亚建。

动力处

动力处（原名动力中心、动力通讯处）成立于 1985 年 1 月 19 日。它担负着中央电视台的供电（包括计划用电、节约用电、安全用电）、空调制冷、供暖、供蒸气、给排水、排烟通风、室内外照明、电梯、移动通讯等专业设备及系统的常年每天 24 小时运行值班及设备的维护和检修任务，是中央电视台完成电视宣传任务的一个重要技术保障和技术服务部门。动力处下设业务科、器材科、供电运行科、供电检修科、空调科、水暖科、电梯科、设备维修科、寻呼科、机电管理科。现有正式职工 88 人。动力处副处长高东生、王国佑、曹建新。

技术制作中心

技术制作中心成立于1991年3月。它是集前期采录，后期制作，演播室直播、录像，视音频技术、灯光、舞美和服装、化装、道具为一体的电视节目制作单位。承担着中央电视台社教节目中心、文艺节目中心、青少节目中心、广告经济信息中心和总编室所属各个栏目的节目制作，以及海外节目中心、新闻节目中心和体育节目中心所属部分栏目的节目制作。技术制作中心下设综合部、采录部、制作部、录制部、音频部和动画技术部6个处级部门。现有正式职工293人。技术制作中心主任李旋宗，副主任陈默、曹青，党总支专职副书记田敬改。

技术制作中心设计布置的节目制作演播室

综合部

综合部是中心实行技术管理、节目制作管理和行政管理的机构。负责中心的文秘、信息、档案、保密和日常行政工作；统一调度中心内各种技术设备、设施和各种制作手段，落实各编播部门节目制作和全台各部门使用大型演播室现场直播和录像；协调台外实况转播和录像的制作任务，以及节目制作使用技术设备、设施有偿服务的数据统计；本中心固定资产、设备大修、系统测试、技术质量和技术人员专业培训等项管理工作。综合部下设综合科、节目制作管理科和技术管理科。现有正式职工11人。综合部主任曹青(兼)，副主任田敬改、王树艺。

采录部

采录部成立于1998年，是中央电视台的重要电视节目制作部门。采录部分管大、中型演播室8个，前期ENG及其配套设备百余套，全功能后期合成编辑系统10余套，拥有大屏幕电视墙、大型摄像机升降臂、摄像机减震器等特种设备。采录部的工作任务是：台内各类电视节目的前期拍摄和技术保障；节目的演播室现场直播和录像；后期制作合成。采录部设有：录制一科、录制二科、录制三科、录制四科、后期制作科、采编科。现有正式职工58人。采录部主任李宏虹，副主任刘畅。

制作部

制作部成立于1983年。它承担全台节目的舞台美术、灯光、服装、化妆、设计制作及全台展览会的设计制作；还承担部分节目整体包装和虚拟演播室的背景+设计制作。该部设有美术与灯光电脑辅助设计系统、大型喷绘制作系统。负责管理约4000平方米的景具库房、2000平方米的灯具库房、800平方米的服装库房，并同时管理一号演播厅和1000平方米、800平方米、600平方米、400平方米演播室及一些小型演播室。每年自行设计制作节目量为160多台。制作部设有业务管理科、美术设计科、灯光设计科、灯光一科、灯光二科、灯光技术科、服装及化妆科、美工装置科、美术制作科、电脑技术科。现有正式职工88人。制作部主任李玉文，副主任于宝富、张旭。

录制部

原技术制作中心录制部于1998年7月划分为3个部门：采录部、动画技术部及录制部。现录制部是以后期制作为主的视频制作部门，分管技术制作中心的十五、十八、十九三个演播室中心机房，8套多媒体机房，13套ENG及各类后期编辑制作机房28个。其主要任务为：电视节目的演播室录像，电视节目的前期采访及后期制作；胶转磁和带式转换；电脑动画、合成；视频制作技术系统的事业发展规划、运行管理与维护。录制部下设有后期制作二科、三科、四科，电脑制作科，影视制作科及录制五科。现有正式职工53人。录制部副主任李勇、徐进、崔建伟。

音频部

音频部成立于1991年3月，是电视节目的音频制作部门。它从事录音扩音、译配音、音乐编辑、音乐资料管理及音频技术系统管理等业务。音频部分管演播室、录音棚、译配音室及音乐编辑室等各类机房26个，以及录音车、转播车的音频制作业务和各类节目的前期录音或同期录音。其业务范围包括：11个演播室的节目音频制作；台外录像或直播节目的音频制作；8个译配音及解说录音机房的后期音频制作；2个录音棚(480平方米和360平方米)的立体声音乐录音；4个音乐编辑、审听及复制机房和1个MIDI音乐制作系统；3辆录音车的运用；音频技术系统的运行管理与维护。现有正式职工62人。音频部主任朱恩中，副主任刘中胜。

动画技术部

动画技术部成立于 1998 年 7 月，专业从事卡通动画片制作和广告经济信息中心经济节目制作。动画技术部是国内最具有实力的国有卡通动画制作单位，其生产规模、生产管理、技术质量都接近国际先进水平。该部现有前期 ENG 设备 72 套、演播室 4 个、常规制作系统 43 套、计算机非线性制作系统 12 套；三维动画 flame 合成系统；大型二维卡通制作系统。承担着青少节目中心动画片部创作的动画节目的制作以及广告经济信息中心所有经济栏目的日常制作和播出，同时还部分承接国内外动画节目以及各类影视节目的加工。该部下设：录制六科、后期制作五科、采编二科、广告制作科、动画合成科、卡通动画科。现有职工 168 人(其中台内正式职工 22 人，中视电视技术开发公司聘用人员 146 人)。动画技术部主任范玲，副主任崔建。

播出传送中心

播出传送中心成立于 1991 年 3 月，负责承担中央电视台 9 套节目和图文电视信息数据的安全播出；国内外新闻、体育、文艺以及重大宣传报道活动的电视实况转播、传送和录制；台外大型综合节目转播报道的组织和实施；卫星电视和微波干线的协调和运行管理；本台移动和固定卫星地球站的运行业务；向全台提供主同步信号作为同步基准；利用电视信号向全台和全国提供标准时间和标准频率；受理海外电视媒体在华的卫星传送业务及提供相应的技术支持；全中心事业发展规划、工程项目审批及新技术引进。播出传送中心设综合部、播出部、转播部、传送部和总控部。现有正式职工 168 人。播出传送中心主任丁文华、副主任梁迎利，党总支专职副书记彭香莲。

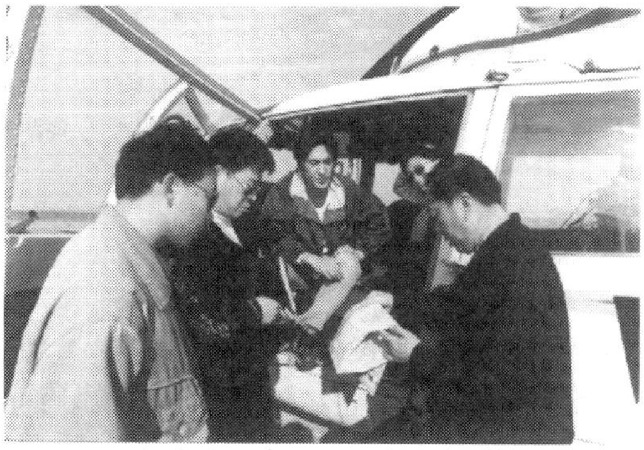

播出传送中心的工作人员正在
研究澳门回归报道的直升机航拍方案

综合部

综合部成立于 1998 年 6 月，其前身为 1991 年成立的播送中心办公室。是播出传送中心的日常办事机构，协助中心领导进行行政事务、技术业务的协调和管理，为中心所属各业务部门提供服务。负责中心的文秘、信息、档案、保密等日常行政工作；负责本中心大型综合节目转播报道的组织协调工作；负责技术设备、设施有偿服务的数据统计和收费管理工作；负责本中心工程项目审批、固定资产管理、技术人员培训等项技术管理工作。现有正式职工 4 人。综合部主任刘文华。

播出部

播出部前身为播出传送部(1988 年 3 月成立)，1998 年 6 月改为播出部。是负责中央电视台各套节目播出运行、管理的技术部门。现拥有 8 套机械手自动播出模拟系统、8 套机械手自动播出数字系统、1 套虚拟演播系统以及 1 个直播演播室，其主要任务是：负责播出线上的整个播出流程运行管理；承担全台现有 9 套节目的安全播出运行；利用播出信号场的逆程向全国播发标准时间、频率、测试运行信号以及图文电视；此外还承担体育节目的部分前期采访、后期制作、新闻直播的技术工作。播出部设有播控一科、播控二科、制作科、备播科。现有正式及招聘职工 66 人。播出部主任王效杰，副主任李跃山。

转播部

转播部是中央电视台唯一的一个承担台外大型电视节目实况转播录像任务的技术部门。主要业务范围：承担各部门台外的电视节目的前期制作，包括直播、专场、实况录像(制作的节目包括各种会议、文艺、体育、新闻、经济、专题)；承担各种外事活动的直播、录像；提供各种电视节目所需的前期特种设备；在播出传送中心的统一管理下，完成本部门技术业务管理及设备维护工作。转播部承担着全台日常台外的各种节目制作和转播任务，并利用 EFP 设备做台内制作设备的补充。在大型综合性转播报道中，承担制作系统的构建和分系统间的设计、协调任务，并承担一部分由台里安排的外省市节目的制作以及本部门设备的技术维护等业务。本部除办公室外下设：转播一科、转播二科、转播三科、转播四科、转播五科、特种设备科、声音技术科。现有正式职工 38 人。转播部主任于志，副主任陈明、姜柏宁。

传送部

传送部成立于 1998 年 6 月 1 日。主要负责提供移动卫星地球站(DSNG)和微波中继等传输技术服务，承担全台外出节目转播中的部分工作和节目回传任务；遇有重大自然灾害发生时，承担防震、抗灾电视报道的信号传输任务;并在大型综合性转播报道中,承担传输系统构建和协调任务。提供来华海外电视媒体在中国回传新闻的卫星传送设备及相应的技术支持。负责体育节目中心日常节目制作。为中央电视台与云岗地球站之间的光缆提供微波备用通道。下设卫传科、制作科、对外服务科和微波科。现有正式职工(含台招聘)36人。传送部副主任陈泽时、肖建生。

总控部

总控部成立于1998年6月。主要是负责全台进、出信号的分配、运行管理,是全台信号交换的枢纽。其主要任务是:负责全台内外进出节目信号的调度和协调,提供全台各种标准信号;承担台内、外信号交换的收录和监测;按规定受理涉外的技术申请和安排;负责节目播出和传送当中对外事务处理和解释工作;负责通过卫星及微波干线转播、传送及收录节目,负责管理中央电视台外围的光缆线路和固定卫星地球站收发系统;对外办理公共传输网络和卫星传送及相关的线路安排;负责国内外卫星公共传输网费用的预算、收支的管理工作。下设运行一科、运行二科和管理科。现有正式职工22人。总控部副主任程星、刘韵音。

人事办公室

人事办公室成立于1998年1月,是中央电视台主管人事管理工作的行政职能部门。在台长、分管副台长领导下,负责全台机构、编制、职工考核、奖惩、干部考察、任免、人员调配、劳动工资、福利保险、职工教育培训、专业技术职务评聘以及离退休人员的管理工作。下设干部管理处、劳动工资处、培训职称处和离退休人员管理处。人事办公室现有正式职工37人。主任王晞建,副主任罗秀兰。

人事办公室召开中央电视台第四届职工教育工作会议

干部管理处

干部管理处成立于1998年5月。其主要职能:负责全台机构设置和事业编制的管理;负责人员调配聘用;接收大学生、军队转业干部工作;组织对职工的考核奖惩及根据台分党组的要求对科、处级干部进行考核任免;负责对全台临时人员的管理;管理全台人员的人事档案;负责出国人员的政审工作。现有正式职工12人。干部管理处处长王晞建(兼),副处长杨晓民。

劳动工资处

劳动工资处成立于1998年5月。其主要职能:贯彻国家关于劳动工资、劳动保护、劳动保险及职工福利的政策法规,根据人事办公室安排,制定全台劳动工资管理办法并组织实施。其中包括:管理、核定、报批全台劳动用工计划、工资总额、工资福利标准,职工养老、医疗、失业保险、职工子女就业等工作,以及工资改革的计划和实施。现有正式职工5人。劳动工资处处长罗秀兰(兼),副处长杜书星。

培训职称处

培训职称处成立于1998年5月,其主要职能是负责全台职工的教育培训、职称评聘工作。包括制定中长期职工教育规划和年度培训计划,管理教育经费、教学设备及培训场地,组织管理职工岗前培训和在职教育工作,负责国家公派、单位公派出国留学的咨询、承办和管理工作,负责组织评聘专业技术职务人员,核定、推荐政府特殊津贴人员的工作。现有7名职工。培训职称处副处长王庆忱、杨一龙。

离退休人员管理处

1987年9月成立老干部处,1998年划归人事办公室领导,改名为离退休人员管理处,是中央电视台管理全台离、退休干部工作的职能部门。其主要职责是:贯彻落实中央和国务院有关离、退休干部的方针政策;根据有关规定和台里的实际情况,落实干部及工人离、退休后的政治待遇和生活待遇。为发挥老干部作用,创办了金手杖电视服务公司,设立了东门上访人员接待疏导站,成立了监看中央电视台5套节目的监看组。现有工作人员9人。离退休人员管理处处长宋福民,副处长高广远。

财经办公室

财经办公室1998年6月组建,是中央电视台计划、财务、基建、物资、经营管理和演职培训基地的主管部门,为全台宣传任务的完成和事业的健康发展提供保障。其主要任务是:根据国家财经法规、方针政策和总局有关的规章制度负责编制全台事业发展规划并组织实施,负责经费预算的收支管理、基本建设管理、投资经营管理、国有资产的监督管理;为演职人员培训和有关活动提供服务。下设财务处、计划统计处、财产物资处、基建处、经营管理处和演职培训处。现有正式职工 110 人。财经办公室主任许二春,副主任毛坤山。

财经办公室为电视宣传
提供的又一批新设备到货

计划统计处

计划统计处于 1998 年 5 月 15 日正式成立，是中央电视台的一个职能部门。其主要职责是：负责贯彻执行国家有关计划、统计工作的方针政策，参与拟定电视事业计划、统计的规章制度和管理办法；负责编制事业发展纲要和中长期规划，并组织实施；负责电视事业费预算分配方案和调整方案的编报、监督检查和实施工作；负责编制、上报、下达电视事业的年度基本建设计划，指导和监督计划的实施；参与固定资产投资项目的立项、可行性研究报告及竣工验收工作；结合本台实际情况，建立健全统计指标体系，负责收集、审核、汇编电视事业各类统计资料并对统计资料进行分析，建立和管理中央电视台统计信息微机处理系统，逐步实现统计数据管理的现代化；负责办理非经营性资产转经营性资产的申报工作和产权变更工作。现有正式职工 6 人。计划统计处副处长高祥林、王霞。

财务处

财务处成立于 1998 年 5 月。其主要职责和任务是:负责中央电视台财务预算收支和管理;组织经费供应的保障和财务核算;负责预算开支的审批和各类报表的编制及各项财务规章制度的建立等。下设综合财务科、财务一科、二科、三科、四科、五科、六科、七科。现有正式职工 43 人。财务处处长王刚建,副处长黄伟。

财产物资处

1987 年 7 月成立物资处,1991 年成立财产物资处,1993 年 7 月,原技术管理中心所属的设备科、器材科整建制并于财产物资处。1998 年 5 月 15 日财产物资处划归财经办公室领导。其主要职责是:负责全台的固定资产管理及有关设备材料的购置工作,为电视宣传提供可靠的物资保障;根据台年度计划的安排编报年度固定资产购置计划并组织实施。下设:设备科、器材科和综合科。现有职工 17 人。财产物资处处长车临,副处长米绍行。

经营管理处

经营管理处成立于 1992 年 11 月 17 日，1998 年 5 月划归财经办公室领导。其主要职责是：根据国家的方针政策，结合中央电视台的实际情况，制订经营发展规划，监督检查台内有关经营部门的计划和管理制度的落实；负责新开发项目的调研、可行性论证报告，为台领导提供决策依据；负责经营活动的组织和协调，新经营项目的申报办理；负责项目经费、经营状况和经营成果的统计报表及情况汇总工作；研究经营开发工作中的新问题，提出解决问题的办法供台领导决策。下设综合管理科、企业管理科和基地管理科。现有正式职工 12 人。经营管理处处长赵万一，副处长叶灵灵。

基建处

基建处成立于 1998 年 5 月,主要任务是负责全台基建工程的组织、监督和管理。包括根据电视事业的发展,对办公和业务用房进行规划和建设,安排职工住宅的购建;办理新建、扩建和改建工程的立项和报批工作。下设工程管理科、技术管理科、综合科、基建财务科。现有职工 16 人。基建处副处长赵频。

演职培训处

演职培训处成立于 1998 年 5 月,负责管理影视之家和顺义培训中心。其主要任务是为全台各类人员提供培训服务,接待电视演职人员和各种专业会议。下设影视之家管理科和培训管理科。正式职工 6 人。演职培训处处长安俊。

机关党委

中央电视台机关党委在广播电影电视总局机关党委的直接领导和台分党组的指导下进行工作，是中央电视台政治思想工作和党务工作的主管部门。领导台纪律检查委员会、党委办公室、台工会联合会、台共青团委员会的工作。台党委下设4个基层党委（中国电视剧制作中心党委、中央新闻纪录电影制片厂党委、北京科学教育电影制片厂党委、中国国际电视总公司党委），16个中心总支，165个正式党支部，全台共有党员2832人。本届台党委于1999年11月19日在中央电视台第六次党员代表大会上换届选举产生，为中央电视台第六届党委会。党委会由25名委员组成，设常委13名。刘宝顺任党委书记，南玉敏任党委专职副书记，罗明、何宗就、李晓明、许二春、王晞建、王盟盟、张晓光、李培森、郭秀英、高建民、梁萍为常委。

台机关党委落实党员
“三讲”教育，组织各种报告会

党委办公室

党委办公室承办机关党委的日常党务工作，负责全台干部队伍的思想建设、组织建设和精神文明建设等工作。现有正式职工6人。党委办公室主任梁萍，副主任麻宁。

纪委

中央电视台纪律检查委员会(简称纪委)，在广播电影电视总局机关纪委和中央电视台机关党委的双重领导下，在台纪检组的指导下进行工作。另辖有中国电视剧制作中心纪委，中央新闻纪录电影制片厂纪委、北京科学教育电影制片厂纪委、中国国际电视总公司纪委等4个基层纪委。本届台纪委于1999年11月19日在中央电视台第六次党员代表大会上换届选举产生，为中央电视台第五届纪委会，由13名委员组成。纪委书记南玉敏(兼)，纪委专职副书记赵玉东，专职纪检员张威。

工会

1998年7月中央电视台第三届工会委员会经换届，改制成为中央电视台首届工会联合会。选举生产了由29名委员组成的第一届委员会，设常委11人。工会现有专职干部5人。工会主席任海，工会副主席马静。

团委

本届团委于1999年7月15日在中央电视台第八次团员代表大会上换届选举产生，为第八届团委。本届团委由26名委员组成，设常委13名，团委书记彭建明，专职团委副书记闫天颖，副书记石村(兼)。

审 计 处

审计处成立于1989年8月，是中央电视台经济活动的监督部门，在台长的直接领导下负责全台的内部审计工作。其主要任务和职责是依据国家法律、法规和政策对下列事项进行审计监督；全台会计核算单位的财务收支，财务制度的执行情况；全台境内外经济组织的经济活动、经济效益、经济指标的完成情况；台内重大经济活动资金的投入、使用及经济效益情况；内部控制制度的建立健全情况及其执行效果；经济责任，包括所属单位厂长、经理（或主管经济的领导）离任、所属单位的撤消及合并；国有企业资产、负债、损益情况；重要经济合同、契约的签订及执行情况；30万元以上，1000万元以下的基建、维修工程的预决算的审计。独立行使内部审计的职权，对台长负责并报告工作。现有正式职工6人。审计处处长杨沛德，副处长续建勇。

中国电视报社

《中国电视报》是中央电视台主办的报纸。1981年元旦创刊时为《电视周报》，1986年易名为《中国电视报》，1992年创办了外文版，向国内外公开发行。每周一出版。《中国电视报》刊登中央电视台和省级电视台的卫星节目表，评介重点节目内容，报道中外影视界最新消息和动态。报社设有中文编辑组、外文编辑组、通联组、地方组、资料科、出版发行科、广告科、纸张科、综合科。现有正式职工44人。报社社长吴继尧，副社长郭卫翔、赵成璧。

报社地址：北京市海淀区复兴路11号；邮政编码：100859；编辑部电话：68506585；广告部电话：68500741、68500742、68500840；发行部电话：68500293、68500294；长途电话区号：010。

中国电视剧制作中心

中国电视剧制作中心是中央电视台制作电视剧的专业机构,成立于1983年10月18日。其宗旨及主要任务是:坚持四项基本原则和“二为”方针,建设具有国家级规模的、用现代化设备装备起来的、全功能性的电视剧生产机构;向中央电视台提供电视剧,丰富广大群众的文化生活,为建设社会主义物质文明和精神文明服务。主要工作是:一、创作并录制各种题材和样式的电视剧;二、积极拓宽与国外或地区合拍电视剧,促进中外电视剧的艺术交流;三、收集中外电视剧的资料,协同社会有关方面,组织电视剧艺术的研究活动;四、有计划地建设和不断发展现代化的电视剧制作基地。中国电视剧制作中心自1984年起,每年生产各种题材、风格、样式的电视剧180余集(部)。在已经完成的1000多部(集)作品中,有根据古典文学名著改编的电视连续剧、革命历史剧、现实题材的电视剧、儿童剧、戏曲电视剧以及与国外合拍的电视剧等。其机构设置有办公室、党委办公室、人保处、计财处、文学部、生产处、技术处、制作部、涿州影视基地。现有正式职工350人。中国电视剧制作中心主任胡恩,副主任邹庆芳、王伟国、张华山,主任助理兼技术处处长肖月桃,党委专职副书记 兼党办主任郭秀英,办公室主任成功,人保处处长侯向强,计财处副处长王占盈,文学部主任谢丽虹,生产处处长李汀,制作部主任陈贵林,涿州影视基地主任蔡世富。中国电视剧制作中心通讯地址:北京市虎坊路15号;邮政编码:100052;电话:(010)63529746。

中国电视剧制作中心拍摄的《实习生的故事》剧照

中央新闻纪录电影制片厂

1938年在党中央关怀下成立的延安电影团,是党的新闻纪录电影事业的初创时期。1953年7月7日成立于北京的中央新闻纪录电影制片厂(简称新影厂)是以延安电影团成员为骨干组成的,是我国唯一生产新闻纪录电影的专业厂。1993年10月,经原广电部批准,新影厂整建制划归中央电视台。

几十年来,新影厂共摄制了5000多部新闻纪录影片,拍摄和收集储存了2万多本极其珍贵的历史影片资料,这些影片真实地记录了我们共和国发展的历史进程。新闻纪录影片曾作为我国形象化新闻报道的主要形式之一,在中国人民的政治社会文化生活中产生过重要的影响。新影厂每年都向国内外提供大量的历史影片资料。并曾把国内的纪录影片翻译成英、法、西、阿、葡、俄等多种语言向世界发行。建厂以来,共有30余部纪录片获“百花奖”、“金鸡奖”,有50余部纪录影片在国际上获奖。

新影厂整建制划归中央电视台领导以后,坚持影视两条腿走路的方针,由原来以影片生产为主转为主要生产电视节目,同时每年生产少量高质量的纪录影片。新影厂现已建成了9套电视节目制作机房和160平米演播室,改造了音乐录音棚,改建了综合摄录棚,购置和装备了影视资料部网络系统、非线性编辑系统、电影后期数字制作系统等,提高了节目制作能力。1999年制作完成电视节目突破400小时,超额完成全年任务。除电视台结算资金外,其他节目收入比重比1998年提高33%。1999年是新影厂实行新三年转轨规划的第三年,继续坚持“调整、改革、提高”的工作指导方针,围绕“转机制、抓管理、出精品、增效益”的工作目标,以节目制作为中心任务,坚持面向市场,坚持精品战略,以创新精神,精心策划、制作高质量影视节目。

新影厂现有职工590人,其中有各类专业技术职称的418人,高级职称者66人,直接从事影视创作的编导、摄影共计170人左右。新影厂中层管理部门有:党委办公室、厂办公室、纪检监察室、工会、计划财务处、人事处、保卫处、技术管理处、行政管理处、离退休办公室、经营管理办公室、编辑部、策划部、第一编辑室、第二编辑室、第三编辑室、第四编辑室、中央摄影组、制作部、影视资料部、新影音像出版社等。新影厂厂长李建,副厂长张建华、王盟盟、干颖力。

中央新闻纪录电影制片厂通讯地址:北京市北三

环中路67号；邮政编码：100088；厂办电话：(010)62010932；传真：(010)62011573、62011574。

中央新闻纪录电影制片厂
摄影师在1999年国庆大典现场

北京科学教育电影制片厂

北京科学教育电影制片厂（简称科影厂）是我国最大的科教电影专业厂，建立于1960年3月12日。40年来，科影厂共摄制了1369部科教电影。其中既有与广大群众生产、生活息息相关，被誉为“出粮食的影片”，也有许多反映重大科技成果和普及科学知识的影片。在中国电影最高奖——“金鸡奖”18次评选中，科影厂共获14个最佳科教片奖、1个最佳纪录片奖；此外还获得了包括政府奖、大众电影“百花奖”、中国电视“金鹰奖”、中国儿童少年电影“童牛奖”等在内的国内重要奖项140多部（次）。获国际科教电影电视节金奖、银奖、荣誉奖等62部（次）。改革开放后，科影厂进一步加强与国外同行的合作与交流。从1979年开始，先后派出摄制组赴日、法、意、希腊、瑞士、美、泰、澳大利亚等国及香港特区拍片。1984年科影厂成立了电视制作部，开始摄制电视录像片。1979年至1988年，积极组织本厂专业技术人员，研究开发了“网频时间码同步电影后期录音工艺”，在电影生产中采用了先进的时间码同步技术和视频技术，从技术上开创了影视结合的先例，因而荣获1991年度国家科技进步二等奖。动画车间（现扩大为动画部）除完成全厂科教片动画任务外，每年还制作数部美术片。根据国家对外宣传的需要，科影厂还将本厂摄制的科教片译制成英、法等10种语言对外发行，并逐渐成为固定片种。

1995年4月，科影厂整建制划归中央电视台，由以生产科教电影为主，转向以制作电视节目为主和动画片、译制片、科教片并存的生产模式，又一名称为“中央电视台科教节目制作中心”。1999年在创作、生产、技术、经营、管理等方面均取得较好成绩。其中完成电视节目300小时；电影11部33本，是转轨后电影摄制最多的一年。动画节目制作和英文字幕译制片也都完成了年度生产任务。精心制作了一批国庆50周年献礼及重点影视节目，获多项国内国外奖。其中影片《基因与转基因动物》、《良种包衣》获中国电影“华表奖”优秀科教片奖；《征服病毒病》、《猫咪小贝》获中国电影“金鸡奖”最佳科教片奖、最佳美术片奖提名，在伊朗第二十九届德黑兰国际教育发展电影节上摘取科教纪录片、科教故事片两个“金书奖”；大型专题电视片《让生命永存——生物多样性保护与可持续发展》获首届国家音像制品奖科技类大奖，其中第八集《路在脚下》获保加利亚大特尔诺沃′99国际环境电视节生态类奖第三名。系列电视动画片《小精灵灰豆》、《小贝流浪记》双双荣获中国电视“金鹰奖”优秀动画片奖。

科影厂现有职工487人，其中高级职称87人，中级职称164人。主要机构有：厂长办公室、党委办公室、总编辑室、生产管理处、技术管理处、动画部、录制部、制作部、英文字幕译制部、影视资料编辑科、计划财务处、人事处、保卫处、行政办公室等。科影厂厂长兼党委书记万迪基，副厂长任振华、薛继军、安伟民，党委副书记张晓光。

北京科学教育电影制片厂通讯地址：北京市新街口北大街74号；邮政编码：100035；电话：(010)66184449转；传真：(010)66132888。

北京科学教育电影制片厂
摄制组在西安古城拍摄现场

中央卫星电视传播中心

中央卫星电视传播中心于1995年成立,局级事业单位,独立核算,自负盈亏。中央卫星电视传播中心职能是:负责中央电视台的电视剧、电影、体育、戏曲音乐等卫星电视频道节目的加扰传播,与全国有线电视台互惠互利,采用亚洲2号卫星,Ku波段数字压缩技术与全国有线电视网结合的形式,向与中心联网入网的有线电视观众提供高质量的加扰电视节目;负责全国卫星有线电视联网入网用户的发展和管理工作;依照国家计委的有关文件,负责加扰卫星电视频道节目收视费的收缴和管理工作;依照有关规定对加扰频道节目信号授权管理;负责为全国各有线收视台(网)提供专用接收解码设备与咨询、维护、培训等技术服务;负责加解扰器的招标、谈判引进、设备订购、安装调试和开通运行工作;负责组织国内解扰器的定点生产和专营工作;参与卫星频道节目的协调及影视节目的交流工作;依法维护中央电视台及中央卫星电视传播中心的知识产权等各项权益,负责对侵权、盗版等违法侵害行为追究法律责任;负责卫星电视频道节目成本核算及经费收支和经营管理等问题;负责协调中央电视台和电影局的节目制作、运营管理等问题;负责利用卫星和有线网络的技术优势,积极开拓新业务;根据国家法规,依法向国家纳税。下设机构有:办公室,计划财务部,网络经营部,工程技术部。现在正式职工32人。中央卫星电视传播中心主任赵化勇(兼),副主任田盛华、杨步亭(兼)。

中央卫星电视传播中心通讯地址:北京市海淀区北蜂窝路甲26号;邮政编码:100038;总机:(010)63448866,办公室电话:(010)63274356;传真:(010)63274355

中国国际电视总公司

中国国际电视总公司是中央电视台1984年投资组建的大型国有企业。1997年,中国国际电视总公司按照现代集团企业模式进行了资产重组,并成功地将紧密层骨干企业——无锡中视股份有限公司改造成国内上市公司。集团目前拥有中国电视节目代理公司、中视实业发展有限责任公司、央视调查咨询中心、中视电视技术发展有限责任公司、无锡中视影视基地股份有限公司、节目制作(部)公司、中国广播电视国际经济技术合作总公司等7家二级公司和60多家分公司、子公司、合资控股公司(包括美国、日本两家境外公司)及无锡和南海两大影视基地。

中国国际电视总公司以制作发行影视节目(剧)、广告代理、电视技术咨询服务、广播电视设备安装为主导产业,同时兼营影视旅游、电子产品等相关产业。中国国际电视总公司是经国家主管部门批准的中国惟一境外卫星节目代理公司和中央电视台惟一经营电视节目版权的国际交易公司,也是中国电视节目外销联合体和全国有线电视供片中心的办事机构,具有较强的外向经营优势。总公司总部下设总经理办公室、人事部、计划财务部、广告部、项目投资部、资产经营部、企业管理部、党委办公室等机构。总公司总部有正式职工77人。总公司董事长杨伟光,常务副董事长兼党委书记贾文增,总经理李培森,副总经理王丹洁、冷敏述、赵健。

总公司办公地址:北京市羊坊店路9号京门大厦;通讯地址:北京市3831信箱;邮政编码:100038;电话:(010)63957078,63957079;传真:(010)63955816;网址:citc@public.bta.net.cn.

中国广播电视国际经济技术合作总公司

中国广播电视国际经济技术合作总公司（简称中广国际总公司）原是广电总局直属的技、工、贸一体化的外向型企业，1999年1月正式划归到中国国际电视总公司。公司经营范围：在国内外承包或分包广播、电影、电视工程；对外派遣各类工程、生产和服务行业的劳务人员，承担对外派劳务研修人员的培训；经营广播电视专业设备、器材和技术进出口业务；房地产开发、经营；广播电视工程及各类工业和民用建筑设计；承办国内外广告、各类展览和技术交流业务；经营本系统广播电视设备、器材、零配件及其他物资的销售和储运业务；在国外兴办各类非贸易性企业、独资企业、合资企业。中广国际总公司现有职工214人。总经理吴达审，副总经理胡荣泉、程林、诸葛璋、杜一平。

中视实业发展有限责任公司

中视实业发展有限责任公司成立于1997年6月27日。现有员工近500人。公司下设7个子公司:北京中电高科技电视发展公司、北京荧屏技术公司、北京荧屏出租公司、商品公司、北京国视技术开发公司、华业电视咨询公司(华业工程中心)、北京中视荧屏服务中心。公司的主要经营范围是以影视文化、电视工程、服务咨询为主,兼营物业管理,日用百货、图书报刊批发零售等。

中视电视技术开发公司

中视电视技术开发公司成立于1993年，是中国国际电视总公司的全资子公司，隶属于中央电视台。主要从事广播电视技术及系统的开发；机房和演播设备的设计、安装、调试、维修；电视节目的视频、音频、灯光、美工、道具制作的技术服务；广播电视设备的租赁服务、技术咨询、技术转让、技术服务、技术培训；广播电视设备、演播器材及零配件的销售等。公司主要经营部门有：录制部、资产经营部、工程部、维修部、制作部。中视电视技术开发公司法人代表王丹洁，总经理蒋前。

北京金视光盘有限公司

北京金视光盘有限公司是由中国国际电视总公司和中国电视节目代理公司共同投资，于1998年7月28日成立的股份制企业，隶属于中国国际电视总公司，公司主要从事光盘数据预处理；激光数码储存片子盘复制、包装、销售；光盘技术开发、技术转让、技术咨询、技术服务；购销光盘生产用原材料、机械电器设备；视音频技术服务等。公司拥有世界先进的光盘复制、印刷、检测设备，是一家科技含量很高的高新技术企业，也是中国国际电视总公司中惟一一家生产型企业。公司法人刘广全。

中国电视节目代理公司

中国电视节目代理公司是广播电影电视部、国家工商行政管理局和国家版权局批准，由中央电视台开办的具有独立法人资格，经营电视节目的专业公司。中国电视节目代理公司前身为中央电视台节目外销办公室，简称外销办，于1992年9月成立。1993年11月9日，外销办改建成立中视电视节目代理公司。1994年11月10日，经国务院批准，更名为中国电视节目代理公司，成为国家级公司。1997年2月，中国电视节目代理公司与中国国际电视总公司合并，成为隶属于中国国际电视总公司的二级骨干公司。公司向全国省、市无线和有线电视台提供海内外各类电视节目，承担各类电视节目的策划和制作，与海内外相应机构合作摄制各类电视节目，出版、发行中外各类音像制品，代理国内外广告。接受电视节目版权拥有者的委托，向海外发行其节目，授权海外有关单位或个人使用其电视节目版权；代办电视节目的国际交流活动。代表中央电视台和全国47家电视台组成的中国电视节目外销联合体向海外发行电视节目。公司总经理袁晓波，副总经理武小川、西冰。

节目制作(部)公司

节目制作(部)公司成立于1998年3月(1998年12月注册为中视影视文化发展有限公司)，是中央电视台国际电视总公司负责影视节目制作的主要部门。负责各类电视节目的策划、拍摄、制作及播出、协调，向中央电视台及海内外各种电视媒体提供精品电视剧、大型系列片、综艺节目。其主要业务领域是与台内节目部门联合制作节目，负责承接、制作中央电视台各类节目、栏目，策划实施国内外大型文艺活动、文艺演出实况录像及电视转播；投资拍摄电视连续剧、纪录片和专题系列片；接待境外摄影队，开展国际交流、合作制作各类电视节目。下设总经理办公室、制片部、综合业务部、国际合拍部、财务部。现有员工15人。公司总经理安宝平。

央视调查咨询中心

央视调查咨询中心原为中央电视台总编室的一个观众研究部门，1995年适应市场需求，于6月建立了具有独立法人资格的经济实体，自主经营、自负盈亏。1997年2月归属于中国国际电视总公司。央视调查咨询中心自成立以来，本着为媒体、广告公司、广告主提供全面的信息产品和高质量的信息服务为经营宗旨，填补了多项国内市场研究的空白，成为中国市场研究业中的骨干企业，同时也是国内目前规模最大的媒介和市场调查与研究机构。其主要业务为：收视率调查，媒介研究，消费品调查，报纸阅读率调查，广告监测等。下设：行政部、人力资源部、企业规划部、财务部、技术支持部、研究部、运作部。现有正式职工284人。央视调查咨询中心监事会主席尚广礼，总经理陈若愚，副总经理张海鹰、田涛。

无锡中视影视基地股份有限公司

无锡中视影视基地股份有限公司（中视股份）位于江苏省无锡市西郊太湖之滨，是以中央电视台无锡太湖影视城所属的唐城、三国城为主体进行股份制改造，由中国国际电视总公司等5家公司控股的中国第一家兼营影视制作业和文化旅游业的A股上市公司。中央电视台无锡外景基地的建设始于1987年，是我国最早规划建设的影视拍摄基地。目前建成唐城景区、三国水浒景区；占地1500余亩，可使用水域3000余亩，并拥有完备的影视制作设施和专业的技术人员队伍。十余年来，影视基地吸引了海内外众多摄制组和游客；促进了中国影视业的繁荣和无锡地方经济的发展。1997年6月，无锡中视影视基地股份有限公司成立后，开始向影视制作业和多元化经营方向迈进。公司投资拍摄大型历史电视剧《太平天国》，在广东南海建设“太平天国景区”和“少儿节目制作景区”，参股北京中科红叶电子有限公司，进入影视节目交易市场，以其独特概念和稳健发展在影视界、证券界受到广泛关注。公司董事长冷敏述，总经理崔岭军。

中视演艺中心

中视演艺中心是中国国际电视总公司直属分公司。全民所有制单位。经营范围：承办与电视艺术有关的展览、演出、培训、比赛，承办中国国际电视总公司委托的电视转播、录播、中外综艺节目合拍和制作的经营项目等。中心主任邹友开，副主任史启新。

中国国际电视总公司上海分公司

中国国际电视总公司上海分公司是总公司下属的分支机构，承担在上海及华东地区业务开拓、经营及联络服务工作，对总公司直接负责。上海分公司成立于1996年8月，分公司成立至今以合拍、联合拍摄等方式先后拍摄《无瑕人生》、《哎哟妈妈》、《乱世有情人》、《丰园餐厅》、《家里比较烦》等九部共约240余集电视剧。上海分公司总经理庄立奇，副总经理张来昀。

中国国际电视总公司西北分公司

该公司成立于1999年7月1日,是总公司下属非独立法人的分支机构,承担总公司在西北五省的业务开拓、经营以及联络服务工作。为总公司承揽西北地区的各种形式的广告业务、电视制作项目、电视剧拍摄及电视剧、电视节目、音像制品的发行销售。为总公司提供西北地区有关商务信息,项目论证,为市场调研、广告宣传、联系合资、合作单位等做好配套服务。负责人冯学茹。

深圳中视国际电视公司

该公司成立于1993年,是中国国际电视总公司在深圳特区设立的独资企业,具独立法人地位。公司下设办公室、财务部、广告部、策划部、媒介部、音像发行部、录音、录像、制作等部门。主要开展产品代理、广告代理、影音版权代理、影视拍摄制作等项业务。法人代表李恩浩。

中国国际电视总公司电视画廊分公司

电视画廊分公司系中国国际电视总公司的一个分公司。下设3个部门:办公室、艺术交流部、展览开发部。电视画廊作为中央电视台书画院对外的一个窗口,把团结书画家,为丰富繁荣电视屏幕,弘扬民族文化作为宗旨。中央电视台书画院现由中央电视台台长赵化勇担任名誉院长,中央电视台副总编辑赵立凡任院长,中央电视台办公室主任李晓明担任副院长。

中视形象设计制作分公司

中视形象设计制作分公司成立于1998年12月,1999年3月正式投入市场运作。形象设计制作分公司的经营定位是电视美术制作,电视美术设计所包括的业务种类涵盖节目整体VI设计、标志、片头(二维、三维动画)、片花、字幕、场景(舞台场景、演播室场景、室内场景)、灯光(露天晚会灯光、体育场馆灯光、演播室灯光)、服装、道具、装饰效果等。1999年,公司在做好台内业务的基础上,还承揽了:广电总局国庆50周年的彩车设计制作;共青团中央的“五四”80周年纪念晚会的设计与制作;河南电视台的片头设计;NBC在八达岭长城的直播节目的场景设计与制作;在故宫午门举办的《音乐家舞台文艺晚会》舞美设计及制作,等等。公司负责人张旭。

中视卫星传送分公司

中视卫星传送分公司于1999年4月2日成立。经营范围:经营广播电视节目卫星传送业务、技术开发、咨询、服务、转让,租赁维修广播电视设备,销售机械电器设备,承办展览展示,组织文化艺术交流活动、计算机信息咨询(除中介服务)。公司1999年成功地完成了国庆50周年庆典、新千年、迎接新千年江总书记两次出访、澳门回归、广交会、世博会等重大活动的电视传送设备运输和保障工作。公司负责人翟世德。

中国国际电视总公司体育推广分公司

中视体育推广分公司成立于1996年,系中国国际电视总公司的分公司。其业务范围:联系购买国内外各项体育赛事节目;制作各种类型的体育节目;组织和推广各种体育赛事等。该分公司在1996年底成功地推出了“CCTV杯中国乒乓球擂台赛”,之后还陆续推出“维达杯海峡两岸保龄球冠军赛”和“摩托罗拉中国羽毛球天王挑战赛”等一系列赛事。随着中国体育改革的不断深入,中视体育推广分公司将利用其独有的优势,与社会各界通力合作,推出更精彩的赛事活动,满足广大观众的要求。公司总经理冯一平。

北京视澜广告有限公司

北京视澜广告有限公司是中美合资的经营广告设计、制作、发布,代理国内外各类广告的专业公司。隶属中国国际电视总公司。1997年12月成立。公司的服务宗旨是为广大观众以最简洁明了的方式传递最新的市场信息,为广告客户提供科学一流的服务,将国际先进的媒体销售经验运用于广阔的中国市场,并用最优秀的媒体分析软件系统,为广告客户提供科学的媒介投放策划等配套服务。视澜广告公司目前主要代理的广告时段是:中央电视台第八套的《每日佳艺》和《世界名著名片欣赏》栏目,由美国映佳国际传播公司提供片源,汇集了世界各地精彩节目。公司副总经理宁万。

北京未来广告公司

北京未来广告公司成立于1992年11月。公司全面代理中央电视台体育频道、电视剧频道以及《东方时空》和《今日说法》栏目的广告业务，是一家以媒体经营为先导，集广告策划、市场调研、创意制作、媒介计划和购买于一体的综合性广告公司。公司法人代表王丹洁，公司经理黄艳蓉。

中视电视购物有限公司

中视电视购物有限公司成立于1998年5月20日，是全国性的专业电视直销公司。中视电视购物有限公司运营以来，已建立起比较完善的广告传播网络、信息处理系统和配送结算网络，已经具备面向全国8亿电视观众开展电视直销服务的能力。电视直销节目在中央电视台第二套节目中播出。李培森代表中央电视台出任董事长，执行董事刘一滨任总经理。

北京金手杖电视服务公司

北京金手杖电视服务公司成立于1993年。公司拥有先进的电视节目制作设备及高级编辑制作人员。公司曾为中央电视台经济信息栏目提供各类信息节目400余条，是一个从事电视节目策划、制作、电视设备维修、保养及电视设备物资销售的综合性企业。

中央电视台南海影视城

中央电视台南海影视城是中央电视台四大直属影视摄制基地之一。位于广东省南海市松岗镇，占地1500余亩，是珠江三角洲内自然条件未受人为破坏与污染的理想拍摄基地与游览胜地。南海影视城始建于1996年7月。为拍摄香港回归戏《香港的故事》而建，其中“旧香港一条街”景区，有反映20年代香港街区风貌的各样建筑，总建筑面积约5000平方米。影视城主任刘俊杰。

梅地亚电视中心有限公司

梅地亚电视中心有限公司成立于1990年9月13日，是中央电视台和日本广播协会(NHK)合资兴建的集电视节目制作、卫星传送、宾馆、公寓、写字楼服务设施于一体的综合性企业。下设办公室、人事部、综合管理部、计划财务部、保卫部、工会、工程部、前厅部、客房部、电视业务部、公关销售部、餐饮部。现有中方工作人员637人。梅地亚中心现任董事长李培森，总经理关野光生(日方)，副总经理刘瑾如。

电影卫星频道节目制作中心

1994年5月23日原广播电影电视部批准，同年6月21日中央机构编制委员会办公室批准成立电影卫星频道节目制作中心。上级主管单位是国家广播电影电视总局。1995年11月30日，电影频道开始试播，利用中央电视台第六套节目(CCTV－6)，采用卫星数字压缩加扰技术向全国有线电视台(网)传送节目。1996年1月1日，电影频道正式开播。电影卫星频道节目制作中心下设2室4部2处：办公室、广告部、总编室、节目部、国际部、电视电影制作部、技术处、财务处。电影卫星频道节目制作中心主任阎晓明、副主任姜涛、周萍、刘长根、党总支书记周萍。通讯地址：北京市北三环中路77号(电影频道节目制作中心)；邮政编码：100088；联系电话：(010)62003039，(010)62071136

传真电话：(010)62047963。

电影卫星频道节目制作中心
工作人员正在研究栏目标识应征图案

8. 工作会议和研讨会

一、全国性电视工作会议

中国广播电视学会电视学研究委员会第三届代表大会

1999年11月13日至14日，由中广学会领导，中央电视台研究处承办的中国广播电视学会电视学研究委员会第三届代表大会在昆明召开。来自全国31个省、市电视台和大专院校的领导及电视理论研究的负责人共34位代表出席了会议。

中国广播电视学会常务副会长刘习良、中央电视台台长赵化勇在会上作了讲话。云南省委宣传部副部长赵金、云南省广播电视厅厅长卢云伍等有关领导出席了会议。会议由中央电视台副总编辑赵立凡主持。

刘习良说，我国电视业正面临一个新的机遇与挑战并存的局面。在不久的将来，电视业管理体制和运行机制将会出现革命性的变化。机遇不可轻易放过，挑战必须及时应对。电视学是研究电视传播活动及其规律的专门学科，电视学研究委员会应把研究重点放在电视战略研究上。为此，他建议：一要加强跨世纪电视发展战略研究，二要着眼于长远目标，加强对下一步改革措施的研究，三要从更高的层次和更广的视角研究电视应用理论，包括电视哲学、电视文化、电视美学等。他预祝电视学研究委员会“百尺竿头，更进一步”，成为中国广播电视学会48个专业委员会中的佼佼者。

本届电视学研究委员会会长、中央电视台台长赵化勇就21世纪中国电视事业发展战略研究问题作了重要讲话。他说电视与其他媒体相比还是个年轻的媒体，电视人经过几十年来的电视实践和不懈的努力，证明电视是有文化、有理论、有人才的。电视战略研究应从几个方面入手：研究宣传舆论导向、研究社会、研究自身、研究同行（包括国际国内同行）、研究市场、研究切合实际的中国电视发展战略。电视学研究委员会要成为名副其实的高层次的专业委员会，要办实事，为此要做到：组织机构落实、人员（专业人才）落实；有阵地（刊物和栏目）保证和有资金保证。

本届电视学研究委员会副理事长兼秘书长、中央电视台研究处处长王录简要介绍了上届研委会的工作情况。

会议讨论并通过了《中国广播电视学会电视学研究委员会章程》，选举了新一届电视学研究委员会的领导，研究制订了本届研委会的工作规划。

代表们在讨论中一致认为，随着电视事业的迅猛发展，电视理论研究工作越来越被各电视台所重视。代表们希望电视学研委会应有计划地进行面向21世纪电视发展战略研究，结合我国事业发展的实践组织业务培训、专题研论会、编辑出版《中国电视文库》、组织学术评奖、出国考察等。代表们还就《中国广播电视学会电视学研究委员会电视学术奖评奖条例》（草案）进行了认真讨论。

会上，代表们观摩了中央电视台《世界电视大台节目形态研究》汇报片，对中央电视台在电视理论研究方面所取得的成果给予了高度评价。

′99全军电视军事宣传工作年会

1999年3月12日，由中央电视台军事部主办的全军电视军事宣传工作年会在北京召开，来自中央电视台驻全军16个记者站的站长和解放军电视宣传中心的代表共60多人参加了会议。中央电视台军事部主任刘效礼转达了台长赵化勇、副台长李东生对各单位记者站同志们的问候。

会议传达了中央电视台1999年工作会议精神，回顾了1998年全军电视记者学习邓小平理论、贯彻党的路线方针政策、牢牢把握正确舆论导向所取得的成就，听取了各记者站1999年度的选题计划及工作打算，并就如何提高军事节目质量、加强军事记者队伍素质和业务培训、搞好国庆50周年庆祝活动和澳门回归祖国的宣传等工作进行了深入研究。会议要求军事记者加强政治学习，确保正确的舆论导向；锐意改革创新，不断提高节目质量；深入部队、深入生活，发现更多的富有时代感而又生动活泼的电视题材。

′99中央卫星电视传播中心代理工作会议

1999年3月29日至31日，由中央电视台播出传送中心主办的′99中央卫星电视传播中心代理工作会议在珠海举行。云南、广西、黑龙江、吉林、辽宁、贵州、宁夏、安徽、广东、海南、河南、内蒙古、山西、新疆、江西以及北京、天津、重庆等18个代理省、自治区、直辖市的代表参加了会议。会议邀请了国家审计署新闻通讯审计局的同志和中央电视台法律顾问处律师出席会议并在会上发言。

这次会议是继1998年以后第二次省、自治区、直辖市代理工作会。会议主要议题是：总结代理工作经验，进一步加强和改善省厅代理工作的管理，加速广播电视的覆盖，促进卫星有线电视的联网工作，扩大收费用户，审核代理资格，规范财务和收视用户管理，交流代理工作经验，表彰省厅代理先进单位，并介绍有关二级加扰设备。会上，部分省厅代表作了发言。

中央卫星电视传播中心副主任田盛华作了总结性发言。他首先谈了中央电视台传播中心坚决贯彻中央领导同志在2000年前实现“村村通”的决定的具体措施，向用户提供新型解码设备以及与地方合作，扩大用户的优惠政策。其次，对各省接受委托，代理中心业务这项工作提出具体要求，指出各省代理必须具备一定的机制和人员，有健全的管理制度；要有独立核算的财务体制，按时收缴收视费，保证中央加扰电视专项收费不流失或挪用；保证代理辖区内的收费用户保持一定的增长率；应该制定发展农村新用户的计划和措施；履行与中央电视台传播中心代理签约的协议，按时向中央电视台传播中心提供所代理签约合同；保证解码器不擅自转移、转让、转卖等。

会议紧紧围绕加强代理中央加扰卫星电视规范化管理这个主题展开，代表们表示，要不断调整、巩固、发展与中央电视台传播中心的合作关系，提高管理水平，积极发展用户，为扩大中央加扰卫星电视覆盖，尤其是对农村的覆盖共同努力。

′99全国电视对外宣传选题规划会

1999年4月23日至24日，由中央外宣办、中广学会领导，中央电视台海外节目中心承办的全国电视对外宣传选题规划会在珠海召开。中央电视台副台长张长明及广电总局、中央外宣办、全国侨联等部委的有关领导和全国57家电视台的102名代表参加了会议。中央电视台副台长张长明、海外节目中心主任赵宇辉、中国广播电视学会常务副会长刘习良、中央外宣三局局长赵少华、全国侨联文化工作部部长林佑辉、广电总局总编室副主任李春武、广电总局外事司处长曹寅、中国广播电视学会常务理事兼通讯联络部主任张伟中和地方电视台的代表作了大会发言。

会议首先传达学习了江泽民总书记在全国对外宣传工作会议上的重要讲话。

在选题规划会上，中央外宣三局局长赵少华首先认真分析了我国电视外宣事业的现状，指出了当前存在的主要问题，提出了相应的对策：一是要充分利用电视传媒手段和渠道，在国际上客观公正地宣传中国，在潜移默化中树立改革开放的中国形象。二是利用多种渠道，采取多种形式进行全方位、多侧面的电视外宣报道。

广电总局总编室副主任李春武传达了总局对外宣工作的要求。

全国侨联文化工作部部长林佑辉对海外华侨的构成，特别是他们文化的变异进行了全面介绍，对我们更加有针对性地做好电视外宣节目有重要指导意义。

广电总局外事司处长曹寅，从外事工作的角度强调了外事工作的纪律和程序。

张长明为大会作了工作报告，他首先回顾了1998年的电视外宣工作，充分肯定了电视外宣工作所取得的成绩。他说，1998年电视对外报道，严格把握了正确舆论导向，取得了良好的对外宣传效果，在国际上进一步树立和维护了改革开放的中国形象，圆满地完成了各项任务，得到了中央外宣办等有关部门领导的肯定，受到了海内外观众的普遍好评。1998年全年共制作播出了14660小时新闻和文艺等各类电视节目。

会议代表还就我国电视外宣的现状、发展前景及存在的问题交流了情况、发表了意见，对制约电视外宣发展的主要问题进行了热烈的讨论。通过讨论，对以下问题形成了共识：

中央电视台与地方电视台应该充分发挥各自的积极性和主动性，为我国电视外宣事业开辟新局面。

对于重大报道活动，要积极吸引地方电视台参与制作，集思广益，壮大声势，走以中央电视台为龙头、依托地方电视台的电视大外宣之路。

中央电视台和地方电视台应该加强经验交流和信息反馈。及时、准确地将各自的选题项目、合作意向和报道安排互相沟通，这是加强双方合作的有效措施之一。

建设一支强有力的、能打硬仗的外宣队伍是我们迫切需要解决的问题，中央电视台已开始有针对性地对地方电视台从事外宣的编辑、记者进行业务培训，取得了良好的效果，要继续坚持。

针对外宣工作中存在的问题，代表也进行了认真的讨论，就亟待解决的6个问题研究了对策：

1. 采取有效措施，阻止地方电视台的外宣工作出现萎缩的趋势。

2. 外宣工作要注意信息和效益反馈。

3. 加大经费投入，确保专项经费到位。

4. 改进电视外宣评奖工作。

5. 改革电视外宣体制。

6. 转变思想观念，注重规模效益。

中国广播电视学会对外宣传研究委员会成立大会

1999年4月25日至26日，由中广学会领导，中央电视台海外节目中心承办的中国广播电视学会对外宣传研究委员会成立大会在珠海举行。中央电视台海外节目中心主任赵宇辉及北京、上海、广东、武汉等42家省、市电视台领导、部门负责人出席了会议。

受中广学会电视外宣研委会筹备会议委托，中央电视台副台长张长明介绍了电视外宣研委会的筹备情况和今后工作的初步计划。他说，成立中广学会对外宣传研究委员会的动议是刘习良副部长在80年代提出来的，后由有关部门提出申请，得到了原广播电影电视部和民政部的批准。随着电视对外宣传事业的发展，成立电视外宣研究委员会的时机逐步成熟。

关于电视外宣研委会的工作，张长明提出了7项任务：一是积极开展对外电视宣传理论研究和学术交流活动，研讨总结对外电视宣传的特点和规律。二是根据中广学会的委托，组织每年一度的对外电视节目“中国彩虹奖”的评奖和颁奖。三是编辑出版学术研究刊物。四是组织全国电视外宣专业干部的业务培训。五是组织“中国彩虹奖”获奖节目编导到海外进行业务联系、交流和合作。六是根据外宣工作需要，组织联合采访活动。其中优秀节目申请评奖。七是编辑出版学术专著。

会议推举刘习良为电视外宣研委会名誉会长。他指出，电视外宣研委会的正式成立，是学会一件大喜事，也是我国电视界的一件大喜事，它为电视对外宣传工作者增加了一个新的联系纽带和合作渠道，为实现“电视大外宣”战略提供了组织保证，也为加速电视外宣队伍的扩展和成熟增加了一份动力。刘习良同志要求：电视外宣研委会成立以后，要加强电视对外传播的学术研究；协助中广学会承办“中国彩虹奖”电视对外节目的评奖工作；积极开展各项有益的社会活动。

中国广播电视学会常务理事、通讯联络部主任张伟中也在会上发表了讲话。

会议原则通过《中国广播电视学会对外电视宣传研究委员会章程（草案）》和《中国广播电视学会对外电视宣传研究委员会机构设置方案（草案）》，并提出具体修改意见，责成研委会秘书处进一步修改后报中广学会正式审批。

会议选举中央电视台副台长张长明为中国广播电视学会对外电视宣传研究委员会会长，选举中央电视台海外节目中心主任赵宇辉为常务副会长，选举北京电视台副总编王惠、上海电视台副台长陈海、广东电视台副台长何日丹、武汉电视台台长赵致真为副会长。

会议推选中央电视台、北京电视台、上海电视台、天津电视台等20多家电视台为中国广播电视学会对外电视宣传研究委员会理事台。

电视外宣研委会成立大会始终在热烈、民主的气氛中进行，取得了圆满成功。与会代表一致认为，研委会的成立，将使我国电视外宣工作进一步形成合力，推动电视外宣事业迈上一个新台阶。

第八届亚广联儿童电视节目交换会议

1999年8月2日至6日，由亚广联和广电总局主办，中央电视台青少节目中心承办的第八届亚广联儿童电视节目交换会议在北京举行。来自21个国家和地区的43名代表参加了会议,这次会议是代表人数最多、规模最大的一届。会议第一次邀请了欧洲广播联盟(欧广联)的代表参加,扩大了节目交换范围。会上成交的电视节目达900多部,其中中央电视台少儿节目5部。

中央电视台台长赵化勇会见了部分与会代表,他着重介绍了中央电视台青少年节目的现状和长远规划。他说,中国是一个人口众多的大国,青少年比例很大,中央电视台非常重视青少年节目的制作和播出,目前正在积极考虑开办一个儿童频道。在当前的信息社会,电视可以起到很好的沟通作用,通过相互交换儿童电视节目,可以把世界各地青少年的距离拉近,使他们相互间增强了解、增进友谊。

会议执行主席蔡多伦女士表示:在北京举办这样的儿童电视节目交换会议非常有意义。

′99农村用户发展现场会议

1999年10月8日至12日,由中央电视台传播中心主办的农村用户发展现场会议在长春举行。中央电视台传播中心副主任田盛华、全国各省农村代理单位各部门负责人及负责用户发展的同志出席了会议。吉林省广电厅厅长姜兴坤到会并讲话。吉林省发展中央加扰卫星电视节目代理,吉林省广播电视信息台及吉林省梅河口市广电局和梅河口市中和镇的同志在会上介绍了他们发展农村用户的做法和经验。

这次会议的主要议题是:贯彻广电总局“村村通”战略部署,把工作重点转向农村,热情做好服务工作,扩大中央和省级广播电视在农村、山区的覆盖,进一步扩大农村联网,增加农村收看中央电视台4套加扰电视的用户,推动广大农村、山区两个文明建设。

与会代表随后深入到延边地区的朝鲜族和汉族农家及珲春市郊观众家中参观,调查用户收看电视状况。通过这次会议,中央电视台传播中心将进一步推广和总结发展农村用户的经验,加大这项工作的力度,准备利用农闲的时机,组织人员分组下乡,打响冬季发展农村用户战役,争取在扩大农村覆盖方面取得更大的成果。

中国电影电视技术学会照明技术交流会

1999年10月15日至16日,由中央电视台技术制作中心主办的中国电影电视技术学会照明技术交流会在焦作举行。

承办单位的领导和有关厂家的代表及部分地方电视台灯光专业的人员参加了会议。

代表们借鉴国外电影电视照明技术有关方面的标准,结合自己的实际工作经验,对《现代演播室灯光系统工程安装调试规范及工程验收基本标准》的内容进行了广泛的研讨并提出了修改意见。

学会领导对学会1999年度工作进行了总结并做出了2000年电影电视照明技术学会的工作计划。

中央卫星电视传播中心代理省厅管理工作会议

1999年10月19日至22日,由中央卫星电视传播中心主办的代理省厅管理工作会议在北京召开,出席会议的有20个省、区、市的厅播业务代理单位。广播电影电视总局人事司、计财司、社会司和国家审计署新闻通讯审计局、中央电视台法规处有关领导出席会议。中央卫星电视传播中心副主任田盛华在会上作了工作报告,云南、宁夏、吉林等省区厅的代表分别介绍了本省区几年来发展中央加扰卫星电视、扩大有效覆盖、严格执行协议、按时足额收缴收视费的经验,中央电视台台长兼中央卫星电视传播中心主任赵化勇到会讲了话。

会议主要议题是:规范中央加扰卫星电视代理工作,审核业务代理资格,发放业务代理证书,发放解码器使用证,加强收视费收缴工作,统一使用中央加扰卫星电视协议书,加强节目版权管理,发布解码器的维修办法。会议下发了《关于重新认定代理资格的通知》、《关于加强中央加扰卫星电视频道收视费收缴的通知》、《关于核发中央加扰卫星电视专用接收解码器使用证的通知》、《中央卫星电视传播中心关于解码器维修办法》4个文件,并强调指出,随着社会主义市场经济深入发展,优胜劣汰竞争机制的逐步健全、完善,加强和规范中央卫星电视业务代理的工作已逐步提到了重要议事日程,在这种情况下,我们更要依据国家有关法规文件,明确代理资格、责任、义务和要求,规范代理行为,做好代理工作。

全国省级暨计划单列市电视台总编室主任工作会议

1999年11月12日至14日，由中央电视台总编室主办的全国省级暨计划单列市电视台总编室主任工作会议在无锡召开。来自全国省级暨计划单列市电视台、中央电视台总编室的42名代表参加了会议。中央电视台台长赵化勇向大会发了贺信。无锡市委常委、宣传部长周解清等有关领导到会表示祝贺。

中央电视台副总编辑兼总编室主任罗明在开幕式上发表了题为《挑战与自强》的讲话。讲话的第一部分主要分析了当前电视业面临的挑战与我们的对策。他说，近两年电视面临多方面的挑战。第一是高新技术的挑战；第二是报刊、图书等其他传媒的挑战；第三是国内电视媒体之间的挑战。对中央电视台而言，在面临外部挑战的同时，自身更面临着观念、人才流动、现行机制等方面的挑战。为了迎接这种挑战，中央电视台今年明确提出了加强频道建设、调整频道栏目设置、突出频道专业化特色的改革目标，在实施专业化战略、尝试实施适度的制播分离机制等方面进行了一些思考与探索，在实践中取得了一定的经验。讲话的第二部分主要是关于强化总编室管理职能的问题。应主要抓好以下工作：第一，对节目的整体规划要有超前考虑；第二，对总编室的职能进行科学的分解，并逐步取得全台各部门对这种分解的认同；第三，加强科学决策和研究的功能；第四，建立科学、公正的节目质量评估体系；第五，加强对文献和信息的处理能力；第六，对投入产出有相对准确的评估；第七，强化重大节目的策划和统筹；第八，对节目部门实行仲裁和有效的协调；第九，在节目编排中追求最大的效益值；第十，做到“公正、责任、义务”。

中央电视台总编室副主任胡运芳在会上向大家通报了中国广播电视学会受众研究会电视部成立的情况，介绍了中央电视台在节目评价工作方面的一些认识和做法，其中重点介绍了中央电视台今年以来开展节目满意度调查的情况。她强调，收视率并不是评价节目的惟一指标。在加强收视率研究，从“量”的角度考察节目受欢迎程度的同时，还要从“质”的角度考察观众对节目质量的评价。

通过两天的交流，代表们普遍感到，由于领导重视，近两年各台总编室的地位有了很大提高，管理权限大大拓展，权威性不断增强。大家认为，随着事业的发展，各类矛盾开始显现，集中反映在管理体制上。在加强节目的宣传规划、实行制播分离、科学管理节目经费、建立与完善节目评价体系、发展互联网、提高资料管理水平以及加强电视理论研究等方面都有很多课题值得探讨。

会议期间，代表们还就事业建设等问题发表了看法。大家对关于无线与有线合并的决定表示热烈的拥护，希望尽快出台细则和明确的实施时间表。此外，大家还强烈呼吁国家广播电影电视总局及中央电视台应加强情况通报，以便各台在突发事件中及时与中央保持一致，同时确保播出安全。

为便于大家沟通情况、交流经验，在新世纪即将来临之际更好地开展总编室的工作，本次会议决定，将两年一次的总编室主任会议改为一年一次。与此同时，初步确定2000年分别召开有关互联网工作、节目包装的研讨和评比以及资料管理的3个专项研讨会。

′99国际卡通暨少儿节目博览会

1999年11月23日至28日，由中央电视台青少节目中心主办的′99国际卡通暨少儿节目博览会在北京举行。陈慕华、龚心瀚、徐惟诚等领导及中央电视台副台长张长明参加了开幕式。

本届博览会本着“倡导卡通文化艺术，推动卡通市场发展，加强少儿节目交流，提高少儿素质教育质量”的宗旨，以“展示、交易、活动”为主要内容，是对新中国50年来卡通、动画事业的一次大检阅。

参加博览会的国内外公司、机构达120多家，分别来自中、德、美、法、日等20个国家和地区。参加交易的国产动画影片约80部集。居于全国动画制作和播出之冠的中央电视台作为本次博览会的支柱单位之一，在博览会现场设置了近200平方米的极具规模的大型展台。展台分为表演区、主持人与观众见面签名区、动画制作展示区和业务洽谈室4部分。在博览会举办的8天时间中，约有29万人次参观了中央电视台展区，共回收有效观众调查表4100份，在广大观众中影响广泛。

第四届全国电视美术交流会

1999年12月23日至25日，第四届全国电视美术交流会在北京举行，中国广播电视学会领导张伟中、副秘书长江欧利出席会议并为获奖者颁奖。中央电视台副台长刘宜勤作了讲话。来自全国各省、区、市的会员代表50余人出席了会议。本届交流会的主要内容是：

1. 为“第二届中国广播电视学会电视美术作品奖”评奖活动的获奖作者颁奖；

2. 在观摩获奖作品录像的基础上，进行学术研讨和业务交流；

3. 召开了美研会第五届理事会，审议了修改后的美研会的《章程》和本专业《评奖实施细则》等有关文件。

二、全国性理论和业务研讨会

首届全国体育播音员、主持人业务研讨会

1999年2月24日至27日，由中央电视台体育中心主办的全国首届体育播音员、主持人业务研讨会在北京举行。此次会议主要为了交流体育播音、主持方面的经验，共同提高体育播音员、主持人的水平。全国共有30多家省、区、市电视台有关人员参加了会议。

广电总局副局长吉炳轩、国家体育总局宣传司司长何慧娴等领导参加了开幕式。体育节目中心领导阎连俊、马国力及体育节目中心竞赛部副主任岑传理和节目主持人宋世雄分别作了发言。

与会者就各台体育播音、主持状况，存在的问题和经验及不同流派解说员风格进行了分组讨论。经过3天的讨论，各台播音员得到共识：这样的经验交流会应该定期举行；播音员、主持人是转播和节目的最终体现者，是整个体育节目不可缺少的一部分，所以播音或主持水平应不断提高；优秀的播音员、主持人对体育频道的发展起着积极的作用。

′99全国音乐电视研讨会

1999年4月20日，由中央电视台戏曲音乐部主办的中国音乐电视规划研讨会在北京举行。来自北京电影学院、中国音乐学院、北京广播学院、中国电视艺术研究会、新华社、人民日报社、北京晚报社等单位的专家、学者和记者出席了研讨会。

会议颁发了第五届“康佳杯”中国音乐电视大赛金、银、铜奖。中央电视台拍摄的《走进新时代》、《一九九七，永恒的爱》、《东方之珠》、《健康歌》等作品均获金奖。会议同时还颁发了最佳创意奖、最佳词曲奖、最佳导演奖等中国音乐电视最具权威的奖项。

研讨会除颁奖之外，还重点讨论了怎样扶持地方电视台创作出更多的具有地方特色的音乐电视作品；音乐电视的发展方向、创作手法；如何丰富音乐电视的题材、形式；引导地方电视台音乐电视的制作拍摄等问题。并对音乐电视市场进行了分析研讨。研讨会还安排了中央电视台2000年的音乐电视拍摄计划。

′99国际少儿电视节目研讨会

1999年3月29日至4月2日，由中央电视台青少节目中心与慕尼黑青少年基金会共同举办的′99国际少儿电视节目研讨会在深圳举行。来自全国各主要地方电视台的60余位青少年儿童电视工作者及德国少儿电视专家、德国歌德学院有关人士参加了研讨会。

与会代表均为全国各地方电视台青少年儿童节目部门的负责人或编导人员。研讨过程中，代表们按3岁至6岁、7岁至12岁、13岁至17岁三个年龄段，观摩、研讨了30多部获国际大奖的优秀少儿电视节目。这些节目对象感、针对性较强，受到与会代表的普遍欢迎。与会的德国专家认为，研讨会上提出的问题、发表的见解均具有较高的国际水准。此次研讨会形式新颖，内容丰富，与会代表收获很大。同时为中央电视台今后主办同类会议积累了成功的经验。

第五届全国影视节目声音学会奖评选会

1999年6月20日至25日，由中央电视台、广电总局和中国电影电视技术学会共同举办的第五届全国影

视节目声音学会奖评选会议，分别在北京和成都同时举行。全国13家电影厂、42家省市电视台选送的135部影视节目参加了此次评奖。其中专题片44部、译制片12部、综艺片30部、电视剧29部、电影20部。

此项活动得到了国家广电总局电影局、中央电视台、中国影视技术学会领导的高度重视，电影局副局长鲍林岳、四川省广播电视厅厅长兼四川电视台台长吴宝文、中国电影电视技术学会常务副理事长刘国典等领导到会讲话。中国电影电视技术学会声音委员会主任、中央电视台音频部主任朱慰中主持了本次评奖活动。本着公平、公正、公开的原则和确保"评选的严肃性和权威性"的宗旨，来自全国各地的16位电视评委和12位电影评委经过一周的认真评选，共评出各项获奖电视节目62部、电影13部。

中央电视台共有15部各类电视节目在评选中获奖，其中《代理总裁》获译制片类声音一等奖，中央电视台与大连电视台合拍的《突围》获电视剧片类声音一等奖，《芬芳年代》获专题片类声音二等奖等。

首届全国电视诗歌散文研讨会

1999年6月25日至27日，由中央电视台戏曲音乐部主办的中央电视台首届全国电视诗歌、散文展播颁奖及研讨会在北京举行。

来自北京大学、北京师范大学、北京广播学院、中国电视艺术委员会的专家、学者、教授和中央电视台的评委，对全国111家电视台和音像公司选送的279部参展作品进行了审看、评比和研讨。

中央电视台副台长张长明到会参加研讨并讲话。张长明对电视诗歌、散文这种新的艺术形式给予了充分肯定。他认为电视文学与电视文艺有所不同，它是以文学为基础，以电视为表现手段的综合艺术，文学作品的选择与导演的审美价值取向有关。文学作品应以人为主，从接受到感染到感动，达到电视文学作品的创作目的。

专家学者们对电视诗歌、散文的创作规律进行了探讨，对如何完成文学的诗意到镜头的诗意，诗意的想象到诗意的具象的转换过程，也提出了许多宝贵的意见。北京大学中文系教授孔庆东认为：数字化、网络化时代，语言文字的魅力无可替代，诗情画意则是电视诗歌、散文所追求的最高境界。北京师范大学教授尹鸿认为：电视散文将会成为有自己的语言体系和艺术规范的文艺样式。视听是电视散文的表现形态，不能把散文和电视从这样一个形态中分开。

最后评委一致认为，在电视文艺多样化的今天，中央电视台推出的电视诗歌、散文是一种很有发展前景的艺术品种，应保持其清新淡雅的风格，以情动人，以美动人，以自身鲜明的艺术特色在电视文艺中独树一帜。

全国电视理论期刊研讨会

1999年7月15日至17日，由中央电视台研究处主办的全国电视理论期刊研讨会暨《电视研究》全国优秀电视论文颁奖会在北京举行。来自各省、直辖市电视台、传媒科研单位、大专院校的专家、学者40多人出席了会议。会议探讨了电视事业发展的总趋势，研究了当前电视理论界关切的热点问题，交流了各电视台创办电视理论刊物的经验。广电总局总编室主任张振东、中央电视台副总编辑赵立凡、中央电视台研究处处长王录，向获得全国优秀电视论文一等奖的作者颁发了证书和奖金。

张振东在讲话中从三个方面强调了电视理论研究的重要性和紧迫性：1. 电视虽是新兴媒体，但积累了很多经验，这些经验迫切需要理论升华。2. 电视新闻改革在各类媒体中步伐最快，但相对于报纸、通讯社，电视新闻理论的研究还处于落后状态，需要改变这一状况。3. 中国电视不能照搬西方现成的电视理论，要勇于创新，形成有中国特色的社会主义电视理论体系。

赵立凡首先介绍了第一届全国优秀电视论文征集评比的工作情况：这项工作从1997年8月开始，历时一年多，收到全国各地来稿200多篇，从中评选出一等奖3篇，二等奖7篇，三等奖10篇，优秀奖28篇。他指出：电视理论研究工作对今后电视事业的发展，有着举足轻重的指导作用。要坚持理论研究的导向性，用邓小平建设有中国特色社会主义理论指导中国电视事业的发展；要在电视艺术理论上突出中国特色，并借鉴世界电视发展经验；要追踪研究世界电视技术发展的先进经验和先进技术，为我所用，发展自己；要结合国家的发展趋势和机构变化，研究出适应中国电视发展的管理机制。

纪录片部选题规划暨业务研讨会

1999年7月19日至22日，中央电视台社教节目中心纪录片部在泰安市召开了1999日至2000年选题规划暨业务研讨会。中国广播电视学会常务副会长刘习良、评奖办主任贡吉玖，电视艺术家协会纪录片委员会会长陈汉元，社教节目中心主任高长龄，中央戏剧学院话剧研究所所长田本相等专家、学者和全国40多家电视台与制作单位的近百名代表参加了研讨会。

会上，刘习良、陈汉元、田本相等专家学者分别就社教节目的状况、纪录片创作、国外纪录片现状等内容发言。50集系列片《中国人》的部分获奖节目作者谈了各自的创作经历、体会，各地作者围绕繁荣电视纪录片的创作进行了广泛讨论和深入交流。为确定系列片《环保纪事》的选题，大会特别邀请环保专家到会作专题讲座，对摄制方案进行分组讨论，对部分选题交流了意见。代表们表示将继续发扬《中国家庭》、《中国人》的团结合作精神，发挥中央电视台、地方电视台的各自优势，认真准备《环保纪事》选题，在纪录片领域努力取得更好的成绩。

第五届全国影视节目声音学会颁奖暨影视声音技术研讨会

1999年8月29日至31日，由中央电视台制作中心主办的第五届全国影视节目声音学会奖获奖节目的颁奖暨影视声音技术研讨会在北京举行。来自全国各电影制片厂和电视台的录音师、音频技术工作人员共120人参加了大会。电影局副局长鲍林岳、中央电视台副台长刘宜勤、中国电影电视技术学会副理事长刘国典出席了会议并讲话。

每位获奖节目的声音制作工作者都撰写了论文，共有37名作者在大会上宣读论文，就他们在影视节目声音创作过程中的经验体会进行了广泛的交流，并就今后如何进一步提高影视节目制作的声音质量进行了深入的探讨。对今后提高影视节目声音制作质量起到了推动作用。

中国广播电视学会受众研究会电视部研讨会

1999年9月17日至19日，由中央电视台总编室主办的中国广播电视学会受众研究会电视部研讨会在兰州召开，来自全国30多个电视台的40多名代表参加了会议。

会议首先进行了受众研究会电视部的成立大会。受众研究会名誉会长赵永福、中央电视台总编室副主任胡运芳就成立受众研究会电视部的必要性及电视部组织结构、活动形式等问题作了发言。会议讨论了受众研究会电视部今后开展工作的目标和计划。中央电视台台长赵化勇，中国广播电视学会受众研究会会长、总编室主任罗明发函对电视部成立表示祝贺。

此次会议邀请了4位专家、学者分别从国内外观众研究的方法、收视率研究在电视媒体经营中的作用、智能系统在电视节目评估和编排中的作用等不同的角度，介绍了当今受众调查研究的新方法和新观念。

会上一些代表还结合各自单位的实际情况，畅谈了开展观众调查研究工作的经验和体会。与会代表普遍认为，成立中国广播电视受众研究会电视部十分必要，便于在受众研究会的指导下，独立灵活地开展受众调查研究活动，不断提高电视受众调查研究工作的水平。与会代表还就今后如何深入开展受众调查研究工作提出了一些设想，其中包括继续进行“收视率应用研讨活动”、筹备开展2002年第4次全国电视观众抽样调查、组织各种形式的业务培训、建立受众调查研究网页等等。

′99中国广播电视学会电视科技教育节目评奖暨研讨会

1999年10月7日，由中央电视台主办的中国广播电视学会电视科技教育节目评奖暨研讨会在杭州举行，全国共有37个电视台的123个科教节目参加了科普专题、普及教育、教学、栏目和特别节目5大类评比，其中73个节目分获一、二、三等奖。

中央电视台、山东电视台、广州电视台、北京电视台、浙江教育电视台等5个台的11个节目获得一等奖，16个台的24个节目获得二等奖，26个台的38个节目获得三等奖。

颁奖大会由电视科教节目研究会理事长冯存礼主持，电视科教节目研究会常务副会长、中央电视台社教节目中心主任高长龄、中广学会联络部主任张伟中、中广学会评奖办公室主任贡吉玖、浙江省政府副秘书长蒋泰维、浙江省广播电视厅副厅长程蔚东等同志到会并讲话。高长龄同志代表中广学会向获奖的单位表示热烈的祝贺，他说：目前，我国正在推行“科教兴国”战略，国家对科教节目十分重视,时代呼唤科教节目,科教节目具有十分广阔的前景;我们现在的科教电视制作队伍是团结而有战斗力的,此次节目水平有很大提高,令人欣慰;全国各个电视台的水平参差不齐,有些台的科教节目制作实力雄厚,也有一些台较为薄弱,各台应切实加强科教宣传。他希望电视科教界的同志们,在坚持正确舆论导向的基础上,以新闻工作者的敏感、科学家的严谨和高水准艺术水平做出更多群众喜闻乐见的节目。张伟中传达了广电总局对中广学会有关的要求,他赞扬电视科教节目研究会的工作是卓有成效的,并勉励电视科教研究会把评奖工作扎扎实实地做下去,推动精品节目的发展。

为做好今后的评奖工作,贡吉玖和薛继军分别代表两组评委向全体代表讲评参评节目。

贡吉玖着重讲评了教学、普教、特别类节目存在的一些缺憾,如知识面较窄、节目制作不够精致、编辑思路欠流畅等。他特别强调此次评奖中教学类节目有萎缩的趋势,这本应是科教节目的一个宝库,希望大家要牢牢占领这个领域。

薛继军从栏目定位、栏目包装等方面讲评了参评的栏目类和科普类节目。他认为,观众的定位应由传统的刁众化向小众化转移,这样才容易把握观众的收视心理、期待和习惯。

评委会还特别指出,本次参评节目在送评类别的界定上出现了一些问题,如不符合送评类别的交叉送评现象,希望大家在明年的送评中要认真对待。

电视产业经营与节目创新研讨会

1999 年 10 月 16 日至 18 日由中央电视台研究处、湖南电视台联合主办的中国电视产业经营与节目创新高级研讨会在长沙举行。这次研讨会旨在交流我国电视产业经营与节目创新的成功经验,探讨电视产业经营的创新趋势与节目创新的宏观走向,努力开创以产业经营推动节目创新、以节目创新带动产业经营的新局面。

中国电视艺术家协会主席杨伟光,湖南省委常委、宣传部部长文选德,湖南省委宣传部副部长、省广电厅党组书记魏文彬,中央电视台副台长李东生等领导出席研讨会并讲话。同时,这次研讨会邀请了湖南电视台台长曾凡安、江苏电视台台长苏子龙、上海东方电视台台长卑根源、湖南经济电视台台长欧阳常林等 18 位嘉宾作主题报告。

′99 电视媒体计算机技术应用研讨会

1999 年 11 月 2 日至 5 日,由中央电视台主办的′99 电视媒体计算机技术应用研讨会在北京举行。来自中央电视台和全国部分省市电视台、有线台及相关单位的代表 70 余人参加了研讨会。

本着简化形式、突出实效的原则,此次研讨会采用分组专题研讨的形式,分别就电视媒体应用计算机技术的推进方法;电视行业作为信息传播行业与信息技术及相关产业的需求关系;电视媒体计算机技术应用的特点和策略,以及一些电视台计算机技术的应用选择和解决方案等专题,进行了广泛和深入的探讨。

在研讨中,大家普遍赞同加快在电视媒体中计算机技术的应用和发展,认识到信息产业的高速发展使电视行业面对新的机遇和挑战,同时,电视行业自身的发展也引发出许多管理问题,计算机技术已经成为电视台业务运行中的主要支持和辅助手段,它能够为电视节目的生产提供高效率、高质量的解决方案,为电视行业的发展提供了源动力。

“迈入 2000 年”国产动画制作观摩研讨会

1999 年 11 月 21 日至 22 日,由中央电视台动画片部和动画技术部主办的“迈入 2000 年”国产动画片观摩研讨会在北京举行。全国 50 多家影视制作单位的动画创作和制作部门及各动画制作公司的 80 余名代表应邀参加了研讨。

各方代表就国产动画片现状进行了探讨,将国产动画片与美国、日本及欧洲的动画节目进行比照。与会代表普遍认为,国产动画近几年发展迅猛,成绩显著,特别是中央电视台国产动画的制作和播出在全国起到了龙头作用。大家还观摩和交流了自己制作的各类动画节目,对国产动画片存在的问题进行了剖析,尤其对剧本创作上的不足进行了深入研讨。与会代表认为这次研讨会进一步加强了动画制作界同行的横向联系,加深了中央电视台与国内动画界的相互了解,使大家对国产动画片的发展增强了信心。

中央电视台青少节目中心主任余培侠到会并就中

央电视台的动画节目创作方向作了发言,动画片部和动画技术部的同志也通报了中央电视台2000年的工作计划。

′99北京数字电视技术研讨会

1999年12月1日至3日,由中央电视台、中国电影电视技术学会、香港佑图国际科技有限公司联合举办的′99北京数字电视技术研讨会在北京举行。全国各省、市电视台主管技术的领导和广电总局系统的代表及海外嘉宾等120多人参加了研讨会。中央电视台台长赵化勇、副台长刘宜勤、国家广播电影电视总局科技司司长陈智教、中央电视台总工程师邵昌有出席了研讨会开幕式。

本届研讨会针对21世纪电视发展战略、数字电视技术对未来电视台的发展趋势的影响及对策、中国数字电视的现状与发展以及高清晰度电视技术等高新技术问题进行了研讨。

北京数字电视技术研讨会已举办了7届,它在促进国内广播电视技术的交流与提高,加强对世界广播电视技术的学习、了解,推动我国广播电视事业的发展进程上发挥了重要的作用。中央电视台几年中举办的数字电视技术研讨会对全国省、市电视台在引进使用数字设备及数字技术的应用上起到了很好的指导作用。促进了中国电视从模拟向数字化电视技术领域发展,发挥了国家级大台的组织指导作用。

三、中央电视台工作会议和研讨会

国庆50周年"中国电视周"策划研讨会

1999年1月8日,中央电视台海外节目中心邀请陈汉元、刘效礼,戴维宇、徐雄雄、安兴本、胡小伟等10多位台内外专家、学者,召开庆祝新中国成立50周年"中国电视周"策划研讨会。

与会同志认为,新中国成立50年来,特别是改革开放20年来取得了令世人瞩目的巨大成就。电视对外宣传要抓住有利时机,向世界宣传、展示中国的良好形象。为加强电视周节目的针对性,大家提出,可初步拟定选题,征求驻外使领馆、海外电视台和海外观众的意见,争取做到有的放矢。并就电视周节目定位、选题内容、形式风格、对外联络等进行了广泛讨论。

中央电视台定于当年10月举办纪念国庆50周年"中国电视周"活动,这是中央电视台第二次在全世界举办较大规模的对外宣传活动。

′99设备购置项目审查会

1999年2月10日,由中央电视台技管办主办的"中央电视台1999年设备购置项目审查会"在北京召开。副台长刘宜勤等有关职能部门和各技术部门负责人参加了会议。

会议本着从全台利益出发、实事求是、集中有限资金建设重点项目、为21世纪事业发展奠定坚实基础的原则,对申报的技术项目进行了认真研讨。总工程师邵昌有及技术系统各中心、部处领导,对所申报的项目所要达到的目的、效益和基本方案及概算等方面分别进行了详细说明,并就各职能部门对设备购置项目中提出的问题做了解释说明。会议通过了以"1000平方米演播室系统数字化改造"、"主控及全台系统数字化改造"为重点的37项技术改造项目。会议结果上报台领导审批。

中央电视台1999年工作会议

1999年2月25日至27日,中央电视台1999年工作会议在北京召开。来自台内各部门和直属单位的170余名代表参加了会议。台长赵化勇在会上作了题为《增强政治意识、大局意识、责任意识,为改革开放和社会主义现代化建设服务》的报告,就中央电视台1999年工作进行部署。副台长刘宝顺作了题为《强化精品意识加大管理力度,更好地发挥电视媒体的作用》的1998年工作总结。

广电总局局长田聪明到会并讲话。他充分肯定了中央电视台过去一年取得的成绩。田聪明结合总局开展“三讲”教育工作的情况说，“三讲”教育活动是事关党和国家前途、命运的大事，各级领导干部要高度重视，做好充分的思想准备，自觉投入这项工作。1999年，中央电视台面临的宣传任务繁重而又艰巨，同时也要面对来自多方面的挑战。所以要严格按中央各项指示精神开展工作，同时坚持“发展是硬道理”，改革是事业发展的根本出路，通过深化电视改革，进一步提高竞争能力。

赵化勇在总结讲话中要求全台干部职工：一要加强对社会的调查研究，不断提高舆论引导水平；二要加强对传播对象的调查研究，不断提高服务质量；三要加强对电视同行的研究，不断提高我台节目的竞争能力；四要加强研究自身发展中存在的问题，不断提高自身素质；五要加强对现代电视新技术的研究和利用，保持国内领先的技术优势；六要加强对经营工作的调查研究，保证提供充足的发展资金。会上，8个小组代表分别代表本组发言，提出了各部门全年的工作设想和落实措施。

中央电视台1998年工作总结表彰大会

1999年3月2日，中央电视台召开了1998年度工作总结表彰大会。广电总局党组副书记、副局长吉炳轩出席大会并作重要讲话。台分党组书记、台长赵化勇在会上作1998年度工作总结报告，部署了1999年的工作。副台长刘宝顺宣布了表彰决定，广电总局领导和台领导为48个先进集体、52个先进个人、66个优秀栏目、120个优秀节目、9个优秀工程、22个电视节目录制技术质量、11个安全播出班组和50个优质管理服务集体颁发了奖状和证书。

吉炳轩代表总局党组对中央电视台1998年的工作给予充分的肯定和高度评价，特别是宣传工作成效显著，在全社会发挥了统一思想，凝聚力量，振奋精神，鼓舞士气的作用，为改革、发展、稳定，营造了一个有利的舆论环境，在中国电视发展史上写下了浓重的一笔。他说，中央电视台1998年的宣传工作有6条可贵的经验和遵循的原则：一是始终坚持高举旗帜，保持一致；二是始终坚持把握大局，服务中心；三是始终坚持团结稳定鼓劲、正面宣传为主；四是始终坚持深入基层，贴近群众；五是始终坚持突出重点，形成合力；六是始终坚持守土有责，把握好度。同时吉炳轩副总局长也对中央电视台今后的工作提出了希望和要求。

赵化勇在会上认真分析了全台工作取得成绩的原因和经验，实事求是地总结了工作中的不足和教训。在谈到1999年工作时提出：全台各部门要集中精力，抓好全年重点宣传工作；要深化电视改革，增强创新意识，改进工作作风，提高工作效率和整体工作水平；要推行精品战略，狠抓节目质量，进一步增强竞争力；要加大新技术开发应用，做好技术保障，提高节目技术质量；围绕宣传中心工作，行政部门要做好综合和主动服务工作，积极探索行政管理改革思路，完善各项管理规章制度，进一步规范全台工作流程，提供科学规范、优质高效的服务保障；要抓住机遇，加强经营管理，加快建立第二经济支柱的步伐；今年上半年，根据中央的统一部署，台分党组要实事求是、耐心细致、扎扎实实地抓好以“讲学习、讲政治、讲正气”为主要内容的党性党风教育工作。

中央电视台′99反腐败工作会议

1999年3月25日，中央电视台纪检组监察室主办的反腐败工作会议在北京召开。中纪委驻总局纪检组组长王德新、台分党组成员和各中心(室)、部(处)、直属单位负责人，台特邀监察员，专职纪检监察干部共100余人参加了会议。

会上，王德新强调，纪检监察部门要把严肃政治纪律和宣传纪律放在工作的首位。在当前形势下尤其要强调政治纪律、宣传纪律，这是由党章、行政监察法和中央电视台的地位、任务、作用所决定的。所有同志都要提高对重大事件报告的意识和自觉性，提高政治意识、大局意识、责任意识，坚决杜绝对重大事件迟报、漏报、不报的现象。纪检监察部门要加强对此方面的监督，着力查处违反政治纪律、宣传纪律的案件。纪检监察部门要坚持党性原则，认真落实党风廉政建设责任制，严肃追究违法违纪者的责任；要协助台分党组抓好“三讲”教育，发挥自己的作用。

台长赵化勇就1998年廉政建设工作情况、目前中央电视台存在的问题及今后反腐倡廉工作的要求等三个方面讲话：1998年中央电视台坚持一手抓宣传，一手抓廉政建设，各项工作取得明显成绩。全台廉政建设工作得力，措施得当，效果明显，正气树立。目前，反腐败任务仍很艰巨，尚存在个别人纪律意识不强、铺张浪费等现象。要求全台各级领导干部，巩固已有成果，管好自己，带好队伍，在思想上高度重视反腐败工作。

副台长刘宝顺结合中央电视台开展“三讲”学习和落实党风廉政责任制提出要求。台分党组纪检组组长陈君传达了中央领导同志的有关讲话精神；台分党组纪检组副组长、监察室主任张海鸽总结了1998年纪检监察工作和特邀监察员工作，部署了1999年纪检监察工作。会上，总局领导、台领导为第4批特邀监察员颁发了证书。

电视传媒在信息社会中的发展趋势研讨会

1999年5月15日，由中央电视台信息部召开的电视传媒在信息社会中的发展趋势研讨会在北京举行。信息产业界知名人士、专家学者、企业界代表以及各大新闻媒体记者等80多人出席了研讨会。

国家信息中心副主任胡小明、联想集团副总裁杨元庆、北京广播学院新闻学院副院长丁俊杰、中央电视台研究室副主任王甫、《工商时报》副总编杨大明等同志在会上作了专题发言，发言围绕着电视与新兴媒体的关系、信息产业的发展对传媒的推动、传媒在信息社会中的作用、信息类节目如何更加有效地进行传播这些市场热点问题，与会人员展开了热烈的学术性研讨。

广告经营研讨会

1999年6月9日，中央电视台财经办组织召开了广告经营研讨会。主要议题为：分析当前广告发展趋势，认清中央电视台广告经营面临的挑战，研究对策，努力提高中央电视台广告总体收益。部分中心（室）、总公司领导及有关人员参加了会议。

财经办主任许二春说，当前媒体广告竞争激烈，广告经营的买方市场已逐步形成。广告收入支撑着全台各项事业发展，涉及每个职工的切身利益，广告经营工作已成为全台职工十分关心的问题。目前中央电视台广告经营既有优势，也存在问题。他希望大家集思广益，群策群力，为中央电视台广告经营工作献计献策。

会上，广告经济信息中心副主任张海潮针对当前广告经营竞争激烈的局面，提出了“保持强势，办精品节目，上新的平台”的建议。广告部主任郑加强作了题为《媒体品牌与媒体资源整合经营》的发言；广告部业务科陈超英、沈沐分别介绍了中央电视台广告经营中存在的困难和问题；未来广告公司总经理黄艳荣作了题为《面向未来，探索频道广告经营之路》的发言。

中央电视台海外节目中心、社教节目中心、青少节目中心、技管办和央视调查咨询中心等部门有关负责人也就栏目定位与广告经营的关系、广告经营的节目环境、频道广告开发与经营等问题发表了各自的看法。与会同志反映，这类研讨活动十分必要和及时，有利于加强各系统之间的沟通与了解，促进了中央电视台广告经营工作更加科学、合理、稳定地向前发展。

中央电视台1999年年中工作会议

1999年7月28日至30日，中央电视台1999年年中工作会议在北京召开。台长赵化勇代表台分党组作了题为《深化改革，稳中求进》的工作报告，全面总结了上半年工作，部署了下半年工作。会议由副台长刘宝顺主持。赵化勇在报告中说，今年上半年，在党中央、中宣部和广电总局的领导下，我台坚持正确的舆论导向，积极开展“三讲”教育活动，努力增强政治意识、大局意识、责任意识，坚持以宣传为中心，增强精品意识和为观众服务的意识，不断加强频道、栏目改革力度，提高节目质量和可视性，宣传和行政管理进一步规范，完成了一系列重大宣传报道工作，及时、准确应对突发事件，宣传和事业建设均呈现出良好势头。关于下半年工作，赵化勇要求全台集中精力，抓好国庆50周年、澳门回归及迎接新千年的宣传报道活动。同时继续深化改革，不断创新，提高频道、栏目的整体水平。技术系统要重点做好国庆50周年庆典转播和澳门回归现场直播等重大宣传报道活动的技术保障，加大新技术开发，提高技术管理水平。行政党政系统要加强调查研究，摸索改革思路，科学规范服务，抓好“三讲”教育整改环节。经营系统要努力提高经营水平，增加经济收入。同时，全台各系统要制定具体措施，组织落实全台近、中、远期规划目标，以求在新世纪到来之际，全台宣传水平、工作效率和人员精神面貌均有积极变化。在小组讨论中，各组重点讨论了中央电视台近、中、远期发展规划（草案）。

品牌经营与中央电视台广告投放策略研讨会

1999年8月28日，由中央电视台广告经济信息中心主办的品牌经营与中央电视台广告投放策略研讨会在成都召开。此次会议旨在加强中央电视台与西南地区企业的交流，增进相互了解，为在今后的市场及广告运作中结为战略伙伴关系打下良好的基础。

会上，各方面专家、学者就“媒体在品牌培育中的作用及品牌的价值”、“中国现有电视媒体分析比较”、“收视调查在广告投放中的运用”、“中央电视台广告招标分析”、“中央电视台广告发展”、“未来的广告合作展望”及“专业频道的出现给电视广告带来的机遇”、“中央电视台广告传播优势”等题目作了专题报告。

1999年，中央电视台广告部作出了一系列的重大举措，先后在大连、青岛、成都等地与企业进行交流，并以《广告资讯》刊物作为桥梁强化与企业及广告公司的沟通与了解，并适时推出一系列的广告措施，不断强化服务职能。

揭批“两国论”电视报道研讨会

1999年9月18日，《中国报道》栏目召开了揭批李登辉“两国论”电视报道研讨会，邀请了北京、上海、厦门和长春4地研究国际问题和台湾问题的专家学者共14人，共同研讨了进一步做好揭批李登辉及其“两国论”的电视报道。

参加研讨会的专家和学者分别来自中国国际问题研究所、中国现代国际关系研究所、社科院台湾所、军事科学院、国防大学、上海国际问题研究所、上海东亚研究所、北京大学、中国人民大学、厦门大学和吉林大学等学术机构。中国驻联合国代表团前参赞郭长林和上海国际问题研究所美国室主任杨洁勉先生刚刚参加在美国举行的大陆、台湾和美国学者圆桌会议回来，他们在会上介绍了有关情况。与会学者分别从国际关系、军事战略以及政治、经济、文化、历史等角度深入分析了“两国论”的本质和危害，提出了对策思路和操作方法。学者们还指出了目前宣传上的一些模糊认识和不准确提法，提出了很好的改进意见。

杨成绪、章念驰、刘国深等学者踊跃发言，积极评价《中国报道》前一阶段批判“两国论”的节目，并为《中国报道》栏目提出了许多建设性的意见和具体选题。

大型历史剧《战国》研讨会

1999年9月25日至27日，中国电视剧制作中心主办的大型历史剧《战国》研讨会在北京召开。

与会的专家、学者从不同角度对该剧进行了深入的剖析和评价，他们认为：作为一部重大历史题材的电视剧，《战国》超越了以前的历史剧，不仅拍出了大气势、大场面，很有力度和神韵，而且突出表现了以人为主的历史。它既有继承，也有创新，总体上说，《战国》是一部相当成功的历史剧。

中央戏剧学院教授路海波、社科院文研所研究员童道明、北京电影学院教授黄式宪、著名文学评论家文怀沙分别在研讨会上发言说：《战国》在总体上借鉴了莎士比亚戏剧的精神，以人带史，在重视历史的基础上写人和人的精神，以及由人的精神所构成的历史的精神。抓住了人性的阳刚，生命的张扬，表现了历史的悲壮。既对现代人有所启迪，又让人了解历史事实，这是历史剧观念的拓展，编导注意到了戏剧性的发挥，充分展示了戏剧的魅力。演员的选择也较成功，没有追求明星效应，而是注意到了整体阵容的一致和配戏的和谐。专家们建议《战国》在描写人物内心冲突上应再下功夫，补上表现中华民族的共性（孔子）和个性（屈原）的戏份。也对该剧剧名、服装和某些语言细节提出一些可斟酌之处。在市场运作方面，专家建议中国电视剧制作中心走胶磁互转、影视合一的路子，打开电视剧、电影两个市场。

1999年《精品赏析》举办系列赏析和研讨活动

中央电视台研究处《精品赏析》栏目，1999年对电视新闻报道《继往开来看盛典》、《战火中的正义之声》、大型电视文献纪录片《新中国》、文献纪录片《李大钊》、纪录片《海选》、电视连续剧《开国领袖毛泽东》、《雍正王朝》、大型文艺晚会《祖国颂》等优秀电视作品举行了24

期赏析研讨活动。

计算机 2000 年问题技术保障会议

1999 年 11 月 30 日，中央电视台召开了“计算机系统 2000 年过渡期间技术保障会议”。北京航天四创高技术开发中心，中创软件工程公司等各合作厂商的有关负责人及中央电视台技术管理办公室、总编室、新闻节目中心、海外节目中心、信息通信处等计算机系统使用和管理部门的负责人参加了会议。

技术管理办公室副主任徐威在会上介绍了中央电视台解决计算机 2000 年问题采取的方案及实施情况，并就如何确保播出安全和宣传业务正常进行，使计算机系统和设备安全渡过 2000 年问题敏感期，防范在此期间发生意外情况等问题向各厂商提出了具体的技术保障要求，要求各系统负责人和有关厂商对中央电视台计算机 2000 年问题给予充分的重视，特别是因中央电视台在计算机 2000 年问题敏感期内将有几次重大宣传任务，所以各设备厂商和系统开发集成商要制定针对中央电视台系统安全运行的技术保障方案和措施。

参加会议的系统开发集成商和设备厂商的负责人在会上表示，对中央电视台提出的要求给予充分的支持和合作，将在计算机 2000 年敏感期间内组织专门的技术保障队伍进行 24 小时现场技术保障服务，制定详细周密的应急监控措施和系统检测，并以书面形式对中央电视台进行技术保证承诺，在计算机 2000 年问题敏感日期内对中央电视台提供 24 小时热线和技术服务，需要时可到现场服务。会议还对直接涉及播出安全的重要系统技术保障问题进行了讨论，并达成共识。

澳门回归电视报道总结表彰大会

1999 年 12 月 28 日，中央电视台召开澳门回归电视报道总结表彰大会。广电总局副局长吉炳轩，中央电视台台长赵化勇、副台长刘宝顺等有关领导出席了会议。

吉炳轩讲话认为，澳门回归电视宣传的圆满成功，可以总结很多条经验。最基本的经验：一是领导力量强；二是准备充分；三是人员精干；四是工作细致；五是把关严密；六是协调配合；七是声势浩大；八是影响广泛。他特别指出，澳门回归的宣传，中央电视台确实下了很大功夫，取得了比预想要好得多的效果，特别是在政策性的问题上把握得非常好。现场直播和专题节目对我国领导人的形象、政权交接仪式、驻澳部队进驻过程、澳门群众欢迎场面、当地百姓访谈、澳门全景和街头拍摄以及葡方代表的镜头、画面处理得妥贴恰当，普遍反映良好。

台长赵化勇在总结报告中简要总结了澳门回归电视报道的概况。他指出，此次报道活动与我台以往的大型报道相比，有几项新的突破：1. 赴前方报道团的人数最多，达 315 人；2. 直播场次最密集，难度最大。24 小时内进行了 16 场直播，且领导人抵澳和驻澳部队进入等为多点移动直播；3. 收视率最高，达 95.8%；4. 转播我台节目的境外电视机构数量最多，达 152 个；5. 台互联网站直播时间最长，与第一套节目同步直播了 48 小时特别报道；6. 首次在重大政治事件的直播报道中采用外方的嘉宾主持；7. 首次通过公用电讯系统实现长距离数字信号光纤传输，保证了信号质量，最大限度地缩短了延时。

赵化勇总结了这次大型报道活动的几个特点：1. 认真贯彻中央精神，准确把握宣传口径；2. 一套节目精心设计，频道播出一气呵成；3. 对外报道别具特色，落地工作扎实有效；4. 台互联网站同步直播，高清晰度电视再立新功；5. 迎回归报道渐近高潮，配合性宣传锦上添花；6. 技术系统全线投入，确保播出万无一失；7. 全台体制指挥顺畅，综合保障日趋成熟。

赵化勇说，澳门回归报道是香港回归以来，中央电视台直播经验不断累积之后的一次总释放，尽管报道难度大、准备时间短，但整个节目从准备到播出显得从容不迫，所有环节磨合得很到位，直播时整体思路清晰，节目顺畅连贯，标志着我台大型活动的直播报道经验已经日趋成熟。澳门回归报道结束了，新的千年即将到来。面对难得的发展机遇和日益复杂的竞争环境，希望全台同志继续发扬澳门回归报道中体现的种种优秀素质，奋发有为，锐意创新，为把我台早日建设成为与中国经济发展和综合国力相称的世界一流大台而不懈努力。

9. 观众调查

1999年中央电视台观众调查研究工作综述

电视台孜孜不倦追求的目标是更好地为观众服务，不断改进节目，争取更多观众。而了解观众，及时汇总、分析、反馈观众的收视情况，为节目创办者提供更为全面的信息，这就是观联工作的主要任务。1999年，中央电视台观联处借助现代科技手段，在提高工作效率和受众研究质量上又有较大的进步。

一、电子信箱开通使用，增加了与观众沟通的快捷渠道

中央电视台电子信箱在1999年2月开通使用。在一年时间里，观联处收到的有效电子邮件达6000封。电子邮件反应十分快速，常常在播出或事件发生的同时就有观众通过电子信箱发信表达自己的感情和看法。随着互联网用户增多，电子邮件将成为电视台与观众沟通的重要桥梁。而网民这一阶层年轻、有文化，是我们需要重点了解分析的受众群。认识分析他们的特点和喜好，能帮助我们的一些栏目准确定位，对中央电视台的互联网站的宣传运作也大有好处。

二、开展观众满意度调查，为电视台的节目评价新增了重要的测评标准

收视率一度被人们看作评价节目的唯一指标。的确，收视率能从收视人数多少的角度反映出节目受欢迎程度。而人们更看重的是收视率的市场效应。但观众为什么选择这一节目，他对节目的看法以及播出安排的意见等，难以从收视率中找到答案。而这些反馈恰恰是编导们改进节目、调整编排最需要的内容。在分析收视率时不难看出，收视率高低与节目播出的时段、可视性、对象观众群大小、宣传力度及其他频道的竞争都有关系。因此我们应多角度地认识收视率。当我国电视行业普遍重视收视率时，发达国家的同行发现他们那里有“竞争越激烈节目越低俗，节目越低俗收视率越高”的现象，从而开始意识到，只凭收视率衡量评价节目有时很欠公正。为了弥补收视率评价的不足，国际上一些电视媒体运用了观众满意度或称“欣赏指数”类的观众调查方法。中央电视台从1999年起，在我国率先进行连续的观众满意度调查。满意度调查通过频道、栏目的知名度，节目制作质量，主持人素质，观众忠实度等多方面的综合，测评出满意度分值，比较各个栏目质量的高低。满意度和收视率两个数据都参与节目评价，结论就会客观得多。满意度给观众研究提供了多层次、多角度的比较和多指标的分析，给电视台改进节目提供了大量有价值的依据，也为播前预测找到了有效的办法。观联处通过满意度调查方式，委托央视调查咨询中心对一些重点电视剧进行播前预测。预测准确度还是较为满意的。世界上一些知名的电视台在推出大制作时，都要进行播前预测。在电视业竞争激烈的今天，播前预测为其领先者带来的优势是不言而喻的。

三、电话调查的使用改变了观众反馈“慢三拍”的局面

用电话进行观众调查在发达国家是较常用的。其快捷、交流直接等优点满足了急于了解观众收看效果的要求。电话调查不仅反映出观众收看的数值，还有观众简单的评价。从1993年开始，中央电视台就在春节晚会播出时同步进行了电话调查。那时电话的普及率远不如现在，其抽样的代表性有限。但由于中央电视台频道覆盖的优势和春节晚会的号召力，那些年电话调查数据与收视率间的差距与现在也大致相近。这里需要说明的是，这类电话调查的收视数据记录与收视率是有区别的，但与到达率却十分接近。随着电话普及率提高，电话调查抽样的可信性大大增强，数据也更接近准确。

电话调查由于有诸如不受被访者身份、文化程度、距离、安全戒备等因素的影响，被调查者十分看好。1999年的春节联欢晚会、澳门回归和迎接2000年庆典等大型直播活动都进行了电话同步调查，直播结束时就已得到了观众收视情况和他们的大体评价。

四、开展节目评价，促进节目质量提高

节目评价是近几年新开展的工作。由于电视频道竞争激烈,电视台普遍重视节目评价,以优胜劣汰的办法提高屏幕竞争力。观众联系处在台编委会的授权下,组织开展节目评议。为了使评价公正、客观,最大可能地接近实际,在评价时除了使用收视率和满意度,还多渠道地收集各种评价意见。

1. 组织中央电视台有高级职称、业务上较有影响的老同志分组评议以第一套黄金时段为主的重点栏目,每季度评一次。评议时请来部门或栏目主管、责任编辑参加,这样便于沟通。另外,观联处还与离退休处联合组织老干部监看中央电视台第一、二、三、四、七套节目,每半个月汇总一次监看反映。这些评价较为客观地反映了节目表现,对改进栏目提高节目质量提出了不少建设性的意见。

2.1999年初,建立了中央电视台观众评议网。通过电话和信件与全国各地30名观众代表随时联系,请他们关注中央电视台的节目,为中央电视台屏幕提意见、出主意。

中央领导和政府部门对节目的意见,也是评价依据。

现在,中央电视台的节目评价在收视率、满意度数据基础上,加入了社会效果较强的栏目评议、观众评议等量化级别,形成了节目评价系统的雏形,为公正、合理的节目评价打下较好的基础。

五、深入开发使用收视数据的汇总分析,为全台提供各种类型的咨询服务

收视数据的分析使用是观联处最有特色并深受关注的内容。观联处每周一期在《全国收视报告》上发表的一份近期收视数据分析受到大家的好评。这些分析为节目定位、屏幕编排的优化提出了不少有价值的意见。数据分析科还开发出数据检索与统计较为简便的新程序,利用MSACCESS软件将中央电视台八套节目的收视数据集中于一数据库中,使查询更为方便快捷。

六、传统的调查研究方式仍是研究观众的有效办法

中央电视台是覆盖全国的国家第一大台,需了解各地、各民族、各行业、各阶层观众的意见改进节目。观联处每年都在首都和东西南北中各选一地分别召开观众座谈会,向观众代表通报一年的工作,听取他们的意见。通过这种座谈会,电视台获得了不少可作决策参考的信息,社会各界反响也很好。1999年,观联处分别到宜昌、克拉玛依、佳木斯、遵义、绍兴5个城市召开了座谈会。

1999年,中央电视台收到观众来信405.1万封。这些来信的内容有给节目提意见、建议和提供报道线索的;还有不少是电视台一些部门、栏目举办征文、竞猜、评选等活动,观众来信参与的;还有的是询问科技发明信息或医药保健常识的;另外还有一些来信反映当地出现的社会问题。观联处将一些具有典型性的意见和反映强烈的内容汇集在内部刊物《观众反映及分析》上发表,有的在每周一次的台办公例会上通报。

七、《中央电视台屏幕语言文字差错奖罚条例》由试行改为正式实行

观联处通过多种渠道收集汇总中央电视台屏幕语言文字差错情况,按条例规定实行奖惩。为了强化有关人员的语言文字差错识别能力,观联处还印发了经常出现的错字,与职称培训处联合办培训班,请专家讲课,为遏制屏幕的字音差错现象做出了努力。

八、成立中国广播电视受众研究会电视部

为了使电视系统能灵活开展受众研究活动,交流各台受众研究成果,促进我国电视观众研究水平,督察调查机构调查的公正性和准确性,需要有个合适的机构开展工作。很多电视台从事观众研究的同志纷纷要求成立电视部来组织协调。1999年9月,30多个电视台(主要是省级电视台)的代表聚集兰州,成立了中国广播电视受众研究会电视部。电视部的办事机构常设在中央电视台观联处。

(总编室观联处)

1999年中央电视台节目收视情况年度报告

一、收视情况大事回顾

1999年中央电视台的节目在锐意改革的道路上又前进了一步,中央电视台第三套、第八套节目的成功改版,使频道定位更加明确、合理。中央电视台第一套节目21:00的《现在播报》在7月5日和广大观众见面。此外,中央电视台还现场直播了许多重大活动和重大事件,如重庆綦江虹桥垮塌案庭审的直播、1999年全球

《财富》论坛上海年会的直播、国庆50周年大型阅兵式和焰火联欢晚会的直播、澳门回归48小时的直播、“相逢2000年”24小时直播等，电视的功能和作用得以较好发挥，观众也给予了普遍好评。下面我们对1999年这些大事的电视收视率情况进行一个回顾：

• 1月1日　中央电视台第一套节目直播1999年元旦特别报道，收视率为2.47%。

• 2月15日　中央电视台第一套节目直播1999年春节联欢晚会，收视率达57.80%。

• 中央电视台第一套节目直播重庆綦江虹桥垮塌案庭审，3月26日的收视率是1.96%，3月27日的收视率是2.53%，4月3日8:00的收视率是3.15%，4月3日14:30的收视率是3.42%。

• 4月17日中央电视台第一套节目第一次直播广交会，收视率是0.37%。

• 4月30日中央电视台第一套节目直播昆明世博园开幕式晚会，收视率是14.85%。

• 中央电视台第二套节目直播第四十五届世界乒乓球赛，平均收视率是2.70%。

• 4月、5月，中央电视台各档新闻节目、《东方时空》对科索沃的及时报道吸引了观众，收视率明显提高。

• 9月18日中央电视台第一套节目播出特别节目“两弹一星”，收视率是12.70%。

• 9月27日中央电视台第一套节目直播“《财富》全球论坛”，收视率是21.93%。

• 9月28日中央电视台第一套节目直播《祖国颂》国庆晚会，收视率是15.87%。

• 9月30日中央电视台第一套节目播出特别节目《江山如此多娇》，收视率是24.19%。

• 10月1日中央电视台第一套节目直播庆祝中华人民共和国成立50周年大会，收视率达37.81%。

• 10月1日中央电视台第一套节目直播国庆50周年焰火联欢晚会，收视率是36.43%。

• 10月12日中央电视台第一套节目播出特别节目《为中国喝彩》，收视率是5.78%。

• 10月23日中央电视台第一套节目播出特别节目《音乐家舞台晚会》，收视率是8.88%。

• 12月11日中央电视台第一套节目直播世界特技飞行大赛，收视率是2.33%。

• 12月19日23:30中央电视台第一套节目直播澳门政权交接仪式，收视率是21.95%。

• 12月31日20:10中央电视台第一套节目直播2000年文艺晚会，收视率达22.54%。23:29中央电视台第一套节目直播首都各界迎新千年庆典，收视率达17.99%。

二、节目的收视全貌

(一)1999年中央电视台节目的收视地位

1. 收视时间

1999年，平均每个观众每天收看中央电视台8个频道节目的时间为56分钟，每个观众全天收看电视的时间也较1998年略有减少，平均为184分钟。每个观众全天收看中央电视台节目的时间约占其看电视时间的三成(30.40%)，(见表1)。

从各月份的收视变化来看，在总体收视时间上，1、2月(元旦和春节)，7、8月份(夏季)，观众收看电视节目的总的时间都较长。从1998年和1999年的收视情况来看都是如此。然而，我们发现1999年7月、8月，观众收看中央电视台8个频道节目的平均时间却是各月份中最短的，这也是值得我们注意的。

2. 收视份额

1999年，各频道的收视份额也说明了同样的问题。中央电视台8个频道1998年的收视份额是35.58%，1999年全年的收视份额下降到30.38%。由于改版，中央电视台第三套节目和第八套节目的收视份额则有不同程度的提高。

(二)1999年中央电视台节目收视情况的波动变化

表1:1997年、1998年、1999年观众对各频道日平均收视时间比较　　(单位:分钟)

年份	所有台	CCTV 1~8	CCTV 1	CCTV 2	CCTV 3	CCTV 4	CCTV 5	CCTV 6	CCTV 7	CCTV 8	省台	市台	省市卫视	有线台	CCTV所占比例
1999年	184	56	36	3	1	1	3	7	1	3	66	23	30	33	30.40%
1998年	188	67	42	4	1	1	6	10	1	3	57	24	29	34	35.60%
1997年	176	65.6	43.2	4.1	1	1	3.83	10.4	0.67	2.1	53.8	21.9	26.4	29	37.3%

1. 从全年收视走势分析

从中央电视台8个频道节目1998年和1999年的收视份额走势比较看,除了几个峰值以外,1999年中央电视台8个频道的收视份额基本在30%上下波动。1998年开门红的《水浒传》和春节晚会、世界杯足球赛转播、《我们万众一心》赈灾晚会(8月16日)和12月份的亚运会转播都创下了较好的成绩。1999年初播出的《雍正王朝》虽然效果也不错,但显然无法与1998年的《水浒传》相比拟;5月北约袭击南联盟和中国驻南使馆遭到北约袭击期间,国人愤怒,中央电视台的荧屏是他们了解事态发展的最快、最真实的途径,中央电视台在这期间的收视份额超过了上年的水平。其他的几个创下佳绩的分别是1999年春节晚会、国庆50周年阅兵和群众游行活动以及澳门回归48小时直播。我们还发现,在1998和1999两年中7月、8月都是中央电视台8个频道节目收视份额最低的时候。因此我们有必要加强夏季节目的编排制作。

我们再来看看1999年中央电视台8套节目和其他电视台主要频道的比较情况。中央电视台8个频道节目的收视率走势和全国所有频道的走势基本是同步的。全国所有频道的3个峰值都是由中央电视台节目所创造的,即春节晚会、50年国庆大典和澳门回归活动。

从收视率数据我们还可以分析在一年不同时间中观众对不同频道的收视情况。中央电视台在七八两个月的收视份额最低,中央电视台第一套七八月的收视份额也是全年中最低的,但中央电视台第一套在1999年5月(南联盟战事和中国驻南使馆遭袭击)、9月、10月(迎50周年国庆节目)、12月份(澳门回归)的收视份额都超过1998年的水平,12月份的收视份额还超过了1997年的水平。这再次证明中央电视台第一套在大型活动期间和重大事件中的影响力和权威性。1999年11月份(因播出世界杯排球比赛)的收视份额达到2.21%,是全年中最高的,也超过了1997年和1998年当月的水平。中央电视台第四套节目的收视份额都比较低,但各月的收视份额波动情况和第一套节目一致。中央电视台第三套节目和第八套节目在1999年都实行了大的改版。改版以后,第三套节目在9、10、11、12各月的收视份额都较1998年有所提高。第8套改版后的收视状况也有明显改进,改版以后各月收视份额均高于1998年和1997年。从8月份开始,该频道的收视份额首次超过2%,11月更是创下3.29%的历史新高。

2. 从一周的收视走势分析

在一周不同的时间,观众的收视情况存在明显差异,在周末的收视率要比平时明显地高出很多。1999年观众在周六和周日的平均收视时间达212分钟,比平时多近30分钟。而由于周六、周日较高收视率的惯性影响,周一的收视率也相对较高。几乎所有的频道都表现出这一收视规律。

中央电视台8个频道节目周日的收视份额最高,为32.06%,在周六的收视份额则不足30%,低于8套节目一周的平均水平。中央电视台周末的王牌综艺节目(如《综艺大观》、《曲苑杂坛》和《正大综艺》)和文艺节目在各地方台纷杂的新综艺节目面前显得缺乏竞争力。从中央电视台内部来看,1999年中央电视台8个频道节目周六的收视份额较1998年下降得最多,下降了6.7个百分点。由于节目形式的老化和观众口味的改变,在满意度调查中,综艺节目的满意度已排在新闻节目、体育节目和经济节目的后面。

3. 从一天收视走势分析

中央电视台的节目在一天中4:00~8:30的收视份额在42%以上,其中6:00~6:30达到了一天中的最高收视份额65.39%;12:00~12:30的收视份额为39.56%,16:30~18:00的收视份额达41.65%;19:00~19:30的收视份额达57.99%,具有较强的竞争优势。中央电视台收视份额比较低的几个时段是13:30~14:30(收视份额仅有18.61%)、21:00~23:30。

从节目内容来看,中央电视台的优势时段主要是在中央电视台第一套节目对应的新闻时段。

中央电视台的节目5:30~8:30,11:30~12:00的收视率1999年较1998年有所提高。

如果比较所有台1998年和1999年的全天收视率走势的话,我们发现,早间、上午和中午收看电视的观众人数增加了,晚间20:30-21:30收看电视的观众人数也增加了,其他时间收看电视的观众人数则都减少了。

(三)中央电视台节目在各地区的收视情况

1999年,中央电视台的节目在乌鲁木齐(由43.84%至45.67%)、拉萨(由39.94%至42.73%)、福州(由27.42%至28.73%)、广州(由5.05%至5.6%)中央电视台的收视份额却有了提高。1999年中央电视台节目收视份额最高的几个省会城市是银川、呼和浩特、昆明、石家庄、乌鲁木齐、兰州、拉萨、西宁、西安和太原(40%以上)。广州、上海、深圳和长沙依然是最后四位。哈尔滨、贵阳、长春、重庆和海口1999年的收视份额较1998年下降了10%以上。

(四)中央电视台节目的观众分析

1. 从观众的性别分布分析

就所有频道的收视数据分析,在收看电视的所有观众中,女性观众的收视比率高于男性观众。省台、市台和有线台男性和女性观众的收视比率与观众总体的收视格局基本一致。只有中央电视台的节目男性观众多于女性观众,从一天24小时的收视情况看,在几个新闻时段,如早间、午间和晚间节目时间,中央电视台的男性观众明显地多于女性观众,只有14:00~15:00中央电视台的女性观众略多。另外,中央电视台的男性观众和省台的男性观众数量相当,但省台女性观众比中央电视台的女性观众多。可见中央电视台与省级台的收视差异主要体现在对女性观众的吸引力上。

2. 从观众的城乡分布分析

不同频道城乡观众的收视比例也存在差别,在全国的所有频道观众中,城市观众的收视率高于农村观众。

中央电视台、市级台和有线台城市观众的收视率都高于农村观众。从中央电视台全天24小时的收视情况看,除了17:30~19:00城乡观众的收视率比较一致以外,白天节目和晚间节目,城市观众的收视率都要高于农村观众,尤其是晚间的节目。

比较省级台和中央电视台城乡观众的收视率,我们发现,省级台、中央电视台在城市观众中的收视率大致相当,但中央电视台在农村观众中的收视率明显低于省台,因此,中央电视台要进一步扩大收视空间,还需要增强对农村观众的吸引力。

3. 从观众的年龄分布分析

从所有台的走势看,年龄越大,收视率越高。省台、市台、有线台和中央电视台呈现出同样的年龄分布。但如果将中央电视台的观众和省台的观众进行对比的话,中央电视台不同年龄观众的收视率差别要更大,中央电视台观众的平均年龄要比省台高,中央电视台55岁以上观众的收视率高于省台同年龄的观众,而4岁至24岁和35岁至44岁的观众却低于省台。

55岁以上收看中央电视台上午和中午节目以及晚间的节目的观众显然比其他年龄的观众多。

4. 从观众的文化程度分布分析

在全国所有的观众结构中,呈现中间高两头低的分布,即初中文化程度的观众居多,文化程度低和文化程度高的观众相比略少。不同频道不同文化程度观众的分布差别较大。中央电视台不同文化程度观众的分布呈现逐级上升的状况,文化程度高的观众比文化程度低的观众多。

中央电视台的早间节目、午间节目和晚间节目,也即在中央电视台全天收视的几个峰值时段,大学以上文化程度的观众显著高于其他文化程度的观众。

5. 从观众的不同职业分布分析

在全国观众中,职员的数量最少,学生和工人的数量最多。而在中央电视台的观众中,个体和私营企业的观众最少,管理人员和干部的收视率最高,其次是职员。市台和省台的不同职业观众分布比较一致,有线台的不同职业观众结构接近中央电视台的观众。

在中央电视台的节目中,几个峰值出现的时段,管理人员和干部的收视率要显著高出其他人员。

综合来看,中央电视台的节目更吸引城市观众及文化程度高的观众。作为为全国所有观众服务的中央电视台,应该能够吸引更广泛的观众。

三、各频道收视情况分析

(一)中央电视台第一套节目的收视分析

中央电视台第一套节目的全年收视率走势和其他频道节目非常一致,因为第一套节目在中央电视台8个频道节目中占有很大的比重,第一套节目的收视份额在所有中央电视台的8个频道中占了65%。

第一套节目和去年一样呈现前高后低的走势。由于今年大事、喜事、突发事件比较多,体现在中央电视台全年的收视走势上,就出现了几个波峰:春节、50周年国庆、澳门回归、迎接新千年。年初的《雍正王朝》和5月份北约轰炸南联盟和中国大使馆被炸期间收视率出现小的波峰。

1. 第一套节目的优势时段和劣势时段

从第一套全天的收视份额走势看,中央电视台具有竞争力的优势时段出现在:6:00~9:00,平均收视份额达41.14%;12:00~12:30,收视份额为27.51%;17:30~18:00,平均收视份额为21.34%;19:00~20:00,平均收视份额达49.35%。在这4个时段中,只有12:00~12:30这一时段的收视份额1999年比1998年出现了上升,1998年为25.45%,其他几个时段的收视份额都出现了下降。

在第一套节目中,也有几个时段的收视份额没有达到10%,我们称之为劣势时段,如10:00~12::00,收视份额为8.44%;13:00~17:00,收视份额为6.2%;21:00~24:00,收视份额为8.65%。

我们可以得出这样的结论:第一套白天的节目、傍晚的节目(18:00~19:00)、晚间电视剧以及其后的节目还需要进一步增强节目的竞争力。

2. 第一套的新闻节目

第一套新闻节目的几个新闻时段,早间新闻、午间新闻和《新闻联播》时间是占有收视份额最高的时段,特别是重大活动和事件期间,中央电视台新闻节目的收视率较往常有大的提高,如在《新闻联播》全年的收视率走势中,春节、中国驻南大使馆被炸、国庆50年大庆和澳门回归期间，收视率都出现了峰值。

午间节目《新闻30分》最近几年来，每年的收视率都有提高。1999年的平均收视率达到4.03%，1998年为3.63%，1997年是2.96%、1996年是2.1%。《新闻30分》收视率的稳步提高除了有时段的优势外，也证明它的新闻内容符合观众的需要。

7月5日21:00第一套节目开播了新的新闻栏目《现在播报》，收视率保持稳定并提升的趋势。这一栏目的成功也从一个方面说明观众对新闻和信息的需要正随着社会变化的加剧而不断增强。从每个季度的满意度调查来看，中央电视台第一套节目的新闻栏目在所有中央电视台栏目的观众满意度调查中，始终排在最前面，《现在播报》的排名也在上升。

第一套节目早间和午间节目的收视份额1999年也有提高，《实话实说》1999年的平均收视率达到了3.79%，较1998年的3.67%有所提高。

3. 动画片《西游记》

《西游记》7月23日起在《大风车》栏目播出后，使《大风车》一改收视率一路下行的态势，收视率逐步提高。这部动画片不仅吸引了儿童，也吸引了相当多的成年观众。

4. 第一套节目黄金时间电视剧

1999年年初的《雍正王朝》的收视率是1999年全年中最高的，但与《水浒传》相比仍有较大差距。4月份的《牵手》、9月份的国庆献礼片《开国领袖毛泽东》和《中国命运的决战》创造了收视率的两个波峰。从播出的电视剧来看，品种单一，精品电视剧少。观众对第一套电视剧的总体印象也是正剧多，人物剧多，希望能更多一些贴近群众生活、轻松娱乐的节目，电视剧的内容应再丰富些。

5. 第一套的综艺节目

分析发现，从中央电视台第一套的综艺节目流失的观众中，年轻的观众、文化程度低的观众、农村的观众和女性观众居多，这使得中央电视台第一套节目的观众结构更偏向于老龄观众、文化程度高的观众和男性观众。

6. 中央电视台第一套的专栏节目

第一套的专栏节目1999年由于受到突发事件的影响，很多栏目被冲到22:00甚至23:00以后，收视率明显下降，如《社会经纬》在1998年至1999年，有将近一半的节目受冲，不仅受冲的节目收视率下降，正常播出的节目的收视率也受到影响，因为观众掌握不了它的播出规律，无法形成稳定的收视习惯和对节目的清晰的认知定位，忠实观众也成为游离观众。

7. 观众对第一套节目的满意程度

从观众满意度调查和相关的一些调查中了解到，观众对第一套节目比较满意。比较集中的意见主要是两个方面，一是希望增加娱乐性、趣味性的节目。观众认为第一套节目严肃有余，活泼不足，希望对老牌的综艺节目，如《综艺大观》、《曲苑杂坛》等大加改进。二是和播出时间有关。希望延长中央电视台第一套节目的播出时间，最好能连续24小时播出，《实话实说》节目时间再延长一些，最好不要安排在清晨。

在调查观众对各频道栏目制作质量、主持人、栏目时效性、栏目娱乐性、不断创新、贴近观众生活和栏目的可信度等方面的评价时，第一套在栏目制作质量高、主持人素质高、频道时效性强、频道的可信度高等4个方面远远超过其他频道，而在频道的娱乐性、不断创新、贴近观众生活上则不具有优势。

(二)中央电视台第二套节目的收视分析

第二套节目全年的收视率走势基本上和中央电视台8套节目一致的走势，7月、8月收视率处于全年最低的水平，11月和12月收视率有所上升，8月6、7、8日，中央电视台第二套节目直播第四十五届世界乒乓

表2:中央电视台第三套黄金时间栏目的收视率(%)

栏目名称	播出时间	结束时间	星期	平均收视率	最高收视率	最低收视率	排序
戏曲直播	19:35	不固定	一	0.22	0.39	0.08	5
交响世界	19:35	20:35	二	0.12	0.18	0.08	7
当代剧场	19:35	不固定	三	0.33	0.65	0.13	3
戏剧博览	19:35	21:15	四	0.13	0.21	0.06	6
新视听	19:35	21:15	五	0.43	1.03	0.1	2
八面来风	19:35	21:15	六	0.31	0.66	0.11	4
朋友	19:35	20:45	日	0.65	0.92	0.28	1

球赛时，收视率和收视份额出现峰值。

1. 第二套节目的优势时段和劣势时段

从全天的收视份额看，1999 年的走势和 1998 年比较一致。5:30～8:30、11:00～12:00，1999 年的收视份额比 1998 年有一个大的提高，但 8:30～11:00、12:00～16:00，20:00 以后的晚间节目，1999 年的收视份额出现下降。

第二套的早间节目最具竞争力，其次是下午时段。18:30～21:00 在全天的节目中除了深夜节目外，是竞争力最差的。

第二套节目的观众结构和中央电视台 8 个频道的整体结构比较一致。农村观众比较多的时段是 6:00～8:00、13:00～14:00。

具体来看，第二套节目的早间节目当前主要以电视剧、《天天饮食》等栏目为主，较以前的外语教学节目更吸引观众。11:00～12:00 收视份额的提高要归功于《幸运 52》，该栏目 1999 年的收视率明显呈现上升的趋势。

第二套节目下午收视份额的下降，是因为 1998 年有很多体育直播节目，而 1999 年则比较少。第二套有体育直播时，通常能吸引更多的观众，如 1999 年 8 月初的世界乒乓球赛直播，创下了 7.38% 的收视份额。

2. 第二套的经济节目

在经济栏目中，除了《生活》栏目通过改版的努力，基本保持了 1998 年的水平外，其他都出现了下降，播出时间是影响其收视率的一个很重要的原因。对经济节目有收视兴趣的观众只占总人口的 48%，再加上时间的安排又正好和这批观众喜好的第一套节目冲突，这在很大程度上影响了经济节目的收视率。

在调查中，观众除建议调整经济节目的播出时间外，还建议拓展经济信息容量，使经济节目的内容更贴近生活、贴近实际。同时，增加与大众生活相关的生活类知识、小常识、小窍门等内容。可考虑将科技内容放入经济频道。

3. 第二套的综艺节目

第二套的《正大综艺》1999 年主持人的变动比较多，观众的意见也比较大。老牌的综艺节目都面临着节目形式的老化、节目竞争激烈、观众口味改变、主持人变化等因素的挑战，《正大综艺》也不例外。1999 年的平均收视率只有 1.73%。

4. 第二套节目黄金时间电视剧

《骆驼祥子》、《好好过日子》是第二套所有的电视剧中最受观众欢迎的电视剧，平均收视率超过了 1%，而且播出以后收视率都呈上升趋势，《骆驼祥子》的最高收视率为 1.47%，《好好过日子》的最高收视率达到了 2.02%。电视剧《战国》在二套播出时的收视率较全年的平均水平高。

(三)第三套节目的收视分析

第三套节目的全年收视率走势也是 7、8 月份较低，和中央电视台 8 个频道整体情况一致。

1. 第三套改版后的收视情况

1999 年 8 月 30 日第三套节目进行了全新的改版，推出了一系列栏目，特别是加强了周末的节目，从改版前后收视份额的变化情况看，第三套的白天节目较过去竞争力加强了。但傍晚《实话实说》重播的取消，使这一时段的收视份额下降了不少。

2. 第三套改版后的周末节目

第三套节目周末的收视率要比平时高，改版以后第三套加强了周末节目，推出了一些全新的栏目，如《新视听》、《八面来风》和《朋友》，取得了较好的收视率，特别是最后推出的《朋友》，播出以来收视率逐渐上升，最高收视率达到 0.92%，在所有的黄金时间栏目中排名第一(见表 2)。

3. 第三套节目的观众层面变得丰富了

第三套节目原来是戏曲音乐频道，吸引更多的是老年观众，第三套改版后，节目内容丰富了，编排更加合理并合乎观众的需要，观众的层次也更加丰富。从改版后的观众结构看，25 岁至 34 岁的观众增加比较多，农村观众较城市观众增加的多，工人、个体私营企业人员、学生有所增加，未受过教育的、初中文化的、大学以上文化的观众增加了。调查中发现，观众对中央电视台第三套节目最集中的意见也是频道特色不够鲜明、突出。

(四)第四套节目的收视分析

第四套节目是国际频道，主要面向海外华人观众，节目在国内落地情况较差，因此在国内的收视率比较低。第四套节目全年的收视率走势基本维持一个平稳的水平，受重大事件的影响，出现了几个峰值，如春节、中国驻南大使馆被炸、国庆 50 周年文艺晚会、澳门回归，表现出和中央电视台第一套相同的态势。

1. 第四套节目的优势时段

从第四套节目全天的收视份额走势看，最具竞争力的时段是深夜和早间节目，而且 1999 年较 1998 年的收视份额有大的提高，由 1998 年的 0.48% 上升到 1999 年的 0.51%，第四套节目大部分时段 1999 年的收视份额都比 1998 年有所提高，特别是 3:00 以后的节目和清晨的节目、11:00～12:00 的节目(《中国报道》、《中国新闻》)、16:00～18:00 的节目(《中国报道》和《中国新闻》及电视剧)收视份额提高较多。1999 年，第四套节目 5:00～6:00 的收视份额达到了

11.03%。

从第四套节目的收视情况,我们可以得到很重要的信息:深夜收看节目的观众增加了。由于中央电视台8个频道节目中,只有第四套节目是全天24小时播出,而现在很多观众由于生活方式的变化,改变了原来的作息规律,深夜收视的需要增强了。

2.第四套节目的观众对象

在第四套节目的观众中,男性观众多于女性观众,特别是在深夜节目和清晨节目以及新闻节目播出时段,男性观众明显高于女性观众。

3:00以前的节目以25岁至54岁的观众为主,3:00以后,55岁以上的观众大量增加,这和年轻的观众睡得晚、年老的观众起得早这一生活习惯有关。4:30～6:00,65岁以上观众的收视份额达到了24.18%,这期间有《夕阳红》节目播出。6:30～7:00《动画城》播出,4岁至14岁观众的收视份额也达到了20.94%。在白天的几个收视峰值时段都是65岁以上的老年观众的收视份额高。

从职业来看,3:00以前以工人和职员居多,3:00以后和清晨时间,以学生为主,上午时段和17:00～18:00,干部和管理人员明显超过其他观众。

第四套节目的城市观众明显多于农村观众。城市观众的收视份额达到0.59%,农村观众的收视份额只有0.19%。

(五)第五套节目的收视分析

1.1999年第五套节目全天的收视份额为1.8%。

2.对体育赛事的现场直播是第五套节目吸引观众的重要因素。据不完全统计,1999年总共直播了474场比赛,而1998年为584场。在收视率上,1999年比赛直播的收视率平均为0.71%,1998年为1.08%。比赛直播场次和比赛直播平均收视率的降低是导致第五套节目收视份额减少的重要原因。

赛事直播收视率的下降应该说是有客观原因的。1998年有世界杯足球赛、曼谷亚运会等重大赛事,而1999年缺乏这类能引起众人瞩目的赛事。

另外,由于各地方台均很注重对体育赛事的报道,并加强了相互之间的合作,在体育报道方面中央电视台面临更为激烈的竞争。这对中央电视台转播的一些赛事的收视情况产生了一定的影响。

但就总体而言,对体育赛事的直播依然是中央电视台第五套节目的优势所在。

3.第五套的一些固定栏目依然具有较强的影响力

(1)《足球之夜》依然是第五套节目最具影响的栏目。在1999年它的平均收视率略高于1998年(1998年的数据不含《足球之夜》的特别节目《法兰西之夜》的收视率)。《足球之夜》全年收视率走势基本平稳。

从观众评价来看,在1999年进行的三次观众满意度调查中,观众对该栏目的满意度指数均高于平均水平,且进入中央电视台参评栏目的前十名。

从观众成分来分析,其忠实观众比率超过了50%,观众对该栏目的收视主动程度达到了60%以上。

(2)《体育新闻》成为第五套节目中吸引观众的又一重要栏目。

1999年第五套节目的《体育新闻》以直播的形式向观众报道最新的体育消息,加大了新闻报道的时效性,尤其在对甲A足球赛事的报道上,既有各赛区的最新赛况,又有主持人恰到好处的评述。1999年18:00时段的《体育新闻》收视率明显要高于1998年。1999年该时段体育新闻的收视率也基本呈平稳上升态势。而且从三次观众满意度的调查来看,观众对该栏目的满意度也是较高的,满意度指数均高于平均值。在其收看观众中,忠实观众和主动观众的比率均超过50%。

(3)《篮球公园》自1998年11月开办以来受到了观众的欢迎,收视率曾达到1.02%,后由于NBA劳资纠纷以及我驻南使馆被炸,该栏目对NBA篮球的报道受到了影响,收视率明显下降。预计在中央电视台恢复对有关赛事的转播之后,其影响力会进一步提升。

表3:1999年1～3季度观众对中央电视台第五套的满意度评价指数

一季度	二季度	三季度
107	115	114

表4:观众在不同时段对体育类节目的收视意向

节　目	6:00～8:00		8:00～12:00		12:00～14:00		14:00～18:30		18:30～19:00		19:30～22:00		22:00以后	
	人次	%	人次	%	人次	%	人次	%	人次	%	人次	%	人次	%
体育新闻	157	12.93%	113	6.44%	225	10.79%	71	4.00%	332	10.79%	196	4.81%	104	6.52%
体育类节目	32	2.64%	108	6.15%	108	5.18%	180	10.13%	155	5.04%	327	8.02%	302	18.93%

4. 观众对中央电视台第五套节目的总体满意度评价相对较高

表3是1999年一、二、三季度观众对中央电视台第五套的满意度评价。满意度评价指数以100表示观众对各频道的平均评价值。可以看到，在一、二、三季度中，观众对中央电视台第五套节目的满意度均高于观众对全国各主要频道评价的平均水平。尤其二、三季度，观众的满意度指数较一季度有了明显提高，在中央电视台8个频道中，观众对第五套节目的满意度仅次于第一套节目。

并且，在对全国城市4264位观众进行的收视意向调查中，97.6%的观众对第五套节目的频道定位表示满意。

可见，目前第五套节目以赛事直播、新闻直播以及专栏节目深度报道为主的总体格局是令观众满意的。

5. 对第五套节目的建议

我们在1999年底进行观众收视意向调查中，请观众选择出他们在各时段最希望看的三个节目类型。对体育新闻和体育类节目观众的收视选择意向，如表4所示。

该表可以给我们两点启发：一是观众对体育新闻收视意向较高的时段分别为早上、中午、傍晚时段。目前在中午和傍晚时段我们均有体育新闻节目满足观众的需求，而早上则缺乏相应节目。因而应考虑在早间安排体育新闻节目的重播或滚动播出。二是观众在晚间22点以后对体育类节目的收视意向出乎我们的意料，在该时段愿意收看电视的观众中，有18.93%的观众希望看体育类节目。因而我们有必要注重对该时段体育节目的开发。

在调查中，观众的具体意见和建议主要涉及足球、比赛直播、棋类、篮球、主持人等方面，尽管意见相互有一定差异，但从中可以看到观众对这些方面是非常关注的。这种关注应该说对我们的节目编排是有指导意义的。

(六)第六套节目的收视分析

1.1999年中央电视台第六套节目全天平均收视份额为4%。

从时段分析，第六套节目在上午时段、中午时段、下午时段以及晚间时段的收视率都存在不同程度的下降，尤其是晚间20:00～22:00黄金时段，平均收视份额已由1998年的5%下降到1999年的3.15%，从收视率的绝对数值推算，观众流失近1000万人。这无疑是导致中央电视台第六套节目收视份额下降的重要因素。

18:00～19:00时段是第六套节目平均收视份额相对稳定的时段，1999年该时段的收视份额为4.3%，相对1998年的平均收视份额3.95%略有上升。

2. 观众的评价与建议

在满意度调查中我们请观众从频道制作质量、主持人素质、频道娱乐性、频道时效性、频道的创新性、是否贴近生活等角度对包括省级卫视在内的几十个频道进行了评价，结果发现：

(1)观众对第六套的电影频道的定位和频道的娱乐性予以了认可：在娱乐性上的指数得分为150，明显高于各频道的平均指数100，在各频道总体娱乐性的排名上仅次于湖南卫视和凤凰卫视频道。

(2)观众对中央电视台第六套频道制作质量的评价相对较低。在这一指标上，得分为80分，明显低于各频道的平均指数值100。在中央电视台8个频道节目中居于最后一位。

(3)在创新性和时效性两项指标上，观众对第六套的评价也相对较低，创新性观众评价指数为70，时效性评价指数为59，均低于各频道的平均评价指数值100。

(4)在是否贴近生活这一指标上第六套的评价指数为86，在主持人素质这一指标上的评价指数为55。

观众在这些指标上对第六套的评价无疑指示着频道改进的方向。结合观众的具体意见，我们发现，第六套给观众的一个明显印象是播出影片重复较多。节目重播的周期和频度安排不当，较易对观众的认知定位和频道选择产生消极影响。频道安排应吸引观众，让观众形成稳定的收视习惯，第六套应重视研究对特定时段播出影片类型的定位，赋予看似随机编排的影片内在关联的主题。

(七)第七套节目的收视分析

中央电视台第七套节目定位于少儿、军事、科技、农业频道。节目由多个单位制作编排而成。从数据来看，无论是反映观众稳定收视的收视率数据，还是反映观众的对该频道接触情况的到达率数据，第七套的影响力在中央电视台的8个频道中都是最低的。观众对该频道的满意度评价也相对较低。在中央电视台各频道中，第七套是唯一一个观众满意度评价指数低于各频道平均水平的频道。

该频道在1999年的全天平均收视份额与1997年、1998年持平，为0.3%。

在一天的正常播出时段中，10:00～16:00以及19:00～19:30，中央电视台第七套基本没有收视率显示。观众的主要收视峰值出现于20:00～20:30时段，收视率达0.3%。

自1999年6月1日，中央电视台第七套节目在

20:00～21:00时段推出了一个新的栏目:《东方儿童》。该栏目的播出应该说收到了积极效果,儿童观众的平均收视率达到了0.85%。尤其12月动画片《西游记》在该栏目重播以后,收视率明显提高,儿童观众的平均收视率最高已达到1.89%。可见,只要节目编排适当,第七套节目对观众的吸引力是可以得到提高的。

那么就整个频道而言,第七套节目如何提高其竞争力呢?我们认为可以从以下几个方面努力:

(1)整合观众对频道的认知定位,确立明确的频道主题;

(2)提高频道的时效性和创新性,让频道更贴近观众生活;

(3)合理编排各类节目的播出时间,扩大节目资源的收视效率。

(八)第八套节目的收视分析

1999年5月3日中央电视台第八套节目改版,由原综合性的文艺频道改为电视剧频道。从收视情况及观众的反映来看,这一改版是成功的。

1.1999年第八套节目收视份额较1998年有所提高

1999年中央电视台第八套全天的平均收视份额为1.9%,较1998年的1.3%提高了0.6个百分点,较1997年的1.18%也有一定程度的提高。第八套节目收视份额的提高主要体现在8:00～12:30, 14:00～19:30,20:00～24:00等全天大部分时段。尤其是下午时段、晚间黄金时段的收视份额提高较多。

2.重新定位改版后的黄金强档电视剧取得了良好的收视效果

5月3日第八套节目改版的一个有力举措是在黄金时段推出了黄金强档电视剧,每天为观众播出两集电视剧。在电视剧的选取上,黄金强档注意与第一套和第二套有所区分,选取观众喜闻乐见的通俗精品剧。应该说这些努力取得了较好的效果,提高了第八套的影响力,该时段第八套的收视份额较1998年提高了近一倍。一个半小时的节目的平均收视率到达了1.87%。其中播出的几部电视剧《燕子李三》、《狄仁杰断案传奇》、《孽海情深》引起了观众的较大反响,收视率逐集升高,《狄仁杰断案传奇》的最高收视率到达5.67%。

3.观众对第八套节目的满意度评价在改版以后明显提高

如表5所示,在1999年一、二、三季度进行的观众满意度评价调查中,第八套节目的满意度指数都要高于各频道的平均指数得分100。在5月3日改版以后,第八套节目的满意度评价指数更是明显提高。这说明对第八套节目的变化观众是持肯定态度的。

表5:1999年1～3季度观众对中央电视台第八套节目的满意度评价指数

一季度	二季度	三季度
102	109	110

4.新设立几个栏目观众反响较好

(1)改版以后,第八套节目在19:00时段设立了3个文化、知识性的栏目:《世界各地》、《世界文化广场》、《动物世界》。这3个栏目自播出以来收视率基本呈上升态势,观众的反映较好。

(2)《影视同期声》是第八套节目在黄金时段推出的介绍影视动态的栏目。从收视走势看,该栏目与后面的黄金强档电视剧的收视走势关联明显。

5.建议

(1)从收视率数据中我们看到,尽管中央电视台第八套节目全天大部分时段的收视份额都有所提高,但改版以后,在12:30～14:00时段的收视份额有了明显下降。中午是全天中观众收视人数较多的一个时段,收视份额的降低值得我们重视。有一点比较清楚:就是目前安排的《影视同期声》及《海外剧场》的重播对观众的吸引力不及以前在午间新播出的电视剧。

(2)在1999年进行的观众收视意向调查中,我们发现,观众在不同时段对所希望收看的电视剧的类别要求有一定的差异,这种差异在我们编排节目时应该予以重视。

四、讨论与分析

从上面的分析和论述中,我们不难感受到电视节目的竞争是很明显的。中央电视台8套节目的收视份额和收视时间都较上年有一定程度的减少。各地方台从影视剧、晚会、新闻、特定事件的直播报道等都与中央电视台展开了竞争。面对这一咄咄逼人的趋势,我们很自然会问,中央电视台的空间还有多大?

首先,中央电视台有巨大的品牌优势,这一优势是地方台短时期内难以形成的。这一优势能使中央电视台新节目的宣传和推出较地方台更为容易,是中央电视台开拓新的收视空间的有利条件。充分利用品牌优势,中央电视台将依然有大的收视空间。

其次,从到达率和收视率数据的差异我们可以看到,接触过中央电视台节目的观众并没有完全被我们的频道稳稳留住。除《新闻30分》和《新闻联播》等时段,其他时段中央电视台8套节目的收视率数据都比到达率数据要低几个百分点，尤其是晚间 19:30～22:00 黄金时段，1998 年和 1999 年二者数据均有 5% 左右的差距。因此，就理论角度而言，如果我们的节目对观众的吸引力能够进一步加强，我们的收视空间依然还可以扩大。

再次，中央电视台 8 个频道的资源还没有充分发挥效用。8 套节目的总体收视状况依然无法摆脱中央电视台第一套节目的影响，其他 7 套节目对中央电视台 8 个频道的收视份额的贡献依然不是很大。而且从观众定位上来看，中央电视台 8 个频道节目总体对女性观众、农村观众以及年轻观众的吸引力相对省级电视台要弱。中央电视台第一套到第八套节目的观众构成依然有较大的一致性，各频道节目的定位格局存在一定的重叠，而缺乏相应的互补。如果能加强各频道的特色定位，充分利用好 8 套节目的频道资源，同时注重节目对女性观众、农村观众、年轻观众的吸引力，我们的空间应该还会很大。

最后，从观众的期望可以看到，我们的频道依然还有较大的创新空间。在 1999 年第三季度的满意度评价中，观众对中央电视台第一套、第二套、第四套、第六套、第七套的频道创新性的评价指数并不是很高，均低于对各频道评价指数的平均值。应该说，从技术和人员素质来说，中央电视台是有较大的创新潜力的，中央电视台第三套、第八套改版以后观众的积极认可便证明了这一点。因此，只要发挥创新的主动性和积极性，我们的空间也还会很大。

（徐瑞青 刘志忠）

1999 年中央电视台观众来信综述

一、观众来信的收集渠道

据统计，1999 年中央电视台共收到 405.1 万封观众来信，来信总数比 1998 年（443.1 万多封）有所下降，但各部门收到的常规来信数量与前两年基本持平。在 400 多万封来信中，仅中国电视报社就收到 285 万多封，青少节目中心收到 51 万多封。来信内容除对节目提出建议、意见外，大部分是参与一些部门、栏目举办的征文、竞猜、评选等活动，还有部分来信是反映社会问题、提供报道线索及其他内容。

全台观众来信管理网一年处理了 62 万多封常规观众来信。来信管理网中处理来信最多的部门、栏目依次为《动画城》（352394 封）、《大风车》（78515 封）、新闻评论部（60845 封）、《中国电视报》（33793 封）、经济部（21659 封）等。此外，由观众联系处负责管理的中央电视台观众电子信箱收到有效电子邮件近 6000 封。

（一）全台观众来信管理网

全台观众来信管理网覆盖全台绝大多数节目中心，包括新闻评论部、《新闻联播》、《晚间新闻》、经济部、《观众之友》、文艺中心综合部节目组、影视部、《旋转舞台》、《综艺大观》、《曲苑杂坛》、《正大综艺》、《环球》、《科技博览》、《今日说法》、《健康之路》、《读书时间》、《夕阳红》、《半边天》、《当代工人》、《大风车》、《动画城》、《第二起跑线》等重点节目部门、重点栏目以及《中国电视报》、农业电影电视中心和观众联系处。目前管理网处理的观众信息主要有观众发来的传统信函、电子邮件、电报及打来的电话。

（二）全国观众评议网

1999 年，中央电视台建立了全国观众评议网，聘请了全国各地的 20 多位热心观众定期向中央电视台提供对节目的评价。

（三）中央电视台观众电子信箱

中央电视台于 1999 年 2 月在国际互联网 CCTV 网站正式开设观众电子信箱，除传统的信函、电报、电话外，又开辟了一条电视观众与中央电视台沟通联系的便捷渠道。电子信箱的开设，不仅仅是顺应了网络时代到来的必然，更主要的是出于上网观众的要求和中央电视台未来向网络电视发展的需要。观众电子信箱开设以来受关注的程度表明，中央电视台在未来的网络时代，可以拥有更广泛的影响。

二、观众反映要点

1999 年，我国走过了不平常的一年。这一年大事、喜事多，突发事件也多。中央电视台围绕重大事件作出了细致周密的报道。从观众反馈的特点和热点中，可以看出中央电视台节目社会影响的深度和广度。

（一）重大宣传报道得到普遍肯定和支持

1. 科索沃战争及我驻南使馆遭以美国为首的北约袭击的报道

3 月下旬起，北约对南联盟实施狂轰滥炸，中央电视台记者冒着生命危险及时从前线发回大量报道，观众普遍对报道表示非常满意，对前线记者的敬业和献身精神表示敬意。

5 月 8 日，以美国为首的北约悍然袭击我驻南大使馆，这一暴行激起中国人民的极大愤慨。海内外观众纷纷来信、来电、发来电子邮件，对以美国为首的北约的野蛮暴行表示愤怒谴责和强烈抗议，对遇难的三位烈士的亲属以及驻南记者、使馆工作人员表示亲切慰问，并表示坚决拥护我国政府的严正声明。许多观众说，要进一步搞好工作和学习，为祖国的繁荣富强贡献力量。

中央电视台围绕这一事件制作播出的一系列节目得到观众好评，特别是《东方时空》、《焦点访谈》、《新闻调查》等栏目播出的有关节目观众反响极大。不少观众来信对中央电视台的报道给予充分肯定，认为报道迅速及时、评论简洁明晰、专家分析透彻，增加了民族凝聚力。许多观众在盛赞节目、表达感想的同时，还对中央电视台记者及有关工作人员给予高度评价。山东济宁市的一位观众在来信中说："在这些日子里，你们的工作倍加繁忙，但正是你们辛勤的劳动，使广大观众能从各个方面了解以美国为首的北约对南联盟人民、对中国人民犯下的不可饶恕的罪行。你们作为新闻工作者，要亲临战争现场，为国内人民报道最新、最快的战况，随时都有生命危险。我感谢你们做出的贡献。"

海外观众对国际频道在此期间播出的节目，特别是《中国新闻》、《中国报道》、《周日话题》等也给予高度评价。他们认为这些节目报道及时、真实可信。

由于这一突发事件，中央电视台对播出节目进行了调整，观众普遍都表示理解和支持。但是，在调整节目时出现的一些纰漏，也引来了观众的批评。反映最集中的就是调整节目不及时预告、预告力度不够等问题。如：原定6月8日晚现场直播的《人民的好记者——中国新闻界弘扬爱国敬业奋进奉献精神直播晚会》与原定9日晚播出的连续剧《济南战役》第三集互相调换，许多观众事先不知道，结果等候多时也没有收看到期待的节目。他们认为这样做是不尊重观众。

2. 揭批李洪志及其邪教"法轮功"、批驳李登辉的"两国论"

7月22日下午，中央电视台播出的有关取缔非法组织"法轮大法研究会"的一系列节目后，许多观众立即发来电子邮件、打来电话，对政府所采取的这一果断措施表示坚决拥护和支持。其后，中央电视台根据中央精神和宣传工作部署，深入开展了对李洪志及其邪教"法轮功"的揭批。广大观众普遍对中央电视台的报道表示支持，但也有许多人指出，在注重宣传报道量的同时，更要注重采取群众容易接受的方式加强揭批力度，从科学的角度批判它的荒谬之处，击其要害。

《科技博览》栏目及时调整宣传计划，推出了"大宇宙"系列节目，有力地批判了"法轮功"的歪理邪说，受到观众好评。

中央电视台揭批李登辉"两国论"的报道观众反响较平。据分析，观众的这种反馈状态说明中央电视台的节目状态比较平稳，没有令观众产生明显的兴奋、激动、感慨或不满等情绪。此外，这一时期观众的注意力大都被揭批"法轮功"所吸引。

3. 国庆50周年报道

中央电视台精心准备的国庆报道得到广泛好评。国庆节过后，大量观众来信、来电对中央电视台国庆期间的节目给予充分肯定，认为节目主题鲜明、内容精彩、创意新颖，展现了新中国成立50年来的伟大成就，展示了改革开放和现代化建设的丰硕成果。在此期间最吸引人的是10月1日上午现场直播的国庆盛典。来信、来电及发来电子邮件的观众绝大部分对中央电视台的直播工作给予肯定。他们认为，庆典直播充分发挥了电视的优势，整个节目大气磅礴、衔接流畅，画面清晰优美，体现出中央电视台工作人员一丝不苟的工作作风和过硬的业务素质，充分显示了"国家队"雄厚的综合实力。也有一些观众认为现场直播留有遗憾，主要认为对阅兵式缺少多角度拍摄、主持人的解说不够到位。

国庆焰火联欢晚会和《祖国颂》、《江山如此多娇》这三台晚会以及大型文献纪录片《新中国》、30集连续剧《中国命运的决战》、电视纪录片《中原虎啸天》等国庆期间重点节目也受到观众欢迎。

此外，一些配合性宣传节目，如《新闻联播》中的系列报道《人民不会忘记》、纪录片《新中国》以及《科技博览》栏目的系列节目《新中国科技50年》等，都受到观众好评。

4. 澳门回归报道

12月19日9:00至21日9:00，中央电视台48小时连续直播报道澳门回归盛况。21日9:00特别报道刚刚结束，许多观众就打来电话，对中央电视台的成功报道表示祝贺。他们认为这次报道组织得非常好，主持人表现也不错，很少出现口误或其他错误。与两年前的香港回归报道相比，观众对报道表示满意的明显增多了。也有观众认为，在这个喜庆的日子里，新闻节目播音员着装不够喜庆；另外，播音员在介绍各省向澳门特区赠送的礼物时将九龙晷的"晷"字读错，指出这一错误的观众很多。观众对取消直播澳门特别行政区升旗仪式报道不作预告也有意见。

5."两会" 报道

中央电视台对"两会"进行的及时充分的报道得到观众普遍关注和肯定。观众关注最多的是会议报道内容的信息量。观众认为：海外新闻节目中的"两会"报道较为出色——领导人讲话编辑得短小精悍、重点突出、简明扼要；充分报道了党和国家领导人到小组的活动，同时把镜头较多地推向了基层代表；《"两会"特别报道》增加了现场感，新闻背景运用得恰当、及时。

(二)新闻节目及第三套和第八套节目改版受到普遍欢迎,一些新栏目很快得到观众的喜爱

全新的新闻栏目《现在播报》7月5日推出后,观众认为这个栏目社会新闻信息量大、内容丰富,风格明快鲜活,定位准确,可视性较强。但有一些观众认为这个栏目的主播在气质上还欠锤炼,有的观众觉得语速过快。《晚间新闻报道》改为按"国际部分"、"国内部分"和"体育新闻"的顺序播报后,得到观众认可。他们认为这样的编排顺序与《现在播报》形成互补,更符合新闻规律。

喜爱文艺节目的观众普遍认为第三套节目8月30日改版以后面貌一新,节目更加丰富多彩,艺术形式新颖活泼,片头包装别具匠心,可视性增强了,品位提高了。随着一些新栏目的不断推出,观众的收视和参与兴趣更浓了,所吸引的观众群体范围也更加广泛。一些栏目很快得到观众的认可和好评,如《新视听》、《朋友》、《神州大舞台》、《艺术入门》、《交响世界》、《国乐飘香》、《瞬间世界》、《演艺网站》、《荧屏诗坛》、《电视诗歌散文》等。不少观众称赞《走进歌剧之林》节目很精彩、很专业、有深度,集知识性、欣赏性、艺术性和娱乐性于一体,是难得的艺术享受。

第三套节目改版后,观众反响最强烈的是《东方时空》的撤消。从改版的那一天起,要求安排较好时间恢复播出《东方时空》的呼声一直没有断过。观众说,我们非常喜欢《东方时空》,18:10这个时间又最适合广大观众收看,很多人已经养成了固定的收视习惯。这个时段的播出取消后,剩下的两次播出一次在清晨、一次在深夜,这两个时间对上正常班和上学的学生收看都不方便。

京剧戏迷观众对第三套节目的改版意见较大。他们认为京剧的播出时间安排得不好,每晚23:10才播出,而白天大都是地方戏。有的观众认为安排节目的内容比较单调,有的剧重播过于频繁,而很多优秀剧目又总是看不到。观众指出,如果让一些当年曾引起轰动的优秀节目一直深锁在片库中成为"绝响"实在是种浪费,希望这些剧目能重现于荧屏。

第八套节目自5月3日改为电视剧频道以后,播出了很多优秀电视剧,这些电视剧虽然风格迥异,但都给观众留下了深刻难忘的印象。引起观众较大收视兴趣的两部电视剧是《燕子李三》和《狄仁杰断案传奇》,以及在第一套播出时反响很好、又在第八套重播的《牵手》。

11至12月份,第八套节目在黄金强档栏目安排播出连续剧《孽海深情》和《家族风云》,吸引了很多观众。在澳门回归期间停播的几天当中,不断有观众询问停播原因,并且对不作预告和说明就停播表示不满。

(三)社会生活中的热点也是收视热点,观众对热门事件报道倾注极大的热情

中央电视台分别在3月26日、27日和4月3日现场直播重庆綦江虹桥垮塌案庭审全过程。观众对中央电视台的这一作法表示欢迎。许多建筑设计施工单位集体收看节目,还有的单位希望购买该节目录像带用以教育本单位职工。一些观众希望将节目重新剪辑,使其精练后重播。由于案中一些主要人物口音太重,直播时影响了收看效果,观众希望重播时在关键的地方配上字幕。

中国女足姑娘在世界杯赛中的出色表现牵动了广大观众的心,中央电视台对这届世界女足赛的播出安排,球迷朋友普遍表示满意。女足勇夺亚军后,观众发来电子邮件、打来电话,内容多是希望中央电视台代为转达对姑娘们的祝贺、赞美和钦佩之情。

已形成传统的国际大专辩论赛在大、中学生中反应强烈,一些年轻人觉得辩论赛很精彩,看一遍不过瘾,希望在黄金时间安排重播。

(四)重要节日文艺晚会及精心制作的专题文艺晚会受到肯定

中央电视台精心制作的一些重大文艺晚会,如春节的3台文艺晚会、"五一"晚会、"七一"晚会、"八一"晚会、国庆晚会、中秋晚会、庆祝澳门回归大型音乐会以及"3·15"晚会、《证券法》专题晚会、《音乐家文艺晚会》等,观众评价普遍都不错。与此同时,观众要求精简晚会的呼声也越来越高。许多观众认为,中央电视台的晚会过多、过滥,节目内容和形式缺乏新意,演员老面孔,舞美、布景、服装等铺张、奢华,这种状况必须改革。

(五)观众对中央电视台黄金时段播出的电视剧普遍评价不错

1999年,中央电视台播出的电视剧中反响最强烈的当属《雍正王朝》和《牵手》这两部。观众认为,《雍正王朝》是一部优秀作品,场面恢弘,情节生动,引人入胜,给人以启迪和思索。观众对连续剧《牵手》的评价观点截然不同。大量观众认为该片内容不错,贴近生活,感人至深;演员表演细腻真实。甚至有观众认为这是自己近几年看到的最好的反映现实生活的电视剧。持不同意见的观众认为,片中的婚外恋情节会对人们特别是青少年的思想产生不良影响。提出这种意见的以中年男性观众为主。

中央电视台推出的重大题材电视剧,如《开国领袖毛泽东》、《中国命运的决战》、《红岩》、《李克农》、《澳门的故事》、《西藏风云》,以及连续剧《郭兰英》、《走过柳

源》、《战国》、《汉刘邦》、《骆驼祥子》、《可叹天下父母心》等都受到观众的好评。观众也指出，一些电视剧中存在的剧情失实、穿帮、错别字等问题，影响了节目的整体形象。

从观众反映来看，电视连续剧最好每天连续播出两集或每天只播一集，那种每晚播出两集而又在这两集中间播出别的节目的安排非常让观众反感。他们说，连续剧“断续”播出，影响收看，影响睡眠，只好忍痛割爱。

(六)观众对其他节目的反映

广大观众对中央电视台节目还是比较满意的，他们认为，在全国各级电视台里中央电视台整体水平最高，特别是在坚持正确的舆论导向、弘扬主旋律方面做得很好，屏幕内容、画面、语言等基本都是健康的，群众普遍非常反感的表现色情、暴力、凶杀、毒品等内容的电视节目在中央电视台屏幕上很少出现。在中央电视台各类节目中，观众对新闻和新闻评论类节目评价最高。观众对《新闻联播》的意见仍然集中于领导人的活动报道占用时间过长、会议新闻过多、信息量太小等方面。

《实话实说》栏目以其贴近群众、贴近生活、贴近现实的风格，“培养”了大批忠实观众。1月27日的《实话实说·感受坚强》给观众留下了深刻印象。他们说，节目的方式让人感到亲切、生动，希望《实话实说》今后多办一些以情感人、以正确舆论引导人的节目。

4月16日播出的《焦点访谈》五周年特别节目《焦点的报告》观众反响强烈，许多人来信表示对节目的喜爱和支持，对栏目开播五年来所取得的成绩表示肯定。

6月5日上午第一套节目现场直播的世界环境日特别报道《为了绿色家园》在社会各界引起强烈反响。观众表示，看了节目后深受启迪、受益匪浅，不少人还为环保献计献策。

科技下乡活动引来了观众更多的咨询信件。许多农民朋友咨询活动安排、科技信息等。他们说，中央电视台想农民之所想，把党的政策和科学技术带到农村，推动科技兴农，是农民真正的朋友。

《科技博览》栏目的改版得到观众的肯定，他们认为主题突出了、对象明确了。节目也引起了广大科技工作者越来越多的关注，有的来信向栏目组推荐科技项目。

12月1日《半边天》栏目播出的关注爱滋病病毒感染者的节目引起较大反响。观众除了对节目中报道的爱滋病病毒感染者表示关心并希望与他交朋友、向他提供帮助外，还对节目的选题、形式和主持人的表现表示赞赏，认为这次节目能走出演播室深入爱滋病病毒感染者家中采访，为全社会关爱爱滋病患者作出了表率。观众特别对主持人的敬业精神表示敬意。

6月19日，《综艺大观》改版后第一次播出，许多观众说这台节目给人留下不少新感受，也有观众对这次改版表示失望。许多观众说，这个名牌栏目曾经拥有过自己生命的辉煌时期，面对激烈的市场竞争，必须慎重研究如何改革才能适应观众越来越高的欣赏口味、保持生命力。

改版后的《动画城》得到许多小观众的喜爱，他们认为节目比以前更加精彩。

中央电视台隆重推出的国产大型动画系列片《西游记》播出后，观众对中央电视台重视国产动画片的制作和播出给予好评。对这部动画片的批评意见主要是缺乏新意、有好莱坞味道。

动画片《封神榜》令一些小观众感到失望。他们认为这部片子机械地模仿日本卡通片，但又不及人家。而《海尔兄弟》则受到普遍好评。小观众们认为它集趣味性、知识性于一身，人物形象十分鲜明，使人百看不厌。《杰杰熊和迪迪鸟》、《小贝流浪记》和《阿笨猫》也得到小观众的肯定。

一些观众认为国产动画片普遍的问题是太幼稚、不注重细节，故事也不精彩，只能面向低幼儿，观众面太窄。

有观众建议制作播出一些像日本的《掼篮高手》、《胜利女排》、《足球小子》等类型的动画片。他们说，这些动画片在国内播出吸引了大批青少年观众，这种现象值得研究。片子除具有激励性外，还弘扬了本民族的体育事业，而我们的动画片涉及这方面内容的却很少。我国的乒乓球、跳水、女排、女足等运动队的经历不都是很好的动画题材吗？

中央电视台节目在海外影响越来越大。很多海外观众来信、来电询问如何接收中央电视台节目、对中央电视台节目提出意见和建议。他们认为，节目内容、报道方式和编排规律要符合海外华人和外国人的收视心理与习惯，对外宣传要潜移默化、不留痕迹，切忌生硬的说教，要重视报道语言的严谨性和准确性，多用通俗易懂的语言，少用政治术语和简称。此外，海外观众还希望通过第四套节目收看到国内的一些重要节目，如电视剧、体育比赛、专题节目等。

1999年，观众对中央电视台广告节目的意见明显减少，但个别广告节目仍然遭到批评，主要问题在于广告用语不规范以及广告内容和画面意思表达不明确，使人不知所云。观众希望广告节目的配音要吐字清楚、语言要通俗易懂，广告节目也要出精品；希望信息咨询节目中提供更翔实的信息，如通讯地址、电话、联系人等。

（七）观众意见比较集中的问题

1. 节目的更改与预告

1999年，由于受突发事件、重大宣传报道任务等因素的影响，中央电视台临时更改、撤换节目的现象比较多，观众意见大。他们说，重要节目的安排，比如文艺晚会、专题节目等应该事先有周密的考虑，几套节目之间也要有配合；电视节目编排好并向观众预告后应该尽量不再改动。由于特殊原因需要调整节目观众都能理解，但应该尽早向观众作出预告，否则观众感觉没有受到应有的尊重。

2. 屏幕语言文字差错及常识性、概念性错误

节目中的差错首推语言文字差错。有些错误出现后影响很不好，如："国家主权"误为"国家产权"；在6月中旬的新闻节目中，多次出现"解铃还须系铃人"这句俗语，有播音员将"系"字读成[xì]；有时一台文艺晚会就出现十几处字幕错别字。

观众对出现较多口误的新闻播音员、主持人不能原谅，认为他们的心理素质和业务素质需要提高。

观众还指出中央电视台屏幕出现的一些常识性错误、专业术语运用不当以及播音与字幕不符、报道内容与画面不符等失误。例如：部分节目多次出现概念混淆的现象，将"新中国建国"混同于"中国建国"、"新中国50华诞"混同于"中国50华诞"、"我和共和国同龄"混同于"我和祖国同龄"等；还有"起诉"和"上诉"的混用、将村委会主任称为"村长"等。

3. 合理配字幕

大量失聪观众来信恳求中央电视台把所有节目都配上字幕；如果目前做不到，希望在重要节目中尽量把解说、对话等内容配上字幕。他们希望能看到新闻节目的内容提要、专题节目的大概内容、影视剧的对白等。一些观众指出，在节目中多配字幕还有利于听不懂普通话的观众更好地了解节目内容、有利于外国人学习中文；还有观众希望给节目中的方言配上字幕。观众还希望一些节目中的字幕移动速度放慢些，特别是栏目的联系电话、地址、网址、电子信箱等内容，使观众能看得清、记得住。

4. 地方台插播

自8月25日中央电视台播出广电总局《关于坚决制止随意插播、超量播放电视广告的紧急通知》后，观众纷纷表示坚决支持和拥护"通知"中的规定。在此之前，就经常有观众及中央电视台广告客户反映地方台在中央电视台节目中插播广告。"通知"发布后，观众的维权意识显著提高，对插播现象的反映大大增多。观众希望国家有关部门严格执法，严肃查处违规单位，维护观众、中央电视台及其广告客户的合法权益。

5. 方言在节目中的使用

一些观众对于我们的个别编导热衷于在节目中使用方言提出批评。他们认为，出于节目的需要适当使用方言可以理解，但应尽量避免这种情况。

6. 体育节目解说的水平

在中央电视台对1999年法国网球公开赛的转播中，解说员的解说遭到许多观众的批评。观众认为解说员欠缺网球基本常识、口误太多。另外，观众对解说员在国内外足球比赛解说中出现的常识性错误和口误也常有反映。

三、中央电视台观众电子信箱观众邮件简述

中央电视台观众电子信箱的开设，是满足观众要求、提高自身综合素质和反应能力、建设有世界级影响大台的有力之举。因为互联网站和电子信箱正日益成为反映观众呼声、更好地为观众服务的一个重要、有效的渠道。

（一）相对我国网民数量，观众电子邮件比例超出普通信函

从1999年2月到1999年12月底，中央电视台观众电子信箱共收到有效电子邮件近6000个，平均每天收到近20个，相对我国网民数量，比例大大超过常规的观众联系方法。据不完全统计，收到的电子邮件来自30多个国家和地区；观众遍及社会的各个阶层，年龄最小的仅6岁、最大的近80高龄。

除来自祖国大陆各地和港澳台的电子邮件外，国外的电子邮件多来自北美、南美、北欧和南非。这与中央电视台节目在当地覆盖范围、落地入户程度，以及当地国际互联网络发展状况有关。国外电子邮件中发自美国的最多，发邮件的主要是华人，也有部分本土美国人，这说明中央电视台为使节目进入北美主流社会所做的努力是较为有效的。在来自国外的电子邮件中，观众都表达了希望接收到更多更好的电视节目或能在网上及时了解中央电视台节目信息的愿望。

（二）电子邮件反馈信息快捷及时，邮件内容思想活跃、见解独到

据调查，截至1999年底的统计，目前我国上网人数有890多万，其中20岁至35岁的年轻用户占86%左右，大专以上学历的用户达到77%。这种比例也从观众给中央电视台的电子邮件中得到印证。在中央电视台观众电子信箱中，来信最多的是活跃于网上的知识阶层。他们受教育程度较高，思想活跃，意见、建议较为全面、中肯，常常有独到见解。而这部分人士又是

以前传统观众联系工作方式中较少接触到的。这部分人的意见、建议丰富了我们观众反馈信息的内容,也使我们收集到的观众反映更具代表性。

在传统的观联方式中,信函是主要方式,一个节目播出后的反馈信息最快也需 3 到 4 天;电话的普及提高了反馈的速度;而电子信箱的开设,不仅在反馈速度上更及时,与电话相比又有更加具体的文字体现。可以说,电子邮件是目前中央电视台收集观众信息的最快、最详细的方式。

(三)针对栏目的电子邮件占总数的 80%左右,其中绝大部分集中于一些重点栏目

中央电视台观众电子信箱开通后,曾一度以咨询查询、求助等为主要内容的邮件较多。这种情况随着时间的推移,呈逐步下降的趋势,只占到邮件的 15%左右。现在大量的邮件与节目质量和主持人水平、风格有关。这说明,观众对中央电视台的节目质量关注程度是很高的,观众对中央电视台的节目、对主持人的期望值较高,中央电视台节目与观众的要求尚存差距。

(四)改进电子信箱服务工作,加快邮件回复速度

目前,由于信箱设立不到一年,人手紧张,大量邮件不能及时回复。观众反映不能得到及时答复,有的产生了不信任情绪;有的则反复发送同一内容邮件,导致信箱无用信息堆栈,增加了邮件处理难度。这说明电子信箱服务工作亟待改进。

值得注意的是,目前的电子邮件中,约有 30%的信件部分或全部使用外文写作,绝大部分是英文,也有少部分用德文、法文、日文等写作,除要求具有专门的语言知识的人员来从事信箱服务工作外,如何改进网络服务器,使多数的文字能自动转换成简体中文,是一个急需解决的问题。

四、几点思考

纵观一年来观众对节目的反馈信息,为我们研究观众、提高节目质量提供了宝贵的参考依据。为了全面体现"中央电视台真诚为您服务"的节目宗旨,新的一年里应做好以下工作,力求使观众满意。

第一,作好 8 套节目内容的宏观协调配合。8 套节目既有专业化分工,有些内容又互为补充,使观众从中央电视台 8 套节目中能够找到各自愿意收看的节目。要吸引观众、留住观众。

第二,面对重大突发事件,做好应急工作、编排好节目、减少纰漏,做到既圆满完成宣传任务又让广大观众满意。

第三,严格控制晚会数量,注重提高晚会质量。面对晚会的过多过滥以及追求铺张、奢华的风气,中央电视台应该在全国电视行业起到精办晚会的带头作用。

第四,在正常情况下,预告过的节目播出时间尽量不要做改动;各套节目在编排节目时要考虑周全,诸如重要节日、纪念日以及外交政策、禁忌等等,以免到时被动,频繁更改节目;临时更改节目要尽早作出预告,增加字幕提示的频率。

第五,面对频道改版后出现的问题,应正视观众的呼声,尽早采取补救措施。例如观众反响极为强烈的《东方时空》在第三套节目 18:10 的播出时间被取消的问题,是要观众适应我们的改版,还是我们的改版要考虑到观众的需要?

第六,电视从业人员的整体文化素质亟待提高;提倡严谨的工作作风。观众特别希望主持人加强学习,增长知识,不断提高业务水平,杜绝口误、读错音、念错字的情况,去除主持风格随意、模仿港台的表现,努力体现国家电视台的主持风格。

第七,观众要求播出的节目尽量打出字幕,这一要求增加了各节目部门的工作量,也增加了出字幕差错的几率。但观众的要求并不过分,有条件的部门可以加大这一工作的力度,有关部门最好有相应的激励措施来辅助。

(虢亚冰　周建明)

1999 年《中国电视报》读者来信综述

1999 年,《中国电视报》十分重视读者来信工作,通过举办多种形式的活动,密切与读者的联系,增强读者的参与意识;通过特邀观众活动,进一步扩大了电视和报纸在读者中的影响。截至 1999 年 12 月底,《中国电视报》共收到读者来信 33793 件,《我最喜爱的春节联欢晚会评选活动》来信 65 万余件,"日上"活动 25 万余件,"幸运 52"活动累计来信 188 万余件,"智强杯"特邀观众活动 3.9 万千余件。

盛赞中央电视台直播新中国 50 周年国庆阅兵和澳门回归交接仪式

新中国五十华诞首都举行盛大阅兵式和群众游行活动,通过电视直播,在群众中引起强烈反响。读者纷纷来信,表达他们收看时的激动心情,认为:通过电视直播国庆盛大阅兵式和群众游行活动,确确实实感到了我们祖国日益强大了起来,使我们有一种强烈的民族自豪感和光荣感。有些读者来信说,国庆阅兵和群

众游行展现了国威、军威、民威,极大地鼓舞了人们的精神。还有些读者说:国庆庆典活动,集中地体现了在以江泽民同志为核心的党中央领导下,我们祖国欣欣向荣的精神风貌,使我们对祖国美好的前景充满信心。盛大的阅兵式也激起了一些年轻人的爱国热情。许多青年、中学生甚至大学生,在信中表达自己希望参军的热切愿望。

电视直播澳门回归,也在观众中引起了强烈反响。许多读者来信认为,交接仪式庄严、肃穆,大长了中国人的志气。看着五星红旗在交接仪式的大厅内冉冉升起,民族自豪感油然而生。澳门的回归,说明了国家的强盛,民族的团结。许多读者在来信中还表达了希望祖国更加强盛、澳门未来更加美好、祖国统一大业早日实现的心愿。

春节联欢晚会广受好评

一年一度的春节联欢晚会已成为广大观众喜爱的传统节目,也是每年电视报收信最集中的内容之一。除有65万余份来信参与晚会节目的评选之外,还有很多来信是谈对晚会感受的。总体上看,1999年春节联欢晚会,是一台成功的晚会,弘扬了主旋律,体现了“欢乐、祥和、团结”的晚会主旨,观众大部分表示肯定和满意。认为晚会有几点值得肯定和发扬:一是晚会着意推出新人,值得称道。如:李琼(歌曲《山路十八弯》演唱者),虽然年轻,但歌喉动人。二是晚会形式活泼,内容有新意,说明导演是动了脑筋的。如:小品《昨天·今天·明天》,由《实话实说》主持人崔永元与小品演员赵本山、宋丹丹联袂演出,令人忍俊不禁。三是有些节目,堪称佳作。如:小品《真情三十秒》,几个战士在节日期间给家人打电话拜年,故事短小精干,情节真实感人,令人怦然心动,且短而精。歌曲《常回家看看》,歌词明白流畅,感人肺腑,旋律优美,很有特色,值得推崇。

来信也对晚会提了一些建议和意见,如:有的读者认为晚会歌舞分量偏重,相声、小品嫌少,且精彩之作不多。

多种读报竞猜和有奖活动吸引了读者广泛兴趣

1999年以来,为吸引更多的读者关心《中国电视报》,增强读者的参与意识,进一步沟通报纸、电视与读者的联系,努力扩大电视节目宣传的影响,《中国电视报》在中央电视台有关部门的密切配合下,相继举办了“幸运52”,“智强杯”特邀观众和“日上”活动,这几项活动观众累计来信投票达216万张。中奖者已有220人分别应邀参加了中央电视台《综艺大观》、《五环夜话》、《正大综艺》、《影视同期声》、《实话实说》、《商品的故事》、《新千年真情奉献晚会》等现场录播或直播活动。寄出纪念奖汗衫6000余件。不少中奖者来信称赞《中国电视报》此举深受读者欢迎,一人中奖影响了周围一批人购买和阅读《中国电视报》的热情。因中奖而成为特邀观众的读者,尤其是边远地区的读者,畅叙来到首都参加录制中央电视台节目的感受,很多人把北京之行,称之为自己人生中最值得纪念和骄傲的事。活动的开展,增进了报纸、电视与读者之间的感情,扩大了报纸、电视在广大读者中的影响,对稳定报纸发行量,扩大电视节目的收视率,起到了积极作用。

(中国电视报社)

中央电视台观众满意度调查年度报告(1999年度)

1999年,中央电视台进行了四个季度的观众满意度的调查。电视观众满意度的概念被实际应用到电视台宣传和经营管理工作中,这在中国电视事业还是首次尝试。

观众满意度最早起源于英国的BBC,随后为全世界的各主要电视媒体所采纳。在日本的NHK、加拿大广播公司、法国电视机构、澳洲电视机构等都有所应用。他们把观众满意度与收视率作为电视经营管理的两项指标,把观众作为电视节目的中心。收视率反映收看节目的观众量,主要用于电视广告经营;满意度反映电视栏目在观众心目中的质量和特点,用于评价栏目本身的质量。两者相辅相成,为电视经营管理工作科学决策提供了可靠的依据。

中央电视台通过1999年的尝试,电视满意度数据已得到全台各级领导和电视编导的基本认可,认为满意度数据可以客观、科学地评价全台各种类型栏目的质量。影响电视收视率有各种复杂因素,收视率不是评价栏目的唯一标准。观众满意度排除了这些复杂因素,具有独特的客观性,是电视栏目评价的重要组成部分。同时,中央电视台开展的观众满意度调查也在全国各地方电视台引起了较大反响。

此报告作为1999年度的电视观众满意度全年总结报告,对全年的调查数据进行综合分析。另外,报告最后附上了《观众满意度分值及指数说明》分别对频道观众满意度分值、频道观众满意度指数、栏目观众满意度分值、栏目观众满意度指数四个概念进行了解释。

一、中央电视台频道满意度分析

1. 中央电视台各频道观众满意度状况

1999 年度，观众对 CCTV－1 的平均满意度最高，满意度分值为 8.60，满意度指数为 125。CCTV－5 名列第二，平均满意度分值为 7.91，满意度指数为 115。令人关注的是凤凰卫视中文台观众平均满意度排在第三位，满意度分值为 7.73，指数 113。

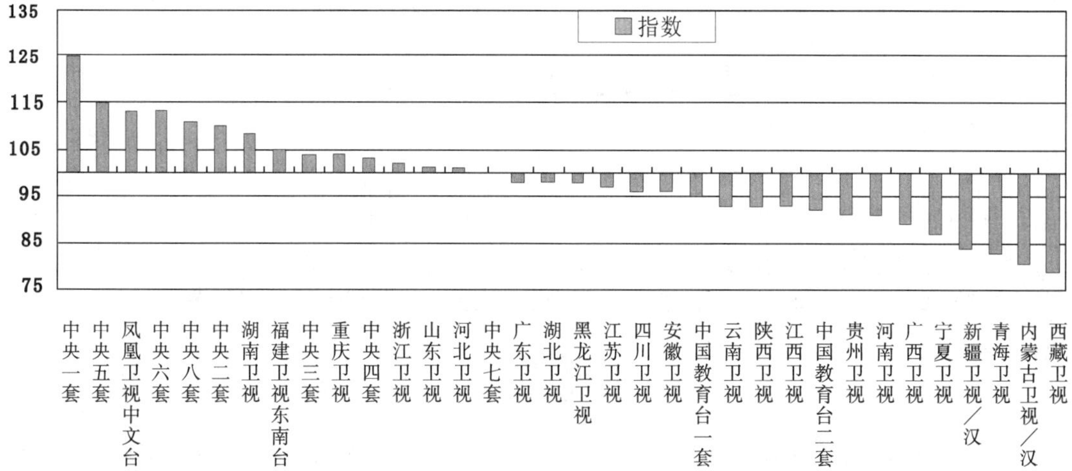

CCTV－6、CCTV－8、CCTV－2 的观众满意度分列第四、五、六位。紧接其后的是湖南卫视，位居第七，是所有省级卫视频道中满意度最高的，其满意度也高于 CCTV－3、CCTV－4 和 CCTV－7。

CCTV－3、CCTV－4 分别为第九和第十一名，CCTV－7 满意度仅略高于所有频道的平均值。

满意度在平均值以上的省卫视频道还有福建卫视东南台、重庆卫视、浙江卫视、山东卫视、河北卫视。

2. 卫视频道入户状况分析

1999 年度满意度调查在全国 20 个主要城市的市民中进行，以下是被调查者对中央电视台和卫视频道的实际接收状况。

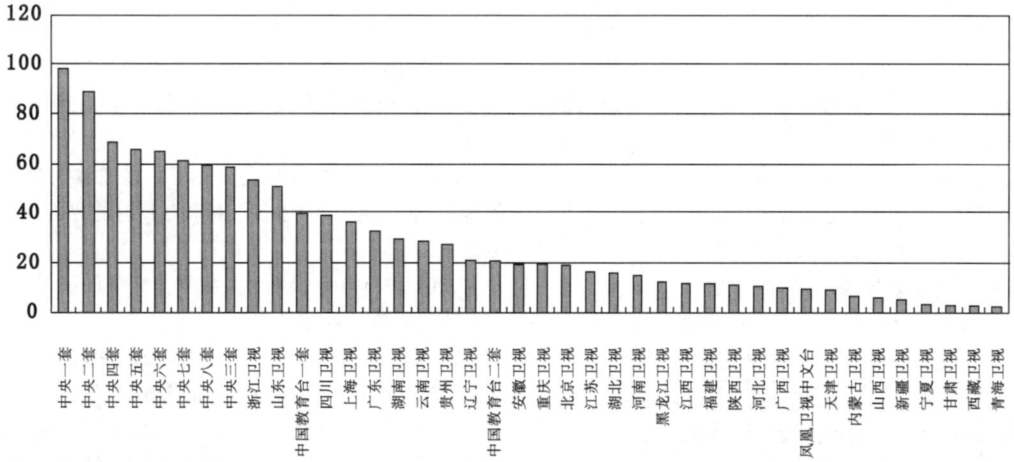

从各个频道在全国 20 个主要城市的入户情况看，可按照入户情况的好到差分成四级：

①入户率约在 9 成以上，如 CCTV－2，CCTV－1 几乎所有的观众都可以收到。

②入户率较好的频道：此类电视频道的入户率在 50%～70% 之间。包括有 CCTV－4、CCTV－5、CCTV－6、CCTV－7、CCTV－3、浙江卫视、山东卫视。浙江卫视和山东卫视在 20 个主要城市的入户率分别为 53.3%、51.3%，在省卫视频道中入户情况最好，已经与中央电视台的几个重要频道在同一水平上，这应该引起中央电视台领导的重视。

③入户率一般的频道：包括中国教育一台、上海卫视、四川卫视、广东卫视、湖南卫视、辽宁卫视等，入户率在 20%～40%。其中中国教育一台的入户率为

40.5%,湖南卫视入户率为30.4%,可以看出湖南卫视的在全国的入户情况不是太理想。

④入户率较差的频道:包括其余的省卫视频道、凤凰卫视中文台和中国教育二台,入户率在20%以下。北京卫视也属此类,为19.9%,天津卫视更低为10.2%。凤凰卫视中文台在这20个城市的入户率为10.6%,意味着有560万户观众可收看到它。

3. 中央电视台各频道满意度变化趋势分析

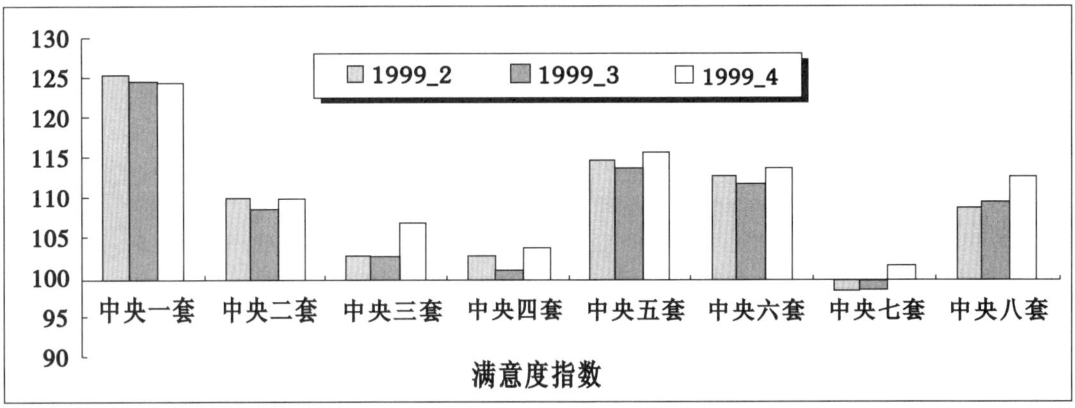

①CCTV－1的观众满意度较稳定,每个季度间变化不大。满意度在所有频道中均位居第一。

②CCTV－5满意度从第三季度开始,排在CCTV－1后位居第二,主要原因除了CCTV－5满意度的有所提高以外,与凤凰卫视中文台满意度明显下降有较大关系。

③电影频道CCTV－6满意度微有上升。

④CCTV－2的满意度全年表现稳定,一直位居第六。

⑤CCTV－8满意度明显上升,满意度排名由年初的第七上升到年底的第四。这表明,1999年该频道在定位于电视剧频道后,通过播出一系列较高质量电视剧和创办新的栏目,提高了频道节目的质量,并在收视率取得提高的同时,观众满意度评价也在逐步上升。

⑥CCTV－3的满意度上升也很明显,其排名由年初的第十一,上升到年底的第八,说明观众对CCTV－3改版后的节目质量提高是认同的。

⑦CCTV－7的满意度变化不大,仅微高于平均水平并低于一些质量较好的省卫视频道。

⑧CCTV－4虽微有上升,但全年变化不大。

4. 观众对中央电视台各频道的特征评价

中央电视台在观众评价的各个方面都占有很强的优势,在制作精良、时效性强、可信度高方面中央电视台有明显优势,尤其是主持人的素质,观众给予很高的评价。此外,从观众对各个频道的特征评价来看,8个频道的定位也基本得到了观众的认可。但是,中央电视台在具有鲜明特色、不断创新、贴近社会实际三项特征方面是有所欠缺的。

①CCTV－1是以新闻为主的综合频道,其特征在制作质量、主持人素质、时效性和可信度方面遥遥领先于其他频道,观众心目中中央电视台的形象主要来自于CCTV－1的贡献。

②CCTV－2是以经济为主的综合频道,紧随CCTV－1,为树立中央电视台形象贡献力量,并增强了中央电视台贴近观众生活的特性。

③CCTV－3戏曲音乐频道突出了娱乐性特征,稍落后于CCTV－8、CCTV－6。

④CCTV－4国际频道在中央电视台的频道中无明显特色,观众评价类似于CCTV－1却远远低于CCTV－1。

⑤CCTV－5体育频道满足了大多数体育爱好者的需求,准确定位于“体育”,观众对频道的评价符合频道定位。

⑥CCTV－6电影频道发挥了其定位的娱乐功能,并在节目预告方面成绩突出。

⑦CCTV－7少儿、军事、科技、农业频道无明显特征,应加强频道的定位,增强特征表现。

⑧CCTV－8在改为电视剧频道后前景乐观,观众在各项评价指标中都予以肯定,其娱乐作用仅次于电影频道CCTV－6。

二、观众满意度分值及指数说明

1. 频道观众满意度分值:是指过去3个月收看过这个频道的观众对频道的总体评价,评价分值在1～

10分之间。

2. 频道观众满意度指数：是以40个卫星频道的满意度平均分值为100，指数越高于100，表示观众满意程度越高于全国卫星频道的平均水平；指数越低于100，表示观众满意程度越低于全国卫星频道的平均水平，是一个形象直观反映观众对全国卫星频道的满意程度的指标。

3. 栏目观众满意度分值：是指过去3个月收看过这个栏目的观众对栏目的总体评价，评价分值在1－10分之间。

4. 栏目观众满意度指数：是以中央电视台45个主要栏目的满意度平均分值为100，指数越高于100，表示观众满意程度越高于中央电视台主要栏目的平均水平；指数越低于100，表示观众满意程度越低于中央电视台主要栏目的平均水平，是一个形象直观反映观众对中央电视台栏目的满意程度的指标。

（央视调查咨询中心供稿）

从观众中来到观众中去

——中央电视台五城市观众座谈会总结

1999年，中央电视台在我国5个中小城市召开观众代表座谈会，了解观众的收视现状和需求，听取观众对中央电视台节目的意见，以及对中央电视台频道和栏目设置的建议。这5个城市分处东西南北中，有一定的代表性：分别为绍兴、宜昌、佳木斯、遵义和克拉玛依。参加座谈会的观众代表来自各行各业：教师、学生、军人、工人、农民、个体劳动者、文艺工作者、离退休人员、公司职员等。参加座谈会的代表会前都大量地收集了周围同事和家人的意见，尽可能把更多的观众意见带给我们，使观众意见既全面，又有代表性。现将5个城市的观众座谈会情况总结如下：

一、观众可收看的电视频道数量大大增多

通过对5个城市的调查，我们发现，观众的收视条件较以前有较大改进。随着有线电视的普及，普通城市家庭平均都能收看到20套以上的电视节目，中央电视台8个频道都能收看到。收视效果越来越好，没有观众反映图像质量或声音质量方面的问题。但在农村地区和偏远的少数民族居住区，收视条件仍然比较差，中央电视台的8套节目中，只能收看到第一套节目或第一、二套节目。

通过调查还发现，观众周末的收视时间明显较平时延长，除了收看新闻节目外，更多的观众是收看综艺节目和影视剧。

二、观众最喜欢看的电视节目是中央电视台的节目

5城市的观众代表都充分肯定了中央电视台作为国家级电视台的成绩和地位。许多观众都谈道，中央电视台代表着中国的形象，在发挥新闻媒体的舆论导向作用，满足不同阶层观众的需要上发挥了很大的作用。观众说，“中央电视台频道多、内容全、形式新、有特色、顾大局，是所有地方台的典范。”有一位观众说，长期以来，中央电视台的节目已形成了自己大方、高雅、精致等特点，哪怕不看中央电视台的节目图像，仅听声音，就能分辨出哪个是中央电视台的节目。

在座谈中，观众还对中央电视台近一时期的发展提高给予好评。观众说：中央电视台这几年得到了快速发展，节目套数增加，播出时间成倍增长；播出内容由综合性向多层面、多领域拓展，节目类型细化、专业化，满足了各层次、各类型观众的不同需要；节目质量不断提高，思想性、艺术性、知识性等方面都达到了较高水平，不断涌现精品，无论新闻类、文艺类、体育类、经济类等节目都拥有了一批名牌栏目。观众还指出，最难能可贵的是中央电视台始终坚持弘扬主旋律，积极发挥舆论的导向和监督作用，不为追求经济效益而采用猎奇等手段降低节目品位。观众说，这是中央电视台多年来锐意改革的结果，这一过程也是中国电视事业发展的一个缩影。

中央电视台的新闻节目，是观众看得最多，也最喜欢的。在调查观众认为最好的5个中央电视台栏目中，《新闻联播》和《焦点访谈》在被调查的城市中不是第一就是第二。新闻节目是中央电视台的门面，观众认为中央电视台的新闻节目能在第一时间报道国内外

的最新消息，并且最具权威性。有观众说，每天收看《新闻联播》已成为生活中重要的一部分，如果因特殊情况没看上，会感到后悔和遗憾，一定要在重播时补上。《焦点访谈》则以对社会和生活中一些问题的观察和思考，深受观众的好评，对一些敏感问题的曝光，极大地调动了观众的参与热情。

《实话实说》在被调查的城市中也都榜上有名，只是所处的名次不一样。观众说，《实话实说》说的是家庭、伦理、教育等方面的话题，和观众之间能产生共鸣，谈话的人和谈话的方式让观众感到亲切，主持人的幽默、恰到好处的总结活跃了气氛，使场内场外能充分地沟通。此外，得到观众肯定的还有《东方时空》、《生活》、《经济半小时》、《今日说法》和《足球之夜》等栏目。

经济节目普遍得到观众的好评，观众评价说，中央电视台的经济信息具有权威性、快捷性和准确性，能很好地服务观众。《生活》栏目处处为百姓着想，解决生活中的难题，使观众增长知识，增强市场鉴别力。《今日说法》播出的案例及分析，看后使观众受到教育，使观众对身边发生的事情的模糊看法得到了澄清。体育节目也受到相当观众的欢迎，尤其是中青年男性观众。

观众对中央电视台的节目主持人也给予了较高的评价，认为他们端正、大方、有修养，并且有自己的独特风格和特点。

三、中央电视台要加强周末节目的吸引力

随着有线电视网的建设，入网电视频道的增加，中央电视台一统天下的地位受到冲击，主要表现在两方面：一是空间和时间受到了分割。全国已建成的1300多个电视台纷纷抢占黄金时间，特别是省和部分市电视台上星，覆盖全国，一般的家庭都能收看到20～30个频道的电视节目，打破了过去中央电视台的一统天下，形成了地方台与中央电视台同样覆盖的局面。二是由于许多省市和有线台大打娱乐牌，先后出现了一些颇受观众青睐的娱乐节目和一批可视性较强的电视剧，吸引了一批观众。观众代表在座谈中讲道，“两年前星期六、星期天，我们还很热衷收看《综艺大观》和《正大综艺》，但是现在我们就很少看了，基本上看的是《快乐大本营》和《玫瑰之约》。”从观众反映的各种意见来看，观众对中央电视台意见最大的也多集中在综艺节目上。观众认为，中央电视台的综艺节目整体质量高，知识性、教育性融为一体，但吸引力已渐渐下降。目前各电视台综艺节目太多，鱼目混珠，良莠不齐，使中央电视台的节目显不出特色。

我们在调查中也发现了一些上星台在观众中的影响，如湖南卫视、浙江卫视、山东卫视、福建东南卫视。在遵义，湖南卫视仅次于中央电视台第一套和第八套节目，是观众收看最多的电视频道之一；在佳木斯，有21%的观众经常收看山东卫视和湖南卫视的节目。

观众对中央电视台文艺节目如何改进提出了很多建设性意见：

——减少总量，提高质量，尤其晚会要少而精；

——加强创作，这是办好节目的基础；

——要推陈出新，不断创新，多变换形式，多推出新人；

——综艺节目除注重知识性外，应注重真正的智慧性，《正大综艺》节目中设计的一些问题应是一些有感触、有启发的问题；

——在艺术性的基础上，加强娱乐性、趣味性，增加观众参与；

——突出文艺节目的地方特色和民族特色；

——主持人不应只从外表上包装自己，要加强自身的文化修养，拓宽知识面。

四、不同领域的观众对中央电视台节目的评价和要求存在差异

我们发现，军人在所有的观众代表中最喜欢中央电视台的节目，尽管一般战士除集体组织收看《新闻联播》外，只有节假日才能有选择地收看电视节目，但他们对中央电视台的关注和对其节目的浓厚兴趣是其他传媒所不能及的。尤其对中央电视台的新闻节目、军事节目和体育节目情有独钟。克拉玛依的一位军人代表在发言中说，“作为我们军人来讲，强调政治教育要落实好三个‘半小时’，其中之一就是看半小时的新闻。通过看新闻，可知天下事，关心我国的建设发展，极大地调动了官兵的热情，看电视已经成为我们丰盛的佳肴。”有代表说，中央电视台的《新闻联播》包含了重大的政治、经济新闻和各行各业的新闻及世界各国、各地区发生的重大事情，还报道科学发展、艺术创造、音乐、交通、戏剧等重大活动和演出，不看不行。对中央电视台唯一的意见是觉得中央电视台的军事宣传分量不够，认为现有的军事栏目质量不够高，所占时间太少，形式不够丰富。有代表说，军事报道中有三句话，“展示全军将士丰采，传播国际科技知识，追寻世界军事热点”，应以此为定位，做足文章。《军事天地》反映我国军事实力的内容太少，过多地报道国外的飞机、火炮、核潜艇等，看不到我们自己的。从军事上讲，知彼知己，百战不殆，现在是不知己。如果能在不违反保密原则的前提下多报道自己，有利于鼓舞士气，也能使我们看到不足，与全国人民一起奋起直追。”

农民观众普遍反映收看不到中央电视台的第七套

和第二套的农业节目。因为有线电视在农村还不普及,农民能收看到的电视节目非常有限,能清晰收看的只有中央电视台第一套节目,而且在三五年内绝大部分家庭还不可能装上有线电视。农村观众占全国观众的80%,有线电视不能深入农村,极大地限制了中央电视台农村和农业节目的收视人口。中央电视台第七套播出的农业节目由于不能覆盖农村地区,致使农村的观众代表普遍反映农村科技、农业政策等宣传不够,纷纷要求在中央电视台第一、二套节目中加大农村和农业节目的播出。观众代表建议多宣传农业对整个国民经济的重要性,多采访和报道侵农、坑农的典型案例,农民喜欢看,可以增强农民的法制意识,提高法制观念,学会用法律的手段保护自己。除了收视条件外,农民观众还反映,有关农村、农业和农业科技方面的节目,播出时间也不利于农民收看。也有农民观众反映,中央电视台对农村的文章做的还不够。农村信息闭塞,因致富心切受骗上当的多,最需要科学文化知识;党对农村的各项方针、政策通过层层传达,效率低,而且会有很多变形;现在城里很多下岗职工,想去农村发展,需要了解农业知识,中央电视台应该发挥出这方面的作用。宜昌的农民代表说,21世纪是农业的世纪,农业现代化是现代化的基础,农业是关系全人类生存发展的关键,希望中央电视台多面向农村,多为农业服务,多为农村的现代化做贡献。

青年和学生代表反映青年和大学生的节目少,目前适合青少年(尤其是中学生)的栏目也只有《第二起跑线》、《12演播室》,建议在合适的时间加强青少年节目。中央电视台第七套有一部分节目定位是少儿,但也没有适合中学生这一层次收看的节目,能否将中央电视台第七套节目的观众定位范围再扩大一些,改成学生频道,既有适合幼儿的节目,也有中小学生可看的节目。总之,多安排一些适合青少年收看的节目。目前青少年能看到的电视剧大都是给成人看的,这不是一种好现象。什么样年龄的观众就应该看什么样类型的节目。青年观众还建议,可以在青年节目中介绍国内外著名大学的校史、学风、教学特长等内容,有利于宣传高等教育,增强学习动力,也让观众在看电视中学到知识,得到启发。

家长要求在幼儿节目中增加开发智力方面的内容,比如游戏和比赛,教孩子一些艰苦有益的活动,培养孩子们艰苦奋斗的精神、团结友爱的精神、关心他人和乐于奉献的精神;要注意儿童节目(特别是国外动画片)内容对儿童的不良影响;让优秀的孩子走进电视,用真人真事对其他孩子产生榜样的作用。目前大多数幼儿园都配备了电视机,目的是让孩子收看适合他们的少儿节目,因此中央电视台应在课间时间安排一些有教育性的少儿节目。

老年观众提出,将各种地方戏按地区或唱腔相近的分个类,设定一个固定的栏目,在固定时间播出。让老年观众能找着规律,便于收看,就像小朋友每晚18:00要看《大风车》一样。

少数民族观众提出要加强少数民族的新闻人物、少数民族的变化发展的宣传报道。在中央电视台屏幕上宣传的许多先进人物大多是汉族,其实少数民族中也有很多先进人物,应注意宣传。

五、观众为如何提高节目质量献计献策

中央电视台以高质量的电视节目和对观众的真诚服务在观众中树立了崇高的地位和影响,观众希望中央电视台不负众望,再创佳绩。本着对中央电视台的关心和爱护,在座谈中,观众对中央电视台的节目编排、频道定位、节目的内容和形式等方面提出了很多建设性的意见:

1. 希望继续巩固在新闻领域内的绝对地位。观众对于国家、政治、社会、国计民生以及对自身的关注程度正不断提高,同时对中央电视台的电视新闻也有了更高的要求。

——首先是在"快"、"真"字上下功夫,增强新闻的时效性。通过追踪报道,增强新闻的深度。

——中央电视台的新闻报道应有大台的视野与角度,能容纳多角度多层面的报道,让百姓了解新闻事件的全貌。

——加强后续报道,既要谈问题,也要谈结果。《焦点访谈》对曝光的问题应有始有终,加大"焦点回声"的力度。

——减少会议新闻,增加社会新闻。观众反映与平民百姓现实生活有关的新闻太少,新闻内容应尽量贴近观众。尽管中央电视台的新闻以宏观导向为主,但社会新闻、生活新闻也应该在中央电视台的《新闻联播》中占据一角。湖南卫视的《晚间新闻》就比较贴近大众,能直抒民意,轻松诙谐。地方台一些好的做法中央电视台也可以借鉴。

——加强舆论监督,反映人民群众的呼声。加强反腐败和有影响的重大案件的跟踪报道。

——中央电视台的新闻节目应有更多的现场新闻和目击性新闻。如6月前南斯拉夫的现场新闻报道就较好,但其中也有不足,如记者的画面太多,现场的画面太少。

2. 综艺节目、电视剧要重视观众的需求

从收视率的情况看,中央电视台黄金时间电视剧

的收视率很不稳定，除了一年之中仅有的几部精品电视剧外，如《水浒传》、《雍正王朝》，其他的大部分电视剧收视率都在10%以下。这也反映了电视剧竞争的激烈程度。我们从这一段时间全国电视剧收视率排行情况看，收视率高的电视剧《笑傲江湖》、《陀枪师姐》、《新少林寺》、《少年英雄方世玉》、《刑警本色》几乎都是港台的武打片，这一方面可以看出观众的欣赏取向——喜欢轻松热闹的情节，另一方面也说明国产电视剧内容和题材的匮乏。许多观众反映，他们喜欢看社会性的、生活性的电视剧，因为他们真实，贴近现实，容易引起观众的共鸣。观众认为中央电视台播放的电视剧有品位，有内涵，如《渴望》、《北京人在纽约》、《和平年代》、《英雄无悔》等都在观众中产生过较大的反响。但近期，中央电视台黄金时间的电视剧缺乏精品，一是紧跟时代潮流，把握时代节拍，大投入、大制作的精品剧少，再是反映普通百姓和平凡人家的情感生活片缺乏。希望每年能有几部在观众中产生反响的电视剧或卡通片。

观众指出，中央电视台在总体形象上体现出庄重、大方、严肃的特点，如果能够在保持这种特点的同时，增加一些轻松、活泼的节目类别，吸引住年轻人，可能效果会更好。如，观众认为中央电视台的综艺或娱乐节目比较单一，受到地方台的冲击最大，要多贴近群众和生活，现场气氛尽量能轻松、愉悦，不要做作。中央电视台的《生活》、《东方时空》、《今日说法》栏目能说一些现实的新鲜事情，叙说芸芸众生的喜怒哀乐，就比较受观众欢迎。

3. 合理利用节目资源和频道资源

中央电视台各频道节目的设置重复。观众建议除中央电视台第一套保持综合频道外，其他频道应合理分工，突出各自的重点，使收看对象更明确。如目前中央电视台第七套是含科技、农业、军事、少儿等节目类别的综合频道，栏目类别太多，不容易让观众产生明确的定位，也不容易让观众把握收看时间。

另外，中央电视台的深夜节目太单调，只有山东卫视一枝独秀，24小时连续播出。随着生活方式的改变，深夜看电视节目的观众较过去也大有增加，中央电视台有很多优秀节目，可以充分利用这些资源。精品节目和优秀节目可以增加播出次数，低档次的节目看一遍就让人后悔，而精品节目再怎么播都有人看。在观联处平时接观众电话时也发现，有的节目实际已经重播好几次了，还是不断有观众打电话来要求重播。

观众还反映，《生活》栏目在主持人的包装和节目的内容设置上都很下功夫，但与黄金时段电视剧相冲突，能否编排在一个合理的时段，使更多的观众能够收看。

4. 加强观众意识和服务意识

观众是电视的主人，电视是为观众服务的，两者是一个相依为命的实体。电视台在播出节目时应更多地考虑观众的需要，方便观众收视，如：

——增加节目导视次数，对一些与电视报上预报不一致的节目的播出应注意通过字幕提示观众，这是对观众的一种起码的尊重；

——建议《中国电视报》在每个重点电视节目的介绍文章之后将播出的具体时间、频道标出；

——一个节目播完后，应用字幕简要提示下一个节目的主要内容和准确的播出时间，方便观众收看，也显得更体贴观众，《晚间新闻》就做得比较好，国内新闻后提示国际新闻，国际新闻后提示体育新闻，环环相扣，一目了然；

——当日的一些大型的或重要的体育赛事建议在《新闻联播》前的节目预告中提示观众收看；

——频道改版以后，对原有的一些栏目应做好安排，照顾到一些固定观众的收视需要。如第八套改成电视剧频道后，原来的综艺节目的忠实观众意见很大；第三套节目改版后取消了在该频道重播的《实话实说》，打乱了这部分观众的收视习惯，观众的意见不断，这种现象是少见的。

5. 其他方面

——建议在广告语言上严把关。目前，广告的语言很不规范，而处于成长阶段的儿童容易对广告中的表达模仿，害处很大。有的广告重复太多，令人很不舒服。公益广告应生活化，通俗直白，有些公益公告令人费解。

——电影频道的节目重播太多，播出的片子陈旧而且重复，应增加新片或国内外的优秀影片；建议电影频道结合特定时期的特定新闻事件搞特定主题的电影周，5月份我驻南大使馆被炸以后，中央电视台第六套播出的前南斯拉夫的电影系列就很受欢迎。

——白天节目应该再丰富一些。如可以在下午时间办《如何学唱歌》、《怎样欣赏交响乐》等服务性、指导性、知识性或欣赏性的栏目。17:20～19:00之间，除了少儿节目外，是否可以播放风光片或生活指导类节目，如电脑、美容讲座。现在有些讲座，如计算机讲座，播出时间不合适。

——中央电视台和地方台应加强合作。中央电视台请的嘉宾不要总是北京的明星和名人。南方观众反映中央电视台的主持人和嘉宾京腔太重，如果有字幕就更好。

——外来文化的流入、港台文化的渗透，使不少地方台的主持人主持风格大变样。中央电视台的主持人庄重、大方，符合中央电视台的大家风范，但也应该在我们自己文化的基础上，吸收外来文化的营养，使我们的主持风格能有所突破，能活泼一点，清新一点，富有朝气一点，形成主持风格的多元化，更加适合现代观众的口味。

——每年国家颁布很多大法，中央电视台的法制栏目应该通过通俗易懂、喜闻乐见的形式让百姓知道有什么法，如何利用这些法和遵守这些法。

——观众需要健康栏目，但健康栏目涉及的内容可以是多方面的，而不仅仅是治疗什么疾病。比如科学的生活方式、正确的养生之道以及保健方面的知识都应是健康栏目涉足的内容。

六、结论和思考

5个城市的观众座谈会给我们这样的印象，中央电视台的新闻和新闻评论节目、电视剧和综艺节目是观众发表意见最多的节目，其中新闻节目是观众最喜欢，也是观众认为办得最好的节目，而对综艺节目则批评意见居多。北京师范大学一教授前不久就中央电视台栏目的收视情况以及相关信息进行了一次调查，发现了同样的结果：老百姓看得最多的是新闻类节目，尤其以贴近生活、针砭时弊的节目受到瞩目，其次是电影和电视剧，综艺节目排在最后。建议中央电视台继续加强新闻的宣传报道力度，加强新闻的信息量和时效性。综艺节目应加大革新力度。综艺这种节目类型决定了它必须推陈出新，否则会渐渐失去对观众的吸引力。同时应该好好设计周末版的节目，周末收看电视的观众较平时增多，但我们的收视率却没有上升。

调查中发现，除一些对象观众外，中央电视台的部分频道和部分栏目(节目)观众很少提及，或根本没有提，这一现象应该引起我们的重视。

在与观众面对面的交流中，我们感觉到电视已成为群众生活中很重要的一个组成部分，而且观众对电视节目的评价、对电视的激烈竞争都有很到位的认识和一定水平的见解，使我们不能不承认观众的欣赏水平、“电视批评水平”确实提高了。因此，为观众服务的电视节目也应该更上一层楼。5个城市观众座谈会收获的不仅仅是对我们的工作有很大帮助和促进作用，观众意见和建议，也使电视和观众之间的距离更加拉近了，使观众体会到中央电视台对改进节目，提高节目质量，更好服务观众的一片诚心。

从观众发表的各种意见中我们感受到，观众对中央电视台的节目始终寄予很高的期望，希望我们能不断创新，不断提高，不断将精品节目呈现在屏幕上。观众在肯定中央电视台权威性、思想性、艺术性的同时，也希望中央电视台在增加娱乐性和可视性方面多努力，多贴近百姓、贴近生活，少说教，寓教于乐。有这么多观众的关爱、支持和鼓励，我们应该能做得更好，真正体现“中央电视台真诚为您服务”。

(徐瑞青撰稿，张传玲、刘志忠提供部分资料)

10. 新技术装备

数字移动传输新技术

1999 年,中央电视台引进了一套全新的数字移动传输系统。这套系统是英国 NDS(News Digital System)公司基于 COFDM 调制和 MPEG-2 编码方式开发的系列编、解码调制产品和英国大陆微波(Continental Microwave)公司生产的用于数字传输的 UCL 系列微波设备组成的基于 OFDM 调制的数字电子新闻采集系统(COFDM Based Digital Electronic News Gathering)。中央电视台引进的用于电视转播的 COFDM 系统,发射端安装在移动车上,在运动中拍摄并将节目信号实时地传输,而接收端则相对固定。

发射端由以下设备组成,其主要性能分别介绍如下:

1.NDS E5610 编码器

主要性能:

MPEG-2　4:2:2 及 4:2:0 视频编码,可通过软件切换;可低至 0.5Mbit/s 的视频码率;全面自动化及适应性的降噪功能;全穷举动态估算(备用于动作估算的全面寻索功能);延时:编码器内可降至 65ms(端对端方式时,小于 120ms);提供交、直流供电方式(220VAC 或 48V DC)两种机型。

2.NDS E3000DVB-T 调制器

主要性能:

可选 8K/2K DVB-T 调制;支持 QPSK-OFDM/16QAM-OFDM 信号调制;输入比特率 4.98~22.90 Mbit/s(8MHz 带宽);具有 DVB ASI 及 SPI 输入和 70MHz 中频输出口;提供交、直流供电方式(220V AC 或 48V DC)两种机型。

3.CML UCL-25T 微波发射机

主要性能:

双超外差式转换:波段 2.3~2.7GHz,全波段频率可 100kHz 步进合成调谐;备有 70MHz 中频信号(线性 OFDM 信号)输入口;输出功率标称 2W;交、直流供电(220V AC 或 12V DC)。

4.CML SHF 功率放大器

增益 10W,供电 12V　DC/6A。

5. 微波发射天线

CML UCL C01-7　2.3~2.7GHz,水平方向波束 360 度,垂直方向 40 度,增益 7dB

CML UCL C01-4　2.3~2.7GHz,水平方向波束 360 度,垂直方向 40 度,增益 4dB

接收端由以下设备组成,其主要性能介绍如下:

1. 微波接收天线

CML UCL FBA 天线,2.3~2.7GHz,180 度扇角,增益 11dB

CML UCL HH12/HORN 天线,2.3~2.7GHz,40 度窄角,增益 12dB

2. 低噪声放大双工器

LNA 增益 18dB

3.CML　UCL-25R 微波接收机

主要性能:

内置 LNA:波段 2.3~2.7GHz,全波段频率可 100KHz 步进合成调谐;备有 70MHz 中频信号(线性 OFDM 信号)输出口;OFDM 门限电平-97dBm;交/直流供电方式(220V AC/12V DC)

4.NDS ALTEIA 系列合成接收机和解码器:

主要性能:

支持 DVB8-PSK/QPSK 信号解调;

MPEG-2 4:2:2/4:2:0 处理及同步锁相;

备有 70MHz 中频信号(线性 OFDM 信号)输入口;

延时:解码器内可降至 65ms;

供电:220V AC,另内置逆变器可用 12V DC 供电。

在 50 周年国庆,江总书记阅兵的报道中两部移动车上的 COFDM DENG 系统的调制方式设定为 QPSK,前向纠错 FEC 为 1/2,保护间隔 Guard interval 为 1/8,DELAY 方式设置为 STANDARD,实际产生延时为 14 帧,微波频率设定为 2320MHz 及 2360MHz,接收端用 HH12 手枪形天线、FBA 矩形天线进双工器 LNA 后解调输出。大会堂和中信国际大厦 COFDM 接收两路移动车信号状态良好,较圆满地完成了直播任务。在中央电视台澳门回归大型电视现场直播报道中,通过前期的试验和方案论证,为了改善信号质量,COFDM系统的调制方式定为 QPSK,前向纠错 FEC

设为3/4,保护间隔为1/8,这样视频数据率由FEC为1/2时的6.00Mbps增加为9.00Mbps,大大提高了传输信号质量。

基于COFDM调制的数字ENG系统在中央电视台应用5个多月,在历次重大事件的报道中发挥了奇效,已显示出了其不可取代的地位。但它也有一定局限性,在移动中为了保证传送质量,必须牺牲一部分带宽用于编码纠错,选用QPSK-OFDM调制方式,这就会对视频质量造成一定影响。另外,频率干扰、雨衰在实际应用中的影响也是不可忽视的。由于数字系统的原因,其敏感性比模拟系统更强烈,因此,在今后的研究中如何增加COFDM的坚韧度是在电视转播当中成功应用的关键。

把COFDM调制技术应用在电视直播中是一种全新的概念,也是一种技术上的重大突破。中央电视台在多次重大活动报道中的大胆尝试,证明了它的使用前景极为乐观,将为今后的电视转播发挥更大的作用。

(林　辉)

VPG8000光端设备

VPG8000系统概述

VPG8000系统可根据内置模板的不同,组合成多种构造的系统,各种不同构造系统的基本设计模式如图所示。

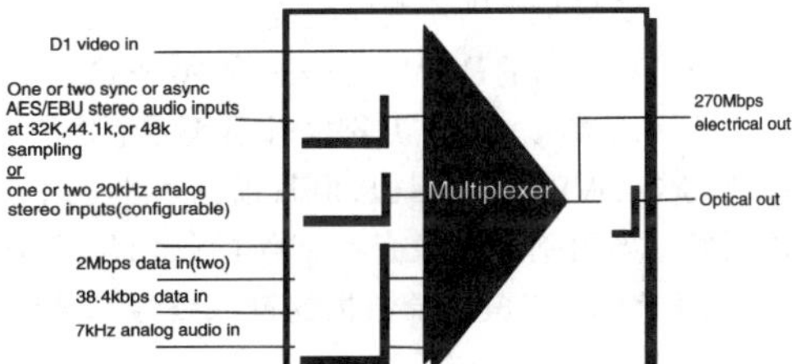

图1　8000TX框图

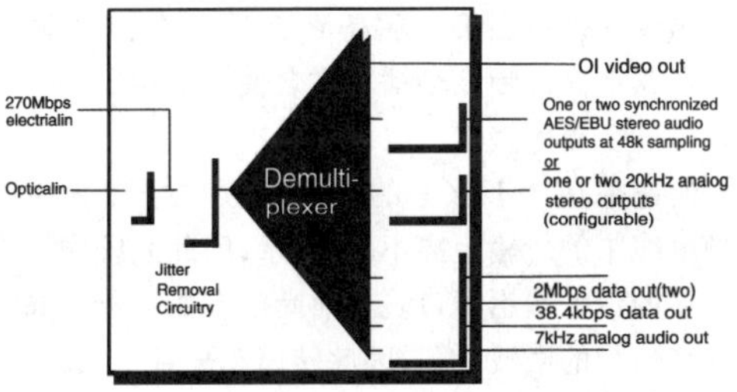

图2　8000RX框图

最简单化系统

图3显示一个采用光缆连接的270Mbps单视频传输系统的基本构成

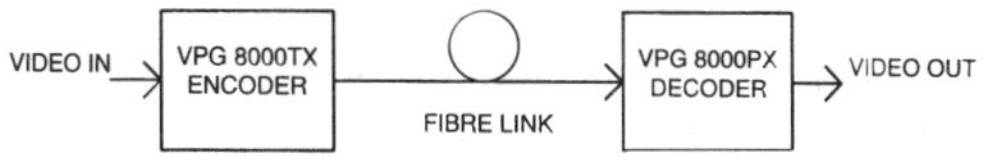

图3　单视频系统

最完整化系统

图4显示一个包含VPG8000及VPG6000(机箱)硬件可提供的主要传输和监看设备的完整构成系统

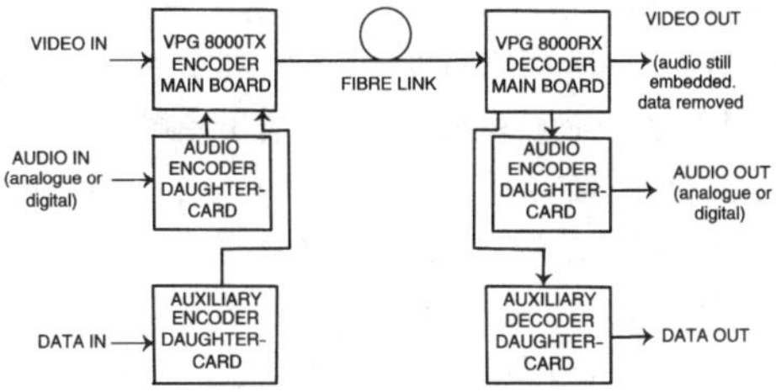

图4　完整系统构成

8000TX发送模板接口

8000TX发送模板包括复用器、音频母板和数据子板。时分复用器将串型数字分量视频(时钟和编址符合ITU-R601和ITU-R656,电平及接口符合SMPTE 272M),音频及数据进行复用(复用技术符合SMPTE 272M),270Mbps复用输出进行光调制,光输出可在单模光缆中传输至100公里,同时也可提供两路电缆复用输出。

8000TX发送模板复用功能可通过调节开关关闭,将已复用的输入信号原样输出。

视频:

——SMPTE259M数字视频

——75ΩBNC接口

——250米电缆自动均衡

音频:

——两路AES/EBU或模拟音频(600Ω平衡,20kHz)

8000RX接收模板接口

8000RX接收模板可接收光、电两种270Mbps复用输入,并进行解复用。

视频:

——两路数字视频输出,一路前面板监看输出

——75ΩBNC接口

——250米电缆补偿

音频:

——解嵌于 270Mbps 复用输入的两路 AES/EBU 或模拟音频(600Ω平衡 20kHz)

光通路指标:

光衰减容余量:30dB

8000TX 光输出:-2dBm(0.6mW)±0.5dBm

8000RX 光输入:-32dBm

VPG8000 系统的应用

1999 年,50 周年国庆转播中首次使用 VPG8000,天安门广场 A、B、C3 系统信号通过光缆将数字信号直接传回 CCTV 主控,主控与 800 平方米演播室之间采用 VPG8000 联接。天安门广场 A 系统为全数字转播车,B 系统和 C 系统为数字 EFP,由于在使用 VPG 光端机之前只有模拟传输设备(光端机或微波),数字信号需经 D/A 变换,而在进入数字播出系统之前又需进行 A/D 变换,信号质量因此而下降。此次转播采用 VPG8000 数字光端机,解决了数字信号的传输问题,首次实现从前方转播现场经台内演播室至播出系统的全数字转播,信号质量明显得到提高。

1999 年,澳门回归转播中澳门各转播现场与转播中心之间的传输再次使用 VPG8000,实现全数字转播系统。

1999 年 12 月 31 日《相逢 2000 年》转播中,主控与 800 平方米演播室之间采用 VPG8000 联接,将数字卫星接收机的数字输出直接传输至 800 平方米数字演播室,再进入数字播出系统。

2000 年春节联欢晚会,主控与一号演播大厅之间采用 VPG8000 联接,避免以往模拟传输造成的信号损失,提高播出质量。

(陈　明　智　卫)

六讯道高清晰度电视转播车

国家高清晰度电视总体小组,决定在 1999 年 10 月 1 日进行高清晰度电视试验播出。在此次试验中,中央电视台负责提供高清晰度的国庆阅兵现场信号。为了完成这一任务,中央电视台于 1999 年 3 月中旬,为高清晰度电视转播车招标。经过反复会谈和研究,决定由日本索尼公司承包转播车系统,池上公司负责转播车摄像机系统供货。3 月底,签订了转播车和摄像机系统订货合同。9 月初,高清晰度转播车开始参加国庆电视转播的彩排。10 月 1 日,我国首次对国庆阅兵式和庆祝晚会进行了高清晰度数字电视的直播并获得了圆满的成功。

在这次高清晰度电视试验播出中,我们选用的高清晰度电视格式为:

有效象素数:1920×1080,10Bit 量化

画面宽高比:16:9

场频:59.94Hz

扫描方式:隔行

相应的数字高清晰度电视信号码速率约为 1.5Gb

国家总体组希望信号的场频为 60Hz。由于目前世界上尚未有采用此场频进行播出的电视台,因此摄像机、录像机等主要设备均不支持 60Hz 的场频。中央电视台选用 59.94Hz 场频的信号,经变换后提供给总体组。

摄像机选用池上公司的 HDK-79D 便携摄像机。该摄像机为 3 片 FIT CCD 型,220 万象素。在摄像机机头处进行模数转换。数字信号经光缆传送到 CCU。CCU 有高清晰度数字、标准清晰度数字、NTSC 模拟等信号输出口。返送信号接口是可选的,用户可以选择高清晰度或标准清晰度数字信号接口。当选用标准清晰度信号接口时,返送信号会有一个较大的延时。因此,我们选择了高清晰度信号的返送接口。与相应的便携式标准清晰度摄像机比较,HDK-79D 体积略大、重量稍重、功耗也大一些,故选用了 1 个 65 倍镜头、4 个 18 倍镜头和 2 个 9 倍广角镜头。

视频混合器选用的是索尼公司的 HDS-7150。该设备有 15 路数字高清晰度输入口。功耗约 3 千瓦。HDS-7150 可以内插数字特技板,由于资金的关系,没有选购数字特技。此视频混合器无论在功能和操作上均与类似的标准清晰度视频混合器相似。

录像机选用的是索尼公司的 HDW-500 二分之一英寸数字录像机。录像机的体积、重量、所用磁带盒的尺寸均与 DVW 系列相似,但目前尚不能向下兼容。该录像机采用基于离散余弦变换的帧内压缩编码方案,压缩率约为 7:1。录像机的输入信号来自视频混合器的辅助母线。

本转播车系统信号流程与标准清晰度转播车类似。但有以下区别:

由于这是我国第一辆高清晰度转播车,因此没有考虑与其他高清晰度转播车联合使用的情况——没有配备帧同步器等接口。

码速率高达 1.5Gb 的数字视频信号在普通同轴视频电缆中的传输距离不足 50 米,因此系统中没有设计过多的信号输出端口。目前尚没有能够传输高清晰度数字信号的微波设备,因此转播车配备主、备两台光端机用于直播时输出信号。

目前尚没有高清晰度的中文字幕机，故系统中配备上变换器，将标准清晰度数字字幕机的输出信号(525/59.94)上变换后送入系统。

为了节省资金，视频系统中共有3种信号：高清晰度数字视频信号、标准清晰度数字视频信号和NTSC模拟视频信号。

由CCU－视频混合器－录像机/光端机的主通路信号为高清晰度数字信号。

监视系统中，PGM、PVW和技术监视器为20英寸数字高清晰度监视器；导演监视器架上的其他监视器均为标准清晰度的数字监视器；通路监视器则是NTSC模拟的。

相应地，标准清晰度的设备采用传统的NTSC BB信号为同步基准，而高清晰度设备则采用三电平信号为同步。这两种同步信号均由同一同步信号发生器产生。

转播车的音频系统仍然是模拟的，在调音台输出端变为AES/EBU数字音频信号，在光端机中嵌入到视频码流中传输。

该转播车外形尺寸为11米(长)×2.49米(宽)×3.49米(高)，总重量约16吨，采用日产公司的20吨柴油卡车底盘。最大耗电量约30千瓦。

通过这段时间高清晰度转播车的使用，感觉目前高清晰度电视设备的可靠性和易用程度均与传统的标准清晰度数字设备大致相当。目前较为突出的问题在聚焦上。由于高清晰度的图像对焦点不实非常敏感，部分摄像人员对此似乎不太适应。根据摄像人员素质的不同，大约3分钟到10分钟左右，即可在切出信号中出现一次虚焦点的情况。另外，由于高清晰度电视机和监视器的屏幕尺寸都比较大，并且清晰度远高于普通电视图像，因此，观众能够仔细观察图像的兴趣中心——尽管这部分占画面的百分比可能很小。因此，在光圈调整时似应较标准清晰度电视更保守一些，尽量减少画面中的白切割现象。

(叶秋实)

1999年微波中心机房

中央电视台原有的微波中心机房是1989年改建的，设备和规模已不适应现在电视转播的要求和电视事业的发展。设备陈旧老化，系统设计存在着需改进的地方，有许多故障隐患。为了确保国庆50周年庆典和澳门回归等重大电视直播任务的顺利圆满完成，1999年上半年中央电视台对微波中心机房进行了全面的改造更新。

改建后的微波中心机房是由天线房和微波控制机房组成。天线房设在方楼24层，墙面为透波材料，架设的是便携式微波的高频部分，通过射频端子板，用中频电缆与在控制机房的便携微波的控制部分相连接。控制机房是整个微波中心机房的心脏部分，它主要选用了LEITCH32×16视频矩阵，IEITCH32×16 2路音频矩阵以及2个LEITCH32X1，1路视频、2路音频矩阵及必要的监听、监看和检测设备。

微波中心系统可处理32路外来信号，其中包括24路台外节目现场传至中央电视台的节目信号和8路主控机房返送的信号，所有32路信号都可通过2块RCP-32×1可编程控制板及RCP-ANXY遥控面板切换到主监示器和示波器、音频峰值表上进行监看和测试，以便调整其信号质量；同时还可通过9块RCP－16×1可编程控制板将32路信号切换到监视器墙上的8个主监上进行监看。此外，也可把多路传输的信号切换选择后送入主控。例如，'99北京国际马拉松比赛转播中，移动车固定接收点的8路信号和4路COFDM移动发射，固定接收的电视信号就是先传回微波中心机房后，经过一个RCP－32×1和一个5×1切换开关选切，再送入主控提供给节目导演选用的。

微波中心机房1999年7月份改建完成，经过有关技术人员对系统进行的功能测试和中央电视台技术处对系统进行技术标准测试，并做了适当调整改进，完全达到设计要求，符合国家标准。通过近7个月的实际运行，尤其是对国庆50周年庆典，'99北京国际马拉松比赛的直播以及澳门回归48小时直播北京地区活动的报道等，证明了微波中心机房改造工程达到了设计要求，扩大了生产能力。系统的可靠性、稳定性、实用性也得到了大大提高。能更好地完成多点注入、系统庞大的电视转播任务，适应了目前飞速发展的广播电视事业的需要。

(林 辉)

国庆50周年庆典高清晰度电视转播试验

高清晰度电视(HDTV)代表数字电视技术的发展方向，近几年来，美、欧、日本等发达国家在HDTV领域展开激烈竞争，力求占领技术和市场的制高点。因此，开展我国的HDTV试验广播已刻不容缓，它将避免使我们在21世纪广播电视的竞争中陷入被动地位。

1999年2月,广电总局下达了关于国庆50周年庆典采用HDTV技术在北京地区进行试验播出的任务。中央电视台主要负责HDTV试验的信号源系统和传输备路系统。转播试验的目的是展现我国在HDTV这一高科技领域中所取得的成果。基于试验的指导思想,中央电视台立即组织实施,成立了高清晰度电视试验工作小组,拟定了中央电视台HDTV现场转播试验技术方案,制订了8月31日系统验收的倒计时工作计划。为节省资金,中央电视台技术委员会决定高清信号源系统尽量简单,以能给传输系统提供国庆50周年实况高清晰度电视信号为原则。系统组成如图,主要有:6讯道HDTV转播车系统,;HDTV基带信号光缆传输系统(天安门到中央电视台);半自动播出系统和简单制作设备。

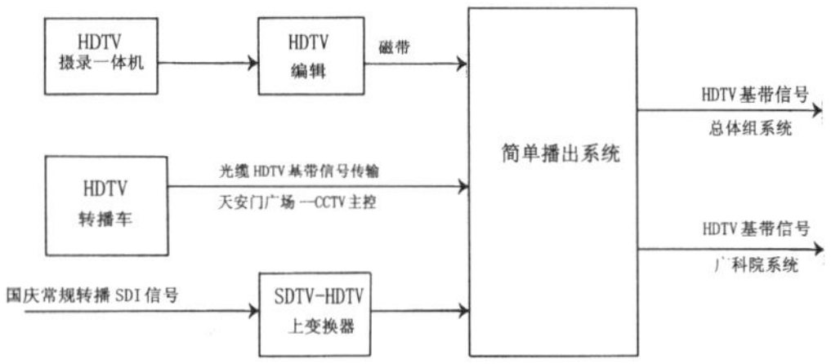

信号源系统框图

本次实验是在我国数字电视广播标准还没有确定,高清晰度电视节目制作系统在我国尚无先例的情况下进行的。广电总局在国庆50周年庆典高清晰度电视转播试验系统总体方案中,确定庆典使用高清晰度电视信号源图像格式为1920×1080×60(59.94)或1080/50,即每行1920个象素,每帧有效行数为1080,场频可是60Hz、59.94Hz、50Hz之一,隔行扫描。由于高清晰度电视技术刚刚趋于成熟,设备系统性较差,选型余地很小。

在各系统的调试和通路试验过程中,播出系统的问题较多,来自不同厂家的设备之间存在接口问题,对视音频信号的同步范围、同步方式、工作电平要求不同,加之没有相应的测试工具,系统调整难度很大,这些问题解决后,试验进行得非常顺利,几种国产高清显示器纷纷提前投入使用,中央电视塔建立了两套数字电视发射系统,8月底按时完成了从信号源到接收机整个高清晰度电视转播系统通路试验。

由于系统的建立和开发前期工作取得较好成绩,上级领导决定全面转播天安门现场庆典活动。由于总体任务的改变,工作小组修改了技术方案,将直播讯道由4个增加到6个,非直播讯道(ENG)由2个增加到6个,同时还修改了工作程序和系统连接方式。在此后不到一个月的时间里工作小组采取各种措施,紧急向国外公司定购新增加的高清晰度电视设备,采取各种措施,按时完成了系统扩充的设备准备工作,使完整转播庆典活动有了基本保证。

中央电视台国庆50周年庆典转播以面向全世界的常规电视转播为首要任务。在天安门广场举行庆典活动区域内的HDTV转播车停位及摄像机工作位均受到严格限制,我们只能兼顾HDTV转播节目的完整性,采取与常规电视转播占用同一机位的方式工作。对HDTV转播系统无法完成直播的江主席乘车检阅(20分钟)内容,用常规电视转播信号上变换的方式弥补,同时高清ENG设备现场拍摄,以便留下较完整的国庆HDTV节目素材。

1999年10月1日,中央电视台首次采用高清晰度电视(HDTV)技术转播了国庆50周年庆典实况,获得巨大成功。以高清晰度电视的形式为这一重大历史时刻留下宝贵资料。台内几个接收点开路接收,16:9的高清晰度画面,娴熟的切换、漂亮的构图,使人耳目一新,台内各级领导纷纷加以肯定。转播试验的成功标志着中央电视台在技术应用领域中一次划时代的突破,说明中央电视台在这一高新技术领域的应用方面已经达到国际先进水平。

数字化多用途录音棚系统

中央电视台原有的F325录音棚是一个功能比较单一的译配录音系统,由于功能单一及设备落后,始终利用不充分,在1997年改建时考虑到其近100平方米的录音棚和30多平方米的控制室以及国外一棚多用的经验,决定将该棚改建为多用途录音棚——音乐录音、译制片录音及专题片录音。

录音棚的建声设计采用了传统的吸收和扩散方式,设计混响时间为0.8秒,属强吸声音乐棚设计,将原有的5米高度提升为6米,增加了近100立方米的空间,从而大大改善了声学条件。在语言录音时利用吸声隔板及加铺地毯以减少单位空间,并将混响时间从0.8秒降至0.4秒左右。建声改造完成以后经测量混响时间基本达到设计要求,频响曲线比较平直、低频略有小于0.05秒的提升,经过一年多的使用,没有发现明显的声场缺陷。

根据多用途的要求,在音频设备的系统配置上采用了既兼容又分立的配置方式,以满足音乐录音和语言录音的要求，其主要配置为：

Euphonix2000 型 24 编组 24 母线数字控制模拟调音台：它主要是为音乐录音而设计的，具有较高的声音质量、多路输入及多路输出选择、矩阵编组及自动化混录、任意状态设置记忆等功能。

SONY-3324 多轨数字录音机：它是为音乐录音而设计的 24 轨 DASH 格式的磁带数字录音机，取样频率为 48kHz、磁带速度为 30ips；它具有音质好、频响宽、操作简便等特点，是目前被广泛使用的多轨数字录音机。

FAIRLIGHT MFX-3 型八轨数字音频工作站：采用 OS－9 系统工作平台、采样频率为 48kHz 及 44.1kHz、24btA/D 转换、24bt 数据传输及记录、AES/EBU、S-PDIF、TDIF 等多种数字接口选择、通过 TC 码及 SONY-9P 电缆与两台录音机或录像机同步；它具有强大的 DSP 系统支持，速度快，介面友好，为译制片及专题片声音制作编剪提供了多种手段。

除此之外，配置了 SONY PCM-800 八轨数字录音机、TC M5000 及 Lexicon300 混响器、压缩器、动态处理器、DAT、CD 等周边设备用以音乐录音；配置了 SONY BVW-70P、SONY DVW-500P 录像机及 JVCl50 英寸高亮度投影仪用于电视节目制作。

监听配置上采用了近场与中场两组监听系统：近场选用 GENELEC1031A 有源两分频音箱用于电视节目制作，它具有声音较真实、频响宽、失真小、动态响应好等特点，被指定为全国声音评比专用音箱。中场监听选用 DynaudioM-3 三分频音箱，主要用于音乐录音。

F325 录音棚从投入使用以来系统工作状态稳定、操作方便合理、录制出的节目声音质量很好，先后录制了《澳门岁月》、《改革开放 20 年》、《世纪女性》、《新中国》等多部大型电视节目及译制片，制作了几部立体声高清晰电视专题节目，保证了国庆 50 周年庆典的试播成功。另一方面整个音频系统的设计具有超前意识，随着电视技术的发展，立体声、环绕声将很快实现，只要在现有的音频系统上增加几个模块就可以使该系统成为较先进的 DOLBY AC-3 环绕声音频制作系统。

（陆　蕾）

全数字非线性译配录音系统

F329 录音棚是中央电视台第一个全数字非线性译制配音录音棚，经过半年多的改建后于 1998 年 9 月正式投入使用，它的使用标志着中央电视台在电视节目声音制作硬件上已经达到世界较先进的水平。

F329录音棚的面积约60多平方米、控制室约20多平方米，是比较理想的译制片及电视剧语言录音棚，但改建前存在着混响时间较长、声场不均匀、低频段共振等比较严重的声场缺陷。1998年初在不动土建的原则下对该棚重新进行了建声改造，对低频段处理采用了霍姆赫兹共振体进行吸收，从而避免了使用扩散体以不减少棚内的空间面积，将棚顶提升0.6米并吊装3块扩散折线析以改善声场条件。语言录音声场混响时间为0.3秒，改建后 F329录音棚经过全频带测量混响时间为0.42～0.29秒，而且混响曲线比较平滑，基本达到设计要求，经主观评价也未发现明显声场缺陷。

根据后期声音制作的用途，在主要音频设备的配置上选用了 Falright 公司及 AMEK 公司专门为电影电视而设计生产的 FAME 非线性数字后期声音制作系统。该系统采用了 96kHz 及 48kHz 频率采样、24btA/D 转换及数据处理，AES/EBU 数字格式、调音台、音频工作站、控制系统三位一体设计，使声音质量和操作方式都非常好。

FAME 数字非线性声音制作系统共由三部分组成：

（1）FAME－D3　24 母线 I/O 数字调音台：12A＋12B 线路输入及 12A＋12B 线路输出、16×16X-Point 输入矩阵器、8CH 24btA/D 转换话筒输入放大器、触摸式等离子显示屏、可记忆自动缩混、7＋1 环绕声等功能。

输入由于采用了点矩阵方式，因此可任意改变界面的输入状态，从而大大的方便了不同录音师的操作习惯。此种输入方式被称做 Live In（活性输入）而不是 Line In（线路输入）。

（2）Falrlignt-Plus　24 轨数字音频工作站：Plus 是在 Fmx3 基础上发展的新一代产品，除了保持原有的特点以外，还作了一些改进，采样频率提高到 96kHz、采用 24bt 内部数据处理器使声音质量得到很大的改善、运算速度更快，54G 的硬盘配置可实现两轨连续录音 74 小时左右，24 个数字音轨为各种复杂的电视节目提供了制作方便。

（3）IBM Pr-100 微机处理器：系统控制平台采用了普通的 PC 机，主机板为前两代产品 Pr-100，从整个 FAME 系统来看这部分比较落后，远远达不到目前的 PⅢ水平。它具有调音台及音频工作站各种工作状态的记忆、自动录音、自动缩混、改变介面设置等功能；另外，整个系统的检测也由它来完成。

F329 录音控制机房的周边设备配置得也非常好，

根据大型电视节目制作的需要，配有 SONY PCM-800 八轨数字录音机、TC M5000 及 Lexico-300 数字采样混响器、DAT、CASS、CD 及 BVW-70P、DVW500P 录像机；采用中近场对比监听方式，近场选用 GENELEC-1031A 两分频有源音箱、中场选用 GENELEC-1038 三分频有源音箱。

F329 录音棚使用一年多以来，录制了近百部电视译制片，声音质量及工作效率比以前都有了非常大的提高。译制片《代理总裁》、《女孩早当家》在第五届全国电影电视声音评比中分获一等奖和二等奖、《基督山伯爵》获得 1999 年全国电视"飞天奖"译制片一等奖，为中央电视台争得了荣誉。

从发展的方向去看，F329 录音控制室的建声设计和录音设备系统设计能够满足 Dolby AC-3 节目的制作要求。

（陆　蕾）

大型活动现场直播信号传输系统

1999 年，是中央电视台大型活动较多的一年，技术主管领导和相关技术部门为解决传输质量问题做了大量工作，采取系统改造、新技术引进、加强信号检测和系统调整等一系列措施，在国庆 50 周年庆典实况转播、澳门回归 48 小时电视报道和迎接新千年活动的报道中都收到了明显的效果，达到了历次大型转播活动的最好画面质量。

1. 微波传送系统

为做好国庆 50 周年庆典转播工作，1999 年上半年首先对 1990 年亚运会前搭建的 23 层微波机房进行了改造，之后又增添 4 套超小型双向微波中继设备、6 套微波中继设备、3 套现场中继传输设备及 1 套激光通讯机，从而淘汰了部分高故障率设备，消除了系统中的隐患，保证了1999年各项大型活动中大量微波传输的技术质量。

2. 激光通讯机

根据国庆 50 周年庆典天安门现场转播各子系统与主系统间的传输质量要求及新闻、体育、文艺等各种现场直播需要，中央电视台引进日本佳能公司生产的 HS-40B 激光通讯系统，该设备用高速的已调激光光束进行点对点的双向多通道信号传输，传输距离约 4 公里。它的主要优点是在现场转播时无需临时拉线，信号损失小。但只适于直线传输，不适合雨雪天气使用。在国庆 50 周年庆典现场转播过程中，激光通讯系统投入使用并收到很好的传输效果。

3. GOPDM 微波

多载频正交频分复用调制（COFDM）技术是目前数字地面广播中广泛应用的调制方式，其特点是抗多经干扰和多经反射能力强，适合移动接收。

为高质量地完成国庆 50 周年庆典电视现场直播国家领导人检阅中国人民解放军各兵种方队和分列式等重要活动现场信号的传输，中央电视台引进两套 COFDM（多载频正交频分复用）系统，2 收 4 发分别用于 2 部移动摄像车和 4 个固定跟踪接收点，保证移动跟踪情况下的图像和声音的传输质量。COFDM 系统在北京国际马拉松比赛实况转播过程中也得到了很好的应用。

4. 光缆基带信号传输

传输环节的数字化往往受现有设备的限制，对数字化系统的节目直播，视音频信号尽量采用光缆基带信号传输，利用光缆设备的宽带特性和现有的线路，对信号源的数字信号不做任何压缩直接进行光调制。国庆 50 周年庆典从天安门广场到中央电视台、方楼主控机房到圆楼各演播室均采用了光缆基带信号传输，经测试光缆传输失真明显小于卫星和微波传输方式。

在澳门回归报道中，从澳门到北京的数字电视信号采用 28Mbps 浅压缩方式用光缆传输，实测指标也高于卫星传输通路。

1000 平方米演播室系统数字化改造

1999 年，中央电视台对 1000 平方米演播室进行了数字化改造。新系统采用 4:3/16:9 兼容的数字分量格式，符合 ITU-BT601 的标准。改造后的系统图像质量、系统安全性、灵活性都得到了很大的提高。改造后的系统可以兼顾 1000 平方米演播室和新建成的一号厅。

新的系统包括以下主要组成部分：10 台数字摄像机，1 台数字视频切换台，1 台 64×64 的数字视频矩阵及其控制系统，1 台数字特技系统，1 套数字通话系统，4 台 DVW 录像机和 2 台 DVW 放像机，其他周边数字设备。

1000 平方米演播室新系统具有以下几个特点：

1. 系统中的设备技术先进，功能完备，性能可靠数字摄像机使用了日本池上公司的HK-388W和HK-388PW两种机型，其中HK-388PW是配合HK-388W座机使用的便携机。这种摄像机的信噪比为60dB，灵敏度为2000Lux，F8.0。这种摄像机是日本池上公司的最新型数字摄像机，采用12比特量化，在摄像机和基站之间可以通过传统的三同轴电缆进行连接，也可以使用光缆进行数字传输。中央电视台选择了传统的三同轴电缆连接方式，因为，演播室使用的电缆长度短，采用三同轴电缆进行传输对质量几乎没有影响，而且三同轴电缆具有易维护、适用范围广的特点。另外，选择的摄像机都可以在4:3和16:9之间进行切换，配合4:3/16:9镜头可以实现16:9格式节目的制作，这样为过渡到DTV做好了准备。这种摄像机的基站输出十分丰富，可以输出串行分量信号、模拟分量信号和模拟复合信号。输入同步可以是模拟的BB信号，也可以通过购买选件输入数字BB作为同步信号。在基站内部还预留了HDTV升级插板的位置，为将来的设备升级做了准备。

数字视频切换台使用了Philips公司的DD35数字制作切换台。DD35是Philips公司推出的一个大型切换台，它是对DD30和DD20切换台的一个发展，在设计中增加了不少新功能，同时界面也更直观、更友好。DD35-LX面板的直接可控制的输入的信号路数增加到32个，具有3级M/E，可以满足大型演播室节目制作的需要。在切换台的主机箱和控制面板上都有充足的控制接口，可以和外部设备进行连接。最多可以有15个辅助输出，可以很方便地进行节目监看，实现其他辅助功能。在DD35上还集成了设备控制功能，可以通过相应的协议实现对外部设备如：VTR、DAT等设备的控制。在安全方面，DD35的主机和控制面板内部都有主、备两个电源。外接的电源线也有两根，可以和不同的外电相连接，这样就可以在一路外电出现问题时，自动切换到另一路继续工作，使系统工作更安全、更可靠。DD35设计十分紧凑，耗电量也相对要小，这样在工作时就会更安全。

1000平方米演播室第一次在大型演播室中使用数字视频矩阵和矩阵控制系统。最终选定的是Philips公司的Venus矩阵。选用它的目的是它和DD35可以配合使用，可以有名称传送等功能，Venus数字视频矩阵最大可以接收的码率是400Mb/s，完全可以处理270Mb/s和360Mb/s的串行数字信号，可以自动进行电缆均衡(150米之内)，可以满足现在的使用要求和向DTV过渡的要求。在安全性能方面，Venus采用双电源供电，电源自动检测、自动倒换。

1000平方米演播室通话系统选择的是英国DRAKE公司4000系列中的4900通话系统。该系统使用数字技术，所有的音频信号在被处理之前都先变成数字音频。系统中的所有插板和电源模块均可带电插拔，这可使系统在作维护、升级、扩展时不必中断系统工作。9RU机箱可容192个接口，通过WINDOWS PC可对所有控制面板的按键、信号分组进行设置。同时该PC中的WINDOWS定义、诊断和监控程序对通话矩阵提供一个实时的在线窗口，可进行运行记录、按键和路径的定义。

2. 系统设计合理，使用安全可靠，配置灵活

系统中使用两台同型号的同步机和一台同步倒换，实现了对同步机工作状态的监测，一旦主同步机出现问题，就会自动倒到另外一台同步机上进行工作，新系统有一套完善的信号监测系统，可以在导演控制台和视频立柜机房分别对图像和信号的模拟波型和数字波型进行监测，同时配合播出的监看，可以对演播室直播节目的播出链路进行监测。1000平方米演播室是中央电视台最大的演播室，为了确保节目的安全播出，设计了完善的应急切换系统。使用矩阵的一路输出作为应急切换，使用应急切换系统进行工作，还可以驱动提示灯工作，同时配合使用键控器，还可以叠加字幕，确保节目的完整性。通过使用矩阵，可以对信号进行灵活调度。

3. 在系统中大量使用了计算机技术

在新的1000平方米演播室中，很多设备的调整和设置都采用了计算机技术。通过计算机，可以对通话系统的交叉点进行设置，可以对交叉点的电平进行设置；可以对摄像机提示系统进行设置；可以对矩阵的控制系统进行定义；可以对输出模拟数字转换器的电平和相位进行调整。另外，系统中第一次使用了硬盘录像机，把非线性技术引入了大型直播演播室。计算机技术的应用改变了大型演播室的一些工作模式，提高了工作效率。

改造后的1000平方米演播室，可以承担1000平方米演播室和一号演播厅的节目录制和直播工作，从1999年投入使用后，得到了各方好评。

（刘　畅）

1000平方米演播室装备直播型数字调音台

Aysis Air调音台是英国SSL公司特别为直播节目

而设计的第一个全数字直播型调音台。于1999年10月在中央电视台1000平方米演播室正式投入使用,至今运行情况良好。

数字调音台应用了一些专门技术,具有直播环境操作调音台的所有基本特征。它具有全数字信号路径、全数字化处理能力,模拟成分只在输入/输出转换器之中。所以,声音的播出质量要比模拟调音台和数控调音台都高。调音台每个通道的控制与显示都在各自通道之上,使操作者易于实时监看到调音台各路的情况,保留了传统调音台直观的优点,便于操控。它具有特殊的翻页功能,使单一的物理通道具有双倍的信号输入能力。并具有宽范围、大容量的瞬时记忆(Snap Shot)功能,能够完整地系统复位,也可以部分有选择地复位;几乎通道的所有功能都能从瞬时记忆中调出复位。由于它容入了以太网络(Ethernet)技术,使调音台的输入/输出也不同于传统意义的输入/输出,使它具有了网络特点。单声道、立体声、环绕声(LCRS,5.1)母线与监听是一体的,5.1操作方式包括广域5.1监听选择方式和编码/解码LCRS矩阵插入监听方式。监听选择的自由度较高,操作便利。

数字调音台的投入使用与数字视频系统同步运行,标志着中央电视台演播室节目制作系统的数字化进程又前进了一步。

1000平方米演播室灯光设备

1000平方米演播室调光设备采用英国兰克公司90年代的新产品,调光台型号:550i和530i,共2台并列运行。调光柜型号:Strand CD80 SUPERVISOR,每个调光柜有96路调光,共使用9台。

Strand's 550i和530i系列控制台,CPU采用奔腾Ⅱ,并由GENIUSPRO软件提供灵活的控制台软件和升级选择。COMMUNIQUERO软件能利用DMX输出、外部主控、串行以及其他方法通信。附带软件支持高级的设备,包括该设备认定的各附加装置进行控制。网络软件由以太网提供远程的视频和远程的DMX

Strand CD80 SUPERVISOR为全数字调光柜,有双备份DMX信号控制及双备份多用可转换解码器控制调光器。

配电柜共20面,采用国内90年代新型GCS低压抽出式开关柜,进线开关及联络开关采用进口M16 H1型,馈出柜带有调光输出。运行为双路供电交叉运行。

灯具选用意大利产DE SISTI LIGHTING牌机械灯具。有两种型号,手动型的和数字控制6通道3动作机械型的。灯具功率MAX 2000W。

天排的灯具选用星光厂生产的4联天幕灯。

3米吊杆有77台,它的吊机选用焦作市灯具厂生产的TJ400-V提升机,为双包络卧式。提升重量400kg,行程12m,提升速度8m/min,带手动刹车。

(灯光技术科)

国庆50周年庆典高清晰度电视转播试验设备配置

高清晰度电视转播车

1. 视频系统

以HDS-7150 SONY 15路高清视频切换台为中心,配6台HDK-79D池上高清晰度摄像机、3台SONY HDW-500高清晰度录像机、1台新奥特数字NTSC字幕机、1台编辑机及视频切换器。这些主要设备形成了集直播、录像、节目编辑于一体的HDTV节目制播系统。系统中还配了高清视频切换矩阵,不仅解决了信号源的监看问题,还可作为直播时的应急切换。为降低系统成本,系统中的一般性图像监看采用下变换后的NTSC-SDI信号监视器,字幕机视频和键信号经上变换转为HDTV信号进入系统。

2. 音频系统

立体声模拟音频系统,经A/D转换器输出AES/EBU数字音频信号。采用立体声节目制作方式。

半自动播出系统

1. 视音频切换

以飞利浦高清信号切换台为中心,主控光端机接收来自天安门现场的主、备2路HDTV基带信号(嵌入音频),一方面,经解嵌后图像信号送入播出切换台,现场声音信号与配音系统送出的解说声合成后再嵌入图像信号内进入传输系统。另一方面,将HDTV基带信号直接送入16×16HDTV矩阵,用于技术监看和应急输出。普通清晰度电视转播主演播室(800平方米)来的数字信号,经上变换器后分别进入播出切换台和矩阵。系统还配有台标发生器。录像机为松下HD-D5。

2. 控制系统

采用以太网的连接方式,播出切换控制和录像机走带按照程序自动完成,控制指令由主计算机发出,同时监视并打印所有播出数据。整个系统也可以手动操作。录像机手动上带。

3. 字幕

实况转播全部字幕均由播出系统给出,选用新奥特普通清晰度数字 NTSC。

光缆传输系统

天安门广场到中央电视台主控、中央电视台主控到信号接交点,即广播科学研究院和总体组的编码调制系统入口,采用光缆传输 HDTV 基带信号,以保证信号质量。中央电视台到中央广播电视塔采用光缆传输 TS 码流。

1999 年 10 月 1 日和 2 日,在北京地区通过 43 频道(用于广播科学研究院的 QAM 调制系统)和 45 频道(用于 HDTV 总体组的 8VSB 调制系统)试验发送 HDTV 节目。

简单节目制作设备

配 6 套 SONY HDW-700 高清晰度电视摄录一体机现场拍摄(购置 4 套,借用 2 套),经后期制作播出,作为现场直播的补充。

一对一 HDTV 编辑系统,对前期高清晰度 ENG 拍摄的素材进行简单编辑,节目合成在高清晰度电视转播上完成。

11. 对香港、澳门特别行政区及台湾地区交流与合作

1999年对香港、澳门特别行政区及台湾地区交流与合作大事记

1月18日 中国电视剧制作中心为迎接澳门回归拍摄的重点片《澳门的故事》于1999年1月15日在澳门开始拍摄部分外景。中央电视台于1999年1月18日在澳门中银大厦召开了新闻发布会。

2月8～12日 应香港有线电视台邀请，由中央电视台青少节目中心、新疆电视台组成了12人的代表团，赴香港对重点小学、普通家庭、博物馆、科学馆以及浅水湾、香港仔等场所进行拍摄，并与当地学生联欢，表演了精彩节目。期间，特别行政区长官董建华夫人会见了代表团全体成员。

4月27日 台长赵化勇会见了香港特区政府广播电台广播处副处长朱培生。

6月12日 澳门公职人员协会特邀请中央电视台银河少年电视艺术团赴澳门参加在澳门市政厅广场举行的《共迎回归》文艺晚会，演出的精彩节目吸引了大批的市民观看，获得好评。

6月18日 副台长张长明会见了澳门广播电视有限公司总裁江濠生一行6人。张长明向客人介绍了中央电视台海外节目中心的整体情况，并着重就《中国新闻》(粤语版)在澳门播出与客人交换了意见。

6月21日 台长赵化勇会见了香港特别行政区电视广播有限公司(TVB)总经理助理黄士为首的4人代表团。黄士向赵化勇介绍了最近正在播放中国电视剧制作中心制作的名著《水浒传》等大型历史剧的收视情况，并就国庆50年大庆、澳门回归、2000年奥运会期间的实况转播、报道等问题谈了自己的想法，希望得到中央电视台的帮助。赵化勇表示：我们两台之间从80年代初就开始合作，都是老朋友，一直是互相帮助、互相支持的。这次的大型转播报道，同样也要考虑与贵台的合作问题。

7月5日 台长赵化勇会见了以台湾有线传播发展协进会理事长朱凤芝女士为首的22人访问团。赵化勇向客人介绍了中央电视台的发展概况。

7月8日 副台长张长明会见了台湾“海峡两岸企业交流协会”代表团。张长明向客人们介绍了中央电视台第四套国际频道节目在台湾地区的落地，以及两岸三地影视制作部门的合作情况。客人也介绍了该节目在台湾地区的收视情况，以及今后打算与内地加强联合与合作的一些设想。

9月13日 萧成财团长率香港博爱医院董事局20人访问团到中央电视台考察、参观。

9月29日 澳门“中国电视周”首播仪式暨记者待会在澳门举行。新华社澳门分社副社长宗光耀、台副总编赵立凡、澳广视副主席暨行政总裁江濠生，以及澳门新闻机构代表、澳门文化名人及在澳门中资企业代表出席了首播仪式。这次“中国电视周”是由中央电视台与澳门广播电视有限公司联合举办的，是澳葡政府控股的澳广视第一次在国庆期间集中播出中国的电视节目，在澳门社会掀起一次了解祖国、关心祖国的新热潮。

10月14日 赖金波团长率台湾省高校研究生访问团共34人到中央电视台考察、参观。

12月23日 香港21世纪友好协进会会长林启辉一行2人到中央电视台商谈合作事宜。

12. 对外交流与合作

一、对外交流与合作综述

1999年,中央电视台接待来访的外国广播电视团组和个人及相关行业的代表团组和个人173批,接待邀请的国外摄制组38批,共计1002人次。出访团组310批,1548人次。与来访的两个国家的两个电视机构签订了合作协议。聘请在中央电视台长期工作的外国专家10人。截止到1999年底,中央电视台已与150个国家和地区的229个电视机构建立了业务联系。

1999年来访的外国重要团组有:
美国国务卿奥尔布赖特一行;
伊拉克通讯分社代表团;
南非多选集团公司代表团;
匈牙利文化遗产部代表团;
俄罗斯独立电视台代表团;
泛美卫星公司代表团;
梅地亚理事会代表团;
日本旭通广告公司代表团;
奥地利国家电视台代表团;
美国休斯电子公司代表团;
澳大利亚新闻集团代表团;
荷兰米拉德国际控股集团代表团;
美国映佳国际传播公司代表团;
美国特纳国际广播公司代表团;
土耳其报业广播电视公司代表团;
墨西哥通讯社代表团;
韩国国际放送交流财团代表团;
美国通用先进系统公司代表团;
赞比亚新闻广播部代表团;
日本新闻记者代表团;
英国政府文化代表团;
罗马尼亚议会代表团;
纳米比亚广播公司代表团;
日本富士电视台代表团;
乌干达信息部代表团;
法国巴黎银行集团代表团;
新加坡电视机构代表团;
巴林新闻代表团;
蒙古国新闻代表团;
南斯拉夫塞尔维亚代表团;
朝鲜中央电视台技术代表团;
越南中央电视台干部考察代表团;
缅甸宣传部代表团;
美国索尼影视娱乐有限公司代表团;
乌拉圭洲际广播股份公司代表团;
萨摩亚电视公司代表团;
日本广播协会(NHK)代表团;
加拿大公共关系和政府服务部代表团;
美国华纳公司代表团;
美国迪斯尼公司代表团;
日本东京放送(TBS)代表团。

1999年,中国电视节目代理公司与海外58家影视机构和公司签订销售(播映权)合同116份,遍及30个国家和地区,总金额为366万美元(比1998年增长16%)。售出各类节目192部,共5674集,计4635.5小时。录像带发行109部,共1752集,计1595.5小时。同时,全年共收购节目83部。其中包括电视剧33部,2486集,2505小时;纪录片37部,354集,111小时;综艺节目6部,370集,200小时;动画片7部,712集,224小时。

1999年,中国电视节目销往以下国家和地区:泰国、欧洲卫视、美国、菲律宾、日本、韩国、马来西亚、新加坡、加拿大、越南、科威特、缅甸、澳大利亚等13个国家和地区。

1999年，海外节目中心共接待了外国摄制组5个，摄制组来自德国、奥地利、朝鲜、斯洛文尼亚、葡萄牙等国家。

德国电视二台摄制组于4月22日至5月11日，赴北京、山东、四川、广西拍摄了专题片《世界宗教》。

奥地利国家电视台摄制组于5月3日至22日，赴北京、安徽、浙江拍摄了纪录片《中国经济》。

朝鲜国家电视台摄制组于6月25日至7日，赴北京、江苏、上海、四川拍摄纪录片《当代中国》。

斯洛文尼亚来华摄制组于7月4日至18日，赴北京、湖南拍摄了纪录片《现代中国》。

葡萄牙来华摄制组于11月3日至12月1日，赴北京、上海、山东、四川、广西、广东拍摄了纪录片《中国风情》。

1999年中国国际电视总公司节目制作部共接待了外国电视摄制组15个，摄制组来自德国、日本、瑞士、美国、荷兰、英国等国家。

德国巴伐利亚电视台摄制组于1月2日至2月4日，拍摄了纪录片《五卅运动》。

日本NHK摄制组于2月24日至28日，拍摄了纪录片《机器人大赛》。

瑞士法语电视台于3月12日至19日，拍摄了纪录片《改革开放的中国》。

美国WGBH电视台于3月21日至4月4日，拍摄了纪录片《当代中国》。

荷兰RTL4电视台于3月29日至4月11日，拍摄了纪录片《改革开放的十五年》。

德国北德电视台于4月12日至5月25日，拍摄了纪录片《回访第二故乡》。

美国全国广播公司(NBC)于4月14日至24日，拍摄了纪录片《长城》。

日本NHK于4月29日至5月13日，拍摄了纪录片《名厨陈健一》。

日本NHK分别于5月13日至26日、9月12日至26日，拍摄了纪录片《生命之水——黄河》。

日本NHK于6月23日至7月5日，拍摄了纪录片《立松和平的道元寻迹》。

美国一频道(channel one)于7月14日至20日，拍摄了纪录片《青年学子》。

日本NHK于8月15日至9月5日，拍摄了纪录片《河南风光》。

美国地理电视台于9月6日至16日，拍摄了纪录片《中国恐龙》。

英国WWT电视台于9月25日至10月18日，拍摄了纪录片《中华龙鸟》。

美国永动机电影公司于10月25日至11月17日，拍摄了纪录片《唐人街》、《大坝》。

1999年，梅地亚中心电视部共接待了日本电视摄制组15个。

日本每日映画社摄制组于1月15日至30日，拍摄了教学片《中学地理》。

日本NHK摄制组于4月10日至5月2日，拍摄了纪录片《中国小城镇》。

日本朝日电视台摄制组于4月19日至26日，拍摄了纪录片《宇宙飞船地球号——大海的医生·海带》。

日本富士电视台摄制组于4月15日至22日，拍摄了纪录片《来自中国的礼物》。

日本NHK摄制组于2月26日至5月6日，分别赴喀什、乌鲁木齐、敦煌等地进行大型节目《世界悠悠——敦煌、西域》看点及前期拍摄工作，并于6月4日至6日，在上述三地成功地进行了大型直播活动。

日本NHK摄制组于5月19日至6月1日，拍摄了纪录片《三趟快车》。

日本TBS摄制组于5月2日至6月2日拍摄了纪录片《中国美食》。

日本NHK摄制组分别于6月21日至7月3日、7月14日至8月30日拍摄了纪录片《再现伎乐艺能》。

日本NHK摄制组于8月15日至30日，拍摄了纪录片《追求青的极限——龙泉青瓷浪漫纪行》。

日本NHK摄制组于8月21日至9月22日，拍摄了纪录片《新中国建国50周年》。

日本NHK摄制组于9月7日至19日，拍摄了纪录片《新中国建国50周年——延安》。

日本朝日电视台摄制组于10月14日至27日，拍摄了纪录片《清晨旅游集锦》。

日本宝冢想象艺术公司摄制组于10月26日至11月10日，拍摄了纪录片《宝冢歌剧团在华公演追踪报道》。

日本KTV摄制组于10月26日至11月10日，拍摄了纪录片《中国大陆盛开紫罗兰》。

日本NHK摄制组分别于11月10日至12月11日、11月27日至12月29日拍摄了纪录片《中国历史纪行》。

二、对 外 宣 传

1999年，是中央电视台海外节目中心电视外宣工作非同寻常的一年。年初，江总书记在全国对外宣传工作会议上作了重要讲话；年末，江总书记又专门对电视外宣工作作了重要批示。领导的重视，给了电视外宣工作极大的推动。

大事多、喜事多、突发事件多是1999年的突出特点，中央电视台海外节目中心对“三多”的报道也在中国电视对外宣传史上写下了不平凡的一页。

一、认真打好“三大战役”

1999年，在揭批邪教“法轮功”、批判李登辉的“两国论”和抗议以美国为首的北约袭击我驻南联盟大使馆等“三大战役”中，国际频道和英语传送频道充分发挥自身的优势，制作播出了大量具有鲜明对外特色的新闻和专题节目，积极配合了国内和国际舆论斗争，圆满完成了“三大战役”的宣传报道任务。

在对我驻南联盟使馆遭到以美国为首的北约导弹袭击事件的报道中，《中国新闻》、《中国报道》和《英语新闻》栏目都作了大量及时、深入的报道和评述，这些报道不仅时效快，而且说服力强，其中很多被海外媒体采用或转发，让世界各国的观众了解了事实的真相和中国政府的立场。

在揭批邪教“法轮功”的斗争中，海外节目中心不仅在日常栏目中制作播出了具有对外特色的相关报道，而且还按照中央外宣办的部署专门制作了3部揭批“法轮功”邪教的专题节目，制作成光盘和录像带向国外发送，很好地起到了向海外观众解疑释惑的作用。

李登辉抛出“两国论”后，海峡两岸关系成为国际社会关注的热点话题。《中国新闻》、《中国报道》、《海峡两岸》、《英语新闻》等栏目都配合这场斗争进行了大量报道。此外，海外节目中心赶制了4集专题节目《台湾风云》，还及时给美国CNN传送了《中国政府的严正立场》、《中国各界强烈谴责李登辉的“两国论”》和《全军、武警官兵强烈谴责“两国论”》等报道。

二、充分报道“三大喜事”

在新中国建立50周年、澳门回归祖国和迎接新千年的“三大喜事”现场直播中，两个频道发挥电视对外宣传主渠道的作用，营造了普天同庆、万众欢腾的热烈气氛，扬国威、振军威，令全世界的中华儿女扬眉吐气。转播国庆盛典的海外电视机构达119个，转播澳门回归报道的有77个国家和地区的152家电视台。《相逢2000年》特别节目连续24个小时直播，并精选其中的部分节目参加英国BBC组织的全球电视大联播。“三大喜事”的现场直播其深远影响是前所未有的。

为庆祝中华人民共和国建国50周年，海外节目中心制作了7集“中国电视周”节目，翻译成9种外语版，在全世界144国家和地区的198家电视机构播出。本届“中国电视周”的规模超过往届，创中国电视史上电视周节目之最。国庆节前举办的第三届国际京昆票友电视大赛，吸引了20多个国家和地区的6000多名中外选手参加，“金龙奖”颁奖晚会盛况空前；国庆后举办的第三届“海外观众有奖知识竞赛”活动，回收了来自94个国家和地区的1.1万多份答卷，参赛观众数量超过往届，观众所在国家和地区的范围也超过往年。从1万多名观众中产生的10名“幸运观众”汇聚北京，他们欢聚一堂，参加了《梦圆金秋》晚会。这10名幸运观众发自内心的喜悦溢于言表，感动了晚会现场的观众，也感动了电视机前的观众。电视周、票友大赛和幸运观众活动，为国庆50周年大庆增添了一道亮丽的风景线。

三、全力推进“三大改革”

1999年，海外节目中心励精图治，完成了三项重大改革。其一，频道改革；其二，经费改革；其三，经营改革。继1998年6月改版之后，此次国际频道再度改版，以改革的精神为指导，目的是为了进一步适应电视外宣事业发展的需要，突出一个“外”字，淡化一个“宣”字，加强对外电视频道的针对性，更好地为海外观众服务。在深入调查研究和反复论证的基础上，改版方案几易其稿，对频道的构成、栏目的取舍和播出时间的安排等作出调整，体现出对外宣传的特色。与频道改革配套进行的经费改革，取得重大突破。根据不同类型的节目，制定了分钟成本核算标准，使投入产出走向科学化和规范化。长期以来，对外宣传不讲创收。在国际频道上播出的广告与其他频道的广告搭配出售，海外节目中心不参与经营活动。1999年打破了只讲社会效益，不讲经济效益的惯例，国际频道栏目内广告收入比1998年增长10倍。观念的转变带来可观的经济效益，为进一步深化经营改革积累了有益的经验。

四、积极参与“四大外宣活动”

1999年，中央外宣办组织了“西藏文化展”、“昆明世博会”、“巴黎·中国文化周”和“上海·《财富》500强年会”等重大外宣活动，海外节目中心参与了这4项活动的对外宣传。

关于西藏的宣传，是对外宣传中一个非常重要的方面。西藏民主改革40周年是对外宣传西藏的一个极好时机，抓住这一时机，海外节目中心做了大量工作。各档新闻节目对“西藏文化展”进行了集中报道；《中国报道》制作播出了4集特别节目，介绍西藏民主改革的背景、经过和意义以及今日西藏的新面貌，题目分别是《西藏的民主改革》、《西藏全面发展的40年》（上下集）、《今日班觉伦布村》；其他专题栏目还制作播出了《雪域的彩虹》、《雪域藏医》等节目；《英语新闻》播出了系列报道《走近西藏》；文艺栏目《欢聚一堂》还组织了专场晚会《雪域欢歌——庆祝西藏民主改革40周年》。

在对《财富》论坛上海年会的报道中，《中国新闻》等栏目提前播出预热性的深度报道，向全世界展示中国的建设成就和坚定不移改革开放的方针政策。在《财富》论坛开幕晚宴的现场直播中，通过嘉宾访谈、背景性专题节目和记者在现场的采访报道，组成立体化、多样性的直播报道。

新闻、专题和综艺晚会形成了全方位、立体化的报道规模，有力地配合了四大外宣活动，受到中央外宣办领导的充分肯定和多次表扬。

五、海外落地工作取得了新进展

在精心做好节目的同时，国际频道在海外的落地工作也取得新进展。1999年海外落地项目又有所增加，其中影响比较大的是进入了法国巴黎有线电视网，首次在欧洲范围内实现了以进入有线网的方式频道落地。原有的落地项目也在不断巩固和发展，如在日本通过直播卫星入户的“CCTV－大富”频道，经过仅仅一年多的发展，到1999年底，订户已达1.1万户。关于落地工作的进展和成果，通过海外节目中心连续三年举办的“CCTV海外观众有奖知识竞赛”得出的统计数字，也可以略见一斑：1997年参赛的海外观众有2100名，涉及72个国家和地区；1998年参赛的海外观众达到8500名，涉及91个国家和地区；1999年海外节目中心对观众参赛的要求作了一点改变，有奖问答的标准答案只在国际频道中播出，也就是说，只有真正看得到国际频道的海外观众才能参赛，这实际上是增加了参赛的难度，缩小了参赛的范围，但最后参赛的人数还是达到了1.02万名，比上年增长了近2000名，涉及94个国家和地区。从中可以清楚地看出，中央电视台国际频道在海外的影响和受关注程度是在逐年上升的。1999年，海外节目中心的节目在全国电视对外宣传政府奖“中国彩虹奖”的评比中，获一等奖17个，二等奖22个，三等奖23个，占“彩虹奖”总数的三分之一。

三、1999年对外交流与合作大事记

一月

1月11日　副台长李东生会见了伊拉克通讯社社长乌代·塔意及公共公关、计划部主任塔里布·巴赫尔先生。乌代社长是应新华邀请来华访问的。双方就人员互访培训、节目新闻交换等问题交换了意见。李东生还希望伊通讯社在中央电视台采访小组赴伊报道的入关手续、新闻采访等方面给予协助。

1月14日　副台长刘宜勤会见并宴请了以首席执行官斯托夫博格为首的多选集团公司一行7人。双方回顾了过去良好的合作关系并祝贺1998年底直播卫星电视试验系统获得成功，上级有关领导对此给予了高度评价，指出这是中国直播卫星电视的真正开端。斯托夫博格先生希望中央电视台在直播卫星技术上始终处于中国领先地位。

1月21日　副台长刘宝顺会见了以瓦禾·阿提拉副总编辑为首的匈牙利文化代表团以及匈牙利驻华大使叶桐一行4人。该代表团是应我文化部邀请来华访问的。

1月22日　副总编辑兼总编室主任罗明率中央电视台代表团赴美国参加北美电视节。

1月28日　副台长张长明会见了俄罗斯独立电视台台长多勃罗捷耶夫。他是应我外交部邀请随俄罗斯新闻代表团来华访问的。张长明希望俄罗斯独立电视台在我国1999年国庆前后举办中国电视周，播出我方提供的电视节目。对于俄方提供的节目中央电视台也考虑播出，对此俄方表示赞同。

二月

2月8日 台长赵化勇会见了来访的泛美卫星公司亚洲高级副总裁乔恩柱先生等一行3人。乔恩柱先生表示中央电视台是泛美卫星公司最好的合作伙伴，泛美公司将尽力改善服务，帮助中央电视台解决好节目的覆盖和落地工作。

2月10日 副台长刘宜勤会见了日本广播协会(NHK)国际广播局局长井上孝利一行。刘宜勤说："NHK是我们的老朋友，希望CCTV和NHK长期的友好合作关系，通过梅地亚中心这一桥梁得到进一步的加强和发展。"

2月11日 台长赵化勇会见了日本旭通DK公司广告公司董事长稻恒正夫一行。赵化勇对旭通DK公司与中央电视台的长期友好合作表示感谢。他认为，CCTV是中国最大的电视媒体，也将成为世界级的大台，我们应该与包括广告界在内的各行各界紧密合作，促进交流，互利互惠。

三月

3月1日 美国国务卿奥尔布赖特一行访问了中央电视台，台长赵化勇礼节性会见了该代表团，陪同代表团参观了《焦点访谈》演播室，并与工作人员进行了交谈。

3月1日 副台长刘宜勤会见了南非多选公司中国区首席执行官穆雷先生等一行3人。穆雷先生表示对于能来中国与中央电视台合作感到非常高兴，并且希望今后的合作顺利和成功。刘宜勤对于穆雷先生的到来表示欢迎，并且认为他的到来会进一步推动双方的合作。

3月10日 副台长张长明会见并宴请了法国陈氏兄弟公司总经理陈克光一行3人。张长明代表前任台长杨伟光、现任台长赵化勇感谢陈氏公司近5年来对中央电视台的大力支持与关注，特别是感谢他们为中央电视台国际频道在巴黎落地做了大量有益的工作。

3月11日 台长赵化勇会见了以奥地利国家电视台文艺部主任迪特·波特格先生为首的奥地利国家电视台代表团一行7人。奥方代表团此次来访的主要目的是与中央电视台文艺中心就1999年10月在北京联合举办《音乐家舞台文艺晚会》一事进行磋商，商讨确定演出场地以及双方对该项目的分工等事宜。

3月11日 副台长刘宜勤会见了美国休斯电子公司直播电视国际公司麦尔杰副总裁等一行4人。麦尔杰先生表示，愿就直播电视和高清晰度电视方面与中央电视台进行技术合作。

3月17日 台长赵化勇、副台长刘宜勤会见了荷兰米拉德国际控股集团(MIH)亚洲区总裁兼首席执行官何夏城先生一行6人。何先生首先对赵台长出任中央电视台台长职务表示祝贺，之后向赵台长介绍了双方的合作情况。

3月17日 台长赵化勇会见了以澳大利亚新闻集团下属的香港卫视执行董事长张镇中先生为首的澳大利亚新闻集团代表团一行6人。赵化勇就改编中国历史题材电视剧以适应境外市场等问题与客人进行了探讨。

3月18日 台长赵化勇会见了日本大富公司董事长兼总经理张丽玲一行3人。副台长张长明于日前会见了该公司一行，并表示中央电视台将一如既往支持大富公司。

3月18日 台长赵化勇、副台长张长明会见了巴黎市副市长雅克·杜蓬夫妇，就促进中央电视台节目在海外落地、以丰富的节目吸引海外观众等问题广泛交换了意见。

3月20日 台长赵化勇会见了法国驻华使馆科学文化合作处文化参赞丹尼尔·布莱兹先生、影视专员伊莎贝拉女士。布莱兹先生向赵台长赠送了法国著名演员、《基督山伯爵》主角德帕迪约亲自签名的电视剧《基督山伯爵》的画册。

3月24日 台长赵化勇会见了美国映佳国际传播公司总裁谢其美女士等3人。双方主要就进一步办好佳艺节目以及C—SPAN转播中央电视台国际频道、英语传送频道节目有关事宜进行了协商。

3月25日 台长赵化勇会见了美国特纳国际广播公司亚太地区总裁史蒂夫·马可波图先生等一行3人。双方同意在友好合作的基础上，不断交换意见，继续扩大互惠互利的合作范围。

3月30日 台长赵化勇会见了以色列大使南月明女士。双方表示将努力促进中央电视台与以色列电视台建立联系，通过交换和合拍节目来增进两国人民间的理解与文化交流，可从拍摄或介绍以色列农业科技方面的节目着手合作。

四月

4月2日 副台长刘宝顺会见了总经理阿时·巴兰塞尔率领的土耳其报业广播电视公司代表团，双方就加强合作事宜交换了意见。

4月5日 副台长李东生会见了墨西哥通讯社社长梅迪纳一行3人，墨通社是拉美地区有重要影响的通讯社，与我新华社有着良好的合作关系。会谈中，双方除介绍情况外，还对新闻报道的客观性、真实性的问题进行了交流。

4月5日 副台长刘宜勤接受美国《洛杉矶时报》驻京记者的采访。此次采访的主要目的是了解“村村通广播电视”的有关情况。

4月7日 副台长张长明会见了韩国国际放送交流财团代表团。双方就电视台节目互相落地，达成一致意见。

4月7日 副台长刘宜勤会见了美国迪维康公司全球销售和服务副总裁马克·卡林顿一行5人。

4月12日 台长赵化勇、副台长张长明参加了电视连续剧《基督山伯爵》的首映式，并会晤法国驻华大使毛磊先生、法国著名演员德帕迪约等。

4月13日 副台长刘宜勤会见美国通用先进系统公司(GI)副总裁迈克·普利先生等一行8人。刘宜勤介绍了中央电视台与GI过去在技术方面的合作及中央电视台数字压缩技术、DTH项目和地面数字广播的有关情况。

4月20日 副台长李东生会见了赞比亚新闻广播部部长津巴先生一行3人。赞比亚客人是应新华社邀请来华访问的。

4月22日 台长赵化勇会见了以总裁兼首席执行官库帕斯·斯托夫伯格为首的荷兰米拉德国际控股公司(MIH)代表团。会谈中赵化勇向客人介绍了中央电视台1999年进行节目调整的计划。

4月23日 副台长李东生会见了日本新闻记者代表团一行3人。代表团是应外交部的邀请来华访问的。李东生向代表团介绍了中央电视台驻东京记者站已经开设，我们将通过这一窗口和日本新闻界的同行多交朋友，互相学习，共同提高。

4月29日 台长赵化勇、副台长刘宜勤会见了以英国文化、传媒和体育部大臣克里斯·史密斯(英国内阁成员)为首的英国政府文化代表团。重点就中央电视台数字广播电视的发展，互相交换电视节目等问题进行了交流。

五月

5月6日 副台长刘宝顺会见了美国亚洲协会加州分会会长乐山先生一行2人。

5月6日 副台长刘宜勤长会见了荷兰米拉德公司亚洲总裁兼首席执行官何夏城先生、米拉德中国首席执行官穆雷先生等一行4人。双方就合资建立服务咨询公司事宜交换了意见。

5月7日 副台长李东生会见了南斯拉夫联盟驻华大使斯洛博丹·翁科维奇先生。李东生欢迎大使的来访，并对南联盟目前局势深表关切，对南联盟人民的斗争表示同情与支持。

5月11日 副台长刘宝顺会见了以罗马尼亚参议院文化、艺术、新闻委员会主席欧金·瓦西柳为团长的代表团一行6人。

5月14日 美国全国广播公司(NBC)新闻部《今日》栏目在八达岭长城进行现场直播。此事由外交部批准，广电总局承办，中央电视台具体接待。

5月17日 副台长刘宜勤会见了纳米比亚广播公司代表团。该广播公司原名为南非—西南非广播公司，自1990年纳米比亚独立以后改名为纳米比亚广播公司。此次访华希望与中央电视台建立合作关系，包括交换节目及接收电视节目。

5月26日 台长赵化勇接受了新加坡《电视亚洲》杂志社记者的采访。赵化勇在采访中主要介绍了中央电视台的概况、面临的压力和挑战。

5月28日 副台长张长明会见了塞浦路斯大使马尔基季斯女士。塞浦路斯为地中海上一岛国，其电视机构与中央电视台交往较少。塞总统将于6月6日访华，为此，大使特地来中央电视台商谈采访总统一事。

5月30日～6月2日 日本富士电视台以常务董事村上光一为团长的18人代表团来北京与中央电视台举行了定期合作交流会议。在此期间，台长赵化勇出面会见，由副台长张长明为中方首席代表与对方进行了充分的会谈。

六月

6月3日 副台长李东生会见了亚广联秘书长休·伦德率领的代表团一行4人，与之就增进亚广联同中央电视台各个领域的合作并就体育报道的有关事宜交换了意见。

6月3日 副台长张长明会见了以奥地利独立节目主持人卡尔·莫克先生为首的奥地利国家电视台代表团一行17人。

6月4日 副台长张长明会见了乌干达信息部长巴索加·恩萨杜先生，并签署了在乌干达电视台转播CCTV－9的协议和会谈备忘录。

6月9日 台长赵化勇会见了法国巴黎银行集团副董事长杜拉克先生率领的代表团一行5人。赵化勇表示，近年来，国际金融市场十分关注中国媒体发展。我们正在逐渐改变经营方针，利用多渠道进行社会融资活动并吸引外资，加强对企业的规范化管理。

6月15日 台长赵化勇会见了新加坡电视机构(TCS)总裁李棹尧。“新视”与中央电视台青少节目中心每两年共同举办一次大专辩论会。赵化勇表示中央电视台愿与新加坡电视机构开展长期合作。并就今后的发展规划交换了意见。

6月15日 台长赵化勇会见了加拿大CINAR公司董事长兼首席执行官罗那德·温伯格先生等一行3人。双方一致同意在现有合作的基础上，进一步扩大合作领域，探讨长期合作的可能性。

6月21日 副台长李东生会见了路透社亚洲区总编安东尼·汶宁先生和路透社驻中国首席代表团兼路透集团中国区总代表安迪·布朗先生。会谈中，李东生希望路透社今后在新闻报道中增加关于中国及发展中国家和地区的报道，扩大报道面。

6月22日 副台长李东生会见了希腊记协秘书长马诺利斯·马修达刘斯率领的希腊新闻代表团。该新闻代表团是应全国新闻工作者协会邀请来华访问的。代表团由希腊主要电视台、通讯社和报社新闻工作者组成。

6月23日 副台长刘宜勤会见了荷兰米拉德集团(MIH)总裁史高朋先生。双方就发展直播卫星电视扩展平台二期工程的事宜交换了意见。

6月24日 副台长刘宜勤会见了泛美卫星公司战略顾问乔恩柱先生。双方回顾了自1993年以来在卫星领域富有成果的良好合作。自此中央电视台节目开始走向世界。刘宜勤指出，中央电视台同泛美卫星公司的成功合作将永远载入中国电视发展的史册中。

七月

7月5日 副台长张长明会见了以巴林新闻部副部长为首的新闻代表团。

7月5日 台长赵化勇会见了美国有线电视新闻网(CNN)负责全球新闻采集和国际网络的总裁依森·乔丹先生。双方就一些重大新闻事件的报道坦诚地交换了意见，并同意在现有合作的基础上，扩大合作领域，探讨进一步合作的可能性。

7月6日 副台长李东生会见了美国有线电视新闻网(CNN)负责全球新闻采集和国际网络的总裁依森·乔丹先生等一行3人。

7月8日 副台长张长明会见了蒙古国对外关系部新闻司副司长其米德道尔吉率领的蒙古国新闻代表团。此代表团为了给江泽民主席访蒙制造气氛，特地来华拍摄一些关于中国的纪录片。

7月19日 副台长张长明会见了以南斯拉夫塞尔维亚记协主席米洛瑞德·科莫洛科夫为团长的新闻代表团一行7人。该代表团是应中华全国新闻工作者协会邀请来访的。

7月28日 副总编辑赵立凡会见了乌干达大使菲力浦·伊德罗先生，就进一步加强中乌两国的友好关系，增进两国人民之间的相互了解交换了意见。

八月

8月2～6日 由亚广联和广电总局主办，中央电视台承办的1999年亚广联儿童电视节目交换会议在北京举行。此次会议是第八届，有来自21个国家和地区的43名代表参加，成为历届与会代表人数最多、规模最大的一届。台长赵化勇会见了参加此次会议的部分代表。

8月13日 副台长张长明会见了美国映佳国际公司总裁谢其美女士。

8月13日 副台长刘宜勤会见了南非MIH集团驻中国首席执行官穆雷先生。双方探讨了在网络方面合作的可能性。

8月24日 副台长刘宜勤会见了日本邮政省邮政审议官品川万里和驻华公使杉本信行。

8月26日 副台长刘宝顺会见了日本外务省外务报道官沼田贞昭一行。刘宝顺向客人介绍了中央电视台节目内容、频道播出等情况。

8月27日 台长赵化勇会见了加拿大公共关系和政府服务部长盖里阿诺先生以及加拿大驻华大使贝祥先生等一行8人。赵化勇向客人介绍了中央电视台的基本情况，并建议双方今后可以合作拍摄一些介绍中国的电视节目，让加拿大人民了解中国人的生活方式以及中国的历史、文化等。

九月

9月10日 台长赵化勇会见了日本广播协会(NHK)理事山村裕义一行。日方代表团是来华参加梅地亚中心1999年下半年度董事会的。副台长刘宝顺参加了会见。

9月10～23日 中央电视台接待了越南中央电视台干部考察团。该考察团此次来华目的主要是为了学习我国电视台的管理经验，以制定自己的长远发展规划。

9月14日 副台长张长明会见了萨摩亚电视公司首席执行官勒欧塔·尤里萨·皮塔亚一行3人。该代表团是应外交部新闻司邀请来华访问的。

9月29日 副台长刘宝顺会见了以罗马尼亚电视台总台长克里斯蒂安先生为团长的罗马尼亚电视台代表团。

十月

10月2日 台长赵化勇会见了以砂原幸雄台长

为团长的日本TBS电视代表团一行8人，双方就数字化时代，电视及相关领域的共同发展、技术合作、人员交流和节目制作等问题进行了讨论。

10月13日 副台长张长明会见了缅甸宣传部长基昂上将一行。缅甸与我国有着传统的友谊，此次基昂上将访华的目的就是为了进一步推动这种友好合作关系。双方在进一步密切关系、加强交流等方面进行了探讨。

10月14日 台长赵化勇、副台长刘宜勤与荷兰米拉德公司(MIH)总裁进行了会谈。会谈结束后，赵化勇代表中央电视台与MIH公司签署了《中国电视节目代理公司与荷兰MYRIAD控股有限公司合作协议》。

10月19日 副台长张长明会见了应邀来华的美国广播界友好代表团一行6人，重点就广告收入、不同媒体在广告市场中所占比例等问题进行了交流。

10月22日 台长赵化勇会见了美国迪斯尼国际公司总裁罗伯特·艾格先生等一行3人。此次艾格先生是应广电总局的邀请来华访问的，来中央电视台访问的目的是寻求与中央电视台的合作。

10月25日 台长赵化勇会见了以联合总裁、首席执行官罗伯特·韦恩率领的索尼影视代表团一行5人。韦恩先生表示，希望与我方在电影、电视剧合拍与发行等领域建立稳定的合作关系。

10月30日 副台长刘宝顺率数字电视考察团，赴日本考察。

10月26日 台长赵化勇会见英国ECM公司首席执行官威廉·威尔逊一行。双方对友好解决《幸运52》栏目的合作事宜表示满意，并希望继续保持这种合作关系。

十一月

11月12日 台长赵化勇会见了以董事长兼总裁默多克先生为首的澳大利亚新闻集团代表团一行12人。赵化勇首先欢迎客人的再次来访，并表示在电视媒体面临挑战和新发展的今天能与默多克先生交换看法是非常有益的。赵化勇向客人介绍了中央电视台8个频道的调整、改版的情况及今后的发展趋势。

11月24日 副台长刘宜勤会见了美国泛美卫星公司亚洲区高级副总裁泰德·迈克法兰德、高级战略顾问乔恩柱一行。刘宜勤希望通过泛美卫星将中央电视台节目信号直接传入美国互联网用户，以提高信号质量及其运行速度。

十二月

12月1日 台长赵化勇、副台长张长明会见了美国映佳传播集团总裁谢诚刚先生率领的高级代表团一行9人。赵台长表示此次会谈要本着互惠互利、求同存异的原则继续合作，并对双方此前三年多的合作表示肯定。

12月16日 副台长张长明会见了乌拉圭洲际电视广播董事会主席JORGE ALE ITURRALDE先生。客人告诉张长明，现在在拉美主要是西方媒体占据主导位置，无一家东方电视台进入。因此此次来访的目的是与中国的大电视台商谈合作，通过租用国际卫星，将中国的电视节目与韩国、日本、俄罗斯及阿拉伯国家的电视节目一起送入到北美、中美和南美的34个国家。

12月24日 中央电视台和泰国正大集团关于《正大综艺》1999年度合作协议在曼谷签订。

13. 专 论

一、论 文 摘 要

增强政治意识 大局意识 责任意识 为改革开放和社会主义现代化建设服务

赵化勇

1999年是我国深化改革和继续发展的关键一年，又喜逢新中国建国50周年和澳门回归，喜事多、大事多。中央电视台将高举邓小平理论的伟大旗帜，自觉地同以江泽民同志为核心的党中央保持高度一致，认真贯彻党的十五大精神和各项方针政策，紧紧围绕经济建设这个中心，牢牢把握正确舆论导向，进一步增强政治意识、大局意识和责任意识。坚持以宣传为中心，以提高管理水平和工作效率为重点，进一步改造频道、压缩栏目，不断提高节目质量，为改革开放和社会主义现代化建设营造良好的舆论环境，迎接新中国50周年大庆，迎接21世纪的到来！

一、集中精力，抓好全年重点宣传工作，特别是要周密策划，精心部署，做好“两会”宣传报道，做好纪念新中国建立50周年的报道，做好澳门回归和迎接新千年的宣传报道

(一)要做好“两会”的宣传报道工作。

今年的“两会”报道要以邓小平理论和党和十五大精神为指导，以民主、求实、团结、稳定、鼓劲为基调，坚持正面宣传为主，着重宣传1998年我国各条战线所取得的成绩，力求使整个“两会”宣传在报道形式、内容、包装等方成有所创新。

(二)隆重、全面、生动、有序地做好新中国50周年的报道，以各种形式热情讴歌改革开放和社会主义现代化建设成就。

中央电视台将制作一批重点节目，迎接新中国50周年。

1. 认真搞好国庆50周年天安门广场阅兵式的直播。

2. 制作播出庆祝国庆50周年大型电视文艺晚会，组织好国庆50周年系列音乐电视作品创作、地方电视台迎国庆文艺节目展播和国庆歌曲征集等活动。

3. 推出一批高质量的专题片。

4. 加强对外宣传，举办第二次“中国电视周”活动。

5. 推出《中国命运的决战》等10部电视剧献礼剧目。

6. 新影厂、科影厂也将拍摄一批重点纪录片、科教片。

7. 各主要栏目将推出纪念国庆50周年的特别节目。

(三)精心组织澳门回归报道工作，宣传“一国两制”的伟大构想。

1. 澳门回归宣传报道将以北京为中心，以澳门为重点，以8～10个国内主要城市和8～10个世界主要城市及华人社区为报道点，实施多角度、全方位、立体式报道。整个宣传工作循序渐进，气氛逐步热烈。

2. 1999年3月底，将组织纪念《澳门基本法》颁布6周年的宣传，此后各有关栏目要逐步加大澳门回归的宣传报道力度。有计划地播出大型系列节目《澳门百年》、特别节目《全国澳门知识竞赛》、百集专栏《澳门万象》等。

3. 现场直播我国政府对澳门恢复行使主权这一重大历史事件。

4. 各类文艺节目做好澳门回归的配合性宣传。

(四)做好迎接新千年的宣传报道。

在世纪之交，中央电视台将推出大型系列专题片

《世纪》,反映中国100年的变迁;制作介绍本世纪人物的系列片《世纪风云人物》;组织直播活动,报道世界各地迎接新世纪的情况;制作10集系列节目《走向新世纪——中国青年与世界》;组织好迎接新千年歌舞晚会,创作迎接新千年音乐电视系列。此外,还将参加亚广联组织的全世界跨世纪大联播活动,并参与国际英语节目《2000年全球联播》的制作。

(五)抓好全年其他重点宣传工作。

1. 元旦、春节期间突出欢乐、喜庆、祥和的氛围。

(1)元旦期间中央电视台的第一套节目现场直播了北京、上海、漠河、南沙、深圳等城市的升国旗仪式,播出了第五届音乐电视大赛颁奖晚会;第四套节目和英语传送频道向海外现场直播了双语节目《"五洲风"元旦晚会》。第一套节目还在黄金时间推出电视连续剧《雍正王朝》。这一系列节目均受到观众好评,创造了中央电视台今年工作的开门红。

(2)春节期间,中央电视台各个栏目从多侧面、多角度反映了全国人民欢度新春佳节的喜人场景。各新闻栏目派出大批记者深入到黑龙江、吉林、湖北、湖南等灾区,报道群众欢度春节的情况,内容丰富多彩。

(3)三台春节晚会内容丰富,形式有所出新,受到好评。

2. 积极做好纪念五四运动80周年的宣传报道。此外,将推出10集系列专题片《青春中国》,以当代青年的视角,揭示这一伟大的爱国、民主、科学运动的深刻内涵。

3. 积极做好大型国际会议活动的报道。

(1)5月1日至10月31日举办"'99昆明世界园艺博览会",中央电视台将现场直播开幕式盛况和文艺晚会,并采取各种形式积极报道好其他活动。

(2)配合6月在北京举行的第二十届世界建筑师大会,中央电视台将播出4集专题片《中国建筑世纪行》。

(3)8月23日至9月15日,第二十二届万国邮政联盟大会在北京召开。中央电视台除报道大会外,还将在体育频道中报道邮政信使环球汽车拉力远征活动和自行车环中国拉力活动。

(4)9月2日至12日,我国将在法国巴黎举办"'99巴黎·中国文化周"活动。中央电视台将派摄制组进行报道,并组织开幕式综艺晚会《北京—巴黎之夜》。

4. 做好第九届全国冬季运动会、第四十五届世乒赛和亚冬会、世界体操锦标赛、世界田径锦标赛等国内外重大体育赛事的宣传报道。此外,体育频道还将充分报道北京春季国际马拉松赛、奥运会足球预选赛、全国少数民族运动会、首届全国体育大会、甲A足球联赛、排球和篮球联赛等多项赛事,并将继续主办乒乓球擂台赛。

二、增强创新意识,深化电视改革

中央电视台要加大改革力度,增强创新意识,改进工作作风;要加快频道和栏目的改版与建设,进一步满足人民群众日益增长的电视文化需求。

(一)做好频道包装工作,赋予电视荧屏以崭新的面貌。

要进一步规范中央电视台整体形象,设计整体包装方案。频道改版重新包装之后,全台八套节目均为6:00开始播出,统一改版晨曲、晚曲;要大力推介优秀栏目,同时,适当增加全天播出的节目预告次数。

(二)加强频道建设,调整频道栏目设置,突出专业频道特色。

1. 全台要集中精力办好第一套节目。要突出以新闻为主的频道特点。今年10月后,可着手考虑、酝酿第一套节目的改版工作,为明年实施作准备。

2. 今年上半年,要做好第三、第八套节目的调整工作,使之各具特色。

现在,第三、第八套节目都是综艺频道,相互重复之处很多,第八套节目将改版为影视剧频道,以播放国产电视剧为主。第三套节目调整为以戏曲、音乐、综艺节目为主的频道。

3. 今年下半年,要抓好第二套节目的改版工作,使其真正成为以经济节目为主的专业频道。

(三)加强栏目改版,改造旧有栏目,关闭部分收视率长期低迷的栏目,适当增开新的栏目。近年来,许多部门纷纷增开新栏目,使栏目数量不断增加,最多时达300多个。经过调整、压缩、合并,目前为259个,但仍存在大栏目套小栏目、捆绑式栏目的现象。今年各部门原则上不再开设新的栏目,如确实需要开办,由节目部门内部进行调整,部门栏目数量不变,节目经费和人员不增。

(四)节目管理部门规范动作,严格制度,提高电视管理水平。

1. 加强栏目管理。

2. 改进节目引进工作,开拓引进渠道,努力提高引进节目质量。

3. 加强中央电视台国际互联网站建设。

4. 加强电视理论研究,预测电视事业发展走向,提出中央电视台战略发展思路。研究室要对全台电视节目、栏目、发展走向及存在的问题进行研究探讨,提出具有前瞻性的建议,为各级领导决策提供参考,要建立全国观众评议网络,定期收集反馈意见;电视理论刊物《电视研究》也要在形式和内容上有所提高。

（五）创造条件，开办英语频道。

1997年，为配合香港回归电视报道，中央电视台开办了英语传送频道。目前已正常运转20个月，英语频道用英语播出，更有利于节目进入国外主流社会。

（六）拓展对外宣传渠道，加强与海外观众联系，促进节目在海外落地。

（七）《中国电视报》进行改版，积极筹备创办《电视周刊》。

（八）围绕全台宣传中心任务，配合宣传改革，全台技术、行政系统要严格树立全局观念，积极进行配套改革，开展后勤服务、行政管理社会化的改革试点，研究探讨制作与播出相分离的改革模式，使技术、行政管理工作科学化、规范化，推动全台事业的建设和发展。

三、推行精品战略，制作一批精品节目，提高节目质量，增强竞争力

今年，中央电视台将面临来自国内外更趋激烈的竞争势头。要下大力气，狠抓节目质量，努力推出一批主题突出、质量过硬的精品节目。

（一）各栏目要努力推出一批精品节目。

（二）推出一批优秀电视剧作品。

（三）加强对外宣传，播出系列专题片《世界华人》、《台湾风云》、《人类的敦煌》、《第三届国际京昆票友大赛》等。

（四）继续实施“六个一百”工程。

（五）组织好“心连心”艺术团赴西昌、云南、山西和解放军部队等地的5场慰问演出活动，抓好全国舞蹈比赛、相声比赛、游戏比赛、民族器乐比赛、音乐电视大赛等竞赛性节目，组织好地方戏曲春节展播和《健康之路——边疆行》系列活动。

（六）除国庆50周年、澳门回归等题材外，还要抓好其他电视纪录片、专题片创作。

四、加快事业发展建设，加大新技术开发应用，做好技术保障，提高节目技术质量

（一）确保直播卫星开通后正常安全运转。

根据广电总局提出的“村村通广播电视计划”，今年1月1日，中央电视台通过直播卫星传送全部8套节目。直播卫星开通后，中央电视台各部门要进一步提高节目的信息含量，力争提高节目收视率，同时尽快使图文电视通过直播卫星直接入户。技术系统各有关部门要做好直播卫星开通后的服务保障工作。

（二）做好新中国50周年庆典和澳门回归等重大宣传报道的技术准备和保障协调工作。

（三）做好高清晰度电视转播试验工作。

（四）继续做好数字电视地面广播试验工作。

（五）解决台内计算机2000年问题，确保计算机系统正常运转。

（六）中央卫星电视传播中心要下大力气，努力巩固和发展城市网，尽可能多地发展用户，最大限度地发展农村网，满足广大农民对电视文化的需求。

五、积极探索行政管理改革思路，进一步规范岗位责任制，围绕宣传中心任务，提供科学规范、优质高效的服务

（一）进一步行使行政管理委员会综合、协调、服务的职能，全面改善行政职能部门的工作面貌，提高行政工作人员素质，树立良好工作形象，强化行政工作的前瞻意识，探索行政工作的最佳方式。

（二）行政管理部门要开拓思路，积极探索管理体制改革的良好模式，进一步做好服务和保障工作。

（三）加强制度建设，完善各项管理规章制度，规范全台工作流程和行为。同时，继续加大对全台职工勤俭节约、反骄破满的教育，加大规章制度的宣传教育和执行情况的检查工作。

（四）实施“人才兴台”战略，加强人事管理和职工培训工作。

1．引进竞争机制，充分调动工作人员的积极性。结合节目制作与播出分离的改革试点，在人员的来源、结构、待遇、管理方式等方面进行研究，探索适合实际情况的事业单位人事管理公司化的运营模式。

2．组织对全台职工的学历核查，为人事管理提供准确数据。

3．完善职称评聘制度。

（五）加强管理监督，做好计划财务工作。

1．做好1999年全台事业费预算分配工作，充分发挥计划财务的职能作用，加强收支计划和预算执行情况的监督、检查，努力增收节支，确保事业费预算的收支平衡。

2．深化财务管理改革，认真贯彻和执行财政部、广电总局对中央电视台实行的《事业费预算包干办法》，并结合工作实际情况，不断细化，逐步完善各项管理制度。

3．加强财务基础管理，做好全台清产核资工作，摸清家底，合理使用，减少浪费，充分发挥现有资产的经济效益。

（六）重点抓好中央电视台二期工程的建设规划。

（七）做好后勤服务保障工作，为职工创造良好的工作和生活条件。

六、抓住机遇，加强经营管理，加快建立第二经济支柱的步伐

（一）采取有效措施，加强广告经营，稳定广告收入，全年的广告收入努力保持1998年的总体水平，并力争有所突破。

（二）充分发挥电视媒体的产业优势，着重加强总公司队伍建设，广泛吸纳一批在电视传播、金融、企业管理领域有工作经验、掌握行业特点的优秀管理人才。

（三）抓好资本经营，加强金融运作，不断拓展新领域。

（四）抓好节目制作，配合全台改革进程，做好节目制作与播出分离的改革试点工作。

（五）进一步加强总公司内部管理，完善规章制度，以管理促效益。

七、围绕宣传中心，加强党的工作，抓好队伍建设和精神文明建设

今年上半年，中央电视台分党组将重点抓好以"讲学习、讲政治、讲正气"为主要内容的党性党风教育工作。要紧密围绕全台宣传中心工作，特别是国庆50周年、澳门回归等重大宣传报道工作，做好思想动员、组织建设、宣传鼓动等工作，确保全台宣传工作顺利完成。

（一）根据中央的统一部署，扎扎实实地抓好"三讲"教育工作。

台分党组将组织全台各级领导认真开展"三讲"教育工作，学习文件，端正思想态度，摸清存在问题，充分发挥党内民主，坚持群众路线，认真开展批评与自我批评。通过这项工作，全面提高领导干部的思想政治素质和分析、判断能力。

（二）台机关党委以"围绕、服务、管理"为工作方针开展党的工作，即紧密围绕全台重大宣传中心工作；牢固树立服务意识，以扎实、丰富、新颖的工作方式方法，服务于宣传，服务于职工；下力气抓好各级党组织建设，切实落实党务工作的各项规章制度。

（三）认真调查研究，加强党风党纪建设，摄制、播放与中央电视台工作人员联系紧密的有关党规党纪的电视教育片。

（四）抓好工会联合会和共青团等群众性组织的工作。

（五）抓好廉政建设，做好财务审计工作，注重培养勤俭节约的工作作风，严防奢侈浪费之风抬头。

（六）保持"首都精神文明单位标兵"的光荣称号，做好精神文明建设的各项工作。

总之，在新的一年里，中央电视台紧密地团结在以江泽民同志为核心的党中央周围，与党中央保持高度一致，高举邓小平理论的伟大旗帜，增强政治意识、大局意识、责任意识，为改革开放和社会主义现代化建设服务。

（摘自《电视研究》1999年第3期）

百年大计 质量为本
——中央电视台加强基本建设项目管理的几点意见

刘宝顺

近年来，中央电视台相继建成了一批大型基建项目，并改建、扩建、装修了不少演播室和设备机房。这些基础设施建设在保障完成电视宣传任务、改善职工工作和生活环境方面发挥了很大作用。今后，还将根据事业发展的需要，继续有计划、有重点地投资建设若干大型项目。

当前摆在我们面前最为迫切的问题，就是如何科学地总结前一阶段基本建设的经验和不足，进一步严格基建程序，使无限的基建资金发挥出最大的使用效益，不断满足事业发展的需要。

从总体上看，中央电视台重大工程建设的质量是好的，普遍达到了国内先进水平；但也存在一些不容忽视的问题。如有的工程前期论证不够充分严谨，概算变更随意性较大，出现了边施工、边调整的情况，造成了时间和资金的浪费；有的工程在施工中出现责任不清、互相扯皮的现象，影响了施工进度。

增强对基本建设重要性的认识，对于中央电视台来说尤为重要。中央电视台是国家电视台，在党和全国人民的心目中占有重要的位置，而且历年来投资数额较大，在国家改革开放和现代化进程中正在和必将发挥越来越重要的作用。百年大计，质量为本。基建项目工程质量，直接影响着电视宣传的效果和质量。

一、严格执行基本建设程序，确保建设前期工作质量

凡是中央电视台（含台属各企业、事业单位）属于基本建设投资范围的技术改造项目及大型设备购置，

都必须严格执行国家规定的建设程序，目前这些建设程序包括：项目建议书、可行性研究报告、初步设计、开工报告和竣工验收等工作环节。只有在完成上一环节工作后方可转入下一环节，任何部门和建设法人都不得简化项目基建程序。建设项目建议书、可行性报告和初步设计文件，必须按照国家规定的内容，达到规定的工作深度。建设项目的可行性研究报告必须经过有资质的咨询机构和专家的评估论证，否则不予审批。

在这些程序中，首先，要以高度的责任感和严谨的科学程序选好建设项目。从宏观上说，最大的浪费是选错项目。因此，要根据国家规定认真做好基建项目的可行性研究等前期工作，确保投资效益。

二、严格执行建设项目审批的各项规定，不得擅自签约

在国家投资融资体制改革方案出台以前，投资项目审批权限仍然按照现行的规定执行，任何部门都不得超越规定的审批权限擅自审批建设项目，不得采取“化整为零”等方式逃避上级主管部门的审批管理。按照现行规定，台内基建项目需报国务院、国家计委和广电总局审批的，必须按程序报上级机关审批。

此外，在执行审批程序过程中，各单位也要注意一点，就是只有当建设项目的可行性研究报告经有关审批部门批准后，才可以对正式签订贷款协议、设备购买合同、合资合作协议或合同等。在可行性研究报告批准之前，不得擅自对外签约。

三、建设和落实工程质量领导责任制

基础设施建设是一项系统工程，涉及到多个部门，需要履行多个程序。为了确保工程质量，主管部门和领导必须要从勘查、设计、材料、设备、施工到竣工验收各个环节都严格把关。

根据国家规定，建设项目的行业主管部门、项目法人单位和参与建设的单位都要对所负责的工程质量担负相应的行政和法律责任。具体来说，首先，要实行工程质量行政领导人责任制。如果发生重大工程事故，除了追究当事人单位和当事人的直接责任外，还要追究相关部门行政负责人在项目审批、执行建设程序、干部任用和工程建设监督管理等方面失察的领导责任。其次，要实行项目法人责任制，由项目法定代表人承担投资风险，并对工程质量负总责。再次，要认真落实参建单位工程质量领导责任制，包括勘查设计、施工、供应、监理等单位的法定代表人要按照各自职责，对所承建项目的工程质量负责。上述法定代表人要根据职责对经手的工程质量负终身责任。

四、建立健全招投标制度和工程监理制

招投标制度是运用市场竞争机制，确保工程质量的行之有效的办法。今后除了采购具有垄断性质的先进技术设备等特殊情况，其余大型基础设施项目的勘查设计、施工和主要设备、材料的采购都要实行公开招标。招标投标活动要严格按照国家有关规定进行，体现公开、公平、公正和择优、诚信的原则。招标单位要注意具备三个“合理”，即合理划分标段、合理确定工期、合理标价定标。不允许台内任何单位和个人以任何名义、任何形式干预项目法人正当的招标投标活动。中标单位签订承包合同后，严禁转包。总承包单位如进行分包，除总承包合同中有约定的，必须经发包单位认可，但主体结构不得分包。

根据国家规定，中央电视台对工程投资在1000万元以上的项目要委托具有相应资质等级的建设监理单位实行监理。工程监理是受项目法人委托，对施工全过程进行监督，确保工程质量的一项重要制度。在实际工作中要保证通过市场竞争选择资质合格、执法严格的监理单位担当重点工程的监理任务。监理单位在工程成本、进度和质量三大目标控制中，要确保把质量控制放在首位。未经监理单位签字，建筑材料和设备不得在工程上使用或安装，不得进行下一道工序的施工，不得拨付工程款，不得进行竣工验收。

五、加强项目概算、预算和竣工财务决算管理

管理和审查建设项目的工程概算、预算和竣工财务决算，是加强基础设施建设项目财务资金管理，防止“三边”工程（即边勘探、边施工、边设计）和“胡子工程”（指项目配套资金留有缺口，导致配套设建设残缺不全），降低工程建设成本，提高建设资金使用效益的有效手段。凡是经过批准列入中央电视台年度建设投资计划的固定资产项目，都要按照批准的计划执行。其中特别要严格执行工程预算进度款拨付制度，按工程的进度付款。建设项目上不经批准，不得擅自超投资、超标准、超规模。对于在建项目工程概算超支需要继续追加投资的，要经财务部门参与审查概算，并落实财政资金来源后，方可追加投资，否则财务部门可以停止拨付已经安排的财政资金。

中央电视台基建项目的工程预算，需要由财政部门审查认定，作为建设单位向施工单位办理工程款拨付和结算的依据。对于竣工项目，要根据国家有关的政策法规，按照客观、公正、科学、合理、实事求是的原则进行竣工验收和竣工结算的审查。

六、加大监督和执法力度，把好工程质量关

财务、审计、法律、纪检监察等部门，要按照职责权限依法对中央电视台基础设施项目财务、资金使用情况进行监督检查。从规范管理的角度看，中央电视台一方面应该增强建设工程交易活动的透明度和公开性，强化竞争机制，完善规章制度；另一方面，要坚决消除工程建设中的违法、腐败问题。对物资采购和工程建设中发生的行贿受贿问题，纪检监察部门要认真清查，清除交易活动中的各种腐败现象。对由于违纪违规、玩忽职守、贪污腐败、偷工减料、粗制滥造等原因，造成严重质量事故的部门和责任人员，要依法追究当事人和有关负责人的责任。

党和国家领导人历来高度重视建设质量问题。江泽民同志曾经指出："要以对国家和人民高度负责的精神，对投资项目统筹规划，科学论证，做好前期各项准备工作，提高招标投标的透明度，决不能搞'三边工程'、'胡子工程'、'豆腐渣工程'。"朱镕基总理多次强调，"要抓好工程质量，质量责任重于泰山"。中央领导同志的告诫，令人振聋发聩。我们一定要高度重视基本建设问题，要以高度的历史责任感，以对国家、对人民、对电视事业高度负责的精神，从大局出发，从长远着想，不搞花架子，认认真真、扎扎实实地做好基础设施建设工程质量管理工作，让中央放心，让全国人民放心。

（摘自《电视研究》1999 年第 12 期）

铸造现代电视新闻理念

李东生

新闻是社会的一面镜子。新闻伴随世界进步而发展。

一、延伸传统的"新闻"定义是现代电视新闻理念的逻辑起点

从前人们给新闻下的定义是：新闻是对新近发生的事实的报道。

可是随着时代前进步伐的加快，今天人们已不再只满足了解过去发生什么，而是渴望知道世界正在发生什么，还将发生什么。因此电视新闻中新闻的定义应该延伸为："对正在发生的事实的报道、对新近发生的事实的报道和对已经发生的或客观存在但不为人们所认识的事实的报道。"

快速发展变化的时代使受众对信息需求加大，要求更高，也不再满足电视对他们填鸭式的灌输。受众强烈的参与意识迫使电视人必须重新选择报道方式。电视新闻要大量增加正在进行时的消息报道，尽可能让观众对新闻事件的了解与传输者站在同一起跑线上。

电视新闻相对于文字媒体而言，最大的优势是通过图像、声音、字幕等多种手段，生动、全面、活灵活现地把新闻事件再现出来，还原出来。遥遥千里之外，瞬时变成了咫尺之间，人们看到了、听到了刚刚发生，甚至是正在发生的新闻事件。电视带领我们向新闻本源无限地接近，但是两者永远不会合为一体，因为"事实第一性，新闻第二性"这个规律是不可改变的。现在电视观众对新闻时效性的要求，是观看某地正在发生什么，而不是某地曾发生了什么。为从时间轴线上最大限度地接近新闻本源，目前电视新闻发展的趋势是尽可能地采用正在进行时的报道。现场直播不再是一个复杂的工程，而成为常规报道形式，让观众在新闻事件发生的同时，就看到它的发展与变化。从传受的时距上看，电视直播使受众主观接受信息时与客观新闻事件在时间上是同步的，信息衰减可以减少到最小程度，新闻的真实性无可置疑。与时间的瞬时性相比，电视在空间轴线上让观众接近新闻事件是不可能的，因为电视观众不可能真的到达新闻现场；但是电视通过声画兼备、场景直观、细节生动的优势，以强烈的现场感、参与感、溶入感吸引观众，以较强的心理感受弥补了观众无法亲身介入的不足。时间上的同步性，空间上的接近性，现场直播通过视觉和听觉两个相对原始的通道，使大众传播在螺旋式上升中又出现一次复归，电视新闻本源的复归。

对重大事件在第一时效做现场同步报道，这是电视新闻发展中不可逆转的趋势。今后各类现场新闻报道将成为电视台日常新闻报道的常态形式。

二、研究和了解受众是现代电视新闻理念取向的基础

现代社会发展步伐的加快，信息技术的迅猛发展，使电视这两个字的意义已远不是电视机刚刚在中国普及时人们所理解的那样，电视新闻也远非人们原来习以为常的电视新闻。人们在生活中获取信息的渠道在增加，电视受众的渴望、需求都在发生变化。

计划经济时代最大的问题是产品的供应者不了解

产品的需求者，电视新闻也因受各种因素的影响，多年来只注重屏幕播出，漠视屏幕外传播效果，对我们所服务的对象研究太少，共鸣效应不理想。如果受众接受程度、传播效果问题不解决，就会像企业不了解市场需求和倾向一样，只能面临破产的厄运。所以，电视人当前的一个紧迫任务就是研究我们自己和受众，从而对挑战提出相应的对策，有针对性地提高节目质量，达到坚持正确舆论导向、提高舆论引导水平的目的。

空前激烈的竞争迫使中国电视新闻界不得不冷静思考，在多元化的传播环境中寻求对策，理解现代电视发展的深刻内涵，仔细研究现代受众接受信息时的特点，及时调整相关对策才能取得理想的传播效果。

(1)渴望：人们生活逐步富裕后，精神需求提高，对文化、现代科技等各种信息不是持无所谓的态度，而是将它们当作生活的组成部分。文化生活中突出的予盾是：人民群众日益增长的文化信息需求与相对落后的传播能力之间的落差。

(2)参与：现代传播者与接受者的互动日益增强。这种互动是双向的，不是一方处于主动位置，另一方处于被动地位。在今后的新闻竞争中，受众的知情权将会越来越得到充分保证，受众的表达权也将受到新闻媒体的重视。受众将得到更多的机会参与传播过程，发表意见，交流看法，形成传媒与受众良性互动。

(3)平等：平等是受众对传播者的基本要求，记者不应是居高临下教训观众的教师爷、裁判或法官，而应当与观众平等交流。记者的职能是将客观事件真实全面地传递给观众，让观众接受信息后自己做出评判。

(4)求深：现实世界日趋纷繁复杂，观众对媒体选择余地的增加要求电视新闻报道有深度，过去那种单一、浅薄、孤立交代式的报道已不能满足受众的需求。

(5)选择：目前多通道、远距离、正在进行时的传输已经成为现实并日益普及，大量专业频道的出现使收视竞争日趋白热化，同时也给受众选择适合自己需求的媒体提供了方便。在我国，目前有大大小小的电视台3000多座，无线电视、有线电视、卫星电视形成了分庭抗礼的态势，争夺着有限的频道资源和观众群。传播的竞争已经没有楚河汉界，“中”字号电视传媒不再是中央电视台的独有。电视受众面对几十、上百个频道，选择余地大大增加。这就如同由卖方市场转到了买方市场。任何一个媒体不尊重观众的这种“选择”就没有出路。

三、注重现代科技的应用是现代电视新闻理念的一大特色

与其他媒介相比，电视传播的科技含量是最高的。电视传媒的两大拳头产品是新闻节目和娱乐节目。目前世界各大电视台都以最先进的装备武装新闻采编播部门。离开现代化的技术装备就谈不上现代化的电视新闻。

目前电视新闻工作以电子新闻采集ENG方法为主。这是多数电视新闻、电视纪录片采用的传统工作方式。此外，新颖的卫星新闻采集系统SNG正在世界各地得到应用。

在我们为电视节目覆盖范围日趋国际化，无线电视、有线电视和卫星电视竞争日趋白热化而惊呼的时候，一种全新的传播方式已悄然潜入，这就是多媒体电视。专家预言，电视将与电脑、电信结合，电视机不再是单纯显示画面，还可以收发信息，成为一种互动的媒介。

四、现代化的队伍是实现现代电视新闻理念的基础

技术的进步催生了电视，激化了竞争，然而，技术的进步同样为电视新闻的跃进带来了曙光。面对卫星通信技术的完善和数字压缩技术突破性进展带来的电视传播领域的变革，面对电视传播的表现载体和传输通道的日益完善，我们惟有推动发展，把握机遇，确立现代的电视新闻理念。而这种现代电视新闻理念要在屏幕上充分体现，我们更需要有现代的电视人。

(一)认识现代电视新闻队伍

现代电视新闻理念的确立是与电视传播方式的变革相联系的。我们经历了从胶片时代到电子新闻时代的过渡。电视新闻队伍的构成和内在素质就成为现代传播能否变成现实的基础之一。

(1)记者要政治立场坚定，与党同心同德。要对党的方针政策有深刻理解，对复杂环境和事件进行思考、选择。使观众对我们传播的信息产生共鸣，这样才能真正做到是党与人民的喉舌，才能成为现代条件下的党的新闻工作者。

(2)记者要融政治家的雄才大略和百姓感觉为一体，具备电视新闻记者的职业奉献精神。

(3)记者要掌握现代知识，通晓电视新闻业务，要用脑子思考问题，对党和国家的方针政策有一个准确的理解，对现实生活有一个准确的选取；不要让发生在你面前的新闻溜掉，另外，还要积极学习现代通讯、卫星传输等知识，将其运用于编播新闻报道之中。

(二)培养现代新闻队伍

有资料表明，目前全国的广播电视从业人员有50万人左右，而从大专院校毕业的广播电视专业人员不过万人。电视业的膨胀所造成的庞大需求，使我们无

暇顾及对电视新闻新生力量的专业培育。以中央电视台为例,其新闻从业人员大致分为三部分:一是建台初期从新影厂等单位转过来的,二是大专院校毕业分进来的,三是在社会上广为招聘的。第一部分人基本上都离退休了,第三部分人几乎全是来自社会的各个层面。尽管其中不乏才俊之士,但相当一部分还不能很好解读"电视"这部高科技的"通俗读物"。因而,要支撑中央电视台一套每天14次的新闻直播,提供200多分钟的高质量的新闻节目,还是有一定难度的。对新生力量的专业化培养是一项跨世纪的工程,也是电视台迎接竞争和挑战的关键措施。

那么,怎样才能形成一支现代电视新闻队伍呢?

第一,要营造"谁出精品谁英雄"的工作氛围,让一批叱咤风云的名记者、名主持人脱颖而出,从而树立媒体的权威性。

第二,主管新闻的各级领导要成为政治模范和业务尖子。

第三,队伍中要提倡钻研业务、勤奋学习、求变创新的风气。

强化新闻采编和制作队伍的创新能力。新闻部门工作的创新能力强不强,直接决定着作品的感染力强不强,创新意识应该成为我们的习惯,不要成为别人强加的要求。节目要有特色,不能顺着别人的路走,平庸的作品不但阻碍生产力的发展,而且还是对新闻资源的极大浪费。回顾中央电视台新闻改革所走过的每一步,都阐释着一个结论:不在改革中弄潮,便在循规蹈距中灭顶;不在创新中发展,便在平庸乏味中死亡。

五、现代电视新闻理念的培育与传播

随着社会的进步和人类知识的丰富,观众对信息的解读能力有了极大的提高。今日的观众在传播过程中不再是被动地接受灌输和说教,而注重"自身选择和重新建构",注重媒体信息的权威性,注重和媒体人格化的平等交流。缩短与观众距离的最佳方式,是记者在新闻现场,以事件目击者或参与者的身份口头播报。这样,观众不会把自己仅仅当作精神产品的单纯消费者,而是与记者一同完成创作的合作者。能不能在重大事件中出现在新闻现场,这不仅是衡量一个电视记者新闻素质高低的标准,也是衡量一个电视台权威性的一个共同准则。中央电视台'98抗洪的报道之所以能吸引观众,就是记者总是出现在抗洪一线,强烈的纪实性捕捉了观众的视线。

信息技术革命,还推动了电视新闻的报道从单一模式向复合模式转化。即从单一消息的报道,到综合消息、背景、分析、综述的复合式报道。

观众不仅希望通过电视目睹事件现场情景,更希望对事件有全方位的系统性的了解。因此,对可预知性新闻事件的现场直播,事先如何进行节目的整体构思,构建一个合理的报道布局,成为直播能否成功的关键。中央电视台"'97香港回归特别报道"、"黄河小浪底截流直播"、"三峡工程大江截流"等直播报道,无不以事件最新动态贯穿始终,以深度的分析、详实的背景穿插前后。以"三峡截流"为例,如果一天十几个小时、哪怕是几个小时把镜头对准倾倒石料,观众就会感到厌倦乏味。"三峡工程大江截流"的背景报道可算是截至目前较为成功的范例,在全天14小时的直播中,共播放了大约30个专题节目,这些节目几乎关注了三峡的方方面面,既有从历史和现实结合角度揭示三峡工程与中华民族关系的历史资料片,又有介绍三峡防洪、发电、航运效益的专题片,既有电视人物访谈,又有介绍三峡名胜古迹、风土人情的艺术片……这些节目资料详实,采访深入,论证充分,表现手法新颖。权威性与可视性并重,为整个直播增添了光彩。现代电视观众在看电视时求知心理很强烈,希望通过媒体获得更多知识。事先进行周密策划,把背景报道制作成融新闻性、知识性、教育性、欣赏性于一体的专题节目群,可极大地拓展报道空间,增强可视性。因此在直播报道中,可充分展示电视艺术魅力,使节目更具张力和厚重感。

由于电视在展现人际交流方面有着得天独厚的优势,几乎所有的现场直播节目都不约而同地运用主持人形式。现场直播中的主持人已不再是只会照本宣科读串联词的"话筒架",他们逐渐成为具备敏锐的洞察能力、高度的分析预测能力、应变能力和丰富知识涵养的讲解员、评论员、权威人士和观众的知心朋友。主持人在直播报道中时而密切关注事态的最新进展,不断把最新消息引上屏幕;时而将各类专题节目有机地穿插起来;承上启下,对已发生事实做出点评并预测未来。同时,主持人还负责谈话性节目,与相关的专家、群众共同参与与主持,以亲近的姿态和电视机前的观众一起关注正在发生的事件。一位优秀的新闻节目主持人会在总体上把握报道内容,靠硬功夫在较高层次上驾驭节目。对于现场记者来说,他既要紧跟事件进程,不断把观众带入新闻现场,又要用生动的描述帮助观众感知现场,同时还要灵活应付突发性事件,组织新的报道。只有胜任现场报道的记者,才是真正意义上的电视记者。

传播信息是电视新闻的首要功能,就信息传播而言,地球已成了名副其实的"村落",另一方面,日益成熟的受众需要了解周围世界的最新境况,以便对自我的生活和行为方式及时做出决断，适应外部世界的变化。因此，利用快捷生动的电视传播手段为观众提供及时的信息服务，不仅是可能的，也是必要的。不少电视记者以为增加信息量就是增加新闻的条数。其实，新闻条数与信息量并不完全成正比，关键是要每条新闻增加单位时间之内的信息含量。一条新闻，若是观众感兴趣，几分钟也觉得短，若是观众不感兴趣，一分钟也觉得长。

为观众提供有效的新闻信息，应该从对观众进行人文关怀的高度来认识。至于如何扩大信息源，惟一的办法还是深入实际，深入生活。一位美国的资深电视经纪人说："为了报道未来社会，我们要求记者、主持人应具备专家水平，才能与专家讨论问题。"

目前世界电视发展的四大趋势：覆盖范围全球化；传播方式立体化；服务方式专业化；经营管理集团化。以此为目标，我们要走的路还很长，需要艰苦奋斗，不懈努力。

（摘自《中国广播电视学刊》1999年第9期）

90年代我国电视对外宣传的突破性进展

张长明

中央电视台的对外宣传事业是伴随着改革开放的不断深入而发展起来的。中央电视台对外宣传起步于80年代，90年代迅速发展。特别是"八五"期间，短短5年时间，取得了突破性进展，我们总结概括为发生了六个转变：

一、中国新闻从航空邮寄转变为卫星直播

1990年以前，中央电视台对外报道主要是向我驻外使领馆和少数华语电视台寄送节目。1992年10月1日，中央电视台创办了第四套节目（国际频道），通过卫星可以覆盖台、港、澳和亚洲、澳洲、非洲、独联体、东欧、中东的80多个国家和地区。1993年1月1日始，又通过国际卫星每天向美国传送1小时中、英文的中国新闻和其他新闻性节目，然后送上北美卫星，覆盖美国、加拿大、墨西哥以及加勒比海地区。1997年10月，中央电视台第四套节目通过卫星传送，使用K波段覆盖北美，可使用直径1米的天线直接接收。

从寄送节目转变为卫星直接传送播出节目，既提高了新闻的时效性，又扩大了节目的信息量。

二、从租台播出转变为建台播出，并进入外国的有线电视网

1990年以前，中国的电视节目在海外通过租用外国电视台的时段来安排播出，时间很少，收视率不高，影响小于台湾背景的电视台。1993年，中央电视台同美国3C集团有限公司合作在美国创办了"美洲东方卫视"实现了从租台播出到建台播出的重大转变。1994年"美洲东方卫视"进入了美国洛杉矶皇冠有线电视网。1996年又相继进入澳大利亚、墨西哥、新加坡、泰国、香港等国家和地区的有线电视网。

从租台播出到建台播出，再到把整个频道送入外国的有线电视网，这是电视对外播出历史性的重大变化。

三、从单一语种转变为多语种节目

1990年以前，我们的电视对外节目基本上都是中文节目。从1991年起逐步发展为以中文节目为主，英、法、西班牙语等节目为辅的多语种节目。现在墨西哥特莱维萨电视台播出我们的西班牙语新闻，美国CNN播出我们的英语节目《世界报道》。中央电视台是向CNN《世界报道》栏目提供新闻最多的国家电视台之一。

四、从面向海外华人转变为既面向华人又面向外国主流社会

1990年以前，我们的电视对外播出的对象主要是台、港、澳同胞和海外华人。1991年以后，观众对象又扩大到外国的主流社会。美国CNN、墨西哥特莱维萨电视公司、法国电视二台、澳大利亚SBS和新加坡有线电视台、欧洲中文卫星电视，均播出我们提供的节目。

外国电视传媒播放中国节目，使中国电视节目进入外国主流社会，这是中国电视海外传播的主要奋斗目标。

五、从只选编节目转变为选编与制作专门的对外节目同时并举

1990年以前，中国电视对外节目基本上是选编的。从1991年起，开始制作专门对外播出的节目，现在已形成选编与制作同时并举、两条腿走路的电视对外报道的格局。

精选、精编中央电视台和全国各地方电视台制作的节目,荟萃精华,加以包装,是对外报道必须长期坚持的方针。与此同时,为加强播出的针对性,也需要制作精品节目,开办精品栏目。

通过选编节目荟萃精华,通过自制节目加强针对性,两者同时并举,将不断提高对外报道的质量。

六、从免费寄送节目转变为建立节目销售网络

1991年以前，中央电视台对外宣传是以免费寄送节目录像带的方式进行的。从1992年起，在北美、西欧、日本、东南亚、澳洲、台湾、香港等国家和地区先后建立了中国电视节目录像带销售网络。现已理顺关系，按照先卖录像带，再提供给有线电视台，最后供开路播出的顺序发行。

从免费寄送节目转变为建立节目销售网络，大大扩展了对外电视传播领域。

1995年1月，中央电视台第四套节目实现24小时播出，成为中央电视台现有9套节目中惟一一套24小时播出的节目。同年5月，对外正式启用“中国中央电视台国际频道”的呼号。1996年4月，中央电视台租用美国泛美公司的3颗卫星，即泛美2号、3号和4号，随后又租用了“亚洲2号”和“亚太A-1号”卫星，一共5颗卫星，将国际频道的信号送到世界各地，提前实现了在本世纪末中国电视信号覆盖全球的奋斗目标，节目落地入网工作也取得了新的进展。

目前，世界上有100多个国家和地区的观众可以收看到中央电视台的第四套节目。据统计，可以看到第四套节目的我国驻外使领馆共有115个。美国、加拿大、澳大利亚、新西兰、泰国、菲律宾、越南、韩国、新加坡、日本、蒙古、英国、巴布亚新几内亚和台湾、香港、澳门等约27个国家和地区的64个电视机构全部或部分转播第四套节目。台湾目前有112家有线电视台转播中央电视台第四套节目，有274万户可以收看，占台湾410万户有线电视用户的67%。此套节目在香港地区约有20万户可以收看。

另外，中央电视台还分别与美国映佳公司、旧金山商业电视台、澳大利亚广播公司以及台湾TVBS、香港亚洲电视公司签署了协议。根据协议，1996年6月3日，美国商业电视台开始在旧金山的64频道每天播出我们提供的3小时中、英文节目；1996年7月1日，美国映佳公司开始在洛杉矶国际频道播出我们提供的每天1小时综艺节目，节目进入全美最大的有线电视网，用户有60万左右，覆盖面较大，不仅面对华人华侨，同时也面对美国主流社会。1997年，中央电视台第四套节目又实现了在拉丁美洲全频道落地播出。

中央电视台第四套节目受到了海内外观众的欢迎和好评，取得了良好的对外传播效果，有力地配合了国际舆论斗争，从而为逐步改变国际舆论“西强我弱”的格局，为在国际上树立中国良好的形象发挥了重要作用。

1994年，在新中国成立45周年之际，中央电视台举办了一个比较大的外宣活动“中国电视周”。我们一共制作了20个小时的节目，分门别类，用9种语言介绍中国改革开放后的成就和博大精深的传统文化。原计划能有50个国家和地区播出我们提供的节目，但是出乎意料，消息传出后，主动要求参加这项活动的国家和地区很多，到了国庆期间，共有127个国家和地区的150家电视台举办“中国电视周”活动，全部或部分播出了我们提供的节目，影响很大。这一活动得到了中央外宣办、外交部和原广电部领导的肯定和表扬。

电视对外报道之所以能够取得突破性进展，我们分析原因如下：

(1)改革开放的大环境为我国电视对外报道提供了发展的契机。对外开放促进了对外报道,并给对外报道带来了勃勃生机。

(2)改革开放后,我国的综合国力不断增强,在国际上的影响日益扩大,特别是在西方国家经济普遍增长缓慢的背景下,我国却以前所未有的速度实现着国民经济的振兴,这自然会引起国际上多方面人士的关注。他们迫切需要了解飞速发展变化着的中国,一个不带任何偏见、真实客观的中国,以期与中国人民有更多的友好往来,促进经济上的互惠互利、文化上的沟通交流。中国的电视节目是他们了解中国最直观的窗口。

(3)电视工作者初步掌握了对外电视传播的规律,从内容到形式都比较接近或符合海外观众的需求。我们对外电视节目的质量越来越高,自然在海外也就越来越受到欢迎。

(4)党和政府关心电视事业的发展。江泽民总书记曾在中央电视台的《工作简报》上批示:“再接再厉,锲而不舍。”李鹏委员长也批示:“中央电视台节目有了很大改进,取得了很大成绩,但是二台的英语新闻还要改进。”批示得非常具体。我们的领导和决策者确实有使中国电视走向世界的胆识和魄力。

(摘自《让世界了解中国》一书中《国际地位与电视传媒》一文的第二部分)

尽快建立我国地面数字电视广播网

何宗兢

当前广播电视的发展正由模拟电视向数字电视全面过渡，广播电视网作为国家信息基础设施的重要组成部分，正面临着重大的机遇和挑战。根据江泽民同志“有所为，有所不为”的指示精神，我国在广播电视的数字化进程中应采取果断措施，突出重点，明确目标，集中主要力量用于发展有重大影响的广播电视技术。根据国际的发展趋势以及我国的国情，应将数字地面广播作为数字电视的优先发展的对象。

建立我国地面数字电视广播网的目的、意义

1. 我国电视网由地面电视广播网和有线电视网构成。地面电视广播网覆盖效率高，抵抗灾害能力强，接收灵活(如受众离开住所、工作单位、宾馆也能接收)。目前我国电视机拥有量约为3.7亿台，有线电视用户约0.75亿，考虑到部分家庭拥有一台以上电视机，至少有2亿台电视机是通过地面电视广播方式接收节目的。可见地面广播仍是电视传输的主要手段，建立数字地面广播网对广播电视的数字化进程有着举足轻重的影响。这一点也为国际上的发达国家所认可，目前欧、美、日本都将数字地面广播作为发展数字电视的重点。

2. 未来的地面数字电视已突破了传统的广播电视节目的限制，向着电视、电脑、电信“三电一体”的综合信息服务领域发展。这将成为电子与信息产业中的重要支柱，形成新的经济增长点，带动国民经济全面发展，有望形成产值上亿美元的新兴产业，其意义决不仅仅是广播电视行业的一场革命。

3. 地面数字电视广播技术复杂，涉及的因素多，我国在此方面的应用基础比较薄弱。中国是尚未制定标准的、世界最大的潜在地面数字电视广播消费市场，是一块最大的处女地。近年来，其他国家的有关人员频频访问我国，推销他们各自的标准，在我国电视界中引起了较大的争论、分歧和动摇。在当前我国的电视工业还不能完全地、自主地开发和生产数字电视设备的前提下，如何迅速制定适合我国的地面数字电视广播标准，以保证既能吸收国际上的最新技术，又可保护我国在未来的数字电视工业竞争中的地位，是我国经济发展中亟待解决的重要问题。

4. 地面广播电视的频道是一种不可再生的重要资源，其价值甚至要超过公路和铁路。地面数字电视广播可充分利用现有的地面广播电视频道资源，数字压缩技术可在一个传统的电视频道内传送4～8路数字电视节目。此外，通过禁用频道传输数字电视节目也可进一步提高现有频道的利用率。但我国的传统模拟电视的发射功率远低于国外，如何规划地面数字电视广播以使不对模拟电视广播产生干扰，是一个亟待解决的问题。单频率网(SFN)是提高地面无线频道利用率的一个有效途径，它可使一个节目在不同服务区的同一个频道上同时播送。是否采用SFN以及如何建设SFN是我国未来数字电视地面广播频道规划的重大问题。随着经济的发展，汽车的普及率越来越高，车载移动电视的市场越来越大，移动接收问题的解决在地面数字电视广播市场中显得越来越迫切。上述几个问题对国家的频道规划和行业政策的订立具有重大影响，必须结合我国国情妥善规划，统筹安排。

5. 由于地面广播环境较为恶劣，干扰严重，特别是随着城市建设的发展，接收环境日益恶化，模拟电视的传输质量已无法保证；而地面数字电视广播系统中采用了诸多信息科学领域的最新技术，代表了信息技术发展的最新水平，可以有效消除各种干扰的影响，保证节目的可靠传输。目前美、欧已开发了各具特色的数字地面广播技术，并对其中的关键技术申请了专利保护。我国也应尽快制定适合我国国情的标准，力争将关键技术的知识产权掌握在自己手中，确保我国民族电视工业的竞争地位。若拖延时日，将有可能造成一国多制的局面，并最终丧失我国数字电视的知识产权。在当前VCD产业中，由于我国没有掌握产权，从而造成中国企业生产、外国企业赚钱的局面。我们应当记取这个教训，避免在未来的数字电视产业中发生类似情况。

国际地面数字电视广播发展概况

1. 三足鼎立，各成标准。地面数字电视广播从数字电视及全数字HDTV发展之初就是世界各国最关注的传播模式。美国联邦通信委员会（FCC）从1993年测试的最早的四套全数字HDTV系统，到1996年底正式接受的ATSC标准，都是地面数字电视广播系统。目前，美国、欧洲和日本已制定了各自的数字电视标准，其中分歧最大、争议最激烈之处就集中在他们的地面数字电视广播标准上。在地面广播模式上，未来的数字电视将与当前的模拟电视一样形

成三种体制并存、激烈竞争的格局。由此可见地面数字电视广播在下一代数字电视及HDTV中的重要作用。

2. 市场驱动，竞争激烈。从技术上讲，美国、欧洲和日本的地面数字电视标准并无明显的优劣之分，产生分歧的主要原因在于地面数字电视广播拥有十分广阔的应用市场，具有巨大的经济价值。美国、欧洲、日本制定各自的标准实质上都是出于保护本地市场的考虑。正因为如此，美国由FCC出面，积极引导、规划和组织了包括NBC、ABC等在内的广播电视界、GI、Zenith等公司在内的工业界，以及麻省理工大学在内的高校，共同研制开发美国的数字电视和HDTV，并努力协调其间的各种矛盾，最终于1996年制定了美国的数字电视标准—ATSC标准。欧洲在欧广联（EBU）和欧洲电信标准局（ETSI）的组织下，综合欧洲各国的研究成果，于1996年初步制定了欧洲的地面数字电视广播标准——DVB-T。日本也在欧洲DVB-T的基础上，制定了自己的地面数字电视广播标准。

在积极制定和完善各自的地面数字电视广播标准的同时，上述国家和地区还由政府出面大力推进其地面数字电视广播的实用化过程。美国FCC已于1997年4月宣布，美国将于2006年回收全部的NTSC频道，代之以数字电视。在欧洲，英国宣布于1998年夏开始DVB-T的现场实验，以推动地面数字电视广播的实用化进程。日本也计划于1998年秋天开始实验数字点面结合广播。可以说，在地面数字电视广播方面，世界各国已从制定标准阶段进入实用阶段，形成了你追我赶的激烈竞争局面。

上述世界发达国家和地区在大力推进各自地面数字电视广播的发展，保护本国市场的同时，还积极向其他国家推行其标准，以期占领未来的国际市场。亚洲作为人口最多、经济增长最快的地区，自然受到了美国、欧洲的格外关注，成为争夺的重点。目前韩国和我国的台湾地区已选定了美国的ATSC标准作为本国和本地区的地面数字电视广播标准。

建立我国地面数字电视广播网的可行性

1. 我国有关研究院所和大专院校已对数字电视地面广播开展了多年的理论研究，并进行了计算机系统仿真，基本掌握了数字地面广播的原理。

2. 近几年，我国广播电视技术数字化的工作取得了丰硕的成果，数字化的节目制作、卫星数字广播和多媒体节目制作已形成相当的规模，已有能力制作生产和播送数字电视节目。

3. 国内企业已有生产VCD等数字电视设备的经验，对新技术的开发生产能力已有很大提高。在VCD和电视机市场几近饱和的情况下，亟待开辟新的市场。我国数字电视广播业务开展得越早，对我国的广播电视产业在国际市场的地位就越有利。

因此，建议有关部门加速我国数字电视地面广播标准的制定，促进数字电视技术的开发，积极推动数字电视地面广播网的规划和建立，以期带动我国信息产业尽快进入数字电视领域。

（摘自《电视研究》1999年第1期）

从1999年“两会”报道看电视外宣工作的新特点

赵宇辉　阎天颖

中央电视台是我国电视对外报道的主要渠道之一，也是向世界传播中国声音，展现中国风貌的重要窗口。1999年的“两会”报道，是在全国对外宣传工作会议之前进行的，根据会议精神总结“两会”报道经验，概括起来主要是“方向要准”、“对象要明”、“手段要新”、“反馈要快”。

对外报道是党和国家新闻事业的一块重要阵地，它担负着传播中国历史文化、风土人情，报道中国政治、经济和社会生活的重大责任和历史使命。随着我国改革开放的不断深入，国际交往日益增多，各种不同的文化习俗、价值观念和意识形态正踏着广播电视的“空中足音”传入我国，与我国传统文化彼此交融、相互撞击。当我们敞开胸怀、容纳百川的同时，如何有效地将中国的声音传入外国主流社会，将中国的风采展现在外国人眼前，是目前摆在我们外宣工作者面前亟待解决的问题。要解决这个问题，首先要求我们要有明确的外宣指导思想，即“方向要准”。对外报道工作者要以邓小平理论为根本指导方针，准确掌握、理解邓小平同志关于解放思想、实事求是的理论精髓，以及对外开放、加强对外宣传等一系列重要论述，以让世界了解中国，树立中国良好的国际形象，为改革开放和社会主义建设创造有利的国际舆论环境为己任。目前，某些西方国家的传媒正在利用人权、西藏等问题对中国进行肆意的攻击和诋毁。面对这股别有用心的反华浪潮，我们外宣工作者身上的担子更加沉重了。我们只有集中各种媒介的优势，团结一致，从维护国家形象和民族权益出发，对外报道中国政府和中国人民在这些问题上的鲜明态度，给予这股反华浪潮以坚决的回击。例如，在人大开幕当天，海外中心的《中国新闻》栏目根据对朱镕基总理所作的《政府工作报告》的反应，制作了“新闻焦点”《掌声、心声、民意》，突出反映了人民对政府的信任，对改革开放的拥护，向世界说明我国政治稳定、经济发展、社会进步和民族团结的大好形势。“两会”期间，“雪域明珠——中国西藏文化展”在京开幕，《中国报道》制作了30分钟的专题节目《雪域明珠——西藏文化展在京开幕》。《欢聚一堂》录制了特别节目《雪域欢歌——庆祝西藏民主改革40年》，通过西藏今昔面貌对比，用生动的画面展示了西藏民主改革40年来的巨大成就。此外，记者还采访了西藏人大代表洛桑，请他讲了自己从奴隶到人大代表的亲身经历，用事实驳斥了西方的歪曲报道。

在对外报道中，我们要时刻记住我们是在面向世界报道中国，我们的观众是40亿外国人与港澳台同胞和海外华人、华侨。他们当中的许多人对中国知之甚少，甚至一无所知。他们了解中国的愿望是迫切的。所以我们的新闻报道要从这个实际情况出发，要考虑到国外受众复杂的文化背景、风俗习惯和思维方式。只有这样，我们的报道才能做到内外有别、有的放矢，才能取得良好的效果。在“两会”报道中，我们始终将海外观众作为报道对象，捕捉他们的兴趣点，就他们所关心的中国的热点、难点问题 进行充分的报道。经济建设是改革开放的主旋律，也是国外观众最关心的话题，因此，我们把它做为对外报道的重要内容。《中国新闻》、《英语新闻》和《中国报道》及时播报了《中国高度重视金融安全》、《盛华仁就国企改革答记者问》、《中国确定1999年经济和社会发展的预期主要目标》等一系列经济新闻或专题。在港澳台问题上，海外中心记者就香港经济、澳门回归、社会统一等问题采访了许多港澳台委员，请他们畅谈了自己的想法，及时、客观地向海外观众进行报道，效果很好。

长期以来，在对外报道的形式和内容上，存在简单陈旧、四平八稳的弊病。在这次“两会”报道中，我们注意避免长篇大论就事论事，而是强调简洁明了，多做解释性说明，充分运用新闻背景，并作为主体的补充报道。从新闻事实入手，以点带面，用小事实反映大主题，力求推陈出新。例如，《中国新闻》精选精编，每天“两会”的内容控制在20分钟以内，并增强节目的可视性。此外，《中国新闻》还采取组合式的编排方式，将每条长新闻编成几条短新闻，这样有利于将问题说透，又使海外观众不感到拖沓。《英语新闻》在播出形式上，运用代表的同期声，配上英文字幕，既增强了新闻 的真实性，又营造了畅所欲言的气氛。《中国报道》则采用新闻与访谈穿插的形式，对当天重要的新闻或加背景介绍，或进行深入报道，对突出问题给予分析评论或解疑释惑。访谈的嘉宾大多是某领域的权威人士，增加了节目的深度和权威性。

对外报道是否有效，最终要看传播效果如何。为了使“两会”报道更广泛地走向世界，海外中心主动出击，积极与海外媒体联系，及时通报“两会”的进展情况，商谈播出事宜。据不完全统计，人大开幕式和朱镕基总理作《政府工作报告》以及“唐家璇外长记者招待会”这两场直播，有包括美国、澳大利亚、加拿大在内的17个国家和地区的30家传媒机构全部或部分地播出；朱镕基总理会见中外记者并答记者问，海外有21个国家和地区的55家电视台播出，是历届转播“两会”现场直播媒体数量最多的一次。尤其是在世界上颇具影响力的CNN(美国有线电视新闻网)和C－SPAN(美国国会电视台)直播或录播了CCTV的现场直播节目，对于中国的声音在美国主流社会传播起了积极的作用。此外，有上万人次访问了中央电视台国际频道的网址。这种“以我为主”、“借船出海”的传播方式不仅成为海外中心的电视节目打入外国主流社会的有力手段，而且也是电视外宣工作取得成功的重要经验。

伴着改革开放的春风，我们已迈开踏向新世纪的步伐，一条充满希望的路正在我们的脚下延伸；这次“两会”报道，对我们是一次机遇，它锻炼了我们的编者、记者，为我们站在更高的起点上，探索具有中国特色的对外报道提供了有益的尝试；这次“两会”报道又是一次挑战，放眼世界，各国媒体竞争加剧，信息传播业正经历一次深刻的革命。如何落实中央领导关于对外报道工作的指示精神？如何在竞争中求发展？这是摆在我们面前不容回避、亟待解决的问题。作为对外报道工作者，我们只有坚持邓小平理论和党的基本路线，解放思想，实事求是，知难而进，开拓进取，才能为党和国家的对外报道事业开辟出新的天地，使其走向新世纪的辉煌。

(摘自《电视研究》1999年第5期)

回眸中央电视台国庆50周年庆典直播报道

唐世鼎

中央电视台国庆50周年庆典直播报道是一次规

模空前的电视"大兵团"作战,也是一项巨大的系统工程。其总体构成相当复杂。据统计,全台前后方共有1500人参加了报道,涉及节目、技术、行政等众多部门人、财、物等要素。纵观整个直播布局,共分为普通电视、高清晰度电视、互联网三大播出系统和对内、对外两大传输系统,以及电力、通信等基础保障系统。现场转播实行两级切换,运用6个视频系统,架设各种机位近50个,进行全景式报道,并分别运用数字、模拟微波和光缆、激光、同轴电缆等多种方式传输信号。另外还负责为境外数十家电视机构提供节目公用信号。第一套到第八套节目及英语传送频道,采用中、英文面向海内外直播。这是中央电视台历史上规模最大的一次直播报道,战线长、环节多、头绪繁杂,绝非某一个部门或单个工种所能独立完成的,必须多工种协同立体作战,全方位组织协调。因此中央电视台将全台上千人、多兵种的队伍组成一个团结协作的有机整体,并充分调动各方面的积极性,使各系统、各工种职责明确,分工合理,按预定的方案做好规定动作,使整个直播系统有条不紊地高效运转,取得了1+1>2的效应。这是对中央电视台的综合实力、特别是宏观管理水平的一次考验与检阅。

全台上下,将国庆庆典直播报道作为全台工作的"重中之重"和国庆宣传的"压轴戏",组织精兵强将,精心准备,各系统、各环节都制定了具体翔实的实施方案以及可能的备份和应急措施。确保直播万无一失。特别应当指出的是,中央电视台组织这次战役性报道在指导方针上采用了"全台体制",即统一指挥,统一步调,以简代繁,强化整体意识。围绕国庆庆典报道,全台一盘棋,上下一条心,形成合力,力求打好攻坚战,唱好重头戏,产生规模效应,集中展示和体现了国家电视台的整体形象和风采。为此,特别成立了由台长、副台长分别担任组长和副组长,全台各中心负责人为成员的台国庆报道领导小组,设立了专门办公室和节目、技术、安保、后勤服务、信息等多个工作小组,形成了一个保证国庆电视直播报道顺利进行的枢纽中心、信息中心和服务中心。各司其职,从而使全台各系统、各工种忙而不乱,有组织有计划地实施各项方案,高质量、高水平地保障了直播任务的完成。

在综合协调方面,国庆办以直播报道为中心,负责节目、技术、行政等不同系统的沟通协作,制订统一的行动计划和工作制度,进行有效指挥,对节目有特殊要求的,特事特办,有的问题当场解决,并力争使人力、物力、财力得到最合理的利用,保证节目的需求。国庆报道期间,中央电视台先后不定期地召开了数十次不同系统之间的工作协调会,重点针对演练中发现的问题,及时总结,沟通联络,规范程序,统一思想,协同动作,以确保直播成功。在提供信息方面,确立了"重大报道、信息先行"的意识,力求传播及时,全面准确,确保质量。并编印了国庆直播报道方案实施手册,内容包括组织机构、各系统操作方案、各岗位工作人员名单、日程进度表、播出时段、机位示意图、通信联络图等,令人一目了然。另外台里还编了10多期会议纪要,又在台《工作日报》上开设了国庆专栏,向台内外全面通报国庆直播的总体情况,并及时与国庆筹委会等部门联系,掌握最新动态,为台领导决策提供依据。

在督促检查方面,台里重点就国庆直播报道的重大方针、决策,重要工作部署等情况,及时组织检查,跟踪了解情况,确保责任到人,落实到位,使上情下达,政令畅通。

在后勤保障方面,相关职能部门全力以赴,积极创造条件,在经费、车辆、安全保卫、证件协调、办公用品以至参加报道人员的服装、饮食住宿、医疗服务等方面提供可靠保障,一切为直播报道开绿灯,确保国庆直播的顺利进行。

(摘自1999年10月25日《中华新闻报》)

从《焦点访谈》看舆论监督的指向

孙　杰

舆论监督是党的新闻事业中的一项重要任务,任何一个新闻媒体的批评揭露性报道,都是对社会不良现象实施舆论监督。

《焦点访谈》报道了大量现实生活中存在的各种问题。我们对错误和不良现象批评的目的,是为了唤醒人们正确的观念。舆论监督的标准是中央的方针、政策和法令,而各级政府的职能就是贯彻执行党的方针和政策。当一些地方的工作背离了这些原则时,它的上级或有关部门有责任予以纠正。舆论监督的介入,不过是为了帮助各级政府及早发现问题并尽快加以解决。就是说,各级政府工作的目标和舆论监督的目标是一致的。这是中国舆论功能所独具的特色。

既然我们舆论监督的指向与各级政府的工作具有高度的一致性,我们的采访工作应该得到更多的理解和支持,但事实并非如此。

批评一般都具有强烈的指向性,因此,一则批评性报道在采访时,批评者与被批评者鲜明的矛盾对立便凸显出来;我们的记者自然要站在批评者的角度上,这样,记者在采访之前就应做好准备,设想被批评者可能采取的推卸手段,据此制定采访计划。被批评者往往都想方设法对付舆论的监督。

当这种矛盾激化时,我们便看到《焦点访谈》节目中常常出现的场景:记者煞费苦心,诱导对方讲出、做出不利于他自己的言行;被采访者老羞成怒,断然拒绝回答记者的问题;直到出现采访者穷追不舍,被采访者抢夺设备的冲突。

我们很多记者从观众对这种现象的津津乐道中受到了鼓舞,甚至对这些场景大有心向往之的渴求。这种屡见不鲜的事实,其实掩盖着一个巨大的误解。

一些西方的新闻机构自诩是超然于立法、司法和行政三权之外的“第四种势力”,因此,他们在做揭露性报道时,自我标榜是持中立的立场。

中国的新闻事业与此有着本质的不同。也许人们对记者在批评性报道中应该扮演什么样的角色还缺乏足够的理论研究,但对记者不能担当什么样的角色却是很清楚的。新闻记者不是公、检、法、司的代言人;新闻机构不是政府的职能部门,新闻事业也不是独立的势力。我们采访某一所学校滥收费的情况,并不是上级教育主管部门对下属的调查;同样,我们批评一处农村滥占耕地的问题,也不是土地管理部门的查处。因此,我们的批评报道,既不是实际工作中上级对下级的批评,也不是纪检、监察部门对党的干部和政府公务人员的监督。这就意味着,作为实施舆论监督的主体,必须明确自己的位置,就是我们的报道应该对事不对人。因为是对事,我们很容易找到报道的依据——中央的政策、方针和法令;因为不是对人,我们不容易在报道中处于被动,避免因为论人不当而导致新闻失实。

但是在实际工作中,有的记者却常把采访作为“对人”的较量。曾有一位记者用很长的篇幅采访一位小学校长,以各种拐弯抹角的提问直奔一个主题,就是想揭示这位校长人品的缺陷。这种采访无疑是为了增加节目的冲突,但这种人为激化矛盾的作法,首先加剧了采访者与被采访者的对立情绪;由于记者的行为往往隐藏在节目的背后,而且又占据着后期编辑的优势,因此,处于明处的被采访者对于居于暗处的采访者也就难免要生出几分不满。这样,一次完全属于公职行为的采访活动,最后常常演变为人与人的冲突。

我在采访河北平原县一起销售假种子报道时,一位曾领教过评论部记者“厉害”的副县长坦言相告:你们就会套我的话,出我的丑。于是他拒绝了采访。这十分令人不解,这个县为了保护制种大县的声誉,在实际工作中对于打假是极为认真的,何以对我们的报道如此恼怒呢?显然,这位副县长是被某件事搞“怕”了。

舆论监督不仅需要监督主体摆正位置,同时也需要监督的客体摆正位置。而后者的态度常常是舆论监督过程能否顺利完成的关键。

观众对报道结果感兴趣的程度往往超过记者自己。这一方面是因为工作职能和利害关系所限,问题解决如何由不得记者,也与记者利益无关;另一方面是因为我们习惯把节目看成报道过程,播出即止,而不是一个监督过程,需要对事件本身实现反馈。

《焦点访谈》对很多具体的错误作法提出批评,后来这些问题虽然大部分得到了纠正。但这并不意味舆论监督功能的完全实现。

1997年4月8日我们曾报道过安徽省潜山县滥占耕地建酒城的问题,4月11日便收到潜山县委、县政府一份非常详尽的处理意见。很显然,潜山方面在节目播出前即有所准备,早已制定出应对的办法。如果事情到此了结,我们的舆论监督总有一种被人戏弄的感觉。好在国家土地局领导看到了这个节目,责令安徽省有关部门详查此事,碰巧国务院一位领导也看到了这个节目,又责令国家土地局和监察部派出调查组,严肃处理这一事件。由此可见,舆论监督客体的不同反应,将直接影响舆论监督功能实现的层次。

(摘自《中国律师》1999年第3期)

谈新中国文献纪录片的创作

傅红星

纪录片是电影艺术中一个非常特殊的片种,文献纪录片又是纪录片中一种独特的类型。

纪录影片从诞生的那天起,就显示了它的纪录功能,就具有了档案和文献的作用和意义。它应以真人真事为表现对象,不是虚构生活,即从现实生活中选取典型、提炼主题,通过电影形象再现生活。在准确、客观地反映生活方面,它与新闻报道有些相同之处,但大多数纪录片并不具有新闻报道的性质,而更近于报告文学。

中国纪录影片的历史是从西方国家的摄影师来中国拍新闻片开始的。抗日战争时期,中国电影工作者投入了全民抗战的洪流。上面所说的这些影片、中国纪录片几十年的发展,实际上都是记录在胶片上的历史，为后人了解当时的真实历史提供了一个形象化的窗口。

新中国的成立，为新闻纪录电影事业开辟了广阔的前景。可以说新中国的文献纪录片是从全景式的记录中国革命斗争史开始的。文献纪录片的创作是建立在大量新闻片、杂志片、纪录片、影片素材的基础之上的。从广义的角度讲，所有新闻纪录影片都具有文献片的性质和意义，英文中的“纪录片”一词就有“档案”、“文献”的含义。从狭义的角度来理解，文献纪录片只是区别于新闻片、纪录片。总之，凡是用以往拍摄的新闻片、纪录片、影片素材以及相关真实的文件档案、照片、实物等作为素材进行创作，来客观叙述某一历史时期、历史事件或历史人物的纪录片，都称为文献纪录片。它的作用和价值是形象化地讲述历史，是任何别的形式诸如声音、文字、实物等所无法替代的。它是人类历史进程中的一笔财富。

从 1978 年以来，是文献纪录片创作繁荣的 20 年，产生了许多有影响的优秀作品。这些作品突破了以往文献纪录片讲事不讲人的模式，或从事件中突出人物、或以环境衬托人物，以人物为中心，通过人物传递一个时代的精神和风貌。

对文献纪录片，人们不仅要从中获得真实准确的历史知识，更注重在历史事件中人所起的作用，突出人格魅力的影响、思想的光芒以及人和事件的结合。除了人的思想、情操、情感以外，人们更重故事、细节、信息和形式，要求文献纪录片要更客观，更写实。从影片自身得到个性美、结构美、激情美、细节美、节奏美和较大的信息量。反对简单地、漫画式地再现历史，要求减弱褒贬的倾向性，以史实直呈的方式客观叙述，要打破对领袖人物的迷信色彩，以性格来传神。纵观这一时期的文献片，其特点是：(一)更新观念，注重取材角度的独特和表现手法的独特；(二)适应市场，充分考虑当代电影观众对文献纪录片的审美需求，重视策划在整个影片从选题到宣传发行的积极作用。

（摘自《纪录影视》1999 年第 4 期）

《社会经纬》改版后法制专题节目的定位

黄海星

中央电视台的《社会经纬》栏目是在国家开展“二五”普法之初推出的。该节目的收视群体曾定位于国家政法战线的工作人员和初中以上文化程度的普通观众。开办之初，《社会经纬》的收视率曾在中央电视台一套节目的同一时间段中名列前茅，但随着新闻评论类节目的走红，《社会经纬》风光不再，收视率滑坡并徘徊在 20%～30%之间。

在《焦点访谈》、《东方时空》、《新闻调查》等节目大量触及司法案件和社会伦理的题材并以其新闻时效性而受到观众青睐的情况下，《社会经纬》作为周末版节目，播出时间亦不固定（至今仍在 21:10～21:55 和 22:52～23:37 两个时间段与其他节目轮播），如果仍旧抱残守缺，就极有可能失去生存的空间。经过分析后大家发现：第一，《社会经纬》以往收视群体的定位过于模糊，似乎照顾了方方面面，却没有自己稳定的观众群；第二，《社会经纬》节目样式呆板，报道的内容宽泛，且与新闻评论类节目在拍摄选题上容易撞车。找到了症结所在，改版便成为必然。从 1998 年 11 月 5 日起，《社会经纬》以全新的面貌悄然问世，其节目宗旨正如导视语所言：“在庭审中讲述故事，在冲突中普及法律。”新版的《社会经纬》将法庭审理的形形色色案件作为报道的线索和依托，充分调动庭内时空、庭外时空和演播室这三个要素，从多个板块组合的杂志型节目演变为每期用 45 分钟篇幅讲述一个故事的样式。新版的《社会经纬》把初步掌握法律知识的观众作为基本的收视群体，从普通人的视角观察法庭审理、了解案情经过、评议判决结果，这样就改变了以往的法制节目刻板、生硬的形象。新版的《社会经纬》对原有的报道范围作了相应的调整，由原来的与公安、检察院、法院及司法行政部门全面全作，凡是和法律沾一点边的事均可报道，限定为将法院正在审理的案件作为依托和主干内容，即紧紧围绕审判活动来展示案件发生的原因和社会背景，挖掘诉讼当事人的内心世界，从而以生动感人的故事，精辟入理的分析，将矛盾、冲突置于法律的显微镜下加以辨别和放大，这也正是电视新闻理论中深度报道的基本要素。截至 1999 年 2 月中旬，《社会经纬》陆续推出了一系列在观众中产生较大反响的节目，如《吴越打官司的故事》、《父子情薄》、《“心”的诉案》、《未能出庭的受害人》、《审判褚时健纪实》等，收视率最高时达到 3.42%。《社会经纬》的创作者在关注大案要案的同时，更多是跟踪拍摄老百姓打官司、遭遇法律的亲自经历。

尽管这只是一个开端，但《社会经纬》的创作者所进行的尝试，在电视同行中还是产生了反响。在全国部分电视台庭审节目观摩研讨会上，中央电视台《社会经纬》选送的节目获得了与会者的一致好评。近一段时间以来，随着要求加快建设社会主义法治国家的呼声日益高涨，“公开、公平、公正”已成为法院进行审判活动应遵循的准则，媒体关注法律，法院也欢迎电视记者以自负其责的态度客观真实地报道法官审理案件，包括当事人参加诉讼的全过程。

改版后的《社会经纬》给人们以启示：第一，节目要贴近观众，电视表现手段就需要丰富；第二，节目要有影响力，就要有确定的收视群体；第三，节目要有深度，题材范围就要有所限制。无论是法制专题节目，还是其他社教类节目，都要关注社会生活和人物的命运。《社会经纬》的创作者把镜头对准平民百姓，跟踪拍摄他们在生活中与法律碰撞的故事，努力表现被拍摄人物悲欢离合的命运。通过参加全国社教类节目（包括法制专题节目）评奖和对观众收视心理的调查，就不难发现：《社会经纬》播出后反响较大的节目无一例外地具有人物个性鲜明、情与法相互交织、判决结果难以预测的特点。这也说明了严肃的话题并不排斥情感的交流。如果说《社会经纬》正在走出困境并重新赢得观众的话，它首先是得益于找到了准确的定位，而定位的准确又为节目创作提供了广阔的空间。

（摘自《电视研究》1999 年第 3 期）

浅谈栏目优势

李长荣

随着电视节目量的增加，栏目开始显现巨大的作用。一台没有栏目的电视节目就像一本未装订的小说，读者根本无法阅读。而具有明确专业性质的电视节目的栏目化起到了一根装订线的作用，在固定风格、时间的辅助下，在形成特定的收视群方面显示出了许多优势。

世界上最早的专栏节目出现于本世纪 40 年代末。进入 80 年代后，栏目发展更是迅速。在此期间笔者一直从事栏目的创办与管理工作，对此感受颇深。

一、风格传播

电视承载着传播的任务。借助栏目达到风格化的传播，更有利于传播的有效性、针对性。《新闻联播》与《北京特快》同样是新闻性的栏目，却有着迥然不同的风格，前者落落大方，端正严肃，后者犀利敏锐，胆大心细。不同的风格，吸引着不同的观众，他们会因为喜爱栏目的鲜明个性而成为最忠实的固定收视群。当观众需求呈现多样化、多层化时，各栏目应当分工协作，有针对性地满足一部分观众的需要，从而整体提高电视媒介的传播效果。风格的确立，个性的张扬，正是建立在对栏目固定收视群的研究基础上的。栏目的创办人要根据栏目的性质，针对收视群体的文化层次、社会特性进行调查，以认定一种符合他们审美情趣、社会意志的栏目风格，而不能简单地根据制片人的个人喜好去主观设计。

二、人尽其才

长久以来，新闻教育和理论界一直要求记者成为杂家，理由是采访领域涉及各地区、各行业，记者面对采访对象时不能是无知的、肤浅的，然而，“术业有专攻”，要求一个人在几个知识领域都有较深的造诣是不现实的。意大利著名女记者卡拉奇采访伟人驾轻就熟，若让她去完成一次农村经济采访则可能会使她付出几倍于采访邓小平的努力。因此，怎样发挥记者个人的特长就成了节约节目成本、有效利用人力资源的关键。而栏目恰恰可以起到这一作用。十几年的栏目策划工作让我深深体会到栏目化在人尽其才方面起到的巨大作用。一位才华横溢的记者面对一次简单的经济报道时可能表现平平，而办事精干的另一位同事却又难以完成一个充满活力的选题。因此，电视栏目化不仅是要满足观众的要求，也是对新闻记者们负责。针对个人的特长，安排他们从事不同的栏目工作，可以起到事半功倍的效果。记者在某一方面的深入学习，通过适当的栏目来体现，可以使其节目更深刻有力。另一方面，栏目也为主持人提供了发挥的空间。主持人由播音型转变到记者型，再由记者型转变到栏目型，这一过程体现了栏目化的发展，主持人由适应稿件到适应节目再到适应栏目，看到主持人就能让观众联想到其所在栏目。当然记者与主持人在日常工作时还应该加强对自身的完善，努力开拓自己的知识领域，增强对工作环境的适应性。

三、电视台需要名牌栏目

电视剧《宰相刘罗锅》在观众中享有很高的知名度，而当它在各电视台播出时，却不会有人把它看作某电视台的作品，只有栏目才能成为各电视台的特征。观众往往会说中央电视台的《新闻联播》有深度，北京电视台的《北京您早》好看，上海电视台的《智力大冲浪》有活力，而电视台本身也常以自办栏目的多少当做衡量电视台综合实力的一项硬指标。各栏目在知名度和收视率上也许存在较大差别，但电视台作为一个整体，正是依靠这些多层次、不同性质的栏目来构筑屏幕文化，完成对社会传播信息、服务大众、提供娱乐的责任。在完成栏目对观众需求的覆盖同时，提高栏目质量，创办名牌栏目就成了当务之急。社会主义电视事业不同于西方，一些对社会无益却可以提高收视率的节目是不被提倡的。笔者在中央电视台经济部先后参加了《桥》、《企业大景观》、《天天12分》的创办，工作中遇到了很多复杂奇异的经济类事件，有些记者对此有创作要求，但在以服务社会主义市场经济、表现百姓经济生活为宗旨的经济栏目中，并不需要这样的节目来单纯提高收视率。真正的名牌栏目是在服务社会、促进经济与精神文明进步的过程中同步成长的。

我国电视的栏目化已经走过了40多个年头，在不同历史时期为社会进步做出了贡献。随着现代电视事业的迅猛发展，已经出现了频道栏目化的新特征，为了适应这种变化，我们的节目创编人员和记者都应准确地找到自己的特长，将其发挥到栏目中去。

（摘自《中国广播电视学刊》1999年第5期）

论科教节目的重要性

王元林

“科学技术是第一生产力”，这句话集中体现了邓小平同志科学思想的精髓，是对马克思主义科技学说的创造性发展。实践证明，现代科学技术是物质文明和精神文明建设的强大动力，它急剧地改变着人类社会的面貌。世界各国经济和综合国力的竞争，实质上是科技实力的竞争。一个国家，科技兴则国富民强；科技衰则国弱民穷，这是为人类社会发展所证明了的客观规律。正是从这一深刻的历史经验出发，党中央、国务院才提出了“科教兴国”的战略决策。如今科学技术飞速发展，高新技术不断涌现，只有尽快掌握它、运用它，才能使“科教兴国”的战略立于不败之地。同时，科学化有利于改变社会精神生活方式和价值观念，有利于培育严肃认真、一丝不苟、客观公正、讲究实效、勇于探索、追求真理、不畏艰难、严谨细致、开拓创新、民主平等等科学精神和科学态度。科学技术的普及有利于形成崇尚科学、破除迷信、解放思想、实事求是的社会风尚。

有鉴于此，如何迅速地普及科学和科技知识，提高全民族的科学素质便成了时代赋予我们的紧迫任务。党中央、国务院在《关于加强科学技术普及工作的若干意见》中明确提出“要充分利用大众传播媒介，开展多种形式的科普宣传……要在报刊、图书、广播、电视和电影等大众传播媒介中加大科普宣传的力度和数量”。作为大众传媒主要形式之一的电视，理应在普及科技知识方面发挥巨大的作用，这也是电视工作者光荣的任务。

电视在普及科学知识方面有比其他媒介更具独特的魅力和强大的潜在优势。首先电视具有独特的生动性。科普知识往往需要大量的实景画面或模拟画面来配合说明，而在这一点上其他媒体很难做到。电视不但有声音，还有图像，可以逼真、传神地充分展示其内涵与外延、内核与外形，并且更具即时反映与传播、持续跟踪反映与传播的时效性和完整性。其次，电视具有广泛性。电视可以充分运用现代的各种物载手段、渠道与方式，形成最优化、最大化的传输网络与覆盖体系，进行各种各样的科普知识和信息的传输与播放。由于电视采用多种技术形式，结合多种手段，克服了种种传播障碍，大到沙漠戈壁，小到山区小村，均可收看到电视节目，这对传播科普知识具有超乎一般的广泛影响力。最后，电视具有很大的积累性。随着高新技术的发展，电视已经进入智能化时代，无论节目采制、编辑，还是播出、传输和储存，都正在告别模拟化，迎来数字化。电视节目既可以大容量又可以十分轻巧、轻便并且效果更佳、时限更长地进行储存和调用。这就使电视彻底弥补和克服了稍纵即逝等弱点，完全可以成为可供全社会使用的一座巨大的知识库、信息库，最丰富、最便捷的“图书馆”，从而成为普及科学知识的重要知识源、信息源。所以，应该充分挖掘和发挥电视的传播优势，使电视在普及科学技术知识方面作出较大的贡献。

科教节目的内容和数量需要进一步充实。当代科技发展日新月异，科教节目工作者有责任把最新的科技知识传播给广大观众。科技知识不仅有“硬”性的，即各类科技的具体内容；还有“软”性的，即科学观、科学思想、科学精神、科学态度和科学方法。因此，在传播各类科技知识的同时，加强科学思想和科学方法的传播，维护科学的尊严，倡导科学的世界观和方法论，这是我们科教类电视工作者更高层次上的历史责任。对于科教类节目来说，节目质量无疑是重要的，有了质量才能有观众，才能达到普及知识的目的。但是，如果没有一定的数量保证，质量也就成了空中楼阁，而数量又取决于提供给节目的时间的多寡。客观而论，我国从中央到地方各级电视台可谓壮观，但在科教类节目中花费的时间都普遍不足。中央电视台作为国家电视台，虽然有科教部，但实际节目的播出时间却非常有限。中国是一个具有12亿人口的大国，但是电视所传播的科普节目却少得可怜，这不仅不符合国家的“科教兴国”战略，更不符合时代的要求，不利于提高全民族的科学文化素质。所以，从中央到地方各级电视台均应加大科教类节目的工作力度，增配人员，延长播出时间，甚至增开专门频道。

科教节目的内容应广泛与多样化，不可误认为只有高科技才值得宣传。我国的国情是人口众多，但整体科学文化素质偏低，且农业人口比重较大。因此，科教类节目在传播新科技知识的同时，也应大力传播一些基础科学知识和一些有市场的实用技术。同时，针对我国封建思想遗留较多的状况，还要向迷信、愚昧开刀，揭露伪科学和反科学的谬论。有人信“法轮功”就说明了我国在宣传科学知识方面尚有许多不足之处，给封建迷信和伪科学以可乘之机。所以，电视应加大传播科技知识的力度，引导和教育人民，提高人民辨别科学和伪科学的能力，使全社会形成尊重科学、尊重知识、尊重人才的良好风尚，引导青少年树立热爱科学、献身科学的崇高理想，为实现“提高全民族的科学文化素质”的目标尽职尽责，使“科教兴国”的战略落到实处。

（摘自《电视研究》1999 年科教专刊）

电视与科学普及

马伟平

当代社会的科学技术迅速发展，已经是人所共睹的事实；但是，当代社会中又出现了极端反科学的现象，西方社会的占星术、各式各样的预言还有人相信；中国则出了个“法轮功”。“法轮功”的“功主”李洪志没有多高的文化，没有多少科学知识，可是，他编造的那套歪理邪说竟然蒙骗了许多人，其间的原因是多方面的，科学普及的不够则是重要的原因之一。“法轮功”事件使我们认识到，科学技术的迅速发展并不等于科学观念的深入人心，并不等于科学知识普遍被接受。要消除科技时代的反科学现象，就必须加强科学普及工作，而作为最有科技含量、最有传播力的电视，应该在科学普及方面多做贡献。

电视在科学普及方面有着独有的优势：第一，电视是最大众化的传播媒介。与报刊相比，电视浅显易懂，它不需要文字语言，哪怕不识字的观众也可以接受电视的信息传播；与广播相比，电视具有声画结合的优势，具有娱乐性。因此，电视是各类文化层次的人都能接受并乐意接受的传播媒介，它的传播面是报刊、广播难以相比的。第二，电视声画结合的特点，可以立体化地传播和普及科学知识。如果说，报刊是靠文字语言介绍科学知识，广播是靠口头语言传播科学知识，电视则可以用画面和解说全面地将科学知识展现在人们面前。同样是对月球的介绍，报刊和广播只能是平面的描述，电视则可以通过多维画面将月球在太阳系中的位置、与地球的关系、月球的表现和层下结构以及引力等知识介绍给观众；观众所得到的不仅是关于月球的理论知识，还有感性认识。第三，由于电视有画面图像，在介绍科学知识时，易于取得真实感，从而可以获得良好的普及效果。报刊和广播虽然也可以通过准确的文字或口头语言真实地传播科学知识，但总是不如电视的真实感强，电视可以通过采访现场或采访科学家，使所介绍的科学知识让人感到更为可信。例如戳穿“水变油”的神话，在报刊上，即便引用科学家的驳斥，也是间接的，而电视却直接让科学家通过中子和质子模拟的演示，使观众明白“水变油”要耗费巨大的能量，不是一件简单的事情。

那么电视在传播科学知识、进行科学普及时，应该注意哪些方面呢？我认为，应该在“浅近”、“趣味”、“权威”三方面下功夫。

所谓“浅近”，不是说所介绍的科学知识很肤浅，而是力求将深奥的科学知识浅显化，用最明白、最通俗的话介绍给观众。在这一方面，需要注意的问题有三：第一，对于一些专门的科技名词要作出必要的解释，否则，观众对全部的内容都会处在一知半解的状态里，普及的目的就没能达到；第二，要多用比喻。有很多科学的原理如果直接介绍，大部分观众是不容易接受的，必须将它们加以通俗化，而比喻是最好的通俗化的方法；第三，语言要生动活泼。除了比喻以外，拟人手法乃至幽默语言的运用，都可以取得良好的传播效果。

所谓“趣味”，就是注重介绍中的趣味性。这是电视的娱乐本体属性决定的。与报刊、广播相比，电视更多地是娱乐的工具，如果仅仅为了了解新闻信息，人们没有必要购买电视机，有报纸或广播就可以了。观众购买电视机，很重要的一个方面就是为满足娱乐、休闲的要求。电视的新闻节目有很高的收视率，报刊、广播也可以提供新闻信息，可是报刊和广播在娱乐方面就远远不如电视了。娱乐的目的、娱乐的接受心理，决定了电视在传播科学知识以及其他知识时，不能板起面孔，而必须强化趣味性，让观众以轻松的心情接受知识传播。科技节目具有很强的趣味性，才能在众多的节目竞争中吸引观众，激发观众的收视兴趣，才能起到普及科学知识的作用。强化趣味性的手法有很多，例如，可以制作融科学知识在内的电视故事片，用一个富有吸引力的情节巧妙地传播科学知识；也可以在综艺节目中加大科学知识的含量，将娱乐和科普结合起来。就一科技节目而言，可以注意以下四个环节：首先，在选题上就应该从涉及到人们日常生活中的科学问题入手，像新闻报道一样，只有贴近观众的生活层面的问题，才最能够引起观众的关心和注意；其次，在介绍的过程中，也要力求从最贴近生活的内容开始，让科学与观众的生活连接起来，与生活中最小又最常见的事例联系起来；再次，从标题开始就运用设问法，设置问题悬念，引起和激发观众的好奇心理，将他们引导到进一步了解科学知识的路径上，由浅入深地获得更多的科学知识；最后，还要充分运用电视的画面优势，以充满趣味性的立体化的手法，让观众在娱乐的情境中接受科学知识的熏陶。

所谓“权威”，就是在介绍科学知识时，要通过一定的手法，让观众不仅了解科学知识，而且信服科学原理。在当代社会科学技术迅速发展的情况下，反科学的现象还不时出现，原因之一，是传播媒介越来越多，人们获得各种信息的渠道也越来越多，各种非科学、反科学的信息也得以流传，在信息膨胀的状态下，人们对科学和伪科学的信息难以辨别。这就需要加强对科学知识介绍的权威性，通过权威的介绍，让观众了解真正的科学知识，增强识辨反科学、伪科学的能力。电视在这一方面有着自己的优势，例如，对某一方面科学知识的介绍，就可以通过采访权威科研机构和权威科学家以增强传播的权威性。有的传播媒介出于经济利益的驱使，捏造权威人士对某某事情的表态，李洪志说自己有多大多大的能量，就说是以权威科研机构实验为“依据”的。电视画面的真实感可以让观众相信，权威机构或权威人士确实表态，确实说明了自己的观点。同时，观众对权威有着信从心理，借对权威机构和权威科学家的采访，可以使他们完成接受电视所介绍的科学知识，从而取得良好的普及效果。

解放以后，党和政府十分重视科学知识的普及工作，出现了高士其那样的著名科普作家，也出版了一大批科普作品。电视如何做好科普节目，不仅需要我们在思想上高度重视，也需要我们借鉴以往的科普作家和作品的经验，像《十万个为什么》那样的科普书籍，影响了一代人，其中有许多宝贵的经验可以汲取，只要我们留心学习、多总结经验，电视在科学普及方面就可以发挥更大的作用。

（摘自《电视研究》1999 年科教专刊）

电视节目要精心设计结构

张　悦

今天，随着电视频道的增加，节目的丰富，竞争的加剧，人们可以随时随地对电视节目加以选择。一旦观众对某一节目失去兴趣，就会毫不客气地立即转台。据调查，能够让观众坚持从头看到尾的节目，只占全部节目量的 10%。绝大多数观众对于电视节目的收看都是片断性的。观众这种跳来跳去的收视特点，一方面说明目前的电视节目可供选择的余地很大，另一方面也说明电视节目精品太少。如今没有高出一筹、实实在在的东西，决不会引起观众的注意。

很多电视人可能都有这样的体会，现在做的节目，在选题的多样、内容的深度、制作的精良等方面，虽然都比十几年前的节目有了很大的提高，可人们还是对当初的节目印象深刻。

同是一样的内容，有的编导做出来的节目，观众看了以后兴趣盎然，而有的编导做出来的节目却让人感到索然无味。这里的关键应在于这些节目在结构上是否具有不同于一般的独特创意和巧妙的安排。一个电视节目在有了好的选题以后，怎么开头结尾，怎么安排层次段落，怎么过渡照应，节目的切入点从哪儿开始，怎么说才能吸引观众，把最精彩的素材放在节目的什么位置，安排几个不同的侧重点，怎么在节目的进行中巧妙地连接，结尾的时候怎么才能使人回味无穷……对这些环节，编导在编辑之前一定要胸有成竹。对每个镜头、每句解说词、每处衔接点，尽量做到不满意不出手。

一个节目如果开头不精彩，观众就不看了。即便是节目中间和后面的内容很吸引人、很好看，但这一切都枉费心机，因为人家根本就没看见。所以编导首先要考虑用什么样的形式开篇，以便在节目一开始就把观众给拽住。此外，还要考虑在节目的中间段落里埋伏怎样的刺激点、情绪点、触发点，通过这些来制造起伏和节奏，让观众在低点与高潮的跌荡多变中感受节目的内容。现在的节目传播就像一串珍珠项链，每一颗珍珠都应该是挑起观众情绪的兴奋点，在观众刚要走神的时候应把他们给唤回来。要做到这一点就得靠巧妙的结构。内容无非就是那么多，关键是看编导们怎么把它安排得精彩感人。

目前电视人有一个通病,就是干电视的不看电视或很少看电视;有时候即便看了,分析得也不够。其实从同行身上可以汲取好多有用的东西。

1999年5月14日敬一丹主持的《焦点访谈》节目,内容说的是我国政府派专机接回我驻南使馆遇难牺牲烈士的骨灰和受伤人员的过程。节目一开头主持人从一个不被一般人重视的飞机号码说起。她说:“5月14日,我国政府派专机前往南斯拉夫,接回我遇难烈士骨灰和受伤人员。飞机型号是CA9999。这不同寻常的四个‘9’,使人心中震颤不已,它让人想到了十万火急救助我们的同胞亲人,也让我们感到了企盼和平的善良人们的美好愿望:人们希望平安久久,健康久久。请看记者的报道。”这个开头确实寓意深长。一个不被人们重视的飞机型号,在节目中却起到了画龙点睛的作用。

万事开头难,头开得不好,平平而论,从头道来,落笔千言,不见焦点,观众一下就走神了。而这个节目用这样的切入点进入节目,就有了出奇制胜、先声夺人的效果。

1999年5月14日《焦点访谈》节目之所以给人印象深刻,不光是因为其开头吸引观众,节目中间的细节运用,也让观众难以忘怀。比如这个细节的运用:邵云环烈士的儿子捧着妈妈的骨灰,他明明知道受伤后眼睛蒙着纱布的爸爸就躺在身后,但为了不让受伤的爸爸再受刺激,他作为牺牲了母亲的孩子却不能把自己心中最大的痛苦说给劫后余生的惟一亲人。他不能让爸爸知道,此刻他们一家三口都在同一架飞机上。爸爸在,儿子在,妈妈也在。这个时候,这个19岁孩子的心在滴血,但是他只能把眼泪咽下去。这样一个感人至深的细节让人过目难忘。

还有一个细节,同样感人:朱颖的父亲失去了爱女和女婿,但是此刻这位老人却关心着邵云环的儿子。他说,这么大的灾难,让这么个孩子来承担,孩子可怎么受得了。

这两个细节编导安排得平中见奇。它不露痕迹地揭示了很多屏幕后面的内容:战争残酷无情,它让多少无辜的人们失去了美好家园,使善良的人们家破人亡。它让孩子失去了母亲、让丈夫失去了妻子,它人为地酿成了人世间最凄惨的一幕:白发人送黑发人。

整个节目给人的印象非常深刻。看了这个节目的人都能记得住:开头主持人说了什么话,中间有哪些内容,还有结尾处飞行员的那句让人揪心的肺腑之言。这里,镜头语言准确到位:整个屏幕是飞机驾驶员的一个头部特写,说出话感人至深,他只说了一句:“亲人们,你们到家了。”说话的人自己没的掉泪,观众的眼泪却下来了。

这是一个非常成功的节目。节目编导经过细心策划,把节目做得精益求精。像这样内容好表现形式又独具匠心的上等佳作,怎么能不吸引观众呢?

(摘自《电视研究》1999年第11期)

国产电视剧发展概观

张大勤

一

国产电视剧发轫于1958年,大体经历了初创期(1958～1966年)、停滞期(1967～1977年)、恢复期(1978～1981年)、发展期(1982～1900年)和成熟期(1991年至现在)。发展的头两个阶段电视剧尚不能在我国大众中形成足以引起注意的影响。人们开始注意电视剧,是在1978年改革开放以后。

粉碎“四人帮”后,中央电视台曾率先制作播出了《三亲家》、《窗口》、《教授和他的女儿》等8部电视剧。但由于客观方面的原因,其在观众中影响甚微。到1979年,原中央广播事业局在第一次全国电视节目会议上,建议各地电视台凡有条件的都可以制作电视剧,并在国庆30周年时举行全国电视节目联播。这一年,中央电视台共播出电视剧18部,其中《有一个青年》最为突出。1980年,中央电视台录制了《凡人小事》,接着又出现了中央电视台的《新岸》、浙江电视台的《新闻启示录》、重庆电视台的《巴桑和她的弟妹们》等短篇电视剧和中央电视台录制的《蹉跎岁月》,山东电视台录制的《高山下的花环》、《今夜有暴风雪》,北京电视制片厂录制的《四世同堂》,中国电视剧制作中心录制的《寻找回来的世界》和辽宁电视台录制的《雪野》等电视连续剧。

二

历史是漫长的,却又是短暂的。当我们粗略地对80年代我国电视剧发展历程作一回顾时,不能不对这一阶段艺术家们对于历史进程中一定阶段的人物和生活所给予的审视加以关注。

最先获得成功的,当数山东电视台根据古典名著《水浒》改编的《武松》。在80年代初录像设备尚不先进的条件下,这种敢为人先的举动是值是赞赏的。它不仅为如何改编名著做出了有益的尝试,还为如何拍好人物传记片提供了可资借鉴的经验。之后，吉林电视台录制的连续剧《少帅传奇》、山西电视台录 制的连续剧《杨家将》、湖北电视剧制作中心录制的连续剧《诸葛亮》、河南电视台录制的连续剧《包公》也都纷纷登台，给观众留下了深刻的印象。紧随其后的还有16集电视连续剧《努尔哈赤》，28集电视连续剧《末代皇帝》，大型历史题材电视剧《唐明皇》、《司马迁》、《林则徐》、《东周列国·春秋篇》等等。这些剧作的编导既能站在历史的高度进行宏观把握，又能比较客观、细致地瞄准当今时代观众的审美情趣，将几十年、几百年乃至几千年前发生的政治大风云、历史大变革以及同时代产生出来的历史人群，以通俗的手法进行艺术概括，把历史的严肃性、作品的艺术性与受众需求的观赏性、通俗性巧妙地结合起来，使这些剧作达到雅欲共赏的艺术效果。

尤其由中央电视台中国电视剧制作中心担纲，经过努力，36集电视连续剧《红楼梦》于1987年5月在中央电视台和香港亚洲电视台同时播出，收视率达到70%以上。在内地和香港掀起了“红楼热”。1987年他们摄制的又一部25集系列剧《西游记》于春节期间和观众见面，受到亿万观众的欢迎。继《红楼梦》、《西游记》之后，中央电视台中国电视剧制作中心又推出了84集电视连续剧《三国演义》这一部鸿篇巨制。电视连续剧《三国演义》铺叙的主要情节和塑造的曹操、诸葛亮、关羽、张飞等个性鲜明的人物形象，能为广大观众所认同，这本身就是一大成功。《三国演义》的播映不仅激发了国内广大青年学习研读古典名著的兴趣，掀起了“三国热”，而且在购买了此剧播映权的日本、韩国、马来西亚、泰国、新加坡等国家和香港、台湾地区也激起了一股蔚为壮观的“三国文化热”。43集电视连续剧《水浒传》是中央电视台中国电视剧制作中心改编的四大古典名著中的最后一部。该剧于1998年年初和观众见面。观众和专家们普遍认为，《水浒传》的成功，一是基本把握住了原著精神，塑造了一群富有阳刚之气、路见不平拔刀相助的英雄人物；二是展现了北宋时期的民情风貌，烘托出了书中提供的宋代文化的艺术魅力及豪爽奔放的齐鲁文化精神；三是因请了香港的袁氏兄弟加盟，使武打设计更加精彩，武打场面更真实、激烈；四是在制作方面较为考究，无论色彩、造型、还是场面调度，都能够精心设计，精心拍摄；五是片尾主题歌《好汉歌》，歌词朗朗上口，深受群众喜爱，不胫而走，为观众广为传唱。

四大古典名著改编的显著成就，不仅对广大观众、特别是对青少年观众进行了一次又一次地普及和弘扬了中华民族传统文化的教育，掀起了阅读这些名著的热潮，而且向世界人民介绍了中国灿烂的文化遗产，增进了东西方国家的了解和文化交流，在中国电视剧发展史上写下了光辉的篇章。

三

从审美的角度考察，中国电视剧艺术已经成为社会主义文艺的一个重要组成部分，许多热门电视剧已成为群众街谈巷议的重要话题。中国电视剧在审美程度上的升华和成熟，主要源于以下几个方面：

首先，一大批电视艺术家的美学意识开始觉醒，他们从不懈的美学追求中，逐渐把握住了国产电视剧的美学品格，开始侧重于从艺术与现实世界的关系去探索电视艺术的审美作用，重视对客观现实的“模仿”和“再现”，从多侧面反映社会生活的面貌，努力开掘人物的内心世界，使电视剧在艺术创新上有了新的突破。

其次，中国电视剧的美学追求一直把“创作具有鲜明的时代特色、深刻反映现实生活、讴歌社会主义新人”作为神圣职责，就是着力把镜头对准人民群众在现代化建设中可歌可泣的英勇斗争，以革命的英雄主义、理想主义、乐观主义的崇高精神去奏响激越的社会主义时代主旋律。

第三，中国电视剧的美学追求，还表现在题材、风格、样式的多样化，即当代荧屏上呈现出多姿多彩的绚丽景观。

时代呼唤电视剧精品，人民需要电视剧精品。近几年来，屏幕上出现了《水浒传》、《和平年代》、《英雄无悔》、《苍天在上》、《咱爸咱妈》、《西部警察》、《儿女情长》、《车间主任》、《人间正道》等作品，都取得了较高的收视率，受到广大观众的热情赞扬和欢迎，使我国电视剧创作提高到了一个新水平。可以预料，在今天面临世纪之交的时候，将涌现出更多的电视剧精品。

（摘自《中国广播电视学刊》1999年第8期）

论电视剧的选材

于振铎

一部电视剧的产生，无疑是从选材开始的。如何选材，直接体现出创作者对生活的体验感知程度和开掘采撷的能力。在生活场景中，成熟的创作者会把目光投向他所熟悉的领域或行业，从中挖掘出富有意义和形象张力的生活素材，以构成情节完整、起伏跌宕的故事。但是,许多创作者被五彩缤纷的生活素材引发出创作激情后却有些不知所措,不知如何开掘,如何凝练,如何下笔。我们常说一句话,写你自己熟悉的东西。创作者在自己熟悉的生活环境中搜集素材肯定得心应手,但要把大量的生活素材提炼成作品的内容,必须经过一个从感性认识到理性认识的上升过程,经历一次飞跃。这个上升和飞跃的过程就是选材。在这个过程中,创作者必须去粗取精,从丰富的生活素材中经过反反复复的审视、考察、筛选和验证,从中提取最能有效地在规定情境中展示人物关系,构制矛盾冲突,推动情节发展的生活题材。使作品既源于生活又高于生活。让观众感到既真实自然、合情合理,又新鲜耐看、扣人心弦。这就要求创作者必须呕心沥血地用全部身心去感悟生活,并毫不懈怠地锤炼自身的艺术功力,这样才可能达到对题材驾轻就熟,取舍自如的境界。

电视《围城》的成功在很大程度上取决于导演的精心选材。导演黄蜀芹在筹拍该剧的准备过程中,经历了三年之久的沉淀与思考,付出了极大的心血。钱钟书先生在小说中运用了大量精妙的对白勾勒出性格鲜明、栩栩如生的典型环境中的典型人物。而电视剧的可视性功能要求导演在忠实原作的前提下用可视手段把这些人物以及人物之间的微妙关系形象地展示给观众。这就必须对原著进行由文字艺术到形象艺术的转换,使之符合影视艺术的特点与规律。导演在艰苦的二度创作中,把原著中大量的语言刻画准确地转化为人物的行为,既保持了原著的风格,又使方鸿渐、赵忻眉、李梅亭、孙柔佳等人物的特点和相互关系生动充分、活灵活现地展示在观众面前。

《和平年代》中的秦子雄是创作者精心雕琢出的一个典型人物,也许人们走遍人民解放军的所有部队也难以找到他的踪影。这正是创作者匠心独到、得以成功之处。作品中人物的真实是艺术的真实,他们是由创作者通过深入生活,掌握大量生动素材后加工凝铸而成的。作品中的人物特别是主要人物正是许多生活原形的集合体。许许多多生动感人的细节被创作者织锦般有机地编织在一起,塑造出丰满鲜活的典型人物。这种有机地编织过程,就是刻画人物时的选材过程。同样,另一部荣获"飞天奖"的作品《校园先锋》,着力展现了中学教师着重于学生的素质教育并获得成功的过程。创作者在选材时始终把握着这一中心问题,并始终围绕着这一中心问题选择事件、设置人物关系和矛盾冲突,使作品具有了主题鲜明、脉络清晰、情节生动的可看效果,实现了创作目的。

就像一位技艺高超的雕塑师,当他要把一方石料雕成人脸时,他所要做的就是如何准确地把那些不是脸的部分凿下来。

许多创作者在实践过程中,都有过这样一种奇妙的体验:当你把原本各自独立的材料联系到一起,让他们融会贯通的时候,会产生类似化学反应般的一加一大于二的效果。材料活了起来,好像它们自身就具有丰满血肉的功能。生活与艺术的双重魅力激动人心地展现在你眼前,令你情不自禁地热泪盈眶,欣喜若狂。这样的喜悦是那些兢兢业业的创作者们经常能体验到的。它标志着你所熟悉的材料,你所凝炼的题材已经融入了你周身的血脉,你的心灵已经触摸到了题材本身所具有的深刻含义。此时,你好像在迷宫中突然找到了捷径,完成了对题材从熟悉到陌生,又从陌生回到更高层次的熟悉的飞跃。在这一境界中,你笔下的人物已经清晰可见,他们成了与你形影相随、情同手足的亲密朋友,仿佛就在你身边娓娓诉说着自己的命运。经过这样一种深刻体验而产生的作品,势必引发出观众的强烈共鸣。由此可见,一部电视剧作品的成功与否,在很大程度上取决于创作者对题材的选择。

(摘自《中国电视》1999 年增刊)

浅议影视剧的可视性

张 哲

所谓可视性,从词意的解释来看,是通过电视屏幕和电影银幕呈现给观众,使广大观众乐于接受的程度。

衡量影视剧可视性的标准,就是江泽民同志所说的"思想精深,艺术精湛,制作精细",具有强烈地吸引力和感染力,在社会和群众中能产生广泛影响的优秀影视作品。

当前,电影、电视剧的生产仍存在着许多不足之处,离党和人民的要求仍有较大差距,具有可视性的佳作比例仍然偏小。

分析起来,影响可视性的因素很多,一是缺乏创新意识,重复雷同的东西多,故事情节不感人,没有悬念,矛盾冲突设置不够,节奏慢。人物性格不鲜明,演员表演没有个性,不入戏。二是缺乏时代感,不符合中国观众的审美习惯和风格,贴近百姓生活不够,缺乏观众意识。三是缺乏群体意识与名人效应。四是缺少竞争激励和责任约束的机制。

加强影视剧的可视性,是当前新形势下广大观众对影视工作者提出的更高要求,是党和人民的一种期盼。

作为一名影视工作者，就要树立精品意识，生产出更多思想性和艺术性完美统一的作品奉献给广大观众。

那么，怎样提高影视剧的可视性呢？

一、必须加强观众意识

电影、电视剧的生产目的，是要最大限度地满足人们日益增长的文化需要，让广大观众喜欢。

因此，影视工作者必须要树立观众意识，研究观众心理需要，了解观众的审美情趣，时时想着观众。这样，生产出的影视节目才有较强的可视性。

观众是一个复杂的群体。层次复杂，地域、年龄、文化素养、社会职业、生活阅历等诸多条件的差异，导致其欣赏水平、欣赏习惯的不同。因而对一部作品的评价也会各不相同。但也有不少作品观众看后，产生共鸣，引起轰动。这种趋同性的背后，是大众欣赏习惯，是千百年形成的传统的欣赏心理，是特定阶段的社会心理和时代风尚。这是编导与观众心理沟通的体现。

一个国家，一个民族的文化心理结构，是千百年来，这一国家和民族的思想、文化传统长久遗传积淀的结果。观众的精神气质、心灵性格、审美要求、价值观念都打着传统文化的烙印。我们的影视编导，要真正深入到群众中去，了解观众最需要什么，最喜欢什么。中国的观众，观赏心理渗透着中国传统的伦理道德，相当一部分观众在感情上特别怜悯苦难，同情弱者，因此描绘好人受苦，善人蒙难的作品最易感动我国的观众，如电视连续剧《篱笆·女人·狗》、《辘轳·女人·井》、《古船·女人·网》、《淌过男人河的女人》、《渴望》等。这类节目总体风格趋于通俗大众化，讲述的是老百姓自己的事，尤其是讲述普通人的命运和情感，深受老百姓的欢迎。

周恩来同志讲："文艺的特点之一，就是寓教于乐。"我国的电影、电视剧从诞生的那天起，就为我党各个时期的方针、政策的宣传发挥着重要的作用。由于多年的习惯，相当一批观众希望在娱乐中得到启迪，受到教育，然而由于时代主题的转移，人们越来越把生活的着眼点放在改善生存环境，提高生存质量上来。劳累一天的人们，往往都希望在电影院或电视机前放松一下，消除一天的疲劳。

从文化的角度而言，一部电影、电视剧能让大多数人喜欢，它所蕴含的思想内容和表现形式要与全社会的主流文化、群体文化相适应，文化的"偏见"不自觉地左右着观众的欣赏走向，尽管观众的个性特征、审美心理各有差异，但是对于真、善、美的向往，对于娱乐的追求，是心心相通的。比如，近期播放的电视剧《还珠格格》很受观众喜欢，男女老少谈论的不少。此片赢得观众的就是观众追求的娱乐性、趣味性，故事编得很好看，引人入胜。

影视作品是社会生活的反映，它的根基在社会，它应该满足社会与时代提出的要求。在当前影视作品面对市场之际，如果在根本点上不去寻求与观众的沟通，只是一味在形式上变花样，要拍出为观众喜闻乐见的影视作品便成了一句空话。

二、强调群体意识

要提高影视剧的可视性，就要强调群体意识。群体意识可从两个方面去认识：

1．要形成编、导、演、摄、服、化、道、录、美、音等创作生产力的最佳配置。优化组合，形成审美合力是提高可视性的有力保证。

影视剧的生产是个系统工程，它渗透着编剧、导演、演员、制片人及剧组所有成员和众多的为该剧出谋划策的热心人的心血。提高可视性渗透在节目制作的全过程，哪一方面出现问题，都会影响节目的可视性。

2．组成名人群体，发挥明星效应是提高影视剧可视性的最有效途径。

名人和专家对观众的感召力是显而易见的，在西方世界，一个大明星上了片子，就意味着这部片子已赢得了一半以上的票房价值。我国很多观众也非常熟悉国外的一些大明星，崇拜者不乏其人。我国二三十年代的明星也赢得了广大观众的喜爱。如赵丹、白杨、孙道临等，他们出演的片子，总是有很高的票房价值。

近些年来，我们的明星意识淡薄了。分析其原因很多，其中重要的一条是适合他们演的剧本太少了，应该呼唤名作家、名编剧们多为明星写剧本，让他们在银幕中充分展示表演才华，让观众一饱眼福。如斯琴高娃、刘晓庆、巩俐和吴京安等一批悟性很强的演员，要充分调动他们的积极性，为提高影视剧可视性大显身手。

要出精品，就要从精字下手，挑选一流编剧、一流导演、一流演员、一流摄像、一流制片。形成一个名人群体。如中央电视台电视剧制作中心《红楼梦》、《西游记》、《水浒》、《三国演义》的摄制组就是这样一个名人荟萃的创作群体，他们赢得了国内外广大观众的青睐，开创了中国电视剧打入世界的先河。

三、提高竞争意识

在当前形势下，提高影视剧的可视性实际上就是提高在市场经济条件下的社会文化产品的竞争力。

由于改革开放的深入进行和商品经济的逐步发展，电影、电视剧也作为一种精神文化产品步入了市场。

随着我国改革开放的深入,经济体制和各种管理体制逐步完善。除重点大型节目外,国家由全额投资逐步转向部分投资,或全部由制作单位筹资。有的采取联合摄制,有的靠银行贷款,也有不少制作单位实行了制片人承包制度。经济上独立核算,自负盈亏,影视作品打破了以往那种统购统销的发行模式,引入竞争机制,强化了市场调节,还各制作单位以自主发行权和竞争主动权。

只有这样,才能提高影视制作的质量,才能出精品,也才有可视性。

四、增强创新意识

趋新心理是人类的天性。

最近在我国电影市场中,出现了进口大片热,而国产影片却很不景气。分析其原因,主要是我们的影视作品缺乏创新,缺乏新意,而进口大片往往在形式上追求新意,追求真实感和快节奏与逼真的效果,让人能产生身临其境的感觉。观众通过视听感官达到心灵上的满足与精神上的愉悦。

一部影片成功与否,就创作者来说,就要看其是否成功地传递了自己的情绪;因此,作品要拍得吸引人,我们的创作者要去研究观众情绪的反应规律,同时通过艺术和技术手段,运用影像刺激,促使观众产生不同的情绪。要在节奏、造型、音响、音乐、构图、光线等方面讲究创新,使影片赢得更多观众。

我们要尽可能地在节目制作上加大投入,多在技巧设计上和故事情节的变化上加强创新意识。我想,只要我们勇于探索和尝试,国产影视作品不但会受到国内广大观众的欢迎,而且还可以走向世界。

(摘自《中国电视》1999年增刊)

谈谈电视剧的录音

辛敏成

电视剧中的声音可以概括为人声、效果声、音乐声三大类。它可以为电视剧提供必要的信息思想,它具有感情和情绪的表达力,同视觉相同。作为人声的主要部分——对白,在表达作品内容方面,具有相当重要的地位,同剧中其他声音一样,在录音时几乎都不可避免地要对其音质进行某些补偿或处理。电视连续剧《日子》是一部小说体的电视剧,它是以主人公玉莲回忆60多年的往事,叙述完成全剧整体结构,运用了相当多的内心独白。对于这种对白的录音,我仔细分析人物的性格、她的感情流程,体味她每段独白的心理状态和情绪,抛开了过去紧贴画面念台词的传统模式,利用话筒的最佳特性、调音台的最佳功能,根据录音棚的混响时间条件的长短,再调整混响时间。我并没有追求所谓的字正腔圆,而是根据剧的需要,使人物的独白在微弱中缓缓地由远而推近,自然地流淌出来,这样不仅自然朴实,而且还抹去了人为的戏剧痕迹,使声音听起来清晰明白,感情丰满,达到了编导所需要的艺术效果。

艺术作品的内容与形式高度统一,作品内在和外在因素有机融合,就具有真实艺术感染力。在电视连续剧《竹林街十五号》拍摄时,我用饱满的激情和丰富的想象捕捉了大量的真实音响,然后将这些自然声与素材声一起组成具有思想内涵的新的音响空间,并把这些主观的提炼和对声音美学的探索体现到电视剧的整个构思中去。剧的开始是突出某宿舍女工早晨起来忙乱的情景,为了突出这场戏的空间感和环境感,在音响上改变了过去就主观镜头给主观音响的方法,设计了六声钟响催醒女工,用不规整的跑步声、叫喊声、哼哼歌声、水声、上下楼声、开关门声、切菜声、爆锅声和其他各种自然音响声经剪裁有层次地混录在一起,形成了女工宿舍早晨的“锅碗瓢盆交响曲”,来渲染剧中环境主题,巧妙地向观众交代故事发生的时间和地点,使观众产生身临其境之感。

电视音响是听觉艺术外在的形态,是艺术灵魂寓居的躯体,它便于接收,易于理解,是其他艺术手段不可代替的,有独特的表现作用。《竹林街十五号》的第一集,向明和远生在海滩上那段对话,向明指着岩石,(它们)“永远和大海在一起吗?”远生答“永远在一起”……向明转身深情地喃喃自语“永远在一起”。环境虽然是海边,音响处理把海浪加入混响后放慢,随着画面海浪的涌来,音响发出一种很怪的海浪声,震撼着这象征着男女主人公、特别是向明的不平静的心情,也暗示了当年那场举世瞩目的政治风浪,摧毁了多少幸福的家庭,打破了多少对本应“永远在一起”的年轻人对美好生活的憧憬。这种海浪声的渲染运用自如,恰到好处,做为一种语言刻画了人物,深化了主题。

在电视剧录音中,就是要调动一切可以成为剧作元素的声音,并准确运用各种声音的特色及内涵,使对白、音响、音乐三大类声音有机结合起来。有些场景音响与音乐、对白之间,实质上是一种相互渗透的关系。如电视连续剧《日子》第五集宝月与阿廖沙在夜间路上的一场戏,画面上二人就像久别的熟人相对无语,人们可以从双方的眼睛里和表情上感觉到他们互相倾诉情意。录音对这场戏排除了过去那种对话始终保持一成不变、千篇一律、甚至其他声音都为"对话"让路的模式,而是把对白有意处理为喃喃不清晰的低语,并设计了电闪雷鸣声。画外的雨声急剧而来,预示着他们二人将会分开,给全剧增加一种独特的情绪色彩。

音乐语言表达也是千变万化的,它在电视剧中将表达细腻完美的思想内容,表达主题,刻画人物,表现人物的动作、抒发情感、描写环境、烘托气氛、补充画面,相辅相成地增强艺术的表现力。只有充分发挥音乐的作用,才能使音乐在电视剧声音构思中闪现出自己的独到光彩。电视剧基本上是根据导演的意图请作曲家谱曲的,录音师只需考虑在全剧声响总谱中提出合理的建议,提出音乐创作方面的建议,诸如力争旋律新颖等。在录音乐时可与作曲、指挥一起研究配器、看音乐总谱录音,最好采用多声道和多轨录音机多声部录音后再混合。调动调音台的音量调整,音调补偿,滤波延时、混响器,压限器以及用于立体音乐进戏时要进出得当、自然、流畅、合情合理,音量大小要适中,起和落的音量要略加控制些,关键的地方要层层推进、扣人心弦、使音乐在电视剧中达到应有的艺术效果。

(摘自《中国电视》1999 年第 6 期)

电视服务类栏目的观众分析、定位及选题

任达清

电视除了新闻、影视剧、文艺娱乐节目外,今后服务类的节目将成为上述节目的重要补充,换句话说,电视不仅是一种新闻媒介,它也是娱乐工具、教育手段和服务窗口。

什么是服务类节目呢?它是"为人与社会的日常具体的需要提供具体服务的一种节目形式"。其特点是:内容的实用性和效用的直接性。电视台的服务类节目很早就存在,但服务类栏目在许多电视台都存在着建设薄弱、设置粗线条、服务不到位等问题,常常受到改版、停办的待遇。

服务类栏目要获得高收视率是不太可能的。但是,这一类节目都有一批相对固定的收视群体。那么这个收视群体是如何构成的呢?我们不妨以《中华医药》为例试作一下分析。经常收看《中华医药》节目的观众主要有以下几种:一是身患疾病,他们希望在栏目中能够找到寻医问药的捷径,或是有助于身体康复的医药卫生知识,这部分观众占这个收视群体中的大多数;二是喜爱中医药传统文化的观众,他们希望在节目中能够了解更多的医药知识;三是专业人士,他们看这一节目是专业需要;四是偶然碰到栏目,恰好为栏目中的某些内容所吸引。

栏目的设计和定位自然要围绕这些观众。像《中华医药》栏目就把它定位于"知识性的服务栏目",在栏目里又开办了一些经常性的小栏目。1.《健康话题》主要是为健康人提供预防或日常的防范措施,以及对人类健康有益的知识和方法。2.《人物档案》,以介绍全国著名中医的生平事迹、医学成就、学术思想、医德医风等为主。3.《专科门诊》则纯粹是为患病的观众提供一个求医问药的桥梁。如这里先后介绍了肾病、糖尿病、中风、胃肠病、癌症等疾病的治疗中心。4.《养生有道》,是把祖国几千年流传下来的养生方法介绍给更多的观众朋友,如太极拳、八段锦及食疗药膳等等。还有一个以主持人名字命名的"洪涛信箱",由主持人解答观众的来信来电询问。以上这些都是日常的固定板块,此外还设有《医林专讯》、《民族医药》等一些不固定的板块,这样,既照顾到患病者,又照顾到健康人的需要,既有服务性,又不忘知识性。

在目前众多的服务类节目中,有一个非常普遍的现象,就是很多节目开始都取得了非常明显的收视效果,非常受欢迎,但时间不长就渐渐成了不受欢迎的节目,甚至被取消。比如有一家电视台的《电视商场》就是如此,刚开始时由于受到观众的普遍欢迎,很多商家都纷纷争上该节目,然而,只几年的时间,这个节目就一落千丈,甚至被人们称为本市最大的"托儿"。这种现象是如何造成的呢?其原因就在于没有处理好服务类节目中服务性与商业性的关系。或者说,没有处理好经济效益和社会效益的关系。

首先是如何处理服务与广告的关系。服务类节目在很大程度上都是带有广告色彩的。那么在媒体上刊登的各类纯粹广告又和服务类节目有哪些区别呢?区别之一就是,广告是商家或企业的主动及主观行为,他们为了自己的商业利润而不惜花钱作;而服务类节目却是一种客观行为,是出于节目内容和观众的需要有选择、有标准制作的。广告在不违反广告法及有关条例的前提下,会尽量选择种种溢美之词,王婆卖瓜,自卖自夸。而服务类节目却应该像新闻报道一样,客观、公正,一是一,二是二。

其次是要处理好有偿服务与无偿服务的关系。虽然从广义上讲,所有电视节目都是服务于观众的,都有

服务性,但服务类节目却是更直接、更实际的服务。而且也是除了广告之外与广告最为接近的一种节目。从服务方式上划分,服务类节目有两种,一种是有偿服务,一种是无偿服务。前者如《供求热线》、《电视商场》等,后者如《中华医药》、《读书时间》等。许多服务类栏目之所以存在先热后冷、由盛到衰的现象,是和没有处理好有偿服务与无偿服务的关系分不开的。

要使服务类节目办得客观、真实,赢得观众的信任,最关键的一条就是选题要严,标准要高,内容要新。比如《中华医药》中的小栏目《人物档案》所制订的选题标准,就是要介绍的名医必须从国家中医药管理局认定的五百位名医中挑选,所介绍的疾病专科治疗中心,也基本上都是由国家中医药管理局批准的。这样就使栏目具有了权威性和可信度,观众看了节目只会受益,而不会上当受骗。从服务性的角度讲,要把节目办得贴近群众,贴近生活,服务性更强一些,就要具体实在,具体到一个地方,一家医院甚至一位大夫,一种药品。然后才是节目形式的创新与多样、画面的精美、语言的通俗易懂等等。现代社会没有广告是不可能的,人们反对的只是虚假广告。因此,我们没有必要回避服务类节目的广告性,更不能因为广告性而使服务类节目的服务性受到损害。

(摘自《中国广播电视学刊》1999 年第 10 期)

尽快完善制片队伍

韩　扬

改革开放以来,旧的计划经济体制,已不再适应发展的需要,而被市场经济体制的模式所取代。

作为上层建筑领域的文化产品,在改革大潮的冲击下,也不得不为自己的生存寻找出路。因为,这时的一切产品,都要以商品的形式进入市场,进行优胜劣汰的较量,决定取舍。所以,对于影视文化产品的的生产者——电影人或电视人,所面临的处境只有“物竞天择,适者生存”这条唯一可行的法则了。

一、转轨势在必行

计划经济时代的电影制作人,曾过了很长一段衣来伸手、饭来张口的安逸日子。没有压力,没有紧迫感;上级决定拍摄的剧本交给导演,导演进行艺术处理后,做出拍摄计划交给生产部门准备。然后按计划开始拍摄。影片完成审查通过,转交发行部门发行。至于影片在发行过程中是否盈利,对于制作人是没有压力的。因为,那时的电影厂和电影发行公司是两个独立核算的单位,各有一本账,亏本由国家补贴。这样,谁都没有压力,最终吃亏的只是国家。

时代在前进,科技在发展。电视技术的飞速发展,电视的诞生,给电影制作人带来了生存的紧迫感。于是,一批电影人转向了电视制作。

随着电视剧这一艺术品种的出现,一批电影人似乎找到了自己的生存空间。但由于那时的电视剧制作仍是在计划经济的制约下运行,这批电视制作人吃的仍然是皇粮,制作出来的电视剧交由国家电视台播放,没有进入市场销售的轨道,所以这批电视制作人走的还是电影制作人的老路。

随着改革浪潮的进一步冲击,转眼间电视市场打开了。这时的电视制作人同样面对着市场——这个产品优胜劣汰、公平竞争不可回避的氛围。这是时代的进步,改革开放的必由之路。任何一种产品的制作人,都无法逃避客观现实。作为文化产品的制片人,该是认真思考如何降低生产成本,提高产品质量,赢得市场,获取社会效益和经济效益的时候了。不然,你的生存空间会越来越小。

二、制片人的含义

市场经济的管理体制有多种多样。作为文化产品,特别是影视制作,目前仍然是一种政府行为。就是说,国家拨给你一定的制作经费,由节目制片人按照国家的宣传方针确定选题,组织创作班底,做好制作成本预算,然后开始制作。

由于制作经费是国家给的,制片人的责任和压力不会很大。特别是一些政府行为的宣传任务,往往是只要达到了宣传目的,制作成本可以忽略。

按照西方的经济模式,制片人不但要对节目做出精确的生产成本预算,还要做出市场销售预算。如果两个预算持平,出资人是不会同意制作这个节目的,而这样的制片人在西方是不会被聘用的。

那么,什么是真正的制片人呢?概括地说,制片人应是一个有胆识、有责任心、有事业心、懂经济、懂艺术和了解市场的实业家。也即节目的制片人在决定一个选题时,要对现实生活有较深刻的认识,对广大观众的心理也要有准确的判断。然后,你的选题才会有市场。比如:《泰坦尼克号》的制片人,在选择这一耗资巨大的选题时,就要慎而又慎。因为这段历史过去英国人曾经拍过。同一个题材,再用同一种手法拍摄是自讨没趣。经过再三斟酌,他把这一真实的历史加进了一段观众都喜欢的爱情故事,然后用现代电子技术制作出令人瞠目的惊涛骇浪吞没客轮,使美好的生命和不可抗拒的灾难形成强烈的反差,从而使观众心理受到强烈的震颤后而又感到遗憾。因此,该片尽管耗费2亿美元之多,而它收到的却是20多亿的回报。

这里还应强调:作为制片人,仅仅有胆识、懂经济、敢冒险是远远不够的。因为,强烈的事业心和进取精神可以驱使你去冒险。市场经济规律也可以通过调查研究,得到准确的数据供你决策,而艺术品位的高下和鉴赏力的修养,却不是一朝一夕所能达到的。因此,做为制片人首先要懂艺术,因为你的事业心、冒险精神、经济头脑均需要你的艺术产品做后盾。如果你确立的选题虽然不错,但选错了导演、演员、摄影……总之,选错了你认定有市场的产品的制作班底,那你的一切都将化为乌有。

三、过渡时期的任务

目前,上层建筑领域的体制改革,较之经济基础领域的体改工作起步较晚,尚不健全,需要有一个过渡期。为适应不断发展的改革形势,制片人应该有一种形势逼人的紧迫感。因为,随着市场经济的不断发展和完善,文化产品的商品化已是势在必行。过去那种靠国家投资拍片,赔本或打个平手无人问津、不负任何责任的时代已成为过去。代之而来的承包责任制、赔钱自负、盈利有奖、风险共担等一系列法规的出台,将会给制片人提出更高的要求。谁不适应这个机制转换的现实,谁就会从这个旋转的大舞台上掉下去,甚至连自己的饭碗都保不住。

为了尽快适应这个商品社会的机制转换,在这个过渡期间,愿意继续从事制片工作的仁人志士,应该尽早做出选择。要么到艺术院校的经济管理和编导班去,认认真真、扎扎实实地学它个几年;要么,改行转业。那种到院校学个十天半月混张制片人文凭的做法,是绝对不可取的。将来一旦制度完善,才觉得力不从心时,那就悔之晚矣,不如早些自我完善,把电充足,以不可战胜的姿态迎接新时代的挑战。

(摘自《中国电视》1999年增刊)

二、论 点 摘 编

电视“关注人”的革命

杨君同志在北京广播学院学报《现代传播》1999年第1期上发表文章,提出了电视要关注人的观点。

首先文章尖锐地提出了目前电视的最终满足目标是不是受众这个敏感问题,接着阐述了在21世纪的现代电视理念上围绕传播主体需要的巨大变化,我们的电视传媒应该做出哪些积极调整。文章还从分析电视传媒的特性和属性功能入手,归纳整理了中国电视传播媒介创作的几个阶段,提出我们现在电视传播方向上的人文关怀——“电视对于人的关注”。文章说,“我们已走过了由事件和生活流程向人的生存状态关注的过渡——并开始大规模地关注各种各样人的命运、人们的内心和不同的感受——关注他们的深层的心理状态,关注与他们生活相联系的社会大背景的变迁以及对他们情感和思想的影响及引导。”文章还提出正是由于电视媒体自身语言获得的探索和突破,才使得电视的“关注”,从局限的事件、仅仅的生活流程、人成为可能和必然。“这里对‘人’的定义比较宽泛,有伟人:马克思、列宁、毛泽东、邓小平、周恩来……;也有普通人:工人,农民。从他们身上我们透视出时代和社会的变迁,当然从一定的意义上来讲伟人亦是普通人或曾经是普通人;这里还包括个体,亦可以是群体;如果说以往我们关注的是你干什么?发生了什么事?那么今天我们关心的则是,你正在做的和曾经做过的事情,以及为什么要这样做?在事物进展的过程中,你遇到的困难是什么?你怎样克服的?在发生的大小国事和家事中你的感受如何?你将来有什么打算?等等。”电视荧屏上的变化不仅在于让人看到人,还在于让人看清人。随着创作主体和创作叙事语言法则的变革,描述方式的变革,由此引发了一场创作观念和理念上的革命。

直播庆典 艺术展现

李挺、张文华同志在《电视研究》1999年第11期上发表文章，根据他们对新中国成立50周年庆典的直播实践谈了自己的认识与感受。文章说，庆典直播是复杂艰辛的艺术创作，要严格按照庆典程序和时间流程进行，只能在同一的时间中对多个空间进行组接。要使庆典的直播达到全方位、多角度、立体化的效果，必须掌握庆典的特点和规律。

一、运用镜头语言，构建庆典叙事框架

庆典全程可以分为升旗仪式、阅兵式、领导人讲话、分列式和群众游行五项内容，是在不同区域依次展开的，因此，直播也要分区域、分段落进行，而每个段落与段落间应该有明显的过渡。庆典的五项内容都是由全景连接过渡的。全景作为文章中的句号反复使用，既突出强调了庆典的特定情境，又展示了广场的欢庆氛围；既区分出明显的段落，又强调了视觉的连续性。

二、调动视觉元素，营造庆典喜庆氛围

作为庆典的主体，分列式和群众游行应是直播中着力表现又难于表现的部分。两者的共同点是，要揭示规模，就要很好在展现队形。两者的不同点是，分列式显示的是军威和气势，而游行注重的是造型和色彩。在庆典直播过程中，既要表现每个方队的规模，又要表现每个方队的特点。

三、强调画面风格，延展庆典意蕴空间

庆典直播不仅完整地展现了庆典的全过程，还以独特的艺术视角，引导人们去发现庆典中蕴含的美感，体现出创作者对共和国的眷恋和热爱。

在考虑情绪的现场剪辑时，庆典直播主要着眼于景别带来的视觉感受强度的大小。越是激烈、动荡、活泼的情绪气氛，越能加大视觉感受的强度。

主持人要讲自己的真实感受

张悦同志在《节目语体主持》一书中，就如何做好“电视生活服务类节目主持”的问题，发表了自己的看法。她说，服务类节目主持人要给人信任感还有一点不可忽视，那就是力争不讲同自己的内心感受不一样的话。现在已有些主持人走上了采、编、播合一的路子，但更普遍的情形仍然是，主持人不撰稿，照本宣科。或极少有主持人主持的所有节目稿件都是自己写的。她认为主持人主要以主持为主，采访和编辑制作只能部分地参与，相当多的稿件还是要由编导写，但是要把编导的话消化吸收、精加工后变成自己的语言。对节目宗旨心中有数和直接经验的不断增加，会使主持人准确掌握节目精髓，更容易消化吸收间接的东西。值得注意的是，不是所有的编导都按主持人的风格和语言习惯写串联词。有的串词词往往给人以“千人一面，众口一词”的感觉，时间一长，主持人就没有了自己的风格。在这种情况下，主持人最好征得编导同意，按照自己对节目的感受和自己习惯的表达方式，再把稿件加工润色一下，把它变成自己的话说出来，这样才自然。并不是说别人写得不好，只因那是编导的感受而不是主持人的感受。而且，一个栏目有好多编导，每个编导的性格、文风又大不相同，如果主持人照本宣科，肯定就像在背台词，观众听了是不会感动的。只有自己有感而发说出的话，观众才会觉得亲切，他们的情绪才容易被感染。观众欢迎的是和他们像朋友一样平等交流、讲心里话的主持人。

《现在播报》的成功与不足

1999年7月5日，中央电视台第一套节目推出一档新的新闻栏目《现在播报》。江和平同志在《新闻实践》1999年第9期上发表文章，就《现在播报》的成功与不足提出了自己的看法。

文章指出，《现在播报》有五个成功之处。首先，《现在播报》的出台完成了中央电视台第一套新闻栏目的整合，形成了规模化、阶梯化、特色化的新闻栏目布局；其次，《现在播报》体现了“快节奏、高密度、精制作、有深度”的特点；第三，《现在播报》实行主播制，主播制将是电视新闻改革的又一突破口；第四，《现在播报》客观上带动了《晚间新闻报道》的成长；第五，《现在播报》还是新闻栏目与企业文化结合的一次有益尝试，娃哈哈集团与中央电视台形成了不同于有偿新闻式的利益共同体。

作者还认为，《现在播报》至少在五个方面需要认真对待。首先，《现在播报》必须在节目深度上下功夫，以会议新闻为突破口，全方位、多侧面地剖析重要会议，将会议新闻做成深度报道；其次，《现在播报》节目特色仍不明显；第三，《现在播报》的目标观众应该是有一定文化素质的观众，为他们解疑释惑，而不必去迎合各个阶层；第四，主持人的权威性还有待提高；最后，《现在播报》受其他节目冲击的情况时常发生，不能保证天天播出，应杜绝《现在播报》的“撤播”现象。

关于舆论监督几个可借鉴的原则

钱蔚同志在《国际新闻界》1999年第6期上发表文章，提出了有关舆论监督的问题。文章说，舆论监督是指媒介以新闻生产为手段进行的监督，人们一般认为，舆论监督是以三项公民权利为依据的，即言论自由权、知情权和批评建议权。这些公民权利引申到新闻传播活动中，就成了人们常说的舆论监督。

在我国，尽管新闻法尚未出台，但已形成了一个由中华人民共和国宪法、刑法、民法等若干条款构成的、以禁止性规范和义务性规范为整体的法律体系。文章主要就舆论监督与公民人身权利何者优先和关于"公正评论与批评"等法律问题展开了讨论。作者认为，舆论监督与公民人身权利并不存在绝对的"孰先孰后"的关系，法律的精髓本在于维护权益间的平衡。在监督范围是社会公共事务，监督对象是公共官员两个条件都满足的条件下，个人的名誉权应该服从于更为重要的宪法权利，舆论监督具有优先地位。对私人的保护与对公关人物的保护应有不同的标准。

关于"公正评论与批评"原则，文章说，新闻侵权案件的审理应注重规则而不是死抠事实，鼓励媒介对政府机关、慈善组织、商业机构等部门以及公共决策予以大胆的报道和批评，如果出现偏激和失当，诉讼中的辩护理由是"公正评论"原则，只要证明属于"公正评论"，法院应减免责任甚至不予追究。这一原则的两个必要条件是：其一，基本事实属实；其二，出于善意。

横断学科群围绕信息的"整合"思考

马万明同志在《理论前沿》1999年第24期上发表文章，指出于20世纪中叶产生的系统论、信息论、控制论（老三论）和以后相继出现的耗散结构、协同学和突变论（新三论）及混沌学、超循环等已形成一个横断学科群，其整体性思惟方式正逐步引入我国各具体学科和实践活动，但在很多情况下效果并不理想。究其原因，是抓住一"论"不及其余。文章针对各种现实需要，对这一学科群进行再次整合，在归纳各横断学科相似性或同一性的同时，界定其相异性和适用范围，以使实际应用者准确把握和使用。

文章还围绕"信息"这一横断学科群的共有要素，在"整合"中研究它们各自的定位，发现了这一学科群自身的"空间序列阵"和"时间序列阵"。据专家认为属于前沿发现。

构建中国电视媒体产业的新框架

屈小平同志在《电视研究》1999年第12期上发表文章，对构建电视产业框架问题提出了自己的见解。文章说，在建立社会主义市场经济的过程中，电视界在理论、观念和实践上不断突破，电视媒体的产业属性以及它所包含的经济能量，逐渐被人们认识和接受。然而，现有的电视媒体体制一方面制造出更多的电视台，加剧了本已稀缺的电视资源的紧张，另一方面又阻碍了新的电视体制和运作模式的诞生。现在必须对中国大大小小的电视媒体进行整合，构建电视媒体产业新的框架。

1. 打破条块分割，形成以全国性无线网、区域性无线网为主，全国性有线网、区域性有线网为辅的电视媒体产业的新框架。

2. 由于电视资源的丰富性，电视产业的经营内容也是丰富多彩的，单纯依赖广告收入的局面必须改变。电视媒体产业应尽快形成广告经营、节目经营、网络经营鼎足而立的产业结构，并辅助以延伸产业及其他经营，走上全方位发展的道路。

中央电视台作为中国电视媒体产业的首户，必须面向未来，担负起推动电视媒体产业发展的重任。我们应充分利用海内外资本上市的机会，尽快扩充资产规模和业务领域，争取超常规发展；选择优质资产，保持其经营的连续性，在稳定的基础上实施重组；将金融资本和产业资本相融合，发挥集团化经营的优势；对内建立适应产业经营要求的管理机制，对外联合各大电视媒体，积极构建中国电视媒体产业的新框架，以迎接日益激烈的国内与国际竞争。

塑造好人物 写好人物命运

何延锋同志在《中国电视》1999年增刊上发表文章，从正反两个方面指出在电视剧创作中，最重要的是写人。文章说，塑造好人物，写好人物命运是一部戏成功的关键。审视以往引起人们普遍关注的电视剧，几乎都是着重塑造了人物，写出了人物命运。不论是日本的《血疑》等电视剧，还是韩氏兄弟的《篱笆·女人和狗》等“农村三部曲”，人们最关心的是幸子、枣花的命运。观众对人物命运的关注甚至忽略了一部戏其他方面的不足。为配合1997年香港回归播出的29集电视连续剧《香港的故事》，带有较强的配合形势宣传和主题先行的痕迹，在故事架构上也有明显的缺陷，但就是这样一部既算不上精品，也不为专家和业内人士称道的电视剧，却在1997年全国电视剧收视率统计中排名第二，达16.18%。其原因，就是它写出了主要人物阿带的命运，从她被卖到戏班子开始，到小本经营凉茶谋生，到最终成为实业家，较真实地写出了这个人物坎坷的一生和艰苦奋斗的发展史。观众很自然地被她的命运牵着走，随着她的喜怒哀乐而喜怒哀乐。再看《东周列国·春秋篇》，功夫下得不可谓不大，制作不可谓不精，但它就是没能抓住观众。从其每集的标题看，它是试图通过一个个著名的历史事件来勾勒这个时代的概貌并推动全剧发展。然而电视剧不同于史书，只写清史实而捎带塑造人物是无法给观众留下印象的，观众记住的往往是剧中人物而不是事件。《春秋篇》的症结也许在于它的创作思路，描绘242年中国历史最纷繁、最复杂的时代和其中数百个人物、无数个故事，是30集的篇幅所无法承受的。试想，春秋五霸、诸子百家、唇亡齿寒、千金一笑、一鸣惊人、卧薪尝胆、赵氏孤儿、伍子胥一夜愁白了头等等，人物、事件纵横交错，看昏了头的观众又怎能被吸引住呢？

面对变化中的观众需求

徐瑞青同志在《中国记者》1999年第4期上发表文章指出，如今电视对人们的影响越来越广泛，但在电视业繁荣背后却潜伏着巨大的挑战——如业内竞争的日趋激烈，互联网媒体对传统媒体、包括对电视的冲击，同时观众的需求面和欣赏品位越来越高，对电视节目的内容和质量也提出了更高的要求。因此，电视从业人员必须保持清醒的自我意识和自我定位，积极寻找电视发展的新生长点。其中关键是把握受众的需求，更好地服务观众。作者建议，针对观众对电视生动、直观信息的需求，针对观众对电视新闻舆论监督作用的渴望，以及对全面准确的信息服务的需求等，电视从业人员要在电视新闻的快捷、真实上继续挖掘潜力；要在充分发挥电视的舆论监督作用上大做文章；要在突出电视表现形式多样性和参与性上不断创新；要在提高准确、全面的生活信息服务上多下功夫。

14. 文章篇目辑览

电视事业与管理

以创造性的工作迎接新世纪的到来 （杨伟光《电视研究》1999.01）

尽快建立我国地面数字电视广播网 （何宗就《电视研究》1999.01）

浅议电视节目进入市场的必然性 （陈元铮《电视研究》1999.01）

电视“关注人”的革命 （杨君《现代传播》1999.01）

电视传播观念上的两点突破 （王甫《现代传播》1999.01）

没有国界的电视传播：电视在对外宣传中的地位 （赵伯平《国际新闻界》1999.02）

略论有中国特色电视文化的形成与发展 （孟凡鲁、顾晓芳《电视研究》1999.02）

增强政治意识 大局意识 责任意识，为改革开放和社会主义现代化建设服务 （赵化勇《电视研究》1999.03）

强化精品意识，加大管理力度，更好地发挥电视媒体的作用 （刘宝顺《电视研究》1999.03）

精品意识在电视节目生产中的重要作用 （武晋先《电视研究》1999.04）

知识经济与广播影视有线网 （王健、李迎春《声屏世界》1999.04）

党性原则 喉舌功能 “二为”方向 “四有”准则——试论中国社会主义电视的特色 （欧阳宏生、尹桂馥《声屏世界》1999.04）

高举旗帜，开创未来 （赵化勇《电视研究》1999.05）

青年要做跨世纪的电视先锋 （刘宝顺《电视研究》1999.05）

创作更多精品，繁荣电视屏幕 （杨伟光《中国电视》1999.05）

跨世纪的中国电视应更加贴近观众 （张大勤《电视研究》1999.05）

加强电视批评是提高节目质量的重要手段 （尹桂馥、申生《南方电视学刊》1999.05）

面向二十一世纪的必然趋势：论广播电视集团化运营及形式 （王国华、王平、胡全峰《声屏世界》1999.05）

浅谈电视宣传管理的整体性 （武金鑫《电视研究》1999.06）

我国电视传播事业现状分析与发展对策 （何宗就《学习·研究·参考》1999.06）

企盼健全的电视剧市场出现 （高建民《中国电视》1999.06）

一项调查引起的思考 （赵明亮《中国广播电视学刊》1999.06）

大力提高电视工作者的素质 （朱虹《中国电视》1999.07）

电视制片管理与电视节目制作 （李华《现代传播》1999.07）

音像资料管理应正规化 （冯玮《电视研究》1999.08）

从传播学角度看电视互动性的发展 （陆京生《电视研究》1999.08）

精确性——信息传播的重要原则 （王焰《中国广播电视学刊》1999.09）

高路入云端——国庆寄语 （赵化勇《电视研究》1999.10）

不断延伸的路——中央电视台40年扫描 （王录《中国广播电视学刊》1999.10）

推行成本核算 促进电视事业健康发展 （刘宝顺《电视研究》1999.11）

千年之交的思考 （王甫《电视研究》1999.12）

构建中国电视媒体产生的新框架 （屈小平《电视研究》1999.12）

百年大计 质量为本——中央电视台加强基本建设项目管理的几点意见 （刘宝顺《电视研究》1999.12）

谈电视制作人 （李华《中国广播电视学刊》1999.12）

电视新闻

从生态环境变化与自身功能驱动看《东方时空》模式面临的挑战 （丁洪亮《南方电视学刊》1999.01）

名与实的辩证法——对《东方时空》模式的体察 （叶哲《南方电视学刊》1999.01）

《焦点访谈》的实践与舆论监督的策略 （孙杰《中国记者》1999.01）

电视新闻成就报道已成为荧屏聚焦点 （武晋先《广播电视研究》1999.02）

办活新闻节目的有益尝试：'98航展直播室的体验思索 （周建亮《南方电视学刊》1999.02）

电视消息的存在方式和表现形式：'98抗洪救灾优秀报道电视消息观感 （郑国忠《中国广播电视学刊》1999.02）

关于生态保护类系列报道新闻性的探讨 （董志敏《中国广播电视学刊》1999.02）

淡化与强化：曼谷亚运会新闻专题节目采访制作方式的有益尝试 （张兴《电视研究》1999.03）.

20年前的《新闻联播》 （中央电视台新闻中心《电视研究》1999.03）

立足实际多出精品——浅谈电视新闻节目的非线性制作与包装 （李华《南方电视学刊》1999.03）

现场直播——电视向新闻本源的复归 （张宁、韩彪《电视研究》1999.04）

电视新闻评论的特性 （尹桂馥、欧阳宏生《广播电视天地》1999.04）

要在画面的强化上下功夫——从北约轰炸南联盟的一组电视新闻谈起 （沈薇《岭南视听研究》1999.04）.

电视新闻编辑制作方式思考 （石焕斌，岑建康《视听纵横》1999.04）

报道年年搞 年年有新貌——中央电视台1999年"两会"报道回顾 （杨明、韩彪、天颖《电视研究》1999.05）

方向准 对象明 手段新 反馈快——从"两会"报道看电视外宣工作的新特点 （赵宇辉、阎天颖《电视研究》1999.05）

中国电视：真实纪录历史，留住反战呼声 （李浙、韩彪《新闻三昧》1999.05）

热情投入 冷静处理——电视新闻中典型宣传热点引导 （李毅《现代传播》1999.06）

力量与韵律——中央电视台的《新闻调查》 （梁建增《文汇电影时报》1999.06）

"公开"的尊严——中央电视台的《新闻调查》 （麦天枢《文汇电影时报》1999.06）

另一种错误：对新闻节目的思考 （刘春《文汇电影时报》1999.06）

标题——电视新闻的"亮眼" （李德琼《电视研究》1999.07）

时代呼唤中国的新闻频道 （孙旭培、武晋先《中国广播电视学刊》1999.07）

激情·理性·智慧——从"5·8"事件看突发新闻对外报道的把握和现代电视运作 （赵树清《电视研究》1999.08）

如何增强电视新闻屏幕情境的传播效果 （王晓琨《电视研究》1999.08）

例谈电视新闻的辩证艺术 （杨金月《电视研究》1999.08）

电视新闻特性简述 （张宁《新闻前哨》1999.08）

漫谈"挑"、"等"、"抢" （刘京山《电视研究》1999.09）

声势浩大 积极稳妥——中央电视台揭批法轮功报道纪实 （韩彪、王旭东《电视研究》1999.09）

铸造现代电视新闻理念 （李东生《中国广播电视学刊》1999.09）

重视同期声的运用 （靳小东《电视研究》1999.10）

电视新闻中的情感因素 （张新海、刘东华《新闻爱好者》1999.10）

直播庆典，艺术展现 （李挺、张文华《电视研究》1999.11）

观庆典，话直播 （张普随《电视研究》1999.11）

热情投入 冷静处理——电视新闻中典型宣传热点引导和舆论监督的几点思考 （李毅《现代传播》1999.11）

电视专题

《大西北》的创作构想 （童宁《电视研究》1999.01）

展望明天——我看《科技博览》 （刘扬体《电视研究》1999.01）

由《城市之间》看周末娱乐节目 （刘志忠《电视研究》1999.01）

从'98 珠海航展谈航空表演的现场直播 (王建宏、沈忱、霍燕《中国广播电视学刊》1999.01)

中央电视台经济节目特征初探 (马叶英《中国广播电视学刊》1999.01)

用摄像机书写新时代军人的风采:评冷冶夫的系列军事题材纪录片 (任远、彭国利《现代传播》1999.01)

生命的赞歌,永恒的主题:评《人与自然》 (任远《南方电视学刊》1999.01)

说什么与怎么说:《实话实话》 (王宇红《南方电视学刊》1999.01)

试论如何让《新闻人物》更精彩 (张蔚妍《岭南视听研究》1999.01)

媒体民俗随想:《人与自然》栏目 (董晓萍《民俗研究》1999.01)

构筑电视现场直播的立体时空——"'98 国际航展开幕式现场直播"分析 (罗青《声屏世界》1999.01)

《读书时间》栏目改进之我见 (郭卫翔《声屏世界》1999.01)

从《实话实说》看中国电视传媒的跨越 (李鳗《声屏学刊》1999.01/02)

恢宏的建构 平实的史诗——《改革开放 20 年》的创意与风格 (高杰、郭强《电视研究》1999.02)

纪实与思考——从《神鹿呀,我们的神鹿》谈纪录片特性 (孙曾田《电视研究》1999.02)

描绘气壮山河的历史画卷——'98 抗洪救灾优秀电视专题节目的特色 (张复华《中国广播电视学刊》1999.02)

溪涧岂能留得住:中央电视台亚运会报道引发的思考 (远望、雨燕《南方电视学刊》1999.02)

我们为什么要出发:与《生活空间》制片人陈虻对话 (吕新雨《南方电视学刊》1999.02)

有亭翼然——看"东方之子"的另外两个"别版"思《东方时空·东方之子》的遗憾 (叶哲《南方电视学刊》1999.02)

魅力与羁绊——《世界体育报道》的文化视角 (詹万里、张伟《南方电视学刊》1999.02)

开办有线社教类节目的探索和思考 (王萍《视听界》1999.02)

从《实话实说》看电视谈话节目的发展趋向 (周振华《新闻界》1999.02)

双视窗在《曼谷赛场》中的应用 (岑传理《电视研究》1999.03)

《社会经纬》改版后法制专题栏目的定位 (黄海星《电视研究》1999.03)

尊重历史 尊重事实——谈电视系列片《中国西藏》的创作 (胡箭《电视研究》1999.03)

试论深度报道的发展与"回归"——从 CCTV《焦点访谈》谈起 (刘鸿君《中国广播电视学刊》1999.03)

《实话实说》 (宣明栋、赵一工《中国电视》1999.03)

《实话实说》——大众传媒中的人际传播空间 (王晓娜《中国电视》1999.03)

从《实话实说》看电视谈话节目的中美差异:兼论我国谈话节目的发展趋向 (周振华《新闻知识》1999.03)

成就报道——荧屏聚焦点 (武晋先《中国记者》1999.03)

旅游片中人文景观的表现 (时学祥《视听界》1999.03)

纪录生活的"三法" (冷冶夫《声屏世界》1999.03)

电视报道优势的充分发挥——评中央电视台1998 年抗洪救灾报道的特色 (尚墨玲、张传昌《电视研究》1999.04)

培育多彩的童心世界——1998 年少儿电视"六个一百"工程回望 (巴丹《电视研究》1999.04)

关于《中国报道》的访谈定位 (杨东《电视研究》1999.04)

《20 年·20 人》的启示 (胡智锋《电视研究》1999.04)

《中国新闻》开创电视对外报道的新局面 (李海明《电视研究》1999.04)

电视军事节目一次历史性转折 (韩金度《电视研究》1999.04)

《法兰西之夜》栏目形态研究 (张佰明《中国电视》1999.04)

潜心思变,不断创新——《世界杯之夜》特别节目播出后的思考 (殷志《新闻窗》1999.04)

现场采访的技巧 (周家戌、冷冶夫《潇湘声屏》1999.04)

学龄前儿童节目的情感把握 (张小军《电视研究》1999.05)

卫生健康节目与观众收视心理 (王洪有《电视研究》1999.05)

记者不是裁判 (段忠应、建康《电视研究》1999.05)

"模仿论"与"含义结构论"——有关传播内容的两种理论在电视专题片的实际运用 (郝海雁、马风《中国广播电视学刊》1999.05)

谈谈《实话实说》 （万籴《广播电视研究》1999.05）

生活的成长 （刘连喜《现代传播》1999.05）

旅游片中人文景观的表现 （时学祥《视听界》1999.05）

浅谈栏目优势 （李长荣《中国广播电视学刊》1999.05）

儿童电视专题节目浅谈 （陈舒平《电视研究》1999.06）

音乐电视剧《相约动画城》得失刍议 （唐玉籍《电视研究》1999.06）

有特色才能生存——《天涯共此时》栏目改版的探索与思考 （汪璁《电视研究》1999.06）

从《美术星空》看专业类栏目的科研性 （孟凡辉《中国广播电视学刊》1999.06）

寻找特定性栏目的最佳叙述方式 （李欣《中国广播电视学刊》1999.06）

论电视纪录片开放的主题与结构 （马莉、冷冶夫《潇湘声屏》1999.06）

电视评论如何扬长避短——《东方时空·面对面》引发的思考 （欧阳明《电视研究》1999.07）

经济信息类电视节目中语言与文字的锤炼 （陆京生《电视研究》1999.07）

《足球之夜》栏目的启示 （陈信凌《电视研究》1999.07）

用电视手段传播理论——《伟大的旗帜》创作体会 （张长江、成建平《电视研究》1999.07）

《走近科学》——提高民族科学素质 （孙素平《电视研究》1999.07）

纪录片的创作观念:平静·平视·平实 （冷冶夫《电视研究》1999.07）

关于政法题材报道的几点思考 （徐克军《现代传播》1999.07）

《生活空间》中的纪实风格与平民意识 （陈晓明、阮露《新闻世界》1999.07）

视点、特色与电视节目的定位 （刘岩《记者摇篮》1999.07）

历史怎样走过——电视文献纪录片《共产党宣言》 （司徒兆敦《电视研究》1999.02）

规模宏大 结构严密 视点多维 主题鲜明——《为了绿色家园——6·5世界环境日特别报道》的特色 （龚汉川《电视研究》1999.08）

纪录片三忌 （张道国、冯际庆《电视研究》1999.08）

《军事天地》——小栏目 大天地 （华建《电视研究》1999.08）

实话实说"脱口秀" （华文月《新闻实践》1999.08）

把生活调出味道来——谈纪录片《芝麻还得慢慢调》的艺术表现 （陈明奎《电视研究》1999.09）

非虚构类电视儿童节目的故事性 （张小军《当代电视》1999.09）

从《部长访谈录》看领导者的媒介形象设计 （熊劲松《电视研究》1999.09）

客观审视自己 不断推陈出新——关于《正大综艺》的话 （何文新、秦明新《电视研究》1999.09）

丰富体育报道的人文内涵——《中国体育》创作得失谈 （张伟《电视研究》1999.10）

浅析电视纪录片的人文特征 （文三生《电视研究》1999.10）

创作适销对路的对外纪录片 （张永富《电视研究》1999.10）

创作纪录片的几点思考 （冷冶夫《中国广播电视学刊》1999.10）

《中华医药》一年间 （刘文《中国广播电视学刊》1999.10）

电视服务类栏目的观众分析、定位及选题 （任达清《中国广播电视学刊》1999.10）

纪录片走向国际市场的思考 （张永富《荧屏世界》1999.10）

《实话实说》的主题定位 （张瑞麟《电视研究》1999.11）

《中华医药》栏目存在的理论依据及其使命 （胡智锋《电视研究》1999.11）

轻松的基调 欢乐的艺林 （汪文华《电视研究》1999.11）

坐标下的生存——"6·5"世界环境日直播断想 （刘旭、罗振宇《电视研究》1999.11）

造型及主导意识——电视纪实拍摄手法思考 （王嫣《电视研究》1999.11）

论电视艺术片中的"陌生化" （李路《电视研究》1999.11）

电视庭审节目论略 （尹力《现代传播》1999.11）

农业报道中应把握的几个问题 （刘东华、张新海《现代传播》1999.11）

文艺人物专题片的创作把握 （王嫣《当代电视》1999.11）

文献纪录片中人物采访的审美效应刍议 （冯东、冯骏《新闻广场》1999.11）

纪录片与纪录片人——兼谈纪录片《舟舟的世界》

（张宁《新闻前哨》1999.11）

影视科普节目创作的一个难点 （廖烨《电视研究》1999.12）

直播交易会——信息服务的新手段 （王晓真《电视研究》1999.12）

《大风车》的新尝试 （张小军《电视研究》1999.12）

纪录片与影视剧艺术审美的哲学比较 （孙和平、周翼虎《电视研究》1999.12）

寻找舆论监督与司法独立的最佳契合点——"庭审直播"中应着重对待的问题 （李毅《中国广播电视学刊》1999.12）

充分发挥电视家教节目在新时期青少年人格塑造中的能动作用——试论《你说我说》专题栏目的创作理念 （邬纯芳《中国广播电视学刊》1999.12）

浓缩历史 再现辉煌——《新中国五十年》创作谈 （时学祥《中国广播电视学刊》1999.12）

长短总相宜 （王甫《社教佳作赏析》1999.12）

中央电视台《东方儿童》栏目的特色与追求 （邬纯芳《决策参考》1999.12）

从《实话实说》看电视生态美 （蔡贻象《温州师范学院学报》哲学版 1999.02）

电视文艺

新时期电视剧的美学追求 （张大勤《南方电视学刊》1999.01）

透视文化变迁的历史——漫谈四大古典名著的电视改编 （张宗伟《现代传播》1999.01）

从历史小说《雍正皇帝》到电视连续剧《雍正王朝》 （缪茵《福建文史》1999.01）

灵魂的颤动——评电视连续剧《抉择》 （赵俊英《中国文化报》1999.01）

"红旗渠精神"的艺术呈现——我看电视剧《难忘岁月:红旗渠故事》 （李庚得《东方艺术》1999.01）

一部催人泪下的力作:8集电视连续剧《人子》观后 （钟艺民《中国电影报》1999.01）

润物细无声——关于电视散文的话 （高立民《中国电视》1999.02）

谈电视剧《魂系梨园》的人物塑造 （梁光弟《中国电视》1999.02）

《20年·20人》总编导阐述 （任学安、康健宁《中国电视》1999.02）

由《官井》想到农村题材电视剧的创作 （张大勤《当代电视》1999.02）

春节电视联欢晚会本质属性刍议 （王宝欣《南方电视学刊》1999.02）

《雍正王朝》何以受欢迎 （龙炘成《电影评介》1999.02）

民族精神的开掘与重建——电视剧《红旗渠故事》解读 （张书琴《东方艺术》1999.02）

理性的震慑，感性的怜悯——电视剧《抉择》简评 （珺瑛《文艺报》1999.02）

唐国强放谈《雍正王朝》 （刘红《中国电影报》1999.02）

《至高荣誉》——一部警世之作 （李路《中外军事影视》1999.02）

精美而朴实的《魂系梨园》 （张大勤《电视研究》1999.03）

《春节联欢晚会》话短长 （尹鸿、彭加瑾、关玲、牟司《电视研究》1999.03）

《雍正王朝》编辑札记 （吴兆龙《电视研究》1999.03）

《雍正王朝》的精品追求 （阿丙《电视研究》1999.03）

电视剧主题歌录音创作的艺术追求 （胡晓炜《中国广播电视学刊》1999.03）

正剧有戏——《雍正王朝》艺术魅力琐谈 （宋鲁曼《中国电视》1999.03）

一个民族的生生死死——我拍电视连续剧《雍正王朝》 （胡玫《中国电视》1999.03）

《中国》，一个封闭社会的最后记录 （张讴《中国电视》1999.03）

《雍正王朝》是历史正剧吗? （秦晖《中国青年报》1999.03）

精品:电视剧的呼唤 （张大勤《电视剧》1999.03）

《雍正王朝》何以好看——三个方面值得借鉴 （王甫《光明日报》1999.03）

钩连缠绕 摇曳多姿——评电视连续剧《骆驼祥子》在情节上的生发创作 （魏润身《电视研究》1999.04）

历史题材的深层开掘与审美表达的当代性问题——关于《雍正王朝》的对话 （刘扬体《电视研究》1999.04）

《雍正王朝》三味 （张德祥《中国电视》1999.04）

一次有意识的努力——电视系列剧《战国》创作言谈录 （唐斯复、刀也、曹其敬等《中国文化报》1999.04）

以现代意识审视历史——关于电视连续剧《战国》

的创作 （徐江《中国文化报》1999.04）

但写真情并实境——电视剧《郭兰英》观感 （蔡润田《文艺报》1999.04）

人间正道是沧桑 （胡恩《电视研究》1999.05）

难忘除夕夜——从1983年春节晚会谈起 （黄一鹤《电视研究》1999.05）

略论电视剧的审美趋向 （张大勤《当代电视》1999.05）

《雍正王朝》历史文本的文化阐释 （刘艳《中国电视》1999.05）

王永春为《战国》精心绘像 （陆正明《文汇电影时报》1999.05）

对历史的一种艺术透视——《战国》电视系列剧印象 （余倩《文汇电影时报》1999.05）

精神契合 板块系列 细腻雕琢——电视剧《雍正王朝》的导演心理结构 （秦俊得《文艺报》1999.05）

国产动画片问题与出路 （梁晓涛《电视研究》1999.06）

为《我要做好孩子》叫好 （张大勤《中国电视》1999.06）

《黄克诚》的魅力 （仲呈祥《中国电视》1999.06）

采访的艺术——从《东方之子》看人物专访 （陈威《中国电视》1999.06）

莎剧化：探索史诗叙事的震撼力——观电视连续剧《战国》 （黄式宪《文艺报》1999.06）

戏曲与电视——叙事方式的转化——评戏曲电视剧《梨花情》 （胡志毅《文艺报》1999.06）

老歌时时醒来——电视连续剧《郭兰英》的启示 （博书华《文艺报》1999.06）

谈电视音乐的创作特点 （牛桂吉《电视研究》1999.07）

慧眼识珠 点石成金 （李德琼《中国电视》1999.07）

电视时代如何读书？——从《读书时间》谈电视读书栏目 （张同道《中国电视》1999.07）

和"夕阳"对话——关于老年题材电视剧创作的思考 （鄢丽娜《中国电视》1999.07）

喜睹凤头，痛失豹尾：谈电视剧《战国》的刺客形象 （马振方《文艺报》1999.07）

关于电视摄像艺术的表现方法 （郑宏宇《现代传播》1999.07）

论戏曲电视剧《苦菜花》的审美特征 （张大勤《当代电视》1999.07）

电视文艺晚会好不尴尬 （阿兵《影视沙龙》1999.07）

让心情沉静下来——由《小船，小船》获奖说起 （司徒兆敦《电视研究》1999.08）

放水养鱼还是竭泽而渔——关于电视剧节目制作与发行的思考 （高建民《中国电视》1999.08）

真实的魅力——电视连续剧《走过柳源》观感 （王新昌《中国电视》1999.08）

《梨花情》的运动造型表现手段 （史近都《中国电视》1999.08）

新瓶装旧酒的《牵手》 （陈芳《中国电视》1999.08）

在全国短篇电视剧观摩学术研讨会上的讲话 （杨伟光《当代电视》1999.08）

讴歌人间真情 （张大勤《当代电视》1999.08）

以人为本 以生命为本 （李路《当代电视》1999.08）

论电视剧题材比例失衡问题 （翁颖莉、雪生《电视研究》1999.09）

一个陌生的话题——关于电视散文的话 （杜桦、吴秋雅《电视研究》1999.09）

儿童音乐电视的审美构成 （李仲《电视研究》1999.09）

中国纪录片的走向 （张讴《中国电视》1999.09）

《西藏风云》——追叙与见证 （刘德濒《中国电视》1999.09）

不求守美，但求卓越——谈电视剧《雍正王朝》财务管理 （武卫华《中国电视》1999.09）

谈电视人偶剧 （张小军《中国广播电视学刊》1999.09）

回到初始，抑或走向未来 （王嫣《当代电视》1999.09）

以电视纪录历史——《20世纪中国女性史》导演阐述 （雪松《电视研究》1999.10）

说"定位" （文三生《中国电视》1999.10）

《开国领袖毛泽东》的几点追求 （王朝柱《中国电视》1999.10）

《共和国往事》创作谈 （尤小刚、陶玲玲《中国电视》1999.10）

雪域高原四重奏——《西藏风云》导演总结 （翟俊杰《中国电视》1999.11）

五彩纷呈的礼赞 （高建民《电视研究》1999.12）

恢宏的气势 艺术的追求 （彭吉象《电视研究》1999.12）

把握时代脉搏 创作激扬颂歌——谈'99"八一"晚会《向前！向前！向前！》的艺术创作 （王炳森《电视研究》1999.12）

电视剧《开国领袖毛泽东》的策划与运作 （高建

民《中国电视》1999.12）

评电视剧《开国领袖毛泽东》（赵景瑜、王欣欣《中国电视》1999.12）

动画片也应有"青春偶像剧"（李剑平《中国电视》1999.12）

电视剧《开国领袖毛泽东》摄影追求（董亚春《中国电视》1999.02）

43集电视剧《水浒传》失败原因探（李振华《江汉大学学报》1999.16）

人民领袖的深情颂歌——评电视连续剧《开国领袖毛泽东》（汤恒《求是》1999.20）

电视播音与主持人

"优越感目标"的自卑与超越——赵忠祥散论（应天常《南方电视学刊》1999.01）

宽容·平和·达观——对赵忠祥的访谈（徐荐《南方电视学刊》1999.01）

我们生活在什么样的时代——试论主持人的生存背景（白岩松《新闻知识》1999.01）

论节目主持人的语言艺术修养（陈虹《新闻前哨》1999.02）

荧屏后面的一丹——访中央电视台著名节目主持人敬一丹（金佳《电视评介》1999.02）

试论从记者群中走来的节目主持人（刘欣《新疆社科论坛》1999.02）

知识经济与经济知识——兼论电视经济节目主持人的首要特质（刘连喜《电视研究》1999.03）

偶尔"撒谎"的崔永元（王维强《新闻与写作》1999.03）

主持人选择工作的误区及对策（刘占林、马静《齐齐哈尔社会科学》1999.03）

沈力，后来人的坐标（胡妙德《电视研究》1999.04）

体育解说员也是主持人——谈谈体育节目主持人（之一）（孙正平《中国新闻报》1999.04）

浅谈电视新闻配音的"多样化"（周涛《中国广播电视学刊》1999.05）

体育新闻主持人的共性要求——谈谈体育节目主持人（之二）（孙正平《中华新闻报》1999.05）

体育新闻主持人的发展方向——谈谈体育节目主持人（之三） 孙正平《中华新闻报》1999.05）

呼唤中国的消息类电视新闻节目主持人（郎永淳《电视研究》1999.07）

电视主持两种效果的区别与把握（王红蕾《电视研究》1999.07）

谈谈电视节目主持人的角色定位（周涛《现代传播》1999.07）

体育节目主持人的必备功夫（孙正平《电视研究》1999.08）

激情是打开创作之门的钥匙——采访桑兰有感（宁辛《电视研究》1999.08）

谈主持人的两难困惑及其解脱（朱岩《新闻通讯》1999.08）

在塑造屏幕形象中塑造自我（赵洪涛《中国广播电视学刊》1999.10）

从重大题材宣传报道看播音员的素质培养（罗京《现代传播》1999.11）

体育节目主持人如何提高自己的综合素质（孙正平《电视研究》1999.12）

浅谈电视体育竞赛直播节目的主持艺术（孙正平《中国广播电视学刊》1999.12）

电视技术

曼谷亚运会分演播室及单边注入系统（肖建生《世界广播电视》1999.01）

DNW-A220/A220P在工作中的应用（柳素梅、江欣、史伯云《电视技术论谈》1999.02）

电视直播中继微波设备常用公式和链路计算方法与分析（叶双印《电视技术论谈》1999.03）

越来越受青睐的无线摄像机（柳素梅、江欣《电视技术论谈》1999.03）

有线电视网——数据跑道上的"黑马"（王宏《中国计算机报》1999.04）

'98法国世界杯足球赛的电视直播（梁迎利、白皓《世界广播电视》1999.04）

论电视摄像师素质的培养（郑宏宇《中国电视》1999.05）

卫星电视和互联网时代（陈皓、杨君《电视研究》1999.06）

第一次现场直播卫星发射（周兴广《电视研究》1999.06）

数字电视还有多远（王效杰《电视研究》1999.06）

通用接口GPI的巧妙应用（陈江疆、张立《电视

技术论谈》1999.06)

COFDM 数字 ENG 传输系统测试 (赵东军、刘开平《电视技术论谈》1999.06)

浅谈“中国围棋和中国象棋电视快棋赛”的实况转播 (潘燕生、谢峻芬《电视技术论谈》1999.06)

计算机图形软件在电视领域的应用 (谢峻芬《电视技术论谈》1999.06)

论数字地面电视广播 (曹青《世界广播电视》1999.06)

微型摄像机的遥控设计 (张立《电视技术论谈》1999.06)

北京国际马拉松电视直播的回顾与展望 (叶双印《电视技术论谈》1999.08)

中央电视台大型海外报道技术系统的发展 (陈泽时、杨健《电视研究》1999.09)

第十三届亚运会电视报道的技术特点 (梁迎利《世界广播电视》1999.10)

1998 年北京国际马拉松赛电视转播的技术特点 (叶双印《电视技术论谈》1999.10)

从变化看′99 北京国际电视设备展 (刘万铭《′99 北京国际广播电影电视设备展览会技术文集》1999.10)

数据业务在卫星直播系统中的应用 (张勇《′99 北京国际广播电影电视设备展览会技术文集》1999.10)

我们使用了虚拟演播室技术 (蔡莉莉、冯庆一、申发玉《中国广播电视学刊》1999.10)

略谈电视移动转播技术 (叶双印《电视技术论谈》1999.12)

BETACAM-SM 格式的技术特点 (谢峻芬《电视技术论谈》1999.12)

微波的发展与未来 (张福田《电视技术论谈》1999.12)

从′99BIRTV 看虚拟演播室的发展 (蔡莉莉、冯庆一、申发玉《中国广播电视学刊》1999.12)

其　他

开拓中国电视事业的新境界——读《中国电视论纲》 (白占群《电视研究》1999.01)

电视理论研究的突破——评《中国电视论纲》 (宋海庆《电视研究》1999.01)

一部具有较高理论建树的力作 (李向阳《电视研究》1999.01)

略谈电视的情商教育 (徐荃乐《现代传播》1999.01)

电视文化研究探微 (吴红雨《视听纵横》1999.01)

随感三则——电视节目评论 (张子扬《中国电视》1999.01)

英国商业电视的创立 (欧阳宏生编译《世界广播电视参考》1999.01)

独树一帜的南非多选集团 (姜红《电视研究》1999.02)

生存还是毁灭,这是一个需要考虑的问题——从中央电视台网站改版谈起 (闵大洪《南方电视学刊》1999.02)

电视节目与“快餐文化” (孙秋萍《辽宁电视》1999.02)

唐国强演“冷血王”彻底摆脱“奶油小生”印迹 (李路《影视圈》1999.02)

摄像造型艺术的表现方法 (郑宏宇《电视研究》1999.03)

《′99 春节联欢晚会》收视情况电话调查结果分析 (中央电视台观联处、央视调查咨询中心《电视研究》1999.03)

《雍正王朝》收视浅析 (张传玲《电视研究》1999.03)

一部具有学术理论价值的力作——评《世纪转折时期的中国影视文化》 (欧阳宏生《当代电视》1999.03)

数字化时代的大众传播 (张歌东、申家宁《现场传播》1999.03)

美国数字电视发展策略 (马鸿章《电视研究》1999.04)

说电视“距离” (文三生《电视研究》1999.04)

电视记者进农家 (庞一农《电视研究》1999.04)

谁能指着荧屏称“老大”——中国电视业现状透视 (刘朝、张婵《共鸣》1999.04)

电视公益广告怎样创新——兼评中央电视台一组公益广告 (金毅、小寅《声屏世界》1999.04)

电视广告传播的虚假效果——兼谈巩俐版《野力干红》广告的失败之处 (张宁《中国新闻报》1999.04)

顺应变化　因势利导——关于台湾社会变化及对台宣传策略的思考 (汪聰《电视研究》1999.05)

练好内功　提高财经工作水平 (张海凤《电视研究》1999.05)

《电视研究》读者调查报告 (1999) (喻国明《电

视研究》1999.05)

一则打动人心的公益广告 (李庆荣《中国广播电视学刊》1999.05)

在战火中得到洗礼——访从南联盟归来的记者顾玉龙 (施心超《广播电视研究》1999.05)

关注科索沃 (刘志忠《电视研究》1999.06)

"好看"才是真 (董石才《电视研究》1999.06)

关注科索沃——近期新闻类节目收视情况分析 (刘志忠《电视研究》1999.06)

肩负起繁荣文艺的历史责任——中央电视台电视剧创作播出情况调查 (朱小波、韩惠《中国电视》1999.06)

收视调查的启示——关于中央电视台、北京电视台电视栏目收视调查 (张同道、于丹、梁红艳等《戏剧电影报》1999.06)

美国电视新闻节目纵览 (屈小平《国际新闻界》1999.06)

浅议"雷同"与"上星" (伍素芬、董石才《中国广播电视学刊》1999.07)

也谈广播电视报特色 (赵明亮《电视研究》1999.08)

科学编排周末电视节目 (田秀萍《电视研究》1999.08)

鸡蛋、西红柿与导弹——谈美国的"新闻自由" (韩金度《电视研究》1999.08)

透视洛杉矶华语电视 (林芝《电视研究》1999.08)

辉映历史 激励当代 (张大勤《中国广播电视学刊》1999.08)

我在南斯拉夫前线入党 (顾玉龙《中国广播电视学刊》1999.08)

广播电视报评论走向成熟 (赵明亮《声屏世界》1999.08)

近期法制节目的收视情况分析 (张传玲《电视研究》1999.09)

试论电视立体宣传 (张建红、李祖斌、李蕾《中国地市报人》1999.09)

电视节目要精心设计结构 (张悦《电视研究》1999.11)

收视率与满意度——小议两种观众调查 (胡运芳《电视研究》1999.11)

巧用"对比法" (李德琼《中国电视》1999.11)

电视与风筝——电视法则浅谈 (张小妹《电视研究》1999.12)

给未来留下一部由小人物构成的历史 (陈虹《中国广播电视学刊》1999.12)

电视环境报道应形成强势 (王嫣《中国广播电视学刊》1999.12)

试论电视受众 (鲁哲《新闻大学》1999.夏)

中央电视台近期收视率排行榜 (中央电视台观联处《电视研究》1999.12)

让学生通过新闻媒体正确认识客观世界和逐步完善自己的主观世界——《焦点访谈》与素质教育 (徐甘蒂《昆明师专学报》1999)

15. 电视书、报、刊及音像出版物

一、1999年中央电视台编辑出版新书选介

《20年记忆——改革开放20年人物志》

主编:张光途,19.6万字。

本书是根据《东方时空》特别节目整理而成的。为纪念改革开放20年,《东方时空》特别制作了15集系列专题《流金岁月——改革开放20年人物志》,入选的都是在改革开放中"起而行之"的代表人物。他们中有安徽小岗村搞大包干的严宏昌、严俊昌,有乡镇企业家常青树、吴仁宝、鲁冠球,有"傻子瓜子"创始人年广久,有中国特区的实践者袁庚,有"文革"后第一批公派留学生李钰,有中国加入世贸谈判首席代表龙永图等等。现在,他们有的已成为国家部委负责人,有的依然挺立在改革潮头,有的已在风起云涌的改革大潮中沉寂了,但他们当初敢为天下先的勇气与实践,却为后来者积累了或经验或教训的宝贵财富。通过整理这些改革先行者的经历与感受来梳理这20年的历史脉络,大体可再现我们所走过的改革历程。书中附有照片50幅。华夏出版社1999年3月出版。

《记录历史的瞬间——中央电视台国庆50周年宣传报道纪实》

主编:李晓明、唐世鼎,11万字。

本书为记录新中国建立50周年时中央电视台宣传报道活动的大型画册。全书共分为13个部分,即:(一)前言;(二)领导重视　关怀支持;(三)未雨绸缪　动员演练;(四)庆典直播　规模空前;(五)万众欢腾　流光溢彩;(六)高清晰度电视转播　开创先河;(七)难忘的不眠之夜　背水一战;(八)颂祖国　江山如此多娇;(九)观庆典　天涯共此时;(十)总结经验　以利再战;(十一)回眸当年　历史镜头;(十二)中央电视台国庆50周年宣传报道大事记;(十三)后记。全书共有照片300多幅。北京欧林图像设计制作公司制作,1999年12月内部出版。

《目击历史——〈新闻调查〉幕后的故事》

主编:夏骏、王坚平,29.2万字。

本书是由内部刊物《调查月报》汇编而成的文集。1998年5月《新闻调查》编了一本真诚交流创作甘苦、共同体验事业人生的内部刊物《调查月报》。到1999年底已印刷316期。为向长期支持和关爱《调查月报》的人们表示谢意,并向更多的读者敞开心扉,展露《新闻调查》人的心路历程,探讨电视新闻评论节目创作的体会,故把这刊物的内容汇集起来编成此书。本书纯真而不矫情,活泼而不乏深沉,尽力用《新闻调查》人的心里话来让读者感受一位位普通电视人的酸甜苦辣,以及他们眼中的历史。书中附有照片40幅。文化艺术出版社1999年11月出版。

《20年巨变》

主编:李海明,37万字。

本书是一部海外中心新闻部参加《20年巨变》创作的全体编辑、记者论著的文集。百集系列报道《20年巨变》,全方位、多角度地反映了中国改革开放20年来发生的巨大变化。节目播出后受到了广泛好评。为了及时总结报道经验,也为了将百集节目解说汇集成册,便于观众详细了解内容,故编辑此书。国务院新闻办公室主任赵启正作序。本书前半部分是百集解说词,后半部分是记者、编辑的文章,既具理论性又有史料价值。书中附有照片50余幅。中国广播电视出版社1999年4月出版。

《20年·20人》

编著:任学安、赵彬,34万字。

本书是中央电视台《经济半小时》特别节目《20年·20人》的文字版。1998年12月,是中国实行改革开放20年。在过去的20年,12亿中国人以目不暇接的频率面对和迎接着双重的冲击。本书以20年的历史为背景,通过鲁平、陈章良、鲁冠球、李宁等20位在社会上有一定影响和知名度的人物的奋斗历程,折射出20年产生了巨大变化的中国,使人物的命运感、冲击感、跌宕感融入中国20年的历史变化之中。书中附有照片292幅。中国经济出版社1999年8月出版。

《相聚在党旗下》

主编:刘宝顺,21.9万字。

本书是电视片解说词的汇集。1998年是中国电视事业诞生40周年。中央电视台作为国家电视台,走过了40年的艰苦创业、曲折发展、改革飞腾的历程。作为党和国家的宣传工作者,与党和国家同风雨共命运,不断探索,构筑着有中国特色社会主义电视事业,这是一段值得书写、值得回味、值得纪念的历史。为此,本书收集了中央电视台党委拍摄的反映全台职工工作、学习和生活的电视专题片解说词,分为:(一)相聚在党旗下;(二)一枝一叶总关情;(三)前方日记。本书内容真实,字里行间透露着电视人的所思所想,记录着新老电视人的所作所为。书中附有照片197幅。中国广播电视出版社1999年12月出版。

《焦点的变迁——〈焦点访谈〉改革开放20周年特别报道》

主编:李东生,20万字。

本书是《焦点访谈》纪念改革开放20周年特别报道《焦点的变迁》的文字版。全书根据13集节目改写而成。它叙述了中国改革开放20年来在思想解放、宏观经济调控、农村改革、国企改革、对外开放、社会保障、教育、科技、政府机构调整、乡镇企业发展、法治、精神文明建设和人民生活等领域发生的巨大变化。书中附有照片323幅。中国大百科全书出版社1999年3月出版。

《聚焦〈焦点访谈〉》

主编:袁正明、梁建增,30万字。

本书是一部评论文集。全书收集了从1994年至1998年间国内各报刊对《焦点访谈》栏目的介绍、评价和感想等文章百余篇,是一部全面反映"焦点访谈现象"的书籍。全书分(一)走近《焦点访谈》;(二)《焦点访谈》播出之后;(三)我看《焦点访谈》;(四)评析《焦点访谈》四部分。内容主要是反映《焦点访谈》栏目成长的经历、一些鲜为人知的幕后故事、观众对《焦点访谈》节目的观后感以及一些有理性思考的论文。书中附照片2幅。中国大百科全书出版社1999年4月出版。

《焦点访谈》系列丛书

主编:李东生、孙玉胜,400万字。

本套书是《焦点访谈》节目的文字脚本。全书精选了600期《焦点访谈》栏目中具有代表性并产生过轰动效应的节目,分法制、行政、经济、文化、百姓、农村、改革、焦点的回声8卷,另有附录2篇。其内容主要反映从1994年到1998年中国社会各个方面的改革措施和存在的问题。本书具有社会档案的文献价值,既可为一般读者阅读,又可做为电视报道专业人士的参考资料。中国政法大学出版社1999年3月出版。

《图说〈焦点访谈〉》(一、二)

主编：袁正明、梁建增，62.6万字。

本书是《焦点访谈》的文字版，全书精选了《焦点访谈》自1994年4月1日开播以来播出的130多个节目。为便于读者阅读，每个节目都重新改写成1200字左右的文章，既保留了原有节目的精髓，又符合印刷媒体的传播特点。每篇文章都配有原来节目的精彩画面3～4幅，全书共有图片791幅，图文并茂。全书按法治、反腐败、社会、儿童、农业、打假、环保、教育等内容编排，其中很多都是在社会上引起强烈反响的节目。另外，每篇改写稿后还附有关于编导采访该节目经历的文章，向读者讲述焦点外的故事。中国大百科全书出版社1999年5月出版。

《綦江虹桥垮塌案审判实录》

编著：中央电视台庭审直播摄制组，53万字。

本书是对虹桥垮塌案庭审的真实记录。1999年1月重庆綦江虹桥突然垮塌，造成几十人伤亡。消息传出后举国震惊。人们在悲痛之余，对这一悲剧发生的深层次背景进行了反思，并进而引发了全社会对近年来在我国建筑施工中存在的种种违法违纪行为的关注和忧虑。重庆市公安机关和检察机关侦查终结后，向重庆市第一中级法院提起公诉。经过认真周密的考察，中央电视台庭审直播摄制组向最高法院和重庆第一中级人民法院提出了直播申请。本书即反映了这次庭审直播的全过程。这次庭审直播不仅使广大群众对建筑质量更加关注，也提高了群众自身的法律意识。书中附有照片31幅，法律出版社1999年4月出版。

《澳门万象》

编著：中央电视台海外新闻部，21万字。

本书是在《中国新闻》百集系列报道《澳门万象》的基础上，对电视解说词进行修改后结集而成的。内容主要是《澳门万象》摄制组成员在澳门的采访经历、感受和对澳门社会进行报道的总结。全书分历史、地理、政治、经济、社会、文化、民俗、人物、回归9个篇章。内容丰富，资料翔实，并附有照片近200幅。中国广播电视出版社1999年11月出版。

《让世界了解中国——电视对外报道40年》

主编：张长明等，33万字。

本书是关于电视对外报道的专著。它系统地回顾和总结了电视外宣40年来的经验和体会，同时对电视外宣工作中一些理论与现实问题进行了前瞻性的探讨。本书作者既有广泛性，又有代表性。既有为电视外宣事业奋斗了近半个世纪的老领导、老外宣从领导层面上对电视外宣发展的战略思考，又有从事电视外宣理论教学与研究的老专家、老教授从理论层面上的阐述与探索，更有奋战在电视外宣第一线的从业者实践经验的提炼和总结。本书既有理论价值又有现实指导作用。海洋出版社1999年9月出版。

《中央电视台'98抗洪报道回眸》

主编：罗明，33.6万字。

本书是一部全面反映抗洪斗争的实录。在1998年夏季抗洪期间，中央电视台上下全力以赴，积极参加抗洪救灾，特别是电视记者，深入抗洪第一线，和广大军民一道战洪魔、斗恶浪，不畏艰辛，甚至冒着生命危险拍下了一个个惊险的战斗场面和真实感人的历史性镜头，为后世留下了宝贵的资料和伟大的可歌可泣的抗洪精神。全书为分六个部分：（一）中央领导有关抗洪的指示；（二）中央电视台各部门关于抗洪报道的经验总结；（三）中央电视台在抗洪报道中涌现出来的先进集体与个人的事迹；（四）电视记者及有关人员撰写的关于抗洪报道的理论文章；（五）部分有关抗洪报道节目的解说词；（六）各行政后勤部门为配合抗洪报道所做的工作，以及全台职工支援灾区、奉献爱心的情况。书中附有照片20幅。中国科学技术出版社1999年7月出版。

《世纪之辩》

主编:余培侠,29 万字。

本书是 1999 年国际大专辩论会的纪实与分析。全书共分七篇,即:(一)全程纪实;(二)圆梦九九;(三)点评评点;(四)判官出笔;(一)辩"唱"论"随";(六)网上辩坛;(七)辩词实录。分别记述了马来亚大学与澳门大学、耶鲁大学与台湾大学、香港大学与新加坡南洋理工大学、西安交通大学与新南威尔士大学等学生辩论的情况。既有具体辩词,也有专家的分析评论。全书充满了雄辩和机智,也体现出了各国、各地区青年的友谊和交流。书中附有照片 31 幅。中国世界语出版社 1999 年 10 月出版。

《电视制片人的现状与发展前景》

主编:王甫,25 万字。

本书是中央电视台研究处 1999 年开展的关于全国电视台电视制片人的研究课题研究成果的汇总。我国电视制片人制是我国电视行业改革生产关系和强化节目制作管理的新生事物。本书收集了全国电视制片人在丰富的实践中探索规律写出的 35 篇论文,对电视制片人的现状与发展前景,作出了深入的探讨。书中收录的中央电视台研究处所作的《全国省市电视台电视制片人情况调查基本数据表》和《中央电视台各部门电视制片人情况调查汇总数据表》,对电视制片人制的实施有一定参考价值。中国广播电视出版社 1999 年 3 月出版。

《电视综艺节目特色与走向》

主编:王录,28 万字。

本书是中央电视台研究处 1997 年开始的关于电视综艺节目特色与走向研究课题研究成果的汇总。收入本书的文章,大多是从事春节晚会和综艺节目的电视工作人员撰写的,他们对电视综艺晚会的时代精神、文化定位、艺术个性、创作规律、编辑技巧、舞美设计以及观众接受心理和审美兴趣等,作了认真的分析和有益的探讨。有利于增进电视同行的互相交流、借鉴,也有利于推动电视春节晚会和综艺节目整体水平的提高。书中还收录了《我与〈春节联欢晚会〉全国电视观众调查基本数据表》,它对电视综艺节目的创作实践有一定参考价值。中国广播电视出版社 1999 年 8 月出版。

《财富对话》

主编:赵化勇,26 万字。

本书是中央电视台与上海电视台记者采访参加"'99财富全球论坛·上海年会"的 17 位著名企业首脑的现场访谈实录。最大程度地保留了对话与访谈的现场真实感,真切传达了跨国公司首席执行官们"指点全球经济,畅谈中国未来"的大家风采。书中对近 600 多分钟的现场录像资料,除做了部分语言文字上的加工外,基本保持原貌。通过书中的叙述,读者可以了解到中外企业家对世界特别是对中国未来经济时代的感知与预言,以及创造商业奇迹的不传之秘。全书附有照片 102 幅。世界图书出版社 1999 年 10 月出版。

《五环夜话——话里画外》

主编:马国力、程志明,27 万字。

本书是围绕体育栏目《五环夜话》所写的文章的汇集。《五环夜话》(原为《体育沙龙》)为中央电视台最早的谈话节目,从 1995 年 1 月 6 日开播至 1999 年 7 月 23 日已播出 200 期。在此期间,有近 10 位体育中心的栏目记者、主持人、编导、解说员参与了这个节目,几乎每人都撰写了主持或创作体会。全书分为"为五环喝彩"、"夜话足球"、"名人殿堂"、"共同经历"、"学者视角"、"来自观众"6 部分。该书既是对栏目的自我总结,也是对体育热门话题的反思与记录。书中附照片 80 幅。中国广播电视出版社 1999 年 7 月出版。

《商界名家》

主编:王少华,45 万字。

本书是由中央电视台经济部编辑的电视专题片文集。书中收入《商界名家》栏目1996年至1998年摄制的部分精品节目共43部(集)。书的主要内容是企业经营管理的经验与教训、市场谋略、商界名家人物风格及其创造的业绩。分“学者型企业家系列”、“青年企业家系列”、“商战系列”、“少数民族企业家系列”、“市场风云录”5部分。另外还收入“编导手记和创作漫谈”18篇,报告文学2篇,以及序言、后记等。书中附有照片46幅。中国经济出版社1999年1月出版。

《话筒前》

主编:敬一丹,20万字。

本书是《现代风情·名记者文丛》中的一本,是从作者从事节目主持人工作10年来所发表的数百篇作品中挑选出来的电视作品的结集。全书分三部分:(一)经济半小时——我对电视的“初恋”;(二)一丹话题——我永远一岁的女儿;(三)焦点访谈——走向前沿。既有经济述评,也有人物专题;既有访谈,也有纪实;既体现了作者对社会进程的思索、对人的生存状态的关注,又有对电视业务的探讨及对节目主持人的一些观点。书中附有照片39幅,现代出版社1999年6月出版。

《时局——以中国人的视角看世界》

编者:杨东、王跃华,64万字。

本书是中央电视台海外节目中心《中国报道》栏目中国际部分1997年5月至1998年12月播出版的文字稿。共收录97期节目,约占上述时期播出的全部国际节目的45%。全书共分六个部分,即:(一)中国外交与国际关系;(二)冲突与缓和;(三)和平与安全;(四)全球经济;(五)政局动向;(六)人与环境。每部分都附有专家点评。人民出版社1999年8月出版。

《走近科学》

主编:孙素萍,50.3万字。

本书是中央电视台大型科技栏目《走近科学》的文字版。《走近科学》开播以后在科技界引起了不小反响。大家认为这是一件非常有意义的事情。通过电视这种大众化传播媒介,让更多的群众特别是中小学生了解现代科学、树立正确的科学观念,不仅有利于科学普及,还能提高全民族的科学素养,对我国实施“科教兴国”战略和更加顺利地实现第三步战略目标都会起到积极的作用。《走近科学》作为一个综合性科技栏目,关键是要让科学家认可和老百姓爱看。因此在节目中着重介绍了当今科技的最新发展和前沿动向以及实用技术的传播。书中附有照片8幅。吉林科学技术出版社1999年8月出版。

《实用电视新闻理论》

作者:庞啸,33万字。

本书是以电视新闻爱好者、院校新闻系学生以及电视新闻工作者为主要对象的基础电视新闻理论专著。全书共分十章。它用对比的方法讲述了电视新闻在众多媒体新闻中崛起的历史,阐释了电视新闻的特性,具体分析了中国电视新闻的实际,揭示了中国电视新闻走过的独特的道路,并以此为背景,以中央电视台进行的两次新闻改革为主体,探讨了中国电视新闻工作面临的任务,为电视新闻工作者提供了有益的参考。中国广播电视出版社1999年6月出版。

《中央电视台年鉴(1999)》

主编:赵化勇,70万字。

《中央电视台年鉴(1999)》是反映中央电视台1998年一年中宣传、技术、党政、经营管理等工作以及电视事业建设等各方面的基本情况和发展变化的大型资料书,具有较强的史料价值。《中央电视台年鉴》自1994年起,每年出版一册,均为16开精装本,图文并茂。内设栏目基本固定,每年只有微小调整。1999年版年鉴,在内容上比前些年更加充分、翔实;形式更加新颖、活泼。内容包括:1. 特载;2. 概况;3. 栏目、节目介绍;4. 专辑;5. 规章制度选载;6. 专论;7. 观众调查;8. 工作会议和研讨会;9. 新技术装备;10. 电视书、报、刊及音像出版物;11. 文章篇目辑览;12. 获奖;13. 机构;14. 大事记;15. 人物;16. 统计;17. 对香港特别行政区及澳门、台湾地区交流与合作；18. 对外交流与合作；19. 附录；20. 图片。在有的栏目下还设有子栏目。中国广播电视出版社 1999 年 9 月出版。

《电视与儿童》

作者：张令振，20 万字。

本书是论述儿童与电视关系的专著。它试图从一位心理学工作者的视角探讨电视对儿童的影响这一重要课题。全书主要介绍了儿童的日常电视收视习惯和收视爱好，从而揭示出儿童对电视信息的认知特点，反映了电视对儿童社会行为的影响。人民教育出版社 1999 年 3 月出版。

《1999 年电视对外宣传优秀论文选》

主编：张长明等，27 万字。

本书是专门论述电视外宣的文集。全书包括从全国 24 家电视台的电视外宣论文中精选的 47 篇优秀论文。这些论文的作者均为奋战在电视外宣第一线的从业者，他们以其亲身的实践对电视外宣工作的各个侧面和各个层次进行了理性的思考、探索和总结，从思想观念、宣传艺术到制作技巧，多方位、全系统地进行了阐述和总结，有较强的现实针对性，能给电视外宣工作者一些有益的借鉴和启迪。海洋出版社 1999 年 12 月出版。

《1987 年中央电视台新闻目录》

主编：冯玮，100 万字。

本书是中央电视台 1987 年《新闻联播》(国内部分)播出节目的检索工具书。根据新闻报道五要素的原则和人们对新闻报道的接受习惯，该书设置了按事实发生的时间排序(正文)，按事实内容属性的类别排序(分类索引)，按事实所涉及的主要人物排序(人名索引)三种检索途径。正文采用揭示主题的方法将每条新闻节目进行概括和归纳，可帮助读者迅速作出对某条节目信息的判断取舍。三种途径互为参照，检索便捷。新世界出版社 1999 年 6 月出版。

《中国先秦服饰艺术》

作者：赵岚，19 万字。

本书是中国第一部电影电视服装设计专业用书，也是国内出版的服装史书先秦部分史料最全的一部。它从考古论证、实用展现到专业分析，全面详细地揭示了夏商周时期我国在服饰艺术方面的辉煌成就，并且把它们放在整个社会发展(包括科学技术)的历史背景下加以考察。全书分为六部分，即：(一)先秦时期的社会概况；(二)先秦时期的纺织原料和纺织、印染工艺技术；(三)先秦时期的画缋、用色及花纹图案；(四)先秦时期的服饰；(五)先秦时期民间及宫廷舞蹈服饰；(六)先秦时期的军戎服饰。书中附有照片 1256 幅，东方出版社 1999 年 10 月出版。

二、1999 年中央电视台编辑出版的其他新书目录

《天天饮食》（《天天饮食》丛书编委会编，中国经济出版社出版）

《亚洲金融风暴》（钮文新、马志平著，河北大学出版社出版）

《在路上》（《足球之夜》栏目组编，现代出版社出版）

《电视纪录片论语》（高峰、肖平著，中国国际广播出版社出版）

《青春与未来》（高峰主编，中国广播电视出版社出版）

《商务调查》（中央电视台信息部编，经济科学出版社出版）

三、1999年中央电视台报刊选介

《中国电视报》

《中国电视报》是中央电视台主办的电视周报，每周一出版发行。其内容主要是刊登中央电视台和省级电视台的卫星节目表，评介重点节目，报道中外影视界最新消息和动态。用中、英文出版，向国内外公开发行。《中国电视报》1981年元旦创刊，当时名为《电视周报》，1986年易为现名。1992年又增办了外文版。1998年《中国电视报》扩大版面；北京版4开40版，全国版4开24版，报价均为0.70元；1999年北京版4开32版，报价0.50元，全国版4开24版，报价0.70元，外文版4开4版，报价0.30元。除在北京印刷外，还在23个省市设立了分印点，实行电话传版。全年平均期发量为215万份，最高发行量为333万份。1999年北京版首次与《北京青年报》合作发行，发行量比原来增加30多万份。

《电视研究》

《电视研究》是中央电视台主办的、向全国公开发行的电视理论刊物（月刊）。其宗旨是探索与总结我国电视实践中体现出的客观规律，介绍国外电视传媒的有益经验，促进有中国特色社会主义电视理论体系的建立与发展。《电视研究》原名《电视业务》，1985年创刊，内部不定期出版。1987年改为定期出版的双月刊，1989年改为现名。1993年开始公开发行，1994年改为月刊。1997年、1999年又两次改版。在广大读者和作者的热情支持下，刊物质量不断提高。现设有：《电视专论》、《本刊特稿》、《新闻广角》、《纪录片之旅》、《文艺星空》、《栏目经纬》、《电视剧论坛》、《管理透视》、《创作手记》、《本刊专访》、《各抒己见》、《主持人天地》、《作品评析》、《地方台专页》、《新技术瞭望》、《荧屏随笔》、《环球新视野》、《往事》、《信息·文摘》、《编辑与读者》、《收视率纵览》等栏目。面向全国电视工作者、宣传文化工作者、大专院校新闻与电视专业师生、有关研究人员以及广大电视爱好者。每月10日出版，自办发行。刊物为大16开本，每期64页，约9.6万字，另有彩色插页6面。

《工作日报》

《工作日报》是由中央电视台办公室秘书处主办的内部刊物。它的前身是《中央电视台综合简报》。1986年4月台办公会议决定将全台多种简报合并为两种，即《中央电视台综合简报》和《宣传日报》。1986年7月《中央电视台综合简报》出版第一期，每周出版2～3期；1995年6月为适应电视事业发展的需要，《中央电视台综合简报》改为《工作日报》（每工作日出一期）。1997年3月《工作日报》又与总编室的《宣传日报》合并成新的即现在的《工作日报》。

《工作日报》的任务是向台内外及时通报全台各部门的工作动态等最新信息，承上启下，沟通信息，交流经验。内容包括宣传、技术、行政、经营、党团生活等方面工作的进展情况。设有《领导活动》、《重要批示》、《台内工作》、《宣传提示》、《情况反映》、《感谢信》等十余个栏目。目前每工作日出版一期，每期印刷340份，主要报送中央宣传思想工作领导小组、中宣部、广电总局党组、广电总局各司局、中央人民广播电台、国际广播电台、中央电视台下属各单位。

《中央电视台简报》

《中央电视台简报》创办于1993年。其旨在向上级主管部门不定期通报中央电视台有关宣传、技术、事业发展、经营及行政管理等方面的重要活动和重要信息。内容包括重大宣传报道活动、台内重点工作进展情况、重要电视信息等。由于《中央电视台简报》内容重要、质量较高,1998 年经中央办公厅和国务院办公厅认可,它被列为广电总局可以直接报送中央办公厅和国务院办公厅的三种信息刊物之一。不定期出版。主要报送、发放中央宣传思想工作领导小组、中宣部、广电总局及中央电视台各部门。

《电视信息》

《电视信息》是以交流电视宣传业务信息为宗旨的内部刊物(半月刊)。内容主要是刊登中央宣传部和广电总局主管部门有关宣传精神、口径,刊登国务院各部委及社会各界对电视宣传的意见、建议,通报中央电视台重大宣传活动计划和大型节目的拍摄、播出及播后反应,介绍地方电视台重要节目的摄制、播出及获奖情况,报道地方电视台宣传上的重大举措,刊登全国各地报刊对电视节目的评价,介绍国内外电视新的技术动态,摘发相关学术刊物上有借鉴作用的文章等。设有《领导批示》、《宣传提示》、《宣传动态》、《获奖信息》、《交往合作》、《节目反馈》、《地方台信息》、《报刊传真》、《文摘》、《资料》等十几个小专栏。每期印800份,分送中宣部、广电总局、中央电视台相关部门及省市电视台。

《电视生活报》

《电视生活报》是中央电视台党委主办的内部报纸,1993 年创刊。目前为 4 开 8 版,每月一期,月底出版。一版是“新闻版”,主要刊登台内及各单位的重大活动、各种会议、政治业务学习班、获奖栏目或节目的消息、先进人物和先进事迹;二版是“党的生活版”,主要刊登党团工会组织的活动及精神文明建设工作等;三版是“采编札记版”,主要刊登来自一线采编工作的内容,为采编、播出人员提供一个学习交流的园地;四版是“学习与实践版”,主要刊登政治业务理论的学习与实践方面的内容;五版“电视与电视人”主要刊登讲述电视人故事的文章,记述电视人的苦辣酸甜,反映他们的精神面貌;六版是“专版”,主要配合台内重大活动进行报道,提高宣传的力度;七版“电视拾零”,主要刊登介绍有关高科技电视方面知识的文章,以及一些电视小常识、逸闻趣事等;八版“文化广角”,主要刊登文学、艺术方面的内容,设有《文艺园地》、《艺术长廊》、《休闲时光》等栏目。每期印 3500 份,发至广电总局有关单位、中央电视台驻外记者站、部分省市电视台及本台职工。

《业务交流》

《业务交流》是由中央电视台总编室宣传规划处主办的内部刊物。1985 年 6 月创刊,不定期出版。其办刊宗旨主要是为电视工作者业务交流和业务研究提供园地。侧重于实用性。它发表的文章既有专题论述和工作总结,又有随想和节目短评,并刊登关于改进宣传工作的意见、建议等文章。遇有重大宣传活动也出一些专刊,如“两会专刊”、“中央电视台工作会议专刊”等。《业务交流》每期印 300 份,创刊至 1999 年底已出版 130 多期,每期约 2 万字。发至广电总局、各省市电视台及本台各部门。

《党内通讯》

《党内通讯》是中央电视台党委办公室编辑发行的内部刊物,其前身是《党委简报》。1997 年 1 月 30 日创刊,每月出版 2～3 期。内容涉及到全台 4 个基层党委、16 个党总支和 165 个党支部的各项组织活动、党员教育和党务工作情况。及时、如实反映全台党组织和党员在重大宣传报道中的先进事迹及工作经验体会。同时还着重反映各级党组织的日常工作和生活,如民主评议党员、双重生活会、党内专题研讨、党课学习,并注重对要求入党积极分子的培养和教育。《党内通讯》对教育、凝聚广大党员完成各项工作起到了较好的帮助和促进作用,是台党委的一个宣传窗口,也是基层党组织和党员之间交流与学习的重要工具。主要发送广电总局机关党委、兄弟单位及台属各基层党委、总支和支部。

《梅地亚报》

《梅地亚报》是员工办又服务于员工的内部报纸,是梅地亚电视中心有限公司企业文化积淀的产物。1994 年 3 月创刊,双月刊。其内容主要是及时传达中心经营管理信息,报道部门员工好人好事,传播精神文明,刊登员工自己创作的散文、诗歌、摄影及书法作品等。真正体现了“员工办报纸、报纸服务员工”的办报宗旨,成为中心传递信息的载体,联络员工感情的媒介。在过去的5年里,《梅地亚报》除了及时报道中心每月发生的大事,还配合经营管理工作开辟专栏,加大宣传力度。该报一、二版报道中心经营管理信息;三版是综合版,开设《党团工会活动之声》、《服务质量与管理》、《精神文明园地》等栏目;第四版"副刊",力求丰富多彩,体现员工业余文化生活的"休闲特色"。该报目前在同行业报刊中影响越来越大,报道方式日见成熟。

《中国国际电视总公司工作简报》

《中国国际电视总公司工作简报》是总公司的内部刊物,1997年3月创刊。《简报》在公司经营工作中起着上传下达、传递信息等作用,对指导下属公司的工作也有一定的作用。《简报》现为周刊,每期印120份。发送至董事长、常务副董事长、台党办、经营管理处、各级公司、影视基地等。

《科影通讯》

《科影通讯》是北京科学教育电影制片厂为适应转轨需要,将原《创作通讯》改版,以4开4版报纸形式发行的内部刊物。1995年12月试刊,1996年元旦正式出刊。每月一期。该刊旨在加强学习、促进交流、促进影视节目精品生产。至1999年底共出44期,每期印1000份。发送至广电总局、中央电视台、电影局领导和本厂职工,并用来与兄弟厂(台)进行交换。

《广告资讯》

《广告资讯》是中央电视台广告部的内部刊物,1999年2月创刊,每月一期。本刊以"传播业界资讯、提供信息服务、架起合作桥梁"为宗旨,促进广告部创收工作,及时将广告业界的动态和经营理念传达给广告主。本刊坚持正确的宣传导向,以其较强的权威性、知识性、可读性得到了读者的认可和支持,在广告经营中起到了良好的宣传和纽带作用。设有《栏目视窗》、《媒介空间》、《荧屏专递》、《市场传真》等栏目。分别介绍中央电视台各频道重点栏目、大型活动收视率调查、近期上演电视剧及广告征订情况等。

《国际日报·中国电视》

《国际日报·中国电视》(专版)是在美国《国际日报》出版发行的刊物,1998年12月创刊。它全方位地为海外观众提供各类荧屏资讯,为扩大中央电视台国际影响,方便北美观众收看CCTV－4节目,了解中央电视台信息,推进节目落地工作,其内容包括中央电视台国际频道一周节目时间表、重大报道活动、国际频道重点节目、中国影视人物和影视动态等。设有《大视角》、《主持人定格》、《屏前幕后》、《短镜头》、《影视故事》、《栏目介绍》、《节目介绍》、《观众茶座》等。发行范围是美国、加拿大,并通过电子邮件传递日本《CCTV大富》和南非《华人报》;在中央电视台网页上刊发英文版。

《国内外电视动态》

《国内外电视动态》是由中央电视台研究处主办、央视北方技术发展有限公司协办的内部刊物(月刊)。1999年3月创刊。该刊采用高科技手段,通过国际互联网、对地方上星电视台监播等方式,跟踪了解国内外电视界最新发展动态,介绍重点节目和栏目等。该刊发至中央电视台相关领导。

四、1999年中央电视台音像出版物选介

《开国领袖毛泽东》

本片是一部立意高远、思想内涵深刻、艺术创作独到、人物形象丰满的重大革命历史题材的电视剧。它编年史般地展现了从1949年中国共产党七届二中全会到1954年第一次全国人民代表大会期间，影响共和国命运的历史事件。再现了开国领袖毛泽东的雄才大略和海纳百川的政治家、战略家、军事家和诗人的伟人风范与人格魅力。VCD 22盘22集，全长1100分钟。中国国际电视总公司1999年10月出版。

《伟大的旗帜》

本片以中宣部编选的《邓小平理论学习纲要》为蓝本，以《邓小平文选》、江泽民总书记重要报告和中央文件为依据，系统地介绍了邓小平理论形成与发展的过程，阐述邓小平理论的主要观点，揭示了邓小平理论的深刻现实意义和深远历史意义。该片出版后，曾荣获首届“国家音像制品奖”。VCD 9盘18集，全长540分钟。中国国际电视总公司1999年3月出版。

《中国1949》

本片是为庆祝中华人民共和国建国50周年而录制的一部大型文献纪录片。它用历史影片资料客观、真实地记录了中国1949年狂飙突进、波澜壮阔的历史进程。以大写意的风格酣畅淋漓地勾画出1949年中国的整体面貌，进而反映了三年解放战争和新中国成立的历史。其中有许多首次披露的鲜为人知的史实和珍贵镜头，具有很强的文献价值。VCD 2盘1集，全长90分钟。中央新影音像出版社1999年10月出版。

《五十年·人民的记忆》

本片是为庆祝中华人民共和国成立50周年，由《东方时空·生活空间》栏目组拍摄的长纪录片。节目通过现代中国十个家庭或人物或事件，展现了共和国前进的脚步和历程。十个节目中有红军的女儿，有武术家，有艺术家，有高科技人员，也有普通的商店人员。他们经历不同，命运不同，故事也不尽相同，但在他们身上有一点是相同的，那就是他们的命运都与共和国的命运紧密联系在一起。他们经历了共和国发展的每个阶段，是共和国发展的缩影。VCD 5盘10集，全长300分钟。北京维宝光盘有限公司1999年11出版。

《阅兵·游行·焰火晚会》

本片是反映1999年10月1日中华人民共和国成立50周年庆典的纪实性纪录片。它真实地记录了国庆当天在北京天安门广场举行盛大庄严阅兵式、游行和焰火晚会的情景，反映出党和国家领导人与全国各族人民、海外侨胞以及外国友人共庆伟大节日的欢快场面。VCD 4盘2集，全长2000分钟。中国国际电视总公司1999年10月出版。

《新中国第一》

本片是从众多极其珍贵的历史资料中撷取大量堪称“新中国第一”的典型事例，分门别类按时间顺序编辑而成的纪录片。它从不同的角度历数数万个“新中国第一”，从而使广大观众能集中、完整和全面地了解祖国的历史发展，在回顾新中国的成就中增强民族自豪感和自信心，深切感受新中国成长的步伐。VCD 5盘150集，全长750分钟。中央新影音像出版社1999年10月出版。

《上下五千年》

本片以中华文明发展的历史脉络为序,形象具体地介绍了中国五千年的悠久历史和灿烂文化。上溯远古传说,下至辛亥革命,从哲学、宗教、文学、艺术等方面展示了中国各民族在各个历史时期所创造的优秀文化成果。VCD 5 盘 180 集,全长 315 分钟。中央新影音像出版社 1999 年 10 月出版。

《共和国部长专访》

本片是据《东方时空·东方之子》特别推出的“共和国部长专访”大型系列节目制作的。1998 年国务院机构改革组建新一届政府，新任部长成为人们关注的焦点。中央电视台新闻评论部《东方时空》栏目组，及时采访了国家计委主任曾培炎、文化部部长孙家正、科技部部长朱丽兰等 15 位部长和广电总局田聪明等 4 位局长，以及最高人民法院院长肖扬、最高人民检察院检察长韩杼滨。此节目旨在集中展现新一届中央政府“干实事，讲真话，敢于面对问题”的跨世纪部长们的形象。播出后受到观众的广泛好评。VCD 4 盘 21 集，全长 280 分钟。中国国际电视总公司 1999 年 4 月出版。

《新中国舞台影视艺术精品选》

本片是为迎接建国 50 周年,系统反映在党的领导下新中国表演艺术所取得的辉煌成就,由中宣部、文化部、广电总局、新闻出版署、中国文联、中国作协主持选编的系列光盘。内容分电影、电视剧、戏剧、舞蹈、音乐、曲艺、杂技 7 个艺术门类,共 1000 部作品。本套光盘出版项目是国家级出版工程,由全国 43 家出版社承担。全套光盘共需出版版碟 1100 张。其中电视类作品 43 部,共 576 张版碟。到 1999 年 12 月,43 部电视作品 VCD 已发行 295 万片。深受观众欢迎的有电视纪录片《邓小平》、《毛泽东》和电视剧《西部警察》、《英雄无悔》等。

《中国电视周》

本片是“中国电视周”展播节目汇集。为庆祝中华人民共和国建国 50 周年，中央电视台于 1999 年 9 月 27 日至 10 月 3 日在第四套节目播出“中国电视周”系列节目，展示新中国 50 年来发生的巨大变化和取得的辉煌成就。展播节目共 7 部，即《新中国 50 年》、《村官·村民·村事》、《唐山今年 23》、《风采》、《龙的风情》、《体操之子——李宁》、《中华鼓舞》。VCD 4 盘 7 集，全长 210 分钟。中国国际电视总公司 1999 年 9 月出版。

《新闻调查——硝烟中的霸权》

本片是揭露北约集团暴行的实录。1999 年 5 月 8 日,以美国为首的北约悍然轰炸我驻南联盟大使馆,杀害我无辜外交人员与记者,这是现代史上罕见的野蛮暴行。消息传来,国人愤慨,爱国热情空前高涨。但是以美国为首的北约是如何轰炸我驻南使馆的？他们为什么要轰炸？其后果将会如何？对这一野蛮行径我国政府采取了什么措施反击？……这些问题都像谜团一样萦绕于国人心中。《新闻调查》制作的《硝烟中的霸权》就是在这一大的历史背景下播出的,并全面具体地回答了上述问题。节目播出后受到广大观众的关注,收视率在中央电视台各大栏目中名列第三。有评论认为,《硝烟中的霸权》是在“炸馆事件”中中国媒体报道的最有深度、最全面和最富理性的作品之一。VCD 1 盘 1 集,全长 45 分钟。中国国际电视总公司 1999 年 11 月出版。

《紫禁城》

本片是由 18 集《紫禁城》精选而成的大型专题片,分《宫殿建筑》和《稀世珍宝》两部分。《宫殿建筑》揭示帝王之家深庭内室的神奇奥秘,展示了皇宫建筑的非凡气派,充分展现紫禁城雄伟建筑的风采;《稀世珍宝》主要介绍了珍藏于紫禁城内的众多中华民族几千年流传下来、保存完好、举世无双的稀世珍宝。它如同打开了昔日皇权中心——紫禁城这一神秘世界宝库的大门，带领观众进入一个浩如烟海的中国古代艺术殿堂。VCD 2 盘 2 集，全长 120 分钟。中央新影音像出版社 1999 年 10 月出版。

《西藏风云》

本片是一部全方位反映 50 年代西藏政治风云变幻的电视剧。它围绕西藏和平解放、平息叛乱、民主改革，烘托出在中国共产党的正确领导下，西藏百万农奴站起来的历史画卷。VCD 25 盘 25 集，全长 1250 分钟。中国国际电视总公司 1999 年 12 月出版。

《丝绸之路》

本片是反映“丝绸之路”的专题片。“丝绸之路”是指从中国古长安（今西安市）开始的、伸向西域的以丝绸为主要商品的贸易商路。它始于周秦，盛于汉唐，是东西方最早的文化交流通道。中国的丝绸、茶叶、铁器就是从这里传到西方的。由于“丝绸之路”历史久远，路途迢迢，自然条件恶劣，文化内涵丰富，至今仍是考古学家、历史学家、旅游者魂牵梦绕意欲涉足的文化长廊。VCD 10 盘 17 集，全长 850 分钟。中国国际电视总公司 1999 年 10 月出版。

《学科大观》

本片一套介绍我国大学理工专业的系列片。影片针对社会公众对一些学科专业存在片面理解和误解，全面地向观众介绍了大学理工科的情况，帮助应届考生了解各专业的特点、内涵、研究对象及其在自然科学领域中的地位。同时重点介绍各学科人才的素质特点和培养途径，毕业后的从业方向和发展潜能，以及该学科专业的发展远景。本片对即将毕业的高中生及其家长来说，可谓是一个实用性较强的报考指南。VCD 2 盘 22 集，全长 180 分钟。吉林科学技术出版社 1999 年 6 月出版。

《让生命永存——生物多样性保护与可持续发展》

本片针对现代文明迅猛发展、地球上生态平衡受到破环、物种迅速减少的状况，从历史与未来的角度阐述了物种多样性的重要意义，以及人与自然万物相互依存的辩证关系，从而使人认识到只有保护好各种生物才有人类美好的明天。科影厂为拍好此片组织了强大的摄制队伍。他们钻深山老林、潜西沙海底、奔赴几个国家拍摄了大量宝贵镜头，历时 3 年才告完成。本片曾荣获首届“国家音像制品科技类”大奖，其中第八集《路在脚下》还在保加利亚大特尔诺沃′99国际环保电视节上被评为生态类第三名。录像带 2 盘 10 集，全长 250 分钟。北京科影音像出版社 1999 年 8 月出版。

《敦煌》

本片以纪实拍摄的手法，生动地介绍了敦煌石窟中精美绝伦的壁画、栩栩如生的飞天塑像等古迹，是弘扬传统文化、展示中华民族伟大创造成就的好教材。VCD 1 盘 1 集，全长 36 分钟。中央新影音像出版社 1999 年 4 月出版。

《猫咪小贝》

本片为国产动画片。它叙述了猫咪小贝丢失后流落到草原山林中，在其寻找妈妈的过程中克服重重困难，战胜敌人，经受了许多考验，终于回到妈妈身边的故事。影片通过一只小白猫的不平凡经历，反映了现代少年儿童素质培训的重要意义。创作中还着意强调了“环保”教育意识，希望孩子们热爱大自然，保护大自然。它既是一部儿童动画片，对家长也有一定启发。本片曾获第十九届“金鸡奖”最佳动画片提名奖、伊朗第二十九届国际教育电影节“金书奖”。录像带 1 盘 1 集，全长 90 分钟。北京科影音像出版社 1999 年 8 月出版。

《种子正传》

本片以4亿多年的历史为背景，讲述了种子从裸露到包被的进化历程，以及植物王国中许多鲜为人知、妙趣横生的故事。该片结构新颖，画面表现力强。曾获中国电影“金鸡奖”最佳科教片奖、中国电影“华表奖”优秀科教片奖第一名、伊朗第二十六届国际教育电影节“金书奖”等。VCD 1盘1集，全长30分钟。北京科影音像出版社1999年6月出版。

《基督山伯爵》

本片描写的是法国波旁王朝时期发生的一个报恩复仇的故事。法老号船的年轻大副唐泰受船长临终之托，为拿破仑党人送一封信，遭两个卑鄙小人和阴险检察官维尔福的陷害，被关入死牢，从而失去了本该属于他的美好时光、爱情和前程。18年后，唐泰带着狱友法里亚教士临死前告诉他的秘密越狱逃走，找到法里亚藏匿的宝藏后成为巨富，从此他化名基督山伯爵。经过精心策划，他报答了恩人，惩罚了三个想置他于死地的仇人。VCD 8盘8集，全长400分钟。中国国际电视总公司1999年3月出版。

五、1999年中央电视台其他音像出版物目录

《20年·20人》（VCD 10盘20集，中国国际电视总公司出版）

《财富对话》（VCD 14盘，中国国际电视总公司出版）

《鼹鼠的故事》（VCD 6盘6集，中国国际电视总公司出版）

《标准日本语·初级》（VCD 25盘25集，中国国际电视总公司出版）

《中国命运的决战》（VCD 30盘30集，中国国际电视总公司出版）

《1999年春节联欢晚会》（VCD 4盘4集，中国国际电视总公司出版）

《春天的聚会》（VCD 3盘3集，中国国际电视总公司出版）

《吉祥99》（录像带4盘4集，中国国际电视总公司出版）

《祖国颂》（VCD 4盘2集，中国国际电视总公司出版）

《江山如此多娇》（VCD 2盘1集，中国国际电视总公司出版）

《西游记》（VCD 12盘24集，中国国际电视总公司出版）

《雍正王朝》（VCD 4盘44集，中国国际电视总公司出版）

《中国一绝》（VCD 8盘8集，中国国际电视总公司出版）

《旅游探奇》（VCD 8盘8集，中国国际电视总公司出版）

《牵手》（VCD 18盘18集，中国国际电视总公司出版）

《中国人民不可辱》（VCD 2盘2集，中国国际电视总公司出版）

《战火中的记者，硝烟中的霸权》（VCD 2盘2集，中国国际电视总公司出版）

《青春中国》（VCD 3盘3集，中国国际电视总公司出版）

《中国人》（VCD 20盘40集，中国国际电视总公司出版）

《新闻调查——战火中的中国记者》（VCD 1盘1集，中国国际电视总公司出版）

《话说长江》（VCD 12盘16集，中国国际电视总公司出版）

《新中国》（VCD 16盘12集，中国国际电视总公司出版）

六、1994－1998年中央电视台部分图书音像出版物目录

(一)图书部分

1994年

《电视新闻分类与界定》(杨伟光主编,中国广播电视出版社出版)

《电视经济宣传文集》(杨伟光主编,中国广播电视出版社出版)

《电视符号与电视文化》(张讴著,北京广播学院出版社出版)

《中国电视艺术发展史》(钟艺兵主编,浙江人民出版社出版)

《屏前点评录》(第二集)(陈炳衡主编,中国广播电视出版社出版)

《海外见闻录——中央电视台记者海外采访实录》(臧树清主编,中国广播电视出版社出版)

《电视解说词》(二)(杨伟光主编,中国广播电视出版社出版)

《肝胆千秋——中国特色的政党制度》(中央统战部、中央电视台合编,群言出版社出版)

《电视专题系列报道——中国百强县》(朱继峰主编,改革出版社出版)

《电视连续剧〈三国演义〉》(电视剧《三国演义》剧组著,四川人民出版社出版)

《再塑群雄——〈三国演义〉从原著到屏幕》(王健主编,国际文化出版公司出版)

《中央电视台建台35周年纪念活动文献资料汇编》(王传玉主编,金城出版社出版)

《1992年全国电视观众抽样调查资料汇编》(中央电视台总编室编,中国广播电视出版社出版)

《1994年全国省级电视台行政管理工作经验交流会材料汇编》(中央电视台办公室编,内部发行)

《CCTV节目制作量统计手册》(中央电视台技术制作中心编,内部发行)

《1994年"七一"创先争优材料汇编》(中央电视台党委办公室编,内部发行)

《滚滚长江东逝水——电视连续剧〈三国演义〉歌曲集》(谷建芬作曲,王健等作词,中国广播电视出版社出版)

《电视连续剧〈三国演义〉画册》(共3册)(《三国演义》剧组编,内部发行)

《1994年新铸联杯中国画、油画获奖作品集》(沈纪主编,辽宁美术出版社出版)

《春色满园——中央电视台1994年春节晚会画册》(中央电视台'94春节晚会画册编辑部编,内部发行)

《中国音乐电视(MTV)精选画册》(文中主编,内部发行)

《1994年中日友好业余歌手电视大赛画册》(李萍、李红媛编,内部发行)

《以我屏幕,传您美名》(王庆忱等编,内部发行)

《中国国际电视总公司节目介绍》(中国国际电视总公司编,内部发行)

1995年

《电视改革论集》(杨伟光著,人民出版社出版)

《中央电视台年鉴(1995)》(杨伟光主编,人民出版社出版)

《焦点访谈》(杨伟光主编,作家出版社出版)

《大型电视纪录片〈毛泽东〉》(杨伟光主编,人民出版社出版)

《中国音乐电视》(杨伟光主编,岭南美术出版社出版)

《半边天》(杨伟光主编,警官教育出版社出版)

《苍天在上》(陆天明著,上海文艺出版社出版)

《岁月随想》(赵忠祥著,上海人民出版社出版)

《电视巾帼风采录》(于广华、李建主编,人民出版社出版)

《缪斯的女儿邓在军》(江舟主编,国防大学出版社出版)

《电视人的追求》(于广华、宋培福主编,海潮出版社出版)

《中央电视台经济信息汇编》(经济部编,内部发行)

《第四次世界妇女大会电视转播技术资料汇编》(技管办编,内部发行)

《团结鼓劲,狠抓精品,再上台阶——中央电视台1994年先进集体、先进个人事迹材料选编》(台党委编,内部发行)

《百花迎春——中央电视台1995年春节晚会画册》(晚会画册编辑部编,内部发行)

《全国首届自作诗词书法作品集》(杨伟光主编,内部发行)

《长江》(画册)(杨伟光主编,人民出版社出版)

《〈大京九〉——采风》(画册)(《大京九》摄制组等编,内部发行)

《'93~'95剧目介绍》(画册)(中国电视剧制作中心编,内部发行)

《徐楚德草书古典散文选》(徐楚德著,农村读物出版社出版)

1996年

《中国电视专题节目界定——研讨论文集锦》(杨伟光主编,东方出版社出版)

《荧屏之路》(赵群主编,中国大百科全书出版社出版)

《精神的田园——"东方之子"学人访谈录》(时间主编,华夏出版社出版)

《1995年〈中国妇女问题〉调查报告与论文选集》(胡运芳主编,中国社会出版社出版)

《再现领袖风采》(阮若琳、沈纪主编,中国广播电视出版社出版)

《大型电视系列片〈大京九〉解说词》(《大京九》摄制组编,中国铁道出版社出版)

《中国电视周资料汇编》(张长明主编,内部发行)

《体育沙龙文集》(马国力主编,国际文化出版公司出版)

《我们是朋友——记"金士明杯"全国电视节目主持人大赛》(杨伟光主编,人民出版社出版)

《电视解说词》(三)(臧树清主编,东方出版社出版)

《电视连续剧〈三国演义〉艺术评论集》(赵群主编,中国广播电视出版社出版)

"中央电视台职工岗位培训丛书"(全20册,出5册,内部发行)

《即兴采访》(童宁著,中国广播电视出版社出版)

《电视纪录片及其审美选择》(高峰著,中国广播电视出版社出版)

《电视新闻的视觉传播优势》(王甫著,中国广播电视出版社出版)

《管理决策与量化方法》(沈泰昌著,中国广播电视出版社出版)

《理想·道德·纪律·法规》(南玉敏等著,中国广播电视出版社出版)

《海外见闻录——中央电视台记者海外采访纪实》(二)(臧树清主编,东方出版社出版)

《电视剧长短录》(赵群编著,东方出版社出版)

《记录流逝的岁月——中央电视台新闻采访部新闻作品撷英》(李东生主编,中国广播电视出版社出版)

《中央电视台年鉴(1996)》(杨伟光主编,人民出版社出版)

《屏前点评录》(三)(陈炳衡主编,中国广播电视出版社出版)

《秋水伊人》(姜丰著,浙江文艺出版社出版)

《西部故事》(姜丰著,浙江文艺出版社出版)

《爱情错觉》(姜丰著,浙江文艺出版社出版)

《心灵的回声》(王传玉主编,中国广播电视出版社出版)

《大型系列电视艺术片〈毛泽东诗词〉》(赵群主编,人民出版社出版)

《学习邓小平建设有中国特色社会主义理论论文汇编》(中央电视台机关党委主编,内部发行)

《电视演播室节目制作》(崔建伟、李勇编译,内部发行)

《中国中央电视台形象标识标准手册》(徐威等主编,内部发行)

1997年

《焦点外的时空》(孙克文主编,生活·读书·知识三联书店出版)

《实话实说》(时间主编,华龄出版社出版)

《中国农民》(中央电视台经济部编,中国广播电视出版社出版)

《电子新闻媒介栏目编辑学》(刘志筠、宋昉著,中国人民大学出版社出版)

《对外新闻的采访与编辑》(李海明著,中国广播电视出版社出版)

《岁月之歌》(武晋先著,中国广播电视出版社出版)

《香港百题》(中央电视台海外中心新闻部编,旅游教育出版社出版)

《兵林史话》(韩金度主编,军事谊文出版社出版)

《经济节目一年间》(柳成伟主编,新华出版社出版)

《领导者媒介形象设计》(龙永枢、杨伟光主编,社会科学文献出版社出版)

《电视纪实与电视艺术》(冷冶夫、张群力编,警官教育出版社出版)

《展示辉煌——十四大以来新成就巡礼》(中央电视台新闻中心编,党建读物出版社出版)

《中国之路》(李东生主编,学习出版社出版)

《中央电视台年鉴(1997)》(杨伟光主编,人民出版社出版)

《话说农民负担》(傅伟主编,中国科学技术出版社出版)

《世纪的呼唤——市场经济与职业道德》(谢圣华主编,中国科学技术出版社出版)

《转变·突破》(崔国旗、李强主编,中国国际广播出版社出版》

《诱惑与回响——地方台30分钟解说词暨评论选》(三)《臧树清主编,东方出版社出版)

《人与自然》(冯晓哲等主编,东北林业大学出版社出版)

《往事如歌——老电视新闻工作者的足迹》(杨伟光主编,人民出版社出版)

《中国电视台简介》(央视调查咨询中心编,内部发行)

《辉煌与梦想——CCTV无锡太湖影视城的十年奉献》(冷敏述等主编,内部发行)

1998年

《中国电视论纲》(杨伟光主编,北京出版社出版)

《中央电视台发展史》(杨伟光主编,北京出版社出版)

《电视新闻文集》(李丹、李东生主编,北京出版社出版)

《电视专题文集》(李东生主编,北京出版社出版)

《电视文艺文集》(赵化勇、胡恩主编,北京出版社出版)

《重大新闻现场直播文案选编》(李东生主编,北京出版社出版)

《电视管理文集》(刘宝顺主编,北京出版社出版)

《电视技术文集》(刘宜勤主编,北京出版社出版)

《荧屏金杯录》(二)(王录主编,北京出版社出版)

《中国电视美术》(刘宜勤主编,北京出版社出版)

《世纪报道》(李海明主编,中国广播电视出版社出版)

《部长访谈录》(李东生主编,中国监察出版社出版)

《焦点中的世界》(李小萍主编,华夏出版社出版)

《新闻背后的新闻》(中央电视台新闻中心评论部编,中央编译出版社出版)

《电视新闻采访的理论与实践》(张宁等编著,中国广播电视出版社出版)

《电视新闻改革纵横谈》(武晋先著,党建读物出版社出版)

《电视纪实艺术论》(朱景和著,华文出版社出版)

《电视纪实与创作》(冷冶夫、马莉著,人民日报出版社出版)

《电视纪录片创作》(冷冶夫主编,人民日报出版社出版)

《收获——中国农村小康纪实》(李强主编,中国科学技术出版社出版)

《秋天的故事》(王进友、吴晓娟主编,中国科学技术出版社出版)

《粮食·粮食》(王进友、王红蕾主编,中国科学技术出版社出版)

《千秋万代话资源》(王进友、张国英主编,中国科学技术出版社出版)

《兵林史话》(续集)(韩金度主编,军事谊文出版社出版)

《前沿故事》(水均益著,南海出版社出版)

《声音——一个电视人与观众的对话》(敬一丹著,华艺出版社出版)

《中央电视台年鉴(1998)》(杨伟光主编,中国广播电视出版社出版)

《电视剧故事精编》(上、下)(胡恩、陈汉元主编,中国电影出版社出版)

《历史上的今天》(胡运芳主编,中国广播电视出版社出版)

《电视节目论集》(张子扬主编,作家出版社出版)

《电视人手册》(张子扬主编,作家出版社出版)

《专题片解说词荟萃》(张子扬主编,作家出版社出版)

《荧屏与环球专辑》(张子扬主编,作家出版社出版)

《译制片剧本精选》(张子扬主编,作家出版社出版)

《中国电视观众现状报告》(罗明、胡运芳主编,社会科学文献出版社出版)

《生命的化妆》(徐晶著,上海文化出版社出版)

《现代录音技术》(王明臣等编译,北京广播学院出版社出版)

《电视采编设备原理与使用》(王世荣等编著,中国

广播电视出版社出版）

《电视数字化技术》（陈玉生等主编，内部发行）

《中央电视台技术事业发展40年》（刘宜勤主编，内部发行）

《中央电视台播出节目目录》（总编室节目管理处编，内部发行）

《九八北京国际广播电影电视设备展览技术文集》（路晓俐等编著，内部发行）

《中央电视台计算机信息网络和管理系统工程控制与管理概论》（徐威、赵栋主编，内部发行）

《中央电视台计算机信息网络和管理系统工程规划与设计纲要》（唐法顺、徐威主编，内部发行）

《中央电视台九八年技术年报》（梁德惠主编，内部发行）

（二）音像出版物部分

1994年

《伟人传》（中央新影音像出版社出版）

《中国出了个毛泽东》（人物传记纪录片）（中央新影音像出版社出版）

《宋庆龄》（人物传记纪录片）（中央新影音像出版社出版）

《邓颖超》（人物传记纪录片）（中央新影音像出版社出版）

《焦裕禄》（人物传记纪录片）（中央新影音像出版社出版）

《新中国的诞生》（历史文献片）（中央新影音像出版社出版）

《先驱者之歌》（中央新影音像出版社出版）

《历史的抉择》（文献纪录片）（中央新影音像出版社出版）

《必由之路》（文献纪录片）（中央新影音像出版社出版）

《风景这边独好》（历史文献片）（中央新影音像出版社出版）

《近代春秋》（历史文献片）（中央新影音像出版社出版）

《廉政的思考》（政治教育片）（中央新影音像出版社出版）

《肝胆春秋——中国特色的政党制度》（学苑出版社出版）

《梅兰芳》（中央新影音像出版社出版）

《中国民居趣谈》（文化专题片）（中国国际电视总公司出版）

《庐山》（风光系列片）（中国国际电视总公司出版）

《名胜古迹系列片》（风光艺术片）（中央新影音像出版社出版）

《北京旅游世界之最》（中央新影音像出版社出版）

《1994年春节联欢晚会》（中国国际电视总公司出版）

《郭达小品专集》（中国国际电视总公司出版）

《姹紫嫣红》（中央新影音像出版社出版）

《第六届远东及太平洋地区残疾人运动会开幕式》（中国国际电视总公司出版）

《京剧系列片》（中央新影音像出版社出版）

《继往开来——京剧唱腔选粹卡拉OK》（娱乐片）（中国国际电视总公司出版）

《三国演义》（中国国际电视总公司出版）

《夕阳红》（中国国际电视总公司出版）

《六字诀养生法》（教学片）

《足部按摩法》（教学片）

《碧云养生法》（教学片）

《三一二经络锻炼法》（教学片）

《健脑强身手指功》（教学片）

《养气健目功》（教学片）

《〈夕阳红〉金曲卡拉OK》（娱乐片）

《史丰收速算法》（教学片）（中国国际电视总公司出版）

《标准日本语》（教学片）（中国国际电视总公司出版）

《五分钟学烹饪》（教学片）（中国国际电视总公司出版）

《五分钟健美》（教学片）（中国国际电视总公司出版）

《钓鱼技巧》（中国国际电视总公司出版）

《中国科学气功》（教学片）（中国国际电视总公司出版）

《中国保健推拿》（教学片）（中国国际电视总公司出版）

《追踪被救女青年张金红》（内部教育片）

《"青年电视人的追求"报告会》（内部教育片）

《国庆45周年歌咏比赛》（内部教育片）

《为党旗增辉》（内部教育片）

1995年

《联合国第四次世界妇女大会开幕欢迎仪式》（中国国际电视总公司出版）

《联合国第四次世界妇女大会NGO开幕式》（中国国际电视总公司出版）

《领导干部的楷模——孔繁森》(中国国际电视总公司出版)
《望长城》(中国国际电视总公司出版)
《胜利》(中国国际电视总公司出版)
《汽车·中国》(中国国际电视总公司出版)
《江海南通》(中国国际电视总出版出版)
《收获——中国农村小康纪实》(北京广播学院音像教材出版社出版)
《扭亏人物录　扭亏话题》(北京广播学院音像教材出版社出版)
《中国足球经典赛事集锦(一)——与中国足球一起走过》(中国国际电视总公司出版)
《'95 中国中央电视台春节联欢晚会》(中国国际电视总公司出版)
《电视相声小品精选》(中国国际电视总公司出版)
《武则天》(中国国际电视总公司出版)
《劲挽强弓》(录像带)(中央新影厂、北京政法图书音像出版社联合出版)
《二战回眸》(录像带)(中央新影音像出版社出版)
《漫游世界》(中央新影音像出版社出版)
《开放与合作——信息时代的经营管理》(北京科影音像出版社出版)
《21 世纪的竞争武器——模糊逻辑》(北京科影音像出版社出版)
《中国特级教师教学示范》(北京科影音像出版社出版)
《中国农村初级卫生保健》(北京科影音像出版社出版)
《三只小狐狸》(组片)(北京科影厂出版)
《路》(中央电视台内部发行)
《蜕变》(中央电视台内部发行)
《影视短片系列音乐曲库》(北京科影音像出版社出版)

1996 年

《邓小平》(中国国际电视总公司出版)
《长征·英雄的诗》(中国国际电视总公司出版)
《〈东方时空〉获奖节目精选》(中国国际电视总公司出版)
《〈东方时空〉1000 期珍藏版》(中国大百科全书出版社出版)
《〈焦点访谈〉获奖节目精选》(中国国际电视总公司出版)
《唐山地震 20 年祭》(中国国际电视总公司出版)
《生死攸关话名牌》(中国国际电视总公司出版)
《中山巍巍》(中央新影音像出版社出版)
《孙中山》(中央新影音像出版社出版)
《鲁迅传》(中央新影音像出版社出版)
《当代世界主战兵器大观》(中央新影音像出版社出版)
《孙子兵法》(中国国际电视总公司出版)
《我国的政治制度》(中国国际电视总公司出版)
《学习中共十四届六中全会文件重点、难点讲解》(中央新影音像出版社出版)
《当前国际形势教育专题讲座》(中央新影厂出版)
《推墙入海——邯钢管理经验》(中央新影音像出版社出版)
《1996 年中国中央电视台春节联欢晚会》(中国国际电视总公司出版)
《1996 年中国中央电视台春节戏曲晚会》(中国国际电视总公司出版)
《英雄无悔》(中国国际电视总公司出版)
《苍天在上》(中国国际电视总公司出版)
《北京人在纽约》(中国国际电视总公司出版)
《红楼梦》(中国国际电视总公司出版)
《唐明皇》(中国国际电视总公司出版)
《末代皇帝》(中国国际电视总公司出版)
《跟我踢》(北京科影音像出版社出版)
《电视基础德语——祝你顺利》(中国国际电视总公司出版)
《你好,北京》(中国国际电视总公司出版)
《中国名菜 30 例》(中国国际电视总公司出版)
《道家养生长寿功法》(中国国际电视总公司出版)
《巧用微波炉》(中国国际电视总公司出版)
《明十三陵》(中央新影音像出版社出版)
《李素丽报告会》(中国国际电视总公司出版)
《陈佩斯、朱时茂小品专辑》(重编)(中国国际电视总公司出版)
《郭达小品专辑》(重编)(中国国际电视总公司出版)
《赵丽蓉小品荟萃》(重编)(中国国际电视总公司出版)
《李文启小品集》(重编)(中国国际电视总公司出版)
《电视相声小品精选(3~6)》(重编)(中国国际电视总公司出版)

1997 年

《1997 年中国中央电视台春节联欢晚会》(中国国际电视总公司出版)

《1997年中国中央电视台春节戏曲晚会》(中国国际电视总公司出版)

《1997年中国中央电视台春节音乐歌舞晚会》(中国国际电视总公司出版)

《百年香江知多少》(中国国际电视总公司出版)

《背负民族的希望》(中国国际电视总公司出版)

《长江三峡大江截流特别报道》(中央电视台内部发行)

《达赖喇嘛》(中国国际电视总公司出版)

《第一步》(中央电视台内部发行)

《东周列国》(中国国际电视总公司出版)

《二战回眸》(VCD)(中央新影音像出版社出版)

《丰碑》(中央新影音像出版社出版)

《国粹瑰宝》(中央新影音像出版社出版)

《和平年代》(中国国际电视总公司出版)

《猴王传奇》(中央新影音像出版社出版)

《近代春秋》(中央新影音像出版社出版)

《劲挽强弓》(VCD)(中央新影音像出版社出版)

《科教兴国》(中国国际电视总公司出版)

《历史抉择——邓小平南巡纪实》(中央新影音像出版社出版)

《人在'97》(中央电视台内部发行)

《软着陆》(中国广播音像出版社出版)

《戏曲名家精选》(中央新影音像出版社出版)

《香港沧桑》(中国国际电视总公司出版)

《新闻评论部季度获奖节目精粹》(中央电视台内部发行)

《中国之路》(中央电视台内部发行)

《周恩来外交风云》(中央新影音像出版社出版)

《敦煌》(中央新影音像出版社出版)

《名胜古迹》(中央新影音像出版社出版)

《中国佛教》(中央新影音像出版社出版)

《开国大典纪实》(中央新影音像出版社出版)

《欧洲抒情歌集》(中央新影音像出版社出版)

《热舞风暴》(中央新影音像出版社出版)

《浪漫小提琴》(中央新影音像出版社出版)

《秦兵马俑》(中央新影音像出版社出版)

《〈邓小平经济理论学习纲要〉重点问题讲解》(中央新影音像出版社出版)

《西湖·小鸟·黑猩猩》(中央新影音像出版社出版)

《十世班禅灵塔开光》(中央新影音像出版社出版)

《藏历土龙年》(中央新影音像出版社出版)

《北京旅游世界之最》(中央新影音像出版社出版)

《春天的故事》(中国国际电视总公司出版)

《归航》(中国国际电视总公司出版)

《十五大报告》(中国国际电视总公司出版)

1998年

《韶山出了个毛泽东》(中央新影音像出版社出版)

《周恩来》(中国国际电视总公司出版)

《敬爱的周恩来总理永垂不朽》(中央新影音像出版社出版)

《刘少奇》(中国国际电视总公司出版)

《共和国主席刘少奇》(中央新影音像出版社出版)

《跨世纪的握手》(中央电视台内部发行)

《越过太平洋》(中央新影音像出版社出版)

《新任总理朱镕基答记者问》(中国国际电视总公司出版)

《世纪大典》(中央新影音像出版社出版)

《伟人与石林》(中央新影音像出版社出版)

《英雄战震灾——唐山大地震纪实》(中央新影音像出版社出版)

《锦绣山河》(一)(中央新影音像出版社出版)

《瞬间与永恒》(中央新影音像出版社出版)

《在雅砻江的日子》(大连音像出版社出版)

《中国京剧音配像》(中国国际电视总公司出版)

《明十三陵》(中央新影音像出版社出版)

《远离毒品》(中央新影音像出版社出版)

16. 规章制度选载

关于印发《中央电视台关于党风廉政建设责任制的规定》的通知

分党组发字[1999]2号

各基层党委、总支、独立支部：

现将《中央电视台关于党风廉政建设责任制的规定》印发给你们，请认真贯彻执行。

附件：《中央电视台关于党风廉政建设责任制的规定》

中央电视台分党组
一九九九年五月十八日

中央电视台关于党风廉政建设责任制的规定

第一章 总 则

第一条 为贯彻落实中共中央、国务院《关于实行党风廉政建设责任制的规定》，加强各级党组织、各部门、各单位对党风廉政建设的领导，使各级领导干部切实担负起抓好党风廉政建设的责任，保证我台宣传工作的顺利进行，根据中共中央、国务院、中央纪委和监察部的有关规章制度，依据《国家广播电影电视总局党风廉政建设责任制实施办法》，结合我台实际，特制定本规定。

第二条 落实党风廉政建设责任制，必须坚持以邓小平理论和党的基本路线为指导。坚持两手抓，两手都要硬的方针，保证党中央、国务院关于党风廉政建设和反腐败斗争的一系列指示的贯彻执行。

第三条 落实党风廉政建设责任制，要坚持台分党组统一领导，党政齐抓共管，纪检监察组织协调，部门各负其责，依靠群众的支持和参与的领导机制和工作机制。要把党风廉政建设作为我台党的建设的重要内容，纳入各级领导班子、领导干部目标管理，与电视宣传工作、精神文明建设和其他业务工作紧密结合，一起部署，一起落实，一起检查，一起考核。

第四条 落实党风廉政建设责任制，必须坚持从严治党、从严治政的原则；必须坚持谁主管谁负责，一级抓一级，层层抓落实的原则；必须坚持标本兼治、综合治理的原则；必须坚持教育为主、着眼防范的原则；必须坚持领导干部廉洁自律、以身作则的原则；必须坚持集体领导与个人分工负责相结合的原则；必须坚持严格执纪、违纪必纠的原则。

第二章 组织领导责任

第五条 台分党组对全台的党风廉政建设负全面领导责任；台各中心(室)、部、处、各直属单位的党政领导班子对本部门、本单位的党风廉政建设负全面领导责任。具体责任内容：

(一)贯彻落实上级党委、政府以及上级领导机关关于党风廉政建设的部署和要求，分析研究职责范围内的党风廉政建设情况，研究制定相关工作计划，部署工作任务，下达责任目标并组织实施。

(二)贯彻标本兼治、综合治理的方针，加强内部管理。完善监督制约机制，从源头上预防和治理腐败。

(三)组织党员、干部学习邓小平关于党风廉政建设的理论，学习党风廉政法规，开展党性党风党纪和廉政教育。

(四)结合我台实际，加强和维护党的政治纪律和宣传纪律。

(五)贯彻落实党和国家党风廉政法规制度，结合本部门、本单位的实际，制定具体制度规定或实施办法，并督促落实。

(六)履行监督职责，对职责范围内的党风廉政建设情况、领导班子和领导干部廉洁从政情况进行监督、检查和考核。

(七)根据主管部门要对本行业行风建设负责的规定，研究制定本部门、本单位纠正部门和行业不正之风,特别是禁止有偿新闻的具体规定,并督促落实。

(八)严格按照规定选拔任用干部,防止和纠正用人上的不正之风。

(九)领导、组织并支持纪检监察部门履行职责,及时解决其工作中遇到的困难和问题。

(十)台分党组以及各中心(室)、部、处、各直属单位的领导班子每半年研究一次党风廉政建设和反腐败工作,听取专题汇报,分析工作形势,提出进一步改进工作的要求和措施。

台各中心(室)、部、处、各直属单位每半年向主管的台领导和纪检监察部门报告一次工作情况,并根据主管的台领导和纪检监察部门的要求组织抓好落实;负责报告本部门、本单位出现的重要问题,并根据主管的台领导和纪检监察部门的要求进行调查处理,或配合纪检监察部门调查处理。

第六条　台分党组书记对全台的党风廉政建设负总责,对分党组的党风廉政建设负直接领导责任;各中心(室)、部、处、各直属单位的正职对本部门、本单位的党风廉政建设负总责,对本部门、本单位领导班子的党风廉政建设负直接领导责任。

台分党组书记以及各中心(室)、部、处、各直属单位的正职的主要责任是负责牵头和组织落实第五条所述的责任内容。

第七条　台分党组和各中心(室)、部、处、各直属单位领导班子其他成员根据工作分工,对职责范围内的党风廉政建设负直接领导责任。

第八条　台分党组纪检组、监察室、机关纪委负责日常党风廉政建设和反腐败工作的组织协调工作。具体责任内容:

(一)根据党中央、国务院、中央纪委、监察部、总局党组、中直纪工委和台分党组的指示要求,研究提出我台党风廉政建设的具体意见和建议,经台分党组讨论同意后,组织实施。

(二)总结一年或一个阶段党风廉政建设和反腐败工作,分析存在的问题,提出解决问题的意见;每半年向台分党组和上级领导机关报告一次党风廉政建设工作情况;重要事项随时报告。

(三)组织开展党风廉政建设和反腐败的宣传、教育和培训工作。

(四)拟定全台党风廉政建设和反腐败工作的制度规定,对反腐败工作的重大问题进行调查研究。

(五)对党风廉政建设情况和责任制落实情况进行监督检查,并有针对性地提出加强和改进工作的要求与建议。

(六)负责案件查处及执纪工作。

(七)负责驻总局纪检组监察局、台分党组、总局机关纪委、台党风廉政建设协调小组责成办理和协调的其他工作。

第三章　部门工作分工

第九条　设立台党风廉政建设领导小组,组长由分党组书记、台长担任,副组长由分党组副书记担任,成员由分党组成员组成。下设党风廉政建设协调小组,组长由台纪检组组长担任,副组长由纪检组副组长兼监察室主任和机关党委专职副书记兼纪委书记担任,小组成员由台总编室、台办、人事办、财经办和技管办的主要领导干部组成。党风廉政建设协调小组办公室设在纪检组、监察室。

第十条　按照部门各负其责的要求,台内相关单位根据各自的职能、职责,分别对党风廉政建设的各项任务承担工作责任:

(一)台办负责会议审批和庆典活动管理、礼品登记、执行领导干部用车或配车规定、重大突发事件报告制度,纪检组、监察室配合;负责压缩控制出国(境)团组工作,监督、检查违反规定公费出国(境)旅游或变相旅游,人事办配合;落实领导干部住房等方面的各项规定,清查领导干部在住房、购房、装修住房等方面以权谋私的问题,财经办配合。

(二)机关党委负责党性党风党纪教育,开好领导干部廉洁自律专题民主生活会,抓好党员民主评议工作,纪检组、机关纪委配合。

(三)台分党组纪检组、监察室、机关纪委负责对我台执行各项法律、法规、规章和政治纪律、宣传纪律的监督检查,负责查处违法违纪案件,台办室配合。

(四)人事办负责落实领导干部重大事项报告制度和收入申报制度、民主评议领导干部工作,台办室配合;负责向离退休干部传达党中央、国务院关于党风廉政建设、反腐败斗争的重要指示,组织通报我台党风廉政建设、反腐败工作情况,反映离退休干部对党风廉政建设、反腐败工作的意见、建议。

(五)总编室负责对电视宣传方针、政策和宣传纪律贯彻执行情况的监督检查、加强新闻队伍职业道德建设、禁止有偿新闻工作、民主评议行风工作,纪检组、监察室配合。

(六)财经办负责落实"收支两条线"规定,清理对企业的不合理收费项目、对建设工程项目的监督、亏损企业的领导干部公款购房购车的若干规定的落实等项工作,纪检组、监察室配合;负责控制改建、扩建、新建、购买、装修办公楼,制止公款吃喝玩乐,台办室配合。

(七)工会负责落实国有企业业务招待费使用情况

向职代会报告制度、推行厂务公开制度。

(八)技管办信息通讯处负责我台通讯工具的管理工作,纪检组、监察室配合。

(九)剧中心、新影厂、科影厂负责对本部门、本单位贯彻执行各项法律、法规、规章和政治纪律、宣传纪律的情况进行监督检查,对违法违纪行为进行处理或提出处理意见。

第十一条　台纪检组、监察室负责对上述各项工作的组织、协调、检查、督促。

第四章　责任考核

第十二条　台分党组负责领导、组织对各中心(室)、部、处、各直属单位领导班子和领导干部执行党风廉政建设责任制情况的考核工作,并将贯彻落实党风廉政建设责任制的情况,列入台年度总结或工作报告。

第十三条　各中心(室)、部、处、各直属单位对所属单位和处级以上干部落实责任制的情况进行检查和考核,并向主管的台领导、纪检监察部门报告检查考核情况。

第十四条　人事办在对领导班子和领导干部考核工作中,要把检查党风廉政建设责任制的落实情况,作为评价干部、选拔任用、实施奖惩的重要依据。

第十五条　机关党委每年在安排民主生活会时,要将检查党风廉政建设责任制落实情况列为重要内容,并抓好检查工作。

第十六条　各级党政领导干部应在专题民主生活会上和年终述职报告中,如实报告个人执行党风廉政建设责任制情况和勤政、廉政情况。

第十七条　建立和完善党风廉政建设责任制民主评议制度。

(一)各级人事部门会同有关部门,负责对下一级党政领导班子和领导干部党风廉政建设责任制执行情况的民主评议工作,并广泛听取党内外群众的意见。

(二)对各级党政领导班子和领导干部落实党风廉政建设责任制的民主评议每年至少应进行一次,可以单独进行,也可以与年度考评、干部考核、民主测评等结合进行。

第十八条　台纪检组、监察室和机关纪委负责对党风廉政建设责任制执行情况的监督检查。建议台分党组对落实好的单位和领导干部予以表彰,对落实不力的单位和领导干部进行处理。

第五章　责任追究

第十九条　对不履行或者不正确履行党风廉政建设责任制的,应追究责任。实行责任追究,应严格按照干部管理权限及有关程序的规定办理;组织处理由人事办负责,纪律处分由纪检监察部门或者任免机关负责。

第二十条　领导干部违反中共中央、国务院《关于实行党风廉政建设责任制的规定》和本规定,有以下情节之一的,给予组织处理或者党纪处分,并要求其限期改正。

(一)对直接管辖范围内发生的明令禁止的不正之风不制止、不查处,或者对上级领导机关交办的党风廉政建设责任范围内的事项拒不办理,或者发生严重违反政治纪律、宣传纪律和重大错播、停播事故,以及对重大突发事件隐瞒不报、压制不查的,给予负直接领导责任的主管人员警告、严重警告处分,情节严重的,给予撤销党内职务处分。

(二)对直接管辖范围内发生重大案件,致使国家、本单位的资财和人民群众生命财产遭受重大损失或者造成恶劣影响的,责令负直接领导责任的主管人员辞职或者对其免职。

由于管理混乱,致使国家、本单位财物被大量贪污、造成重大损失的,对负有主要领导责任者,给予撤销党内职务、留党察看处分;负有重要领导责任者,给予警告、严重警告或者撤销党内职务处分。造成巨大损失的,加重处分。

(三)违反有关规定选拔任用干部,造成恶劣影响的,给予负直接领导责任的主管人员警告、严重警告处分,情节严重的,给予撤销党内职务处分;提拔任用明显有违法违纪行为的人的,给予严重警告、撤销党内职务或者留党察看处分,情节严重的,给予开除党籍处分。

(四)授意、指使、强令下属人员违反财政法规政策、弄虚作假的,对负直接领导责任的主管人员给予警告、严重警告处分,情节较重的,给予撤销党内职务处分,情节严重的,给予留党察看或者开除党籍处分。

(五)授意、指使、纵容下属人员阻挠、干扰、对抗监督检查或者案件查处,或者对办案人、检举控告人、证明人打击报复的,对负直接领导责任的主管人员给予严重警告或者撤销党内职务处分,情节严重的,给予留党察看或者开除党籍处分。

(六)对配偶、子女、身边工作人员严重违法违纪知情不管的,责令其辞职或者对其免职;包庇、纵容的给予撤销党内职务处分,情节严重的,给予留党察看或者开除党籍处分。

(七)发生上述情形,情节严重的,还要追究其他有关领导的责任。

具有上述情形之一的,或不是中共党员的领导干部,需要追究政纪责任的,比照党纪处分给予相应的行政处分;涉嫌犯罪的,移交司法机关追究刑事责任。

第二十一条　实施责任追究,要实事求是,分清集体责任与个人责任,主要领导责任和重要领导责任。

第六章　附　　则

第二十二条　本规定适用于台各中心(室)、部、处、台属各单位(含剧中心、新影厂、科影厂、国际电视总公司)。

第二十三条　本规定由分党组纪检组、监察室、机关纪委负责解释。

第二十四条　本规定自发布之日起施行。

中央电视台
一九九九年五月十八日

(监察室提供)

关于印发《中央电视台公文处理办法》的通知

台发办字[1999]023号

台内各中心(室)、部、处,台属各单位:

现将修订后的《中央电视台公文处理办法》印发给你们,请认真遵照执行。

中央电视台机关公文运行是我台根据党中央、国务院和国家广播电影电视总局要求实施领导和进行有效管理的重要环节,具有严格的规范性和较强的时效性。为适应机构改革后的工作需要,特根据国务院的有关补充规定和广电总局的修订规定对原《中央电视台公文处理办法》作了修订和完善。各单位和各级领导都要高度重视公文处理工作,严格执行《中央电视台公文处理办法》的各项规定,要切实解决好在公文处理环节中存在的问题,努力提高工作质量,提高工作效率,促进公文处理工作的程序化、规范化、制度化。

附件:《中央电视台公文处理办法》

中央电视台
一九九九年二月一日

中央电视台公文处理办法

(中央电视台办公室一九九九年一月十九日修订)

第一章　总　　则

第一条　为使中央电视台公文处理工作规范化、科学化、制度化,提高公文处理工作效率和公文质量,根据国务院办公厅《国家行政机关公文处理办法》和《广播电影电视部公文处理规定》,特制定本办法。

第二条　本办法适用于台内各中心(室)、台直属各单位(以下简称各单位)。

第三条　本办法所指公文,包括本台产生的公文和外单位(上级、平级、下级单位)来的公文。

第四条　中央电视台公文(包括电报,下同),是根据国家广播电影电视总局赋予的职责在行政管理过程中形成的具有法定效力和规范体式的公务文书,是传达贯彻党和国家的方针、政策,发布行政规章,施行行政措施,请示和答复问题,指导、布置和商洽工作,报告和交流情况的重要工具。

第五条　公文处理包括公文的收发、拟制、办理、管理、立卷、归档等一系列衔接有序的工作。

第六条　台办公室是台公文处理的管理机构,主管台的公文处理工作并负责指导各单位的公文处理工作。

各单位综合部(办公室)是本单位公文处理的管理机构并直接负责本单位的公文处理工作。

第七条　台办公室和各单位综合部(办公室)设立文秘部门或配备专职人员负责公文(包括电报,下同)处理工作。文秘人员应当忠于职守,廉洁正派,具备较高的政治素质、文化水平和文秘专业知识,熟悉本单位业务,胜任本岗位职责,严格遵守保密纪律和保密制度。

第八条　各单位综合部(办公室)要克服形式主义和文牍主义,逐步改善办公手段,积极推动办公自动化系统运行,减少公文运转环节,提高公文处理工作的效率和质量,行文要少而精,注重实效。

第九条　公文处理必须做到及时、准确、安全,公文由文秘部门统一收发、分办、传递、用印、立卷、归档和销毁,其中密码电报和机要文件要确定机要人员负责。

第十条　公文处理工作,应贯彻"党政分开"的原则。

第十一条　在公文处理工作的全过程中，必须严格执行国家保密法律、法规和有关保密规定，确保国家秘密安全。

第二章　公文种类

第十二条　台的公文种类主要有：

1. 决定

适用于对重要事项或重大行动做出安排。

2. 指示

适用于对下级机关布置工作，阐明工作活动的指导原则。

3. 公告、通告

“公告”适用于宣布重要事项或者法定事项。

“通告”适用于在一定范围内公布应当遵守或者周知的事项。

4. 意见

适用于对重要问题提出见解和处理办法。

5. 通知

适用于批转下级机关的公文，转发上级机关和不相隶属机关的公文；发布规章；传达要求下级机关办理和有关单位需要周知或者共同执行的事项；任免和聘用干部。

6. 通报

适用于表彰先进，批评错误，传达重要精神或者情况。

7. 报告

适用于向上级机关汇报工作，反映情况，提出意见或者建议，答复上级机关的询问。

8. 请示

适用于向上级机关请求指示、批准。

9. 批复

适用于答复下级机关请示事项。

10. 函

适用于不相隶属机关(单位)之间相互商洽工作、询问和答复问题，向有关主管部门请求批准等。

11. 规定(办法、细则)

对一定范围内的工作和事务制定具有约束力的行为规范。

13. 会议纪要

适用于记载和传达会议情况和议定事项。

第三章　公文格式

第十三条　公文一般由发文机关、秘密等级、紧急程度、发文字号、签发人、标题、主送机关、正文、附件、印章、成文时间、附注、主题词、抄送(报)机关、印发机关和时间等部分组成。

1. 发文机关应当写全称或者规范化简称；联合行文，主办机关应当排列在前。相同级别的党的机关和行政机关联合行文，党的机关排列在前。

2. 凡涉及国家秘密内容的公文应当分别标明“绝密”、“机密”、“秘密”，“绝密”、“机密”公文应当标明份数序号。

3. 紧急公文应当分别标明“特急”、“急件”；紧急电报应当分别标明“特提”、“特急”、“加急”、“平急”。

4. 发文字号，包括机关代字、年份、序号。中央电视台发文字号为“台发※字[※年]※号”，发文号由台办公室秘书处用综合累计方法编排。台内各单位发文字号为“电视※字[※年]※号”，发文号由综合部(办公室)编排。联合行文，只标明主办单位发文字号，发文号由主办单位编排。

5. 代台上报的公文，应当在首页注明签发人姓名。向台请示事项、报告情况或代台草拟公文，必须有单位领导人签字。

6. 公文标题，应当准确简要地概括公文的主要内容，一般应标明发文机关、主要内容，并准确标明公文种类。有正式版头的可省略发文机关。标题中除法规、规章名加书名号外，一般不用标点符号。

7. 主送机关(即受文单位)，应当用全称或规范的简称，位于正文左上方，顶格排列。

8. 公文如有附件，应当在正文之后、发文机关署名之前注明附件顺序和名称，装订在主件之后，较厚的附件可以单独装订。

9. 公文除会议纪要外，应当加盖印章。印章一般应骑年压月。联合上报的非法规性文件，由主办机关加盖印章。联合下发的公文，联合发文机关都应当加盖印章。

10. 发文机关署名，应当用全称或规范的简称，位于正文末页的右下方。

11. 成文时间，以领导人签发的日期为准；联合行文，以最后签发机关领导人的签发日期为准。电报，以发出日期为准。会议文件以会上发表或会议通过日期为准。

12. 文件印发、传达范围等内容，可加括号标注于成文日期左下方，内容要简明扼要。

13. 文件应当标注主题词；上报的文件，应当按照上级机关的要求标注主题词。主题词位于文件末页抄送机关上方。

14. 公文的文字须使用电脑打印，从左至右横排，一律用国务院颁布的规范汉字。

第十四条　公文用纸一般为16开型(长260毫米、宽184毫米);也可以采用国际标准A4型(长297毫米、宽210毫米)。左侧装订。张贴的公文用纸大小,根据实际需要确定。

第四章　行文规则

第十五条　各单位必须根据各自的隶属关系和职权范围确定行文对象和内容。不得超越"三定"方案确定的职责范围。

第十六条　在职权范围内,各单位可以互相行文。台各单位在职权范围内的具体业务事项,可向部、处行文。

涉及方针政策、管理规章、技术标准、部署工作、设立和撤销机构、事业和技术规划、安排重大电视宣传活动、做出行政处罚等重要事项,统一由台或办公室行文。

第十七条　各单位的正式发文,应当同时抄送台办公室。

第十八条　台内各单位行文,凡涉及其他单位主管业务范围的,主办单位应主动向相关单位协商,取得一致意见,并经各自主管台领导同意后方可行文。各单位之间对有关问题未经协商一致,不得各自向下行文。如擅自行文,台办公室有权责令纠正或撤销。

第十九条　同级单位可以联合行文,联合行文应当确有必要,单位不宜过多。

第二十条　各单位一般不得越级请示。因特殊情况必须越级请示时,应当抄送被越过的上级机关。

第二十一条　向台、台分党组请示事项、报告情况或代台草拟公文,必须有主办单位主要领导签字;台上报的公文要在首页打印签发人的姓名,并在落款处加盖台章。

第二十二条　向台或台分党组的请示,收文单位应写"台领导"或"台分党组",不应写领导个人,更不要写多个领导人和多头分送。

第二十三条　"请示"应当一文一事;一般只写一个主送机关,如需同时送其他机关,应当用抄送形式,但不得同时抄送下级机关。

第二十四条　"报告"中不得夹带请示事项。

第二十五条　各单位报请台领导批示的公文,凡涉及其他职能部门业务时,应先与职能部门协商会签后再报台办公室秘书处。

第二十六条　受双重领导的单位向上级机关请示,应当写明主送机关和抄送机关,由主送机关负责答复。上级机关向受双重领导的下级机关行文,必要时应当抄送另一上级机关。

第二十七条　不相隶属单位之间,一般用"函"的文种行文。

第五章　公文办理

第二十八条　公文办理分为收文和发文。收文办理一般包括签收、登记、分发、拟办、请办、承办、催办、立卷、归档、销毁等程序;发文办理一般包括拟稿、审核、请签、会签、签发、审校、用印和分发、立卷、归档、销毁等程序。

第二十九条　台内各中心报台的请示、报告或代台草拟的公文(除人事任免、审查立案等文件和领导特别明确交待的特殊事项外),一律先送台办公室秘书处,由办公室秘书处统一登记、编号,报台领导批示。

台属单位报台的请示、报告,统一送台办公室秘书处,由台办公室秘书处按规定程序办理。

对不符合规定、不按规定呈报或书写不规范、未经打印的公文(文稿),台办公室、中心综合部可视情况作修改或退回呈报单位。

第三十条　各单位公文转办传递统一由综合部(办公室)文秘人员按规定程序操作,不要在领导之间、个人之间横传。部门和部门之间公文转传应履行签字手续。

第三十一条　领导批阅过的公文应直接退请批的文秘部门,由文秘部门转送有关部门办理,不宜直接退承办部门或原拟稿单位。

第三十二条　传递秘密公文,必须采取保密措施,通过机要交通(或机要通信)传递、密电传输或者计算机网络加密传输。利用计算机、传真机传秘密公文,必须安装经总局办公厅认可的加密装置。不得密电明传、明电密电混用。

第三十三条　公文承办单位应当抓紧办理,不得延误、推诿。对不属于本单位职权范围或者不适宜由本单位办理的,应当迅速退回交办的文秘部门并说明理由。

第三十四条　送领导人批示或者交有关部门办理的公文,文秘部门要负责催办、查办,做到紧急公文跟踪催办、查办,重要公文重点催办、查办,一般公文定期催办、查办。对下发的重要公文,应当及时了解和反馈执行情况。

第三十五条　草拟公文应当做到:

1. 符合国家的法律、法规和方针、政策及有关规定。如提出新的政策规定,要切实可行,并加以说明。

2. 情况确实,观点明确,条理清楚,文字精炼,书写工整，标点准确，篇幅力求简短。

3. 人名、地名、数字、引文准确。引用公文应当先引标题，后引发文字号。日期应当写具体的年、月、日。

4. 结构层次序数，第一层为“一、”，第二层为“(一)”，第三层为“1.”，第四层为“(1)”。

5. 必须使用国家法定计量单位。

6. 用词用字准确、规范。文内使用简称，一般应当先用全称，并注明简称。

第三十六条　公文中的数字，除成文时间外，部分结构层次序数和词、词组、惯用语、缩略语、具有修辞色彩句中作为词素的数字必须使用汉字外，应当使用阿拉伯数字。

第三十七条　公文由台领导签发。重要的或涉及面广的，必须由台长或者主持日常工作的副台长签发；经授权，有的公文可由台办公室主任签发。

第三十八条　审批公文，主批人应当明确签署意见，并写上姓名和审批时间。其他审批人圈阅，应当视为同意。

第三十九条　草拟、修改和签批公文，用笔墨必须符合存档要求。不得在文稿装订线外书写。

第四十条　主办单位拟出公文文稿后，应按程序自下而上送审，不得越级。各级审稿人应在发文稿纸的相应栏目中签署明确意见、姓名和时间。公文送领导人签发之前，应当由办公室进行审核(人事任免文件由人事部门审核)。审核的重点是：是否需要行文，以何名义行文，是否符合国家的法律、法规和方针、政策及有关规定，是否符合宣传方面的要求和精神，是否与有关部门协商、会签，文字表述、文种使用、公文格式等是否符合本办法的有关规定。

第四十一条　公文必须由文秘人员交付印制。已经领导人审批过的文稿付印前，文秘人员要逐项精心检查文稿有无缺、漏和错别字；领导改动过的文稿也要再次校核把关，经校核需做涉及内容的实质性改动时，须报原审批领导人复审后付印。印制完成的文件，必须认真审核后再用印和分发。

第四十二条　上级行政机关的秘密公文，除绝密和注明不准翻印的以外，经发文机关或台办公室主任批准，可以翻印。翻印时，应当注明翻印的机关、时间、份数和印发范围。密码电报不得翻印、复制，不得密电明复、明电密电混用。

第六章　公文立卷、归档和销毁

第四十三条　公文办完后，应当根据《中华人民共和国档案法》和有关规定，及时将公文定稿、正本和有关材料整理立卷。电报随同文件一起立卷。个人不得保存应当归档的公文。

第四十四条　公文归档，应当根据其相互联系、特征和保存价值分类整理立卷，要保证档案的齐全、完整，能正确反映本机关的主要工作情况，以便于保管和利用。

第四十五条　联合办理的公文，原件由主办单位立卷，其他单位保存复制件。

第四十六条　公文复制件作为正式文件使用时，应当加盖复制机关证明章，视同正式文件妥善保管。

第四十七条　台领导签发后的公文，除涉及财经、人事、党务、监察、审计、外事事项的公文以外，其他公文由台办公室秘书处暂存，次年第一季度退回公文产生部门整理立卷归档。

第四十八条　单位合并时，全部公文应当随之合并管理。单位撤销时，需要归档的公文立卷后按照有关规定移交档案部门。其他公文按照有关规定登记销毁。工作人员调离工作岗位时，应将本人保管、借用的公文按照有关规定移交、清退。

第四十九条　没有归档和存查价值的公文，经过鉴别和主管领导人批准，可以定期销毁。销毁秘密公文，应当进行登记，由二人监销，保证不丢失、不漏销。

第七章　办公自动化

第五十条　各单位运用办公自动化系统处理公文也应遵照本办法执行。

第五十一条　办公自动化系统尚未独立运行时，各单位报送公文需同时有电子文件和纸质文件两种形式。电子文件和纸质文件的内容及格式应完全相同。

第五十二条　应大力推行使用办公自动化系统处理公文，公文如不通过办公自动化系统传递，收文部门有权将文件退回文件产生部门。

第八章　附　　则

第五十三条　本办法自发布之日施行，过去的有关规定与本办法相矛盾时，以本办法为准。

第五十四条　外事方面的公文处理办法，除执行本办法外，要按外交部《对外文书处理办法》办理。其他有特殊要求的公文，同时应按有关部门的规定办理。

第五十五条　本办法由中央电视台办公室负责解释。

（台办公室提供）

关于调整节目经费中餐费等四项费用使用比例的规定

台发计字[1999]053号

各中心(室)、部、处:

为贯彻台领导关于在经费的使用中"提倡勤俭节约,反对铺张浪费"的指示精神,进一步加强节目经费管理,现对节目制作费中餐费等四项费用的支出范围及比例进行相应调整,具体审批规定如下:

一、餐费、租车费、劳务费、稿费四项费用的比例控制在节目经费的35%以内。

二、节目经费中取消礼品费用的预算及支出。

三、在35%比例之内,餐费、租车费、劳务费、稿费四项费用之间可以互相调整。

四、实行比例控制之后,餐费等四项费用凡超过比例的,预算不予安排,支出不得报销,并不允许将四项费用中的任何一项调到其他项目中支出。

以上规定自公布之日起实行,请各中心领导及部门主任在审批节目预算中严格掌握执行。

中央电视台

一九九九年三月二十五日

(台办公室提供)

中央电视台职工出国(境)探亲、访友、旅游暂行规定

台发人字[1999]118号

为进一步规范我台职工出国(境)探亲、访友、旅游的管理工作,特制定本规定。

一、根据原广播电影电视部广人办字[1995]085号文件精神,中央电视台职工出国(境)探亲、访友、旅游的报批工作由台人事办归口管理。

二、根据广人办字[1995]085号文件精神,我台司局级以上干部(含离退休人员)申请出国(境)探亲、访友、旅游,由广电总局人教司审批;我台处(含处级)以下干部、职工出国(境)探亲、访友、旅游由人事办公室审核,报主管台领导审批。

中央卫星电视传播中心、中国国际电视总公司的台派人员由台人事办公室审核、报批。中国电视剧制作中心、中央新闻纪录电影制片厂、北京科学教育电影制片厂领导班子成员出国(境)探亲、访友、旅游由台人事办公室审核报广电总局人教司审批,其余人员由其自行审批。

三、职工入台满二年,可申请出国(境)探亲、访友;申请出国(境)旅游,不受来台时间限制。

四、申请出国(境)探亲、访友的职工,在首次办理审批手续时须提供以下材料:

1. 经所在部(处)、中心(室)领导签署意见的个人申请;

2. 填写完毕的《中国公民出国(境)申请审批表》;

3. 有效的国外邀请信及邀请人的有关证件。

当职工再次申请出国(境)探亲、访友时,须提供经所在部(处)、中心(室)领导签署意见的个人申请、有效的个人护照、有效的国外邀请信及邀请人的有关证件。

五、申请出国(境)旅游的职工,在办理审批手续时须提供以下材料:

1. 经所在部(处)、中心(室)领导签署意见的个人申请;

2. 填写完毕的旅行社有关的表格。

六、职工出国(境)探望父母的,每4年一次,假期40天(包括公休日、法定假日),假期工资照发,但出国(境)的费用自理;职工出国(境)探望配偶的,其配偶须在国外居住一年以上,每年一次,假期30天(包括公休日、法定假日),假期工资照发,但出国(境)的费用自理;职工出国(境)旅游或探望除父母和配偶之外的亲属、朋友的,假期一般不超过职工可享受年休假天数,超过该天数按事假处理。

七、职工申请出国(境)探亲、访友、旅游时,须持人事办公室开具的《出国(境)备案表》到财务处、财产物资处、信息通讯处、房管处、总编室等部门办理清退手续。

八、出国(境)探亲、访友、旅游的人员在等待护照、签证期间,必须坚守岗位,自觉遵守各项规章制度。如有严重违纪行为,我台将建议公安机关取消其出国(境)探亲、访友、旅游的资格;如不到岗工作,按照台有关规定处理。

九、出国(境)探亲、访友、旅游的人员必须严格遵守请、销假登记制度,在办理完结所赴国家(地区)的手续后,应及时将离境日期书面报告所在部门及人事办公室。回国后持护照向人事办公室销假,由人事办公室开具销假通知单到所在部门报到。

十、对未请假或申请未经批准而擅自出国(境)探亲、访友、旅游的人员,根据台有关规定予以除名,对逾期不归的人员,按自动离职处理。

本规定自下发之日起执行,由人事办公室负责解释,以前有与之相抵触的以本规定为准。

中央电视台
一九九九年六月二日

附件:(略)

(台办公室提供)

中央电视台职工出国(境)探亲、访友、旅游注意事项

一、《中华人民共和国公民出境入境管理法》规定的不准出境的五种情形:

1. 刑事案件的被告人和公安机关或者人民检察院或者人民法院认定的犯罪嫌疑人;

2. 人民法院通知有未了结民事案件不能离境的;

3. 被判处刑罚正在服刑的;

4. 正在被劳动教养的;

5. 国务院有关主管机关认为出境后将对国家安全造成危险或者对国家利益造成重大损失的。

二、原广播电影电视部广人办字[1995]085 号通知规定:

1. 凡有人事处(人事保卫处)的直属单位(含部设计院政工处)出国(境)探亲、访友、旅游的处以下(含处级)干部、职工由本单位审批;

2. 凡司局级以上干部(含离退休人员)申请出国(境)探亲、访友、旅游,由人事司审批。

三、出国(境)探亲、访友、旅游注意事项:

1. 禁止单位和个人利用出国(境)探亲、访友、旅游期间从事公务活动;

2. 出入境必须严格按照海关规定携带物品,不得走私漏税;

3. 遵守社会公德,不做有损人格、国格的事情;

4. 保守党和国家机密,不做危害国家安全的事情。

中央电视台干部管理处
一九九九年六月二日

(台办公室提供)

中央电视台常驻国(境)外机构、人员管理暂行办法

台发人字[1999]166 号

为规范驻外机构、人员的管理,根据广电总局人教司的指示精神和有关规定,现就中央电视台常驻国(境)外(以下简称驻外)机构及人员管理有关问题通知如下:

第一条　中央电视台驻外机构(驻外记者站、驻外公司等)设置、人员编制、人员调配、人员管理等工作由人事办公室归口管理并负责报请上级有关部门审批。

第二条　驻外记者站的宣传管理工作由新闻节目中心负责,驻外公司的业务管理工作由中国国际电视总公司负责。

第三条　驻外记者站人选由人事办公室按其编制、人员素质要求在全台范围内公开选拔(新闻节目中心和海外节目中心优先),台里无法调剂的,可采用向相关单位借用的办法解决。人员初选方案由人事办公室报台审批。

驻外公司人选由中国国际电视总公司根据驻外公司人员指标数及公司业务要求提出初选方案,经人事办公室审核后报台审批。

第四条　驻外人员赴任前,属台里职工的,其人事关系转至人事办公室;属借用人员的,签订借用协议。赴港、澳记者站的,由总局人教司统一办理其人事、工资关系并转港、澳记者站。

第五条　驻外人员出国(境)前,人事办公室要组织相关部门对其进行培训。凡未参加培训的人员,一律不予派出。

第六条　驻外记者站人员的国(境)外工资标准,由人事办公室根据驻外人员的职务(职称)及任职年限按国家有关文件核定;驻外公司人员的国(境)外工资标准,由总公司提出意见报人事办公室核批。上述人员的工资审批结果,由人事办公室核批后报总局人教司备案。

驻外记者站人员自出国(境)之日起,属台里职工的,从下月起停发其国内工资,由驻外记者站发放其国(境)外工资;驻外公司人员自出国(境)之日起,从下月起总公司停发其国内工资,由驻外公司发放其国(境)外工资。

驻外记者站人员回台报到时,需提供由驻外记者站开具的工资转移证明,由人事办公室核定其国内工资标准;驻外公司人员回台报到时,需提供由驻外公司

开具的工资转移证明，由人事办公室备案转往总公司。

驻外记者站的借用人员，其国(境)外工资待遇，按借用协议执行。

第七条　驻外人员的年度考核由人事办公室按全台职工年度考核计划组织实施。

驻外记者站人员每年12月20日前应写出个人总结并在有关业务部门提出考核意见后报人事办公室，人事办公室再按照干部管理权限确定其人员考核等次并书面通知驻外记者站人员；驻港、澳记者站记者和驻外公司人员考核按有关规定执行。

第八条　驻外记者站人员的配偶随任，应由驻外人员本人提出书面申请报人事办公室，人事办公室根据国家有关规定进行审核，经批准后人事办公室可向其配偶所在单位出具驻外工作人员配偶随任证明，并为其办理有关手续。配偶不随任的，其配偶可在驻外人员任期满一年后探亲一次，假期60天(含公休日、法定假日)，其补贴按有关规定执行。驻港、澳记者站人员休假及配偶探亲按国家有关规定执行。

第九条　驻外人员在任期内，未经批准，不得从事本职工作以外的工作。

第十条　驻港、澳地区人员的任期为两年，驻其他国家或地区的人员任期为三年。如因工作需要或不适宜在国(境)外继续工作的，经原审批派出机关批准，可提前结束任期；驻外人员达到退休年龄的，应提前结束任期并按干部管理规定办理退休手续。

驻外记者站人员任期届满前90天，人事办公室要拟定接替人选方案并报台审批；驻外公司人员任期届满前90天，中国国际电视总公司要拟定接替人选方案报人事办公室审核，再由人事办公室报请上级有关部门批准后，办理回台手续。

第十一条　驻外人员任期届满回台(或总公司)，应在规定时间内到人事办公室报到。

驻外人员一般回原单位或原部门工作。

驻外人员任职期满回台后，可休假一个月(含年休假)，但不得于驻在国或地区休假。

第十二条　再次派往国(境)外常驻工作的人员，一般应在国内工作两年以上。

第十三条　本办法由人事办公室负责解释，自下发之日起执行。凡过去有关文件与本办法不一致的，以本办法为准。

中央电视台

一九九九年九月一日

(台办公室提供)

关于下发《合同管理补充规定》和《合同管理补充规定实施细则》的通知

台发办字[1999]218号

台属各中心(室)、部、处：

剧中心、新影厂、科影厂、中国国际电视总公司：

为了进一步完善合同的报批、审议、签订程序，明确合同承办人、处级部门负责人、中心负责人、职能部门、台领导在合同审批过程中的权限和责任，通过严格合同管理，强化行政管理的规范力度，现对我台一九九七年十二月下发执行的《中央电视台行政管理规章制度》第五章第三条"合同管理规定"作出补充，特制定《合同管理补充规定》和《合同管理补充规定实施细则》(附"合同审议表"、"项目报告书"、"合同登记表")，下发全台，望全台遵照执行。执行过程中如发现不妥之处，可以向台办公室反映，以利进一步修订完善。

中央电视台

一九九九年十二月十五日

合同管理补充规定

我台一九九七年十二月下发实施的《中央电视台行政管理规章制度》第五章第三条对合同管理做了规定。为了进一步完善合同审批、签订的程序，明确审批签订过程的权限、责任，现做出补充规定如下。本补充规定自发布之日起执行，其实施细则(同时下发)与补充规定具有同等效力。

一、合同的范围

我台对外合作中需要进行实物交割、财务结算、劳务提供、屏幕回报体现等，产生权利义务关系时，一律应签订书面合同。所有合同均需按《中央电视台行政管理规章制度》第五章第三条和本补充规定及实施细则进行审批、签订。

二、合同承办人

合同的承办人，在节目宣传部门为栏目的负责人(制片人)，在技术及行政部门为科组长。

三、签订合同的主体

除以台名义对外签订的合同外，其余合同一律以各中心代表台对外签订，加盖中心印章。中心下属各部门不得以自己名义对外签订合同。

台属具有法人资格的中国电视剧制作中心、中央卫星电视传播中心、新影厂、科影厂、中国国际电视总公司及下属公司、其他台属公司，可以以自己名义对外签约，需经台审批的合同范围及审批程序另行规定。

四、合同审批的权限

(一)标的额在100万元以下的合同，由中心主任审批；合同标的额在100万元人民币以上(含100万元)的报主管副台长审批。

(二)下列合同应报主管副台长审批

1. 涉外合同。

2. 与外单位合办栏目，与海外(包括港、澳、台)合作制作节目，栏目冠名，奖杯冠名，外送节目带广告。

3. 从海外购进播送、动力、电信、制作设备，演播室、编辑机房的技术改造，设备设施大型维修或成套设备的长期维护，大型设备的租赁、出租。

4. 向外单位租赁、购买房地产，成套办公设备的购置，车辆的购置、租赁，委托进行人才培训，投保，招投标，捐助，投资项目，合作设立经营实体。

五、合同的审批程序

第一步，处级各部处室将合同草案和经部门负责人签署意见的报告(项目报告书)上报所属中心。

第二步，各中心对所属部门报送的报告(项目报告书)、合同草案进行审查，并由中心负责人在合同审批表上签署意见。中心负责人在签署意见时应写明是否报送相关职能部门或台领导审批。

第三步，承办中心将合同草案、请示报告(项目报告书)、合同审批表送法规处审议。送审时，同时附送合同草案、请示报告(项目报告书)的复印件一份。

第四步，经台办室法规处审议后，认为需报送相关职能部门和台领导的合同，应附合同草案、项目报告书、合同审批表送相关职能部门中心级领导签署意见或台领导批示。

六、合同承办人和审批人的责任

1. 合同承办人应对项目必要性的事实依据、合同对方的主体资格、履约能力、价款依据等客观情况的真实性负责。

2. 合同承办人、处级部门审批人、中心审批人共同对合同项目的必要性、合同价格的合理性、合同的履行负责。

3. 相关职能部门根据有关规定对合同项目的必要性、可行性进行审批。

4. 主管副台长在审批合同时，主要就合同项目的必要性进行审批。

5. 法规处对合同的合法性负责，并依照有关规定维护我台的合法权益。

合同管理补充规定
实施细则

一、合同承办人的职责是：

1. 全面掌握项目必要性的有关事实，草拟处级部门向中心上报的报告内容，阐明项目实施的原因、作用、签订合同的目的、选择的合作对象及原因、与对方洽商情况、合同的主要内容等。对标的额在100万元以上(含100万元)和需报台长审批的合同，应提交详细的项目报告书(格式附后)。

2. 审查合同对方的主体资格。可以要求对方提供“法定代表人身份证明”、“授权委托书”、工商登记证明副本(营业执照)、专项经营许可证等法律文件。

3. 负责审查对方是否具有履行合同的能力。必要时要求对方提供公司简介、资产负债表、银行资信证明或担保书等法律文件。

4. 准备合同草案和相关资料。合同草案由对方提供时，应认真研究每一条款，提出自己的修改意见；与合同有关的附属技术协议、前期意向书、备忘录、价目表、图纸、预算书等一并认真审查核对，做到文字清晰准确，内容真实、合法、有效、可行，防止不完善或不合法的合同出现。

5. 对合同的价款，应掌握真实的依据，认真进行同类产品价格比较的咨询，并对上级领导和职能部门、法规处的询问提供证明。

6. 当合同履行中出现问题时应及时向部门领导和法规处汇报。

7. 协助法律顾问对合同纠纷进行协商、调解、仲裁、诉讼，参与收集调查证据，准备相关资料。

二、除《合同管理补充规定》第四条合同审批权限规定应报台领导审批的合同外，如法规处认为合同内容对我台利益关系较大应报送台领导审批时，可提请台领导审批。

三、各中心负责人对下属部门报送的报告、合同草案签署意见时，根据中心的权限范围和规章制度的规定，批示应否报送职能部门或台领导审批。

四、合同草案及报告经审批程序后，由承办人完成修订，在与对方对合同文本确认无误后，由对方先签字盖章，然后由承办人持合同文本请台领导或中心负责人签字后，加盖台章或中心印章。最终签订的文本，依合同当事人数量，各方各持三份。我台的三份，一份留中心，一份在加盖印章后当日送法规处，另一份留财务部门。

五、谈判是合同正式签订前保护自身利益、提高合同履约效能的重要手段。凡以我台名义或中心名义对外签订的标的额在500万元以上的合同，应经谈判程序。我方谈判人员应包括合同承办人、中心负责人、法规处法律顾问、相关中心负责人或业务专家。承办中心负责人为谈判小组召集人。凡合同标的额在1000万元以上的合同，谈判人员由台长指定，主管副台长、承办中心负责人、承办人、法规处法律顾问、相关职能部门负责人或业务专家参加。正式谈判前，我方谈判人员应至少举行一次讨论会，并制定出谈判目标、策略、工作分工等谈判方案。合同标的额在500万元以下，但合同内容对我台关系重大，因承办中心负责人提议，或主管副台长指令，或法规处要求，也应进行谈判程序。凡涉外合同(包括港、澳、台)，除合同内容简单、标的额较小、长期固定合作关系的合同续签外，一般均应有谈判程序，谈判程序应有外事处参加，与非涉外合同谈判程序相同。

六、合同文件审查过程中文件的传递，可以是承办人也可以是各中心正式秘书(临时工、非秘书人员不得传递)。

七、对外签订合同在用章前应在合同登记簿上进行登记，登记内容应包括：合同名称、合同编号、合同承办人、盖章时间、盖章份数。合同登记簿及留中心的合同正本由中心专人(秘书)保管，秘书更换时，应办理交接手续。

八、台属各中心对外签订的具有法律性质的合同文件，签订前必须按《合同管理补充规定》规定的程序和权限报批，否则财务部门不予结算，由此引起的后果由直接责任人和负有领导责任的人员承担。

九、法规处对合同的审议，应依据国家法律、党的政策、行政法规、部门规章、地方法规、台内各项规章制度、台长的指示，就合同内容的合法性、合同权利义务对等的合理性、合同履行的可行性进行审查，并出具明确意见。在审议中，法规处有权对合同中对方当事人的资信、履行能力等背景进行调查，有权就合同价款、支付方式、检验方法、履行方式、质量标准等要求承办部门提供依据，并在必要时经主管行政副台长同意后委托社会中介机构进行检查、鉴定。

十、法规处会同相关部门每半年对台属各中心对外签订的合同履行情况进行检查，并有权就合同履行中存在的问题向承办中心或有关中心提出要求。

十一、在合同履行过程中，合同承办人、部门审批人、中心审批人如发现有违约、合同变更、解除、终止执行等情况应及时向法规处报告。如因未及时报告导致我台经济或名誉损失或正常工作安排受到影响时，由前述人员中职务高者承担主要责任。

十二、凡法规处制定的格式合同，各中心应采用。

十三、有我台参加的剧组，一般不准刻制剧组印章签订合同，如确属必要，须经台长批准。

十四、广告合同中，常规性合同(面对有代理权的任何广告代理公司签订的明码标价的广告时段内的广告时间的合同)，由广告部以其名义代表台对外签订，签订前不必履行上述审批程序。但合同签订后一个月内，应将合同正本一份送法规处备案。除此之外的各类合同，包括但不限于广告时段承包合同、节目带广告合同，均按一般合同审批程序进行。

十五、凡涉外合同，由主管副台长审批并在合同上签字，加盖台印章。个别内容简单、标的额较小、长期固定合作关系续签的合同，可由主管台长授权中心负责人签字，加盖中心印章。

(台办公室提供)

17. 获奖·表彰

一、新闻类

第九届(1999年)
中国新闻奖
中央电视台获奖名录

系列特别奖

'98抗洪系列报道 (中央电视台、湖北电视台、湖南电视台、江西电视台、黑龙江电视台、吉林电视台)

消息一等奖

巴格达遭空袭纪实

消息二等奖

国有的粮食为什么卖不过个体

编排一等奖

《中国新闻》(1998年3月16日)

评论二等奖

粮食"满仓"的真相

中国广播电视新闻奖
1998年度电视新闻奖
中央电视台获奖名录

消息类

特别奖

流金岁月——《东方时空》改革20年系列节目

短消息一等奖

女教师遭洪水遇险 子弟兵奋力相救

短消息三等奖

"下岗馒头"香飘遵义 (贵州电视台、中央电视台)

真的好想你

长消息一等奖

巴格达遭空袭纪实

长消息三等奖

重见光明的人们 (西藏电视台、中央电视台)

朱镕基亲切会见林业劳模马永顺

新闻专题类

一等奖

危急时刻——东航飞机9·10成功迫降纪实

系列(连续)报道类

特别奖

'98抗洪系列报道 (中央电视台、湖北电视台、湖南电视台、江西电视台、黑龙江电视台、吉林电视台)

一等奖

冲击"不可接近地"——中国第15次南极考察纪实

二等奖

走进宁夏 (宁夏电视台、中央电视台)

一腔热血战洪魔 (湖北电视台、湖北荆州电视台、中央电视台)

新闻评论类

一等奖

《焦点访谈》:粮食“满仓”的真相

二等奖

《焦点访谈》:川西在伐天然林

节目编排现场直播类

特别奖

新任国务院总理朱镕基答记者问

一等奖

′98 中国航空航天博览会开幕式

中国广播电视新闻奖 1998 年度电视社教节目奖 中央电视台获奖名录

短片类

一等奖

雪域情结

二等奖

外出时请保护好孩子

长片类

三等奖

瞬间与永恒

父子情薄

系列片类

特别奖

爱我中华——百家爱国主义教育基地巡礼

中国人(50 集)

二等奖

毛泽东与上海　（上海电视台、中央电视台）

三等奖

珠穆朗玛在哪里

经济节目类

特别奖

′98“3·15”行动

二等奖

家用电冰箱消费实证

栏目类

一等奖

《社会经纬》(第 103 期)

《实话实说》:迎战艾滋病

科教类

一等奖

追寻探索圣地——南极

二等奖

随大山商访加拿大(第 2 集)

′97～′98 对外电视节目“中国彩虹奖”中央电视台获奖名录

新闻节目类

一等奖

西藏复明行动

探索宇宙之谜——阿尔法磁谱仪在美国发射升空

福建闽侯特大沉船事故追踪报道

湖北灾民安置工作艰巨

二等奖

与自然共生的人

“融冰之旅”与政治对话

吉林省梨树县四大家选举实况录像

外籍监犯在上海青浦监狱

抢救美国记者的中国广西农民收到克林顿的信

辜振甫大陆之行

台胞林滴娟被害案

今日香港
北京玉泉营家具城发生火灾
中国宗教自由
胡同变迁

三等奖
'98 黄河上游首次人工降雨获成功
中国举行佛法东传两千年大会
走进、走出南极冰盖
中缅联合开展绿色替代工程
广东中山三名感染病毒婴儿获得救治
野蛮暴行,天理难容
《中国新闻》(1998.10.21)
反常天气与全球变暖
海南乐普生拒售索尼产品事妥善解决
刘达临教授和中国古代性文化研究
中国繁殖大熊猫成效显著

专题节目类

(一)社会专题

二等奖
京剧人
面向 21 世纪的中美经贸关系

三等奖
海峡两岸觅血证
今日北大
辉煌与梦想——走向世界的西安
中国自行车,机遇与挑战并存

(二)文化专题

一等奖
中国在哪儿
漫话扇子

二等奖
五台山女子佛学院
王培泰和他的竹乐队
秦始皇
古老的中国面具

三等奖
杨丽萍和孔雀舞
飞向宝岛的歌声
彝族小豹子的笙
图兰朵——太庙上演的辉煌

(三)人物专题

一等奖
周恩来
世纪之声——访京韵大鼓表演艺术家骆玉笙

(四)系列及服务专题

一等奖
春节的故事
海峡情不断
《中华医药》(第 1 期)

二等奖
沙漠中的恩格贝
三峡备忘录
趣游鼓浪屿
《观众之友》(第 12 期)

三等奖
畅游天涯——到海南去

栏目类

一等奖
《中国报道》(1998.9.26)
《中国新闻》(1998.8.27)
《英语新闻》(1998.12.15)
《环球瞭望》(英语)(1998.12.17)

二等奖
《周日话题》(英语)(1998.11.1)
《中华艺苑》(英语)(第 502 期)

三等奖
《中国各地》(英语)(1998.3.5)

文艺节目类

一等奖
交响(专题)　　(江西电视台、中央电视台)

二等奖
火红的二十年电视文艺晚会(综艺)
(南京电视台、中央电视台)

我们共同的亚细亚——新年的祝福(综艺)
(中央电视台、上海电视台)
香江灿烂——纪念香港回归一周年大型文艺晚会(综艺)(中央电视台、深圳电视台)
祝福你,香港(专题)(中央电视台、上海东方电视台)

三等奖
神州戏坛——黄梅戏(专题)

单项奖

最佳编辑奖
中国在哪儿

最佳音效奖
春节的故事之一——回家

最佳制作奖
探索宇宙之谜——阿尔法磁谱仪在美国发射升空

第九届(1999 年)宣传人民代表大会制度好新闻奖中央电视台获奖名录

一等奖
李鹏在吉林就村民委员会组织法实施情况进行调研

二等奖
农民增收哪里来

三等奖
中国区县级人民代表换届选举系列报道
九届全国人大常委会第六次会议审议证券法草案

第八届宣传中国共产党领导的多党合作和政协好新闻奖中央电视台获奖名录

电视新闻一等奖
民建中央在“修宪案”中发挥重要作用

电视专题一等奖
为了子孙万代——政协委员谈可持续发展

电视新闻二等奖
融融协商情

电视新闻三等奖
政协 0001 号提案受到政府关注

组织奖
中央电视台研究室

全国社会治安综合治理好新闻 1998 年度电视奖中央电视台获奖名录

消息一等奖
公安严打“煤耗子”

消息二等奖
“田间法庭”审四方

消息三等奖
公安机关力保灾区治安秩序稳定
法律公正为山西农村二次土地承包加上双保险

专题一等奖
天上的警察

专题二等奖
丢丢的故事
副股级警员

专题三等奖
闪光行动
公安形象,公众评判

第五届(1999 年)中国人口新闻奖中央电视台获奖名录

一等奖

安徽省白庙村计划生育严重失控
部长访谈
大灾之后的反思
上门姑爷话梅湾

二等奖

联合国人口基金驻华代表高度评价中国人口政策的完善与实施
爱把他扶起
青岛未婚青年性教育
我能行
妇女是计划生育工作的最大受益者

三等奖

改革开放 20 年我国计划生育工作成效显著
无损伤产前诊断技术通过评估
杨门女将
甜蜜的桑葚

第五届中国残疾人事业好新闻奖中央电视台获奖名录

一等奖

复明藏胞吐心声　　（中央电视台、西藏电视台）
江泽民等会见全国自强模范暨扶残助残先进集体和个人表彰大会代表并与部分代表座谈
中国残联第三次全国代表大会在京开幕
共创美好人生
赵逸云

二等奖

爱的跨度(2 集)
一位身残志坚的中国著名数学家
中残联大会代表共商国事
康复使 400 多万残疾人获得新生
社区——共有的家

三等奖

一只手撑起一个家
一个躺着打铁的人
我国残疾人就业率明显提高
母亲背儿上学堂　　（湖南卫视台、湖南经济电视台、中央电视台）

优秀奖

梁小昆的故事

全国“五一”好新闻奖(1998 年度)中央电视台获奖名录

二等奖

工人代表为企业发展献计献策

三等奖

下岗女工的娘家

第五届(1998 年度)“五四”好新闻奖中央电视台获奖名录

特别奖

《实话实说》:父子协定

一等奖

《焦点访谈》:爱岗敬业兴厂
上海有个“庄妈妈”

二等奖

用三轮车闯出一条下岗再就业之路

三等奖

共青团十四大在京开幕
青年志愿者成为吕梁山区小学顶梁柱

第五届(1999年度)金盾新闻奖中央电视台获奖名录

电视新闻一等奖
禁毒在中国

电视新闻二等奖
珠江三角洲海域卫星报警系统正式启用
丢丢的故事

电视新闻三等奖
中国将加强与各国警方合作打击偷渡犯罪
公安部将把“110”普及到县级地区
全国展开禁毒
洪水中的“连心菜”
群众积极举报机动车犯罪
张北地震灾区治安秩序稳定
京原线上忙扒炭 沿途村民偷致富

电视专题片一等奖
徐步礼的故事 (中央电视台、河南电视台)
公开保公正

电视专题片二等奖
拾金而昧——侵犯财产罪

电视专题片三等奖
派出所
如何反扒(一)

首届中国科技新闻奖中央电视台获奖名录

电视新闻类
我国遥感技术在抗洪救灾中发挥重要作用
振兴中国经济的杠杆——科技生产力
科学探索圣地——南极

′99全国十大产品质量新闻奖中央电视台获奖名录

一等奖
宁夏锅炉爆炸案
质量技术监督实行垂直管理
“江西中毒猪油案”系列报道
广东揭阳钢材造假基地被摧毁
病死鸡岂能做烧鸡
47家产品不合格企业的厂长经理参加学习班
水清岸绿,今天坐船游北京

′99水利好新闻奖中央电视台获奖名录

优秀好新闻
湖北监利修水利·牢记血的教训 筑起铁的堤防
我国防洪工程建设取得显著效益
现代科技在长江水利工程除险加固中建功立业

′99林业好新闻奖中央电视台获奖名录

一等奖
我国首次湿地资源调查与监测全面展开
我国义务植树制度尚待完善

二等奖
西宁宣言——呼吁保护藏羚羊

三等奖
旅游让森工走上新路

′98 中华环保世纪行组织奖中央电视台获奖名录

一等奖

聚焦太湖系列报道

浙江苍南小炼矾又起炉灶

专家呼吁：渤海污染亟待治理

《经济半小时》：同在一片海，东南各不同

中华环保世纪行先进集体、先进个人优秀奖中央电视台获奖名录

先进集体：中华环保世纪行报道组

先进个人：吴光秋、万昆

全国环保好新闻先进集体奖中央电视台获奖名录

一等奖

太湖零点行动报道组

第九届（1999 年）全国杜邦杯环境好新闻奖中央电视台获奖名录

新闻一等奖

昼伏夜出小化工大打“游击战”，颠倒黑白地方官暗施“迷魂阵”

新闻二等奖

黄河中游部分河段污染严重

首钢，面对首都天空

新闻三等奖

保卫可可西里

清江清的启示

海南珊瑚礁红树林亟待保护

宜兴达标企业·掀起你的盖头来

首届梁希好新闻奖中央电视台获奖名录

特别奖

可可西里一号行动系列报道

一等奖

保卫绿色 关注森林系列报道

二、文 艺 类

第十九届（1998 年度）全国电视剧“飞天奖”中央电视台获奖名录

一、长篇电视剧

一等奖

走过柳源 （中央电视台、长春电视台、武汉电视艺术中心）

雍正王朝 （中央电视台、北京同道文化发展公司、长沙电视台）

二等奖

牵手

好好过日子 (中国电视剧制作中心)
沈鸿 (国家机械工业局、中央电视台、江西电影制片厂)
中国女足 (中央电视台、人民日报社华闻影视中心)

三等奖

郭兰英 (中央电视台、山西电视台、广州南沙港口总公司、山西省话剧院)
天若有情 (中央电视台、江苏电视台、上海电视台、南京电视台、江苏华信影视传播公司)
哎哟,妈妈 (上海永乐电影电视(集团)公司创新影视制作社、中国国际电视总公司、中国电视节目代理公司)
咱那些日子 (中央电视台、大连市委宣传部、大连电视台、天津电视台)
海风吹过的乡村 (中央电视台、吉林电视艺术中心)
千秋之约 (中央电视台、广州市委宣传部、广州市教育委员会、广州电视台)
阳光地带 (大连影视艺术中心、浙江电视剧制作中心、中央电视台)
追逐墨尔本 (厦门东方国际文化影视有限公司、厦门建发集团、中央电视台、厦门电视台)

提名奖

战国 (中国电视剧制作中心、山东聊城双力农用车集团公司)
大隧道 (陕西电视台、中央电视台、陕西省委宣传部)
兄弟姐妹 (中央电视台)

中篇电视剧

一等奖

铁血英才刘伯坚 (天津电视台、中央电视台、北京影像研究中心)
大学女孩 (中央电视台、吉林市电视台)

二等奖

济南战役 (中央电视台、济南军区前卫艺术中心、济南电视台)
少奇同志 (中央电视台、中国银行、海军政治部电视艺术中心)
水命 (中央电视台、内蒙古蒙古王酒业集团、内蒙古自治区扶贫开发办、内蒙古成吉思汗影视文化公司)
昆仑女神 (中国电视剧制作中心、兰州军区政治部电视艺术中心、新疆军区政治部电视艺术中心)

三等奖

风生水起——股市篇 (中央电视台、广州电视台、广州市委宣传部、名家文化传播有限公司)
魂系梨园 (中国电视剧制作中心)
海有多宽 (中央电视台、泉州电视台、福建电影制片厂)
劳动的人们在歌唱 (中央电视台、太原电视台)
笑傲苍穹 (中央电视台、中国航空工业总公司宣传部、空军电视艺术中心)
甲午陆战 (中共盘锦市委宣传部、辽宁电视剧制作中心、中央电视台)
海上圣火 (中央电视台、胜利油田、山东电影电视剧制作中心)
虎踞钟山 (中央电视台、安徽双轮集团、南京有线电视台、南京军区政治部前线话剧团)
最后的涝坝 (中央电视台、天山电影制片厂)
她从乡下来 (中央电视台、上海国际文化影视有限公司、上海文化发展有限公司)
朱德上井冈 (上海东方电视台、江西电视台、南京电视台、兰州军区电视艺术中心、南京军区电视艺术中心、中央电视台)

提名奖

转龙弯 (中央电视台、内蒙古土地管

理局、内蒙古伊克昭盟土地管理局、内蒙古电影制片厂)

短篇电视剧

一等奖

官井 (中国电视剧制作中心)

二等奖

一滴阳光 (中央电视台、山东电影电视剧制作中心、济宁电视台)

飞来飞去 (中国电视剧制作中心、大连电视台五洲影视有限公司)

狗不吃回村记 (中国电视剧制作中心、晋城市委市政府、晋城电视台、山西电视台)

小哨所 (中央电视台、第二炮兵政治部电视艺术中心)

啊,雀儿山 (中央电视台、四川省委组织部、四川省交通厅、四川电视台电视剧制作中心)

三等奖

纺织女工 (中央电视台、潍坊电视台、潍坊裕华纺织(集团)有限公司、山东电影电视剧制作中心)

有这样一条船 (中国电视剧制作中心)

民族之声 (中央电视台、海南省委宣传部、中国铁路文工团、广东电视台)

少儿连续剧

一等奖

我要做好孩子 (中国电视剧制作中心)

三等奖

青春节拍 (镇海有线电视台、宁波电视台电视剧制作中心、中央电视台)

实习生的故事 (中国电视剧制作中心)

少儿短篇电视剧

一等奖

晴朗地带 (成都电视台、中央电视台)

二等奖

冬天的小树 (中央电视台、上海永乐电影电视(集团)公司、上海花季艺术进修学校)

完美的世界 (中央电视台、胜利石油管理局文联、胜利油田、大连电视台)

三等奖

海边来的孩子 (中央电视台、连云港电视台)

背上的桥 (中央电视台、新昌电视台、浙江影视创作所)

光娃 (中央电视台、成都军区政治部电视艺术中心)

戏曲连续剧

一等奖

贤母宝璧记 (中央电视台、嘉兴电视台)

二等奖

苦菜花 (中国电视剧制作中心、山东省吕剧院)

梨花情 (中国电视剧制作中心、浙江电视剧制作中心)

三等奖

望子成龙 (兰州电影制片厂、中央电视台)

狸猫换太子 (上海电视台、中央电视台)

啼笑因缘 (中国电视剧制作中心、安徽电视台)

清明过后 (中央电视台、武汉电视台)

戏曲短篇电视剧

一等奖

变脸 (中央电视台、四川省川剧院、四川电视台电视剧制作中心)

三等奖

愁眉笑脸 (中央电视台、常德市文化局、潇湘电影制片厂)

高机与吴三春 (中央电视台、温州市文化

局、温州电视台教育经济台、浙江电视剧制作中心第八创作室）

短剧

下岗之后　（宁波电视台电视剧制作中心、奉化市老K制衣公司、中央电视台）

获“飞天奖”译制片《居里夫人》、《遗产》、《莫加多的人们》的领奖代表合影

译制片

居里夫人

遗产

莫加多的人们

伦勃朗

乱世佳人

单项奖

优秀编剧　《雍正王朝》的编剧

优秀导演　《牵手》的导演

优秀摄像　《海上圣火》的摄像

优秀美术　《雍正王朝》的美术

优秀照明　《我要做好孩子》的照明

优秀剪辑　《梨花情》的剪辑

优秀音乐　《雍正王朝》的音乐

单项奖提名

优秀编剧提名

《走过柳源》的编剧

《风生水起——股市篇》的编剧

《牵手》的编剧

优秀导演提名

《雍正王朝》的导演

《好好过日子》的导演

第十三届（1998年度）全国电视文艺“星光奖”中央电视台获奖名录

综艺节目（60分钟以上）

[中直组]

特别奖

中央电视台'99春节晚会

我们万众一心——抗洪赈灾募捐演出　（中央电视台、中华慈善总会、中国红十字会总会）

抗洪精神颂　（中共中央宣传部、解放军总政治部、国家广播电影电视总局、中央电视台）

一等奖

欢歌奔向新世纪——'99双拥晚会

二等奖

光明行——北京大学100年校庆直播晚会　（中央电视台、北京大学）

九九警民大联欢　（公安部政治部、中央电视台）

世纪阳光　（全国人大常委会办公厅、全国人大常委会法制工作委员会、最高人民法院、司法部、卫生部、国家工商行政管理总局、国家质量技术监督局、中国消费者协会、中央电视台）

三等奖

群狮欢歌贺太平——'99元宵晚会

为了灾区的孩子　（中央电视台、中华人民共和国教育部）

伊利杯——我最喜爱的春节晚会节目颁奖晚会

五月礼赞——“心连心”艺术团赴鞍钢慰问演出　（中央电视台、辽宁电视台）

[地方组]

一等奖

五洲风——'99 中英双语元旦晚会
(上海电视台、中央电视台)

二等奖

战地黄花——辽沈战役胜利暨锦州解放 50 周年纪念晚会
(锦州电视台、辽宁电视台、中央电视台)

三等奖

他在人民心中——纪念刘少奇同志诞辰 100 周年文艺演出
(中央电视台、湖南电视台、长沙电视台)

花儿飞向新世纪——庆祝宁夏回族自治区成立 40 周年文艺晚会
(宁夏电视台、中央电视台)

综艺节目(60 分钟以内)

[中直组]

二等奖

《综艺大观》(172 期)

《正大综艺》:世界电信日专辑

东西南北闹新春 (中央电视台、上海卫星电视中心、湖南电视台、陕西电视台、黑龙江电视台)

三等奖

《'98 环球》(47 期)

《正大综艺》(435 期)

《综艺大观》(165 期)

[地方组]

相聚在宁波——'98 宁波国际服装节开幕式晚会
(中央电视台、浙江电视台、宁波电视台、宁波有线电视台)

第十八届全国电视剧"飞天奖"颁奖晚会
(河南电视台、中央电视台)

专题节目

[中直组]

一等奖

缘缘人生——丰子恺 (中央电视台、杭州电视台、桐乡电视台)

中国之悲鸿

二等奖

贺绿汀的音乐世纪情

《艺苑风景线》:马季专辑 (中国广播艺术团、中央电视台)

曹禺

《文化视点》:探寻西藏文化热

永恒的瞬间——记纱飞

三等奖

笔墨情缘

我们在歌声中相识(一)

曲剧《茶馆》开张了

《每日佳艺》(283 期)

古乐新生——大研纳西古乐会首次在北京公演

友谊架金桥——俄罗斯文化节随想

阿炳遗音

心路——一位画家的自白

音乐节目

[中直组]

特别奖

春潮颂——纪念党的十一届三中全会 20 周年大型音乐会
(中宣部、文化部、解放军总政治部、国家广播电影电视总局、北京市委、中央电视台)

一等奖

《音乐厅》:嘎达梅林 (中国广播艺术团、中央电视台)

二等奖

中葡世纪之声交响乐周音乐会(1)

《音乐桥》:走近西崎

三等奖

《佳艺五线间》(77 期)

'98 中日电视歌会 (中央电视台、日本广播放送协会)

中国交响乐团'98欧洲之旅

小型节目

[中直组]

一等奖

爱我中华　　（中央电视台、河北电视台、南宁市委宣传部）

二等奖

九九归一　　（中央电视台、福建电视台、新华社澳门分社）

李向群对妈妈说　　（中央电视台、广州南海潮音像出版社）

三等奖

希望

为了谁

幺妹乖　　（中央电视台、重庆电视台）

歌舞节目

[中直组]

一等奖

中国利群之夜——维也纳的东方神韵

（中国对外文化交流协会、吴氏策划——锦绣公达文化艺术交流中心、中央电视台）

春天的聚会——中央电视台'99春节歌舞晚会

二等奖

百年经典——20世纪中外音乐舞蹈系列(1)

三等奖

美丽的天池

大型历史歌剧《屈原》

（中央电视台、文化部艺术局、解放军总政治部、文化部艺术局）

[地方组]

一等奖

美丽的壮锦——广西壮族自治区成立40周年文艺晚会

（广西电视台、中央电视台）

戏曲节目

[中直组]

一等奖

第二届中国京剧节开幕式暨1999新年京剧晚会

（文化部、北京市人民政府、中央电视台）

二等奖

戏曲采风：远古遗风话傩戏

'98金秋京剧电视演唱会

吉祥九九——'99春节戏曲晚会

中国京剧音配像精萃《曹操》

（天津市中华民族文化促进会、中央电视台）

中国京剧音配像精萃《白蛇传》

（天津市中华民族文化促进会、中央电视台）

三等奖

《梨园群英》(347期)

越剧《琵琶行》

《九州戏苑》：听戏、观景、话三国

《神州戏坛》：评剧

《戏曲采风》：听戏黄龙洞

《九州戏苑》：春华秋实20年

中国京剧音配像精萃《秦香莲》

（天津市中华民族文化促进会、中央电视台）

[地方组]

二等奖

收姜维　　（中央电视台、河南电视台）

三等奖

黄梅戏选萃现场直播　　（安徽电视台、中央电视台）

曲艺杂技

二等奖

《曲苑杂坛》(78期)

'99元旦相声小品晚会

（中央电视台、江苏林海集团、中国公共关系协会）

戏剧节目（含短剧小品）

二等奖

《戏剧天地》(29 期)

三等奖

《戏剧天地》:金像奖特辑

文学节目

二等奖

不能忘却的思念——献给冰心老人

江山如画

单项奖

优秀导演	《春潮颂——纪念党的十一届三中全会 20 周年大型音乐会》的导演
优秀照明	《群狮欢歌贺太平——'99 元宵晚会》的照明
优秀摄像	《五洲风——'99 中英双语元旦晚会》的摄像
优秀美术	《春天畅想曲——'99 文化部春节电视晚会》的美术

优秀栏目

[中直组]

欢聚一堂

美术星空

神州戏坛

旋转舞台

综艺大观

曲苑杂坛

'98 环球

正大综艺

音乐桥

九州戏苑

梨园群英

东南西北中

地方文艺

文化视点

第十七届(1999 年)中国电视"金鹰奖"中央电视台获奖名录

最佳长篇电视剧

雍正王朝	(长沙电视台、中央电视台、北京同道文化发展有限公司)
牵手	
毕业生	(陕西电视台、陕西省委宣传部、中央电视台)
天若有情	(南京电视台、江苏电视台、上海电视台、中央电视台、江苏华信影视传播有限公司)

最佳中篇电视剧

朱德上井冈	(南京军区电视艺术中心、兰州军区电视艺术中心、江西电视台、上海东方电视台、南京电视台、中央电视台)
少奇同志	(海军政治部电视艺术中心、中国银行、中央电视台)
虎踞钟山	(南京军区政治部前线话剧团、南京有线电视台、安徽双轮集团、中央电视台)
大学女孩	(中央电视台、吉林市电视台)
济南战役	(济南军区前卫艺术中心、中央电视台、济南电视台)
走过秋冬春夏	(南宁有线电视台、中央电视台)
笑傲苍穹	(空军电视艺术中心、中央电视台、中航工业总公司)

最佳短篇电视剧

太阳出山岗	(天津电视台、中央电视台)
女兵甘甜	(南京军区、中央电视台、江苏沭阳电视台)
纺织女工	(潍坊电视台、中央电视台、潍坊裕华纺织(集团)有限

公司、山东影视制作中心）
百姓记者 （黑龙江省电视艺术家协会，中央电视台、哈尔滨日报社、哈尔滨市委宣传部）
小哨所 （中央电视台、第二炮兵政治部电视艺术中心）

优秀戏曲电视剧

狸猫换太子 （上海电视台、中央电视台）
啼笑因缘 （安徽电视台、中央电视台）
变脸 （四川电视台、四川省川剧院、中央电视台）

最佳儿童电视剧

蓝月亮 （泰安电视台、山东影视中心、中央电视台）

最佳综合电视文艺节目

'99春节联欢晚会
我们万众一心——大型赈灾义演晚会 （中央电视台、中华慈善总会、中国红十字总会）
相约98——庆祝香港回归一周年大型歌会
走进新时代 （中央电视台、中共深圳市委宣传部）
抗洪精神颂

最佳电视专题文艺节目

《旋转舞台》春节特辑:维也纳的东方神韵

优秀电视专题文艺节目

艺苑风景线 （中国广播艺术团、中央电视台）

最佳音乐电视节目

相约98

优秀音乐电视节目

让世界充满爱
花季雨季 （深圳市青少年活动中心、中央电视台、深圳市委）
九九归一 （中央电视台、新华社澳门分社文宣部、福建电视台）

最佳长篇电视纪录片

澳门岁月
中华之盾 （中国海关总署、中央电视台）
改革开放20年
中国人 （中央电视台、全国各地方电视台）

最佳电视动画片

小糊涂神 （深圳日中天动画艺术公司、中央电视台）
济公传奇
阿笨猫
小贝流浪记 （中央电视台、科影厂）
小精灵灰豆 （中央电视台、科影厂）

单项奖

最佳编剧 《雍正王朝》的编剧
最佳导演 《牵手》的导演
最佳摄像 《牵手》的摄像
最佳剪辑 《雍正王朝》的剪辑
最佳美术 《雍正王朝》的美术
最佳音乐 《雍正王朝》的音乐

中篇短篇电视剧单项奖

最佳编剧 《济南战役》的编剧
最佳导演 《少奇同志》的导演
最佳摄像 《济南战役》的摄像
最佳照明 《变脸》的照明
最佳剪辑 《变脸》的剪辑
最佳音乐 《济南战役》的音乐
最佳录音 《太阳出山岗》的录音

电视文艺节目类

最佳导演 《我们万众一心——大型赈灾义演晚会》的导演
最佳美术 《走进新时代》的美术
最佳照明 《'99春节联欢晚会》的照明
最佳录音 《我们万众一心——大型赈灾义演晚会》的录音

电视纪录类

最佳编导 《澳门岁月》的编导

最佳摄像 《澳门岁月》的摄像

电视动画片类

最佳编剧 《小贝流浪记》的编剧
最佳导演 《阿笨猫》的导演
最佳形象设计 《小糊涂神》的形象设计
最佳音乐 《阿笨猫》的音乐

第十一届全军电视“金星奖”中央电视台获奖名录

一等奖

昆仑女神(中篇)

二等奖

二丫来队(短篇)

第七届中国人口文化奖中央电视台获奖名录

短篇电视剧

一等奖

喊叫水 (宁夏回族自治区党委宣传部、宁夏电视台、中央电视台)

二等奖

生命之光 (上海电影制片厂、中国建设银行上海分行、中央电视台)

代理妈妈

情感的守望

三等奖

姜淑琴的世界 (国家计划生育委员会、中国计划生育宣教中心、中央电视台)

黄昏探戈

中篇电视剧

三等奖

望子成龙 (兰州电影制片厂、中央电视台)

长篇电视剧

一等奖

母亲 (中国电视剧制作中心、长春电视台、吉林省委、四川电视台)

二等奖

咱爸咱妈 (中国电视剧制作中心、长春电视台、长春恒达影视中心)

我要做个好孩子

三等奖

百姓 (中央电视台、淄博电视台、中国文采声像出版公司、华夏人口信息咨询中心)

哎哟,妈妈 (上海永电乐影电视(集团)公司、中国国际电视总公司)

有情人 (中央电视台、北京市朝阳北方建筑涂料厂)

好好过日子

十七岁不哭

电视专题片

一等奖

春天里的约会 (中国人口文化促进会、中央电视台、深圳市人民政府、深圳电视台)

二等奖

倾听(《实话实话》)

大凤、小凤(《生活空间》)

三等奖

北大生物系教授潘文石(《东方之子》)

拥军红娘

远离毒品

优秀奖

女儿般的情怀

首届中国“百佳电视艺术工作者”中央电视台获奖名录

（以姓氏笔画为序）

王扶林　邓在军　吕大庆　任大惠
张子扬　张绍林　李小沛　吴　珊
孟　欣　黄一鹤　蔡晓晴

第七届中宣部“五个一工程”奖中央电视台获奖名录

最佳电视剧奖

水浒传
人间正道
李克农
中国命运的决战
昆仑女神
情感的守望
大风歌

系列片

特别奖

挥师三江
改革开放20年
澳门岁月
刘少奇
共产党宣言

中国广播电视学会'99老年专题节目奖中央电视台获奖名录

一等奖

老夫老妻

二等奖

李老汉和他的儿子们

三等奖

冬天里的叶子
护工小贺

第五届法制题材电视节目“金剑奖”中央电视台获奖名录

法制电视专栏一等奖

《今日说法》

电视专题片二等奖

秋海打官司

电视专题片三等奖

未能出庭的受害人

法制栏目优秀主持人

一等奖

崔志刚(《社会经纬》)

二等奖

张绍刚(《今日说法》)

第五届中国广播电视学会法制节目奖中央电视台获奖名录

长片

一等奖

养母养女和房子(《社会经纬》)

短片

一等奖

爸爸妈妈听我说(《社会经纬》)

一等奖

我的萝卜怎么办(《今日说法》)

栏目

一等奖

《今日说法》(第 232 期、第 233 期)

二等奖

《社会经纬》(第 130 期)

三、电 影 类

第十九届(1998 年度)中国电影"金鸡奖"中央电视台获奖名录

特别奖

挥师三江

优秀奖

共和国主席刘少奇

提名奖

世纪大典

最佳美术片提名奖

猫咪小贝

最佳科教片奖

征服病毒病

第十九届(1998 年度)中国电影"华表奖"中央电视台获奖名录

优秀奖

挥师三江

共和国主席刘少奇

越过太平洋

优秀科教片奖

基因与转基因动物

良种包衣

第八届中国电影青年优秀纪录片奖中央电视台获奖名录

优秀奖

山梁

四、综 合 类

第四届“金话筒”电视节目主持人中央电视台获奖名录

电视节目主持人金奖

崔永元　张　悦　王雪纯　周　涛

电视节目主持人银奖

朱　军(金奖提名)　丁羽萍(金奖提名)

阿　果(少沙阿果)　金龟子(刘纯燕)

宁小鹏　文　清

电视节目主持人铜奖

白燕升　李　咏

首届(1999年)中国新闻名专栏奖中央电视台获奖名录

优秀栏目奖一等奖

焦点访谈

实话实说

新闻调查

优秀栏目奖二等奖

东方时空

1999年中国广播电视学会播音与主持作品奖中央电视台获奖名录

一等奖

海　霞(《晚间新闻》)

杨福庆(《英语新闻》)

二等奖

李　潘(与陈忠实对话)

1999年播音学研究委员会第十一届优秀播音与主持作品奖中央电视台获奖名录

梦　桐(《中国新闻》)

1999年中国播音与主持作品奖中央电视台获奖名录

电视主持作品一等奖

《实话实说·家》(1999年6月)

电视播音作品一等奖

《英语新闻》(1998年12月2日)

电视播音作品二等奖

《东西南北中》(第67期)

第五届全国影视节目声音学会奖中央电视台获奖名录

一等奖

昆仑女神

挥师三江

二等奖

有这样一条船

金豌豆

山梁

第六届(1999年)全国优秀科技音像制品奖中央电视台获奖名录

科普类一等奖

虎

科普类三等奖

人类基因组计划

评委会特别奖

基因与转基因动物

技术推广类二等奖

良种包衣

科技报道类二等奖

生存还是毁灭

1999年中国广播电视学会科技教育节目奖中央电视台获奖名录

栏目类

一等奖

《走近科学》(226期)

三等奖

离子束育种(《科技博览》)

特别节目类

一等奖

希望(《英语杂志》)

二等奖

呼唤科学精神

教学类

一等奖

绣球薯圆(《天天饮食》[41])

二等奖

牧场赶牛(《澳洲之旅》[22])

科普专题类

一等奖

森林告诉我们

二等奖

夏洛来羊的杂交利用

普教类

一等奖

永远的探索者(1):达芬奇与爱因斯坦

三等奖

建筑与建筑师(12):齐康

1999年中国广播电视学会经济节目奖中央电视台获奖名录

信息类一等奖

证券法千呼万唤始出来

信息类三等奖

央行再次降息,市场影响如何

专题类二等奖

撞击——VOLVLA汽车侧撞表演纪实

现场类一等奖

'98架金桥电视交易会现场直播

连续类一等奖

"欧元启动"节目

栏目类一等奖

《商务电视》

´99 地球奖 中央电视台获奖名录

吴光秋(社会新闻部)

第五届(1998 年度) 中国电视纪录片学术奖 中央电视台获奖名录

长片三等奖

山梁(新影厂)

第三十六届广播电视节目奖 中央电视台获奖名录

特别奖

生命

首届精神文明建设 “金鼎影视奖”中央 电视台获奖名录

专题片一等奖

错了,国家也要赔偿

1999 年中央电视台优秀 栏目、优秀节目获奖名录

一、优秀栏目

一等奖

新闻联播
焦点访谈
实话实说
新闻 30 分
军事报道
综艺大观
曲苑杂坛
正大综艺
新视听
每日佳艺
今日说法
大风车
东方儿童
经济半小时
商务电视
中国新闻
英语新闻
中国报道
足球之夜
体育新闻

二等奖

现在播报
新闻调查
军事天地
晚间新闻
东方时空
电视诗歌散文
环球
人与自然
旋转舞台
梦想剧场
戏苑百家
世界名著名片欣赏
动物世界
走近科学
夕阳红
半边天
社会经纬
科技博览
当代工人
地方台 30 分
天天饮食
读书时间
美术星空

祖国各地
健康之路
中华民族
天涯共此时
欢聚一堂
中华医药
中国风
环球瞭望
中华艺苑
神州戏坛
中国体育
康乐年华
世界体育报道
体育大世界
动画城
第二起跑线
幸运 52
广而告之
金土地
供求热线
生活
电视你我他
收视指南
银幕采风
世纪回眸
纪录片之窗
科教片之窗

二、优秀节目

特别报道奖

首都各界庆祝新中国成立 50 周年现场直播
澳门回归特别报道
"相逢 2000"特别报道
我驻南使馆遭北约袭击特别报道
揭批"法轮功"特别报道

一等奖

系列片《新中国》
《焦点访谈》:"亲历"
"走入 1999"元旦升旗现场直播
重庆綦江虹桥垮塌案庭审现场直播
新闻联播系列报道——人民不会忘记
穿越天门洞现场直播
'99 云南昆明世界园艺博览会系列报道
《实话实说》:感受坚强
'99 春节联欢晚会
'99 春节歌舞晚会
吉祥九九——春节戏曲晚会
同心唱祖国——"心连心"艺术团赴西藏慰问演出
情深谊长——"心连心"艺术团赴云南慰问演出
飞向太空的赞歌——"心连心"艺术团赴西昌慰问演出
情系太行——"心连心"艺术团赴山西左权慰问演出
"心连心"文艺晚会——"心连心"艺术团赴中南海怀仁堂慰问演出
祖国颂——庆祝中华人民共和国成立 50 周年大型文艺晚会
江山如此多娇——国庆晚会
新年京剧晚会
电视连续剧《雍正王朝》
开国领袖毛泽东
第三、第八套频道包装
西藏民改 40 年
电视连续剧《牵手》
电视连续剧《李大钊》
世纪龙腾——澳门知识竞猜特别节目
新中国科技 50 年
发现——曾侯乙墓
展望21 世纪科学家——6 位获诺贝尔奖者与中国科学家共话未来
百集系列报道《澳门万象》
《周日话题》:澳门特区首任行政长官何厚铧专访
"五洲风"——'99 中、英语双语元旦晚会
50 集系列片《共和国备忘录》
民众评说"两国论"(6 集)
"9·21"台湾大地震两岸寻亲热线特别节目
第三届国际京昆票友电视大赛颁奖晚会
十八罗汉归故里
铿锵玫瑰——女足世界杯专题报道
我是巴西的儿子,我以世界的名义——访阿维兰热
新中国体育 50 年
纪念"五四"80 周年特别节目《青春中国》
'99 国际大专辩论会
52 集动画片《西游记》
'99"六一"晚会《世纪之花》
'99《财富》全球论坛·上海年会特别报道
商品的故事系列片
1999·科技下乡
"6·5"环境日特别报道
《电视你我他》特别节目:共架一座七彩桥　村村通

广播电视工程纪实
30 集电视连续剧《中国命运的决战》
8 集电视剧《昆仑女神》
19 集电视连续剧《李克农》
系列片《如歌岁月》
系列片《新中国第一》
30 集大型电视纪录片《百年科技启示录》
大型电视系列片《让生命永存——生物多样性保护与可持续发展》

二等奖

《焦点访谈》:黑心赚黑钱,石粉充豆粉
新闻:中美就中国加入 WTO 达成双边协议
《东方时空》:人民的记忆
新闻:江西发生重大猪油中毒事件
《新闻调查》:眼球丢失的背后
大阅兵
'99 十大国内新闻和十大国际新闻特别报道
基督山伯爵
青春万岁——纪念"五四"运动 80 周年文艺晚会
天地浪漫曲——世博会开幕式文艺晚会
新年音乐会
向前!向前!向前!——"八一"晚会
首届中韩歌会
1999 音乐盛典
"金鹰奖"颁奖晚会
大地飞歌——广西民歌节开幕式文艺晚会
拥抱未来——高科技交易会文艺晚会
第十九届全国电视剧"飞天奖"颁奖典礼
寻找失落的文明
弹性宇宙(《佳艺新视点》)
拯救绿色(《人与自然》)
电视连续剧《走过柳源》
电视连续剧《西藏风云》
电视连续剧《大学女孩》
电视连续剧《济南战役》
电视连续剧《红岩》
电视连续剧《狄仁杰断案传奇》
电视连续剧《犯罪升级》
千秋基业
二十一世纪中国女性史
生命的呼唤
梦圆西沙
希望英语杂志第 10 期
老夫老妻
少数民族地区扶贫调查报告
面对老龄化挑战我们准备好了吗
再就业之友——就业之星"剃满月头"的汤文军
体操王子——李宁
十一世班禅
新中国 50 年
村官·村民·村事
《英语新闻》:中国面临严重的艾滋病问题
台湾学生认为:李登辉分裂国家的言论令人担忧
两岸风云(4 集)
'99 两岸暨亚洲经济展望
'99 北京长城国际马拉松赛
足球小子周了了
周二大放送·新春特辑
用心走过(《五环夜话》2000 期)
52 集动画片《小神仙和小仙女》
音乐剧《相约动画城》
金色的旋律——第三届全国儿童音乐电视大赛颁奖晚会
52 集人偶童话剧《欢乐伙伴》
百集电视片《新编千家诗》
《清风车影》(1999 年 9 月 3 日)
春满羊城——第 85 届中国出口商品交易会现场直播
中关村缺什么
"未来之星"特别节目
债转股不是免费的"午餐"
寻呼机:明天怎么呼
金花
《电视你我他》:迎新千年
《银幕采风》:觉醒——走近电视《我的 1919》
《精品赏析》:形神兼备的《开国领袖毛泽东》
2 集电视剧《官井》
15 集儿童剧《我要做好孩子》
2 集电视剧《飞来飞去》
7 集电视剧《苦菜花》
8 集越剧电视剧《梨花情》
世纪情怀——永远的冰心
永不磨灭的记忆
拥军红娘
电视片《征服病毒病》
动画片《猫咪小贝》
向着白夜旅行

1999 年中央电视台 电视节目技术优质奖名录

新闻类

一等奖

《新闻联播》(5.31)　(新闻节目中心新闻制作部)
《新闻联播》(9.28)　(新闻节目中心新闻制作部)

二等奖

《新闻联播》(5.12)　(新闻节目中心新闻制作部)
《新闻联播》(6.22)　(新闻节目中心新闻制作部)
《新闻联播》(9.30)　(新闻节目中心新闻制作部)
《英语新闻》(9.15)　(新闻节目中心新闻制作部)

专题类

一等奖

《商务电视》(6.15)　(技术制作中心)
《中国风》(说梅)　(海外节目中心海外制作部)

二等奖

影视通道'98 回眸　(技术制作中心)
己卯年话兔　(社教节目中心)
澳门回归政权交接仪式　(播出传送中心)
《中国风》(桃花)　(海外节目中心海外制作部)

综合文体类

一等奖

《音乐大舞台》　(技术制作中心)
音乐家舞台·文艺晚会　(技术制作中心)

二等奖

《春天的聚会》99 春节歌舞晚会　(技术制作中心)
中外艺术歌曲　(技术制作中心)
《神州大舞台》(第五期)　(技术制作中心)
《中国文艺》(99－43)　(海外节目中心海外制作部)

电视剧类

一等奖

天下财富　(中国电视剧制作中心技术处)
中国命运的决战(第八集)　(中国电视剧制作中心技术处)

二等奖

魂系梨园　(中国电视剧制作中心技术处)
澳门的故事(第十集)　(中国电视剧制作中心技术处)

1999 年中央电视台 安全播出奖名录

一等奖

播出传送中心播出部:播控一科:A 班、B 班、C 班、E 班
播控二科:A 班、B 班、D 班、E 班
新闻节目中心新闻制作部:B 班、C 班、D 班

1999 年中央电视台 优质工程奖名录

播出传送中心:播出系统全面备份工程(二期)
电视剧中心:广安门业务楼新建技术区工程
技术管理办公室信息通讯处:CCTV 计算机信息网络和管理系统
技术制作中心:虚拟演播室(K316)
海外节目中心海外制作部:第十七演播室灯光系统更新改造

1999 年中央电视台 技术维护奖名录

一等奖

技术制作中心录制部后四科
技术管理办公室动力处供电检修科
播出传送中心转播部

二等奖

技术制作中心制作部灯光技术科
技术制作中心动画技术部卡通动画科
海外节目中心海外制作部复制科
技术管理办公室动力处设备维修科
新闻节目中心新闻制作部中心科
技术管理办公室信息通讯处网络中心科

1999 年中央电视台优质管理服务集体奖名录

一等奖

秘书处秘书二科
保卫处四科
外事处亚非拉科
房管处维修科
行政处行政科
服务中心交通科
财产物资处器材科
基建处工程管理科
计划统计处统计科
财务处综合科
经营管理处企业科
工会文体岗位
党委办公室宣传岗位
劳动工资处职工福利岗位
干部管理处调配岗位
培训职称处培训岗位
离退休处文体岗位
审计处基建审计岗位
监察室案件检查岗位

二等奖

秘书处收发科
保卫处一科
房管处综合科
法规处
行政处综合科
服务中心食堂科
基建处综合管理科
财务处一科
财务处二科
财务处三科
演职培训处顺义培训中心
工会会计岗位
团委
劳动工资处工资管理岗位
干部管理处干部管理岗位
培训职称处职称评聘岗位
离退休人员管理处生活福利岗位

三等奖

秘书处一科
保卫处二科
外事处欧美大科
行政处接待室
服务中心医务室
服务中心财务科
财产物资处综合科
财务处四科
财务处五科
经营管理处综合科
演职培训处五棵松影视之家
党委办公室组织岗位
纪委
干部管理处档案管理岗位
离退休人员管理处医疗保健岗位

五、文稿类

新中国新闻事业50年百篇优秀论文奖中央电视台获奖名录

铸造现代电视新闻理念（李东升）
电视新闻栏目制片人运作的理论思考（张海潮）
现场直播——电视新闻本源的复归（张宁、韩彪）

第六届全国广播电视学术论文奖中央电视台获奖名录

基础理论二等奖

有中国特色社会主义电视理论的四个主要来源
（王甫著，中央电视台推荐）

应用理论一等奖

勇攀电视直播技术的新高峰——试论中央电视台在电视直播技术方面的新进展
（梁迎利著，电视设备用户委员会推荐）

应用理论二等奖

现场直播——电视新闻本源的复归
（张宁、韩彪著，电视法制节目委员会推荐）
回顾与前瞻——关于电视对外宣传发展战略的思考
（赵宇辉著，对外宣传研委会推荐）
从辉煌到低谷——对我国动画片现状的思考
（梁晓涛著，青少年儿童电视节目委员会推荐）

应用理论三等奖

建设主流增益型电视（陈尔泰著，企事业研委会推荐）
先声夺人 气势磅礴——关于'98"3·15"直播的思考
（王永利著，电视经济节目研委会推荐）
走出困境 再创辉煌——浅谈正确处理办报的几个关系问题
（吴继尧著，电视学研委会推荐）
电视庭审直播节目探析
（张宁著，电视法制节目委员会推荐）
试论我国近几年电视纪录片创作及其文化品格
（祖菊红著，电视学研委会推荐）
和"夕阳"对话——关于老年题材电视剧创作的思考
（鄢丽娜著，电视科教研委会推荐）
怎样做儿童节目主持人
（鞠萍著，青少儿电视节目委员会推荐）

决策和管理一等奖

国际地位与电视传媒——对中国电视走向世界的思考
（张长明著，中央电视台学会推荐）

第九届中国新闻论文奖中央电视台获奖名录

二等奖

舆论监督的策略（孙杰）

三等奖

开展电视对外报道之我见（盛亦来）

优秀奖

同期声的魅力 （阚兆江）

特殊景物摄像十二例 （张道国）

第十届(1999年)播音学研究委员会优秀论文奖中央电视台获奖名录

一等奖

试论电视新闻播音风格多样化的可能性 （徐俐）

二等奖

呼唤中国的消息类电视新闻节目主持人 （郎永存）

三等奖

论电视新闻节目主持人的直播技巧 （贺红梅）

六、国际类

1999年中央电视台在国际评奖中获奖名录

1.《海选》 （新闻节目中心新闻评论部）

在第三十九届蒙特卡洛电视节上获“女神银质奖”。这是中央电视台新闻节目首次在国际获奖。

2.《生命》 （新闻节目中心新闻评论部）

在第三十六届亚广联大会上，获东道主澳大利亚为本届亚广联电视节目设立的特别奖。

3. 电影动画片《猫咪小贝》 （科影厂）

获第二十九届伊朗德黑兰国际教育发展电影节科教故事片“金书奖”。

4.《征服病毒病》 （科影厂）

获第二十九届伊朗德黑兰国际教育发展电影节科普片类“金书奖”。

5. 电视片《让生命永存——生物多样保护与可持续发展》的第八集：路在脚下 （科影厂）

在保加利亚大特尔诺沃1999年国际环境影视节上获生态类第三名。

6.《拯救绿色》 （文艺节目中心国际部）

在第十六届国际生态电影节上获评委会特别提名奖。

7.《秦岭金丝猴》 （文艺节目中心国际部）

在“日本富山野生动物节”上入围。

第四届(1998年)中国国际新闻奖中央电视台获奖名录

一等奖

野蛮暴行 天理难容

二等奖

巴格达遭空袭纪实

七、表彰类

1999年中央电视台获得荣誉称号和立功名录

荣获中央宣传部、国家人事部和广播电影电视总局授予称号和立功

全国优秀新闻工作者

顾玉龙　王晓琨

一等功

高　伟　王　卓　王齐放　张大立

优秀共产党员

王晓琨　高　伟　王　卓

荣获全国广播电影电视系统荣誉称号

劳动模范

傅红星

先进工作者

杨　阳

荣获国家环保总局表彰

陈泽时　汪惟平　焦增强

荣获首都国庆50周年筹委会奖励

一等功

梁迎利

三等功

陈　明

嘉　奖

刘韵音　叶双印　俞　勤　杨小勇
李　曼　阎文耀　薛军洪　刘　丽
王　林

荣获广电总局专业奖励和表彰

科学技术进步二等奖

标准时间频率第二代电视发播设备
（丁文华　刘韵音　刘文华　高小井　宁大愚）
APF—94M电视节目自动播出控制系统
（姜万勐　王效杰　朱禾青　陈泽时　李跃山）

先进集体

播出传送中心

先进个人

于　志　陈泽时　程　星　俞　勤
智　力　李　曼　张聚增　林　辉
黄建新　赵　伟

二等奖

李　健　张大立

三等奖

王轲平

技术能手

王轲平　李　键

1999年度荣获中央电视台先进集体、先进个人名录

一、先进集体

办公室

保卫处
秘书处

总编室

研究处《电视研究》编辑科
节目播出管理处频道包装组

新闻节目中心
新闻采访部时政组
新闻编辑部策划组
新闻评论部记者一组
综合部

海外节目中心
联络部对外联络组
外语专题部
制作部六科
海外新闻部

社教节目中心
纪录片部地方组
专题部《今日说法》组
科教部《夕阳红》组

文艺节目中心
综合部
影视部
国际部

广告经济信息中心
经济部信息策划组
广告部业务科
信息部业务发展组

体育节目中心
体育竞赛部

青少节目中心
少儿部
综合部卫星电视少儿节目编辑策划组

技术管理办公室
动力处
工程管理处

技术制作中心
动画技术部广告制作科
制作部制作科
采录部录制三科

播出传送中心
传送部微波科
转播部

人事办公室
干部管理处

财经办公室
财务处
基建处

机关党委
工会联合会
纪检组监察室

中国电视报社

中国国际电视总公司
北京未来广告公司
中视上海分公司

中国电视剧制作中心
办公室
制作部管理科
《中国命运的决战》剧组

中央新闻纪录电影制片厂
党委办公室
食堂
整备工作间
第三编辑室

北京科学教育电影制片厂
离退休处
策划部
制作部

二、先进个人

办公室
行政处　赵德利　马文孝

总编室

节目资料管理处　阴建白

新闻节目中心

社会新闻部　许　强
地方新闻部　杨　华
军事部　伍　辉
新闻制作部　李彦青

海外节目中心

海外专题部　李晓山
外语新闻部　韩　斌
海外编辑部　崔雁敏

社教节目中心

专题部　赵淑静
科教部　李　炜

文艺节目中心

戏曲音乐部　谢桂昌
文艺部　王宪生

广告经济信息中心

广告部　陈超英

体育节目中心

体育新闻部　张　斌

青少节目中心

青年部　徐　彬

技术管理办公室

业务处　谢和平
科技处　杨德新

技术制作中心

录制部　沈志宏
音频部　陆　蕾
综合部　栗小斌

播出传送中心

播出部　李跃山
总控部　刘韵音

人事办公室

劳动工资处　王德利

财经办公室

财产物资处　蒋娟娟

审计处

宿兰妮

中国国际电视总公司

项目投资部　王　钧
荧屏汽车出租公司　韩春来

中央卫星传播中心

财务处　王　浩

中国电视剧制作中心

生产处　潘　霞
技术处　宋　炜
人保处　肖建平

机关党委

郭秀英

中央新闻纪录电影制片厂

人事处　刘福旺
离退休办公室　叶福文
录制工作间　陆　黎
第二编辑室　刘学军
第三编辑室　朱海峰
第一编辑室　赵平洋

北京科学教育电影制片

策划部　廖　烨
动画部　尹建世
第三编辑室　史晓强
人事处　李露光
制作部　魏笑霓

1998～1999年荣获中央电视台先进党支部、优秀党员、优秀党员领导干部、优秀党务工作者名录(排名不分先后)

先进党小组

赴南联盟战地记者临时党小组

先进党支部

台办公室行政处党支部
台机关党委办公室党支部
人事办公室离退休处党支部
离退休党总支302党支部
财经办公室财务处党支部
总编室宣传规划处党支部
技术管理办公室动力处党支部
新闻节目中心新闻评论部党支部
海外节目中心外语专题部党支部
社教节目中心专题部党支部
文艺节目中心国际部党支部
广告经济信息中心广告部党支部
青少节目中心少儿部党支部
技术制作中心音频部党支部
播出传送中心总控部党支部
剧中心涿州基地党支部
中央新闻纪录电影制片厂离退休第四党支部
北京科学教育电影制片厂一编室党支部
北京科学教育电影制片厂动画部党支部
中国国际电视总公司三国水浒景区党支部
总公司中视实业第一党支部
卫星传播中心党支部

中央电视台机关党委召开1999年度宣传教育工作总结表彰大会

优秀党员

马方孝　王　卓　王大海　王宝成
车东轮　邓葆宸　叶　惠　叶福文
石　炜　白小珍　白志群　白凤海
刘　申　刘　畅　刘　俐　刘迎春
刘淑英　乔计栓　许长春　安育华
田万里　孙同耕　闫维毅　李　铿
李汉杰　李树站　陈　杰　陈华生
陈晓莱　陈国清　何新宇　张　卫
张　晖　张　斌　张景卫　迟连芳
肖晓琳　肖建平　邵振堂　武四清
姜立光　姚大禹　姚树立　赵　梅
高　伟　徐家察　贾宝京　贾复林
续建勇　梁俊强　曹小卉　谢　力
韩小俊　翟建彬　阚兆江　蔡晓晴

优秀党员领导干部

马国力　王晓真　江和平　刘桂芝
李功达　张宝安　李宝珊　李宏虹
李露光　李建成　陈泽时　杨家林
周　经　郝强国　高　峰　高建民

优秀党务工作者

丁　勇　王文昌　王宏哲　王辅善
王建宏　毛国信　冉素霞　田敬改
安章发　孙克文　吕金明　纪淑田
杨　菁　杨之举　杨保亮　杨中耀
邹云亮　苏　峰　李　萍　李芝芸
张　欣　张文琴　张宏平　张铁臣
张传玲　张敬邦　杨　斌　陈锡南
罗秀兰　周火星　武金鑫　武晋先
周峻德　胡志发　汪国辉　郑淑贞
郭秀英　赵　宇　赵　严　姚秀芳
赵明亮　段德英　贺常余　崔屹平
谢和平　韩立梅

18. 人　物

一、享受政府特殊津贴人员名录(1999年评定)

中央电视台:

张长明　叶双印　缪署金

中国电视剧制作中心:

胡　恩

中央新闻纪录电影制片厂:

杨之举

北京科学教育电影制电厂:

廖　烨

二、正高级专业职务人员名录(1999年评聘)

中央电视台:

高级编辑:

高建民　李秀增　侯明古　邢京和
段忠应　孙素平　张金鹏　胡运芳
袁德旺　岑传理　潘　超　张小军
白志群　张　宁

高级记者:

董石才　周建国　王建宏　李　凯
童　宁

播音指导:

邢质斌

高级工程师(教授级):

徐　威　缪署金

中国电视剧制作中心:

一级导演:

杨　阳

一级文学编辑:

谢丽虹　韩素真

一级音乐编辑:

李一丁

中央新闻纪录电影制片厂:

高级记者:

王盟盟

播音指导:

王鲁彬

北京科学教育电影制片厂:

一级摄影师:

姚大禹　李伟民

一级美术师:

曹小卉

中央卫星电视传播中心:

高级工程师(教授级):

郭　严

三、副高级专业职务人员名录(1999年评聘)

中央电视台:

主任编辑:

唐世鼎　王晓琨　尹学东　陈希贤
孟凡鲁　盖晨光　李　毅　李　昕
刘志忠　肖振生　范　昀　孙　杰
崔永元　何绍伟　王益平　汪　骢
黄海星　张群力　李卓玉　邹亚丁
陈雨露　朱　彤　齐宪役　聂小华

华　星　刘　放　俞胜利　骆幼伟
柳成伟　王永利　王　焰　辛少英
潘　跃　洪　眉　曹　宁　张　旭
俞世瑾　王静芳　王康宏　杨树林
郭之文　亓克君　高立民　许玉琢
王嘉玲　李　仲　阎　东　赵文江
史瑞丽

主任记者：

谷云龙　汪保国　董志敏　王　卓
王淑梅　姜诗明　王新中　林　键
许　强　王雪莲

主任播音员：

王红蕾　刘纯燕

副译审：

邱鹏鸣　凌德林

二级摄影师：

黄正红

二级录音师：

张月英　赵建平

高级经济师：

邢海星　张元鹏　王　霞

高级会计师：

于桂苓

高级工程师：

黄平刚　李小萍　袁　萍　何海英
王　越　李　弋　张兰英　王瑞玲
阎　芬　贾裕之　高蓉莉　姚　凯
虞　毅　张　进　阎文跃　陈　力
杨小勇　颜定星　丁亚建　陈　光
柳素梅　郭晓明　梅建平　裴晓明

中国电视剧制作中心：

二级文学编辑：

王雨萌　陈育新　曹靖生

二级剪辑师：

陈忆红

二级演员：

汪永贵

二级录音师：

苗　青

主任灯光技师：

张恒茂

高级工程师：

李方东　赵燕林

中央新闻纪录电影制片厂

主任记者：

王　燕

高级工程师：

马维民

高级经济师：

杜丽萍

音响效果主任技师：

王金声

北京科学教育电影制片厂：

副编审：

高洪芬

二级导演：

张京平　张蓉蓉　张　晖　黄雨生　徐利军

二级摄影师：

门震方　姜可千　花　清　柯伟兵　邓伟华
薛岸平

二级美术师：

武　妮　张　培

主任技师：

王久贵　朱玲玲

中国国际电视总公司：

二级导演：

马润生

高级会计师：

彭新秀

高级工程师：

金春凯

中央卫星电视传播中心：

主任编辑：

张忠瑞

高级工程师：

刘世贵

四、人　物　志

（1999年在职的副局级以上干部和正高级专业职务人员）

赵化勇（1948—　　）江苏省铜山县人。中共党员。中央电视台台长、总编辑，高级编辑。1968年参加工作，1972年在上海复旦大学新闻系学习。1975年到中央电视台从事编辑工作。先后在新闻部、专题部、社教部、经济部、文艺中心任职。主要作品有《话说长江》等近百部(集)纪录片；《"五四"青年蒲公英知识竞赛》等几十场竞赛类节目；《合家欢——少数民族春节联欢晚会》等十几台综合文艺晚会。1989年到经济部主持工作，创办了《经济半小时》和《经济信息联播》栏目。1992年任台长助理兼经济部主任。1993年任副台长兼文艺中心主任，分管文艺宣传。1995年任副台长兼中央卫星电视传播中心主任，1999年2月任中央电视台台长。1997年获国务院颁发的政府特殊津贴及证书。

刘宝顺(1947—　　) 福建省霞浦县人。中共党员。中央电视台副台长。1963年12月至1964年12月在福建省霞浦县财政局工作；1964年12月参军到中国人民解放军6703部队25队；1969年2月转业到中央广播事业局552台任人保干事；1976年3月至1984年6月在广播电影电视部761台任台长；1984年7月至1986年7月在福建师范大学政教系读书；1986年7月至1989年7月在广播电影电视部871台任台长、党委书记；1989年9月至1990年8月在中央党校培训部进修；1990年9月至1991年6月在广播电影电视部871台任台长；1991年7月至1997年4月在广播电影电视部任副司长、司长；1997年4月任现职。

李东生(1955—　　) 山东省诸城县人。中共党员。中央电视台副台长，高级编辑。1973年参加工作，1975年至1978年在上海复旦大学新闻系新闻专业读书。1978年到中央电视台工作，从事电视新闻采编工作，曾任中央电视台新闻部时政组副组长、政文部副主任、新闻采访部副主任及主任、新闻中心主任、副台长。在中央电视台工作期间，长期从事党和国家重大政治活动的采访工作；参加六届人大、七届人大、八届人大，党的十二大、十四大、十五大，邓小平逝世，香港回归，澳门回归等一系列重大新闻事件的报道组织工作。

张长明(1950—　　) 河北省武安县人。中共党员。中央电视台副台长，高级记者。1968年参加工作。1976年毕业于北京广播学院新闻系，同年到中央电视台工作。1997年7月毕业于北京广播学院新闻业务研究生班。自1984年起，历任总编室副主任、经济部主任、总编室主任、台长助理、新闻编辑部主任、对台节目部主任、对外中心主任、海外节目中心主任。1994年3月任副台长，分管对外宣传。1996年12月调任中央人民广播电台副台长。1999年1月任中央电视台副台长，分管对外宣传。自1985年以来，连续当选第六、七、八届全国青联委员、常委，中央直属机关青联副主席。

刘宜勤(1939—　　) 四川省安岳县人，中共党员。中央电视台副台长，高级工程师(教授级)。1964年毕业于四川大学物理系，同年分配到北京电视台(中央电视台前身)。从1985年起先后担任转播传送部副主任、播送部主任、技术制作中心主任，1994年任中央电视台副台长兼总工程师，1995年改任副台长。1993年获国务院颁发的政府特殊津贴及证书。1996年主持建设了我国第一个数字压缩卫星平台，1998年主持建设了我国第一个直播卫星平台。多次出国完成党和国家领导人出访电视报道卫星传送任务。主编了《北京亚运会广播技术手册》、《电视制作论文集》、《电视技术论文集》等。现担任中国广播电影电视技术委员会常务委员、中国电影电视技术学会副理事长，以及中广影视卫星公司董事长。

罗　明(1956—　　) 河北省宁晋县人。中共党员。中央电视台副总编辑，高级编辑。1975年参加工作，1982年毕业于北京广播学院新闻系，同年分配到中央电视台新闻部《新闻联播》组任编辑。1982年底任《新闻联播》组副组长，1984年任新闻部地方组组长，1989年9月任新闻编辑部副主任。1990年9月在中央党校培训部学习。1991年底任新闻编辑部主任。与人合著出版《你怎样制作电视节目》一书。1995年10月调任总编室代主任，同年任总编室主任。1996年2月任台副总编辑兼总编室主任。

胡　恩(1955—　　) 重庆市人。中共党员。中国电视剧制作中心主任，高级编辑。1983年7月毕业于北京广播学院，同年分配到中央电视台，先后在文艺部、影视部、总编室、中国电视剧制作中心工作，历任文艺节目编导、文艺部副主任、影视部主任、总编室副主任及主任、台长助理兼总编室主任、中国电视剧制作中心副主任及主任。组织参与创作了几十台大中型电视节目和影视剧，多次获得全国性奖励。曾在《电视研究》和《中国广播电视学刊》等刊物上发表论文10余篇。1992年担任中华全国青年联合会委员。

何宗就(1952—　　) 广西东兴市人。中共党员。技术管理办公室主任，教授级高级工程师。1970年参加工作，1972年在南京邮电学院无线电系学习。1975年到中央电视台工作。1998年北京广播学院研究生班毕业。自1983年起，历任播出部中心科副科长、科长、副主任，播送部副主任、主任，技术管理办公室主任，台长助理。在中央电视台工作期间，主要从事电视技术工作，参加了第一套彩色电视节目中心系统和计算机控制播出系统的安装调试工作;组织完成了彩电中心播出系统工艺设计、数字压缩频道、卫星全球覆盖等技术工作和亚运会、香港回归、澳门回归等项重大活动的电视转播工作。1996 年获国家人事部授予的“有突出贡献中青年专家”称号。1999 年在中共中央党校中青年理论宣传干部培训班学习毕业。

陈　君(1939—　　) 江苏省射阳县人。中共党员。中央电视台分党组纪检组长。1959 年 12 月参加工作,1959 年至 1964 年在中国人民解放军海军通讯团任班长、文书。1964 年至 1969 年先后在中央广播事业局政治部、原技术部无线处办公室任秘书。1969 年至 1985 年先后任原中央广播事业局 694 工地主任,技术部政治处干事,政治部干部处、干部司干事,技术部干部司办公室副主任。1985 年至 1994 年先后任中央电视台党委办公室副主任,纪检办公室主任,监察室主任。

贾文增(1943—　　) 北京市顺义县人。中共党员。中央电视台总会计师,高级会计师。1958 年参加工作,1963 年参加中国人民解放军空军,先后任战士、财务会计、财务股股长、财务专业教研室主任、财务处处长等职。在部队主持团、师、军财务工作期间,所分管的部门多次被评为师、军、军区级财务管理先进单位。1986 年底转业到中央电视台任计财处处长,1991 年担任总会计师职务。现担任中广审计学会副会长、中广经济研究会常务理事。发表专业论文多篇,其中《关于加强财务管理实行经济核算有关问题的探讨》在 1992 年“经研会”组织的全国经济论文评选会上获二等奖。1997 年获国务院颁发的政府特殊津贴及证书。

邵昌有(1940—　　) 安徽省安庆市人。中共党员。中央电视台总工程师,教授级高级工程师。1964 年毕业于北京广播学院无线电系,同年 8 月分配到中央电视台从事电视技术工作。1985 年任中央电视台录制部副主任。1988 年任中央电视台副总工程师。1990 年参加组织领导第十一届亚运会电视转播的技术工作。1991 年任技术管理中心主任,组织领导中央电视台电视工艺改造和新技术推广应用。1995 年 11 月起担任中央电视台总工程师。多年来参与电视技术领域的学术活动。1993 年获国务院颁发的政府特殊津贴及证书。

赵立凡(1943—　　) 江苏省宿迁市人。中共党员。中央电视台副总编辑,高级编辑。1958 年入江苏省扬州文化艺术学校学习新闻电影编导。1959 年 11 月调入中央新闻纪录电影制片厂任记者。1965 年进北京第二外国语学院学习英语,1968 年毕业,回新影厂任记者。1972 年参加中央外事摄影协作小组,为中央电视台和新影厂采访重要新闻。1980 年调入中央电视台,1985 年被聘为主任记者。1989 年起先后任新闻采访部副主任、新闻编辑部主任、新闻中心副主任。1994 年调到广播电影电视部总编室任副主任,1998 年 7 月调回中央电视台任副总编辑。长期从事新闻工作,先后参加过采访毛泽东、周恩来、邓小平等党和国家领导人的政务活动。1993 年获国务院颁发的政府特殊津贴及证书。

张华山(1949—　　) 四川省江油市人。中共党员。中央宣传部文艺局副局长、中国电视剧制作中心副主任,高级编辑。1965 年 7 月被中国人民解放军通信兵学校录取入伍。1971 年 3 月转业到北京电视台(中央电视台前身)文艺播出部任音乐编辑。1976 年北京大学中文系文学专业毕业。先后任中央电视台经济部副主任、影视部副主任、国际部副主任、总编室副主任、影视部主任、文艺中心副主任兼文艺部主任。1996 年 7 月任中宣部文艺局局长助理,1997 年 11 月起任现职。

王伟国(1942—　　) 浙江省镇海县人。中共党员。中国电视剧制作中心副主任。教授。1961 年北京电影学院摄影系故事片摄影专业毕业。1973 年起在北京电影学院任教,1988 年 6 月至 1997 年 2 月任北京电影学院副院长。1997 年 2 月任原广电部教育司副司长,1998 年 8 月起任现职。1996 年获国务院颁发的政府特殊津贴及证书。现兼任国务院学位委员会第四届学科评议组成员。

万迪基(1940—　　) 江西省南昌市人。中共党员。北京科学教育电影制片厂厂长,一级导演。1961 年毕业于北京师范学院化学系,同年 9 月分配到北京科学教育电影制片厂从事编辑、导演工作。编导的科教片《生命与蛋白质——人工合成胰岛素》获 1980 年度文化部优秀影片奖、第一届中国电影“金鸡奖”最佳科教片奖。1982 年在科影编导室负责创作工作。1983 年任科影厂厂长兼总编辑。还担任中国电影家协会理事,中国电影制片人协会副理事长。1992 年获国务院颁发的政府特殊津贴及证书。

李　建(1951—　　) 河北省玉田县人。中共党员。中央新闻纪录电影制片厂厂长。1968 年 3 月入伍,在沈阳军区某部服役。1978 年毕业于中国人民解放军炮兵学院高炮系指挥专业。1985 年毕业于辽宁省党政干部课程班,1986 年毕业于中央党校经济管理专业本科班。1986 年转业分配到中央电视台党委办公室,历任组织干事、副主任、主任。1988 年至 1990 年参加梅地亚中心的筹建工作。1992 年 8 月任台办公室主任。1994 年 1 月任台长助理兼办公室主任。

1996年1月任现职。

李培森(1947—　) 山东省青岛市人。中共党员。中国国际电视总公司总经理,一级文学编辑。1964年入伍,毕业于解放军艺术学院。1969年在解放军军乐团任创作员,1976年选调入解放军文艺社。先后编辑的影视、戏剧、文学作品有830余篇(部)。其中50余篇在全国、全军获奖。1990年任解放军文艺社副政委,1991年任解放军总政治部直属工作部文化处处长(正师职)。1994年转业分配到中国电视剧制作中心任中心副主任。1996年调到中央电视台基地集团任总经理。直接参与或主持策划(监制)的电视剧有:《苍天在上》、《咱爸咱妈》、《香港的故事》、《潘汉年》、《东周列国》等。1997年3月任现职。

吴达审(1937年—　) 上海市人。中共党员。中国国际电视总公司常务副总经理兼中国广播电视国际经济技术合作总公司总经理,副译审。1960年北京大学东方语言系印地语专业毕业,分配到广东省政法干部学校任外语教员。1973年调入中央广播事业局国际广播电台,先后任印地语组组长、翻译联络部主任、台长助理。在此期间,与人合作翻译了《最后的诗篇》等十多部印度名著,并担任了两届北京市西城区人大代表。1992年调到广播电影电视部审计局,先后任副局长、局长、广播影视内部审计学会会长。1995年调到中国广播电视国际经济技术合作总公司,任总经理兼党委书记。1997年获国务院颁发的政府特殊津贴及证书。1999年9月任现职。

李晓明(1955—　) 吉林省大安市人。中共党员。中央电视台台长助理兼台办公室主任。1973年12月到北京延庆县插队。1976年12月在北京电视台(中央电视台前身)新闻部灯光科工作。1978年,在北京邮电学院分院电视工程系学习并获学士学位,毕业后回台工作。1984年至1985年在《人民日报》函授班学习新闻业务理论,后在新闻部中心科任副科长,1988年任播送部中心科科长。1989年任新闻制作部副主任,1992年任主任。1993年12月任新闻中心副主任兼新闻制作部主任。1994年12月任台办公室主任。1995年8月任现职。

李旋宗(1939—　) 广西邕宁县人。中共党员。中央电视台技术制作中心主任,教授级中央电视台副台长、技管办主任,高级工程师。1957年在华中工学院无线电系无线技术专业学习,1963年毕业,分配在国防科委第十研究院十二研究所工作。1980年调到中央电视台技术部,先后任录制部副主任、主任,技术制作中心副主任等职,1995年任现职。1995年获国务院颁发的政府特殊津贴及证书。发表过《全数字电视制作系统的设计考虑》等多篇专业论文。

刘广全(1939—　) 辽宁省海城县人。中共党员。北京金视光盘有限公司总经理,教授级高级工程师。1964年毕业于北京广播学院无线电系,同年分配到北京电视台(中央电视台前身)技术部门工作。先后任科长、副主任、主任、播送中心主任、中央电视台副总工程师等职。1997年任电视科技发展公司总经理。1998年任现职。曾发表了多篇学术专著,如《字幕、图形在体育节目中作用》、《全程电视直播马拉松赛的技术论述》、《'97香港回归电视直播的总体技术方案概述》等。1990年获第十一届亚运会广播电视工程指挥部先进工作者称号,1997年获香港回归广播电视转播荣誉证书。1993年获国务院颁发的政府特殊津贴及证书。

南玉敏(1942—　) 女。河北省满城县人。中共党员。中央电视台机关党委专职副书记。1962年9月参加工作。1984年调入中央电视台,历任副处级纪律检查员、台办公室副主任、党委办公室主任。1987年9月至1988年1月进中央党校分校学习。1988年、1998年被评为中直机关优秀党务工作者。1991年当选为中央电视台第三届党的纪律检查委员会委员,任副书记。1995年10月当选为中央电视台第五届党委委员,任副书记。1997年6月任党委专职副书记兼中央电视台第四届纪委书记。1999年11月当选为中央电视台第六届党委委员、常委,任党委专职副书记兼中央电视台第五届纪委书记。主持创办了《电视生活报》(内部发行)、《职工闭路电视》,主持编辑出版了《中央电视台党的工作手册》等。

孙玉胜(1960—　) 吉林省敦化市人。中共党员。中央电视台新闻节目中心主任,高级编辑。1984年毕业于吉林大学经济系经济管理专业,分配到中央电视台。曾任经济部农业组副组长、新闻采访部经济组副组长、新闻采访部副主任及主任、新闻评论部主任、新闻中心副主任,1998年任新闻节目中心主任。先后组织创办了《东方时空》、《焦点访谈》、《新闻调查》、《实话实说》、《现在播报》、《晚间新闻报道》等著名杂志性新闻性电视栏目。领导了一系列重大电视新闻报道。1993年获"韬奋新闻奖";同年荣获广播电影电视部"十杰青年"称号;1994年荣获中直机关"十杰青年"称号;1995年被评为"中国十大杰出青年";1997年被选为中国共产党第十五届全国代表大会代表。现担任中国广播电视学会理事、中国广播电视学会主持人节目研究委员会理事,中国青少年发展基金会理事、中直机关青联会理事。

王晞建(1947—　) 天津市静海县人。中共党员。中央电视台人事办公室主任兼干部管理处处长。1968年9月参加工作,在黑龙江生产建设兵团任军务参谋、教师。1972年在天津师范学院学习,1973年毕业留校任团总支书记、党支部书记等职。1977年后在北京建筑机械厂、工程机械工业公司、北京市科技干部局工作。1989年调入中央电视台人事处,1994年底任人事处处长。曾多次被评为先进职工、优秀党员。从事人才、教育工作多年来,先后为《成人教育手册》、《继续教育管理通论》、《中国教育百科全书》、《中国职工教育百科全书》等书撰写有关章节。1998年1月任现职。

许二春(1947—) 北京市人。中共党员。中央电视台财经办公室主任、党总支书记,高级会计师。中国财经金融学院大专结业。自1963年9月参加工作以来,一直从事计划财务管理工作。1976年调北京电视台(中央电视台前身)工作,历任中央广播事业局基建总处会计、计财组长。1986年2月调入彩电中心建设处,历任副科长、科长,1989年8月调任台计财处副处长,1992年任处长。1998年6月任现职。

阎连俊(1939—) 山东省泰安市人。中共党员。中央电视台体育节目中心主任,高级记者。1958年在中国科学院山东分院无线电电子所参加工作。1959年应征入伍。1963年复员到山东省科技情报所任资料员。1965年到山东省委党校学习,同年调入北京电视台(中央电视台前身)新闻部工作。曾任政文部副主任、采访部主任、新闻中心副主任、主任,1998年调体育节目中心任主任。1994年参加报道邓小平副总理率中国政府代表团参加第六次特别联大活动及中国首次派团参加在伊朗德黑兰举办的第七届亚运会报道工作;多次参加全国人大和中央领导同志出访活动的报道。

余培侠(1949—) 浙江省天台县人。中央电视台青少节目中心主任,中国广播电视学会青少年儿童节目委员会秘书长,高级编辑。1975年毕业于南开大学中文系,同年分配到北京电视台(中央电视台前身)。1990年起任青少部主任。先后策划并组织创办了中央电视台青年栏目《12演播室》、少年栏目《第二起跑线》、儿童栏目《大风车》、《东方儿童》以及第七套卫星电视少儿节目。1984年获广播电影电视部通令嘉奖;1994年获团中央颁发的"星星火炬"荣誉证章;1995年获中国关心下一代工作委员会授予的"全国关心下一代工作先进个人"称号;1997年获第二届全国百佳新闻工作者的称号。1998年任现职。

赵宇辉(1943—) 辽宁省本溪市人。中共党员。中央电视台海外节目中心主任,译审。1981年北京外国语大学英语系研究生毕业。先后任中央广播电视大学英语课程主讲教师和教务长。1991年调中央电视台,担任对外汉语教学节目《你好,北京》、《旅游汉语》和《商务汉语》主持人。后任中央电视台海外专题部主任和外事处处长。1996年任现职。主要译著有:《当代英语语法》、《当代远距离教育译文选集》和《旅游汉语》等,并发表了百余篇专业论文。1988年获全国"五一"劳动奖章。

张海鸽(1955—) 女。河北省藁城市人。中共党员。中央电视台分党组纪检组副组长、监察室主任。中国人民大学行政管理专业毕业。1970年12月至1988年12月先后在广州军区后勤部20分部、海军北海舰队后勤部、海军司令部直属单位政治部任战士、护士、干事。在部队期间历年受嘉奖,1979年在对越自卫反击战中荣立三等功。1988年12月从部队转业到中央电视台。1991年8月、1994年11月先后被任命为监察室副主任、监察室主任、纪检组副组长,1997年12月被任命为纪检组副组长(副局级)。1997年、1998年组织举办全台党纪政纪台规知识竞赛及小品比赛活动;曾指导廉政专题片《蜕变》、《致命的诱惑》、《梦断影视城》的拍摄工作。1986年被评为台级先进个人,1987年、1990年被评为优秀党员,1997年度被评为优秀领导干部。

丁文华(1956—) 北京市人。中共党员。中央电视台播出传送中心主任,教授级高级工程师。1982年毕业于北京广播学院电视工程系,同年分配到中央电视台播送部工作。先后获得中央电视台台长基金奖、技术革新改造奖。作为"标准时间频率第二代电视发播设备"课题项目负责人,获得1999年度广电总局科学进步二等奖。作为技术方案主要负责人成功组织报道了亚特兰大奥运会、香港回归、长江三峡大江截流和黄河小浪底工程、国庆50周年、澳门回归、新千年(《相逢2000年》)等一系列重大活动。1994年评为全国有突出贡献的中青年专家。1996年任现职,1998年晋升副司局级。

高长龄(1939—) 山东省昌邑县人。中共党员。中央电视台社教节目中心主任,高级记者。北京广播学院新闻系肄业。1959年到北京电视台(中央电视台前身)做编辑、记者工作,参与组织多届"五一"国际劳动节、国庆节以及尼克松、田中角荣等访华和国内外运动会等大型活动的报道。在国内外摄制的纪录片和电视系列节目有:《中日友谊之花盛开》、《飞往美国》、《墨西哥纪行》、《今日西藏》、《毛主席在中南海住过的地方》等,多次被评为优秀节目或获政府奖。1980年后从事电视对外宣传工作,任中央电视台海外节目中心副主任。1990年任现职。1994年获国务院颁发的政府特殊津贴及证书。

程　宏(1956—　　)　辽宁省沈阳市人。中共党员。中央电视台广告经济信息中心副主任,高级编辑。从1978年起先后就读于东北财经大学投资经济系和辽宁大学中文系。1983年分配到中央电视台,任总编室节目组编辑、组长;1993年任中国电视剧制作中心艺术处副处长、文学部主任;1996年任社教节目中心副主任兼专题部主任。1986年在美国新闻总署和美国教育发展学院学习电视制作,1990年在美国得克萨斯大学传播学院学习大众传播学。1996年在中国社会科学 院研究生院世界经济专业学习。曾获全国电视节目"星光奖"一等奖、全国社教节目一等奖、"飞天奖"一等奖、"金鹰奖"一等奖 。

王　录(1941—　　)　北京市人。中共党员。中央电视台研究室主任,高级编辑。1964年毕业于北京广播学院新闻系,同年进入北京电视台(中央电视台前身)。先后任经济部副主任、主任,国际部主任,社教中心主任。现兼任中国记协新闻学术委员会委员、中国广播电视学会理事及中央电视台分会秘书长、中国视协中央电视台分会副主席兼秘书长、电视学研究会副理事长等职。参与策划、创办的电视专栏节目中有4个专栏获全国优秀电视节目一、二等奖。曾组织编写多部大型电视专业图书、期刊、年鉴,并担任主编或副主编。1998年,获国务院颁发的政府特殊津贴及证书。

张复华(1939—　　)　河南省滑县人。中共党员。中央电视台《电视研究》副主编,高级编辑。1960年毕业于中国人民大学新闻系。同年进入北京电视台(中央电视台前身)工作。1984年任文艺部副主任。1989年任中国电视报社社长,1994年任社教中心专题部主任。1996年任现职。兼任中国广播影视报刊协会期刊专业委员会副会长。编导电视节目《先天下之忧而忧,后天下之乐而乐——读〈岳阳楼记〉》和《斯诺与中国》分别获全国专栏节目评选一等奖。

陆善家(1941—　　)　笔名陆家。江苏省丹阳市人。中共党员。中央电视台总编室审片组组长,高级编辑。1963年上海戏剧学院戏剧文学系毕业,分配到北京电视台(中央电视台前身)。先后在文艺播出部文艺组、社会教育部、专题部和文艺部任文艺节目和专题节目的编辑、编导和栏目负责人。参与创办《文化生活》和《周末文艺》等栏目;编导的《春蚕曲》等节目,曾在国内获奖。1988年调影视部合拍组工作。1990年调任总编室审片组组长。

周　经(1948—　　)　河北省唐山市人。中央电视台总编室副主任兼节目播出管理处处长,高级编辑。1982年毕业于北京广播学院新闻系。1982年至1989年在国家档案局《档案工作》杂志任副总编辑。1989年调到中央电视台。1990年任研究室副主任。1992年任总编室副主任、编委会成员,分管全台节目安排、节目播出、审片及协调全台重大宣传工作,负责全台频道包装及节目宣传,总编室《电视你我他》、《银幕采风》等栏目的策划、监督和管理。

徐　起(1941—　　)　北京市人。中共党员。高级编辑。1962年从北京广播学院新闻系毕业后即从事广播电视编辑工作。曾任中央人民广播电台播音员、中央电视台记者、编辑、制片人。1987年任中央电视台国际部副主任,1994年任中国电视报社副社长兼副总编辑。1995年参与筹建澳门宇宙卫星电视公司,任节目总监,1997年在总编室审片组工作。被评为中共中央直属机关先进工作者、广播电影电视部先进工作者、中央电视台优秀党员。

胡运芳(1946—　　)　女。四川省泸县人。中共党员。中央电视台总编室副主任兼观众联系处处长,高级编辑。毕业于四川大学中文系,1981年调入中央电视台新闻部联播组从事编辑工作,1984年调至总编室。1992年任总编室副主任,主管观众调查研究工作和节目宣传。曾策划组织了1994年全国青少年影视文化兴趣调查、1995年中国妇女问题调查、电视节目主持人职业评价指标体系研究和1997年全国电视观众抽样调查。1998年5月任现职。

缪署金(1949—　　)　江苏省江阴市人。中共党员。中央电视台新闻节目中心副主任,教授级高级工程师。1975年12月中山大学物理系广播电视专业毕业后分配到中央电视台,先后担任过制作部录音科副科长、彩电中心工程接管处制作科科长、工艺设计处副处长、音频部副主任、新闻制作部主任、新闻中心副主任。曾与其他同志一起获得部级优秀工程设计一等奖和全国第五届优秀工程设计金质奖。

张　宁(1960—　　)　山东省济宁市人。中共党员。中央电视台新闻节目中心副主任,高级编辑。1982年毕业于北京广播学院新闻系,同年进入中央电视台,先后任记者、副组长、组长,1993年任中央电视台驻香港记者,1996年2月任新闻采访部主任,1998年5月起任新闻节目中心副主任。曾有23篇新闻作品在中国记协和中国广播电视学会组织的评选中获奖,《邓小平接见十四大代表》获中国新闻奖一等奖。

敬一丹(1955—　　)　女。黑龙江省哈尔滨市人。中共党员。播音指导。1978年毕业于北京广播学院播音专业,在黑龙江人民广播电台任播音员。

1983 年考入北京广播学院攻读硕士学位，1986 年毕业留校任教。1988 年到中央电视台工作，先后主持《经济半小时》、《一丹话题》、《焦点访谈》、《东方时空》节目。曾连获三届全国“十佳”广播电视节目主持人称号和节目主持人“金话筒”奖。现任第九届全国政协委员，中国广播电视节目主持人研究会副会长，北京广播学院兼职教授。

高 军(1948—) 黑龙江省拜泉县人。中共党员。中央电视台驻华盛顿记者站站长，高级记者。1971 年调北京电视台(中央电视台前身)工作。1973 年至 1976 年在北京大学中文系新闻专业学习，毕业后回中央电视台。先后任记者、文教组副组长、驻香港记者站负责人、时政组组长、新闻采访部副主任、主任等职。1995 年任驻华盛顿记者站站长至今。曾圆满地完成了香港回归、江泽民主席访美等的新闻报道任务，先后多次采访报道过联合国秘书长、美国总统等政界要人。1985 年被评为全国先进新闻工作者，1993 年出席了首届全国优秀新闻工作者代表大会。

刘效礼(1943—) 山东省寿光县人。中共党员。中央电视台新闻节目中心军事部主任，高级编辑。1962 年应征入伍，历任战士、副班长、班长，曾获五好战士、特等射手等称号。后入解放军陆军参谋学院电视编导系学习。1966 年调入北京电视台(中央电视台前身)，1992 年任中央电视台军事部主任，1996 年任解放军电视宣传中心主任，少将军衔。1991 年荣获首届范长江新闻奖。1992 年当选为中共十四大代表，同年获国务院颁发的政府特殊津贴及证书。现兼任南京政治学院新闻系、北京广播学院和石家庄陆军参谋学院兼职教授，中国视协理事，中国电视纪录片学术委员会常务理事，中国广播电视学会军事节目委员会主席。

张玉山(1941—) 河北省博野县人。中共党员。高级记者。1961 年考入北京广播学院新闻系电视摄影学习班，结业后到北京电视台(中央电视台前身)任记者。曾先后从事文化教育、军事、经济、农业、林业、水利等多方面的报道，担任过中央电视台新闻采访部副主任等职。1996 年任中央电视台驻澳门记者站首席记者。在新闻报道中，曾立过三等功一次，先后荣获全国及部委级奖励的作品有 50 多项，多次参加重大宣传报道活动的组织工作。

李小萍(1952—) 女。北京市人。中共党员。高级编辑。1976 年中山大学中文系毕业后，分配到北京电视台(中央电视台前身) ，先后任国际新闻部国际专题节目组组长、新闻评论部《焦点访谈》、《东方时空》国际节目编辑、制片人。1989 年赴英国利兹大学电视研究中心学习并获硕士学位。曾获首都女新闻工作者第二届优秀新闻作品奖，第三届中国国际新闻奖一等奖。中央电视台第五届党委委员，首都女记者协会理事。

康 平(1943—) 天津市人。中共党员。高级编辑。1961 年北京广播学院播音班毕业，分配到中央人民广播电台任播音员、编辑。1988 年调中央电视台。先后在新闻部评论组、《观察与思考》、《焦点访谈》任编辑、记者。曾参与国庆、全国人大和全国政协会议、北京亚运会等大型活动广播电视报道。其作品《从一家工厂停产想到的》、《迟发的报道》等分别获全国好新闻特等奖、一等奖。

袁正明(1958—) 辽宁省葫芦岛市人。中共党员。中央电视台新闻评论部主任，高级记者。1983 年毕业于北京广播学院电视系，并留校任教。1988 年获硕士学位，分配到中央电视台。历任《观察与思考》组记者、组长、新闻采访部及新闻评论部副主任。1998 年任现职。先后参与创办并负责《焦点访谈》、《新闻调查》栏目。《焦点访谈》曾两次获中央新闻单位“十大名牌专栏”之首。1997 年被评为中央电视台优秀领导干部。

张长江(1947—) 山东省费县人。中共党员。高级编辑。1972 年在辽宁大学中文系学习，1975 年分配到北京电视台(中央电视台前身)新闻部，先后任编辑、新闻部副主任、新闻采访部副主任等职。担任主编的系列报道《弹指一挥间》、《祖国大家庭》和新闻《牡丹集团厂庆新办》，先后三次获中国新闻一等奖。现兼任中国科技记者协会常务理事。

杨宪文(1938—) 辽宁省沈阳市人。中共党员。高级记者。1962 年吉林体育学院毕业后参军，历任排长、新闻干事。1965 年进入北京电视台(中央电视台前身)军事记者组。1969 年参加珍宝岛自卫反击战战地报道；1979 年参加对越自卫反击战战地采访。历任专题组组长、代理副主任、副主任等职，大校军衔。多次被评为台先进工作者并立功受奖。组织和参加了十几次重大题材的现场直播报道，拍摄过几百部专题片、纪录片。多部作品获全国、全军一等奖。现兼任中国电视艺术家协会会员，中国广播电视学会电视军事节目委员会常务理事、秘书长。

韩金度(1941—) 河南省安阳县人。中共党员。高级记者。1959 年参军，1966 年调北京电视台(中央电视台前身)军事部任记者。1972 年至 1975 年任中国驻越南电视记者。《人民子弟兵》栏目的主要创始人之一。其电视新闻《人民解放军在华北某地举行演习》、《我国第一颗通信卫星定点成功》、《来自边海防的报道》等在全国获奖。论文《返璞归真》获全国一等奖、《论纪录片的追踪拍摄》获二等奖。主编出版了《兵林史话》和《兵林史话续集》。

李瑞英(1961—) 女。北京市人。中央电视台播音组组长,《新闻联播》节目主播,播音指导。1983年毕业于北京广播学院播音系。1983年至1986年在江苏电视台工作,主播新闻。1986年调入中央电视台。现任第九届任全国政协委员、中国广播电视学会播音与主持学会副会长、北京广播学院客座教授。曾主编《播音与主持概论》一书,撰写的《播音概说》获国家教委优秀论文一等奖。1997年获全国播音作品一等奖。同年被评为第二届全国百佳新闻工作者。

邢质斌(1948—) 女。北京市人。中共党员。中央电视台《新闻联播》节目主播,播音指导。1970年开始从事专职播音员工作,1975年调入北京电视台(中央电视台前身)从事播音工作。1987年毕业于中国记协新闻学院新闻专业。1985年至1990年任播音组副组长、组长。曾担任国庆35周年、国庆50周年现场直播总解说及许多重大宣传活动的直播工作。发表了多篇专业论文,其中有的在1998年获全国播音作品一等奖。现兼任中国广播电视学会播音学研究会副会长。

侯明古(1955—) 河南省长垣县人。中共党员。中央电视台新闻节目中心编辑部副主任,高级编辑。1985年复旦大学新闻系研究生毕业,获硕士学位。同年进中央电视台工作,任新闻部国际组编辑、副组长。1991年后任国际新闻部副主任、新闻编辑部副主任等职。1993年至1994年在英国威尔士大学留学,获硕士学位。1995年至1996年受委派参加澳门宇宙卫星电视公司筹办工作。在1998年赴伊拉克的现场报道组中任领队。1998年当选为中国翻译工作者协会理事。

王建宏(1953—) 北京市人。中共党员。高级记者。1969年12月应征入伍,曾立三等功。1983年北京广播学院电视系毕业,分配到浙江电视台。1987年6月调入中央电视台新闻部。1993年中央党校本科毕业,1998年北京广播学院电视新闻研究生毕业。先后任文教组副组长、地方组组长、新闻编辑部副主任、新闻采访部副主任。多次被评为中央电视台先进工作者、优秀党务工作者。

董石才(1953—) 云南省昆明市人。中共党员。高级记者。1975年云南大学外语系法语专业毕业。同年分配到北京电视台(中央电视台前身)新闻部工作。1977年拍摄纪录片《中伊健儿登珠峰》,获中央广播事业局特别奖;1980年至1983年,与英国、香港等合作拍摄大型纪录片《龙的心》,获得1984年度美国国家与科学技术"艾美奖";1990年至1992年任《神州风采》栏目组长,栏目连续三年获得全国一等奖,1996年至1999年,任中央电视台驻香港记者站记者。

李海明(1949—) 笔名秋炎。山东省泰安市人。中共党员。中央电视台海外新闻部主任,高级编辑。1975年山东泰安师专中文系毕业,分配到北京电视台(中央电视台前身)新闻部工作。曾任新闻部副主任,1992年任第四套节目部副主任,1999年7月任现职。1998年在北京广播学院电视系研究生班毕业。作为主创人之一的新闻专题《红旗插上乔治王岛》获全国电视好新闻特等奖。1985年被评为广电部先进工作者,1995年被评为全国百佳新闻工作者。

房纪庆(1942—) 黑龙江省齐齐哈尔市人。中共党员。译审。1965年从黑龙江大学外语系英语专业毕业后分配到北京电视台(中央电视台前身)工作。1982年至1984年在美国密执安大学传播系进修,获新闻学硕士学位。1989年至1990年在英国曼彻斯特大学欧洲新闻传媒学院以访问学者身份从事调研工作。在中央电视台先后担任对外部翻译组组长、《英语新闻》组组长、国际新闻部副主任、海外中心外语部主任等职。1996年以来,负责中央电视台与美国映佳公司的合作事宜。

吕　斌(1940—) 山西省古县人。中共党员。高级记者。1964年毕业于北京广播学院电视新闻专业。1984年任对外部台港侨组组长,1989年起历任对外部副主任、海外中心新闻部主任、海外中心专题部主任、海外中心编辑部主任。参加摄制了大型纪录片《丝绸之路》等,策划创办《中国纪实》、《千秋史话》等对外栏目。1992年评为中央电视台优秀共产党员,中直机关、广电部先进工作者,连续3年获广电部精神文明先进个人。

吴明训(1948—) 山东省阳谷县人。中共党员。高级编辑。1975年毕业于山东泰安师专中文系,分配到北京电视台(中央电视台前身)任编辑,先后担任《中国报道》组组长、海外节目中心专题部副主任、海外节目中心专题部主任。作为主要编导参加制作的《丝绸之路》获日本文部省"优秀节目大奖";《黄河》获全国优秀电视专题节目特等奖;《香港沧桑》(下部)获"中国彩虹奖"系列专题一等奖、中宣部"五个一工程"入选作品奖和第十六届中国电视"金鹰奖"优秀长篇电视纪录片奖。

拉　白(1942—) 蒙古族。内蒙古哲里木盟扎鲁特旗人。中共党员。高级记者。1960年至1965年就读于内蒙古大学中文系,毕业后分配到北京电视台(中央电视台前身)从事电视记者工作。1984年赴香港建立中央电视台驻港记者站并任首席记者。1986年撰写的《王锡爵驾机回大陆,台湾华航与国航在港谈判》的新闻,获全国电视新闻一等奖。1987年任新闻部副主任,1988年任政文部副主任。1989年再次调任香港记者站任首席记者。1992年任社教中心副主任,分管专题节目,1993年兼任专题部主任,1996年任海外中心副主任。

郎 昆(1959—) 北京人。中共党员。高级编辑。1983年毕业于中央音乐学院,同年分配到中央电视台文艺部任导演。1987年赴联邦德国接受高级编导培训。1994年任中央电视台文艺部副主任,1996年7月调到中央电视台海外中心编辑部任副主任。先后获得第二届至第八届全国电视文艺“星光奖”一等奖(含特等奖)6次;1996年获国家广播电视艺委会“特别荣誉奖”;获第一届至第四届“中国彩虹奖”一等奖3次、二等奖3次。获第四届全国广播电视学术论文评选一等奖。

高丽萍(1957—) 女。山西省大同市人。中共党员。高级编辑。1991年调入中央电视台,1994年5月任中央电视台海外新闻部副主任。1988年、1991年、1994年分别获十佳广播电视节目主持人称号、全国广播电视节目主持人“开拓杯”金奖、全国广播电视节目主持人“金话筒奖”。先后被评为中央电视台和广电部先进工作者、中直机关优秀党员。1998年获第三届范长江新闻奖。

迟连方(1949—) 黑龙江省讷河市人。中共党员。高级编辑。1975年9月毕业于南开大学哲学系,分配到北京电视台(中央电视台前身)社教部任编辑。1984年至1991年先后任对台部、第四套节目部综合组组长,海外编辑部地方组组长,海外专题部《中国风》栏目组组长等职务。1982年被评为广电部先进工作者,1983年被评为全国儿童少年先进工作者。

王晓明(1947—) 女。河北省行唐县人。中共党员。高级编辑。1968年8月参加工作,在北京市房山县任中学教师。1972年至1975年在河北大学中文系学习,毕业后分到北京电视台(中央电视台前身),先后在新闻部、国际部、对外部和海外中心专题部任编辑。完成1500多条新闻片和200多条专题片、纪录片的摄制,参加了《祖国各地》、《旅行家》栏目的创办。其主创的《歌魂》、《沙漠中的恩格贝》等纪录片分别获国家级一、二、三等奖,优秀奖和特别奖。

李近朱(1945—) 天津市人。中共党员。高级编辑。1969年毕业于中央音乐学院,同年调入北京电视台(中央电视台前身)从事音乐编辑、电视纪录片编导工作。曾任大型电视系列片《话说长江》的音乐编辑,1990年至1993年代表中国参加联合国新闻署主持的国际合作大型系列片《小行星计划》的编导工作。1995年任39集系列片《大京九》的总编导,该片获该年度“五个一工程”奖及“CCTV杯”一等奖。撰写出版了《电视音乐与音响》等11部著作。

盛亦来(1951—) 安徽省黄山市人。中共党员。中央电视台海外节目中心副主任,译审。1975年毕业于上海外国语学院英语专业,同年分配到北京电视台(中央电视台前身)工作。1977年至1979年在加拿大西安大略大学留学,进修英语文学和美国历史。1980年至1989年先后任国际新闻组副组长、组长。1989年任新闻编辑部副主任,同年8月任国际新闻部副主任,1991年任国际新闻部主任。1992年至1994年在英国威尔士大学留学,获大众传播硕士学位。1993年任新闻编辑部主任。1995年底调任中央电视台海外中心副主任,兼外语部主任。

张 丹(1941—) 女。广东省潮州市人。中共党员。译审。1964年7月于中山大学外语系毕业,分配到北京电视台(中央电视台前身)从事翻译工作至今,是中央电视台法语语种节目的开创人。多次完成外国国家元首访华活动卫星转播的翻译工作和中国政府代表团出访的卫星传送翻译工作。翻译了丁玲的小说《奔》、法国小说《羽毛蛇的秘密》及《小法岱特》、《蓝眼睛》、《包法利夫人》等40多部电影、电视剧,译著约70多万字。其译著曾获全国电视对外宣传优秀节目奖和对外节目评比专题类二等奖。1982年被评为中央电视台先进工作者。

王有才(1955—) 黑龙江省集贤县人。中共党员。高级记者。1976年毕业于北京广播学院新闻系摄影专业。同年分配到北京电视台(中央电视台前身)从事记者工作。历任《中国报道》栏目副组长、组长、制片人,海外编辑部教育组组长。1979年在对越自卫反击战战地采访报道中荣立三等功;在1985年中日合拍大型系列片《黄河》中担任主摄影、编导,创下了空拍黄河150小时的纪录。该片获政府特等奖;在12集系列片《香港沧桑》中担任前6集总摄影及后6集总编导。该片获中宣部“五个一工程”奖、纪录片“金鹰奖”及对外电视一等奖。

崔雁敏(1948—) 女。上海市人。中共党员。高级记者。1964年考入北京电影学院摄影系,学习新闻和科教片摄影。1973年分配到北京电视台(中央电视台前身),先后在新闻部、国际部、对外部、海外节目中心等部门担任记者、编辑、制片人等工作。1995年被派往澳门宇宙卫星电视公司工作,担任合作频道常务副总监。1998年担任《东方家园》栏目制片人。

冯　云(1944—　　) 女。播音名虹云。湖北省崇阳县人。中共党员。播音指导。北京广播学院播音专业第一届学员,北京广播电视大学中文系毕业。1960年开始先后任中央人民广播电台播音员、主任播音员、节目主持人、播音指导。1994年调入中央电视台任播音指导、节目主持人和海外专题部《中国旅游》节目编辑及其板块《机不可失》负责人。1992年获国务院颁发的政府特殊津贴及证书。现兼任中国播音学研究会常务理事,主持人节目研究会副会长,北京广播学院、天津国际女子学院兼职教授,北京朗诵研究会常务理事。

邢京和(1952—　　) 山东省文登市人。中共党员。高级编辑。1969年入伍,1970年开始从事新闻工作。1979年在铁道部情报所铁道科技电影制片中心任摄影助理、摄影师、编导、编辑部主任。1975年考入北京电影学院摄影系学习,1978年毕业,在中国铁路影视部任编导兼摄影师。1992年调入中央电视台,1993年作为中央电视台代表在美洲东方卫视北京办事处任主任。从事电影、电视工作以来,荣获国际奖3个,全国性奖项21个,发表专业论文多篇。

魏　斌(1956—　　) 湖北省房县人。中共党员。1971年参加工作,1978年考入北京广播学院新闻系,1982年毕业留校,1984年调入中央电视台。1995年任中央电视台社教中心专题部副主任兼纪录片室主任,1998年6月任中央电视台社教节目中心纪录片部主任。在中央电视台创作了10部纪录片和大量的专题节目,9次获得国家级创作奖,获1次国际奖。1993年、1994年连续两年被评为中央电视台先进个人。1994年荣获第二届范长江新闻奖。

丁俐丽(1942—　　) 女。江西省南昌市人。中共党员。高级编辑。1965年到北京电视台(中央电视台前身)工作,先后任编辑、副科长、副主任、主任等职。1965年至1978年担任少儿节目编导,1978年调电教部。编导的《学拼音》节目获国际教育节目特别奖。1991年任教育节目部主任,1997年任科教节目部主任。现兼任首都女记者协会副会长、中国广播电视学会教育节目研究会理事长、副会长。1998年任《夕阳红》艺术指导。

李　娟(1943—　　) 女。天津市人。播音指导。1961年北京广播学院播音班毕业,任中央人民广播电台播音员。1973年调北京电视台(中央电视台前身)任播音员。1980年至1987年主播《新闻联播》。1985年至1987年任播音组组长。1990年主持《民族之林》节目。1993年应邀出席在美国波士顿召开的第二十届艺术与传播国际大会,被选为"当代有成就的杰出女性"。1993年获国务院颁发的政府特殊津贴及证书。

赵德珍(1935—　　) 女。回族。辽宁省新民市人。中共党员。高级编辑。1961年毕业于吉林大学中文系,同年被分配到北京电视台(中央电视台前身)任编辑。主要社会职务有:中国广播电视学会教育节目研究会理事、中国质量管理学会理事。1989年被评为台优秀党务工作者。第十一届亚运会被台组委会评为先进个人。编导、制作了大量社教节目,其中包括50多套系列教育节目。

杜长彬(1939—　　) 笔名木杉。河北省南宫市人。中共党员。高级编辑。1955年参加工作。1959年参军。1965年转业到北京电视台(中央电视台前身),先后任新闻部地方组副组长、台长秘书,专题部《祖国各地》组及社教部编辑组组长。现为科教部《科技博览》主编。组织、参与创作的纪录片百余部,多部获奖,其中《蜀道》获政府特等奖。撰写的《论电视艺术的表现性》获北京广播学院优秀论文奖。

程仁沛(1941—　　) 女。重庆市人。中共党员。高级编辑。1965年毕业于四川大学,同年分配到北京科学教育电影制片厂工作,1973年调入北京电视台(中央电视台前身)。曾任社教部、教育节目部编辑一组组长。制作的科教节目曾十余次在全国获奖。代表作为《共和国之恋》、《邮票上的科学》、《跟我学电脑》等。1991年任中国广播电视学会电视教育节目研究会秘书长。

贾廷安(1945—　　) 傣族。云南省腾冲县人。中共党员。高级记者。1965年由中央民族学院抽调到北京电视台(中央电视台前身),并被保送到北京广播学院深造,1967年毕业回台,先后在新闻部、专题部、社教部、科教部任记者兼编导。其摄制的部分纪录片或专题片分别在全国民族节目、纪录片、专题片评奖中获一、二、三等奖或特别奖。先后被评为中央电视台先进工作者,首都民族团结先进个人,广电部、中直机关精神文明共建活动先进个人,并被选为北京市西城区人大代表。

王光龙(1945—　　) 彝族。四川省金阳县人。中共党员。高级记者。1967年毕业于北京广播学院新闻系,同年分配到北京电视台(中央电视台前身)。在时政组工作期间,曾多次随国家党政代表团出国采访报道。从80年代起,先后在《祖国各地》、《兄弟民族》、《神州风采》、《九州神韵》、《科技博览》等栏目从事记者编辑工作。采拍的各类纪录片中有十多部在全国优秀电视节目评选中获奖。1984年,被评为全国民族团结进步先进个人,受到国务院和国家民委的表彰。

王　青(1946—　　)　北京市人。高级编辑。1967年毕业于北京广播学院新闻系播音专业。1968年分配到北京电视台(中央电视台前身)任播音员。1972年调总编室,是《为您服务》栏目的主要创始人之一。该栏目的特别节目曾多次获全国优秀电视节目奖。在30集纪录片《中国家庭》和50集系列纪录片《中国人》中任总编导。《中国家庭》获1997年度中国广播电视新闻奖社教节目特别奖。

王进友(1950—　　)　河北省唐山市人。中共党员。中央电视台社教节目中心副主任,高级记者。1975年大学毕业后到北京电视台(中央电视台前身),历任经济部组长、副主任、主任,广告经济信息中心副主任、党总支书记。1997年至1998年干部交流到中国国际广播电台任新闻中心副主任兼党总支专职副书记。1998年任社教节目中心副主任。1992年当选为全国电视经济节目研究委员会副理事长兼秘书长,1997年当选为该研究会副会长。曾组织策划《世纪的呼唤》等多个系列专题节目。

陈　铎(1939—　　)　江苏省淮安市人。高级编辑。1959年始,先后在中央广播电视剧团、中国电视剧制作中心、中央电视台任演员、摄影、编辑、导演、记者、电视节目主持人等。1990年获广电部颁发的"荣誉证书",1991年获全国广电系统节目主持人"开拓杯"特别金奖,1997年意大利贝省文联主席团授予终身荣誉会员。此外,还获得过美国世界和平文化协会及总统新闻办公室等授予的世界和平文化使者证书。现任全国政协委员,民主促进会中央联络委员会主任,中国广播电视学会理事、主持人节目研究委员会副会长,南开大学和广州师范学院兼职教授。

童　宁(1957—　　)　湖北省武汉市人。中共党员。高级记者。1983年北京广播学院电视系毕业,分配到中央电视台担任记者、编导、制片人。长期从事专题片、纪录片创作,已有作品百余部(集),所拍节目多次获国家级奖项。1996年,参加国家哲学社会科学研究"九五"规划重点项目《中国电视论纲》一书的科研和写作。其撰写的《即兴采访》一书,作为中央电视台职工岗位培训教材,并在第三届全国广播电视著作评选中获奖。

李　凯(1945—　　)　北京市人。高级记者。1968年毕业于北京电影学院摄影系,1973年分配到北京电视台(中央电视台前身)任记者。先后从事新闻、体育、广告制作、纪录片等工作。参加过冬、夏季奥运会,世界大学生运动会,亚运会的宣传报道;创办了《体育之窗》栏目;参与创办了我国最早的公益广告栏目《广而告之》;任大型纪录片总编导或分集编导的《胜利》、《解放》、《澳门岁月》分获"五个一工程"奖、"金鹰奖"最佳纪录片奖、最佳编导奖。

张金鹏(1951—　　)　北京人。高级记者。毕业于北京大学中文系。从1980年至今,其作品已有200多部电视片及电视节目相继播出。纪录片《鄂西行》和4集系列片《中国达斡尔族》获得广播电影电视部和国家民委颁发的"兄弟民族"专栏优秀节目二等奖,综合性节目《呼伦贝尔情》获特别奖。《不知消失的颜色》荣获世界第二届国家公园纪录片奖(卡瑞波罗银奖)。纪录片《船》获国家科委颁发的科学技术进步二等奖。纪录片《千古之迹》获全国专题节目一等奖。

孙素平(1952—　　)　女。河北省定州市人。中共党员。中央电视台科教部副主任,高级编辑。1976年毕业与于中山大学,当年分配到北京电视台(中央电视台前身)新闻部。1992年初任《12演播室》栏目组长,《12演播室》获优秀栏目一等奖,被团中央命名为"青年文明岗",被评为全国青少年"最喜欢的栏目"之一。1995年筹备和策划《半边天》,任总制片人。获全国社教类节目一等奖。被评为全国"三八红旗手","巾帼建功标兵"。1998年策划创办的大型板块科普栏目《走近科学 》,两次被评为全国科教节目栏目类一等奖、中央电视台优秀栏目一等奖、第五届"科星杯"一等奖。

段忠应(1949—　　)　山西省阳城县人。高级记者。毕业于解放军宣化通信兵学校。1991年转业到中央电视台社教部。1993年到北京大学学习,1996年毕业。现任中央电视台社教节目中心专题部《健康之路》制片人,中国卫生影视创作研究会副会长。编导策划电视节目数百个,代表作有《为了民族的强盛——世界五十亿人口日特别节目》、《幸福的彩霞》、《强迫症与恐怖症》等,多次在全国和部委评比中获奖。

赵　安(1957—　　)　浙江省杭州市人。中共党员。中央电视台文艺节目中心文艺部主任,高级编辑。1976年毕业于北京舞蹈学院。1984年调入中央电视台文艺部担任编导,1995年任文艺部副主任,1998年任现职。现为全国政协委员、中国文联执委、文联艺术指导委员会委员、中国电视家协会理事,全国青联委员。曾先后三次出任中央电视台《春节联欢晚会》总导演,执导了《光明赞》、《相聚在北京》、《回归颂》、《走向辉煌》、《春潮颂》等大型文艺晚会。曾获全国"星光奖"最佳导演奖和"星光奖"特别荣誉奖。

邹友开(1939—　　)　福建省闽侯县人。中共党员。高级编辑。文艺节目中心主任,中央电视台编委。1965年上海华东师范大学教育系毕业后,分配到北京电视台(中央电视台前身)社教部,任编导。1983年调文艺部，历任副主任、主任、文艺中心副主任、主任兼文艺部主任。兼任全国文联委员，中国视协理事，音协和影协会员，中国电视音乐研究会副会长，中国音乐文学学会理事，《歌曲》编委，北京广播学院兼职教授等。

赵忠祥（1942— ） 天津市人。中共党员。播音指导。1960年进入北京电视台（中央电视台前身）任播音员，是中央电视台第一代播音员。1960年至1985年，主要从事新闻播音工作。采访过各国政界要人20余位。1985年后主要从事专题类和综艺节目的播音主持工作，成为中央电视台第一代节目主持人。1994年获中国广播电视学会颁发的特殊荣誉奖。兼任中国广播电视学会主持人节目研究委员会会长，北京广播学院、东北林业大学兼职教授。1993年获国务院颁发的政府特殊津贴及证书。

张子扬（1956— ） 黑龙江省哈尔滨市人。中共党员。高级编辑。1984年毕业于中央戏剧学院导演系（本科）。1996年获中国社会科学院研究生院新闻系硕士学位。1984年到中央电视台，先后在文艺部、国际部、影视部工作，任导演、副主任、主任。现任中央电视台文艺节目中心副主任兼国际部主任。1992年获全国“星光杯”导演奖，1998年获首届中国“百佳电视艺术工作者”称号。兼任中国电视艺术家协会会员、中国广播电视学会电视译制研究委员会理事长、中国广播电视学会电视制片委员会理事。

种荣茂（1941— ） 北京市人。高级编辑。中共党员。1964年北京广播学院新闻系文艺专业毕业。同年分配到北京电视台（中央电视台前身）工作，多年来一直从事话剧、电视剧、专题文艺节目导演工作。有16个节目获全国性奖项。其中与人合导的电视剧《吉庆有余》获优秀电视剧“飞天奖”、电视短剧集《吉祥胡同甲五号》获大众电视“金鹰奖”。1995年获“星光奖”特别荣誉证书。现为中国话剧艺术研究会理事。

孟　欣（1955— ） 女。回族。吉林省长春市人。中共党员。高级编辑。1979年毕业于长春师范学院音乐专业。1985年开始从事电视文艺编导工作。1990年调入中央电视台，曾任文艺部地方组组长，现任戏曲音乐部副主任。荣获全国“三八”红旗手、全国十佳制片人，“德艺双馨”全国百佳艺术家等荣誉称号。创意、策划、执导、拍摄了近百台文艺晚会、多部电视艺术片，先后多次获得“星光奖”一等奖、特别奖等。

王　晓（1952— ） 江苏省南京市人。中共党员。高级编辑。1982年毕业于武汉大学。1984年由文化部调入中央电视台，1995年任中央电视台文艺部副主任。曾多次担任春节联欢晚会主创人员。编导的栏目和电视文艺晚会先后获电视文艺“星光奖”一等奖5个，二、三等奖20多个，优秀栏目奖3个。1995年被评为“全国电视十杰制片人”。现为中国剧协、中国曲协理事。

冯万友（1945— ） 北京市人。中共党员。一级文学编辑。1968年于中央戏剧学院表演系毕业后分配到广州军区话剧团工作。1976年转业到北京159中学做语文教员，1978年到空政话剧团工作，1985年到中央电视台做译制片导演。译制导演的《简爱》、《失踪之谜》、《开出租车的姑娘》、《黑丝绒长袍》在“飞天奖”的评选中获优秀译制片奖。现兼任中国广播电视学会电视译制研究委员会秘书长，中国广播电视学会理事。

张晓海（1960— ） 北京市人。中共党员。中央电视台文艺节目中心文艺部副主任，高级编辑。1983年毕业于北京广播学院。同年入中央电视台文艺部担任编导。1998年任现职。曾两次出任中央电视台春节联欢晚会的总导演。其导演的《庆祝建国45周年焰火晚会》、《黄河魂》、《1997音乐会》等曾先后5次获得电视文艺“星光奖”一等奖和特别奖，并获“星光奖”特别荣誉奖 。

倪　萍（1959— ） 女。山东省青岛市人。中共党员。节目主持人，高级编辑、编导。1982年毕业于山东艺术学院戏剧系。1982年以后，在山东话剧院做演员，1990年调入中央电视台任综艺节目主持人至今。1967年任编导。现任主持人节目研究会副会长、全国青联委员。曾连获3届“金话筒”优秀主持人和2届“星光奖”最佳主持人称号。主要作品有：自述《日子》。

尹希元（1941— ） 山东省莱州市人。中共党员。高级编辑。1968年从解放军艺术学院音乐系毕业，分配到空政歌舞团任声乐演员。1984年调入中央电视台，先后任文艺部地方组副组长、歌舞组组长、文艺部副主任、戏曲音乐部第一副主任、主任。在担任编导期间制作的节目曾多次获得“星光奖”。参与了《旋转舞台》栏目的制作、策划，参与了1999年、2000年春节戏曲晚会的策划并任制片人，参与了《戏曲精品库》的组织、落实工作。曾被评为中央电视台1986年度好党员，中央电视台1989年、1990年、1991年度优秀党员。

吴　珊（1939— ） 女。黑龙江省哈尔滨市人。中共党员。一级导演。1963年调入沈阳空军文工团。1978年在国防科委指挥学院任副团职干事。1981年到中央电视台任译制导演。1984年在北京广播学院新闻系系编采专业学习。曾执导译制过多部外国影视剧，如《阿信》、《超人》、《办公室的故事》、《居里夫人》

等,多次获“飞天奖”优秀译制片奖。1985 年被评为广电部和中央电视台先进工作者,1998 年获首届中国百佳电视艺术工作者称号。1993 年获国务院颁发的政府特殊津贴及证书。现为世界电影学会会员、中国电视艺术家协会会员。

袁德旺(1948—　　) 北京市人。中共党员。高级编辑。1960 年进入铁道兵文工团从事舞蹈、话剧和歌剧艺术工作,后成为话剧导演。1983 年转业到中央电视台文艺部工作。在参与制作的百余部电视文艺作品中有近 30 部获全国电视文艺“星光奖”一、二、三等奖。曾出任 1997 年春节晚会总导演。获首届全国电视文艺“星光奖”最佳编导奖。1996 获该奖项“最佳成就”奖。先后创办《文化视点》、《朋友》栏目。

白志群(1948—　　) 北京市人。中共党员。高级编辑。1965 年从解放军艺术学院毕业分配到总政歌舞团任演员、编导。1984 年调入中央电视台文艺部任导演。自从事电视工作以来,曾担任大型活动、晚会创编、录制总导演和电视直播总导演,执导的“七运会”、“共有的家园”等多台节目。获国际奖 1 个,“星光奖”一等奖 5 个,中国音乐电视大赛金奖 2 个,全军音乐电视大赛金奖 1 个,最佳创意奖 1 个,1995 年广电部授予特别荣誉证书。

马国力(1953—　　) 河北省无极县人。中共党员。中央电视台体育节目中心副主任,高级记者。1969 年参军,1977 年考入北京广播学院,1982 年分配到中央电视台。1984 年公派赴联邦德国进修一年。先后任体育部组长、副主任、主任,1998 年任现职。现兼任中国广播电视学会体育传播研究会会长、中国体育记者协会副主席,中国电视体育记者联合会主席、国际田径联合会电视委员会委员、亚洲广播电视联盟 2000 年奥运会报道委员会主席等。

宋世雄(1939—　　) 北京市人。中共党员。播音指导,体育评论员,体育节目主持人。1960 年任中央人民广播电台体育记者,担任体育解说评论工作。1984 年调入中央电视台体育部,解说各类体育项目比赛实况近 2000 场。曾获最佳电视节目主持人奖。当选为第六、七、八、九届全国人大代表,任中国记协和中国电视艺术家协会理事。1993 年获国务院颁发的政府特殊津贴及证书。1995 年获美国体育广播者协会颁发的国际广播电视最佳体育节目主持人奖。

佟占武(1942—　　) 辽宁省北镇县人。中共党员。中国国际电视总公司体育推广分公司办公室主任兼节目部经理。高级编辑。1962 年参加工作,在原北京市公安学校外语班(现北京警察外语学院)英语专业学习。1967 年毕业后分配到中央广播事业局对外部(现中国国际广播电台)从事英语播音、翻译、编辑、记者工作。1982 年被派往联合国总部新闻司广播处任新闻官员。1986 年调入中央电视台体育部。先后从事国际联络、翻译、编导、制片等工作。

冯一平(1939—　　) 又名冯煜萍。天津市人。中共党员。中国国际电视总公司体育推广分公司总经理。高级记者。1963 年北京广播学院新闻系毕业分配到北京电视台(中央电视台前身),先后担任过体育组副组长、体育部业务指导、体育部副主任等职。社会职务有:中国体育记者协会副秘书长、中国体育摄影家协会副秘书长。1978 年组织创办了中央电视台第一个体育杂志栏目《体育之窗》。策划并组织了中央电视台各项大型体育报道,如奥运会、亚运会和全运会等。

师旭平(1949—　　) 北京市人。中共党员。高级编辑。1976 年由部队复员,到北京电视台(中央电视台前身)从事编辑工作。1986 年入北京广播学院外语系学习。1988 年编辑的《世界同唱一首歌》获 1989 年国际体育电影节优秀节目奖。1984 年以来,采访过国际奥委会主席萨马兰奇、国际足联前主席阿维兰热、“球王”贝利等。编辑的专题报道多次获全国优秀体育节目一等奖。1995 年,主持每周一期《五环夜话》。1996 年担任《世界体育报道》的总编导和制片人。

岑传理(1950—　　) 北京市人。高级编辑。1968 年参加人民海军。1977 年考入北京广播学院新闻系,获北京市“三好学生”,“新长征突击手”。1982 年进入中央电视台。1984 年后历任中央电视台体育部副主任、新闻中心副主任、体育竞赛部副主任。1999 年在北京体育大学攻读完博士研究生课程,获体育博士学位,成为我国第一位获得博士学位的体育记者。其主要作品有《奥运知识面面观》、《金话筒的诉说》等多部。

王明玉(1939—　　) 女。北京市人。中共党员。高级编辑、编导。1965 年北京广播电视大学中文系毕业。1958—1972 年在中央广播电视剧团任演员,1972 年调入北京电视台(中央电视台前身)少儿部任编导。在 1987 年全国儿童电视剧表彰大会上,受到全国少年儿童协调委员会、团中央等联名表彰与奖励。作品曾获“金童奖”、政府特别奖。现任《大风车》栏目主编。

李金熔(1941—　　) 山东省历城县人。中共党员。中央电视台青少节目中心儿童电视剧栏目制片人,高级编辑。1965 年北京广播电视大学中文系毕业。1980 年 10 月调入中央电视台,有多部电视剧、综艺晚会、专题片、译制片、竞赛节目、木偶剧、广播剧等节目获奖。其中,获特别奖和一、二等奖 20 余个。

1999年作为总导演和主要编剧，制作了52集儿童系列电视短剧《三毛新传》，作为策划和艺术指导赴美国拍摄了20集儿童电视片《中国孩子在美国》。

高　峰(1955—　　) 回族。北京市人。中共党员。中央电视台青少节目中心青年部主任，高级编辑。1983年中央民族大学中文系毕业，分配到中央电视台。从1992年开始先后担任专题部副主任、纪录片室主任、国际部副主任，主要电视作品有：系列专题片《川藏纪行》、《万里海疆》、《开发大西南》、《解放》、《胜利》和专题文艺片《1986年合家欢》、《西南古桥拾零》、《金秋时节》等。这些作品分获全国电视社教节目一、二等奖和“五个一工程”奖等奖项。1998年任现职。

潘　超(1957—　　) 重庆市人。高级编辑。1984年10月调入中央电视台，现任中央电视台青年部副主任。主要执导获奖节目有：晚会《跨世纪的公民》和儿童纪录片《我的朋友》获“金童奖”专题类一等奖。百集人物系列片《英才故事》和百集科普系列片《神奇的窗》获“金童奖”、“六个一百”特别奖。纪录片《我的朋友》获第十七届慕尼黑国际青少年电视节7岁～12岁最优秀节目奖。系列片《长大》获第十六届芝加哥国际青少年电影节优秀奖。

张小军(1955—　　) 北京市人。中共党员。中央电视台青少节目中心少儿部主任，高级编辑。1983年毕业于北京大学分校法律系，分配到中央电视台工作，先后在专题部《为您服务》栏目组、《九州方圆》编辑组、青少部、青少节目中心少儿部工作。历任编辑、副组长、组长、副主任、主任。并任首都青年编辑记者协会理事、北京市青年联合会委员。主编出版《儿童与未来——儿童电视论文集》。1998年5月任现职。

卞美瑾(1941—　　) 女。山东省济南市人。中共党员。教授级高级工程师。1965年北京广播学院无线电系毕业分配到北京电视台(中央电视台前身)，任科技处副处长及第三、四、五届广电部科技委电视专业委员会委员。曾负责多种新设备的验收安装、技术论证、业务培训等工作；先后主持和参与制订多项技术标准、规范和技术文件。负责调研制订的《电视节目技术质量奖奖励办法》获1996年广电部科技进步二等奖、中央电视台科技进步一等奖。

张　敏(1939—　　) 又名张友香。女。湖北省红安县人。中共党员。教授级高级工程师。1965年武汉华中理工大学电力系毕业后分配到西北电力设计院。1971年调入中央广播事业局。1976年调入北京电视台(中央电视台前身)，先后参加了中央电视台在人民大会堂照明系统改造和设计等多项工程。1990年调台总工办(现科技处)从事技术管理工作。先后主编和参编了5项国家及行业技术管理标准，发表了10多篇专业论文。曾多次获得部级科技进步一、二等奖及标准工作先进奖。

徐　威(1959—　　) 北京市人。中共党员。教授级高级工程师。1983年毕业于北京联合大学，分配到中央电视台工作，现任技术管理办公室副主任兼信息通信处处长。多年来多次参加大型宣传节目和重大报道活动的技术方案制订和组织实施工作。主持和组织了中央电视台的计算机信息网络和管理系统工程的设计、开发和实施，其中网络系统项目和办公自动化系统项目获部级科技进步奖。

吕大庆(1945—　　) 江苏省吴县人。高级编辑。1970年毕业于中央戏剧学院舞台美术系。曾任中国木偶艺术剧团舞台美术设计。1984年调中央电视台，在青少部、制作部任电视美术设计。先后担任中央电视台“春节联欢晚会”、“春节音乐歌舞晚会”、“′96元宵晚会”、“′98春节戏曲晚会”等一系列大型节目的美术设计。1998年获首届中国百佳电视艺术工作者称号。

孙长庚(1940—　　) 河北省沧县人。中共党员。教授级高级工程师。1965年毕业于北京广播学院无线电系，同年7月分配到中央广播事业局572台。1973年3月调入北京电视台(中央电视台前身)技术部。曾任技术处维修科责任工程师、维修科长等职。先后主持中央电视台亚运会全部进口电视转播设备的技术指标测试验收和大会期间设备运行维护保障。参加第四届世界妇女大会中央电视台国际广播中心工程的设计、安装和运行工作。

李小沛(1956—　　) 女。江苏省沛县人。中共党员。中央电视台音频部音乐录音科科长，一级录音师。1975年参加工作，担任北京电视台(中央电视台前身)录音师，1984年至1986年在北京电影学院录音系学习。先后多次担任大型文艺晚会、系列电视剧、CD唱片的总录音师。1996年获全国电视文艺“星光奖”优秀录音单项奖，全国音乐电视(MTV)优秀录音单项奖，1998年获全国音乐电视(MTV)优秀录音单项奖。1998年获首届中国百佳电视艺术工作者称号。

朱宽涛(1946—　　) 上海市人。高级编辑。1970年毕业于中央戏剧学院舞台美术系设计专业。1973年到北京电视台(中央电视台前身)从事美术设计工作至今。20多年来曾担任过200余台电视文艺节目、专题节目、电视片头、片花以及电视剧的美术设计。其中有相当数量的电视节目获全国电视文艺“星光奖”一等奖、全国优秀电视教育节目一等奖，有些作品还被编入《中国应用电视学》一书中作为教学范例。

李　勇(1953—　　) 女。浙江省金华市人。教授级高级工程师。1983年毕业于北京邮电学院分院,同年分配到中央电视台技术部工作。1996年主持设计军博高档二维计算机动画系统,建成了二维卡通计算机动画生产流水线;1997年策划组建了影视制作机房。发表多篇关于二维、三维动画的论文。编写了《现代广播技术全书》有关动画特技部分的章节。曾任录制部录制三科、特技动画科科长,录制部副主任,中国电影电视技术学会会员。

李秀增(1940—　　) 女。回族。北京市人。高级编辑。1967年毕业于中国音乐学院音乐理论系。在中央电视台参与了许多大中型文艺晚会、文艺专题和系列节目的总体策划和音乐编辑及统筹工作。获奖节目40余部。其中电视文艺晚会《梨花飞雪庆吉祥》、《菊苑颂春》获全国电视文艺"星光奖"特别奖;《走进九月》、《'94国庆戏曲晚会》、《春来了》、《金虎闹春》获全国电视文艺"星光奖"一等奖;综艺晚会《六百期神州风采特别节目》获全国优秀电视专栏节目评选特等奖。

李国燃(1940—　　) 江苏省南通市人。中共党员。教授级高级工程师。1964年7月毕业于南京工学院无线电系,同年分配到北京电视台(中央电视台前身)。1985年调中国电视剧制作中心。曾参与了第十一届亚运会、第七届全运会的电视转播,以及电视大楼800平方米演播室拍摄棚、模拟、数字录像车的技术系统设计。1998年调台转播部工作,参加了多种节目的录像与直播,特别是"国庆50周年"、"澳门回归"、"新千年泰山日出"等重大节目的现场直播。现兼任中国电影电视技术学会理事。

谢丽虹(1953—　　) 女。广东省潮州市人。中共党员。中国电视剧制作中心文学部主任,一级编辑。1972年2月参加工作,1982年中央戏剧学院戏剧文学系编剧专业毕业,同年分配到广播电视部中国电视艺术委员会《中国电视》编辑部任编辑、编辑部主任。1993年后调入中国电视剧制作中心文学部任编辑、副主任,1998年起任现职。中国作家协会会员。主要作品有:《外来妹》,获1993年度"五个一工程"奖、"飞天奖"、"金鹰奖";《姐妹》,获1993"金鹰奖"。

韩素真(1954—　　) 女。笔名祁月。青海省西宁市人。中共党员。高级编辑。1975年至1978年在南开大学中文系学习,毕业后任青海教育学院助教。1983年10月在中国电视剧艺术委员会任编辑;1986年在中国电视剧制作中心任编辑。发表和出版了《温馨的时代》、《皇帝长着兔耳朵》、《市场将军》等多部散文、小说及报告文学作品。创作编写的电视剧《凡人神曲》、《零花钱》获"飞天奖"。此外,策划编辑的电视剧有近百部,如《唐明皇》、《中国命运之决战》等,其中多部获全国奖项。

李功达(1955—　　) 北京市人。中共党员。中国电视剧制作中心文学部副主任,一级编剧。1982年北京师范学院中文系毕业,同年分配到北京广播电视大学中文系任教,曾任教研室主任、中文系副主任、主任,讲师、副教授。1992年调入中国电视剧制作中心任编剧,1997年担任文学部副主任。主要作品有:《北京人在纽约》、《九·一八大案纪实》等。现为中国作家协会会员,北京作家协会会员、理事,中国电视家协会会员,北京市青年联合会委员。

陈爱民(1949—　　) 浙江省温州市人。一级编剧。1970年参加工作,任黑龙江生产建设兵团18团创作员。1976年任中央广播艺术团电视剧团编剧,1983年调入中国电视剧制作中心任编剧。获奖作品有:《司机王宝》获第三届"飞天奖"小品一等奖,《多棱镜》(第一部)获第一届"金鹰奖"优秀短剧奖,《多棱镜》(第五部)获1986年全国喜剧小品展播三等奖,《香港的故事》获1997年"五个一工程"奖及第十八届"飞天奖"合拍片奖。

陆天明(1943—　　) 江苏省南通市人。中共党员。一级编剧。1958年参加工作。1975年调中央广播文工团电视剧团任编导组副组长。1982年调中国电视剧制作中心艺术处创作室任编剧、创作室副主任等职。获奖作品有:电影《走出地平线》获"五个一工程"奖,电视连续剧《华罗庚》、《苍天在上》获"飞天奖"、"金鹰奖";长篇小说《泥日》获上海优秀长中篇小说奖。1997年获国务院颁发的政府特殊津贴及证书。中国作协会员。

周　锴(1942—　　) 北京市人。一级编剧。1966年参加工作,在北京剧院任导演、艺术处长、副院长。1989年调中国电视剧制作中心任编剧。先后编写电视剧200余部(集)。其中《三国演义》(执笔之一)获第十五届"飞天奖"一等奖、第十三届"金鹰奖"、"五个一工程"奖等;《钟鼓楼》获1988年南美第二届影视节评委特别奖,及新中国成立40周年、北京解放40年文艺作品荣誉奖。

白智运(1942—　　) 又名之云。北京市人。一级音乐编辑。毕业于中央民族大学音乐系理论作曲专业。1968年至1976年在青海省民族歌舞剧团任教员、演员。1976年调入北京电视台(中央电视台前身)制作部任音乐编辑。1982年调中国电视剧制作中心制作部音乐室。1980年中央电视台与日本NHK联合摄制13集纪录片《丝绸之路》,任音乐录音总设计。该片获纪录片特别奖和日本文部省大赏奖、波兰金屏幕奖。1997年为《扎龙鹤韵》等电视片作曲，该片获全国城市电视台展播节目金奖。现任电视音乐研究会副秘书长。

李一丁(1949—) 女。北京市人。一级作曲。1972年在黑龙江伊春文工团任钢琴演奏员，1982年毕业于沈阳音乐学院作曲系，分配到中国电视剧制作中心从事音乐作曲工作。为《三国演义》、《金秋鹿鸣》、《快乐天使》等大约300多部(集)的影视作品作曲，其中，16部电影或电视剧获得国际、国内不同奖项。并在全国各种报刊杂志上发表过近百首歌曲。

潘小扬(1953—) 四川省成都市人。中共党员。一级导演。毕业于上海戏剧学院导演专业。获奖执导作品有：《巴桑和她的弟妹们》、《希波克拉底的誓言》蝉联第六届、第七届全国电视“飞天奖”单本剧一等奖；《南行记》获'91中国四川国际电视节最佳电视剧金熊猫大奖、“五个一工程”优秀电视剧奖和“飞天奖”中篇连续剧一等奖、优秀导演奖、优秀摄影奖。中日合拍大型电视剧《大地之子》获日本艺术节大奖和法国蒙特卡罗国际电视节大奖(金仙女奖)。《人间正道》获“飞天奖”一等奖，优秀导演单项奖、中国电视“金鹰奖”。1992年当选为第三届中国十大杰出青年，1995年当选为全国劳动模范。

张绍林(1949—) 河北省邯郸市人。中共党员。一级导演。1968年4月应征入伍。1971年复员后在山西电视台任历记者、导演、电视剧部副主任及主任、副台长。1997年4月调中国电视剧制作中心。导演的作品《三国演义》获“飞天奖”一等奖《水浒传》获“飞天奖”特别奖、“金鹰奖”一等奖、优秀导演奖 、优秀摄像奖《沟里人》获“飞天奖”一等奖、优秀导演奖、优秀摄像奖。1982年获山西省劳动模范、全国优秀新闻工作者称号。1996年获国务院颁发的政府特殊津贴及证书。现任中国电视艺术家协会副主席。

蔡晓晴(1942—) 曾用名蔡小睛。女。江西省九江县人。中共党员。一级导演。1966年8月参加工作，1973年4月分配到北京电视台(中央电视台前身)文艺播出部，任导演。1983年10月调中国电台视剧制作中心任导演。主要执导电视作品有：《大地的深情》、《有一个青年》、《蹉跎岁月》、《家教》、《三国演义》等，并分获“飞天奖”、“五个一工程”奖等。1989年获全国“三八红旗手”称号。1995年被评为全国广播电影电视系统先进工作者。1992年获国务院颁发的政府特殊津贴及证书。

周　寰(1943—) 北京市人。一级导演。1958年11月在中央广播电视剧团任演员。1964年在中央戏剧学院导演系本科调干学习。1973年毕业后调回中央广播文工团电视剧团任导演。1983年到中国电视剧制作中心任导演。导演的《末代皇帝》、《同仁堂的传说》、《苍天在上》等多部电视剧获“飞天奖”、“金鹰奖”。1995年荣获中央戏剧学院首届学院奖导演奖。1992年获国务院颁发的政府特殊津贴及证书。

潘　霞(1937—) 女。山东省青州市人。一级导演。1958年上海同济大学机电系肄业，后考入中央广播电视剧团任见习导演、导演。1984年到中国电视剧制作中心任导演。执导的电视剧中有十余部荣获全国优秀电视剧“飞天奖”和“金鹰奖”。1991年被授予全国“巾帼建功标兵”称号、全国广播电影电视系统先进工作者；1992年被授予全国“三八红旗手”称号；1992年获国务院颁发的政府特殊津贴及证书；1993年当选为第九届全国政协委员；1995年获“中国电视剧十佳女导演”称号；1997年当选为全国政协常委。

朱一民(1943—) 辽宁省铁岭市人。中国电视剧制作中心一级导演。1961年入解放军艺术学院，毕业后赴越南做战地记者，荣立三等功两次。回国后在内蒙古军区、广州军区、国防科工委文工团任演员、指挥、导演等工作。1984年调入中国电视剧制作中心任导演。执导的电视剧《一村之长》、《潘汉年》、《山野》等分获全国优秀电视剧“飞天奖”、“金鹰奖”和第四届全国电视节目制作一等奖。

沈好放(1953—) 北京市人。中共党员。一级导演。1969年8月参加工作，1984年赴东京映像学园写真专门学校攻读电视艺术专科，1988年毕业回国，同年调入中国电视剧制作中心。导演的《桃花梦》、《三国演义》、《东周列国》、《贫嘴张大民的幸福生活》、《二马》等多部电视连续剧获奖。1995年被评为中央电视台先进工作者。

金　萍(1943—) 女。江苏省南通市人。中国电视剧制作中心儿童电视剧制片人，一级导演。1959年入伍，在海军政治部文工团任歌剧演员。1981年入中央戏剧学院进修导演专业，1983年结业后从事儿童电视剧导演，1985年转业到中国电视剧制作中心工作。导演的《强盗女儿》、《风华少年》、《凡人神曲》等获“飞天奖”优秀儿童电视剧奖。1987年全国妇联、全国青少年协调委员会及中国电视艺术家协会表彰其对中国儿童电视剧事业所做出的杰出贡献，而荣获奖牌、奖章、奖金。1992年被评为全国校外教育先进工作者。1993年获国务院颁发的政府特殊津贴及证书。

杨　阳(1959—) 女。北京市人。一级导演。1983年毕业于北京广播学院电视系导演专业，分配到中国电视剧制作中心工作至今。导演的电视剧《牛玉琴的树》获“飞天奖”单本剧一等奖，《午夜有轨电车》获“飞天奖”单本剧一等奖、“五个一工程”奖、上海国际电视节最佳女演员奖、国航杯最佳导演奖等,《牵手》获“飞天奖”最佳导演奖。长篇电视剧二等奖、优秀男女演员奖和中国电视“金鹰奖”最佳导演奖、1997年被评为广电部“巾帼建功标兵”,1999年被评为全国广播电视系统劳动模范和先进工作者。

蒋耀玢(1947—) 女。江苏省宜兴市人。一级演员。1968年北京艺术学院话剧表演系毕业后分配到武汉军区胜利文工团任话剧演员。1977年转业到中央广播文工团电视剧团任演员。1981年调到中央电视台专题部任编导兼主持人,1989年调到中国电视剧制作中心。1996年获第十六届“金鸡奖”最佳女配角提名。

陈道明(1955.4—) 天津市人。一级演员。1982年毕业于中央戏剧学院表演系,就职中国电视剧制作中心演员剧团至今。1988年主演《末代皇帝》获第七届“金鹰奖”最佳男演员奖和第九届“飞天奖”优秀男主角奖1990年主演《围城》获中国电影表演艺术学会第三届学会奖、全国电影制片厂第二届优秀电视剧最佳男演员奖、第十一届“飞天奖”优秀男演员奖、1991年四川国际电视节“金熊猫奖”最佳男主角奖。1996年被授予全国电影协会表演成就奖。

章金莱(1959—) 艺名六小龄童。浙江省绍兴市人。一级演员。1976考入浙江省昆剧团艺校,1982年在电视连续剧《西游记》中扮演孙悟空一角,获本年度电视剧“飞天奖”特别奖、“金鹰奖”最佳连续剧一等奖、“金鹰奖”最佳男主角奖及第一届“中国电影电视十大明星”奖。1991年在《过年》中饰中年教师程志获电影“百花奖”最佳男配角奖提名。1993年在电视连续剧《猴娃》中饰演其父六龄童获第十二届“金鹰奖”最佳男配角奖。

蔡龙西(1946—) 陕西省高陵县人。中共党员。一级美术设计师。1969年毕业于中央戏剧学院舞台美术系。1973年分配到沈阳音乐学院美术班任教。1976年调中央广播电视剧团舞美队,1983年调中国电视剧制作中心美术科工作。1984年获文化部全国舞台美术展科技奖。1988年因电视剧《末代皇帝》获“飞天奖”优秀美术奖。1995年参与美工的中日合拍电视剧《大地之子》获法国、意大利、日本国际奖。1995年获中央戏剧学院首届优秀美术奖。

王东明(1947—) 辽宁省辽阳市人。中共党员。中国电视剧制作中心制作部副主任,一级摄像师。1969年毕业于北京电影学院。1973年在北京科影厂工作,1981年在中央广播艺术团电视剧团工作,1983年在中国电视剧制作中心工作,1998年任剧中心制作部副主任。参加了近百部(集)电视剧、专题艺术片、戏剧音乐片、科学教育片、广告片的摄制工作。曾在《末代皇帝》等数十部(集)获“飞天奖”、“金鹰奖”及省部级优秀创作奖的作品中担任主要摄像或编导。

陈谷华(1944—) 重庆市人。中共党员。中国国际电视总公司节目外销办副主任,译审。1966年于北京外国语学院英语系毕业后分配到天津铁三院工作。1979年调入中央电视台,先后在新闻部国际组、国际部、对外部做翻译工作。翻译出版过多部著作,并多次出访任翻译。1996年任现职。

吴继尧(1950—) 安徽省歙县人。中共党员。高级编辑。1975年毕业于上海复旦大学新闻系新闻专业,分配到中国国际广播电台从事国际新闻工作,1978年担任中央广播事业局党组秘书,1981年调入中央电视台中国电视报社。1987年任中国电视报副主任,1994年任主任。现兼任全国省级广播电视报专业委员会常务副会长、中国广播影视报刊协会副会长。多次被评为中央电视台和广播电影电视部先进个人。

陈若愚(1955—) 女。北京市人。中共党员。央视调查咨询中心总经理,高级编辑。1983年毕业于中国人民大学二分校,分配到中央电视台总编室从事观众研究工作。1995年3月奉命组建央视调查咨询中心,5月出任总经理。1986年,组织全国28城市电视观众收视率抽样调查,在全国电视台中领先建立了收视率调查系统,并于1992年建立了全国电视观众调查网。1995年10月,获中共中央办公厅、国务院办公厅授予的“信访工作系统优秀工作者”称号。

郭　严(1946—) 河南省温县人。中共党员。中央卫星电视传播中心工程技术部主任,教授级高级工程师。1969年北京邮电学院毕业,1980年在西北电讯工程学院进修两年。1970年至1978年在陕西安康地区广播事业局和电影公司从事技术工作。1980年至1989年在陕西省电影电视学校任教师、教务长、副校长,被评为优秀教师。1989年调中国电影公司。1994年被派到中央卫星电视传播中心工作。1996年任现职。

田盛华(1943—) 上海市人。中央卫星电视传播中心副主任,高级经济师。1961年参军,1968年复员。先后在电子部706厂、兵器部318厂办公室任秘书、副主任、主任。1985年先后任中央电视台人事处干事、副处长、处长。1980年北京电大英语专业结业,1985年北京电大中文系毕业,1993年中央党校政治经济专业毕业。1994年负责筹建中央卫星电视传播中心。发表《引进竞争机制,推动人事制度改革》、

《抓住机遇，加快发展广播电视事业》等10多篇论文。

姚大禹(1946—) 山东省文登市人。中共党员。一级摄影师。1964年11月入伍，1970年2月进北京电影学院摄影系学习，1974年分配到北京科学教育电影制片厂任摄影。拍摄《生命河》获全国优秀卫生科教片奖，第四届意大利巴马国际医学科学电影节最佳影片奖金奖、优秀特技奖。拍摄《种子正传》、《介入疗法》、《征服病毒病》等先后获中国电影"金鸡奖"最佳科教片奖，《种子正传》、《暖棚养畜》等先后获中国电影"华表奖"优秀科教片奖。

曹小卉(1946—) 江苏省东台县人。中共党员。一级美术师。1970年毕业于苏州丝绸工学院美术设计专业。1980年调入北京科学教育电影制片厂动画部，历任科教片动画设计、美术背景设计、导演、总导演。担任美术、造型设计和导演的动画片50多部(集)。其中，动画片《七色花》获广电部优秀影片奖，《三只小狐狸——收西瓜》获中国电影政府奖最佳美术片奖，10集电视动画片《小贝流浪记》1999年获第十七届中国电视"金鹰奖"优秀动画片、优秀编剧奖。

李伟民(1952年—) 回族。河北省完县人。中共党员。一级摄影师。1969年入伍，1976年到北京科学教育电影制片厂，历任摄影、编导、电影部副主任。拍摄科教片70余部。其中《电子计算机怎样工作》获文化部1984年政府奖；《谈谈肛肠疾病》1989年获保加利亚第十三届瓦尔纳国际红十字会和卫生电影节金质奖，意大利第四届巴马国际医学科学电影节最佳影片奖金奖；《螺旋藻传奇》获1997年国家科委、中国广播电视协会电视专题一等奖。

王盟盟(1945—) 山东省潍坊市人。中共党员。高级记者。1969年7月北京钢铁学院压力加工系毕业。1978年6月调新影厂编辑部任编导。1985年2月任新影厂党委副书记，1985年至1988年兼任厂工会主席，1992年4月任副厂长。编导和参与制作的影片、电视专题片近百部，有2部获国际电影节奖；有2部获中国电影"金鸡奖"特别奖；有2部获中宣部"五个一工程"特别奖。

王鲁彬(1946—) 北京市人。播音指导。1968年毕业于解放军艺术学院，1972年调入新影厂从事解说工作，历任解说员、厂艺委会委员、解说组组长。从事解说工作至今，担任解说的本厂影片约1300多部。其中《巴金》、《紫禁城》、《我们看到的日本》等10部影片获电影"金鸡奖"。《越过太平洋——江泽民主席访美纪行》等20部影片获部级优秀奖。曾6次获新影厂"星花奖"解说奖。

次 登(1940—) 四川省巴塘县人。中共党员。高级记者。1951年4月参加中国人民解放军，随十八军进藏，任翻译；1952年3月至1954年4月在人民解放军西藏军区干部学校学习；1954年7月至1959年3月在北京中央民族学院学习；1959年3月至1959年6月在中共西藏工委宣传部工作。1959年调中央新闻纪录电影制片厂任摄影助理、摄影师。拍摄的长短纪录片有20多部。曾获广播电影电视部优秀影片奖。

陈泽人(1940—) 福建省福清市人。中共党员。高级记者。1965年8月毕业于上海复旦大学新闻学系，同年分配到中央新闻纪录电影制片厂从事编辑、导演工作。共参与完成新闻片、杂志片、长短纪录片200多部(本)，获奖10余次，其中《敬爱的周恩来总理永垂不朽》获文化部优秀纪录影片奖、第二届电影"百花奖"最佳长纪录片奖；《伟大的领袖和导师毛泽东主席永垂不朽》获文化部优秀纪录片奖。数次被评为新影厂先进工作者。

张福全(1941—) 辽宁省丹东市人。中共党员。一级作曲。1966年7月毕业于中央音乐学院作曲系，1969年2月调中央新闻纪录电影制片厂任作曲。1979年获文化部青年优秀创作奖。几十年来以从事新闻纪录电影音乐为主，近十年来也涉足电视剧、电视片及故事片的音乐创作。为纪录影片创作音乐数十部，其创作的十余首乐曲被德国国家音乐库收藏。

于立华(1941—) 女。北京市人。中共党员。中央新闻纪录电影制片厂编导，高级记者。1964年毕业于北京电影学院摄影系，同年分配到中央新闻纪录电影制片厂，先后担任摄影助理、摄影师和编导，拍摄了大量的新闻杂志片和纪录片，特别是有关毛泽东、周恩来、邓小平等党和国家领导人的纪录电影和影片资料。从1998年开始参加《中国风》和《千秋史话》栏目的编导工作。1982年被评为北京市"三八红旗手"。1997年被评为广播电影电视部"巾帼建功"先进个人。

姜英杰(1939—) 吉林省吉林市人。中共党员。高级记者。1963年由北京电影学院摄影系毕业分配至中央新闻纪录电影制片厂编辑部任电影摄影师，后任摄影师兼编导、第三编辑室主任。参加拍摄的大型纪录片《自卫还击战》获首届解放军文艺奖，荣立二等功。1983年率摄制组赴柬埔寨战区拍片，1987年率摄制组拍摄扑灭大兴安岭火灾。1991年荣获全国优秀新闻工作者称号。1992年获国务院颁发的政府特殊津贴及证书。

刘为光(1945—) 广东省潮州市人。一级作曲。毕业于中央音乐学院作曲系。1973年进中央新闻纪录电影制片厂任作曲。现为中国电影音乐学会副会长。曾为近200部影视作品作曲。歌曲《共和国之恋》、《我有一个好爸爸》获1992年全国影视歌曲大奖赛"金曲奖",故事片《落河镇的兄弟》音乐获1995年第六届"童牛奖"优秀作曲奖,音乐组曲《清明上河图》获亚广联音乐作品一等奖。

徐楚德(1938—　　)　苗族。湖南省湘潭市人。一级美术师。北京市政协委员、民盟中央委员、北京市民族联谊会副会长、北京海峡两岸书画家联谊会副会长、中国电影基金会理事、中国红十字基金会理事、中国和平统一促进会理事。1963年湖北艺术学院本科毕业,分配至中央新闻纪录电影制片厂工作。担任美术设计的影片《毛泽东》、《零的突破》、《中国面向未来》、《山梁》、《越过太平洋》等分别获"华表奖"、"金鸡奖"和国外电影节最佳纪录片奖。多次举办个人书法展,出版有《徐楚德草书唐诗三百首》》等。

张舜琦(1942—　　)　河北省满城县人。中共党员。高级记者。1964年于北京电影学院摄影系毕业进入中央新闻纪录电影制片厂,先后从事摄影助理、摄影、编导等工作。现任中国电影家协会会员,中国电影摄影师学会常务理事、副秘书长。拍摄的故事片《娇娇小姐》获北京电视台优秀儿童故事片奖和全国优秀儿童故事片"童牛奖"之评委奖;纪录片《网上群星》获"金鸡奖"最佳纪录片提名;任编导的电视纪录片《追寻唐风》获全国海外电视节目评比一等奖。

邵振堂(1943—　　)　浙江省临安市人。高级记者。1961年毕业于浙江地质学校普查与勘探专业,1962年参加中国人民解放军,1966年调中央新闻纪录电影制片厂,历任摄影助理、摄影师、编导、国内部副主任、副总编辑。曾当选为广电部第七届机关党委委员、中共十二大代表。编辑、拍摄了电影纪录片、电视专题片百余部。曾多次获得中国电影最佳纪录片奖、优秀电影摄影奖、中国电视"金鹰奖"长篇电视纪录片优秀奖等。

凌嘉陵(1940—　　)　湖南省平江县人。中共党员。高级记者。1958年至1960年任湖北省话剧团演员。1965年毕业于上海复旦大学中文系,同年分配到文化部电影剧本创作研究室工作。1973年调至中央新闻纪录电影制片厂任编导至今。曾编导新闻片、长短纪录片和电视纪录片近百部。其中《超级明星伟伟》获文化部1984年优秀纪录片奖和1985年首届"童牛奖"的中国儿童少年纪录片奖。《难忘的日子》获1989年首届中国电影节奖。《陈嘉庚》获1995年"华表奖"的优秀纪录片奖。

19. 统　　计

一、电视事业发展概况

全国电视事业发展概况

公　元（年）	无线电视台（座）	节目套数（套）	人口覆盖率（%）	电视机社会拥有量（万台）	平均每百人拥有电视机（台）	卫星电视地球接收站（座）
1980	38	40	—	902	0.9	—
1981	42	48	49.5	1562	1.6	—
1982	47	54	57.3	2761	2.7	—
1983	52	60	59.9	3611	3.5	—
1984	93	104	64.7	4763	4.6	—
1985	202	219	68.4	6965	6.6	—
1986	292	325	71.4	9214	8.7	1598
1987	366	405	73.0	11601	10.7	4609
1988	422	465	75.4	14344	13.2	8233
1989	469	512	77.9	16593	14.7	1265
1990	509	554	79.4	18546	16.2	1950
1991	543	596	80.5	20671	17.8	28271
1992	586	644	81.3	22843	19.5	39627
1993	684	755	82.3	—	—	54084
1994	766	848	83.3	27500	23.0	73337
1995	837	932	84.5	28600	24.0	96528
1996	880	983	86.2	—	—	133000
1997	923	1032	87.68	—	—	149962
1998	347	1065	89.01	—	—	188798
1999	299	1696	90.35	—	—	246218

说明：本表资料由《中国广播电视年鉴》提供。

中央电视台事业发展概况

公元（年）	节目套数（套）	设置栏目（个）	平均每日播出时间（时长）	全年播出总时数（时长）	全年制作电视剧（集）	全年播出（首播）电视剧（集）	全年播出新闻节目时数（时、分）	馆藏图书（册）	观众来信（封）	全台正式职工（含招聘）人	全台在职人员专业技术职务统计（人）				中国电视报期平均发行量（万份）	电视研究期平均发行量（册）	历年节目制作总时数（时长）
											正高	副高	中级	初级			
1987	2	…	25	9125	384	399	969:48	31200	14	2617	…	…	…	…	140	…	…
1988	3	…	28	10220	327	1155	780	35845	19.88	2308	…	…	…	…	161	…	…
1989	3	…	30	10950	341	1839	1313:5	42806	15.62	2388	…	…	…	…	131	…	…
1990	3	…	30	10950	465	1570	1295:40	46717	13.69	2005	24	183	506	555	141	…	…
1991	3	…	31	11315	516	1752	1081:36	51156	21.8	2040	…	…	…	…	228	…	…
1992	4	…	49	17885	1070	1630	2039:16	53804	25	2487	30	197	762	473	238	…	…
1993	4	86	54	22987	978	1907	3542:04	59018	20	3200	50	257	893	391	286	…	176000
1994	5	111	64	23389	1002	1829	4405:16	63739	36	3242	54	262	903	393	241	4500	178568
1995	7	167	103	37720	1167	1580	7961:43	69904	30	3767	61	326	890	393	265	5000	328457
1996	8	200	147	53927	1040	1854	7155:23	77381	30	3685	74	364	806	322	276	5942	413178
1997	8	222	144	52858:32	1795	1579	8219:47	94000	约 30	4086	74	353	908	303	230	8704	419542
1998	8	202	146	53141	929	1546	9213:27	98450	443.1	4163	133	636	1253	509	220	7920	928121
1999	8	261	146.4	53449:15	2801	2420	8902:54	77204	405.1	4131	144	698	1235	417	216	7725	913783.7

（台办公室、总编室、人事办公室等提供）

注:1. 全台正式职工人数及全台在职人员专业技术职务人数中,含电视剧制作中心、新影厂、科影厂。

2.1997～1999 年节目套数中均不含英语传送频道。

二、中央电视台业务建设概况

1999年中央电视台各类节目播出时数及构成比例

名　　称	播出时数（小时:分）	所占比例（%）
新闻类节目	8902:54	16.66
专题类节目	15654:14	29.29
教育类节目	1607:26	3.00
文艺类节目	22063:31	41.28
服务类节目	5221:10	9.77
合　　计	53449:15	100

（总编室提供）

1999年中央电视台各套节目播出时数一览表

名　　称	播出时数(小时:分)
第一套节目	7185:32
第二套节目	7241:59
第三套节目	6237:14
第四套节目	8752:12
第五套节目	5978:23

续表

名　　称	播出时数(小时:分)
第六套节目	6148:43
第七套节目	5778:08
第八套节目	6127:04
合　　计	53449:15

（总编室提供）

中央电视台1990～1999年电视节目播出时间比较

序号	年份	播出时间（时长）	平均每天播出（时长）
1	1990	12003	33
2	1991	12371	34
3	1992	18837	52
4	1993	22242	61
5	1994	24129	66
6	1995	33341	91
7	1996	51624	141
8	1997	54660	150
9	1998	60045	165
10	1999	60562.5	166

说明：节目播出时间中包括英语传送频道播出时间。

（技术制作中心提供）

中央电视台1990～1999年播出事故率比较

（单位:秒/百小时）

序号	1	2	3	4	5	6	7	8	9	10
年份	1990	1991	1992	1993	1994	1995	1996	1997	1998	1999
总事故率	97	154	50	58	105	209	172	92	31.6	22.17

说明:1999年中央电视台安全播出率为99.99%。　　（技术制作中心提供）

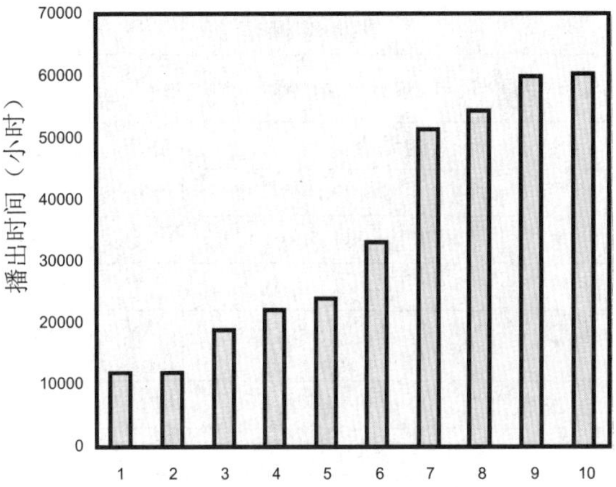

序号(1990～1999年)
1990～1999年电视节目播出时间比较

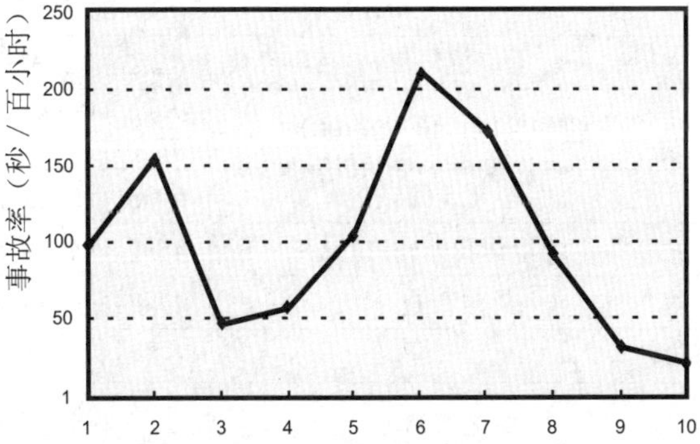

序号(1990～1999年)
1990～1999年总事故率比较

1996～1999年中央电视台节目录制情况对照表

名称＼时长＼年份	1996	1997	1998	1999
直播	394	521	530	548
录像	16411	18752	25737	31228
排练	4194	3304	3484	2918
搭景	3388	3416	3848	5186
布光	3182	3360	3537	5596
ENG采录	106717	160882	326716	283887
电编	85378	124709	165407	183954
自编	91357	136290	233805	248913
电影	463	975	1173	75
转带	2612	2572	2539	3280
字幕	1313	2803	3702	1183
录音	4556	5402	6040	5226
音响	45530	51526	75237	66029
译配	8996	11732	22527	27806
灯光	38692	51397	53837	47953
三维动画	0.6	1.9	2.6	1.7
合计	413183.6	577642.9	928121.6	913783.7

（技术制作中心提供）

1999年中央电视台第一、二套节目全国平均收视率排名

1998年12月20日～1999年1月16日

1. 一套节目

排名	新闻节目	人数（万人）	收视率（%）	电视（连续）剧	人数（万人）	收视率（%）	综艺节目	人数（万人）	收视率（%）
1	新闻联播	50663	46.31	雍正王朝(15)	15196	13.89	文艺节目:走进新时代	20742	18.96
2	晚间新闻	7942	7.26	—	—	—	东西南北中(69)	9715	8.88
3	世界报道	5273	4.82	—	—	—	直播:春潮颂	9551	8.73

排名	专题节目(19:30～20:10)	人数（万人）	收视率（%）	专题节目(21:10～22:00)	人数（万人）	收视率（%）
1	焦点访谈	31179	28.50	新闻调查	5754	5.26
2	科技博览:科学防疫(7)	26934	24.62	电视你我他(330)	5240	4.79
3	健康之路:科学防疫 重建家园	23280	21.28	军事天地(241)	5032	4.60

2. 二套节目

排名	电视（连续）剧	人数（万人）	收视率（%）	综艺节目	人数（万人）	收视率（%）
1	面对诱惑(4)	1313	1.20	文艺节目:'99元旦相声小品	7483	6.84
2	毕业生(2)	722	0.66	正大综艺(442)	2943	2.69

1月17日～2月13日

1. 一套节目

排名	新闻节目	人数（万人）	收视率（%）	电视（连续）剧	人数（万人）	收视率（%）	综艺节目	人数（万人）	收视率（%）
1	新闻联播	49711	45.44	雍正王朝(37)	18281	16.71	文艺节目:飞向太空的赞歌	16629	15.20
2	晚间新闻	6706	6.16	—	—	—	九州戏苑(106)	3577	3.27
3	世界报道	4048	3.70	—	—	—	旋转舞台:百年经典	2538	2.32

排名	专题节目(19:30～20:10)	人数（万人）	收视率（%）	专题节目(21:10～22:00)	人数（万人）	收视率（%）
1	焦点访谈	29833	27.27	军事天地(246)	5908	5.40
2	科技博览(99—22)	24943	22.80	电视你我他(331)	4857	4.44
3	新闻专题:知难而进 前景光明	24582	22.47	新闻调查	4748	4.34

2. 二套节目

排名	电视（连续）剧	人数（万人）	收视率（%）	综艺节目	人数（万人）	收视率（%）
1	魂系梨园(2)	678	0.62	正大综艺(444)	2385	2.18
2	生死之间(下)	602	0.55	音乐桥(98—40)	295	0.27

2 月 14 日～3 月 13 日

1. 一套节目								
排名	新闻节目	人数（万人）	收视率（%）	电视（连续）剧	人数（万人）	收视率（%）	综艺节目	人数（万人）	收视率（%）
1	新闻联播	49886	45.60	天下财富（1）	10940	10.00	直播：'99 春节联欢晚会	63233	57.80
2	晚间新闻	7395	6.76	虎踞钟山（2）	6608	6.04	直播：群狮欢歌贺太平	17745	16.22
3	世界报道	5415	4.95	—	—	—	文艺节目：欢歌奔向新世纪	13325	12.18

排名	专题节目（19:30～20:10）	人数（万人）	收视率（%）	专题节目（21:10～22:00）	人数（万人）	收视率（%）
1	科技博览：兔年说兔（上）	41364	37.81	新闻调查	2823	2.58
2	焦点访谈	41266	37.72	电视你我他（338）	2713	2.48
3	“两会”专题报道	22296	20.38			

2. 二套节目

排名	电视（连续）剧	人数（万人）	收视率（%）	综艺节目	人数（万人）	收视率（%）
1	好好过日子（6）	1696	1.55	正大综艺（451）	2593	2.37
2	骆驼祥子（17）	1608	1.47	音乐桥（98—43）	252	0.23

3 月 14 日～4 月 24 日

1. 一套节目

排名	新闻节目	人数（万人）	收视率（%）	电视（连续）剧	人数（万人）	收视率（%）	综艺节目	人数（万人）	收视率（%）
1	新闻联播	49252	45.02	牵手（10）	12001	10.97	直播：非常可乐杯颁奖晚会	18926	17.30
2	晚间新闻	5875	5.37	郭兰英（8）	10141	9.27	曲苑杂坛（85）	11159	10.20
3	世界报道	4278	3.91	虎踞钟山（4）	7439	6.80	东西南北中（72）	8347	7.63

排名	专题节目（19:30～20:10）	人数（万人）	收视率（%）	专题节目（21:10～22:00）	人数（万人）	收视率（%）
1	焦点访谈	29133	26.63	电视你我他（341）	3960	3.62
2	科技博览（99—83）	24593	22.48	新闻调查	3851	3.52
3	“两会”专题报道	23335	21.33	军事天地（254）	3818	3.49

2. 二套节目

排名	电视（连续）剧	人数（万人）	收视率（%）	综艺节目	人数（万人）	收视率（%）
1	好好过日子（6）	2330	2.13	正大综艺（456）	2626	2.40
2	战国—死士豫让（1）	1619	1.48	音乐桥（99—4）	186	0.17

4月25日～5月15日

1. 一套节目

排名	新闻节目	人数（万人）	收视率（%）	电视（连续）剧	人数（万人）	收视率（%）	综艺节目	人数（万人）	收视率（%）
1	新闻联播	56997	52.10	牵手(16)	12734	11.64	直播:'99世博园开幕式晚会	16246	14.85
2	晚间新闻	6531	5.97	大学女孩(4)	12373	11.31	直播:我们走在大路上	14736	13.47
3	世界报道	5218	4.77	走过柳源(2)	12045	11.01	直播:青春之歌	8686	7.94

排名	专题节目(19:30～20:10)	人数（万人）	收视率（%）	专题节目(21:10～22:00)	人数（万人）	收视率（%）
1	焦点访谈	34603	31.63	电视你我他(346)	5284	4.83
2	科技博览(99—125)	25271	23.10	军事天地(255)	4212	3.85
3	新闻调查	13445	12.29	环球(282)	2888	2.46

2. 二套节目

排名	电视（连续）剧	人数（万人）	收视率（%）	综艺节目	人数（万人）	收视率（%）
1	战国—苏张纵横(2)	897	0.82	正大综艺(458)	2188	2.00
2	—	—	—	直播:中外艺术歌曲音乐会	744	0.68

5月16日～6月12日

1. 一套节目

排名	新闻节目	人数（万人）	收视率（%）	电视（连续）剧	人数（万人）	收视率（%）	综艺节目	人数（万人）	收视率（%）
1	新闻联播	52009	47.54	走过柳源(3)	10699	9.78	文艺节目:情系太行	11301	10.33
2	晚间新闻	5382	4.92	济南战役(3)	8468	7.74	综艺大观:掌声响起来	10984	10.04
3	世界报道	3391	3.10	—	—	—	特别节目:黄河大合唱60周年音乐会	10513	9.61

排名	专题节目(19:30～20:10)	人数（万人）	收视率（%）	专题节目(21:10～22:00)	人数（万人）	收视率（%）
1	焦点访谈	32590	29.79	电视你我他(348)	3993	3.65
2	科技博览(99—140)	23576	21.55	军事天地(260)	3599	3.29
3	新闻专题	10338	9.45	万家灯火(122)	2921	2.67

2. 二套节目

排名	电视（连续）剧	人数（万人）	收视率（%）	综艺节目	人数（万人）	收视率（%）
1	战国—吕氏春秋(3)	875	0.89	正大综艺(444)	1849	1.69
2	沈鸿(2)	635	0.58	音乐桥(99—16)	230	0.12

6月13日～7月17日

1. 一套节目

排名	新闻节目	人数（万人）	收视率（%）	电视（连续）剧	人数（万人）	收视率（%）	综艺节目	人数（万人）	收视率（%）
1	新闻联播	45828	41.89	济南战役（7）	8708	7.96	直播：综艺大观（174）	11728	10.72
2	晚间新闻	5382	4.92	徐海东大将（3）	7363	6.73	文艺节目：情深谊长	9824	8.98
3	世界报道	3741	3.42	哎哟，妈妈（3）	7177	6.56	曲苑杂坛（87）	9091	8.31

排名	专题节目（19:30～20:10）	人数（万人）	收视率（%）	专题节目（21:10～22:00）	人数（万人）	收视率（%）
1	焦点访谈	27700	25.32	电视你我他（354）	3720	3.40
2	科技博览（99—140）	19933	18.22	军事天地（263）	2779	2.54
3	专题片：走进新时代	10732	9.81	新闻调查	2691	2.46

2. 二套节目

排名	电视（连续）剧	人数（万人）	收视率（%）	综艺节目	人数（万人）	收视率（%）
1	海有多宽（7）	635	0.58	正大综艺（460）	2243	2.05
2	鲁氏兄弟（3）	569	0.52	音乐桥（99—18）	23.0	0.21

7月18日～8月14日

1. 一套节目

排名	新闻节目	人数（万人）	收率率（%）	电视（连续）剧	人数（万人）	收视率（%）	综艺节目	人数（万人）	收视率（%）
1	新闻联播	43290	39.57	哎哟，妈妈（19）	7264	6.64	文艺节目：同心唱祖国	9463	8.65
2	晚间新闻	4923	4.50	李克农（9）	5678	5.19	直播：综艺大观（178）	8533	7.80
3	世界报道	3194	29.2	—	—	—	文艺节目：向前！向前！向前！	7997	7.31

排名	专题节目（19:30～20:10）	人数（万人）	收视率（%）	专题节目（21:10～22:00）	人数（万人）	收视率（%）
1	焦点访谈	25195	23.03	人与自然（248）	2494	2.28
2	科技博览（99—196）	18029	16.48	新闻调查	2396	2.19
3	专题片：走进新时代	12340	11.28	社会经纬（137）	2330	2.13

2. 二套节目

排名	电视（连续）剧	人数（万人）	收视率（%）	综艺节目	人数（万人）	收视率（%）
1	鲁氏兄弟（16）	919	0.84	正大综艺（467）	2111	1.93
2	—	—	—	音乐桥（99—29）	175	0.16

8 月 15 日～9 月 18 日

1. 一套节目									
排名	新闻节目	人数（万人）	收视率（%）	电视（连续）剧	人数（万人）	收视率（%）	综艺节目	人数（万人）	收视率（%）
1	新闻联播	44427	40.61	开国领袖毛泽东(18)	11553	10.56	综艺大观(179)	8664	7.92
2	晚间新闻	4387	4.01	昆仑女神(18)	5612	5.13	金鹰奖 TCL 杯颁奖晚会	7341	6.17
3	世界报道	3260	2.98	李克农(15)	5350	4.89	曲苑杂坛(88)	7308	6.68
排名	专题节目(19:30～20:10)		人数（万人）	收视率（%）	专题节目(21:10～22:00)			人数（万人）	收视率（%）
1	焦点访谈		27066	24.74	电视你我他(365)			3577	3.27
2	科技博览(99—245)		20009	18.29	人与自然(251)			2144	1.96
3	专题片:邪恶的“法轮功”		15721	14.37	新闻调查			2100	1.92

2. 二套节目						
排名	电视(连续)剧	人数（万人）	收视率（%）	综艺节目	人数（万人）	收视率（%）
1	绿衣红娘(16)	952	0.87	正大综艺(472)	1794	1.64
2	黄土地蓝土地(1)	525	0.48	直播:第四届城运会开幕式	1138	1.04

9 月 19 日～10 月 16 日

一套节目						
排　名	新闻节目	人数（万数）	收视率（%）	综艺节目	人数（万人）	收视率（%）
1	新闻联播	47086	43.04	直播:国庆焰火联欢晚会	39854	36.43
2	现在播报	12373	11.31	特别节目:江山如此多娇	26464	24.19
3	世界报道	10601	9.69	直播:祖国颂	17362	15.87
排名	专题节目	人数（万人）	收视率（%）	电视(连续)剧	人数（万人）	收视率（%）
1	焦点访谈:团结进步齐发展	32973	30.14	中国命运的决战(4)	12570	11.49
2	科技博览(99—270)	29232	26.72	西藏风云(2)	7636	6.98
3	直播:'99《财富》全球论坛	23991	21.93	—	—	—

10 月 17 日～11 月 14 日

1. 一套节目						
排　名	新闻节目	人数（万人）	收视率（%）	综艺节目	人数（万人）	收视率（%）
1	新闻联播	47130	43.08	综艺大观(183)	10338	9.45
2	现在播报	5645	5.16	音乐家舞台晚会	9715	8.88
3	新闻 30 分	5382	4.92	曲苑杂坛(90)	9362	8.56
排　名	专题节目	人数（万人）	收视率（%）	电视（连续）剧	人数（万人）	收视率（%）
1	焦点访谈	28575	26.12	电视剧：西藏风云(2)	8894	8.13
2	科技博览(99—302)	20808	19.02	电视剧：五原峰火(1)	733	0.67
3	国务院新闻记者招待会	10513	9.46	电视剧：呼唤(3)	722	0.66

2. 二套节目					
排　名	节目名称	收视率（%）	排名	节目名称	收视率（%）
1	′99 世界杯女子排球赛	3.54	4	正大综艺(480)	2.07
2	每周一歌：中国，我属于你	2.84	5	夕阳红	1.70
3	直播：奥运会足球预选赛	2.74	6	中国财经报道(4)	1.59

11 月 15 日～12 月 31 日

一套节目						
排　名	新闻节目	人数（万人）	收视率（%）	综艺节目	人数（万人）	收视率（%）
1	新闻联播	40597	37.11	2000 年文艺晚会	26211	23.96
2	子午线上	31351	28.66	各界庆祝澳门回归祖国大会	22968	20.99
3	现在播报	6453	5.90	北京人民迎澳门回归晚会	17538	16.03
排　名	专题节目	人数（万人）	收视率（%）	电视（连续）剧	人数（万人）	收视率（%）
1	焦点访谈	29979	27.40	澳门的故事	10217	9.34
2	2000 圣火取火仪式	24278	22.19	红岩	8618	7.88
3	澳门政权交接仪式	24015	21.95	李向群	6804	6.13

（总编室提供）

说明：1. 以上数据由央视—索福瑞媒介研究有限公司提供；
2. 全国拥有一台以上电视机家庭户占总户数的 98.5%；
3. 全国拥有电视机家庭的观众总数为 109400 万人；
4.《新闻联播》收视率包含地方电视台转播该节目的收视率；
5. 相同栏目或连续节目，本表只取收视率最高的一个。

1999 年中央电视台第五套节目全国收视率排名

排　名	节目名称	收视率（%）	排名	节目名称	收视率（%）
1	直播:奥运会足球预选赛	7.51	4	直播:'99 世界体操锦标赛	3.14
2	直播:奥运会足球预选决赛	5.82	5	直播:奥运会足球热身赛	2.91
3	体育欣赏(8)	5.05	6	足球之夜	2.09

（总编室提供）

1999 年中央电视台第八套节目全国收视率排名

排　名	节目名称	收视率（%）	排名	节目名称	收视率（%）
1	狄仁杰与武则天传奇	5.67	4	少儿剧苑:十七岁不哭(9)	1.19
2	通往埃文利之路	1.40	5	海外剧场:爱的天堂	1.09
3	少儿剧苑:我要做好孩子	1.33	6	少儿剧苑:小小山大王	

（总编室提供）

1999 年中央电视台制作(含合拍)电视剧一览表

剧　　名	集 数	主要制作单位
天若有情	15	江苏华培影视有限公司、江苏电视台
黄土地 蓝土地	14	天津电视台
粑耳朵村长	2	贵州电视剧制作中心
瑶山情话	2	湖南电视剧制作中心
寒海大营救	3	青岛电视台
爱在世博园	8	云南省世博局、北京汇英剧本剧目策划开发公司
鲁迅与许广平	24	浙江电视台、绍兴有线电视台

续表

剧　　名	集 数	主要制作单位
骆驼祥子	22	北京电影制片厂
铁血少年	6	敦煌影业文化有限责任公司
孙子兵法三十六计	36	无锡影视基地
沈鸿	12	江西电影制片厂
向往拉萨	8	西藏国际影视公司
虎符	3	河北电视台
李向群	3	海南电视台
太阳河	14	上海市总工会、中国电视剧制作中心
蓝月亮	2	泰安电视台
凤凰落魄	2	哈尔滨电视台、淄博电视台

续表

剧　　名	集数	主要制作单位
向日葵	2	哈尔滨电视台
樱	3	长春电视台、长春市文化局
爱在云之南	20	中山电视艺术中心昆明制作部
民族之声	2	广东电视台、铁路文工团
海瑞罢官	18	北京大龙影视策划公司
爱情急转弯	2	上海永乐电影电视公司
庄稼院里的红辣椒	4	天津电影制片厂、天津电视艺术中心
血色黎明	21	上海永乐公司求索社
村主任李四平	13	山东影视中心
白领农民	6	国际电视总公司
杨虎城的最后日子	6	贵州电视剧制作中心
东方潮	20	宝鸡电视台
真实世界	8	黑龙江影视中心
望山妈过年	2	潇湘电影制片厂
孙中山在澳门	2	江苏人艺星河艺术有限公司
中国女足	22	人民日报新华影视中心
少奇同志（第三部）	8	中国银行、中国电视剧制作中心
拔河队长	2	八一电影制片厂
大女	3	太原电视台
生死存亡	20	福建电视台、中国电视剧制作中心
樊梨花	4	吉林电视台
陈景润	15	中国影视制作分公司
爱是一个美丽的错	16	上海永向文化传播有限公司、上海解放日报社
波涛汹涌	18	海军电视艺术中心
芙蓉花开	8	湖南电视台

续表

剧　　名	集数	主要制作单位
笑一笑十年少	63	山东影视中心
天降大任	20	广东桂桥文化有限公司
父子情深	20	广州增城实业有限公司、湖北电视台
借酒记	40	长春电视台、东西南北中电视剧制作联合体
旋转的钞票	2	潇湘电影制片厂
既然我来了	2	山东东昊影视发展有限公司
哦，俄城麦札	2	四川电视台
童魂	3	杭州电视台
巡警没有浪漫曲	20	辽宁综艺广告有限公司
犯罪升级	18	东方文化研究影视艺术委员会
原上青青草	2	黑龙江电视台、中国电视剧制作中心
2000年我们结婚	20	上海永乐公司求索社
一天零一夜	6	黑龙江电视剧制作中心
兵家纪事	17	北京中锐文化传播公司
碧海军魂	16	上海永乐电影电视集团鸿申文化公司
光荣街十号	17	辽宁电视剧制作中心
老兵阿厨	2	南京军区前线话剧团
活出个样儿	2	黄石电视艺术中心
邓小平在西南	4	贵州电视剧制作中心
光荣之旅	20	总后电视艺术中心
天网情踪	20	沈阳天天影视公司
最后的村庄	6	河北有线电视台
井冈山	12	北京广播学院
小城交警	8	北京北斗文化发展公司
刺桐花红	8	泉州市委宣传部

续表

剧　　名	集数	主要制作单位
红花朵朵开	5	南京电视台、江苏飞天电视艺术影视部
石龙湾	2	山东电视剧制作中心
山东大嫂	20	山东电视剧制作中心
蓝天作证	20	贵州电视台
漓江情缘	20	桂林电视台
为了这片净土	20	云南省委宣传部影视中心
西部太阳	20	无锡太湖影视艺术中心
出航的日子	8	广东远东广电厅
宝马圆情	2	中国京剧院
翁同和	10	南京军区前线话剧团
女乘务组	8	湖南京沪广列车广告有限公司
钱塘人家	16	浙江电视台
钱河湾	2	河南电视台、商丘市财政局、商丘市文化局
我和大山	2	广西壮族自治区公安厅
牺盟热血	20	北京恒星影视广告制作公司
女子反扒队	20	无锡影视基地
都市情感	22	无锡影视基地
都市森林	20	沈阳天天影视公司
都市少年（之三）星星河	8	中央电视台影视部
慈母阿秀	18	深圳市龙岗区人民政府
大明宫词	40	无锡影视基地
乒乓人生	18	浙江电视剧制作中心
茅盾	12	浙江电视剧制作中心
老婆和儿子	40	武汉艺术中心
蒋新松	8	沈阳党员电化教育中心

续表

剧　　名	集数	主要制作单位
吉隆坡之恋	19	无锡太湖影视制作中心
惩腐女人	27	无锡太湖影视制作中心
红岩	18	北京文化音像出版社
母亲的年代	6	重庆电视台
这一方水土	8	济南华文影视广告公司
有梦不觉夜长	12	陕西瑞博影视公司
高兴就好	3	北京雅迪星公司
青岛之恋	2	青岛电视台
警坛风云	30	中国国际文化传播中心
乡里警察	2	潇湘电影制片厂
挚爱	17	无锡影视基地
刘三姐	14	无锡影视基地
往事苍茫	13	无锡影视基地
海瑞	20	北京大龙影视策划中心
爱也艰难	18	无锡影视基地
午时华	6	太原电视台
独立寒秋	10	海南电视台

（影视部提供）

1999 年中央电视台播出电视剧一览表

开播日期（月、日）	剧　　名	集数	主要制作单位
1.1	毕业生	13	中央电视台、陕西电视台
1.3	雍正王朝	44	中央电视台、同道公司

续表

开播日期（月、日）	剧　　名	集数	主要制作单位
1.4	女所长	2	闽西电视台
1.4	特殊航班	2	中央电视台、云南航空
1.5	母亲的家园	7	河南电视台
1.8	傍海人家	16	中国电视剧制作中心
1.14	尊严	7	辽宁电视剧制作中心
1.15	生死之间	2	八一电影制片厂
1.18	西线铁骑兵	2	中国电视剧制作中心
1.20	新界风云	20	北京电影制片厂
1.20	我在你的世界里	4	萍乡市电视台
1.23	魂系梨园	8	中国电视剧制作中心
1.25	漫记人间	1	中央电视台、宁波电视台
2.4	咱家爷们儿	6	中华见义勇为基金会
2.5	呼唤	5	天津电视台
2.9	走过长弄堂	3	北京广播学院电视剧制作中心
2.11	忠诚的伙伴	2	济南电视台
2.12	骆驼祥子	22	北京电影制片厂
2.15	别拿村长不当干部	16	沈阳话剧团
2.15	省长一家人	18	中央电视台、沈阳话剧团
2.15	劳动人民在歌唱	8	中央电视台、太原电视台
2.18	天下财富	20	中国电视剧制作中心
2.22	走过柳源	17	中央电视台、长春电视台
2.22	济南战役	8	中央电视台、济南军区
2.23	官井	2	中国电视剧制作中心
2.24	可叹天下父母心	30	中央电视台、泛广联公司
2.25	大院新闻	2	黑龙江电视剧制作中心
3.2	清明过后	3	武汉电视台

续表

开播日期（月、日）	剧　　名	集数	主要制作单位
3.5	女兵甘甜	2	中央电视台、沭阳电视台、南京军区
3.5	好好过日子	18	中国电视剧制作中心
3.7	谢瑶环	2	江苏电视台
3.8	晴朗地带	2	中央电视台、成都电视台
3.9	山乡秋红	2	河南电视台
3.9	愁眉笑脸	2	中央电视台、常德文化局
3.9	真情	12	中央电视台、山东省影视中心
3.9	爸爸的故事	2	衡水电视台
3.10	寻呼小姐	6	黑龙江电视剧制作中心
3.10	光娃	2	中央电视台、成都军区
3.11	爱之旅	20	陕西影业公司
3.11	虎踞钟山	7	中央电视台、南京军区
3.12	狗不吃回村记	2	中央电视台、山西电视台
3.14	大美人	2	中央电视台、贵州电视台
3.15	少年英雄王二小	2	河北影协、河北电影制片厂
3.15	陈云在1949	8	北京电视艺术中心
3.15	她从乡下来	4	中央电视台、上海文化公司
3.15	明天的太阳	13	保定电视台
3.15	贤母保璧记	4	嘉兴电视台
3.16	巡警第九队	20	中央电视台、公安部
3.16	丁果仙	10	中国电视剧制作中心
3.16	昆仑女神	8	中国电视剧制作中心
3.16	记得那年深秋	2	四川电视台、金猴影业公司
3.16	大学女孩	7	中央电视台、吉林电视台
3.17	海有多宽	8	福建电影制片厂
3.18	我要做好孩子	15	中国电视剧制作中心

续表

开播日期（月、日）	剧名	集数	主要制作单位
3.20	不再孤独	5	黑龙江影视中心、中央电视台
3.20	山里的风	7	中央电视台、山西电视台
3.21	郭兰英	12	中央电视台、山西电视台
3.21	一滴阳光	2	济宁电视台
3.22	朱元璋巧访记	6	浙江电视台
3.22	哎哟，妈妈	20	上海永乐电影电视公司
3.22	母子情深	2	浙江影视创作所
3.22	狸猫换太子	12	中央电视台、上海电视台
3.23	望子成龙	6	中央电视台、兰州电影制片厂
3.24	二丫来队	2	中国电视剧制作中心、总政话剧团
3.26	铁血英才刘伯坚	7	中央电视台、天津电视台
3.26	纺织女工	2	中央电视台、山东影视中心
3.26	兄弟姐妹	16	中央电视台、长春双威公司
3.29	小康之家	4	长影艺术中心
3.29	甲午陆战	8	中央电视台、辽宁电视台
3.29	向往拉萨	8	中央电视台、西藏国际公司
3.29	放映员	2	中央电视台、中国人民解放军第二炮兵司令部
3.30	杂技娃娃	6	中央电视台、河南电影制片厂
3.30	咱那些日子	18	中国电视剧制作中心
3.31	安文山老师	2	山东影视中心
3.31	陶铸	7	中央电视台、潇湘电影制片厂
3.31	派出所的故事	8	山东影视中心
3.31	天若有情	16	中央电视台、南昌电视台
4.1	背上的桥	2	新昌电视台、浙江电影制片厂

续表

开播日期（月、日）	剧名	集数	主要制作单位
4.2	一个院长的故事	4	沈阳军区
4.2	海上圣火	6	中央电视台、胜利油田
4.2	夫妻哨	2	中央电视台、二炮政治部电视艺术中心
4.3	九九腊月红	2	陕西电视台
4.3	小哨所	2	二炮政治部电视艺术中心
4.4	黄克诚	8	湖南省纪委、潇湘电影制片厂
4.4	孔雀东南飞	3	杭州电视台
4.5	海风吹过的乡村	20	中央电视台、吉林电视台
4.5	千秋之约	20	中央电视台、广州电视台
4.5	奶妈	2	中央电视台、保定电视台
4.6	梨花情	5	中国电视剧制作中心、浙江电视台
4.6	大海与少年	2	浙江电视台
4.6	实习生的故事	10	中国电视剧制作中心
4.6	变脸	2	中央电视台、四川电视台
4.6	世纪钟声	20	中央电视台、龙江影视中心
4.7	千条水总归东	2	广西文化厅
4.8	百姓记者	2	中央电视台、哈尔滨日报社
4.9	牵手	18	中央电视台
4.9	战国	32	中国电视剧制作中心
4.11	山童	2	中央电视台、太原电视台
4.11	有这样一条船	2	中国电视剧制作中心
4.12	大隧道	12	中央电视台、陕西电视台
4.12	冬天的小树	2	中央电视台、上海永乐电影电视公司
4.12	青春节拍	3	宁波电视台
4.12	蓝月亮	2	中央电视台、泰安电视台

续表

开播日期（月、日）	剧　　名	集数	主要制作单位
4.12	冰棍，螺蛳，哈巴狗	2	鄞县电视台
4.12	无雪的日子	2	中央电视台、哈尔滨电视台
4.12	太阳卫士	2	云南楚雄电视台、中山影视中心
4.13	洪峰抢险	2	上海永乐电影电视公司
4.13	太阳升起	2	上海永乐电影电视公司
4.13	铁血少年	6	中央电视台、敦煌影业公司
4.13	飞来飞去	2	中国电视剧制作中心
4.13	高机与吴三春	3	浙江电视台、中国电视剧制作中心、中央电视台
4.13	山前有个村	2	内蒙古电视台
4.13	农民陈奂生	8	内蒙古电视台
4.13	傩谣	5	中央电视台、常州电视台
4.13	今生有约	22	南京电视台、江苏天一公司
4.13	苦菜花	4	中国电视剧制作中心
4.13	合家欢	2	中国电视剧制作中心
4.14	民族之声	2	中央电视台、广东电视台
4.14	农历八月八	2	中央电视台、潇湘电影制片厂
4.14	望山妈过年	2	中央电视台、潇湘电影制片厂
4.14	战士日记	2	中国电视剧制作中心
4.14	一缕麻	2	中央电视台、杭州电视台
4.15	最后的涝坝	6	中央电视台
4.15	沈鸿	12	中央电视台、江西电影制片厂
4.15	天降在奉行	20	中央电视台、广东省宣传部、广西电视台
4.15	雪乡	18	中央电视台、黑龙江省天鹅影视公司
4.15	中国女足	17	人民日报新华影视中心
4.15	母亲	17	中国电视剧制作中心

续表

开播日期（月、日）	剧　　名	集数	主要制作单位
4.15	东方潮	20	中央电视台、宝鸡电视台
4.15	啼笑因缘	12	中国电视剧制作中心、安徽电视台
4.15	转龙湾	6	中央电视台、内蒙古电影制片厂、内蒙古土地局
4.15	本色人生	10	中央电视台、吉林电视台
4.15	水命	8	中央电视台、成吉思汗公司
4.15	追逐墨尔本	20	中央电视台、厦门电视台
4.22	京西寻根	2	北京电影制片厂
4.23	小镇纪检官	2	中国电视艺术家协会
4.29	不熄的火塘	2	昆明电视台
4.30	血太阳	6	内蒙古电影制片厂
5.3	喜剧集	1	中央电视台、山东影视中心
5.3	笑一笑十年少	6	中央电视台、山东影视中心
5.3	犬父龙子	10	中国国际电视总公司
5.4	天地人	11	云南省委、长春电影制片厂
5.6	阵痛	2	中国电影文化发展中心
5.7	村支书	2	中央电视台、安徽电视台
5.9	花儿四季	4	中国电视剧制作中心
5.10	盲剑游龙	5	中国国际电视总公司
5.12	考场怪谈	5	中国国际电视总公司
5.14	既然我来了	2	中央电视台、天津电影制片厂
5.16	暖流	10	河南省话剧团影视中心
5.19	答卷	3	吉林电视台
5.23	马玉琴	2	河北省文化中心
5.24	玉都	2	辽宁省艺术家协会
5.24	张学良与郭松龄	2	中国国际电视总公司

续表

开播日期（月、日）	剧　　名	集数	主要制作单位
5.26	太阳河	14	上海总工会
5.27	汉刘邦	34	中央电视台、长春电影制片厂、徐州市委
5.27	三个小嘎子	2	中央电视台、沧州市委宣传部
5.31	黄昏探戈	2	夕阳红栏目、管理杂志社
6.2	麦客新传	6	北京电影制片厂
6.7	你家我家他家	6	河北文化中心
6.15	白领农民	6	中国国际电视总公司、烟台电视台
6.15	都市风铃	2	安阳市广播局
6.18	徐海东大将	10	中国音像交流协会
6.21	百姓	18	淄博电视台
6.24	九九腊月红	2	陕西电视台
6.29	彭德怀铁血湘鄂赣	3	中央电视台、二炮政治部电影艺术中心、中国电视剧制作中心
7.1	悠悠岁月	8	哈尔滨话剧院
7.2	有这样一个支部书记	2	中央电视台、淄博电视台、哈尔滨电视台
7.2	突围	17	国际电视总公司
7.6	扶贫司令	16	中央电视台、长沙电视台
7.9	金海情	12	潇湘电影制片厂
7.13	芒果园里的故事	4	广西电视台、中共百色地委
7.15	鲁氏兄弟	21	山东影视中心、中国电视剧制作中心
7.19	半个红月亮	5	北京道儒研究中心
7.21	我们是一家	52	北京汇广国际公司
7.22	月亮山的故事	2	衡阳广播局
7.23	石磊大夫	2	北京军区战友电视中心
7.24	热血狱警	4	天山电影制片厂

续表

开播日期（月、日）	剧　　名	集数	主要制作单位
7.26	血沃青山	2	湖南省节目交流中心
7.26	孟丽君	10	上海华夏影业公司
7.28	赤水河畔	3	泸州电视台
7.28	犯罪升级	18	中央电视台、群众出版社、东方研究会
8.2	李克农	19	中国电视剧制作中心
8.2	兵家纪事	17	南洋中锐公司、中央电视台
8.2	徽商	20	安徽电视台
8.9	平民百姓	20	辽宁电视台
8.11	燕子李三	34	内蒙古电视台
8.13	绿色卫队	2	广西电视台
8.16	落河村	8	河南电影制片厂
8.16	绿衣红娘	18	中央电视台
8.17	湄公河之恋	4	江西电影制片厂
8.17	童年邓小平	4	山西华夏电视艺术中心
8.20	好戏连台	14	西安长安影视公司
8.29	开国领袖毛泽东	22	中央电视台
9.3	李向群	2	桂林电视剧制作中心、广州电影电视中心、广州军区
9.1	虎符	3	中央电视台、河北电视台
9.6	赤水河畔	3	泸州电视台
9.6	黑嫂	6	中央电视台、哈尔滨马大哈公司
9.7	走向地狱	3	新疆文联影视中心
9.9	父子情深	20	广州增城涛记公司、中央电视台
9.10	血沃青山	2	湖南省节目交流中心
9.10	荒原足迹	5	陕西电视台、陕西教委
9.11	家和万事兴	52	北京电视台、北京日月星公司

续表

开播日期(月、日)	剧　　名	集数	主要制作单位
9.16	黄土地蓝土地	14	中央电视台、天津电视台
9.20	中国命运的决战	30	中国电视剧制作中心
9.24	菊花湾的媳妇们	6	辽宁计生中心、中国计生委
9.27	爱在世博园	5	中央电视台影视部
9.27	冬暖夏凉	2	中央电视台、吉林电视台
9.29	啊,雀儿山	2	中央电视台、四川电视台
9.30	代理妈妈	2	中国电视剧制作中心
10.4	血色黎明	21	上海永乐集团求索社
10.4	拯救艾玛	4	中国红十字会、关心下一代委员会
10.9	春天的故事	19	江苏省委宣传部
10.11	本色人生	10	中央电视台、吉林电视台
10.13	西藏风云	25	中央电视台
10.18	狄仁杰断案传奇	49	中央电视台、太原电视台
10.24	月亮山的故事	2	衡阳广播局
10.25	呼唤	9	辽宁对外传播中心
10.25	滴血年华	19	黑龙江省艺术家协会
10.25	风雪夜归人	22	中国国际电视总公司、大龙公司
11.2	戒酒记	29	中央电视台、长春电视台
11.8	五原烽火	4	内蒙古电影制片厂
11.9	绿梦	4	河南电影制片厂
11.9	沙海天平	2	天山电影制片厂
11.11	春城作证	3	中央新闻纪录电影制片厂
11.12	苦泉纪事	3	中央电视台
11.12	警界传奇	20	北京电影制片厂
11.12	奇人游记	6	珠江电影制片厂
11.12	一梦三百年	4	湖南音像出版社

续表

开播日期(月、日)	剧　　名	集数	主要制作单位
11.15	李向群	2	中央电视台、海南电视台
11.16	红岩	15	中央电视台、北京音像公司
11.17	君子好逑	17	武汉电视台
11.19	闻一多	6	杭州电视台
11.19	青青原上草	1	黑龙江齐齐哈尔市影视中心
11.22	二娃的故事	3	山西临汾总公司
11.22	孽海深情	20	中国国际电视总公司
12.2	检察官备忘录	6	杭州电视台
12.3	澳门的故事	27	中国电视剧制作中心
12.3	大女	3	中央电视台、中国计生委
12.8	冬去春来	18	中央电视台、北京华夏公司
12.12	我和小东	2	广西公安厅
12.13	活出个样儿	2	中央电视台、黄石电视艺术中心
12.13	家族风云	20	中国国际电视总公司
12.14	法庭纪事	20	山西省高级法院、山西省纪委
12.14	血染的双梅	2	河北省河北梆子剧院
12.15	好大一个家	2	河北电影制片厂
12.15	孔雀岭	2	河北省河北梆子剧院
12.15	小小山大王	1	山西省红土地制作社
12.17	商城劫案	8	浙江电视教育台
12.18	现代情感	14	科技音像出版社
12.21	紫杜鹃	2	昆明市民族电视剧部
12.20	孙中山在澳门	2	南京人民艺术剧院
12.21	侯爷	4	中国电视剧制作中心
12.22	爱情急转弯	2	中央电视台、上海永乐电影电视公司
12.22	瑶山情话	2	中央电视台、湖南电视台

续表

开播日期（月、日）	剧　　名	集数	主要制作单位
12.24	大树临风	8	中央电视台、山西大同市委宣传部、山西有线电视台
12.27	喊月亮	2	云南省影视中心
12.27	情洒云之南	18	中央电视台、徐州电视台
12.28	同在阳光下	2	浙江电视台、徐州电视台
12.28	陶行知	8	中央电视台、安徽电视台
12.29	向日葵	2	中央电视台、哈尔滨电视台
12.30	妈妈我爱你	3	潇湘电影制片厂
12.30	再诉真情	20	中国国际电视总公司

（影视部提供）

1999年中央电视台一、二、八套节目黄金时段电视剧播出一览表

一套黄金段

开播日期	剧　目	集数	主要制作单位
1.3	雍正王朝	44	中央电视台、同道公司
2.18	天下财富	20	中国电视剧制作中心
3.12	虎踞钟山	7	中央电视台、南京军区
3.21	郭兰英	12	中央电视台、山西电视台
4.4	黄克诚	8	湖南省纪委、潇湘电影制片厂
4.9	牵手	18	中央电视台
5.6	大学女孩	17	中央电视台、吉林电视台
5.13	走过柳源	17	中央电视台、长春电视台
6.6	济南战役	8	中央电视台、济南军区

续表

开播日期	剧　目	集数	主要制作单位
6.18	徐海东大将	10	中国音像交流协会
6.24	哎哟，妈妈	20	上海永乐电影电视公司
7.22	昆仑女神	8	中国电视剧制作中心
8.22	李克农	19	中国电视剧制作中心
8.29	开国领袖毛泽东	22	中央电视台
9.20	中国命运的决战	30	中国电视剧制作中心
10.13	西藏风云	25	中央电视台
11.15	李向群	2	中央电视台、海南电视台
11.16	红岩	15	中央电视台、北京音像公司
12.3	澳门的故事	27	中国电视剧制作中心

二套黄金段

开播日期	剧　目	集数	主要制作单位
1.1	毕业生	13	中央电视台、陕西电视台
1.15	生死之间	2	八一电影制片厂
1.23	魂系梨园	8	中国电视剧制作中心
2.4	咱家爷们儿	6	中华见义勇为基金会
2.12	骆驼祥子	22	北京电影制片厂
3.5	好好过日子	18	中国电视剧制作中心
3.31	陶铸	7	中央电视台、潇湘电影制片厂
4.9	战国	32	中国电视剧制作中心
5.25	沈鸿	12	中央电视台、江西电影制片厂
6.10	陈云在1949	8	北京电视艺术中心
6.22	海有多宽	8	福建电影制片厂

续表

开播日期	剧 目	集数	主要制作单位
7.2	有这样一个支部书记	2	中央电视台、淄博电视台
7.6	派出所的故事	7	山东影视中心
7.15	鲁氏兄弟	21	山东电视剧制作中心
8.17	绿衣红娘	18	中央电视台
9.16	黄土地蓝土地	14	中央电视台、天津市委宣传部
10.4	拯救艾玛	4	中国红十字会、关心下一代委员会
10.7	李向群	2	中央电视台、海南电视台、海南省委宣传部
10.9	春天的故事	19	江苏省委宣传部
11.9	沙海天平	2	天山电影制片厂
11.11	苦泉纪事	2	中央电视台
12.18	啊,雀儿山	2	中央电视台、四川电视台
12.28	陶行知	8	中国中央电视台、安徽电视台

八套黄金段

开播日期	剧 目	集数	主要制作单位
1.14	尊严	7	辽宁电视剧制作中心
1.20	我在你的世界里	4	萍乡市电视台
1.22	小白热线	2	中央电视台、山东影视中心
1.25	漫记人间	1	中央电视台、宁波电视台
1.26	雍正王朝	44	中央电视台、同道公司
2.24	可叹天下父母心	30	中央电视台、泛广联公司
3.18	我要做好孩子	15	中国电视剧制作中心
3.30	咱那些日子	18	中国电视剧制作中心
4.13	今生有约	22	南京电视台、江苏天一公司
5.3	犬父龙子	10	中国国际电视总公司
5.10	盲剑游龙	5	中国国际电视总公司
5.12	考场怪谈	5	中国国际电视总公司

续表

开播日期	剧 目	集数	主要制作单位
5.17	天若有情	16	中央电视台、南昌电视台
5.27	汉刘邦	34	中央电视台、长春电影制片厂
6.21	百姓	18	淄博电视台
7.2	突围	17	中国国际电视总公司
7.14	追逐墨尔本	20	中央电视台、厦门电视台
7.28	犯罪升级	18	中央电视台、群众出版社、东方研究会
8.11	燕子李三	34	内蒙古电视台
9.3	李向群	2	桂林电视剧制作中心、广州电影电视中心
9.6	黑嫂	6	中央电视台、哈尔滨马大哈公司
9.9	父子情深	20	中央电视台、广州增城涛记公司
9.22	青春节拍	3	宁波电视台
9.24	爱在世博园	5	中央电视台影视部
9.28	我想要朵小红花	1	中央电视台、太原电视台
9.29	开国领袖毛泽东	22	中央电视台
10.15	鸽子	1	中央电视台、上海永乐电影电视公司
10.18	狄仁杰断案传奇	49	中央电视台、太原电视台
11.19	青青原上草	1	黑龙江齐齐哈尔市影视中心
11.22	孽海深情	20	中国国际电视总公司
12.6	水命	8	中央电视台、成吉思汗公司
12.10	晴朗地带	2	中央电视台、成都电视台
12.13	家族风云	20	中国国际电视总公司
12.20	孙中山在澳门	2	南京人民艺术剧院
12.21	飞来飞去	2	中国电视剧制作中心
12.29	向日葵	2	中央电视台、哈尔滨电视台
12.30	再诉真情	20	中国国际电视总公司

(影视部提供)

1999年中央电视台译制片播出一览表

播出日期（月、日）	栏目名称	片　　名	时　　长（分、秒）	国　别
1.1	佳艺影院	热铁皮屋顶上的猫	106′18″	美国
1.2	世界影视城	巴黎圣母院	98′42″	加拿大
1.2	世界名著名片欣赏	待到重逢时(3)	94′08″	英国
1.2	国际影院	正义先生	91′19″	法国
1.2～2.22	佳艺剧场	布兰维尔医生(8～23)	52′	英国
1.3～6.13	国际影院	野姑娘娜塔莉(16～38)	100′	墨西哥
1.3～1.10	正大剧场	不过是个女孩(中、下)	47′	法国
1.8	佳艺影院	纽约的星期天	102′47″	美国
1.9	世界名著名片欣赏	远大前程	116′13″	英国
1.9	国际影院	闪亮的心	95′16″	法国
1.9	世界影视城	失踪的婴儿	88′37″	加拿大
1.15	佳艺影院	大女儿	85′25″	法国
1.16	世界影视城	遗产	92′31″	加拿大
1.16	世界名著名片欣赏	一代女皇凯瑟琳	91′37″	英国
1.16	国际影院	米蕾依与樊尚	91′13″	法国
1.17～24	正大剧场	肖尼西(上、下)	47′	美国
1.22	佳艺影院	盖比	95′24″	美国
1.23	世界名著名片欣赏	罗密欧与朱丽叶	136′48″	英国
1.23～2.27	国际影院	超人(7～12)	80′	美国
1.23	世界影视城	苦难真金	93′03″	美国
1.29	佳艺影院	生命的挑战	93′37″	美国
1.30	世界名著名片欣赏	看得见风景的房间	108′30	英国
1.30	世界影视城	代理总裁	105′	英国
1.31～2.7	正大剧场	旅途守护天使(上、下)	47′	奥地利

续表

播出日期(月、日)	栏目名称	片　名	时　长(分、秒)	国　别
2.5	佳艺影院	折断的翅膀	115′34″	美国
2.6	世界名著名片欣赏	恐惧的代价	143′59″	法国
2.6	世界影视城	黑天鹅绒小组	108′30″	英国
2.12	佳艺影院	泽西区的姑娘	86′37″	美国
2.13	世界名著名片欣赏	荒唐的贝克兄弟	106′48″	美国
2.13	世界影视城	巴斯克维尔猎犬	104′14″	英国
2.14	正大剧场	魔鬼的美食(上、下)	47′	美国
2.19	佳艺影院	看着我离开	79′28″	法国
2.20	世界名著名片欣赏	摘星星	100′30″	美国
2.20	世界影视城	漂泊	153′54″	法国
2.26	佳艺影院	骗局	93′25″	意大利′
2.27	世界影视城	凤凰与神毯	84′57″	美国
2.27	世界名著名片欣赏	朋友圈	96′52″	爱尔兰
2.27～3.14	佳艺剧场	隐形人(1～6)	50′	美国
2.28～3.7	正大剧场	义犬雷克斯(上、下)	47′	美国
3.5	佳艺影院	杰米拉	81′08″	加拿大
3.6	世界名著名片欣赏	布朗克斯区的故事	103′05″	美国
3.6	国际影院	特殊的胜利	90′24″	美国
3.6	世界影视城	分离的世界	107′36″	美国
3.12	佳艺影院	以吻定情	101′07″	美国
3.13	世界名著名片欣赏	鲁滨逊漂流记	88′45″	俄罗斯
3.13	国际影院	我永远爱的人	89′54″	法国
3.13	世界影视城	我们自己的家	100′04″	美国
3.14	正大剧场	酗酒(生命中的故事)	47′	美国
3.19	佳艺影院	风雨同行	93′38″	美国
3.20	世界名著名片欣赏	罗纳·杜恩	86′20″	英国

续表

播出日期（月、日）	栏目名称	片　名	时　长（分、秒）	国　别
3.20	世界影视城	追寻之路	89′24″	美国
3.21～28	正大剧场	到内地去(上、下)	47′	美国
3.21～4.3	佳艺剧场	斗士(1～4)	50′	澳大利亚
3.26	佳艺影视	名扬天下	112′47″	美国
3.27	世界名著名片欣赏	两个新嫁娘	86′44″	法国
3.27	国际影院	午夜惊魂	86′19″	美国
3.27	世界影视城	妹妹	90′38″	法国
4.2	佳艺影院	旋转之门	101′16″	加拿大
4.3	世界影视城	茶花女	104′33″	波兰
4.3～10	世界名著·名片欣赏	乱世佳人(上、下)	(上)99′23″ (下)117′41″	美国
4.3	国际影院	无限的爱	84′04	美国
4.4～11	正大剧场	别人的孩子(上、下)	47′	美国
4.4～5.7	佳艺剧场	伪装者 1～5	50′	美国
4.9	佳艺影院	医生的困境	98′29″	美国
4.10	国际影院	海盗摩根	91′53″	美国
4.10～17	世界影视城	阴谋(上、下)	92′55″;95′14″	法国
4.16	佳艺影院	家庭日记	116′25	意大利
4.17～5.8	世界名著名片欣赏	基督山伯爵(1～4)	100′/1 集	法国
4.17	国际影院	海岸巡逻队	82′58″	美国
4.18	正大剧场	生命中的故事——堕胎	31′	美国
4.24	国际影院	埃琳娜·维尔	99′28″	德国、法国
4.23	佳艺影院	一家之主	95′28″	法国
4.24	世界影视城	侥幸	80′40″	法国
4.25～5.21	正大剧场	到内地去(上、下)	47′	德国
4.30	佳艺影院	泰坦神之战	113′03″	美国
5.1	国际影院	拉比雅格历险记	90′36″	法国

续表

播出日期(月、日)	栏目名称	片　名	时　长(分、秒)	国　别
5.1	世界影视城	不同的体验	95′01″	美国
5.3～24	海外剧场	破碎的心(1～16)	45′/1 集	法国
5.4	世界名著名片欣赏	呼啸山庄	114′01″	英国
5.5	佳艺影院	生命之舞	97′21″	法国
5.8	世界影视城	小猫	81′48″	俄罗斯
5.8～7.17	国际影院	三人侦破组(21)	90′	德国
5.8～6.4	佳艺剧场	MMG 工程师(1～13)	50′	南非
5.8	原声影视	东方快车恋曲	108′44″	英国
5.9	佳艺影院	探戈曼博恰恰恰	100′	法国
5.9	世界名著名片欣赏	都尔神父	98′28″	法国
5.15	原声影视	失踪之谜	92′54″	英国
5.22	世界影视城	无情(上、下)	93′33″;92′35″	意大利
5.22	原声影视	卡桑德拉大桥	123′38″	意大利
5.25～6.17	海外剧场	埃莱娜的眼睛(1～18)	45′/1 集	法国
5.29	原声影视	逃往雅典娜	114′40″	英国
6.5～11	佳艺剧场	心灵之塔(1～3)	50′/1 集	英国
6.5	世界影视城	女孩早当家	92′46″	法国
6.5	原声影视	孤星血泪	123′56″	英国
6.12	原声影视	悲惨世界	137′49″	法国
6.13	世界名著名片欣赏	高老头	101′44″	法国
6.13	佳艺影院	无处容身	109′38″	意在利
6.19	原声影视	看得见风景的房间	110′6″	英国
6.20	国际影院	圣诞奇遇	100′21″	意大利
6.20～7.4	世界名著名片欣赏	赛查·比罗图盛衰记(1～6)	120′/1 集	英国
6.18～9.3	海外剧场	玛丽亚·梅塞德斯(1～56)	50′/1 集	墨西哥
6.26	世界影视城	我不讲英语	81′26″	意大利

续表

播出日期(月、日)	栏目名称	片　　名	时　　长(分、秒)	国　别
6.27	国际影院	空中疑案	101′57″	英国
6.27	佳艺影院	十个小黑人	131′32″	前苏联
6.27	海外剧场	雾都孤儿	98′24″	英国
7.3	原声影视	铁面人	101′27″	法国
7.4	国际影院	无言证人	102′38″	英国
7.8～8.5	佳艺剧场	黑色港湾(1～13)	50′/1 集	加拿
7.10	世界影视城	牙买加旅店	83′17″	法国
7.11	国际影院	滴血钻石	102′28″	英国
7.11	世界名著名片欣赏	欧也妮·葛朗台	84′17″	法国大
7.17	世界影视城	查证	103′56″	英国
7.18	国际影院	植物园	92′44″	法国
7.18～25	世界名著名片欣赏	风雨石屋(上、下)	80′/1 集	英国
7.18	佳艺影院	牙签焦尼	111′49″	意大利
7.24～8.28	国际影院	绝密使命(1～6)	90′/1 集	澳大利亚
7.24	世界影视城	相爱的心	93′49″	英国
7.31	世界影视城	海盗	109′48″	法国
8.1	国际影院	妈妈的选择	92′34″	法国
8.1	世界名著名片欣赏	德伯韦尔家的苔丝(上、下)	90′/1 集	英国
8.6～9.2	佳艺剧场	诺亚方舟(1～12)	50′/1 集	英国
8.15～29	世界名著名片欣赏	情感教育(1～4)	110′/1 集	法国
8.22	佳艺影院	绿色索维托	85′45″	南非
8.29～9.26	国际影院	生死恋歌(1～10)	90′/1 集	英国
8.29	佳艺影院	金色梦想	98′18″	加拿大
9.4	国际影院	第三个王子	82′25″	捷克
9.3～16	佳艺剧场	发明家专辑 1～6	60′/1 集	加拿大
9.4	世界影视城	持卡一族	89′43″	澳大利亚

续表

播出日期 (月、日)	栏目名称	片 名	时 长 (分、秒)	国 别
9.5～12	世界名著名片欣赏	安娜·卡列尼娜(上、下)	80′/1集	英国
9.5	佳艺影院	陌生人之家	94′22″	加拿大
9.10～12.3	海外剧场	通往埃文利之路(1～47)	50′/1集	加拿大
9.11	国际影院	曼努	79′12″	法国
9.12	佳艺影院	爱在北方	89′49″	加拿大
9.17～11.5	佳艺剧场	白芳(1～25)	50′/1集	加拿大
9.18	国际影院	丢失的信	89′35″	法国
9.19	世界名著名片欣赏	卡弥尔·克洛代－罗丹的情人	85′	法国
9.19	佳艺影院	再见,波拿巴	111′22″	法国、埃及
9.18	世界影视城	遭遇游乐场	96′46″	德国
9.25～10.9	国际影院	棕榈树下的医院(1～3)	90′/1集	德国
10.3	国际影院	表妹的爱情	101′31″	法国
10.3～10	世界名著名片欣赏	柴可夫斯基(上、下)	80′/集	俄罗斯
10.3	佳艺影院	玫瑰色的生活	86′31″	法国、英国
10.10	国际影院	影子大侠	100′52″	澳大利亚
10.16	国际影院	莫斯科在广播	91′48″	前苏联
10.17	国际影院	爱情超越死亡	79′25″	德国
10.17	佳艺影院	黑夜猎手	102′22″	法国
10.23～11.20	国际影院	轻松时刻(1～5)	80′/1集	法国
10.23	世界影视城	爱的回归	91′59″	法国
10.24～31	国际影院	无名士兵(1～3)	100′/1集	法国
10.31～11.7	世界名著名片欣赏	这里的黎明静悄悄(上、下)	100′/1集	前苏联
10.31～11.7	国际影院	色盲(1～3)	50′/1集	英国
11.6	世界影视城	金球	89′44″	法国
11.13	世界影视城	向导	84′27″	挪威
11.14	国际影院	热雪	98′05″	前苏联

续表

播出日期（月、日）	栏目名称	片　　名	时　　长（分、秒）	国　别
11.14～12	世界名著名片欣赏	莫斯科不相信眼泪(上、下)	80′/1集	前苏联
11.20～12.18	佳艺剧场	卡温顿城堡(1～3)	55′/1集	英国
11.20	世界影视城	可汗阿斯帕鲁	89′56″	保加利亚
11.21～28	国际影院	瓦尼尔庄园(上、下)	100′/1集	法国
11.27	世界影视城	战时情侣	119′51″	法国
11.27～12.25	国际影院	解放(1～4)	90′/1集	前苏联
11.28～12.5	正大剧场	死亡之火(上、下)	47′/集	德国
11.28	世界名著名片欣赏	科西嘉兄弟	104′01″	法国、意大利
11.28	佳艺影院	失去的童年	93′39″	法国
12.4	世界影视城	克莱里的玛戈	86′05″	法国
12.5	国际影院	月亮宝石	125′32″	英国
12.6～22	海外剧场	爱的天堂(1～12)	50′/1集	日本
12.11	世界影视城	方便婚姻	89′30″	澳大利亚
12.12	国际影院	女孩与将军	97′16″	美国
12.12～19	正大剧场	黄金档妈妈(上、下)	47′/2集	德国
12.12	佳艺影院	我心中的女人	89′29″	法国
12.12～26	世界名著名片欣赏	远离尘嚣(1～4)	100′/1集	英国
12.18	世界影视城	雪中情	92′31″	美国
12.19	国际影院	皇家婚礼	89′46″	美国
12.22～24	海外剧场	交响乐(1～3)	50′/1集	法国
12.23～25	佳艺剧场	正南方1～3	50′/集	加拿大
12.25	世界影视城	黄昏之恋	89′17″	美国
12.25	原声影视	出水芙蓉	100′02″	美国
12.26	国际影院	失踪	86′31″	美国
12.26	正大剧场	金融潮(上)	47′	美国
12.26	佳艺影院	重逢星期二	87′47″	新西兰

(国际部提供)

1999年中央新闻纪录电影制片厂制作和播出纪录片一览表

播出日期（月、日）	片 名	时长（分）
1.2	留得清水润京华	15
1.7	海洋学家的心愿	15
1.9	绿水青山作证	15
1.14	李雯和李妍的故事	15
1.16	爱心永在	15
1.16	小院渔家	15
1.21	古莲新传	15
1.23	难忘的十天十夜	15
1.28	走进田园	15
1.30	妇唱夫随	15
2.4	杨小虎和他的船队	15
2.4	李院长探亲	15
2.4	走进世博会	15
2.11	女运转车长	15
2.13	快板村	15
2.18	小站送菜人	15
2.20	健身女教练	15
2.25	古港觅踪	15
2.27	人间真情	15
3.4	王守成现象	15
3.6	拥军红娘	15
3.11	独家村	15
3.13	图兰多演出纪事	15

续表

播出日期（月、日）	片 名	时长（分）
3.18	沙飞留下的友情	15
3.20	心中的大庆	15
3.25	边陲税官	15
3.27	武警中尉马永泉	15
4.1	情系大地	15
4.3	古乐大声	15
4.8	泥人宓	15
4.10	特殊学校	15
4.15	水晶大姐	15
4.17	无悔的抉择	15
4.22	李秋礼和他的“穷亲戚”	15
4.24	花泳教练王沛	15
4.29	大地圆梦	15
5.1	最后的放道	15
5.6	肇东有家扶贫医院	15
5.8	牵挂	15
5.13	校园春风（上）	15
5.15	校园春风（下）	15
5.20	黄瓜夫妻	15
5.22	温暖的冬天	15
5.27	石林有心人	15
5.29	单弦不了情	15
6.3	唢呐声声	15
6.5	净化滇池水	15
6.10	三访卢才义	15
6.12	村民档案	15
6.17	北京四重奏	15
6.19	打工妹的追求	15

续表

播出日期（月、日）	片　　名	时长（分）
6.24	“的士”村	15
6.26	山村女教师办学记	15
7.1	千里党心	15
7.3	太行公仆吴金印	15
7.8	沙飞留下的足迹	15
7.10	五岳归来	15
7.15	鼎湖山的钟声	15
7.17	老汉黄步翔	15
7.22	跨越凉山(上)	15
7.24	跨越凉山(下)	15
7.29	办学	15
7.31	公仆王春富	15
8.5	塞罕坝人家	15
8.7	山照	15
8.12	日出雅砻江(上)	15
8.14	日出雅砻江(下)	15
8.19	陈义灿海滩创业	15
8.21	杨佳教书	15
8.26	少儿乐队	15
8.28	水晶心	15
9.2	世纪情怀——永远的冰心	15
9.4	生命之约	15
9.9	探索中的鹤立教育	15
9.11	锤打人生	15
9.16	绿色的莽山	15
9.18	“陈博士”看山	15
9.23	童心永驻	15
9.25	老战士新传	15

续表

播出日期（月、日）	片　　名	时长（分）
9.30	感受谢晋50年	15
10.2	火红的夕阳——申城敬老风	15
10.7	火红的夕阳——新泾镇的老人	15
10.9	火红的夕阳——人间晚情	15
10.14	火红的夕阳——长寿乐园	15
10.16	火红的夕阳——唱遍京城	15
10.21	火红的夕阳——古稀大学生	15
10.23	火红的夕阳——不老的心	15
10.28	火红的夕阳——特殊病房	15
10.30	热西和马头琴	15
11.4	苏志刚与他的动物世界	15
11.6	感受朋友	15
11.11	科技支书	15
11.13	从北大走出来的村支书	15
11.18	留给明天	15
11.20	“牛教授”刘振邦	15
11.25	天地大舞台	15
11.27	家在华西	15
12.2	情系黑陶	15
12.4	雕塑家潘鹤	15
12.9	长长横店路	15
12.11	小河故事多	15
12.16	盲人总经理	15
12.18	宣科与纳西古乐	15
12.23	兄弟办厂	15
12.25	墨脱的希望	15
12.30	带兵的人	15

（新影厂提供）

1999年中央新闻纪录电影制片厂制作和播出《名段欣赏》一览表

播出日期（月、日）	剧种	剧目	时长（分）
1.2	昆曲	桃花扇·题画·沉江	15
1.3	京剧	四郎探母、武家坡	15
1.5	豫剧	抬花轿·梳妆	15
1.9	黄梅戏	断桥、公主与皇帝	15
1.10	京剧	陈三两、英台抗婚	15
1.12	晋剧	算粮、大登殿	15
1.16	越剧	孟丽君·风画像、宝玉夜祭	15
1.17	京剧	监酒令、群英会	15
1.19	豫剧	南阳关、三哭殿	15
1.23	川剧	西关渡	15
1.24	京剧	祭江、母女会	15
1.26	评剧	朱痕记、谢瑶环	15
1.30	黄梅戏	牛郎织女、天仙配·织绢	15
1.31	京剧	朱仙镇、打龙袍、行路训子	15
2.2	晋剧	花烛恨	15
2.6	锡剧	孟姜女	15
2.7	京剧	捉放曹、青风亭	15
2.9	河北梆子	武松杀嫂	15
2.13	黄梅戏	山伯临终、满工对唱、龙归大海	15
2.14	京剧	太真外传	15
2.16	评剧	花为媒、凤还巢、向阳商店	15
2.20	玉溪花灯	白龙泉	15

续表

播出日期（月、日）	剧种	剧目	时长（分）
2.21	京剧	蒋干盗书、连升店	15
2.23	豫剧	秦香莲	15
2.27	黄梅戏	十八相送	15
2.28	京剧	红楼二尤、鞍驿、红娘、桃花村	15
3.2	京剧	摘缨会、举鼎观画	15
3.6	评剧	刘云打母、棒打薄情郎	15
3.7	京剧	洛神、春秋配	15
3.9	京剧	红线盗盒	15
3.13	豫剧	麻风女·赶路、抬花桥·提亲	15
3.14	昆曲	水浒传·借茶、结梨记·醉皂	15
3.16	京剧	游六殿	15
3.20	越剧	真假驸马、紫玉钗	15
3.21	京剧	杨门女将·巡营	15
3.23	京剧	铁弓缘·行路、百花公主·赠剑	15
3.27	黄梅戏	打金枝	15
3.28	京剧	孝义节、行路训子	15
3.30	京剧	祝英台抗婚、春闺梦	15
4.3	扬剧	百岁挂帅、挑帘	15
4.4	昆曲	见都、罢宴、扫松	15
4.6	黄梅戏	女驸马、天仙配	15
4.10	京剧	穆桂英·告庙、铁弓缘·长亭明志	15
4.11	评剧	棒打薄情郎、鸳鸯谱	15
4.13	黄梅戏	王熙凤与尤二姐	15
4.17	昆曲	燕子笺·狗洞	15
4.18	豫剧	大祭桩·哭楼	15

续表

播出日期(月、日)	剧种	剧目	时长(分)
4.20	湘剧	访东京、马陵道	15
4.24	丝弦	李天保吊孝、宗泽与岳飞	15
4.25	越剧	西厢记、钗头凤、祥林嫂	15
4.27	川剧	招安恨·盼弟·劝弟	15
5.1	黄梅戏	佘太君抗婚	15
5.2	昆曲	义侠记·游街	15
5.4	白剧	白月亮白姐姐(一)	15
5.8	京剧	文昭关	15
5.9	昆曲	疗妒羹·题曲	15
5.11	龙江剧	荒唐宝玉	15
5.15	黄梅戏	风尘女画家、夫妻观灯	15
5.16	扬剧	鸿雁传书	15
5.18	京剧	定军山、鱼肠剑、捉放曹	15
5.22	黄梅戏	小乔与大乔	15
5.23	川剧	毛延寿奔番	15
5.25	湘剧	白兔记·打猎	15
5.29	黄梅戏	莫愁女	15
5.30	京剧	打登州、文昭关	15
6.1	龙江剧	双锁山	15
6.5	锡剧	南归记	15
6.6	黄梅戏	吴天寿观书、金玉奴	15
6.8	京剧	沙桥饯别、大保国	15
6.12	黄梅戏	公主与皇帝、王熙凤与尤二姐	15
6.13	锡剧	珍珠塔·跌雪	15
6.15	白剧	白月亮与白姐姐(二)	15

续表

播出日期(月、日)	剧种	剧目	时长(分)
6.19	黄梅戏	天仙配	15
6.20	京剧	三娘教子、诗文会	15
6.22	川剧	别宫出征、三娘教子	15
6.26	龙江剧	木兰传奇	15
6.27	京剧	碰碑	15
6.29	越剧	双烈记·夸夫、西厢记·寄书、红楼梦·焚稿	15
7.3	湘剧	琵琶记	15
7.4	黄梅戏	龙女、红楼梦·晴雯	15
7.6	京剧	大保国、贺后骂殿、让徐州	15
7.10	晋剧	梁祝·送兄	15
7.11	豫剧	风流才子、情断状元楼、秦雪梅	15
7.13	京剧	白帝城、捉放曹	15
7.17	评剧	花为媒、乾坤带	15
7.18	豫剧	春秋出个姜小白、花木兰·思家	15
7.20	京剧	文昭关	15
7.24	评剧	凤还巢·洞房、三看御妹·降香	15
7.25	京剧	宋江题诗	15
7.27	晋剧	孔雀东南飞·洞房、梁祝·楼台会	15
7.31	评剧	红楼梦·葬花、红楼梦·焚稿	15
8.1	京剧	卧龙吊孝	15
8.3	越剧	沙漠王子、索妻	15
8.7	豫剧	穆桂英挂帅、香囊记、秦雪梅	15
8.8	京剧	法场换子	15
8.10	评剧	秦香莲·琵琶词·见皇姑	15
8.14	黄梅戏	李清照、蓝桥会、女驸马、天仙配	15

续表

播出日期（月、日）	剧种	剧目	时长（分）
8.15	京剧	龙凤呈祥、汾河湾	15
8.17	越剧	画龙点睛、红楼梦、何文秀	15
8.21	黄梅戏	天仙配·催归、牛郎织女、孟姜女	15
8.22	京剧	洪羊洞、文昭关	15
8.24	京剧	宝马圆情、大登殿	15
8.28	婺剧	西施泪·思乡、王昭君·出塞	15
9.7	京剧	岳飞夫人、谢瑶环	15
9.10	京剧	膏药章、徐九经升官记、乌盆记	15
9.14	豫剧	桃花庵、三哭殿	15
9.17	京剧	法门寺、三家店	15
9.21	昆曲	牡丹亭·游园·寻梦	15
9.26	京剧	法门众生相	15
9.28	沪剧	我心握你手、永恒的旋律	15
10.1	京剧	桃花村、沧海作证、燕燕	15
10.5	越剧	梨园天子、劈山救母	15
		双烈记、西厢记	15
10.8	京剧	探皇陵、锁五龙	15
10.12	沪剧	游子、今日梦圆、生日祝福	15
10.15	豫剧	盘夫索夫·盘夫、蝴蝶杯·藏舟	15
10.19	京剧	祭江、王昭君	15
10.22	越剧	莫愁女·游湖	15

续表

播出日期（月、日）	剧种	剧目	时长（分）
10.26	昆曲	牡丹亭·惊梦·离魂	15
10.29	沪剧	雷雨·四凤独叹、姐妹俩·辛蓉写信	15
11.2	京剧	赵氏孤儿、淮河营、三家店	15
11.5	越剧	柳毅传书·惜别	15
11.9	京剧	坐寨盗马、赵氏孤儿、姚期	15
11.12	越剧	汉宫怨、秀才遇仙记、莫愁女	15
11.16	豫剧	大祭桩·哭楼	15
11.19	京剧	赵氏孤儿、三娘教子	15
11.23	越剧	玉蜻蜓、碧玉簪、八女投江	15
11.26	豫剧	包青天、见皇姑、包公坐监	15
11.30	京剧	荒唐泪	15
12.3	豫剧	杀狗惊妻、卖苗郎	15
12.7	豫剧	秦雪梅·吊孝	15
12.10	越剧	柳毅传书、侯门之女、穆桂英挂帅	15
12.14	京剧	哭灵	15
12.17	花鼓戏	祥林嫂、沙家浜、打铜锣	15
12.18	京剧	铁弓缘、断桥	15
12.28	昆曲	烂柯山·痴梦、艳云亭·痴诉	15
12.31	京剧	廉锦枫、宇宙锋	15

（新影厂提供）

1999年北京科学教育电影制片厂制作和播出《科教片之窗》节目一览表

播出时间（月、日）	片　名	时长（分）
1.8	秸秆化作神奇火	15
1.15	大脑潜能之一:教育	15
1.22	大脑潜能之二:康复	15
1.29	金刚石与金刚石膜	15
2.5	吉林雾凇	15
2.12	低温世界	15
2.23	岛屿生态　珊瑚礁生态	30
2.24	干燥陆地的生态　红树林生态	30
2.25	热带雨林生态　雨林中的鸟	30
2.26	濒危的珍稀动物——树袋熊、沙岛世界、拓展训练	45
3.1	遥远的陆地　科学与南极	30
3.2	生命在南极	15
3.5	低温稻田地膜覆盖湿润栽培高产技术	15
3.6	己卯年话兔	15
3.12	川东山水孕榨菜	15
3.19	漫话狮子座流星雨	15
3.26	谐波传动	15
4.2	天气、气候与健康	15
4.9	化学除草	15
4.16	无形的杀手——煤矿瓦斯	15
4.23	煤尘爆炸及其危害	15

续表

播出时间（月、日）	片　名	时长（分）
4.30	良种包衣	15
5.7	耕云播雨影响天气	15
5.14	果树的指纹	15
5.21	条码世界	15
5.28	啊！三角形	15
6.1	圆·圆环	15
6.4	生物琥珀	15
6.11	向高速化发展的铁路运输	15
6.18	海洋石油	15
6.25	雷电	15
7.2	副热带高压与我国天气气候	15
7.9	亚洲最大的飞机库	15
7.12	生物多样性忧思录　(1)多样与单一	15
7.14	生物多样性忧思录　(2)开发多样性	15
7.16	真空减压保鲜贮藏技术	15
7.21	生物多样性忧思录　(3)挽救多样性	15
7.24	光纤	15
7.25	生物多样性忧思录　(4)可持续发展	15
7.27	火星——一颗充满诱惑的行星	15
7.28	火星——火星生命的探索与开发	15
7.29	木星——袖珍太阳系	15
7.30	揭开赤潮的面纱	15
7.31	木星——天体大碰撞	15
8.4	鹤在世界旅行	15
8.6	创新系列片之一:分析国内现状、还大海一片蔚蓝	30
8.11	创新系列片之二:透视国际背景	15

续表

播出时间(月、日)	片　　名	时长(分)
8.13	创新系列片之三：明确创新的概念、从天体“大十字“讲起	30
8.18	创新系列片之四：认清创新的主体	15
8.20	创新系列片之五：科技领头、远离二恶英	30
8.25	创新系列片之六：体制改革面向市场	15
8.27	丹顶鹤在中国	15
8.30	创新系列片之七：自主的知识是创新的源泉	15
9.1	创新系列片之八：人才素质决定胜负	15
9.3	创新系列片之九：营造整体创新环境、计算机辅助设计	30
9.10	计算机辅助设计与辅助制造	15
9.17	濒危神秘的两栖动物——镇海棘螈	15
9.24	DNA与基因工程	15
10.15	“软黄金”与“试金石”	15

续表

播出时间(月、日)	片　　名	时长(分)
10.22	细菌与人体消化系统	15
10.29	电脑黑客	15
11.5	水晶	15
11.12	黄土高原与生态农业	15
11.19	漫话服装面料	15
11.26	风洞——飞行器的摇篮	15
12.3	种好冬暖型大棚蔬菜	15
12.10	大洋探宝	15
12.17	山那边有一群猴	15
12.24	黄土高原探秘	15
12.31	转基因动物	15
合计		1200

（科影厂提供）

1999年中央电视台首播中国电视剧制作中心电视剧一览表

剧　　名	时长(分)	播出日期	导　演	制片人	频　　道
天下财富	50×20	2.18	周　寰	王　璞	2频(一套)
魂系梨园	50×8	1.23	潘　霞	潘　霞	8频(二套)
西线铁骑兵	50×2	1.18	张志国	甘昌时	2频(一套)
官井	50×2	2.23	张绍林	张绍林	2频(一套)
好好过日子	50×18	3.5	陈　力	缪建行	8频(二套)
昆仑女神	50×8	3.16	宁海强	金　萍	29频(八套)
我要做好孩子	50×15	3.18	刘艳臣	刘艳臣	29频(八套)
梨花情	50×5	4.6	王志强	王志强	2频(一套)
战国	50×32	4.6	闫建刚	靳雨生	8频(二套)
有这样一条船	50×2	4.11	陈　杰	陈　杰	29频(八套)
母亲	50×17	4.15	雷献禾	李治安	29频(八套)

续表

剧　　名	时　长（分）	播出日期	导　演	制片人	频　　道
飞来飞去	50×2	4.13	张绍林	张绍林	29频（八套）
实习生的故事	50×10	4.6	延　艺	延　艺	29频（八套）
二丫来队	50×2	3.24	李禹龙	向　兵	8频（二套）
苦菜花	50×4	4.13	袁牧女	缪建行	29频（八套）
合家欢	50×2	4.9	徐纪宏	孙雪萍	29频（八套）
啼笑因缘	50×12	4.15	胡连翠	胡连翠	29频（八套）
战士日记	50×2	4.14	高　赛	高　赛	29频（八套）
花儿四季	50×4	5.9	王维光	王慧春	2频（一套）
李克农	50×19	8.2	郗晓	郝恒民	2频（一套）
中国命运的决战	50×30	9.21	王　进	马润生	2频（一套）
代理妈妈	50×2	9.30	朱晓渝	朱晓渝	8频（二套）
闻一多	50×6	11.19	高群书	许德忠	8频（二套）
澳门的故事	50×27	12.3	潘　霞	尤世军	2频（一套）
侯爷	50×4	12.21	李野墨	李野墨	8频（二套）

（中国电视剧制作中心提供）

1999年中央电视台重播中国电视剧制作中心电视剧一览表

剧　　名	时　长（分）	播出日期	导　演	制片人	频　　道
傍海人家	50×16	1.8	王志强	刘晓航	2频（一套）
水浒传	50×43	2.11	张绍林	张纪中	江苏（卫星节目）
家有小丑	50×6	2.12	延　艺	金　萍	29频（八套）
魂系梨园	50×8	2.20	潘　霞	潘　霞	29频（八套）
魂系梨园	50×8	4.8	潘　霞	潘　霞	32频（四套）
只要你过得比我好	50×10	5.3	王　静	李治安	29频（八套）
合家欢	50×2	4.13	徐纪宏	李治安、孙雪萍	2频（一套）
官井	50×2	6.10	张绍林	张绍林	8频（二套）
好好过日子	50×18	6.9	陈　力	缪建行	8频（二套）
好好过日子	50×18	6.9	陈　力	缪建行	32频（四套）

续表

剧　　名	时　长（分）	播出日期	导　演	制片人	频　　道
昆仑女神	50×8	8.17	宁海强	金　萍	2 频(一套)
实习生的故事	50×8	7.16	延艺	延艺	29 频(八套)
傍海人家	50×16	7.5	王志强	刘晓航	2 频(一套)
我要做好孩子	50×15	8.28	刘艳臣	刘艳臣	29 频(八套)
梨花情	50×5	8.18	王志强	王志强	浙江台
啼笑因缘	50×12	8.30	胡连翠	胡连翠	8 频(二套)
李克农	50×19	10.19	都　晓	郝恒民	32 频(四套)
昆仑女神	50×8	10.7	宁海强	金　萍	32 频(四套)
李克农	50×19	10.27	都　晓	郝恒民	8 频(二套)
合家欢	50×2	10.25	徐纪宏	孙雪萍	29 频(八套)
中国命运的决战	50×30	11.12	王　进	马润生	29 频(八套)
十七岁不哭	50×10	11.8	王　静	李治安	29 频(八套)
中国命运的决战	50×30	11.15	王　进	马润生	32 频(四套)
我要做好孩子	50×15	12.1	刘艳臣	刘艳臣	29 频(八套)
人间正道	50×26	12.3	潘小扬	潘小扬、翁道才	29 频(八套)
飞来飞去	50×2	12.21	张绍林	杜景林	29 频(八套)
澳门的故事	50×27	12.28	潘　霞	尤世军	32 频(四套)

（中国电视剧制作中心提供）

1999 年中央电视台新闻节目大型直播活动统计表

首播时间（月、日）	节　目　名　称
1.1	“走入 1999”元旦升旗仪式现场直播
1.24	“巨型空探气球”放飞现场直播
3.25	“北约开始空袭南联盟”现场直播
3.26，3.27，4.3	重庆綦江虹桥垮塌案庭审直播
4.30	’99 昆明世界园艺博览会开幕式
5.1	’99 昆明世界园艺博览会开园式

续表

首播时间（月、日）	节　目　名　称
8.23	第 22 届万国邮政联盟大会开幕式
9.18	“两弹一星”表彰大会现场直播
9.22	人民政协成立 50 周年纪念大会
9.27	’99 上海《财富》论坛开幕式
9.30	庆祝中华人民共和国成立 50 周年国庆招待会
10.1	首都各界庆祝中华人民共和国成立 50 周年国庆大会
12.11	穿越张家界天门特技飞行表演现场直播
12.19～20	澳门回归特别报道
1999.12.30～2000.1.1	“相逢 2000 年”特别报道

（新闻节目中心提供）

1999 年中央电视台“心连心”艺术团慰问演出活动一览表

节目名称	演出日期（月、日）	演出地点	慰问对象	观众人数	领 队	撰稿人	策划人	导 演	制片人	主持人	播出日期（月、日）
飞向太空的赞歌	1.31	西昌卫星发射基地	科技人员、当地少数民族	万人以上	赵 安	王荣起	赵 安 王洗平	王洗平	王洗平	朱 军 孙晓梅 周 涛	2.6
情系太行	5.16	山西省左权县	老区人民	万人以上	赵 安	王荣起	赵 安	胡 森	胡 森	赵忠祥 周 涛	5.23
情深谊长	6.23	云南省禄劝彝族苗族自治县	各族人民群众	约万人	张长明	徐小帆 胡迎节	王志军 邹友开	王志军	郝宝智	刘 璐 施 翌 朱 军 周 涛	7.4
同心唱祖国	7.14	西藏自治区拉萨市	藏族及其他群众	万人以上	赵 安	王荣起	赵 安	王宪生	王洗平	朱 军 倪 萍	7.18
心连心文艺晚会	11.16	中南海怀仁堂	参加全国经济工作会议代表	约 2000 人	赵 安	王荣起	赵 安	胡 森	胡 森	赵忠祥 倪 萍	12.2

（文艺节目中心提供）

1999 年中央电视台大型文艺晚会播出(直播、录播)一览表

播出日期(月、日)	晚会名称	地点	撰稿人	策划人	导演	主持人
1.25	春潮颂——纪念党的十一届三中全会 20 周年文艺晚会	人民大会堂	任志萍 刘 麟	曾庆淮、田军利 赵化勇、陆文虎	王洗平	鲍国安 陶 红
2.15	'99 春节联欢晚会	中央电视台 1 号演播厅	阎 肃	阎 肃、邹友开 张 超、徐小帆	刘铁民、朱 彤 黄海涛、陈雨露 周晓冬	赵忠祥、倪 萍 周 涛、朱 军 崔永元、姜 丰
2.15	春天的聚会——'99 春节歌舞晚会	深圳	王晓岭 王戈洪	赵 安、张晓海 王宪生	王宪生	—
2.18	'99 正月正晚会	北京	汪文华	王 晓	汪文华	汪文华
2.20	维也纳兔年新春音乐会	维也纳	云 剑	赵 安	董长武	司晓红
3.2	群狮欢歌贺太平—'99 元宵晚会	南海影视基地	张 超 朱 海	赵 安 朱 海	张晓海	李 萍 姜 丰、张 政
4.5	非常可乐杯我最喜爱的春节联欢晚会节目评选颁奖晚会	中央电视台 1 号演播厅	阎 肃	阎 肃、邹友开 张 超、徐小帆	刘铁民、朱 彤 黄海涛、陈雨露 周晓冬	赵忠祥、倪 萍 周 涛、朱 军 崔永元、姜 丰
5.1	我们走在大路上——"五一"文艺晚会	中国剧院	赵大鸣	邢时苗、陈临春	陈临春	朱 军、李素丽
5.4	青春之歌——纪念五四运动 80 周年文艺晚会	工人体育馆	任卫新	赵 安 高 峰	王洗平	瞿弦和、姜 丰 朱 军、刘小娜

续表

播出日期（月、日）	晚会名称	地点	撰稿人	策划人	导演	主持人
6.8	人民的好记者——中国新闻界弘扬爱国、敬业、奋进、奉献精神专题晚会	中央电视台1000平方米演播厅	任卫新	赵　安 王宪生	王宪生	赵忠祥 倪　萍
7.1	伟业照千秋	中国剧院	赵大鸣	赵　安、赵大鸣 王　举、王　群	陈雨露	—
9.22	大道行——庆祝人民政协成立50周年文艺晚会	北京全国政协礼堂	贾清云	曹　勇 金　越	金　越	—
9.15	新时代乐章——精神文明建设“五个一工程”获奖歌曲演唱会	京西宾馆礼堂	宋小明	降巩民、张海琴	王冼平	赵忠祥 倪　萍
9.28	祖国颂——庆祝中华人民共和国成立50周年大型文艺晚会	人民大会堂	阎　肃 刘　麟 任志萍	刘　鹏、潘震宙 赵化勇、曾庆淮	赵　安、陈维亚	赵忠祥、倪　萍 朱　军
10.1	庆祝中华人民共和国成立50周年联欢晚会	天安门广场	朱　海	张　超	张晓海	周　涛、姜　丰 李　萍、孙晓梅 张　政、司晓红
10.13	我的祖国——新中国50周年优秀歌曲演唱会	北京音乐厅	—	刘　鹏、李　牧 张华山、钱　程	董长武	乔　榛、丁建华
10.20	克里姆林宫大型音乐歌舞晚会	莫斯科克里姆林宫	蒋　力 陈念祖	赵　安、孙健君	王冼平	司晓红
12.1	共有的家园——’99中国世界园艺博览会闭幕式文艺晚会	昆明世博园	阎　肃 苑文刚	左　青、王　晓 白志群、姚　尧	白志群	张　政、丁雨萍
12.20	澳门你好——北京市人民迎接澳门回归祖国联欢晚会	中国历史博物馆前广场	云　剑	毕启亮、王　宁	董长武	瞿弦和、司晓红 赵　宁、阚丽君
12.21	中华日月明	首都体育馆	韩静霆	路健康	王冼平	赵忠祥、苏香玫 濮存昕、余　声

（文艺节目中心提供）

1999年中央电视台经费收支概况一览表

单位：元

财政补助收入	23150000.00
事业收入	4295459159.91
支出合计	3939857549.04

（财经办公室提供）

三、中央电视台队伍构成概况

1999年中国中央电视台各系统在职人员人数统计

单位：人

名　称	人数	占全台总人数的百分比(%)
党政系统	400	9.7
采编播系统	1547	37.4
技术系统	623	15.1
经营系统	128	3.1
中国电视剧制作中心	331	8.0
中央新闻纪录电影制片厂	590	14.3
北京科学教育电影制片厂	512	12.4
合　计	4131	100

（人事办公室提供）

1999年中央电视台在职人员各类专业技术职务统计

单位：人

级　别	专业技术职务	人　数
高级	高级记者	19
	高级编辑	58
	译审	5
	播音指导	6
	高级工程师(教授级)	8
	一级文学编辑	1
	一级录音师	1
	合　计	98

续表

级　别	专业技术职务	人　数
副高级	主任记者	54
	主任编辑	190
	主任播音员	12
	副译审	17
	高级会计师	11
	副研究馆员	3
	高级工程师	145
	高级经济师	9
	高级审计师	1
	副主任医师	1
	二级导演	3
	二级录音师	7
	主任技师	6
	二级摄影师	2
	合　　计	461
中级	编辑	342
	翻译	28
	一级播音员	33
	会计师	23
	统计师	3
	经济师	33
	工程师	181
	馆员	19
	三级导演	7
	三级灯光师	4
	三级录音师	27
	三级美术师	17
	技师	28
	记者	53

续表

级　别	专业技术职务	人　数
中级	主管药剂师	1
	审计师	1
	三级摄影师	8
	合　计	808
初级	各类初级专业技术职务	178

（人事办公室提供）

1999年中国电视剧制作中心在职人员各类专业技术职务统计

级　别	专业技术职务	人　数
高级	高级编辑	2
	一级编剧	3
	一级文学编辑	3
	一级音乐编辑	2
	一级导演	9
	一级演员	3
	一级摄影师	2
	一级美术设计师	1
	合　计	25
副高级	二级文学编辑	14
	二级音乐编辑	1
	二级导演	11
	二级剪辑师	1
	二级演员	12
	二级摄影师	5
	二级美术设计师	3
	二级录音师	8

续表

级 别	专业技术职务	人 数
副高级	高级经济师	13
	高级工程师	15
	高级会计师	1
	主任灯光技师	5
	主任服装技师	1
	主任化妆技师	1
	合 计	91
中级	三级文学编辑	8
	三级导演	15
	三级剪辑师	1
	三级场记	5
	三级演员	8
	三级摄影师	4
	三级美术设计师	6
	三级录音师	3
	灯光技师	7
	服装技师	6
	化妆技师	3
	经济师	8
	工程师	23
	会计师	7
	编辑	1
	馆员	3
	合 计	108
初级	各类初级专业职务	46

（中国电视剧制作中心提供）

1999年中央新闻纪录电影制片厂在职人员各类专业技术职务统计

级 别	专业技术职务	人 数
高级	高级记者	8
	一级作曲	2
	一级美术师	1
	播音指导	1
	合 计	12
副高级	主任记者	37
	主任编辑	2
	主任播音员	1
	副译审	2
	二级录音师	4
	二级剪接师	6
	二级特技摄影师	2
	二级美术设计师	1
	高级工程师	4
	高级政工师	1
	主任技师	3
	音响效果主任技师	2
	副主任医师	2
	高级经济师	1
	合 计	68
中级	记者	81
	工程师	10
	经济师	6
	会计师	7

续表

级别	专业技术职务	人数
中级	统计师	1
	政工师	4
	三级特技摄影师	3
	三级美术设计师	4
	化妆技师	1
	三级录音师	5
	三级剪接师	2
	主任护师	1
	技师	24
	馆员	6
	合　计	155
初级	各类初级专业技术职务	74

（新影厂提供）

1999年北京科学教育电影制片厂在职人员各类专业技术职务统计

单位：人

职称	专业职务	人数
高级	一级导演	3
	一级摄影师	3
	一级美术师	1
	一级录音师	1
	高级工程师（教授级）	1
	合　计	9
副高级	二级文学编辑	3
	二级导演	29
	二级演员	1

续表

职称	专业职务	人数
副高级	二级摄影师	18
	二级美术师	7
	二级录音师	2
	二级剪辑师	1
	二级配音演员	1
	高级工程师	2
	高级经济师	3
	中学高级教师	1
	高级政工师	5
	主任技师	5
	合　计	78
中级	三级文学编辑	5
	三级音乐编辑	1
	三级导演	28
	三级摄影师	34
	三级美术师	25
	三级录音师	3
	三级剪辑师	1
	一级播音员	1
	主治医师	1
	工程师	8
	经济师	16
	会计师	8
	统计师	1
	化妆师	1
	技师	27
	馆员	4
	合　计	164
初级	各类初级职务	119

（科影厂提供）

20. 大事记

1999年中央电视台大事记

一 月

1月1日 中央电视台一、四套节目6:30－8:30并机播出《走入一九九九》元旦升旗大型直播报道。该报道以现场直播黑龙江乌苏镇、西沙永兴岛、上海外滩、深圳大剧院、湖北监利移民新村、北京天安门广场(按升旗时间顺序)六个地点的升挂国旗仪式，及新疆红其拉甫山口、西藏布达拉宫广场、南极冰盖等三个地方的升旗报道为主线，展示历史中国、现实中国及未来中国。

1月1日 经过半个多月的紧张筹备，海外节目中心对台部与台湾TVBS联合录制的元旦特别节目——卫星双向访谈《'99两岸暨亚洲经济展望》，于元旦当晚由TVBS在台湾现场直播成功，并分别于2日、3日分三个时段在中央电视台第四套节目中录像播出。台湾《大成报》以《TVBS两岸直播突破禁区》为题评论说："三通未通，电视先通！"

1月2日 第二届京剧节开幕式暨1999年新年京剧晚会在中央电视台一套播出后，受到中央领导和观众的广泛赞誉。文化部部长孙家正特意请文化部艺术司司长王文章转告晚会编导：江泽民等中央领导同志对晚会十分满意，朱镕基总理在观看京剧《赤桑镇》包公的演唱时，感动得落了泪。

1月7日 中国国际电视总公司召开第一届董事会第三次会议，董事会成员杨伟光、赵化勇、刘宝顺、贾文增、胡恩、罗明等出席会议，会议听取了李培森总经理所作的《中国国际电视总公司1998年运行情况》的报告，审议通过了《总公司1998年工作报告和1999年工作计划》。

1月10日 中央电视台赴伊拉克报道组在圆满完成预定任务后返回北京。中央电视台记者介入国际重大新闻事件的现场进行采访，已经引起国际新闻界，尤其是西方传媒的广泛关注。小分队在战火中的伊拉克共发回各类新闻26条，其中在《新闻联播》中播出10条，并在《东方时空》栏目中播发了一个专题。

1月10日 中央电视台《焦点访谈》栏目播出《药品过期良心变质》节目，反响强烈。朱镕基总理在全国再就业会议上要求吉林省领导妥善解决当地过期药品流入市场的问题。国家医药管理局也在节目播出后派出专门调查组赶赴出事地点了解情况，同时向全国发出通知，要求在2月底以前完成对过期、失效药品的清查工作。

1月12日 根据广电总局《关于1998年度干部考核的通知》精神，中央电视台领导进行述职。述职会上，广电总局人事司司长雷元亮宣布了广电总局党组的人事任命：任命张长明同志为中央电视台副台长、分党组成员，免去其中央人民广播电台副台长职务。

1月12日 《焦点访谈》以《乡"理"抗国法》为题，报道了湖南省桃源县热市镇政府截留税款及镇属三座水泥厂偷逃税款、抗拒税法的调查。次日，在全国税收工作会议上，国务院副总理李岚清以此为例，说明新闻监督对改善税收执法环境的重要意义。

1月15日 中央电视台召开1998年秘书工作总结会。全台各中心综合部主任和各部门秘书80余人参加会议。

1月16日 江泽民总书记在看完当天《晚间新闻》播出的一组有关非法制作的劣质承压锅炉爆炸事件的报道后，立即给国家经贸委主任盛华仁打电话："我刚才从电视上看到宁夏回族自治区发生锅炉爆炸事故的消息，心里很是不安。像锅炉这类压力容器，它的质量好坏，直接关系到国家财产和群众生命安全，切不可稍有疏忽。国家经贸委是管安全生产的，对锅炉这种产品，从制造到安装，每一环节都必须进行严格的质量检验，不合格的绝不允许出厂和使用。运行中的锅炉，也必须定期严格检查，及时发现和消除隐患，防患于未然。几十年前我们就是这么做的，现在有些制度松弛了，不那么严格了，这是非常危险的。人命关天的事，一定要慎之又慎，确保万无一失。希望你们对安全生产问题认真进行检查和总结，从发生的事故中吸取深刻的教训，切实加强和改进这方面的工作。”国家经贸委和国家技术监督局随后发布了《关于加强锅炉、压力容器管理的紧急通知》，全国技术监督部门开始对锅炉、压力容器的安全使用情况进行大检查。

1月19～21日 中国广播电视学会和中央电视台社教节目中心联合举办了50集系列纪录片《中国人》评奖活动。《中国人》是为了纪念改革开放20年和国庆50周年，由中央电视台《地方台30分钟》栏目联合全国地方台共同推出的。节目力求展现改革开放20年和新中国50年来的突出人物，反映社会生活中优美感人的真实故事。经评选，《农民潘根大》、《心灵的肖像》、《乌蒙赤子》、《张瑞敏与海尔龙》等获得该系列节目一等奖。

1月20日 广告经济信息中心召开′99广告政策暨第二套经济栏目广告演示说明会，来自企业界、广告代理公司的600多名代表参加了会议。

1月22日 中央电视台《吉祥九九》1999年春节戏曲晚会在1000平方米演播厅录制。中共中央政治局常委、全国政协主席李瑞环亲临现场。

1月23日 中共中央政治局委员、书记处书记、中宣部部长丁关根在中央电视台一号演播厅看望了正在加紧排练春节联欢晚会节目的编、导、演和全体工作人员，向大家表示亲切慰问，并预祝晚会取得成功。

1月26日 总编室研究处组织了题为“剧中心′98电视剧撷英”的赏析活动，邀请中国文联副主席李准、中国电视艺术委员会副主任仲呈祥、著名表演艺术家严顺开等，围绕剧中心1998年推出的《水浒传》、《人间正道》、《秋》及《十七岁不哭》4部获奖作品进行评析。

1月27日 中央电视台工会召开全体委员会议，部署开展“送温暖”工作。会议还宣布了调整后的台“帮困基金委员会”组成人员。台帮困基金委员会主任由刘宝顺副台长担任，委员有南玉敏、许二春、杨沛德、任海等。

1月29日 中央电视台海外节目中心对台部召开《′99两岸暨亚洲经济展望》节目研讨会。中央外宣办六局局长田进、国台办新闻局局长张铭清等有关单位领导和专家30多人出席了研讨会。

1月31日 中央电视台“心连心”艺术团赴我国著名的航天城——西昌卫星发射中心慰问演出。

1月 新闻节目中心社会新闻部成立的“聚焦太湖”报道组，在1998年底开始的近一个月中，对太湖流域污染源达标排放工作进行了连续报道。据国家环保总局局长解振华告诉记者，朱镕基总理在三峡视察期间，每天都收看中央电视台有关太湖治污的新闻报道，并要求国家环保总局督促各级环保部门加大执法力度，同时通过环保总局对中央电视台的报道提出表扬。“聚焦太湖”报道组先后有近20人次赴太湖流域采访，共制作播出新闻46条。

1月 中央电视台新闻节目中心连续追踪江西特大猪油中毒事件，播出了《江西发生特大猪油中毒事件》、《深圳查获加工工业猪油地下窝点》、《新闻背景——食用猪油与工业猪油》等10多条连续报道，引起了社会广泛关注。《新闻30分》播出相关节目后，国务院总理朱镕基、副总理吴邦国对这起中毒事件的后续处理做了重要批示。香港翡翠电视台也转播了中央电视台的报道。

1月 新年伊始，《经济半小时》栏目制作的30分钟报道《为了增收1000亿》，真实再现了1998年我国税务人员为圆满完成国家部署的税收增收1000亿元目标而进行的艰辛努力。节目播出后，国务院副总理李岚清、财政部部长项怀诚对《为了增收1000亿》节目给予好评。

二　月

2月3日 中央电视台召开′99春节联欢晚会新闻通气会，向来自全国70多家新闻媒体的记者通报了三台晚会的有关情况。

2月4日 中央电视台召开处以上干部会。广电总局副局长李树文、中组部党政外事局副局长田敏宣读了中共中央、国务院、中组部、中共广电总局党组关于赵化勇、杨伟光职务任免的通知。根据通知，赵化勇任中共广电总局党组成员、中央电视台台长、分党组书记；杨伟光不再担任中共广电总局党组成员、中央电视台台长、分党组书记职务。

2月5日 中国人民解放军总政治部宣传部部长秦怀保、副部长熊焰一行5人，来台感谢中央电视台一年来深入开展军事报道，大力弘扬人民解放军全心全意为人民服务的无私奉献精神。秦怀保少将对中央电视台在过去的一年里为热情讴歌抗洪精神，全面展示解放军在抗洪抢险斗争中的英姿风貌，积极宣传我军将士卫国戍边的英雄事迹而做的大量工作表示感谢。李东生副台长感谢解放军总政治部对中央电视台军事宣传的大力支持，并就继续协力做好1999年各项重大宣传报道工作提出建议。

2月6日 中央电视台′99年春节联欢晚会第一次彩排在一号演播厅举行。

2月7日 由中央组织部、中央宣传部、中央统战部、科技部、人事部、广电总局联合主办的1999年春节慰问专家学者文艺演出在中央电视台一号演播厅举行。

2月8日 广电总局副局长张海涛及科技司有关领导来台检查春节期间技术系统工作，对春节期间的技术保障工作给予好评。

2月9日 中央电视台组织春节联欢晚会部分节目参加国务院机关春节团拜会文艺演出。朱镕基、李岚清、吴邦国、温家宝、罗干、迟浩田、吴仪、王忠禹等领导同志及国务院机关的工作人员观看了演出。朱镕基总理评价节目："演出很好，很精彩，很有新意。请向春节晚会剧组的全体演职员们转达我的良好祝愿。"

2月9日 国际频道节目开始在法国巴黎有线电视网播出，这是中央电视台节目首次进入法国有线电视网，也是华语卫星电视节目首次在欧洲城市有线网落地。中国驻法国大使吴建民、法国视听最高委员会主席布尔日等中法嘉宾及华侨界和新闻界人士300余人出席了在巴黎举行的开播仪式。

2月11日 中宣部致电中央电视台，转达中宣部常务副部长刘云山对中央电视台宣传工作的肯定意见。认为中央电视台前一阶段对"百城万店无假货"和"三下乡"活动的报道很充分、有声势、有力度、有深度。

2月15日 1999年春节联欢晚会通过中央电视台一套、四套节目进行现场直播，并取得圆满成功。收视率达94.76%，其中87.03%的家庭自始至终观看了晚会，85.89%的家庭认为晚会办得好或较好。

2月22日 李岚清副总理就中央电视台1999年春节晚会作出指示：春节晚会我们全家从头到尾全看了。感谢全体演职人员的努力。当然，年年办晚会，群众的期望值越来越高，也是一件难办的事。不过我想群策群力，总是有办法的。祝你们在新的一年取得更大成绩。

2月23日 由中共中央宣传部理论局和中央电视台新闻中心联合制作的18集大型理论专题片《伟大的旗帜》在一套节目黄金时间播出。

2月24日 中央电视台召开"两会"报道动员会。赵化勇等台领导及来自全台各部门的"两会"报道人员260多人参加了大会。会议邀请全国人大副秘书长周成奎和全国政协副秘书长陈进玉介绍了1999年"两会"的日程安排和报道要求。

2月24日 在第三十九届蒙特卡洛国际电视节上，由中央电视台选送的《大官村里选村官》一片获得该电视节的女神银质奖。该片真实记录了发生在我国东北农村的一次村民委员会的选举过程，反映了1988年之后，随着《中华人民共和国村委会组织法》颁布试行后，我国农村基层民主建设的进程。

2月25～27日 中央电视台1999年工作会议在顺义培训中心召开。台内各部门和直属单位的170余名负责人参加。赵化勇台长在会上作了题为《增强政治意识、大局意识、责任意识，为改革开放和社会主义现代化建设服务》的报告，就本台全年工作进行部署。刘宝顺副台长在大会上作了题为《强化精品意识，加大管理力度，更好地发挥电视媒体的作用》的1998年中央电视台工作总结。闭幕会上，广电总局局长田聪明到会并讲话。

2月25～27日 全国对外宣传工作会议在北京召开。中央电视台海外中心新闻部、专题部、外语新闻部、联络部、技术部和新闻中心有关部门密切配合，宣传报道会议精神，制作了中、英文新闻节目和专题节目，在一、四套节目中向海内外播出，突出报道了江泽民总书记的讲话，全面介绍了改革开放20年来对外宣传取得的成绩，受到中央外宣办领导和与会代表的一致好评。

2月25～27日 首届全国电视体育节目主持人、播音员研讨会在京举行，来自全国30个省市级电视台的50多位代表出席了会议。

2月29日 中央电视台邀请在京参加全国对外宣传工作会议的各省级电视台台长来台座谈。赵化勇、刘宝顺、张长明、刘宜勤、李东生、罗明等台领导与各省台台长就如何进一步加强合作、共同促进中国电视事业的发展进行了广泛交流。

2月 国际频道已在119个国家和地区直接落地入网或入户，全世界共有9颗卫星的14个转发器传送国际频道的信号。国际频道在日本以"CCTV大富"频道开播后，收视户遍及日本全境，而且数量还在不断增加。

2月 为进一步规范演员、创作人员在中央电视台的演出活动，明确节目版权归属，中央电视台从本届春节联欢晚会开始，与演员和节目创作人员签订协议，确定版权使用原则和报酬标准。

2月 由中央电视台广告部组织创作的"支持就是力量"再就业系列公益广告，荣获第一届世界华文龙玺广告奖铜奖。来自新加坡、马来西亚、泰国、加拿大、美国以及中国内地、香港特别行政区、台湾省的1000多件作品参加了评奖。

2月 中央电视台纪检组、监察室召开台内专、兼职纪检监察干部会议。会议提出今年纪检监察工作的重点：学习十五大会议精神和邓小平理论，认真开展"三讲"教育，解决好旗帜问题、信念问题；领导集体要坚持党性原则,认真贯彻党风廉政责任制;纪检监察部门要认真监督、检查台属各部门执行政治纪律、宣传纪律的情况;继续查处大案要案,禁止有偿新闻,严禁用公款出境旅游、到风景区开会。严格监督、检查台内执行财经纪律的情况、会议开支和招待标准;执法、执纪部门的领导应以身作则,管好自己的配偶、子女及身边工作人员。

三　月

3月1日　根据美国驻华大使馆向外交部提出的申请,由外交部安排,美国国务卿奥尔布莱特一行下午2点访问了中央电视台。赵化勇台长与奥尔布莱特进行了礼节性会面。赵化勇台长介绍了中央电视台40多年来的发展历史,以及中央电视台与美国同行之间的合作情况,并强调了在新的社会形势下新闻工作的意义。奥尔布莱特认为中央电视台的工作很重要,向赵化勇台长表示了她个人的敬意。随后,台办室主任李晓明陪同奥尔布莱特参观了体育演播室、一号演播厅、主控机房、《新闻联播》演播室、《焦点访谈》演播室。奥尔布莱特对中央电视台节目的丰富性表示赞赏。奥尔布莱特在《焦点访谈》演播室询问了该栏目的选题、制作方式等问题。

3月2日　中央电视台召开1998年度工作总结表彰大会。广电总局党组副书记、副局长吉炳轩出席大会。台分党组书记、台长赵化勇在会上作1998年度工作总结报告,部署了1999年的工作。刘宝顺副台长宣布了表彰决定,广电总局领导和台领导为48个先进集体、52个先进个人、66个优秀栏目、120个优秀节目、9个优秀工程、22个电视节目录制技术质量、11个安全播出班组和50个优秀管理服务集体颁发了奖状和证书。

3月2日　中央电视台在南海影视城举行的'99元宵晚会《群狮欢歌贺太平》通过一、四套成功进行了现场直播。观众反映节目主题鲜明,气氛热烈,创意新颖,灯光美术的效果好,可视性强。

3月3日　中央电视台驻日本记者站的首席记者孙宝印、记者杨少波赴任。

3月3日　国家林业局和中央电视台《经济半小时》联合组织了依法治林宣传座谈会,全国人大环资委主任曲格平、国家林业局局长王志宝和高法、高检、公安部等部门有关领导及新闻单位代表参加。与会人员对中央电视台关于环境、资源保护的报道给予高度评价,并就如何通过舆论监督促进环保工作进行了探讨。

3月5日　中央电视台《今日说法》栏目记者采访了中央政治局委员、政法委书记罗干。罗干同志高兴地说:"我很赞成你们办这个栏目。这个栏目对全国普法教育都有作用,对可能犯罪的人也有警示作用,栏目对全社会产生了很好的效果。我看了多次,节目都很好,我向你们所有记者、编辑和技术人员表示感谢。"

3月5日　广电总局副局长张海涛和计财司司长刘以纯、副司长刘国良等来台听取中央电视台1999年推行成本核算工作的进展情况。对中央电视台几年来在财务管理上取得的成绩以及为推行成本核算所做的基础工作表示肯定,并就成本核算工作提出几点要求。

3月5日　为庆祝"三八"国际劳动妇女节,中央电视台工会联合召开了"巾帼风采"演讲暨表彰大会,共表彰先进集体24个,标兵63人。

3月6日　由中央电视台和中国羽协联合举办的'98摩托罗拉中国羽毛球天王挑战赛在北京结束。

3月8日　为庆祝西藏民主改革40周年,中央电视台海外中心《欢聚一堂》栏目录制特别节目《雪域欢歌——庆祝西藏民主改革40周年》晚会。西藏自治区领导陈奎元、热地、列确、拉巴平措,中央外宣办领导赵启正、李冰,广电总局局长田聪明,中央统战部二局局长朱晓明和台领导赵化勇、张长明、罗明等出席了晚会。

3月9日　广电总局副局长吉炳轩来台听取中央电视台海外节目中心工作汇报。赵化勇台长、张长明副台长和罗明副总编参加了汇报会。

3月12日　中央电视台精神文明建设委员会主任、副台长刘宝顺主持召开了精神文明建设委员会工作会议。

3月14日　丁关根同志收看了中央电视台《新闻联播》中播出的有关"中国京剧在意大利演出成功"的报道,给文化部领导打电话祝贺中国京剧院在意大利首场演出成功,并对中央电视台等新闻单位的及时报道给予肯定。

3月15日　中央电视台顺利完成了人大闭幕式和朱镕基总理出席中外记者招待会的直播任务。

3月15日　中央电视台"世纪阳光——3·15特别制作"专题晚会直播成功。全国人大常委会副委员长姜春云到现场观看了晚会,并对节目内容和质量给予了充分肯定。

3月16日　中央电视台一套节目播出了由社教节目中心专题部录制的《全国女检察官法庭论辩赛》。江泽民总书记看完节目,当晚打电话给出席论辩赛节目的全国人大常委会副委员长、全国妇联主席彭珮云,对这台节目给予肯定。他说,我刚刚看了中央电视台播放的女检察官论辩赛,参加比赛的女检察官们反应敏捷,业务熟练,而且都很年轻。我深为我国妇女的健康成长和在事业上取得的成就而感到高兴。这也反映出，我们抓司法队伍建设是有成绩的。看来，结合实际工作开展论辩比赛，对于促进学习知识，钻研业务，练习口才，是一种好形式。

3月16日 中央电视台召开1999年“两会”报道工作总结会。广电总局副局长吉炳轩评价说，今年的“两会”报道取得了胜利，得到了各方好评。总体上看，报道工作做到了：①基调鲜明；②发稿数量充足；③气氛浓烈；④重点突出；⑤反映广泛。报道中把好了程序关、法律关、政策关、形象关、语言关和文字关。

3月17日 中国科学院院长路甬祥院士来到中央电视台《走近科学》栏目的演播现场，就知识创新工程的有关问题接受了中央电视台记者的采访。他希望有更多的人通过此节目能理解和支持知识创新工程，营造出有利于创新工程推进的氛围，加速国家创新体系的建设。

3月19日 “文化下乡——′99中央电视台《读书时间》送书下乡活动”开始。将在山西太原、沁县等举办一系列捐赠、座谈活动。

3月19日 广电总局组织工程质量检查小组对中央电视台一号演播厅、顺义培训中心综合馆工程进行现场质量检查。

3月20～31日 江泽民主席访问意大利、瑞士、奥地利。随行报道的中央电视台新闻节目中心编辑、记者采写的新闻先后在《新闻联播》中播出40余条，计60分钟，在其他新闻栏目播发100多条，计200多分钟，圆满完成了报道任务。其中，在北约对南联盟发动军事打击后几个小时，中央电视台就于北京时间早7点播发了江泽民主席就北约对南斯拉夫进行军事打击发表谈话的新闻，阐明了我国政府对这一事件的严正立场，受到国际社会广泛关注，世界多家媒体均予转发。

3月23日 澳门回归报道前期协调小组正式成立并召开第一次协调会。

3月24日 就即将召开的全国技术创新大会有关问题，科学技术部部长朱丽兰来台接受科教部《科技博览》、《走近科学》栏目的采访。她称赞中央电视台科技栏目办得有声有色，受到科技界人士的普遍欢迎。

3月25日 凌晨3点，以美国为首的北约部队对南斯拉夫联盟共和国发动了大规模空袭。中央电视台第一套节目从凌晨6点开始，对空袭进行了长达1小时20分钟的直播报道。随后，《早间新闻》、《新闻30分》、《世界报道》等栏目继续对战事的最新进展进行追踪报道。

3月25日 中央电视台召开反腐败工作会议，中纪委驻广电总局纪检组组长王德新出席并讲话。台分党组成员和各中心(室)、部(处)、直属单位负责人，台特邀监察员，专职纪检监察干部共100余人参加了会议。会议强调，监察部门要把严肃政治纪律和宣传纪律放在工作的首位。

3月26日 中央电视台国庆宣传报道领导小组召开动员会。领导小组组长赵化勇，副组长刘宜勤、李东生和领导小组成员、办公室成员参加了会议。赵化勇台长说，国庆宣传报道工作备受中央重视，也是中央电视台全年工作的重中之重。

3月26日 社会各界广泛关注的“重庆綦江虹桥垮塌案”由重庆市第一中级人民法院公开审理。此案审理分两个阶段，中央电视台第一套节目3月26日至27日直播了第一案的审理情况，4月3日直播了第二案的法庭辩论情况；累计14小时45分钟。

3月26日 中央电视台财经办召开推行成本核算工作征求意见会。

3月28日 中央电视台举行百集系列报道《澳门万象》的首映式暨新闻发布会，全国人大常委会副委员长王光英等领导同志出席了首映式。

3月29日 中央电视台研究处向编委会汇报了“世界电视大台节目形态”首期科研成果。这是为迎接国内外电视界的挑战，中央电视台组织20余位专家、学者全面深入地研究世界电视大台及其主要频道、重点栏(节)目运作规律而形成的报告。赵化勇台长认为这是“用电视手法研究电视”的有益的尝试。

3月29日 中央电视台对驻澳门记者站进行了人员轮换，新任首席记者李风、记者李彤云赴任。

3月30日 中央电视台召开清产核资工作动员大会，就此项工作作出部署和动员，提出清产核资实施细则。

3月31日 中央电视台外事工作会议在顺义培训中心举行。副台长刘宝顺、副总编辑罗明、广电总局外事司副司长安利等领导及全台涉外活动较多的中心和部门负责人60余人参加了会议。台办室主任李晓明传达了广电总局副局长吉炳轩对总局外事工作的要求，即“把好关、办好事、服务好、待好客”。

3月31日 广电总局计财司副司长刘国良、财务处处长王文俊、中央电视台总会计师贾文增、中央电视台财经办主任许二春等到中国电视剧制作中心听取内部成本核算试点情况汇报。

3月 由中央电视台海外节目中心和′99昆明世博会宣传文化大型活动部、云南电视台联合举办的′99昆明世博会“人与自然”易地采访活动在云南圆满结束。全国共有31家电视台参加。

3月 台长赵化勇向正在南斯拉夫贝尔格莱德市

报道科索沃战事的中央电视台驻欧洲记者站记者顾玉龙、王晓琨发去慰问信。信中说,作为中央电视台派往南斯拉夫前线的记者,你们面对极其复杂的局势和炮火硝烟的威胁,置个人安危于不顾,沉着应变,顽强拼搏,连续作战,积极地、创造性地开展工作,准确、及时、生动地向全国、全世界报道了局势的最新变化,很好地贯彻和体现了中国政府的原则立场,为中央电视台、为中国新闻记者赢得了荣誉。

3月 1999年全军电视军事宣传工作年会在京召开,来自中央电视台驻全军16个记者站的站长和解放军电视宣传中心的代表共60多人参加了会议。

3月 中央精神文明指导委员会和国家工商行政管理局联合召开1998年度公益广告表彰大会,中央电视台与多家广告公司联合制作 的公益广告片《真正的男子汉》获金奖、《假如我是一滴水 我是一颗螺丝钉》获铜奖、《支持就是力量》系列片获优秀奖,还有多条公益广告荣获发布奖。

3月29日～4月2日 由中央电视台与德国慕尼黑青少年基金会共同主办的'99年国际少儿电视节目研讨会在深圳举行 。中央电视台及全国近50家省、市电视台的60多位代表参加了会议。

四　月

4月1～3日 中央电视台团委1999年工作会议暨团干部培训大会在顺义培训中心召开。全台近100名团干部代表参加了会议。台长赵化勇介绍了中央电视台1999年节目改革思路。

4月2日 中央电视台《晚间新闻》播出《中国第十五次南极考察队圆满完成任务回到上海》,标志着中央电视台关于南极科学考察报道任务完成。

4月4日 丁关根同志给中央电视台来电话,认为中央电视台前一段宣传工作总体不错,口径把握较好,特别是北约空袭南联盟的报道,及时、准确、全面地报道了我国政府的声音,报道的“量”和“度”把握不错。中央电视台顾玉龙、王晓琨两位记者冒着生命危险在一线采访,置个人生死于不顾,非常不易,提供了大量真实、生动的画面,可谓声画并茂,应当给予表扬。

4月5日 广电总局机关党委委托中央电视台机关党委转发给本台派赴南斯拉夫记者顾玉龙、王晓琨同志的慰问信,代表总局8500多名党员向两位记者表示亲切的慰问和崇高的敬意,对顾玉龙在战火的考验中申请入党并被批准为中共预备党员表示祝贺。

4月7日 中央电视台“三讲”教育动员大会在1000平方米演播室召开,总局领导王德新、黄勇、刘桂莲和台分党组全体成员出席了会议。台分党组书记、台长赵化勇在会上作动员讲话,他从加强党的思想政治建设、中央电视台面临的形势对领导班子的要求、电视宣传工作的性质等方面说明了开展“三讲”教育的重要意义。副台长刘宝顺宣读了中央电视台“三讲”教育实施方案,对即将开展“三讲”教育的原则和基本要求、教育的对象和重点、具体时间安排等作了具体部署,宣布了“三讲”教育领导小组人员构成和领导小组办公室人员名单。

4月8日 中美联合摄制的8集电视系列节目《资本浪潮》(中文版)在京举行新闻发布会。该系列节目是中央电视台经济部与美国K^2传媒公司历时一年共同摄制完成的。一年间,中英文两种版本,分别在中央电视台《经济半小时》栏目和美国PBS播出。

4月10日 由国家林业局森林公安局统一部署,青海、新疆和西藏三省区集中打击非法盗猎藏羚羊行动在可可西里地区全面展开。中央电视台派出新闻节目中心社会新闻部和中心技术部门的13名记者、摄像对此次行动跟踪采访,利用地面卫星接收站和海事卫星等共发回报道17篇,总时长近30分钟。

4月11日 中央电视台派出第二批报道组启程赴南联盟。台长赵化勇、副台长李东生及新闻节目中心、播送中心的领导为报道组送行。报道组由新闻节目中心高伟、王卓、王齐放和播送中心张大立组成。

4月12日 在中央电视台例会上,广电总局人事司司长雷元亮宣布了广电总局党组的人事任免决定。根据广电总局党组的决定,刘宝顺、李东生任中央电视台分党组副书记。

4月13日 第七届中国国际有线电视设备展览会开幕,广电总局副局长李树文、张海涛和中央电视台台长赵化勇观看了卫星电视传播中心成立四年来的成果展示。中央卫星电视传播中心自1995年成立以来,采用国际先进的数字压缩技术传播四套加扰电视节目,开创了星网结合、电视与电影结合、中央与地方结合的先河,促进了中央电视台节目在全国的有效覆盖。截至1998年底,卫星电视传播中心已与全国31个省、自治区、直辖市的3000多个有线电视台联网,实际收视用户超过5000万,收视人口超过1.5亿。

4月13日 中共中央政治局委员、中国社科院院长李铁映,在中国电影资料馆审看了由中央电视台社教节目中心纪录片部制作的大型纪录片《中华文明》第一部《源》。李铁映同志说,“很好,很受教育,很振奋,比我想像的要好。”他建议将该片翻译成英、法、德等多国文字版本,影、视、盘、带、书一齐推出,推向国内外。

4月14日 为配合开展“三讲”教育,按照“三讲”教育实施步骤,中央电视台“三讲”教育领导小组举办专场报告会，邀请石家庄市纪委书记姜瑞峰作“三讲”教育报告。

4月16日 中央电视台《焦点访谈》特别节目《焦点的报告》播出后，在社会上引起了广泛反响。丁关根同志看完节目后当即给赵化勇台长打电话，询问节目中反映的有关情况，并对采访途中因车祸受伤的《焦点访谈》记者刘涛和吕少波的伤情表示亲切慰问。

4月16日 中央电视台《中国财经报道》推出了首期《税务周报》。4月27日，广电总局吉炳轩副局长专门作出批示：“向《税务周报》节目开播表示祝贺。希望节目组的同志多同税务部门沟通联系，按照国家税法和政府的税务工作要求，把这个节目办好。”

4月17日 中央电视台广告经济信息中心信息部成功直播了第八十五届中国出口商品交易会。这是广交会举办42年来首次进行现场直播。4个互联网站点进行了网上直播，约11300多人次通过互联网观看了直播。

4月26日 中国广播电视学会对外电视宣传研究委员会成立大会在广东珠海举行。会议原则通过研委会章程和机构设置方案，推举刘习良为对外电视宣传研究委员会名誉会长，选举张长明为会长、赵宇辉为常务副会长。推选中央电视台、北京电视台、上海电视台、广东电视台和武汉电视台为常务理事台，并确定了1999年工作重点。

4月26～27日 受国家计委委托，中国国际工程咨询公司在顺义培训中心召开中央电视台彩电二期工程可行性研究报告评估会议。

4月26日 中央电视台人事办离退休人员管理处开始逐家慰问全台360位离退休人员，沟通感情，了解、解决老同志的实际困难。

4月30日晚和5月1日上午 中央电视台现场直播′99年中国昆明世界园艺博览会开幕式暨文艺晚会和开园仪式。

4月 朱镕基总理出访美国、加拿大，中央电视台选派了10名编辑记者随行。在《新闻联播》播出80多条新闻，计140分钟；在其他滚动新闻栏目播出160多条新闻，计300分钟。朱总理办公室为此专门致函我台，感谢记者组为圆满报道总理美、加之行付出的辛勤劳动。

五　月

5月1日 中央电视台与中华全国总工会联合主办的庆祝“五一”国际劳动节大型综艺晚会《我们走在大路上》在中国剧院现场直播。中共中央政治局常委、国家副主席胡锦涛出席晚会。

5月1日 中央电视台第七套军事节目改版播出。改版后的CCTV-7军事节目共有《军事报道》、《当代军人》、《军事百科》、《祝你成才》、《军营文化》、《走军营》、《中国武警》7个栏目。

5月3日 中央电视台第八套节目(原文艺频道)正式改为电视剧频道，以播出国产电视剧为主，适量播出境外优秀影视作品、频道宣传类节目和电影音乐等。

5月4日 江泽民总书记和李鹏、朱镕基、李瑞环、胡锦涛、李岚清等中央领导同志出席观看了中央电视台直播的五四运动80周年大型晚会《青春之歌》。江总书记对中央电视台领导说：节目组织得很好，很精彩，整个晚会我都十分激动，我的心在激烈地跳动，我的热血在燃烧。非常感谢你们。

5月5日 中央电视台领导班子成员召开会议，通报了各自的党性党风自我分析材料，并审议、修改了台领导班子党性党风分析材料初稿。

5月8日 北京时间凌晨，以美国为首的北约悍然使用导弹袭击了我国驻南联盟大使馆，造成严重人员伤亡。得知这一情况后，中央电视台反应迅速，快速部署，立场坚定、旗帜鲜明，有深度，有力度，及时准确地报道了这一令人震惊而又悲愤的事件。第四套节目在早8:30发了简要消息；11:45，第四套节目播发了《中国政府声明》，第一套节目12:00《新闻30分》进行综合报道，引起观众强烈反响。

5月9日上午 中央电视台召开紧急会议，强烈谴责以美国为首的北约对我国驻南联盟使馆发动袭击，对下阶段有关报道工作进行部署。

5月9日 中央电视台向新华通讯社、光明日报社发出慰问信。对邵云环和许杏虎、朱颖夫妇的牺牲表示深切哀悼，并向他们的亲属表示亲切慰问。同时，两次对以美国为首的北约用导弹袭击中国驻南斯拉夫大使馆表示最强烈的抗议。

5月9～16日 中央电视台和卫生部共同主办的“情系老区——健康之路遵义行”在贵州省遵义地区的国家级贫困县——正安举行。

5月10日 根据广电总局的要求和中央电视台“三讲”教育计划，中央电视台“三讲”教育办公室将台领导班子成员的党性党风自我分析材料(初稿)下发。各中心均组织干部进行了认真讨论，并结合分析材料对每位班子成员的不足提出改进意见。

5月12日 在以美国为首的北约袭击我驻南使馆事件中牺牲的三位烈士骨灰和受伤人员被接回京。天安门、新华门等重要场所为烈士降半旗致哀。为普通公民降半旗致哀，这是《国旗法》颁布以来的第一次。中央电视台记者清晨就赶赴天安门广场、新华门、外交部等重要场所,及时拍摄到这组镜头,采访了许多首都群众,在《新闻联播》节目中作为头条新闻播出。此外,从5月8日起就在美国驻华使馆前昼夜值班的社会新闻记者还独家拍摄到美国使馆降半旗的全过程和北约其他国家使馆降半旗的画面,并采访了美国驻华大使尚慕杰。美国等北约成员国使馆降半旗致哀的消息在《新闻联播》中时长仅42秒,为众多境外媒体所采用。

5月12日 上午中央电视台在第一套节目中插播了6分钟特别新闻:《在以美国为首的北约对中国驻南联盟使馆袭击中遇难的三位烈士的骨灰和部分伤员被运回北京》,使中央电视台成为最早发布相关消息的国内媒体。当晚《焦点访谈·悲痛 愤怒 力量》和《东方时空特别节目——踏着烈士的血迹前进》播出,社会反响强烈。

5月13日 中央电视台《东方时空》特别节目《祖国祝你平安》播出后,中共中央政治局候补委员、中央组织部部长曾庆红通过办公室转告特别节目的主创人员:“感谢大家的工作,今天的节目非常感人,特别是结尾的歌曲,有感人的力量,你们的工作是无法替代的。”

5月14日 在全国法定计量单位工作会议上,中央电视台被国家质量技术监督局、广电总局授予“实施法定计量单位先进集体”称号。

5月16日 中央电视台“心连心”艺术团在革命老区山西省左权县麻田镇原八路军总部进行了大型慰问演出。

5月16日 这一天是全国第九个助残日。中国残联、中国残疾人事业新闻宣传促进会、中国盲人协会、中国聋人协会领导来中央电视台向全国助残先进单位——中央电视台新闻节目中心《时事纵横》栏目赠送贺匾。贺匾上写着:“文明进步的窗口增进理解的窗口”。该栏目是中央电视台语音、手语同时播出的新闻回顾栏目。

5月19日 广电总局局长田聪明、副局长张海涛、科技司司长陈智教、广科院院长郭炎生和台领导赵化勇、刘宜勤、邵昌有一同观看了中央电视台高清晰度电视演示系统。从演示效果来看,系统工作稳定,图像质量完全达到了高清晰度电视的标准。

5月21～23日 中央电视台分党组集中3天时间召开专题民主生活会,根据广电总局“三讲”教育领导小组的要求,结合此前台内各部门对领导班子成员党性党风分析材料的反馈意见,围绕党性党风方面存在的主要问题开展深入的批评和自我批评。广电总局副局长李树文对这次民主生活会给予积极肯定,认为会议开得很成功。他还对搞好下一阶段的“三讲”教育工作提出了具体要求。

5月27日 中宣部、人事部授予中央电视台驻南联盟记者顾玉龙、王晓琨“优秀新闻记者”称号,为高伟、王卓、王齐放、张大立记一等功。

5月27日 国务院新闻办公室主任赵启正及新闻办秘书长赵少华、副秘书长康春华、三局副局长王庆存、网络处长方楠等来台考察中央电视台互联网站情况。认为中央电视台网站在国内媒体网站中处于领先的水平,希望中央电视台网站继续努力,为全国对外宣传工作作出表率。

5月 为纪念五四运动80周年,展现青年电视人的风采,中央电视台团委举行了纪念五四运动80周年演讲比赛。

5月 中央电视台机关党委向本台赴南联盟报道组发去慰问信,接受王齐放、张大立同志的入党申请,批准两位同志为中共预备党员。

5月 中央电视台向离退休老同志发放了救助卡和医疗优先卡。

六 月

6月1日 中央电视台直播《世纪之花——'99“六一”国际儿童节晚会》。全国人大常委会副委员长彭珮云、国务委员吴仪、各部委领导和联合国儿童基金会官员出席了晚会。

6月2日 中央电视台50周年国庆宣传报道领导小组召集首次准备工作协调会,听取各系统的工作方案准备情况汇报。

6月2日 中央电视台举行纪检监察干部业务培训讲座,这是台纪检组、监察室与总局纪检组、监察局联合举办的纪检监察干部业务培训系列讲座的第一讲。

6月3日 中央电视台召开“中央电视台二期工程”前期工作协调会。台领导刘宝顺、张长明、罗明及台内各系统的有关负责同志出席了会议。

6月4日 经国务院批准,中央电视台王录、马国力、陈玉生三位同志为享受1998年政府特殊津贴人员,中央电视台享受政府特殊津贴的专家已达51人。

6月5日 “为了绿色家园——'99世界环境日特别报道”在长江源头沱沱河之滨现场直播获得成功。此次直播是中央电视台有关环保宣传活动中规模最大的一次,也是中央电视台直播史上海拔最高的一次。

6月7日 中央电视台“三讲”教育领导小组召开会议,总结第三阶段“三讲”教育工作情况,部署安排第四阶段工作。

6月8日 中共中央政治局委员、书记处书记、中宣部部长丁关根及赵启正、刘奇葆、徐光春、吉炳轩等有关领导同志，在观看中央电视台与首都新闻单位合办的《人民的好记者》专题晚会后，专程来到梅地亚中心考察了中央电视台互联网站情况。丁关根同志强调说，目前互联网发展很快，要加强网上的管理，特别是针对一些热点、焦点问题要有针对性地及时组织报道、发布信息，以正确的舆论引导人。同时要大力宣传和介绍中国独特的山水风光、优秀文化，让世界更好地了解中国。他还要求尽快对外国新闻媒体上网的情况进行深入调研，要知己知彼，有的放矢。

6月8日 广电总局局长田聪明在副台长刘宝顺及总公司总经理李培森、副总经理冷敏述陪同下，到中视股份公司视察指导工作，详细询问了公司的经营情况、资产规模、股权结构、盈利能力及公司股票在证券市场上的表现，仔细听取了中视股份公司总经理崔屹平的汇报。他说，广电部门不宜提全面产业化，但是在广播影视领域内进行产业经营的改革探索是必须的，中视股份可以在影视制作商业运行方面进行大胆尝试。

6月8日 台长赵化勇到科影厂审看了中央电视台和科影动画部联合创作完成的大型儿童动影片《猫咪小贝》，并与科影厂领导和影片主创人员座谈。

6月9日 中央电视台财经办组织召开了广告经营研讨会。主要议题为：分析当前广告发展趋势，认清中央电视台广告经营面临的挑战并研究对策，努力提高广告总体收益。

6月11日 中央电视台清理整顿经济实体领导小组召开动员会，部署清理整顿工作，台长赵化勇、副台长刘宝顺就此项工作作出部署和要求。清理整顿分四个阶段进行，时间自6月1日至10月25日。

6月16日 中共中央政治局常委、国务院副总理李岚清观看了中央电视台现场直播的'99全国大学生艺术节《祖国在我心中》文艺晚会。李岚清同志认为整台晚会策划很好，业余演员的表演也很精彩。

6月16日 由广电总局和北京市政府共同举办的庆祝建国50周年电视节目展示会暨'99中国电视节目交易会在北京中国国际展览中心开幕。中央电视台展位约1000平方米，规模为所有参展单位之最。

6月16～18日 中央电视台"三讲"教育领导小组召开各中心(室)"三讲"教育汇报会，各中心(室)主要负责人及联络员参加了会议。台长赵化勇、副台长刘宝顺认真听取了各部门的汇报，并对第四阶段全台"三讲"教育工作提出了要求。

6月19日 广西百色地区广播电视事业局致函中央电视台，称1998年2月，中央电视台"心连心"艺术团赴广西百色地区进行慰问演出捐赠的价值100万元的200套卫星电视接收设备现已安装完毕。经检查验收，这些设备安装在革命老区的62个村、贫困地区58个村、电视盲村78个村，共接通有线电视用户11003户，覆盖人口达57557人。

6月21日 广电总局副局长吉炳轩、总局总编室主任张振东等来台观看了中央电视台改版后现场直播的第一期(174期)《综艺大观》录像带，听取了栏目改版情况汇报，并与文艺部负责人和《综艺大观》栏目制片人、主持人进行座谈。吉炳轩副局长指出《综艺大观》这样的娱乐栏目，要"集古今中外艺术之精品，汇九州方圆民族之瑰宝"，要让广大电视观众满意。

6月22日 中央电视台"心连心"艺术团在云南省昆明市禄劝彝族苗族自治县举行盛大的慰问演出。这是"心连心"艺术团成立以来的第十九次演出。

6月24日 世界银行董事会以18:2的压倒多数票通过青海扶贫项目，中国同国际反华势力和达赖追随者的斗争取得巨大胜利，中央电视台《中国报道》对此作了深度报道。就有关青海扶贫项目的情况进行了介绍，以事实批驳了反华势力、达赖追随者们的谣言。

6月25日 中央电视台领导赵化勇、李东生、刘宜勤、邵昌有、罗明听取了台内宣传部门和技术部门关于澳门回归电视宣传初步方案的汇报。新闻节目中心、技管办、海外节目中心、文艺节目中心分别汇报了澳门回归期间的宣传报道和技术保障方案。

6月29日～7月2日 首都国庆50周年纪念活动筹委会听取中央电视台等新闻媒体关于群众游行、文艺晚会、后勤保障、安全保卫等工作方案汇报，并就有关工作细节进行协商。

6月30日 中央电视台经济部为我国证券法实施制作的特别节目《相聚在此时》专题晚会现场直播在800平方米演播室顺利完成。

6月30日 中央电视台和中共党史研究室、解放军总政治部联合主办的纪念中国共产党成立78周年大型文艺晚会《伟业照千秋》，在中国剧院举行，尉健行、李岚清和李铁映、张万年、罗干、曾庆红等中央领导同志出席观看。

6月 中央电视台顺利完成了1999年度无偿献血任务。

七　月

7月5日 旨在加强中央电视台晚间黄金时段新闻报道规模和力度的全新新闻栏目《现在播报》正式播出。《现在播报》播出时间为第一套节目每天21:00－21:20，是一档体现正确舆论导向、立足为受众服务、反映社会动态、大信息量的重要综合性新闻栏目，内容以国内新闻为主，兼顾国际新闻。22:00的《晚间新闻报道》进行了适度调整，选题侧重于国际新闻。

7月6日 《焦点访谈》栏目播出《层层转包留隐患》，反映了湖北省洪湖市燕窝镇一段长江堤防加固工程中，因为承建方层层转包，造成大堤质量隐患。节目播出后，7月7日，朱镕基总理召见了国家计委主任曾培炎，要求：①国家计委重大项目稽查办迅速对这一事件进行调查；②调查结束后，召开由有关部委和省、市参加的现场会；③国家计委全体干部重新收看这期节目。国家计委7月8日上午召开主任办公会议，落实总理指示，并已派员前往湖北省洪湖市调查。

7月7日 《焦点访谈》播出《久拖未决的扣车案》，反映了广西钦州市公安局违法扣车、以权谋私的问题。节目播出后，引起中央政法委书记罗干的高度重视。广西区党委书记曹伯纯立即致电钦州市委，通知收看这期节目。钦州市委、市政府组成联合调查组，限定一周内调查清楚这一问题。

7月11日 李登辉宣称，台湾自1991年"修宪"以来，就已将两岸关系定位为"国与国、至少是特殊的国与国关系"。根据中央关于要大力批驳李登辉分裂祖国言论的指示精神，中央电视台海外节目中心召开紧急会议，研究制订出一整套有针对性的批驳李登辉分裂祖国言论的采访报道计划，共设立了12个报道重点和6项报道原则。

7月12日 副台长刘宝顺在台工作例会上传达了广电总局机关党委《关于表彰赴南联盟采访报道的八名党员记者和授予王智敏等五同志"优秀共产党员"称号的决定》，《决定》中对国际台王智敏、郭志家，中央电视台王晓琨、高伟、王卓、顾玉龙(预备党员)、张大立(预备党员)、王齐放(预备党员)等八位共产党员给予表彰；授予中共正式党员王智敏、郭志家、王晓琨、高伟、王卓等五位同志"优秀共产党员"称号。

7月14日 中国网络信息中心发表的《中国INTERNET发展状况统计报告》显示，在用户推荐的优秀站点排行榜上，中央电视台网站名列第12位，在全国非计算机行业单位建设的网站中位居第一。

7月15日 赵化勇、刘宝顺、刘宜勤等台领导及全台司局级以上领导干部共30余人参加了由台办室、人事办、技管办共同举办的科普讲座。

7月15～17日 共青团中央电视台团委召开第八次团员代表大会。大会选出了由26名委员组成的台第八届团委会，并召开了团委八届一次委员会。彭健明同志再次当选为中央电视台团委书记，石村和阎天颖两位同志当选为团委兼职副书记。

7月15～17日 全国电视理论期刊研讨会暨《电视研究》全国优秀电视论文颁奖会在京举行。

7月18日 在观看了中央电视台第一套节目播出的《同心唱祖国——中央电视台"心连心"艺术团赴西藏慰问演出》后，丁关根同志打电话对这台节目予以赞扬。他说，这次"心连心"艺术团是在国际敌对势力搞"台独"、"藏独"的特殊时期举行的一次具有特殊意义的"心连心"演出。

7月22日 中央电视台召开全台党员及节目部门编播人员大会。传达了江泽民总书记关于"法轮功"问题的多次重要批示、中央13号文件精神和胡锦涛同志在省、自治区、直辖市党委负责同志会议上的讲话。

7月22日 北京市委副书记张福森、北京武警总队总队长刘红军少将、北京市政法委常务副书记杨显玉、北京市公安局副局长刘德一行来中央电视台现场办公，商议了近期确保中央电视台绝对安全的保卫措施。

7月22日 中央电视台调整播出计划，在第一套、第四套节目并机播出国家取缔"法轮大法"的消息，拉开了揭批李洪志及其"法轮功"宣传战役的序幕。在听取台领导的汇报时李岚清同志说，当日的新闻节目很好，有力度，作用很明显。希望继续加大宣传力度，制作播出更有说服力的节目，教育更多的人。丁关根同志说，江总书记和胡锦涛同志也收看了有关节目，认为很有说服力，效果好。互联网小组还根据新闻中播出的有关内容及新华社消息，编辑制作了"法轮功"事件相关报道，发布上网。

7月22日 中央电视台机关党委召开基层党委、总支、独立支部负责人会议，传达了总局《关于在全体党员中开展针对"法轮功"问题的集中学习教育活动的意见》。

7月23日 52集大型动画片《西游记》在中央电视台《大风车》栏目中播出。节目有效时长1144分钟，共绘制了近100万张动画、2万张背景，全片有500多个人物出现，是我国有史以来规模最大、片时最长的一部动画系列片。

7月24日 全国省级广播电视报'98优稿评选在沈阳揭晓。《中国电视报》共有8篇作品分别获一、二、三等奖。

7月25日 由中国电视剧制作中心与国家安全部国安影视中心联合拍摄的电视连续剧《李克农》在人民大会堂新疆厅举行首映式。

7月27日 中央电视台召开国庆50周年宣传报道领导小组办公室协调会，通报与首都国庆活动筹委会进行协调的情况，明确领导小组办公室工作事项，对准备工作提出具体要求。副台长李东生对国庆宣传报道工作提出32字要求：任务艰巨，时间紧迫，积极主动，计划周密，背水一战，务求全胜，安全播出，锦上添花。

7月28日 中央电视台1999年年中工作会议在顺义培训中心召开。台长赵化勇代表台分党组作了题为《深化改革，稳中求进》的工作报告，全面总结了上半年工作，部署了全台下半年工作。会议由副台长刘宝顺主持。台长赵化勇在报告中说，全台各系统要制订具体措施，组织落实全台近、中、远期规划目标，以求在新世纪到来之际，全台宣传水平、工作效率和人员精神面貌有一个积极变化。在小组讨论中，各组重点讨论了中央电视台近、中、远期发展规划草案。

7月28日 中央电视台驻联合国总部记者站记者成建平、驻美国华盛顿记者站记者王宇航赴任。驻联合国总部记者站另一位记者刘正铸已先期抵达纽约。

八 月

8月1日 中央电视台在第一套节目黄金时间播出了庆祝建军72周年大型文艺演出《向前！向前！向前！》

8月2～6日 由亚广联和广电总局主办、中央电视台承办的第八届亚广联儿童电视节目交换会议在京举行，来自21个国家和地区的43名代表参加了会议，成交的电视节目达900多部。

8月7日 中央电视台进行了国庆庆典电视转播报道的第一次综合演练。各工种约300余人在天安门广场4个系统共24个机位上，严格按照10月1日转播程序进行操作，同时将信号传至台内。第一、四套和英语传送频道播出控制台也分别进行了并机播出演练。此次演练达到了充分发现问题、进一步完善方案的预期目的。

8月9日 中央电视台台第一、二套节目告别播出运行了12年的半自动模拟播出系统，转入全数字播出系统，实行机械手全自动播出。新建的全自动数字播出系统经过综合测试，全部达到甲级标准。

8月10日 李登辉重弹“两国论”的老调。他狂妄叫嚣：“‘两国论’愈闹愈大，愈闹愈好。”《新闻联播》摘发了新华社文章《坚定不移地坚持一个中国的原则》，坚决予以驳斥。截至20日共播发各种批驳“两国论”新闻109条。其中以口播形式及时播发、摘发的有关重要文稿和消息56条，约68分钟，播出本台记者自采新闻53条，约50分钟。

8月11日 中共中央政治局委员、中宣部部长丁关根打电话给台长赵化勇和副台长李东生，对当天的《新闻联播》节目提出表扬。他特别指出：在今天揭批“法轮功”的一组报道中，《科学家给李洪志的伪科学曝光》、《“法轮功”害了我女儿》、《吉林省公安厅查明：李洪志购房偷税达万元》、《山东“法轮功”健康实例是如何炮制出来的》等新闻有亮点，很有说服力，很好，每天这样的新闻都要有几条。

8月12日 中央电视台播的电视片《4·25非法聚集事件真相》播出，成为进一步揭批“法轮功”的信号弹，擦亮人们眼睛的照明弹，剥去李洪志伪装的穿甲弹。

8月14～15日 中国国际工程咨询公司聘请有关专家对中央电视台二期工程的可行性研究报告进行评审论证。作出了如下评审结论：二期工程的建筑规模为8.9万平方米。其中业务主楼7.4万平方米，立体停车场1.5万平方米；二期工程建成后，中央电视台可由现在的9套节目发展到15套节目，到2010年实现全面投产；二期工程总计投资估算为7.4281亿元，不包括工艺设备投资约3亿元。

8月17日 中央电视台进行了首次国庆庆典阅兵式电视转播演练。

8月23日 第二十二届万国邮政联盟大会在北京隆重开幕，这是万国邮联成立125年、中国加入万国邮联85年来首次在我国举行的邮联大会。中央电视台共播出了20多条有关新闻。在第一、第四套节目中成功直播了开幕式。

8月23日 当日晚上，中央军委副主席张万年在打给空军政委乔清晨的电话中说，看了《一个不信邪的老干部——傅仲敏》这条电视新闻，傅仲敏这个典型很好，要大力宣扬。并要求空军尽快整理好傅仲敏的有关材料送给他。张万年副主席还讲道，在23日的政治局会议上，李岚清同志说，空军的傅仲敏这个典型很好，从四年前就和“法轮功”进行了斗争，很不简单，要好好宣传。

8月25日 中央电视台开播《保卫绿色，关注森林》系列报道。全国政协副主席赵南启来电话对报道表示赞扬。

8月29日 中央电视台进行了国庆庆典群众游行电视转播演练。

8月30日 用于国庆庆典现场直播电视信号传输的主通道——天安门至中央电视台主控机房的首条光缆开通。全部光缆开通任务于9月5日完成。

九 月

9月1日 《晚间新闻报道》栏目播出了回顾性新闻《开国大典》(片长1分18秒)，从而拉开了《共和国档案》系列报道的序幕。

9月1日　经过3个月的精心策划和细致准备，中央电视台互联网站推出风格更统一、信息更丰富、更新更及时、服务更周到的新版。中央电视台网站作为媒体网站，有别于目前发展迅猛的商业网站，它立足于本台电视节目内容，以发布新闻信息为网站特色，逐步发展成为具备鲜明电视媒体特色的综合性互联网频道，为探索媒体的未来之路，做好积极的准备工作。

9月1日　中央电视台第一座，也是全国电视界第一座“电子阅览室”正式投入使用。

9月3日　首都国庆纪念活动筹委会主任、北京市委书记贾庆林听取了中央电视台国庆庆典电视转播的方案汇报。他表示，首筹委将大力支持中央电视台电视转播工作，尽可能为转播工作创造良好条件。

9月4～5日　广电总局副局长吉炳轩、中央文献研究室主任逄先知、中央党校原副校长龚育之等领导和专家审看了16集电视纪录片《新中国》。参加审看的领导和专家对此予以充分肯定，认为完全具备了作为国庆“献礼片”的水准和力度。

9月7日　中共中央政治局常委、国务院副总理李岚清来中央电视台视察工作。李岚清同志对中央电视台前一阶段深刻揭批“法轮功”的宣传给予充分肯定，对所有工作人员表示感谢。他说，在揭批“法轮功”的斗争中，一是依靠政法部门，二是依靠宣传部门。宣传效果最好的是电视，在教育、解脱受“法轮功”迷惑的群众过程中起到了很大作用。电视宣传很重要、很重要，今后要进一步扩大电视覆盖，真正做到“村村通”。

9月8日　中国广播电视音像资料馆工程开工典礼隆重举行，广电总局副局长张海涛、国际台台长张振华、中央电视台台长赵化勇等领导，及建设、设计、监理、施工单位的代表共约300多人出席。

9月8日　中国科学院、中国工程院、中央电视台、科学普及出版社、吉林科技出版社5家单位联合召开“大家都来做科普”座谈会。中国科学院院长路甬祥表示，他非常希望通过这次座谈会使科技界和新闻界能够更紧密地携起手来，为普及科学知识，弘扬科学精神，提倡科学方法，为12亿人掌握科学技术和科学方法贡献力量。

9月9日　随中国首次北极科学考察队采访报道的中央电视台摄制组圆满完成任务回国。这次北极考察是第一次以政府组织形式进行的大规模科学考察，也是中国破冰船首航北冰洋。中央电视台派出了由新闻节目中心和播送中心共同组成的4人报道组，随考察队行程16000多海里，历时71天，拍摄了考察的全过程，共发回新闻31条。

9月10日　中央电视台《新闻联播》及其后各档新闻滚动播出“我军南京、广州军区举行诸兵种联合渡海登陆作战实战演习”后，军委副主席张万年以及其他军委领导同志十分满意，认为这条新闻很有气势，画面精彩，编辑得很好，中央电视台反复播出更增加了新闻的震撼力。

9月11日　凌晨，首筹委组织国庆庆典群众彩车游行及广场组字合练，中央电视台同步进行了普通电视和高清晰度电视两种制式的转播演练。

9月11日　澳门回归倒计时100天。中央电视台新闻节目播出活动的盛况。当晚，全国澳门知识竞猜特别节目《世纪龙腾》在第一套节目播出。

9月11日　经过8年改造，按国际一流商业街标准重新设计规划的北京王府井大街举行隆重的开街仪式，中央电视台和北京电视台对活动盛况进行了联合直播。

9月14日　在首都召开的“创三优迎国庆精神文明建议表彰”大会上，中央电视台被命名为“首都精神文明创建活动示范点”，台彩电宿舍区被命名为“首都创建文明城市活动示范点”。继连续六年获得“首都文明单位标兵”之后，又荣获这个首都精神文明建设最高荣誉。

9月15日　中宣部在北京召开了第七届精神文明建设“五个一工程”工作暨表彰会议，中央电视台共有12部作品入选，是历届参加“五个一工程”评选获奖作品较多的一届。

9月16日　中国电视剧制作中心30集国庆献礼巨片《中国命运的决战》在人民大会堂云南厅举行首映式。姜春云、刘华清、张震等领导同志及吉炳轩、赵化勇、杨伟光等出席了首映式。

9月18日　中共中央、国务院、中央军委在人民大会堂举行大会，隆重表彰为研制“两弹一星”做出突出贡献的科技专家。中央电视台当晚黄金时段及时播出相关新闻、新闻特写和专题节目，引起观众强烈反响，受到各方好评。

9月19日　由全国政协和中央电视台联合主办的纪念人民政协成立50周年晚会《大道行》在政协礼堂举行，中央电视台第一套节目进行了直播，中共中央政治局常委、全国政协主席李瑞环等有关领导及中央电视台台长赵化勇出席观看。

9月20日　中国电视剧制作中心与西藏自治区宣传部联合摄制的20集电视连续剧《文成公主》在拉萨市的人大会堂举行了隆重的开机仪式。西藏自治区副主席拉巴平措、宣传部长肖怀远、中国电视剧制作中心主任胡恩等领导出席。

9月21日　凌晨1点47分台湾省中部发生里氏

7.6级地震。中央电视台各档新闻节目综合报道了震情、初步的灾情和沿海受波及情况，播出了《江泽民对台湾地区发生强烈地震表示慰问》等新闻。23日，海外节目中心于18点30分开设《中国新闻特别报道：北京——台北两岸寻亲热线》，主持人播报了刚刚收到的寻亲热线电话，也播出了台湾TVBS传送来的有关台湾群众向祖国大陆亲人报平安的片段，当晚有近千名观众打进寻亲电话。国务院台办陈云林主任在得知这一消息后，对此表示支持和感谢。

9月22日 在前后方各系统通力配合下，中央电视台顺利完成了国庆节前规模最大、内容最全面的一次国庆庆典电视转播演练。当日，中央电视台大型国庆文艺晚会《江山如此多娇》在一号演播厅进行第一次正式联排。

9月23日 为庆祝新中国成立50周年，中央电视台国际频道举办"中国电视周"展播，全面介绍新中国50年辉煌成就。中央电视台在人民大会堂举行了"中国电视周"展播首映式。有137个国家和地区的190家电视机构参与了"中国电视周"活动。

9月25日 李岚清和丁关根、贾庆林、王忠禹等中央领导同志及刘云山、王茂林、孙家正、田聪明等中央宣传思想领导小组成员在人民大会堂审看了由江泽民总书记题名，中央电视台承办的国庆大型文艺晚会《祖国颂》，赵化勇、张长明等台领导陪同观看。

9月25日 广电总局局长田聪明在赵化勇、刘宝顺、刘宜勤、邵昌有等台领导的陪同下，视察了中央电视台新闻直播机房、主控机房、计算机和网络机房、供电及动力系统、高清晰度电视转播系统、800平方米演播室、第四套和第九套(英语传送频道)节目播出机房等国庆电视播出的重点部位。

9月27日 国庆阅兵总指挥部看了中央电视台大型纪录片《大阅兵》，阅兵总指挥、北京军区司令员李新良和北京军区政委杜铁环也分别审看了该片。有关领导一致认为，《大阅兵》是一部思想性、政治性、艺术性都很好，构思巧、立意深、手法新的力作，是一部扬国威振军威的电视精品。

9月27日 中央电视台广告经济信息中心经济部对"'99上海《财富》论坛"进行了为期3天的现场直播。"论坛"不仅为国人提供了一个学习国外成功企业经验的机会，而且借这个大舞台也展示了我国改革开放以来取得的巨大经济成就。

9月28日 为庆祝中华人民共和国成立50周年，中央电视台机关党委举办中央电视台首届职工摄影展览。

9月29日 澳门"中国电视周"首播仪式暨记者招待会在澳门举行。这次"中国电视周"是由中央电视台与澳门广播电视有限公司联合举行的，是澳葡政府控股的澳广视第一次在中国国庆期间集中播出中国的电视节目。

9月30日 中央电视台召开国庆庆祝活动报道工作战前动员大会。台长赵化勇作战前动员。他向所有参加国庆宣传报道的工作人员明确要求：一要确保指令畅通，二要确保方案落实，三要确保设备完好，四要确保人员到位，五要确保活动绝对安全，六要确保直播圆满成功。

9月 为了配合揭批"法轮功"和李登辉"两国论"的宣传报道，中央电视台党委近期举办了4次题为《走近科学》的系列讲座，分别邀请了我国著名天文学家李竞、科学家何祚庥、保健专家赵仲龙和北京理工大学名誉校长王越教授来台，给本台青年职工作了主题《驳斥"法轮功"末日》、《重拳出击伪科学》、《走出养生保健的误区》和《我国发展与国防科技》的精彩报告。

9月 根据广电总局和中央电视台下达有关制作批判李洪志及其"法轮功"对外宣传节目的任务，海外专题部全力以赴进行拍摄和制作，按时完成了题为《李洪志及其"法轮功"》的第一版节目，时长60分钟。而后又重新编辑完成适于在国外电视台播放的30分钟版节目《罪恶邪教"法轮功"》及题为《中国邪教"法轮功"》的26分钟节目，在美国的电视台播放，收到了良好的宣传效果，得到中央外宣办和国家宗教事务管理局领导的肯定。

9月 在中国广告协会举行的第十届全国广告"印象奖"评选中，中央电视台送评的公益广告全部获奖。在8个一等奖中，中央电视台作品占了7个，还获得1个特别奖以及创意奖、音乐奖等单项奖。

9月 中央电视台驻埃及开罗记者站首席记者梁玉珍、记者刘茁野赴任。

9月 为庆祝国庆50周年、喜迎澳门回归和新世纪的到来，中央电视台机关党委、工会、书画院联合举行了中央电视台第三届职工书画展。

十　月

10月1日 中央电视台圆满完成了首都各界人民庆祝国庆50周年纪念大会和群众联欢晚会的转播工作。第一至第九套(英语传送频道)节目并机播出了庆祝大会盛况，第一、四套节目同步播出了精彩的联欢晚会，高清晰度电视试验系统也对两场活动进行了现场直播。

10月8～12日 中央卫星电视传播中心在吉林省长春市召开了中央加扰卫星电视节目农村用户发展

现场会。吉林、辽宁、黑龙江、内蒙古、湖南、福建、广西、甘肃等省区的代表出席了会议。

10月8～13日 由中国广播电视学会主办，电视科教节目研究会承办的“1999年中国广播电视学会电视科技教育节目奖”评奖暨研讨会在杭州举行。中央电视台选送的10个节目中，《希望——英语杂志》、《走近科学》、《森林告诉我们》、《永远的探索者——达芬奇与爱因斯坦》、《天天饮食》、《澳洲之旅》等分获特别节目类、栏目类、科普专题类、普及教育类、教学类的一等奖（占一等奖的54%），其他一些节目分获二、三等奖。

10月9日 首都国庆筹委会宣传报道组在北京市委宣传部培训中心召开总结大会。副台长张长明简要汇报了中央电视台国庆宣传的情况。徐光春同志在听取汇报后对中央电视台国庆宣传工作给予了高度评价。他指出，国庆50周年各项庆祝活动在国内及世界各地反响很好，其中电视宣传发挥了很大作用，功不可没。

10月9日 上午8时15分至11时40分，中央电视台成功地对′99北京国际马拉松赛进行了历时3小时25分钟的全程实况直播，是历年来直播时间最长的一次。

10月12～16日 中央电视台人事办举行了两期聘用人员培训班，约200名聘用人员参加了培训。培训期间，副台长刘宝顺向聘用人员提出六点希望和要求：一要讲政治、加强政治理论学习；二要努力拓宽知识视野；三要有改革意识；四要有纪律意识；五要注重实践；六要乐于奉献。

10月13日 李岚清、丁关根、贾庆林等领导同志及有关方面负责人在中南海紫光阁亲切接见了大型文艺晚会《祖国颂》剧组的主创人员和部分演员代表，李树文副局长、赵化勇台长陪同。李岚清副总理说，演出的成功首先是创作，创作的源泉在于50年来取得的巨大成就。《祖国颂》很好地将新中国的建设成就和文艺成就结合起来，取得了很好的效果。我们要按照江总书记的要求“宏扬主旋律，提倡多样化”，以国庆50周年的文艺宣传为契机，进一步掀起创作的新高潮。

10月15日 中央电视台召开“三讲”教育总结大会。广电总局党组副书记、副局长李树文代表总局党组和总局“三讲”教育领导小组出席大会并讲话。李树文副局长认为，中央电视台的“三讲”教育总结和中央电视台“三讲”教育整改措施很好，他表示赞同。他强调：集中进行的“三讲”教育结束了，但“三讲”要坚持下去，对自己要有严格的要求和清醒的认识，继续不断地学习提高。台长赵化勇作了中央电视台“三讲”教育总结。分党组副书记刘宝顺向全台干部职工通报了台“三讲”教育整改措施。

10月16～18日 中央电视台机关党委召开了思想政治工作研讨会，以贯彻落实《中共中央关于加强思想政治工作的若干意见》，加强队伍思想建设，总结思想政治工作经验，完善全台思想政治工作机制。

10月18日～11月4日 江泽民主席对英国、法国、葡萄牙、摩洛哥、阿尔及利亚、沙特阿拉伯6国进行国事访问，这是世纪之交我国领导人对西欧、阿拉伯国家的一次重大外交活动。中央电视台派出10人随访报道组，与先遣组、驻英法记者站和后方密切合作，圆满完成了报道任务，共在《新闻联播》中播出新闻2小时30分钟，收到很好的宣传效果。

10月18日 中央电视台海外节目中心在梅地亚中心举行“幸运观众”座谈会。

10月18日～26日 1998～1999年度中国广播电视学会法制节目委员会第五届年会暨全国社教部、专题部主任会议在武汉举行。中央电视台《今日说法》第232、233期获栏目一等奖，《社会经纬·养母、养父和房子的故事》获长片类一等奖，《社会经纬·爸爸妈妈听我说》获短片类一等奖。代表们还就社教节目和专题节目的现状、未来发展潜力和发展空间等问题进行了热烈讨论和深入分析。

10月18日 中央电视台研究处《精品赏析》栏目录制了题为《继往开来看盛典》的赏析节目，就中央电视台直播的国庆50周年盛典以及“特别节目”展开评析。

10月18日 中央电视台驻法国巴黎记者站首席记者李宾、记者周勇赴任。

10月19日 中央电视台驻俄罗斯莫斯科记者站首席记者李绥生、记者路彪赴任。

10月21日 在第十九届中国电影“金鸡奖”颁奖大会上，新影厂出品的大型文献纪录片《共和国主席刘少奇》获最佳纪录片奖，新影厂与八一厂联合出品的大型纪录片《挥师三江》获纪录片特别奖，新影厂出品的纪录片《世纪大典》获纪录片提名奖。

10月21日 中央电视台召开国庆50周年宣传报道总结表彰大会。广电总局副局长李树文，中宣部新闻局局长李定善等领导出席了大会。李树文副局长指出，国庆50周年宣传报道工作的圆满完成，再一次证明中央电视台有一支具有较高素质、奋发向上的队伍。台长赵化勇代表台分党组总结了国庆宣传的6个特点和4条经验。副台长刘宝顺宣读了中央电视台《对参与国庆50周年宣传报道的部门和同志进行表彰的决定》。

10月22～23日 1997～1998年度对外电视节目

“中国彩虹奖”颁奖暨研讨会在京举行。获得此次“中国彩虹奖”的电视作品共有191件，其中，中央电视台获得一等奖15件，二等奖27件，三等奖23件，单项奖3件。

10月24日 以全国政协副主席张克辉为团长的全国政协委员视察团一行16人，在广东旅游局局长吕伟雄、南海市政协主席邓文初等领导的陪同下视察了中央电视台南海影视城。

10月24日 由中国美术家协会、中央电视台书画院和丝宝集团联合举办的《国画50家》电视系列片观摩研讨会在梅地亚中心举行。

10月25日～11月25日 中央电视台《今日说法》栏目应中央政法委之邀，参加了全国“为了明天——预防青少年违法犯罪”展览，为展览制作音像资料，播放了6集预防未成年人犯罪系列节目，受到广泛好评。李岚清副总理为栏目题名留念，并指出：“用电视节目普法是一种非常好的形式，希望你们继续努力”。

10月26日 中央电视台清理整顿经济实体领导小组召开全体会议，通报了本台前一阶段清理整顿经济实体的总体情况，部署了第二阶段的具体工作。

10月26日 中央电视台纪检组监察室、台办室法规处在台内举办合同法讲座。台领导及台属各单位的领导共70余人听取了讲座。合同法专家、全国人大法工委局级巡视员何山同志就合同法的体例、合同的概念、合同的分类等问题，结合生活中的事例进行了详细讲解，并同与会人员就中央电视台宣传工作中遇到的法律问题进行了讨论。

10月27日 根据中央处理“法轮功”问题的精神，中央电视台台长赵化勇就本台的学习、贯彻及落实工作提出五点意见。

10月28～31日 中央电视台参加了′99四川国际电视节，副台长张长明在电视节的国际研讨会上发表了题为《交流、了解、合作、发展》的主题演讲。展会期间中央电视台与海外机构正式签约的节目达96小时，金额为35万美元；卖片协议金额约60万美元；达成意向金额34万美元。

10月 为了更好地宣传中央电视台的广告政策，鼓励企业积极来投放广告，广告经济信息中心广告部相继在北京、广州、南京、成都、哈尔滨召开中央电视台2000年广告招标说明会。

10月 在第九届中国新闻奖评选中，中央电视台的《巴格达再遭空袭》和《中国新闻》(1998年12月18日)分获消息类和新闻编排一等奖；《焦点访谈·粮食“满仓”的真相》获评论类二等奖(此奖项一等奖空缺)；中央电视台与湖北电视台、湖南电视台、江西电视台、黑龙江电视台2联合采访制作的系列报道《′98抗洪系列》获特别奖。

十一 月

11月1日 中国科学院和中央电视台《走近科学》栏目邀请了6位诺贝尔奖获得者及80多位中国优秀青年学者来到中央电视台演播室，参加“展望21世纪的科学，共话未来”的现场录像活动。这6位诺贝尔奖获得者是：美籍华人杨振宁、李政道、丁肇中教授，德国哈特姆特·米歇尔教授，美国哈罗德·瓦姆斯和费里德·穆拉德教授。中国科学院院长路甬祥院士也亲临会场。

11月4日 海外节目中心召开部主任联席会议，讨论落实2000年国际频道(CCTV-4)的具体改版方案。改版方案中，新闻节目占频道节目总量的40%，体现了国际频道以新闻为主导的改版原则。加大对台宣传报道力度。按亚太、北美和欧洲3个时区的黄金时段安排重点节目。会议确定，国际频道2000年改版工作分两步走。第一步于2000年元旦推出新闻改版；第二步于2000年春节推出全频道改版。

11月5日 中共中央政治局常委、中纪委书记尉健行到中央电视台视察工作，随同视察的有中纪委副书记曹庆泽，中纪委常委傅杰，监察部副部长陈昌智等。广电总局局长田聪明、副局长李树文、驻总局纪检组组长王德新、广电总局监察局副局长刘剑陪同视察。视察结束后，尉健行同志在记者间听取了台长赵化勇汇报的中央电视台概况，与台领导和《焦点访谈》、《今日说法》等栏目主持人、制片人及栏目所在部门领导进行座谈并作了讲话。尉健行同志说：中央电视台在加强法制教育，推进党风廉政建设和反腐败斗争方面做了大量很有成效的工作，对中纪委的工作是很大的支持。中纪委、监察部有很多工作需要与中央电视台加强合作。一些比较典型的案件，新闻媒体可以提前介入，使电视的法制宣传更充实、更丰富。尉健行同志还希望纪委系统的电教部门与中央电视台配合制作有力度、有深度的法制宣传节目。

11月5日 副台长张长明、副总编辑罗明委托总编室召集会议，协调中央电视台迎接2000年电视报道的组织、实施工作，宣布成立中央电视台迎接2000年电视报道领导小组和协调办公室，并调整和落实了报道方案。副台长张长明强调：报道方案要突出整体性和仪式性的特点，要突出体现“七个结合”，即中国与世界的结合，北京与全国各地的结合，传统与现代的结合，局部与整体的结合，直播与录播的结合，新闻、专题与文艺的结合，节目与创收的结合。

11月6～7日　中央电视台在顺义培训中心召开了澳门回归电视报道节目部门和技术部门报道方案协调会。

11月9日　由中国电视剧制作中心拍摄的27集电视连续剧《澳门的故事》首映式在澳门举行。

11月10日　中央电视台《焦点访谈》栏目播出了节目《吉烟现象》,朱镕基总理当晚看完节目后给国务院相关负责人写信批示:"刚才看到《焦点访谈》报道'吉烟现象',不禁感慨系之。我不了解是否吉林省、市、县领导的政策水平都像四平的一样,值得注意。我看那个市委书记的水平还不如一个普通群众,似乎刚刚开过的四中全会对他毫无影响。那个农民还知道'吉烟的销售应该找市场,不应找市长',市长却不知道'民以食为天'而不是'民以烟为天'。烟尚如此,其他强迫命令、苛捐杂税可想而知。忧心忡忡,急不择言,尚祈谅察。"

11月12日　台长赵化勇会见了以董事长兼总裁默多克先生为首的澳大利亚新闻集团代表团一行12人。默多克先生谈道,当今各个媒体都发生着日新月异的变化,澳大利亚新闻集团希望加强与中央电视台的合作,实行优势互补,其中包括共同致力于新闻和体育节目的交换与合作。赵台长表示合作是多方面的,可以先从节目交换开始,然后再对今后的合作与交流作进一步探讨。最后双方还就版权的使用和保护等问题交换了意见。

11月12～14日　全国省级暨计划单列市电视台总编室主任工作会议在江苏省无锡市召开。中央电视台副总编辑兼总编室主任罗明在开幕式上发表了题为《挑战与自强》的讲话。

11月13日　第三届广电学会电视学研委会代表大会在昆明召开。广电学会常务副会长刘习良作了《关于开展电视战略研究的几点建议》的讲话。中央电视台台长赵化勇就21世纪中国电视事业发展战略研究问题作了发言。他指出:电视战略研究首先要研究导向,其次是研究社会、研究自身、研究同行、研究市场。中央电视台台长赵化勇,副总编辑赵立凡、罗明,研究处处长王录分别被选为第三届研委会会长、常务副会长,理事长和秘书长。

11月15日　中美两国就中国加入世界贸易组织达成双边协议。中央电视台《新闻联播》节目播出消息《中美两国就中国加入世界贸易组织达成双边协议》和一组报道后,《焦点访谈》栏目播出了《中美就中国加入世贸达成双边协议》,21:00档的《现在播报》栏目播出了一些背景分析节目,在社会上产生了强烈的反响。正在参加中央经济工作会议的代表们纷纷表示,中央电视台的报道做得好,消息快,内容精,背景多。外经贸部领导称赞说,报道很好地把握了政策尺度,比较全面,效果很好。

11月6日　江泽民和朱镕基、李瑞环、胡锦涛、尉健行、李岚清等中央领导在中南海怀仁堂观看了"心连心"文艺晚会。参加中央经济工作会议的各部部长,各省、市、自治区负责人一起观看。

11月16～19日　中央电视台用美国Divicom公司的高清晰度电视压缩系统分别进行高清晰度电视的光纤传输和卫星传输试验,用以测试用高清晰度电视传播澳门回归盛况的可行性。试验效果理想。此次高清晰度电视的长距离传输目前在我国尚属首次,试验传输的顺利进行说明中央电视台已具备通过光纤和卫星手段长距离传播高清晰度电视的能力。

11月17～19日　中国共产党中央电视台机关第六次代表大会在顺义培训中心隆重召开。大会选举产生了中央电视台第六届党委会和第五届纪委会,召开了第一次党委和纪委全会,选出了党委常委、书记、副书记和纪委书记、副书记。常委会由刘宝顺、南玉敏、王晞建、王盟盟、许二春、何宗就、李晓明、李培森、张晓光、罗明、郭秀英、高建民、梁萍等13名同志组成;刘宝顺任书记,南玉敏任副书记;纪律检查委员会由南玉敏任书记,赵玉东任副书记。

11月20～21日　中央电视台成功完成了"1999·科技下乡"的主体活动——"科技大集"直播任务。这是继"文化下乡"和"卫生下乡"之后,中央电视台"三下乡"活动的又一个组成部分。直播当天节目,大集内外近10万人参加。

11月20日　总编室互联网络组和海外节目中心新闻部合作在中央电视台互联网www.cctv.com平台推出30集新闻系列报道《走近澳门》,并实现同步播出。

11月21日　中央电视台向革命老区大别山区捐建一个以《金土地》栏目名称命名的农业科技推广站。

11月21日　为迎接澳门回归祖国,中国自行车运动协会、澳门单车总会、中旅集团、中央电视台共同举办的"中旅杯"'99迎回归北京至澳门自行车拉力赛开幕。比赛全程约2580公里,历时25天,共有来自港、澳及部分省市的72支运动队参加。体育节目中心对此进行了全方位、多角度、深入细致的报道。

11月22日　在台工作例会上,台长赵化勇传达了中宣部部长丁关根对中央电视台2000年春节联欢晚会方案的意见。丁关根同志对中央电视台春节联欢晚会的方案给予充分肯定,并提出五个要求:一要精,要推出一定数量的精品节目,要有一个好相声,两首好歌,三个好小品,四个一般性的好节目,推出五位新人;二要新,晚会要力求出新,要处理好新歌与名曲的关系;三要乐,要有快乐、幽默的气氛,要让观众发自内心;四要真,要投入热情,要真情实感;五要博。要发挥地方台的优势。

11月23～25日 第四届全国电视美术交流会在京召开,会上颁发了第二届中国广播电视学会电视美术作品奖。中央电视台作品获一、二等奖各5名,三等奖3名。

11月24日 中央电视台召开了庆祝国际老年人年暨尊老敬老表彰大会。

11月26日 中国电视制作中心摄制的27集大型电视连续剧《澳门的故事》在北京人民大会堂举行了隆重的首映式,王光英、蒋正华等领导及社会各界人士200多人出席了首映式。该剧将于12月3日开始在中央电视台一套节目黄金时间播出。

11月26日 中央电视台召开澳门回归报道培训大会。国务院新闻办六局局长田进为中央电视台全体报道人员作了澳门回归的情况介绍及澳门回归报道有关问题的专题报告。

11月29日 副台长刘宝顺召集全台职能部门处以上干部会,逐项检查综合分部为澳门回归报道提供各种行政后勤保障的落实情况。

11月 李岚清副总理表扬中央电视台宣传外国打击邪教的报道组织得好、效果很好,希望中央电视台继续发挥驻外记者站的作用,搜集采访国外揭批"法轮功"的情况。

11月 中国电视报社被北京市委宣传部、北京工商行政管理局和北京广告协会评为1998年度首都广告业社会主义精神文明建设先进单位。

11月 中国国际电视总公司出版的《首都各界庆祝中华人民共和国成立五十周年》VCD上市销售12万套,创总公司VCD销售单品种总量第一和单位时间销售量第一的纪录。

十二 月

12月1日 由中央电视台举办的第四届军旅歌曲电视大赛圆满结束,并在珠海举行了隆重热烈的颁奖典礼。

12月1～3日 由中央电视台和中国电影电视技术学会、香港佑图国际科技有限公司联合在梅地亚中心举办了第七届北京国际数字电视研讨会。

12月4日 用于澳门回归报道驻军入澳全程直播的红旗车首次进行无线传输试验。

12月6日 中央电视台参加并报道了澳门回归政权交接仪式的新闻广播中心正式启用。

12月7日 在全国档案工作暨表彰先进会议上,中央电视台秘书处档案科被评为"全国档案工作优秀集体"。档案科经过多年的建设,现在其软硬件设施建设在全国档案界已属超前。

12月9日 台人事办公室组织召开了中央电视台参加总局内部干部交流座谈会。副台长刘宝顺希望大家一要利用交流机会充实提高自己;二要通过交流,学习借鉴外单位的经验。

12月9日 中央电视台对台部《海峡两岸》栏目播出专访台湾知名人士冯沪祥先生的专题节目,引起海内外观众强烈反响。全国政协委员、香港知名人士施祥鹏在电话中说:"冯沪祥先生分析李登辉的'两国论'有根有据,通篇摆事实、讲道理,虽然只有一个人谈30分钟,但很吸引人。"新加坡的洪先生认为,海内外华人决不能容忍李登辉的倒行逆施,他要求多放这样的节目,让更多的人认清李登辉的真面目。

12月15日 副台长李东生和海外节目中心赵宇辉、马勇等人前往驻澳门部队珠海正岭基地,参加中央电视台向驻澳门部队赠书仪式。双方还就直播部队进驻澳门有关细节进行磋商。

12月16日 《澳门回归》礼品片由中央电视台全部制作完毕。

12月16日 中央电视台第一套节目"澳门回归48小时特别报道"方案进行最后一次大规模调整磨合,该方案将于17日演练结束进行最后一次微调正式定稿。

12月18日 广电总局局长田聪明、副局长张海涛、科技司司长陈智教等领导来到中央电视台视察澳门回归特别报道的各项准备工作。

12月19～21日 中央电视台第一套节目成功进行了澳门回归48小时特别报道直播。中央电视台国际频道和英语传送频道也成功进行了38小时连续播出,中央电视台网站同步直播48小时特别报道,高清晰度电视也进行了一定时间的播出,圆满完成了澳门回归电视报道任务。中共中央政治局委员、中宣部部长丁关根和国务院新闻办数次来电,对中央电视台报道工作给予表扬。丁关根同志认为,此次电视报道很成功,口径把握得准确,宣传的度把握较好,节目衔接流畅,从屏幕上看得出是做了充分准备的,看得出同志们十分辛苦,向大家表示感谢和祝贺。据央视公司调查统计,有95.8%的家庭收看了澳门回归电视报道。共有77个国家和地区的152家电视机构完整转播或部分选用了CCTV-4或CCTV-9的特别报道节目。这一数字还不包括选播CNN、欧广联等各大媒体有关澳门回归节目信号的一些国家的电视机构。

12月20日 中央电视台现场转播中共中央、全国人大、国务院、全国政协、中央军委在首都体育馆隆重举行的“首都各界庆祝澳门回归大会”，江泽民等党和国家领导人出席大会并观看大型歌舞诗乐表演《欢庆澳门回归——中华日月明》。

12月21日 中央电视台在人民大会堂圆满完成了庆祝澳门回归的最后一项重要活动：《江山赋——庆祝澳门回归大型音乐会》的录制任务。胡锦涛等中央领导同志观看了晚会。

12月25日 由中央电视台主办的“电视剧首播奖”颁奖大会在杭州市举行。《水浒传》等37部电视剧获1997～1998年度电视剧首播奖。

12月28日 中央电视台在1000平方米演播室隆重召开澳门回归电视报道总结表彰大会。广电总局副局长吉炳轩出席会议。吉炳轩指出，澳门回归的电视宣传收到非常好的宣传效果。最基本的经验：一是领导力量强，二是准备充分，三是人员精干，四是工作细致，五是把关严密，六是协调配合，七是声势浩大，八是影响广泛。台长赵化勇全面总结了澳门回归电视报道情况，分析了报道工作的六个特点、取得成功的五个原因及经验。

12月31日 中央电视台于1999年12月31日17时30分至2000年1月1日17时30分圆满完成了连续24小时的《相逢2000年》特别节目直播。这是中央电视台七大节目中心与技术系统共同制作的特别节目，具有世界性、世纪性的特点，世界上有50多个国家和地区的78家电视机构参与了这次世界联播。中央电视台互联网站进行了网上同步直播，高清晰度电视试验交流也播出了38分钟的专题节目。

12月31日 中央电视台技术系统经过充分准备，在其他部门通力配合下，使中央电视台计算机系统完全避免了“千年虫”发作，顺利渡过了1999年12月31日至2000年1月1日这一计算机2000年问题的危险期。

12月 为保证党中央、国务院和广电总局关于党风廉政建设和反腐败斗争一系列指示精神的贯彻执行，中央电视台党风廉政建设总负责人、分党组书记、台长赵化勇与台各中心(室)、新影厂、科影厂、剧中心和中国国际电视总公司正式签订了中央电视台党风廉政建设责任书。

21. 附　录

1999年中央电视台驻港、澳记者名录

驻香港记者站

首席记者：高丽萍
记　　者：赵春林　吴春生
刘自力　高凌云
孔　颖　钱金洋
刘　祥

驻澳门记者站

李　风　李彤云

（新闻节目中心提供）

1999年中央电视台驻外记者名录

驻华盛顿记者站

高　军　王宇航

驻比利时记者站

顾玉龙　王韵权

驻泰国记者站

张传昌　王尔泉

驻日本国记者站

孙宝印　杨少波

驻澳大利亚记者站

王建生　李　楠

驻埃及记者站

梁玉珍　刘茁野

驻英国记者站

王晓琨　李庆庆

驻俄罗斯记者站

李绥生　路　彪

驻法国记者站

李　宾　周　勇

驻联合国记者站

刘正铸　成建平

（新闻节目中心提供）

1999 年中央电视台(1－8 套)节目播出时间表

第一套(CCTV－1　新闻为主的综合频道)

时 间	星期一	星期二	星期三	星期四	星期五	星期六	星期日
05:55	台标、国歌、预告节目						
06:00	新闻						
06:15	每周一歌						
06:20	闻鸡起舞			新闻专题	人与自然	文艺节目	
06:50	广告						
06:53	健美五分钟						
06:58	收视指南						
07:00	新闻						
07:20	东方时空						东方时空·实话实说
08:00	新闻						
08:20	收视指南						
08:22	焦点访谈						
08:35	夕阳红						夕阳红(周日版)
09:05	电视剧					同一片蓝天	广告 09:10 国际影院 10:00 新闻 10:05 广告
09:55	广告						
10:00	新闻						
10:05	收视指南						
10:07	广告						
10:10	文艺节目(重播)	银幕采风(重播)	人与自然(重播)	12 演播室(重播)	中国旅游	人民子弟兵	
10:40	当代工人	中华民族(重播)	文艺节目(重播)	半边天			
11:10	科技博览						
11:15	广告						
11:20	读书时间(重播)	人民子弟兵	健康之路(重播)	地方台 30 分(重播)	美术星空(重播)	健康之路	11:30 中国人口
11:50	广告						11:50 时事纵横
11:55	每周一歌						

续表

<table>
<tr><th>时 间</th><th>星期一</th><th>星期二</th><th>星期三</th><th>星期四</th><th>星期五</th><th>星期六</th><th>星期日</th></tr>
<tr><td>12:00</td><td colspan="7">新闻</td></tr>
<tr><td>12:30</td><td colspan="7">收视指南</td></tr>
<tr><td>12:32</td><td colspan="7">广告</td></tr>
<tr><td>12:37</td><td colspan="7">今日说法</td></tr>
<tr><td>12:52</td><td colspan="7">广告</td></tr>
<tr><td>12:55</td><td colspan="5">评书</td><td rowspan="12">电视你我他
（重播）
13:25
中国京剧
音配像
13:5 5
广告
14:00
新闻
14:05
收视指南
14:07
广告</td><td rowspan="5">半边天/
银幕采风
13:25
广告
13:30
走近科学</td></tr>
<tr><td>13:15</td><td colspan="5">爱我中华系列片</td></tr>
<tr><td>13:45</td><td colspan="5">每周一歌</td></tr>
<tr><td>13:50</td><td colspan="5">科技博览</td></tr>
<tr><td>13:55</td><td colspan="5">广告</td></tr>
<tr><td>14:00</td><td colspan="5">新闻</td><td>新闻</td></tr>
<tr><td>14:05</td><td colspan="5">收视指南</td><td rowspan="6">14:05
第二起跑线
14:55
中华民族
15:25
美术星空</td></tr>
<tr><td>14:07</td><td colspan="5">广告</td></tr>
<tr><td>14:10</td><td colspan="5">电视教育</td></tr>
<tr><td>14:40</td><td>下岗培训</td><td>电视教育</td><td colspan="3">走近科学</td></tr>
<tr><td>15:10</td><td>体育大世界
（重播）</td><td>新闻调查
（重播）</td><td>万家灯火
（重播）</td><td>社会经纬
（重播）</td><td>环球
（重播）</td></tr>
<tr><td>15:40</td><td colspan="5">重播节目</td></tr>
<tr><td>15:55</td><td colspan="7">气象信息</td></tr>
<tr><td>16:00</td><td colspan="7">新闻</td></tr>
<tr><td>16:05</td><td colspan="7">收视指南</td></tr>
<tr><td>16:07</td><td colspan="6">广告</td><td rowspan="5">正大综艺
（重播）</td></tr>
<tr><td>16:10</td><td colspan="2" rowspan="2">文艺节目
（重播）</td><td rowspan="2">文化视点/
九州戏苑
（重播）</td><td rowspan="2">军事天地
16:25
广告
16:30
祖国各地</td><td rowspan="2">第二起跑线
（重播）</td><td>外语教学</td></tr>
<tr><td>16:40</td><td>收视指南(B)
请您欣赏
16:45
军事天地</td></tr>
<tr><td>17:00</td><td>重播节目</td><td>中国人口</td><td>世纪回眸</td><td>纪录片之窗</td><td>科教片之窗</td><td>纪录片之窗</td></tr>
<tr><td>17:20</td><td colspan="6">芝麻开门</td></tr>
<tr><td>17:30</td><td colspan="6">动画城</td><td>请您欣赏</td></tr>
<tr><td>17:57</td><td colspan="6">广告</td><td>收视指南(B)</td></tr>
<tr><td>18:00</td><td colspan="7">新闻</td></tr>
</table>

续表

时 间	星期一	星期二	星期三	星期四	星期五	星期六	星期日
18:05	广告						
18:09	大风车						
18:49	广告						
18:56	收视指南(A)						
19:00	新闻联播						
19:30	广告						
19:31	天气预报						
19:35	广告						
19:38	焦点访谈						
19:51	广告						
19:56	科技博览						
20:01	收视指南						
20:02	广告						
20:06	电视剧					文艺节目	电视剧
20:55	广告						
21:00	现在播报						
21:20	广告						
21:24	收视指南						
21:25	人与自然	九州戏苑/文化视点	环球	社会经纬/万家灯火	新闻调查	音乐电视城/旋转舞台	体育大世界
21:55	广告						
22:00	晚间新闻 世界报道 体育新闻 天气预报						
22:45	广告						
22:48	收视指南						
22:49	广告						
22:52	军事天地 23:07 天涯共此时 23:42 电视剧	地方台 30 分	12 演播室	社会经纬/万家灯火	读书时间	电视你我他 23:07 世界名著 名片欣赏	艺苑风景线/银幕采风
23:22		广告					广告
23:27		电视剧			戏剧天地		地方文艺/电视剧

续表

<table>
<tr><th>时 间</th><th>星期一</th><th>星期二</th><th>星期三</th><th>星期四</th><th>星期五</th><th>星期六</th><th>星期日</th></tr>
<tr><td>23:59</td><td colspan="7">收视指南</td></tr>
<tr><td>00:04</td><td colspan="7">新闻</td></tr>
<tr><td>00:10</td><td colspan="7">电视剧</td></tr>
<tr><td>01:30</td><td colspan="7">收视指南　　结束</td></tr>
</table>

说明:1.1999 年 1 月 1 日至 1999 年 7 月 4 日按 1998 年栏目表运行,见《中央电视台年鉴(1999)》;
2. 从 1999 年 7 月 5 日起按此栏目表运行。

第二套(CCTV-2　经济为主的综合频道)

<table>
<tr><th>时 间</th><th>星期一</th><th>星期二</th><th>星期三</th><th>星期四</th><th>星期五</th><th>星期六</th><th>星期日</th></tr>
<tr><td>05:55</td><td colspan="7">台标、国歌、预告节目</td></tr>
<tr><td>06:00</td><td colspan="6">NBA 赛场</td><td rowspan="16">06:00
电视购物
(重播)
07:10
广　告
07:15
幸运 52
(重播)
08:00
商务电视
08:30
中国财经
报道(1)
08:50
供求热线
(重播)
09:10
广　告
09:15
儿童剧场/
中国京剧
音配像
10:55
供求热线
(重播)
11:15
幸运 52
(首播)</td></tr>
<tr><td>07:40</td><td colspan="6">电视购物(重播)</td></tr>
<tr><td>08:00</td><td colspan="6">商务电视</td></tr>
<tr><td>08:30</td><td colspan="6">中国财经报道(1)</td></tr>
<tr><td>08:50</td><td colspan="6">商桥(重播)</td></tr>
<tr><td>08:55</td><td colspan="6">电视购物</td></tr>
<tr><td>09:10</td><td colspan="6">供求热线(重播)</td></tr>
<tr><td>09:30</td><td>人与自然</td><td>12 演播室</td><td>旋转舞台/
地方文艺</td><td>艺苑风景线/
音乐电视城</td><td>健康之路</td><td rowspan="7">09:30
国际影院</td></tr>
<tr><td>10:00</td><td colspan="5">广播体操</td></tr>
<tr><td>10:10</td><td colspan="5">收视指南(2)</td></tr>
<tr><td>10:12</td><td colspan="5">广告</td></tr>
<tr><td>10:17</td><td>新闻调查(重
播一套上周五)</td><td colspan="4" rowspan="2">电视剧</td></tr>
<tr><td>11:02</td><td>每周一歌</td></tr>
<tr><td>11:07</td><td colspan="5">广告</td></tr>
<tr><td>11:10</td><td colspan="6">半边天(重播)</td></tr>
<tr><td>11:40</td><td colspan="6">供求热线(重播)</td></tr>
<tr><td>12:00</td><td colspan="6">生活(重播)</td><td>人民子弟兵
12:15
电视你我他</td></tr>
<tr><td>12:30</td><td colspan="7">中国财经报道(2)</td></tr>
</table>

续表

时间	星期一	星期二	星期三	星期四	星期五	星期六	星期日
12:50	农业教育与科技			星火科技		祖国各地	中国风
13:20	世界经济报道（重播）	金土地（重播）	欢乐家庭（重播）	金土地（重播）	商界名家（重播）	金土地（重播）	欢乐家庭（重播）
13:50	经济半小时(重播)						
14:20	收视指南(3)						
14:22	广告						
14:25	新闻(重播)						
14:55	科技博览					广告	
15:00	夕阳红(重播)						
15:30	广告					供求热线（首播） 15:50 '98中国乒乓球擂台赛 17:50广告	供求热线（首播） 15:50 '98 中国足球甲 A 联赛 17:50广告
15:35	电视购物						
16:25	广告						
16:30	重播节目					17:55 收视指南(B) 17:58 收视指南(3)	17:55 收视指南(B) 17:58 收视指南(3)
17:00	讲座						
17:40	供求热线(首播)						
18:00	商务电视(首播)						
18:30	金土地（首播）	欢乐家庭（首播）	金土地（首播）	商界名家（首播）	金土地（首播）	欢乐家庭（首播）	世界经济报道(首播)
19:00	讲座					音乐桥	
19:30	广告						
19:33	收视指南(4)						19:38 正大综艺 21:25 广　告 21:30 经济半小时（首播）
19:35	中国财经报道(3)						
19:50	广告						
19:55	商桥(首播)						
20:00	生活(首播)						
20:30	经济半小时						
21:00	广告						
21:07	'98 世界体育报道	电视剧					
21:55	广告						
22:00	中国新闻						
22:30	广告						

续表

时间	星期一	星期二	星期三	星期四	星期五	星期六	星期日
22:33	东方时空						东方时空·实话实说
23:13	中国报道						
23:43	广告						
23:45	英语新闻						
00:15	中国财经报道(4)						
00:45	电视购物						今日中国(法) 01:15 电视购物(重播) 01:50 收视指南(5) 结束
01:20	供求热线(重播)						
01:40	收视指南(5)　结束						

说明:1.1999年1月1日至1999年7月4日按1998年栏目表运行,见《中央电视台年鉴(1999)》;

2.从1999年7月5日起按此栏目表运行。

第三套(CCTV-3戏曲·音乐频道)

时间	星期一	星期二	星期三	星期四	星期五	星期六	星期日
08:25	节目预告						
08:30	每周一歌(首播)		每周一歌(重播)				
08:35	走进电视(重播)	精彩十分					走进电视
08:45	包装、广告						
08:50	艺术入门(重播)	艺术入门(首播)					
09:20	戏苑百家(地方戏)						
11:55	包装、广告						
12:00	电视书场(首播)	电视书场(重播)					
12:20 12:30	午间乐园(首播)	九州戏苑(重播) 文化视点(重播)	戏剧天地(重播) 每周一歌(重播)	综艺大观(重播) 曲苑杂坛(重播)	旋转舞台(重播) 音乐电视城(重播)	音乐厅(重播)	走进电视(重播) 戏曲神韵(首播)
12:50		名段欣赏(首播)	名段欣赏(重播)	东西南北中(重播)	名段欣赏(首播)		名段欣赏(重播)
13:05		每周一歌(重播)			每周一歌(重播)		
13:10	包装、广告						
13:15	朋友(重播)	午间乐园(重播) 14:05 音乐空间(重播)	交响世界(重播) 14:15 国乐飘香(重播)	当代剧场(重播)	戏剧博览(重播)	新视听(重播)	八面来风(重播) 星星擂台(重播) 14:25 电视诗歌散文(重播)
14:25	音画时尚(重播) 神州大舞台(重播) 荧屏诗坛(重播)						

续表

时 间	星期一	星期二	星期三	星期四	星期五	星期六	星期日
14:55	包装、广告						
15:00	戏苑百家(京剧)						
17:00	动画城(重播)						动画城(首播)
17:30	每周一歌(重播)						
17:35	电视书场(重播)						
17:55	包装、广告						
18:00	中国音乐电视(流行歌曲版)(重播)	中国音乐电视(综合版)	中国音乐电视(MTV 歌曲版)	中国音乐电视(艺术歌曲版)	中国音乐电视(流行歌曲版)	中国音乐电视(艺术歌曲版)	梦想剧场(电视诗歌散文)
18:30	戏曲采风(重播)	艺文手册			演艺网站		艺文手册
19:00	艺术入门(首播)						
19:30	包装、广告						
19:35	曲直播(首播) 21:50 精彩十分(首播)	交响世界(首播) 20:35 国乐飘香(首播)	当代剧场(首播)	戏剧博览(首播)	新视听(首播)	八面来风(首播) 星星擂台(首播) 20:45 电视诗歌散文(首播)	朋友(首播) 音画时尚(首播) 神州大舞台(首播) 20:45 荧屏诗坛(首播)
21:15		包装、广告					
21:20		精彩十分(首播)				走进电视	
21:30		中国音乐电视(MTV 歌曲版)(首播)	中国音乐电视(艺术歌曲版)	音乐电视(流行歌曲版)	中国音乐电视(艺术歌曲版)	中国音乐电视(流行歌曲版)	中国音乐电视(综合版)
22:00	包装广告						
22:05	艺文手册(首播)			演艺网站		艺文手册	戏曲采风
22:35	每周一歌(重播)	每周一歌(首播)					
22:40	新闻联播						
23:10	戏苑百家(京剧·地方戏·戏曲电视剧)						
01:40	节目预告						
01:45	结束						

说明:1.1999 年 1 月 1 日至 1999 年 8 月 17 日按 1998 年栏目表运行,见《中央电视台年鉴(1999)》;

2. 从 1999 年 8 月 18 日起按此栏目表运行。

第四套(CCTV-4　国际频道)

时 间	星期一	星期二	星期三	星期四	星期五	星期六	星期日
06:00	中国新闻(录播)						
06:15	中国新闻财经报道(录播)						
06:30	动画城(首播)					周末影院	体育赛场
07:00	频道宣传/广告						
07:05	电视剧(重播)						
07:55	频道宣传/全天节目预告						
08:00	夕阳红(重播)						
08:30	中国新闻(直播)						
08:45	芝麻开门(首播)						
08:55	频道宣传/广告						
09:00	戏曲采风 梨园群英	体育大世界	中国文艺	神州戏坛	综艺大观 曲苑杂坛 东西南北中	中国文艺	欢聚一堂
09:50	科技博览						
09:55	频道宣传/广告						
10:00	中国新闻(直播)						
10:15	华夏掠影	千秋史话	东方家园	文化周刊	观众之友	千秋史话	东方家园
10:30	中华医药	纪录中国	中华文明之光	海峡两岸	天涯共此时	中国旅游	中国风
11:00	中国报道(重播)						
11:30	中国新闻(直播)						
12:00	英语新闻(首播)						
12:30	周日话题	中国各地	投资指南	今日中国	中国各地	中华艺苑	一周回顾
13:00	功夫(英)(重播)						厨艺(英)
13:10	神州风采(英)(重播)						
13:15	教汉语(英)(重播)						外国人看中国
13:30	中华艺苑(英)(重播)						
14:00	东方时空(首播)						
14:25	频道宣传/广告						
14:30	动画城(重播)						
15:00	中华医药	纪录中国	中华文明之光	海峡两岸	天涯共此时	中国旅游	中国风
15:30	华夏掠影	千秋史话	东方家园	文化周刊	观众之友	千秋史话	东方家园

续表

时 间	星期一	星期二	星期三	星期四	星期五	星期六	星期日
15:45	中国新闻财经报道(录播)						
16:00	中国新闻(录播)						
16:30	中国报道(重播)						
17:00	频道宣传/广告					中国体育	中国体育
17:05	电视剧(重播)						
17:55	频道宣传/广告						
18:00	华夏掠影	千秋史话	东方家园	文化周刊	观众之友		
18:15	芝麻开门(重播)						
18:25	频道宣传/广告						
18:30	粤语新闻(直播)						
18:45	中国新闻财经报道(直播)						
19:00	英语新闻(重播)						
19:30	中国各地	投资指南	今日中国	中国各地	中华艺苑	一周回顾	周日话题
20:00	频道宣传/广告						
20:05	戏曲采风 梨园群英	体育大世界	中国文艺	神州戏坛	综艺大观 曲苑杂坛 东西南北中	中国文艺	欢聚一堂
20:55	频道宣传/广告						
21:00	中国新闻(录播)						
21:30	中国报道(首播)						
22:00	频道宣传/广告						
22:05	中华医药	纪录中国	中华文明之光	海峡两岸	天涯共此时	中国旅游	中国风
22:35	频道宣传/广告						
22:40	粤语新闻(录播)						
22:55	科技博览(首播)						
23:00	英语新闻(首播)						
23:00	中国各地	投资指南	今日中国	中国各地	中华艺苑	一周回顾	周日话题
00:00	功夫(英)(重播)						厨艺(英)
00:10	音乐电视(英)(重播)						
00:20	今日中国(英)(重播)						
00:50	华夏风情(英)(重播)						
01:00	中国各地(英)(重播)						

续表

时 间	星期一	星期二	星期三	星期四	星期五	星期六	星期日
01:30	英语新闻(重播)						
02:00	中国新闻(录播)						
02:30	中国报道(重播)						
03:00	新闻联播(录播)						
03:30	频道宣传/广告						
03:35	电视剧(首播)					每周戏院	周末影院
04:25	华夏掠影	千秋史话	东方家园	文化周刊	观众之友		
04:40	戏曲采风 梨园群英	体育大世界	中国文艺	神州戏坛	综艺大观 曲苑杂坛 东西南北中		
05:30	夕阳红　结束						

注明:北京时间12:00～14:00,19:00～20:00,23:00～02:00为英语节目时间,与第九套(英语传送频道)并机播出。

第五套(CCTV-5　体育频道)

时 间	星期一	星期二	星期三	星期四	星期五	星期六	星期日
08:30	节目预告						
08:35	康乐年华(一)			康乐年华(二)			
09:30	五环夜话	国内竞技场	周二大放送(上)	假日体育(上)	国内竞技场	跟我学	
09:55	中国体育	足球集锦(亚)	足球集锦(德)	足球集锦(欧)		中国象棋	广告
10:00							纹枰论道
11:30							体育商城
11:55	广告　体育快讯　广告						
12:00							
12:10							
12:15	经典时刻	国内竞技场	周二大放送(下)	假日体育(下)	国内竞技场	五环夜话 或 直播	足球之夜
13:45	广告　体育快讯						
13:50							
14:00	康乐年华(一)	足球集锦(欧)	足球集锦(亚)	康乐年华(二)	足球集锦(德)		
14:15							
14:20						世界体育报道	
14:55	卫星直播						

续表

<table>
<tr><th>时 间</th><th>星期一</th><th>星期二</th><th>星期三</th><th>星期四</th><th>星期五</th><th>星期六</th><th>星期日</th></tr>
<tr><td>15:00</td><td colspan="5" rowspan="6">卫星直播</td><td>世界体育报道</td><td rowspan="6">足球之夜</td></tr>
<tr><td>15:10</td><td rowspan="3">体育商城</td></tr>
<tr><td>15:15</td></tr>
<tr><td>15:40</td></tr>
<tr><td>15:45</td><td rowspan="6">直播或录像
广告</td></tr>
<tr><td>16:55</td></tr>
<tr><td>17:00</td><td>棋牌乐</td><td>体育商城(一)</td><td>棋牌乐</td><td>体育商场(二)</td><td>棋牌乐</td><td rowspan="6">中国象棋
或
直　播</td></tr>
<tr><td>17:25</td><td colspan="5">广告</td></tr>
<tr><td>17:30</td><td rowspan="2">体育商场(一)</td><td rowspan="2">棋牌乐</td><td rowspan="2">跟我学</td><td rowspan="2">棋牌乐</td><td rowspan="2">体育商城</td></tr>
<tr><td>17:55</td></tr>
<tr><td>18:00</td><td colspan="6" rowspan="2">节目预告　体育新闻　广告</td></tr>
<tr><td>18:25</td></tr>
<tr><td>18:30</td><td rowspan="4">体育大世界</td><td rowspan="2">世界报道</td><td>体育商城(一)</td><td rowspan="4">康乐年华(一)
广　告</td><td>体育商城(二)</td><td rowspan="4">康乐年华(二)
广　告</td><td rowspan="4">中国体育</td></tr>
<tr><td>18:55</td><td>广　告</td><td>广　告</td></tr>
<tr><td>19:00</td><td rowspan="2">体育欣赏</td><td rowspan="2">跟我学</td><td rowspan="2">跟我学</td></tr>
<tr><td>19:25</td></tr>
<tr><td>19:30</td><td>直播或录像</td><td>周二大放送(上)</td><td>假日体育(上)</td><td>足球之夜(上)</td><td>五环夜话</td><td>直播或录像</td><td rowspan="5">19:30～21:35
直播或录像
广　告
下周预报</td></tr>
<tr><td>21:00</td><td colspan="5" rowspan="2">体育新闻　广告</td><td rowspan="6">21:00～22:15
中国体育
下周预告</td></tr>
<tr><td>21:25</td></tr>
<tr><td>21:30</td><td rowspan="9">卫星赛场
广　告
象棋杂志
广　告</td><td rowspan="9">周二大放送
(下)
广　告
体育大世界
(23:05～
00:00)</td><td rowspan="4">假日体育(上)
广　告</td><td rowspan="7">足球之夜
(21:30～
23:40)</td><td rowspan="5">经典时刻
广　告</td></tr>
<tr><td>21:50</td></tr>
<tr><td>22:00</td><td rowspan="8">21:50～00:30
德甲直播</td></tr>
<tr><td>22:20</td></tr>
<tr><td>23:00</td><td rowspan="5">象棋杂志
(23:05～
00:00)</td><td rowspan="6">22:20～00:30
德甲直播</td></tr>
<tr><td>23:30</td><td rowspan="5">纹枰论道
(23:30～
00:35)</td></tr>
<tr><td>23:40</td></tr>
<tr><td>23:50</td><td rowspan="2">体育新闻
结　束</td></tr>
<tr><td>00:00</td></tr>
<tr><td>00:30</td><td colspan="4" rowspan="3">体育新闻　结束</td></tr>
<tr><td>00:40</td><td colspan="3" rowspan="2">体育新闻　结束</td></tr>
<tr><td>00:50</td></tr>
</table>

第六套(CCTV-6　电影频道)

星期一		星期二		星期三		星期四	
时间	节目	时间	节目	时间	节目	时间	节目
8:27	台标、频道标志	8:27	台标、频道标志	8:27	台标、频道标志	8:27	台标、频道标志
8:29	节目预告	8:29	节目预告	8:29	节目预告	8:29	节目预告
8:30	银屏导视(1)	8:30	专题	8:30	综合	8:30	专题
8:41	故事片	8:45	银屏导视(1)	8:34	越剧	8:45	银屏导视(1)
10:20	银屏导视(1)	8:56	故事片	10:33	银屏导视(1)	8:56	故事片
10:32	流金岁月	10:26	银屏导视(1)	10:44	故事片	10:43	银屏导视
12:06	广告	10:38	故事片	12:19	广告	10:54	故事片
12:08	中国电影报道	12:23	广告	12:21	银屏导视(1)	12:33	广告
12:18	综合	12:25	银屏导视(1)	12:32	美术片	12:35	银屏导视(1)
12:22	美术片	12:36	美术片	12:58	银屏导视(1)	12:46	美术片
12:48	银屏导视(1)	13:02	银屏导视(1)	13:07	译制片	13:13	银屏导视(1)
12:57	译制片	13:11	译制片	15:02	银屏导视(1)	13:22	译制片
14:52	银屏导视(1)	14:49	银屏导视(1)	15:14	故事片	15:02	广告
15:04	故事片	15:01	故事片	16:44	银屏导视(1)	15:06	故事片
16:36	银屏导视(1)	16:30	银屏导视(1)	16:55	故事片	16:29	银屏导视(1)
16:47	故事片	16:41	故事片	18:21	请您欣赏(2)	16:40	故事片
18:24	请您欣赏(2)	18:05	广告	18:26	广告	18:06	广告
18:28	广告	18:12	广告	18:30	美术片	18:10	广告
18:31	美术片	18:16	美术片	18:57	广告	18:14	美术片
18:57	广告	18:42	广告	18:59	银屏导视(1)	18:41	广告
18:59	银屏导视(1)	18:44	银屏导视(1)	19:06	广告	18:43	银屏导视(1)
19:13	专题	18:51	广告	19:13	专题	18:50	广告
19:28	广告	18:58	世界纪录片长廊	19:28	广告	18:57	世界纪录片长廊
19:30	银屏导视(2)	19:28	广告	19:30	银屏导视(2)	19:27	广告
19:37	广告	19:30	银屏导视(1)	19:37	广告	19:29	银屏导视(2)
19:40	流金岁月	19:37	广告	19:40	故事片	19:36	广告
19:50	故事片	19:40	故事片	21:11	广告	19:40	故事片
21:24	广告	21:17	广告	21:13	广告	21:14	广告
21:26	广告	21:19	广告	21:17	情感剧场	21:16	广告
21:30	欧陆影坛	21:23	原声影院(字幕)	22:27	广告	21:20	东方院线
23:08	广告	23:03	广告	22:29	银屏导视(2)	22:52	广告
23:10	银屏导视(2)	23:05	银屏导视(2)	22:36	广告	22:54	银屏导视(2)
23:17	广告	23:12	广告	22:43	故事片	23:01	广告
23:24	故事片	23:19	故事片	00:18	广告	23:08	故事片
00:56	广告	00:55	广告	00:23	广告	00:38	广告
01:01	广告	00:59	广告	00:28	节目预告	00:42	广告
01:06	节目预告	01:04	节目预告	00:29	结束	00:47	节目预告
01:07	结束	01:05	结束			00:48	结束

续表

星期五		星期六		星期日	
时间	节目	时间	节目	时间	节目
8:27	台标、频道标志	8:27	台标、频道标志	8:27	台标、频道标志
8:29	节目预告	8:29	节目预告	8:29	节目预告
8:30	银屏导视(1)	8:30	银屏导视(1)	8:30	银屏导视(1)
8:41	故事片	8:41	佳片有约	8:41	故事片
10:13	综合	8:43	译制片	10:11	银屏导视(1)
10:18	故事片	10:38	佳片有约	10:22	故事片
11:51	广告	10:53	综合	11:52	广告
11:53	银屏导视(1)	10:58	故事片	11:54	银屏导视(1)
12:04	美术片	12:32	广告	12:05	美术片
12:32	银屏导视(1)	12:34	银屏导视(1)	12:29	银屏导视(1)
12:41	译制片	12:45	美术片	12:38	译制片
14:15	广告	12:51	银屏导视(1)	14:46	银屏导视(1)
14:20	故事片	13:00	故事片	14:58	故事片
15:50	银屏导视(1)	14:41	银屏导视(1)	16:30	银屏导视(1)
16:01	故事片	14:53	故事片	16:41	青少年影院
17:36	广告	16:23	广告	18:33	广告
17:43	广告	16:27	戏曲春秋	18:41	广告
17:46	美术片	18:08	广告	18:45	美术片
18:11	广告	18:14	广告	19:10	美术片
18:13	银屏导视(1)	18:17	美术片	19:21	广告
18:20	广告	18:41	广告	19:23	银屏导视(1)
18:27	专题	18:43	银屏导视(1)	19:30	广告
18:42	专题	18:57	广告	19:36	专题
18:57	广告	18:57	世界纪录片长廊	19:51	广告
18:59	银屏导视(2)	19:29	银屏导视(2)	19:53	银屏导视(2)
19:06	今日影视	19:36	广告	20:00	中国电影报道
19:36	广告	19:40	佳片有约	20:10	广告
19:40	故事片	19:42	译制片	20:14	周日点播
21:17	广告	21:00	广告	21:45	广告
21:19	广告	21:02	译制片	21:47	广告
21:23	喜剧天地	22:10	佳片有约	21:51	影人 1+1
22:58	广告	22:25	广告	23:32	广告
23:00	银屏导视(2)	22:29	动作 90 分	23:34	银屏导视(2)
23:07	广告	00:01	广告	23:41	广告
23:14	故事片	00:03	银屏导视(2)	23:47	影人 1+1
00:46	广告	00:17	故事片	01:26	广告
00:51	广告	01:49	广告	01:30	广告
00:56	节目预告	01:54	广告	01:35	节目预告
00:57	结束	01:59	节目预告	01:36	结束
		02:00	结束		

第七套(CCTV-7　农业、军事、少儿、科技频道)

时 间	星期一	星期二	星期三	星期四	星期五	星期六	星期日
08:30	动画城						节目预报 第二起跑线 演播室
09:00	东方儿童						
10:00	重播昨日晚间军事报道						
10:30	当代军人	军营文化	祝你成才	中国武警	军事百科	当代军人	军营文化
11:24	广告与军事节目欣赏						
11:30	广告						
11:35	科技之光						
12:30	农业节目预告						
12:33	广告						
12:35	农村经济						
12:58	广告						
13:00	广告	农村经济					
13:02	农业教育	广告					
13:32	广告	科技苑					
13:34	农村文艺	广告					广告 荧屏内外
13:57	广告	专题报道	农村各地	农村经济	致富经	农事指南	农村经济
14:00	农业教育	广告					中国武警
14:30	农业教育					祝你成才	走军营
15:00	儿童短剧				农业教育	非常之旅	小飞龙剧场
15:10	芝麻开门					精彩屋	
15:20	东方儿童	儿童短剧		东方儿童			
16:20	大风车		东方儿童	大风车			
17:00	军事百科	中国武警	军营文化	祝你成才	当代军人	军营文化	军事百科
17:54	广告与军事节目欣赏						
18:00	农业节目预告						
18:02	广告						
18:07	农村各地					广告	农村各地

续表

时 间	星期一	星期二	星期三	星期四	星期五	星期六	星期日
18:30	广告					农村文艺	18:27 农村教育
18:32	科技苑						
18:57	广告						
19:00	农业教育						
19:30	军事报道						
20:00	东方儿童 1. 大追踪 2. 七巧板 3. 非常之旅	东方儿童 1. 天天动画 2. 七巧板 3. 星星剧场 4. 儿童音乐	东方儿童 1. 天天动画 2. 七巧板 3. 和爸爸妈妈在一起	东方儿童 1. 天天动画 2. 七巧板 3. 星星剧场 4. 儿童音乐	东方儿童 1. 天天动画 2. 七巧板 3. 和爸爸妈妈在一起	东方儿童 1. 信息树 2. 天天动画 3. 七巧板 4. 儿童音乐	东方儿童 1. 天天动画 2. 七巧板 3. 和爸爸妈妈在一起
21:00	农业新闻						
21:12	广告						
21:14	专题报道	农村各地	农村经济	致富经	农事指南	荧屏内外	农村文艺
21:37	广告					农村经济	广告
21:40	广告						
21:45	科技之光						
22:35	广告						
22:40	广告						
22:44	农村各地					农村文艺	农村文艺 (22:44～23:32)
23:07	农村经济						
23:30	农业新闻						农村新闻 (23:32～23:44)
23:42	广告				农村经济		
23:47	农业教育				广告　农业教育　结束		农村经济 (23:44～23:49)
00:17	结束						农村教育 (23:54～00:24)结束

第八套（CCTV-8　电视剧频道）

<table>
<tr><th>时 间</th><th>星期一</th><th>星期二</th><th>星期三</th><th>星期四</th><th>星期五</th><th>星期六</th><th>星期日</th></tr>
<tr><td>08:25</td><td colspan="7">频道片头、国歌、节目介绍</td></tr>
<tr><td>08:30</td><td colspan="7">影视金曲</td></tr>
<tr><td>08:35</td><td colspan="7">百姓剧场</td></tr>
<tr><td>09:05</td><td colspan="7">节目预告、广告</td></tr>
<tr><td>09:10</td><td rowspan="5">每日佳艺
（佳艺影视）</td><td>每日佳艺
（佳艺大世界）</td><td>每日佳艺
（佳艺五线间）</td><td>每日佳艺
（佳艺新视点）</td><td colspan="3">每日佳艺（佳艺剧场）</td></tr>
<tr><td>10:05</td><td colspan="6">节目预告、广告</td></tr>
<tr><td>10:25</td><td>世界文化广场</td><td colspan="2">动物世界</td><td colspan="2">世界各地</td><td rowspan="2">影视同期声</td></tr>
<tr><td>10:35</td><td colspan="5">影视同期声</td></tr>
<tr><td>10:40</td><td colspan="6">节目预告、广告</td></tr>
<tr><td>10:50</td><td>节目预告
广告</td><td colspan="5" rowspan="5">强档电视剧 2 集（集间插播广告）</td><td rowspan="5">世界影视城</td></tr>
<tr><td>10:55</td><td>走进电视</td></tr>
<tr><td>11:05</td><td>动物世界</td></tr>
<tr><td>11:25</td><td>节目预告
广告</td></tr>
<tr><td>11:30</td><td>世界影视博览</td></tr>
<tr><td>12:20</td><td colspan="7">影视金曲</td></tr>
<tr><td>12:25</td><td colspan="7">节目预告、广告</td></tr>
<tr><td>12:30</td><td colspan="7">百姓剧场</td></tr>
<tr><td>13:00</td><td rowspan="2">世界名著
名片欣赏</td><td colspan="5">海外剧场</td><td rowspan="2">原声影视</td></tr>
<tr><td>13:50</td><td colspan="5" rowspan="2">子夜剧（电视剧 2 集）</td></tr>
<tr><td>14:40</td><td>子夜剧
（电视剧
1 集）</td><td>子夜剧
（电视剧
1 集）</td></tr>
<tr><td>15:30</td><td colspan="7">节目预告、广告</td></tr>
<tr><td>15:35</td><td colspan="6" rowspan="2">精品重播 3 集（重播第一套黄金电视剧）</td><td>国际影院</td></tr>
<tr><td>17:15</td><td>单本剧</td></tr>
<tr><td>18:05</td><td colspan="7">少儿剧苑</td></tr>
<tr><td>18:55</td><td colspan="7">节目预告、广告</td></tr>
<tr><td>19:00</td><td>世界文化广场</td><td>动物世界</td><td>世界各地</td><td>世界文化广场</td><td>动物世界</td><td>世界文化广场</td><td>世界各地</td></tr>
<tr><td>19:20</td><td colspan="7">影视金曲</td></tr>
<tr><td>19:25</td><td colspan="7">节目预告、广告</td></tr>
</table>

续表

<table>
<tr><th>时 间</th><th>星期一</th><th>星期二</th><th>星期三</th><th>星期四</th><th>星期五</th><th>星期六</th><th>星期日</th></tr>
<tr><td>19:30</td><td>每日佳艺(佳艺大世界)</td><td>每日佳艺(佳艺五线间)</td><td>每日佳艺(佳艺新视点)</td><td colspan="3">每日佳艺(佳艺剧场)</td><td rowspan="5">每日佳艺(佳艺影院)</td></tr>
<tr><td>20:20</td><td colspan="5">影视同期声</td><td rowspan="3">影视同期声</td></tr>
<tr><td>20:30</td><td colspan="5">节目预告、广告</td></tr>
<tr><td>20:35</td><td colspan="5" rowspan="7">强档电视剧2集(集间插播广告)</td></tr>
<tr><td>20:50</td><td>节目预告
广告</td></tr>
<tr><td>20:55</td><td rowspan="5">世界影视城</td><td>节目预告
广告</td></tr>
<tr><td>21:10</td><td rowspan="2">走进电视(频道介绍宣传性栏目)</td></tr>
<tr><td>21:15</td></tr>
<tr><td>21:25</td><td>节目预告
广告</td></tr>
<tr><td>21:30</td><td rowspan="5">世界名著名片欣赏</td></tr>
<tr><td>22:15</td><td colspan="5">节目预告、广告</td><td rowspan="2">影视同期声</td></tr>
<tr><td>22:20</td><td colspan="5" rowspan="3">海外剧场</td></tr>
<tr><td>22:25</td><td>节目预告
广告</td></tr>
<tr><td>22:40</td><td rowspan="5">原声影视</td></tr>
<tr><td>23:10</td><td colspan="5">节目预告、广告</td><td rowspan="2">世界影视博览</td></tr>
<tr><td>23:15</td><td colspan="5" rowspan="7">子夜剧(电视剧2集)</td></tr>
<tr><td>00:00</td><td>节目预告</td></tr>
<tr><td>00:02</td><td rowspan="3">子夜剧(电视剧1集)</td></tr>
<tr><td>00:20</td><td>节目预告</td></tr>
<tr><td>00:22</td><td rowspan="4">子夜剧(电视剧1集)</td></tr>
<tr><td>00:52</td><td rowspan="2">影视金曲</td></tr>
<tr><td>00:55</td></tr>
<tr><td>00:57</td><td colspan="5" rowspan="2">结束</td><td rowspan="2">结束</td></tr>
<tr><td>01:12</td><td>结束</td></tr>
</table>

(总编室提供)

说明:1.1999年1月1日至1999年5月2日按1998年栏目表运行;

2.从1999年5月3日起按此表运行。

1999 年中央电视台第一、二、三、四、七套广告价目表

（1999 年 1 月 1 日起执行）

单位：人民币 元

分类	播出	时间 \ 广告长度每次	5 秒	15 秒	30 秒
一套	白天	7:00 后	—	7000	12000
	少儿节目	18:06	—	13000	23000
	榜上有名	19:00 前	19000	35000	63000
	A	约 19:52	—	80000	
	B1	约 20:01	40000	70000	126000
	B2	约 20:55	27000	50000	90000
	C	约 21:05	24000	44000	80000
	D	约 21:45	18000	34000	60000
	E1	约 22:45	10000	20000	36000
	E2	约 22:49			
	F	23:00 后	7000	12000	21600
二套	白天	7:00 后	—	5000	9000
	A	19:30	11000	20000	36000
	B	19:50	11000	20000	36000
	C	21:02	11000	20000	36000
	D	21:55	8500	16000	28800
	E	22:30	6000	12000	21600
	F	23:28	5000	10000	18000
	正大综艺前	19:35	—	30000	54000
	正大剧场 1	20:05	—	38000	68400
	正大剧场 2	20:35			
三套	白天	7:00 后	—	3500	5000
	晚上	18:00 后	—	6000	9000
四套	卫星		—	4500	7000
七套	A	18:00～21:00	—	4500	7000
	B	其他时间	—	3500	5000

说　　明

1. 凡在中央电视台办理电视广告业务，一律执行先有广告录像带，先收费，后播出的原则。

2. 签订广告播出合同时，必须具备以下手续：营业执照、商标注册证、生产许可证，其中药品、化妆品、医疗器械、食品应按广告法规及有关的具体规定办理。广告经营单位除具备以上手续外，还应持客户委托书和与客户签订的合同。

3. 法定节假日广告费加收 30%，其中包括：4 月 30 日，5 月 1 日，9 月 30 日，10 月 1 日，2 日，12 月 31 日，1 月 1 日。

4. 栏目广告在相应的段位上加收 30%，5 秒标版，则按相应广告段位 15 秒广告价格的 1/3，再加收 60% 收费。

5. 凡中央电视台重大节目及宣传活动，其广告价格另行制定。

6. 各段广告，指定第一条和最后一条加收 20%，指定第二条和倒数第二条加收 15%。

7. 凡签订第二套、三套、四套、七套的广告，广告次数以周为单位计算。

8. 凡已经签订广告播出合同，若在播出前 30 日内要求停播，退款 50%，10 日内要求停播，不予退款。

9. "行业推荐"30 秒广告中出现的产品不得超过 6 个；15 秒广告中出现的产品不得超过 3 个；其广告价格在所签广告段位价格基础上加收 60%。

10. 凡投放酒类广告，其价格在原价格上加收 10%（招标位除外）。

11. 广告带必须提前 15 天送到广告部，临时加急换带收加急费 2000 元。

12. 第五套、第八套广告价格，请向中国国际电视总公司广告部查询，电话：(010)63951536。

13. 第六套广告价格，请向电影频道广告部查询，电话：(010)62047230。

14. 本价目表从 1999 年 1 月 1 日起执行，以前印刷的中央电视台电视广告价目表和说明停止使用。

15. 汇款请汇

单　位：中央电视台计财处五科
开户行：中国建设银行北京市分行营业部
账　号：2630049080
地　址：中国北京海淀区复兴路 11 号
电　话：(010)68515531　68522561　68507403
　　　　68507404　68507424　68507425
传　真：(010)68511134

（广告部提供）

1999年中央电视台体育频道(CCTV－5)广告价目表

(1999年1月1日起执行)

项目类别	名　　称	播出安排	价　　格(元)		
时　　段			5秒	15秒	30秒
单独时段	A	每天19:00～20:00期间播出1次	2900	5800	10440
	B	每天20:00～23:00期间播出1次	4300	8600	15480
	C	每天23:00～结束期间播出1次	1500	3000	5400
时段套播	全天套	9:00～结束,平均8次/天	11000	22000	39600
	晚间套	18:00～结束,平均4次/天	8960	16800	26880
	白天套	9:00～19:00,平均6次/天	4800	9600	17280
栏　　目			5秒	15秒	30秒
单独栏目	《篮球公园》*	周一19:30首播,周二重播1次	7600	13600	19800
	《周二大放送》*	周二19:30首播,周三重播1次	5200	9800	16000
	《假日体育》*	周三22:00首播,周四重播1次	4600	8600	13600
	《足球之夜》*	周四20:00首播,周日重播1次	10500	18200	28600
	《五环夜话》*	周五20:00首播,周一重播1次	5500	10600	16500
	《中国体育》*	周六21:00首播,周日重播1次	5300	9900	16200
	午间《体坛快讯》	每天12:00首播,周一至周五下午重播1次	3100	6000	10500
	晚间《体育新闻》	每天18:00首播,周一至周五晚间重播1次	5800	11000	17200
	《城市之间》	隔周五21:30首播,周六重播1次	6600	12000	16000
套播组合	栏目周套(带*号的栏目)	周一至周六晚间栏目组合,每个栏目中插播1次,6次/周	33900	63600	102000
	午间、晚间《体育新闻》套装	每天午间、晚间《体育新闻》栏目中各插播1次,2次/天	8300	15400	24500

有关广告投放其他规定参考1999年中央电视台第一、二、三、四、七套广告价目表

(中国国际电视总公司广告部提供)

1999年中央电视台电影频道(CCTV-6)广告价目表

（1999年1月1日起执行）

单位:人民币 元

广告长度每次 金额 时段	5秒	15秒	30秒
A1 约 18:20	3800	7000	12600
A2 约 18:50	4400	9000	16200
A3 约 19:50	10000	19000	33000
A4 约 20:30	12200	23800	41000
B1 约 21:40	11600	21800	38600
B2 约 22:30	8800	16000	28800
C1 约 23:30	5000	9000	16200
其他时间 约 18:00 前 约 23:30 后	3300	6000	10800
黄金套播 每日 8 次	26000	48000	9000
银屏导视 每日 6～8 次	20000	36000	65000
综合套播 每日 8 次	18000	30000	83000

说　　明

1. 在电影频道播出的广告必须符合《中华人民共和国广告法》和国家有关部门规定。
2. 签订电影频道广告播出协议时,应具备下列相关的条件:
   (1)持有电影频道广告部核发的广告代理证和媒介员证;
   (2)广告客户营业执照、商标注册证明、卫生许可证;
   (3)药品、医疗器械、特效化妆品、房地产、保健食品、专利产品等应附送国家主管部门的准播批文;
   (4)经电影频道广告部审查过的 Betacam 广告带;
   (5)交纳有效的银行转账支票或汇票;
   (6)广告公司与广告客户签订的合同。
3. 广告按周为单元订购,如非连续性订购加价 50%。
4. 广告带应提前 15 天送达电影频道广告部,临时加急或更换广告时,应按规定交纳加急费。
5. 酒类广告在相应的广告段位价格上加收办法如下:

累计播出	1～3月	4～6月	7～9月	10～12月
加　收	20%	10%	5%	0

6. 行业推荐广告在相应的广告段位上加价30%,每30秒行业推荐广告内不得超过6条内容。

7. 在各段位广告中,需指定播出位置时,每条加收20%。

8. 电影频道的重大电影节目广告,其价格在合理的幅度实施浮动。

9. 与中央电视台签订广告播出协议后,若在播出前30日内要求停播退款50%,若在10日内要求停播不予退款。

10. 本价目表从1999年1月1日起执行。

11. 汇款请汇

单　位:国家广播电影电视总局电影卫星频道节目制作中心

开户行:中国工商银行北京北太平庄办事处

账　号:144678-66

地　址:北京市北三环中路77号

邮　编:100088

电　话:(010)62003041　62371803　62047230

传　真:(010)62371803

1999年中央电视台电视剧频道(CCTV-8)广告价目表

(1999年1月1日起执行)

单位:人民币 元

分类		播出时间及频次 \ 广告长度每次	5秒	15秒	30秒
时段广告	A	19:30~21:30	2700	5400	7500
	B	21:30~23:00	2100	4200	6500
	全天套	9:00~24:00(8次/天)	6500	12000	175000
	注:19:30~23:00为电视剧频道精彩电视剧和晚会播出时间,时段价格特殊说明: 酒类广告加收办法如下 连续累计播出时间量　1~3个月　4~6个月　7~12个月 加收比例　10%　5%　0% 精品电视剧和大型晚会的贴片广告,价格以合理幅度实施浮动,其他以中央电视台广告价格说明为准				
超级实惠套装	月套	8次/天,共240次	150000	300000	450000
	季套	8次/天,共720次	350000	680000	960000
	半年套	8次/天,共1440次	650000	1200000	1750000
	全年套	8次/天,共2880次	1200000	1880000	2800000
	注:8次/天的套播播出基本上晚上4次,白天4次。全天套广告播出时间约为:10:00、13:00、14:00、17:00、19:30、21:00、22:00、24:00,共8个频次。 (以上套播每月限售10套,价高者优先)				

(中国国际电视总公司广告部提供)

《中国中央电视台年鉴(2000)》特约编辑名录

台办公室	何新宇　程庆生
机关党委	宿晓光
审计处	续建勇
监察室	曾进清
人事办公室	具春秋
财经办公室	何其江
总编室	陈　忠
新闻节目中心	郭书兰　韩　彪
海外节目中心	景春寒
社教节目中心	王玉清
文艺节目中心	倪代光
广告经济信息中心	李　萍
体育节目中心	杨　斌
青少年节目中心	李小健
技术管理办公室	谢和平
技术制作中心	张建华
播出传送中心	俞　勤
中国电视剧制作中心	任　力
北京科学教育电影制片厂	王金秀
中央新闻纪录电影制片厂	李书珍
中国电视报	郭卫翔
中国国际电视总公司	魏良鹏
中央卫星电视传播公司	田盛华
梅地亚电视中心有限公司	吴军红
央视调查咨询中心	肖建兵
电影卫星频道节目制作中心	刘长根

《中国中央电视台年鉴(2000)》资料员名录

台办公室	何新宇　张　辉
秘书处	田忠卿
法规处	达　红
保卫处	姜　萍
外事处	韩亚男
行政处	郑华维
房管处	刘越红
摄影科	曾桂英
机关党委	
党委办公室	杨　蔚
工会	张梅英
纪检组	
监察室	李湘茹
审计处	宿兰妮
人事办公室	具春秋
干部管理处	董　葵
离退休人员管理处	南　敏
劳动工资处	李春媛
培训职称处	王　红
财经办公室	江幸梅
财务处	范丽娟
计划统计处	武四清
基建处	张惠玲
财产物资处	周火星
经营管理处	丁　京
演职培训处	李怀林
总编室	张百莉　贺淑霞
研究处	李秀英
节目播出管理处	曹　倩
节目资料管理处	童　瑛
宣传规划处	张红英
观众联系处	虢亚冰　刘建鸣
新闻节目中心	
综合部	徐　瑛
社会新闻部	周军英
新闻采访部	吴桂英

地方新闻部		郭晓燕
新闻编辑部		刘焕玲
新闻评论部		刘小燕
新闻制作部		王燕菊
军事部		孙　华
海外节目中心		
联络部		郝　麟
海外新闻部		王玉兰
海外编辑部		蔡桂芬
对台编辑部		宋　丹
海外专题部		卞金花
外语新闻部		胡　怡
外语专题部		吴海霞
海外制作部		张晓梅
社教节目中心	王玉清	徐兰梅
综合部		侯　洁
专题部		常　清
科教部		杨利加
纪录片部		纪淑田
文艺节目中心		
综合部	倪代光　万　钢	田姗姗
文艺部		高菊莲
国际部		黄瑞英
影视部		刘兰章
戏曲音乐部		王　兰
广告经济信息中心		
综合部		杨莉莎
广告部		刘晓如
经济部		关提源
信息部		未　梦
图文电视部		高红雨
体育节目中心		
综合部		吴淑环
体育新闻部		陆　维
体育竞赛部		胡振英
青少年节目中心		
综合部		穆　珊
青年部		周淑琴
少儿部		马知渊
动画片部		韩明春
技术管理办公室		
科技处		邓炯慧
技管处		王　丹
技术业务处		于　源
信息通讯处		马小红
工程管理处		王　肖
动力处		刘燕梅
技术制作中心		
综合部		张建华
采录部		张瑞虹
录制部		罗新艳
动画技术部		唐伟莉
制作部		刘淑英
音频部		陆　蕾
播出传送中心		
综合部	程　昕	俞　勤
播出部		季奕军
转播部		翟素琴
传送部		宋智军
总控部		周联群
中央新闻纪录电影制片厂		祝倩懿
北京科学教育电影制片厂		王金秀
中国电视报社		宋　红
中国国际电视总公司		张胜利
中央卫星电视传播中心		金　红
中国电视剧制作中心		王雨萌
梅地亚电视中心有限公司	董淑君	吴军红
央视调查咨询中心		王　涛
电影卫星频道节目制作中心	杨　平	章　珺

22. 索　　引

使用说明：

一、本索引采用主题分析索引法编制，除“大事记”外，年鉴内容均列入标引范围，以便检索使用。

二、索引正文基本上按汉语拼音音序排列。具体排序如下：以数字开头的，排在最前面，以英文字母打头的，列于其次；汉字标目则按首字的音序、音调依次排列，首字相同时，则以第二个字排序，并依此类推。

三、索引标目后的数字表示内容所在的页码，数字后的拉丁字母 a、b，代表正文中自左至右的栏别。表格、图片标目在后面注明(表)、(图)字样。

四、为反映索引款目间的逻辑关系，对于二级标目，采取在上一级标目下缩二格的编排形式予以体现，之下的索引款目仍按上列排序方法依次排列。

五、为充分而集中地提供检索点，索引中还使用了大量的“见”和“附见”参照。

数字索引

0-9

1000 平方米演播室灯光设备　188a
　　3 米吊杆　188b
　　Strand CD80 SUPERVISOR 全数字调光柜　188a
　　Strand's 550i 和 530i 系列控制台　188a
　　灯具　188b
　　配电柜　188a
　　天排　188b
　　调光设备　188a
1000 平方米演播室系统数字化改造　186b
　　DD35 数字制作切换台　187a
　　HK-388 数字摄像机　187a
　　Venus 矩阵　187a
　　计算机技术　187b
　　数字摄像机　187a
　　数字视频矩阵和矩阵控制系统　187a
　　数字视频切换台　187a
　　通话系统　187a
　　系统设计　187b
　　直播型数字调音台　187b
《12 演播室》　69b
1955-1992 年大事记　5
　　1955 年　5a
　　1957 年　5a
　　1958 年　5a
　　1959 年　5b
　　1960 年　6a
　　1961 年　6a
　　1962 年　6b
　　1963 年　6b
　　1964 年　6b
　　1965 年　7a
　　1966 年　7a
　　1967 年　7a
　　1968 年　7b
　　1969 年　7b
　　1970 年　7b
　　1971 年　8a
　　1972 年　8a
　　1973 年　8a
　　1974 年　8a
　　1975 年　8b
　　1976 年　8b
　　1977 年　9a
　　1978 年　9a
　　1979 年　9b
　　1980 年　9b
　　1981 年　10a
　　1982 年　10b
　　1983 年　10b
　　1984 年　11a
　　1985 年　11a
　　1986 年　11b
　　1987 年　12a
　　1988 年　13a
　　1989 年　14a
　　1990 年　14b
　　1991 年　15a
　　1992 年　15b
《1987 年中央电视台新闻目录》　244b
1994-1998 年中央电视台部分图书音像出版物目录　252
　　1994 年　252a、255a
　　1995 年　252b、255b
　　1996 年　253a、256a
　　1997 年　253b、256b
　　1998 年　254a、257b
　　图书部分　252a
　　音像出版物部分　255a
1997 年、1998 年、1999 年观众对各频道日平均收视时间比较(表)　158
1998-1999 年荣获中央电视台先进党支部、优秀党员、优秀党员领导干部、优秀党务工作者名录　299a
1998 年工作总结表彰大会　152a
1999 年大事记　363
　　八月　373a
　　二月　364b
　　九月　373b
　　六月　370b
　　七月　371b
　　三月　366a
　　十二月　379a
　　十一月　377b
　　十月　375b
　　四月　368a
　　五月　369a
　　一月　363a
《1999 科技下乡》现场直播　91a
1999 年《精品赏析》举办系列赏析和研讨活动　154b
1999 年《中国电视报》读者来信　171b
1999 年 1～3 季度观众对中央电视台第八套节目满意度评价指数(表)　165b

1999 年 1～3 季度观众对中央电视台第五套满意度评价指数(表) 163b
1999 年播音学研究委员会第十一届优秀播音与主持作品奖中央电视台获奖名录 287b
《1999 年电视对外宣传优秀论文选》 244a
1999 年电视剧频道广告价目(表) 403
1999 年电影频道广告价目(表) 402
1999 年度荣获中央电视台先进集体、先进个人名录 296b
1999 年对外交流与合作大事记 194
1999 年对香港、澳门特别行政区及台湾地区交流与合作大事记 190
1999 年工作会议 151b
1999 年广播电视事业的发展与改革工作 41
1999 年年中工作会议 153b
1999 年体育频道广告价目(表) 401
1999 年微波中心机房 183a
1999 年中国播音与主持作品奖中央电视台获奖名录 287b
1999 年中国广播电视学会播音与主持作品奖中央电视台获奖名录 287a
1999 年中国广播电视学会经济节目奖中央电视台获奖名录 288b
1999 年中国广播电视学会科技教育节目奖中央电视台获奖名录 288a
1999 年中央电视台(1－8 套)节目播出时间(表) 382
1999 年中央电视台安全播出奖名录 292b
1999 年中央电视台报刊选介 245
1999 年中央电视台编辑出版的其他新书目录 244
1999 年中央电视台编辑出版新书选介 239
1999 年中央电视台第一、二、三、四、七套广告价目(表) 399
1999 年中央电视台电视节目技术优质奖名录 292a
1999 年中央电视台观众调查研究工作 156a
1999 年中央电视台观众来信综述 166a
1999 年中央电视台获得荣誉称号和立功名录 296a
1999 年中央电视台机构设置 119
1999 年中央电视台技术维护奖名录 292b
1999 年中央电视台节目收视情况年度报告 157b
1999 年中央电视台其他音像出版物目录 251
1999 年中央电视台十宗大事 43
1999 年中央电视台音像出版物选介 248
1999 年中央电视台优秀栏目、优秀节目奖名录 289a
1999 年中央电视台优质工程奖名录 292b
1999 年中央电视台优质管理服务集体奖名录 293a
1999 年中央电视台在国际评奖中获奖名录 295a
《20 年·20 人》 240a
《20 年记忆——改革开放 20 年人物志》 239a
《20 年巨变》 240a
3 月 25 日前后在中央电视台第一套重要新闻时段收视份额变化比较(表) 112
《4·25 非法聚集事件真相》 113a
50 周年国庆大典天安门城楼转播现场(图) 123b
90 年代我国电视对外宣传的突破性进展 207a
97～98 对外电视节目“中国彩虹奖”中央电视台获奖名录 271b
98 中华环保世纪行组织奖中央电视台获奖名录 276a
《99<财富>全球论坛·上海年会》特别报道 91a
99 北京数字电视技术研讨会 151a
99 春节晚会系列 93b
  春节歌舞晚会 94a
  春节联欢晚会 93b
  春节戏曲晚会 94a
99 地球奖中央电视台获奖名录 289a
99 电视媒体计算机技术应用研讨会 150b
《99 国际大专辩论会》 93a
99 国际卡通暨少儿节目博览会 146b
99 国际少儿电视节目研讨会 147b
99 林业好新闻奖中央电视台获奖名录 275b
99 农村用户发展现场会议 145a
99 全国电视对外宣传选题规划会 143b
99 全国十大产品质量新闻奖中央电视台获奖名录 275b
99 全国音乐电视研讨会 147a
99 全军电视军事宣传工作年会 142b
99 设备购置项目审查会 151a
99 水利好新闻奖中央电视台获奖名录 275b
99 中国广播电视学会电视科技教育节目评奖暨研讨会 149b
99 中央卫星电视传播中心代理工作会议 143a
9 套节目全部直播国庆 50 周年盛况(图) 103a

英文字母索引

A－Z

Aysis Air 调音台 187b
CCTV－1 见第一套节目
CCTV－2 见第二套节目
CCTV－3 见第三套节目
CCTV－4 见第四套节目
CCTV－5 见第五套节目
CCTV－6 见第六套节目
CCTV－7 见第七套节目
CCTV－8 见第八套节目
CCTV－9 见第九套节目
CML SHF 功率放大器 180a
CML UCL－25R 微波接收机 180b
CML UCL－25T 微波发射机 180a
DD35 数字制作切换台 187a
Euphonix2000 型 24 编组 24 母线数字控制模拟调音台 185a
F325 录音棚 184b、185a
F329 录音棚 185a、186a
FAIRLIGHT MFX－3 型八轨数字音频工作站 185a
Falrlignt－Plus 24 轨数字音频工作站 185b
FAME－D324 母线 I/O 数字调音台 185b
FAME 数字非线性声音制作系统 185b
GENELEC1031A 有源两分频音箱 185a
GOPDM 微波 186b
HDK－79D 便携摄像机 182b

HDS－7150 视频混合器 182b
HDTV 技术 184a
HDTV 试验 184a
HDTV 信号源系统框(图) 184a
HDW－500 二分之一英寸数字录像机 182b
HK－388 数字摄像机 187a
HS－40B 激光通讯系统 186a
IBM Pr－100 微机处理器 185b
NDS ALTEIA 系列合成接收机和解码器 180b
NDS E3000DVB－T 调制器 180a
NDS E610 编码器 180a
SONY－3324 多轨数字录音机 185a
Strand CD80 SUPERVISOR 全数字调光柜 188a
Strand's 550i 和 530i 系列控制台 188a
Venus 矩阵 187a
VPG8000 光端设备 181a
VPG8000 系统 181a
　8000RX 框图 181a
　8000TX 发送模板接口 181b
　8000TX 框图 181a
　单视频系统(图) 181b
　完整系统构成(图) 181b
　最简单化系统 181b
　最完整化系统 181b
www.cctv.com 98a
www.cctv.com.cn 98a

汉语拼音索引

A

阿维兰热 93b
《爱立信中国乒乓球擂台赛》 64b
安全播出奖名录 292b
奥地利国家电视台摄制组 192a
澳门回归报道直升机航拍方案研究(图) 132a
澳门回归电视报道 33b、43b、45b、105、109b、167b、199a
　新的突破 106a、155b
　宣传经验 155b
　宣传特点 155b
　总结表彰大会 155a
澳门回归电视宣传总结 105a
　报道概况 105a
　播送中心 108a
　对外报道特色 107a
　公用信号 108a
　海外联络工作 107a
　海外制作部 108a
　互联网站同步直播 107a
　技术系统 108a
　技术制作中心 108a
　节目精心设计 106b
　敬业精神 109a
　落地工作 107a
　配合性宣传 107b
　全台体制指挥 108b
　信息通讯处 108a
　行政后勤系统保障 109a
　宣传口径 106b
　主要经验 108b
　主要特点 106b
　专业化运作 109a
澳门回归纪录片拍摄 107b
澳门回归交接仪式直播 171b
《澳门特首何厚铧专访》 90a
《澳门万象》 89b、241a

B

《八面来风》 73a
把握宣传口径 47a
白天节目 178b
白志群 313a
白智运 315b
百佳电视艺术工作者获奖名录 285a
百年大计　质量为本 202b
《百年科技启示录》 92a
百篇优秀论文奖获奖名录 294a
办公室 119a、121a
办公室秘书组为 1999 年工作会议服务(图) 121b
《半边天》 67a、169a
半自动播出系统 188b
保卫处 121b
报道重点 47a
报刊选介 245
北京电视台(中央电视台前身)题名(图) 1
北京金视光盘有限公司 139a
北京金手杖电视服务公司 141a
北京科学教育电影制片厂 120、137a
　西安古城拍摄现场(图) 137b
　在职人员各类专业技术职务统计(表) 362a
　制作和播出《科教片之窗》节目一览(表) 352a
北京视澜广告有限公司 140b
北京数字电视技术研讨会 151a
北京未来广告公司 141a
北约袭击我驻南联盟大使馆宣传报道 43b
《边说边看》 86a
编委会 120a
　人员组成 120a
卞美瑾 314a
《变化中的中国》 81b
播出部 132b
播出传送中心 119b、132a
　播出部 132b
　传送部 132b
　工作人员研究澳门回归报道直升机航拍方案(图) 132a
　转播部 132b
　综合部 132b
　总控部 133a
播出电视剧一览(表) 332b
播出事故率比较,1990～1999 年(表) 323
播音学研究委员会第十一届优秀播音与主持作品奖获奖名录 287b
播音学研究委员会优秀论文奖获奖名录 295a
播音与主持作品奖获奖名录 287a
播音指导 300a、300b
不同领域的观众对中央电视台节目的评价和要求差异 176b
布局调整 48a

C

财产物资处 134b
《财富》论坛上海年会报道 194a
《财富对话》 242b
财经办公室 119b、133b
　财产物资处 134b
　财务处 134a
　基建处 134b
　计划统计处 134a
　经营管理处 134b
　演职培训处 134b
财务处 134a
财务工作 52a

财务监督管理 52a
采录部 131a
蔡龙西 317a
蔡晓晴 316a
《灿烂星空》 74b
曹小卉 318a
岑传理 313b
常识性、概念性错误 170a
常驻国(境)外机构人员管理暂行办法 266b
唱响主旋律 打好主动仗 39
朝鲜国家电视台摄制组 192a
陈爱民 315b
陈道明 317a
陈　铎 311a
陈谷华 317b
陈汉元 22a
陈　君 303a
陈若愚 317b
陈永泰 90b
陈泽人 318b
成本核算 44b
《城市之间》 61b
城乡分布分析 160a
程　宏 306a
程仁沛 310b
迟连方 309a
重播中国电视剧制作中心电视剧一览(表) 354
重庆綦江虹桥垮塌案庭审直播 88b、168b
《厨艺》(英语) 80a
《穿越天门》 88b
传送部 132b
创新意识 200b
春节歌舞晚会 94a
春节联欢晚会 32b、33a、33b、93b、172a
春节晚会系列 93b
春节戏曲晚会 94a
《春天的聚会》 94a
从1999年“两会”报道看电视外宣工作的新特点 210b
从《焦点访谈》看舆论监督的指向 212b
从事电视工作30～39年获得荣誉证书的老同志 24a
从事电视工作40年获得荣誉证书的老同志 24a
崔雁敏 309b
村村通广播电视工程 34、36b、91b

D

《大道行》晚会 32a
《大风车》 68a
大事记 5、190、194、363
大型报道活动特点 155b
大型活动现场直播信号传输系统 186a
　GOPDM微波 186b
　HS-40B激光通讯系统 186a
　光缆基带信号传输 186b
　激光通讯机 186a
　微波传送系统 186a
大型历史剧《战国》研讨会 154b
大型文艺晚会《祖国颂》 95b
大型文艺晚会播出(直播、录播)一览(表) 357
代理省厅管理工作会议 145b
戴临风 20b
《当代工人》 67b
《当代军人》 60b
党的工作 202a
党风廉政建设 51b
党风廉政建设责任制规定 258a
党和国家三代领导人的关怀 1
《党内通讯》 246b
党委办公室 135a
党政工团工作 53b
党政工作 50
党政职能部门工作 51b
德国巴伐利亚电视台摄制组 192a
德国北德电视台 192a
德国电视二台摄制组 192a
《德甲》 63a
灯光设备 188a
邓小平理论学习 29
邓小平 2、4
　为中央电视台建台30周年题词(图) 2
　与中央电视台记者亲切握手(图) 4
低噪声放大双工器 180b
《地方台30分》 66b
地方台插播问题 170a
《地方文艺》 71a
地方新闻部 124a
地面数字电视广播网 209a
地球奖获奖名录 289a
第八届宣传中国共产党领导的多党合作和政协好新闻奖中央电视台获奖名录 273a
第八届亚广联儿童电视节目交换会议 144b
第八届中国电影青年优秀纪录片奖中央电视台获奖名录 286b
第八套节目 56b、168a
　重新定位改版后的黄金强档电视剧 165a
　建议 165b
　满意度评价 165a
　满意度评价指数(表) 165b
　全国收视率排名(表) 330
　收视分析 165a
　新设立栏目的观众反响 165b
《第二届中国京剧艺术节开幕式暨99新年京剧晚会》 96a
第二经济支柱建立 202a
《第二起跑线》 69b
第二套节目 55a
　黄金时间电视剧 162a
　经济节目 162a
　收视分析 161b
　优势时段和劣势时段 162a
　综艺节目 162a
第九届(1999年)全国杜邦杯环境好新闻奖中央电视台获奖名录 276b
第九届(1999年)宣传人民代表大会制度好新闻奖中央电视台获奖名录 273a
第九届(1999年)中国新闻奖中央电视台获奖名录 270a
第九届中国新闻论文奖中央电视台获奖名录 294b
第九套节目 57a、101a、106a
第六届(1999年)全国优秀科技音像制品奖中央电视台获奖名录 288a
第六届全国广播电视学术论文奖中央电视台获奖名录 294a
第六套节目 56b
　创新性和时效性评价 164b
　评价与建议 164b
　收视分析 164a
　制作质量评价 164b
第七届中国人口文化奖中央电视台获奖名录 284a
第七届中宣部“五个一工程”奖中央电视台获奖名录 285a
第七套节目 56b、164b
　收视分析 164b

提高竞争力方向 165a
《第三届国际京昆票友电视大赛颁奖晚会》 96b
第三十六届广播电视节目奖中央电视台获奖名录 289a
第三套和第八套节目改版 168a
第三套节目 55b
改版后收视情况 162b
改版后周末节目 162b
观众层面 162b
黄金时间栏目收视率(表) 161
收视分析 162b
第十届(1999年)播音学研究委员会优秀论文奖中央电视台获奖名录 295a
第十九届(1998年度)全国电视剧"飞天奖"中央电视台获奖名录 276a
第十九届(1998年度)中国电影"华表奖"中央电视台获奖名录 286b
第十九届(1998年度)中国电影"金鸡奖"中央电视台获奖名录 286a
第十七届(1999年)中国电视"金鹰奖"中央电视台获奖名录 282b
第十三届(1998年度)全国电视文艺"星光奖"中央电视台获奖名录 279b
第十一届全军电视"金星奖"中央电视台获奖名录 284a
第四届(1998年)中国国际新闻奖中央电视台获奖名录 295b
第四届"金话筒"电视节目主持人中央电视台获奖名录 287a
第四届全国电视美术交流会 146b
第四套节目 56a、101a、106a、178b
观众对象 163a
收视分析 162b
优势时段 162b
第五届(1998年度)"五四"好新闻奖中央电视台获奖名录 274b
第五届(1998年度)中国电视纪录片学术奖中央电视台获奖名录 289a
第五届(1999年)中国人口新闻奖中央电视台获奖名录 274a
第五届(1999年度)金盾新闻奖中央电视台获奖名录 275a
第五届法制题材电视节目"金剑奖"中央电视台获奖名录 285b
第五届全国影视节目声音学会颁奖暨影视声音技术研讨会 149a
第五届全国影视节目声音学会奖评选会 147b
第五届全国影视节目声音学会奖中央电视台获奖名录 287b
第五届中国残疾人事业好新闻奖中央电视台获奖名录 274a
第五届中国广播电视学会法制节目奖中央电视台获奖名录 285b
第五套节目 56a、401
固定栏目 163b
节目建议 164a
满意度评价指数(表) 163b
全国收视率排名(表) 330
全天收视份额 163a
收视分析 163a
总体满意度评价 164a
第一、二、三、四、七套广告价目(表) 399
第一、二套节目全国平均收视率排名(表) 324
10月17日~11月14日 329
11月15日~12月31日 329
1998年12月20日~1999年1月16日 324
1月17日~2月13日 324
2月14日~3月13日 325
3月14日~4月24日 325
4月25日~5月15日 326
5月16日~6月12日 326
6月13日~7月17日 327
7月18日~8月14日 327
8月15日~9月18日 328
9月19日~10月16日 328
第一套节目 55a、106a、106b
黄金时间电视剧 161a
收视分析 160b
新闻节目 160b
优势时段和劣势时段 160b
专栏节目 161b
综艺节目 161a
电话调查 156b
电视产业经营 150a
电视产业经营与节目创新研讨会 150a
电视传媒在信息社会中的发展趋势研讨会 153a
电视从业人员整体文化素质 171b
电视对外宣传 207a
电视对外宣传选题规划会 143b
电视对外宣传研究委员会成立大会 144a
电视对外宣传研究委员会任务 144a
电视服务类栏目的观众分析、定位及选题 224a
电视改革 200b
电视"关注人"的革命 226a
《电视购物》 84a
电视观众满意度 172b
《电视纪录片论语》 245a
《电视讲座》 66b
电视节目播出时间比较,1990~1999年(表) 322b
电视节目播出时间比较,1990~1999年(图) 323a
电视节目技术优质奖名录 292a
电视节目竞争 165b
电视节目销往国家和地区 191b
电视节目要精心设计结构 218b
《电视剧场》(英语) 80a
电视剧录音 223a
电视剧频道见第八套节目
电视剧频道广告价目(表) 403
电视剧宣传 102a
电视剧选材 220b
电视科技教育节目评奖暨研讨会 149b
电视理论期刊研讨会 148b
电视理论研究 142b
电视理论研究重要性和紧迫性 148b
电视连续剧《开国领袖毛泽东》 97a、248a
电视连续剧《昆仑女神》 97b
电视连续剧《李克农》 32a、98a
电视连续剧《牵手》 97a、168b
电视连续剧《雍正王朝》 97b、161a、168b
电视连续剧《中国命运的决战》 97b
电视媒体计算机技术应用研讨会 150b
电视美术 146b
电视面临的挑战 146a
《电视你我他》 84b
电视片《4·25非法聚集事件真相》 113a
电视片《李洪志其人其事》 113a
电视社教节目奖获奖名录 271a
长片类 271a
短片类 271a
经济节目类 271b
科教类 271b
栏目类 271b
系列片类 271a
《电视生活报》 246a

《电视诗歌散文》 73a、148a
电视诗歌散文展播颁奖及研讨会 148a
电视事业发展概况统计(表) 320
电视事业发展建设 201a
电视书报刊及音像出版物 239
《电视书场》 74a
电视外宣工作 193a
　新特点 210b
电视新技术推广应用 50a
电视新闻奖获奖名录 270a
　节目编排现场直播类 271a
　系列(连续)报道类 270b
　消息类 270a
　新闻评论类 271a
　新闻专题类 270b
《电视信息》 246a
电视宣传新设备到货(图) 134a
电视宣传影响 47b
电视学研究委员会第三届代表大会 142a
电视学研究委员会研究重点 142a
《电视研究》 245a
《电视与儿童》 244a
电视与科学普及 217a
电视与网络媒体互动 99b
电视战略研究 142a
《电视制片人的现状与发展前景》 242a
电视转播国庆活动 100b
《电视综艺节目特色与走向》 242a
《电影大百科》 86b
电影频道见第六套节目
电影频道定位和频道的娱乐性 164b
电影频道广告价目(表) 402
《电影市场写真》 86b
电影卫星频道节目制作中心 141b
　工作人员研究栏目标识应征图案(图) 141b
电子信箱服务 171a
电子信箱开通使用 156a
电子邮件反馈信息 170b
电子邮件回复 171a
调查研究 157a
丁关根 29、30、33a、33b、43a、106b、108b
丁俐丽 310a
丁文华 305b
《东方儿童》 68b
《东方家园》 80b
《东方时空》 59b、114a
《东西南北中》 71a
董石才 308a
《动画城》 69a、169b
动画技术部 132a
动画片《西游记》 161a
动画片部 129b
动力处 130b
《动物世界》 76b
读报竞猜 172a
《读书时间》 67b
读者来信 171b
杜长彬 310b
段忠应 311b
队伍构成统计(表) 359
队伍建设 202a
对台编辑部 125b
对外报道工作 46b、101a
对外电视报道 46b
对外电视节目“中国彩虹奖”获奖名录 271b
对外电视宣传 46b、101a
对外交流与合作 191
对外交流与合作大事记 194
对外宣传工作 27、28、46b、102a、193
对外宣传工作会议 27
对香港、澳门特别行政区及台湾地区交流与合作 190
对中央电视台建设性意见 177b
《敦煌》 250b
多媒体特性 99b
多用途录音棚系统 184b
多元化经营 53a

E

儿童电视节目交换 144b
《儿童剧场》 69a
二级导演 301b
二级剪辑师 301a
二级录音师 301a
二级美术师 301b
二级摄影师 301a、301b
二级文学编辑 301a
二级演员 301a
《发现曾侯乙墓》 92a
发展规划制订 44b、51b
法规处 121b
法制节目奖获奖名录 285b
　长片 285b
　短片 285b
　栏目 286a
法制题材电视节目“金剑奖”获奖名录 285b
法制专题节目定位 214a
反腐败工作会议 152b
方言在节目中的使用 170b
房管处 122a
房纪庆 308b
飞天奖获奖名录 276a
　长篇电视剧 276a
　单项奖 279a
　单项奖提名 279a
　短剧 279a
　短篇电视剧 278a
　少儿短篇电视剧 278a
　少儿连续剧 278a
　戏曲短篇电视剧 278b
　戏曲连续剧 278b
　译制片 279a
　中篇电视剧 277a
飞天奖译制片奖领奖代表(图) 279a
《飞向太空的赞歌》慰问演出 94b
分党组纪检组 120b
分党组监察室 120b
《封神榜》 169b
冯万友 312b
冯一平 313b
冯　云 310a
《服饰之风》 74b
服务类栏目的观众分析、定位及选题 224a
服务意识 178b
服务质量和效率 51b
附录 381
副编审 301b
副高级专业职务人员名录 300b
　北京科学教育电影制片厂 301b
　中国电视剧制作中心 301a
　中国国际电视总公司 301b
　中央电视台 300b
　中央卫星电视传播中心 301b
　中央新闻纪录电影制片厂 301b
副局级以上干部 301b
副译审 301a
傅红星 213b

G

改善工作与生活条件 44b

概况 43
干部管理处 133b
干部职工要求 152a
岗位责任制 201b
高长龄 149b、305b
高　峰 314a
高级编辑 300a
高级工程师 300a、300b、301a、301b
高级记者 300a、300b
高级经济师 301a、301b
高级会计师 301a、301b
高　军 307a
高丽萍 309a
高清晰度电视 183b
　格式 182b
　转播试验 44b、101a、182a、183b
高清晰度电视系统澳门回归报道 107b
高清晰度电视转播车 188b
各地区收视情况 159b
各类节目播出时数及构成比例(表) 322a
各频道满意度变化趋势分析 174b
各频道收视情况分析 160b
各套节目播出时数一览(表) 322a
工程管理处 130b
工会 135a
工作会议和研讨会 142、151
《工作日报》 245b
工作总结表彰大会 152a
公文处理办法 261b
《功夫》(英语) 79b
《供求热线》 83b
巩固新闻领域内的绝对地位 177b
《共和国备忘录》 87b
《共和国备忘录》策划(图) 125a
《共和国部长专访》 249a
《共架七彩桥》特别节目 91b
构建中国电视媒体产业的新框架 228b
顾玉龙作现场报道(图) 111a
关于1999年广播电视事业的发展与改革工作 41
关于国家广电总局机关机构改革情况的通报 37
关于舆论监督几个可借鉴的原则 228a
关注爱滋病病毒感染者节目 169a
关注科索沃 111a
观众层面 162b
观众城乡分布分析 160a
观众电子信箱 166b、170b
观众电子邮件 170b
　数量 170b
观众调查 156
观众调查研究方式 157a
观众调查研究工作 156a
　经验体会 149b
观众对第一套节目满意程度 161b
观众对各频道日平均收视时间比较(表) 158
观众对节目的评价和要求差异 176b
观众对其他节目的反映 169a
观众对象 163a
观众对中央电视台第五套满意度评价指数(表) 163b
观众对中央电视台各频道特征评价 174a
观众反映 166b
观众分析 159b
观众可收看的电视频道数量 175a
观众来信 157b、166a
观众来信管理网 166a、166b
观众来信收集渠道 166a
观众联系处 123a
观众满意度变化趋势分析 174b
观众满意度调查 156a、172b
观众满意度调查年度报告，1999年度 172b
观众满意度分值及指数说明 174b
观众年龄分布分析 160a
观众评议网 157a、166b
观众期望 166a
观众文化程度分布分析 160a
观众献计献策 177b
观众性别分布分析 159b
观众需求 177b、229b
观众意见比较集中的问题 170a
观众意识 178b
观众在不同时段对体育类节目的收视意向(表) 163
《观众之友》 81a
观众职业分布分析 160a
观众最喜欢的电视节目 175b
观众座谈会 157a、175a、179a
光缆传输系统 189a
光缆基带信号传输 186b
广播电视节目奖获奖名录 289a
　特别奖 289a
广播电视事业的发展与改革工作 41
广播影视工作 34
　体会 34a
广播影视事业 28
广播影视宣传管理 35b
广电总局机关机构改革 37
　工作体会 38b
　改革基本情况 37a
　人员分流基本情况 38a
广电总局领导讲话 34
《广而告之》 84b
广告部 53b、128a
广告价目(表) 399、401、402、403
广告节目意见 169b
广告经济信息中心 119a、127b
　广告部 128a
　经济部 128a
　图文电视部 128b
　信息部 128a
　综合部 128a
广告经营 153a
广告经营研讨会 153a
广告投放策略研讨会 154a
广告语言 178b
广告招标现场(图) 128a
《广告资讯》 247a
《规定实施细则》的通知 267b
规模经营 53b
规章制度选载 258
《滚动新闻》 57b
郭　严 317b
国产电视剧发展概观 219b
国产动画片 169b
国产动画制作观摩研讨会 150b
国际部 127b
《国际大专辩论会》 93a
国际互联网新技术制作机房(图) 130a
《国际京昆票友电视大赛颁奖晚会》 96b
国际卡通暨少儿节目博览会 146b
国际频道见第四套节目
国际频道海外落地工作 194b
国际评奖中获奖名录 295a
《国际日报·中国电视》 247b
国际少儿电视节目研讨会 147b
《国际象棋》 63b
《国际影院》 75b

国家广电总局机关机构改革 37
《国乐飘香》 72b
《国内竞技场》 63b
《国内外电视动态》 247b
国内外获奖 47b
国内外交流合作 48b
国内外评奖 44a
国内外市场开拓 53b
国庆50周年纪念活动宣传报道经验 102b
国庆50周年庆典高清晰度电视转播试验 183b
国庆50周年庆典高清晰度电视转播试验设备配置 188b
高清晰度电视转播车 188b
光缆传输系统 189a
简单节目制作设备 189b
控制系统 188b
视频系统 188b
视音频切换 188b
音频系统 188b
字幕 189a
国庆50周年庆典高清晰度电视转播试验系统 184a
国庆50周年庆典直播报道 211b
国庆50周年宣传报道 43b、45a、95b、100a、102b、103a、103b、105a、167b、193b、199a
报道规模 100a
工作总结 100a
国庆50周年中国电视周策划研讨会 151a
国庆报道专栏 102a
国庆大典拍摄现场(图) 137a
国庆大典天安门城楼转播现场 123b
国庆庆典光盘 103b
国庆庆典收视率分析 100b
国庆庆祝活动影片拍摄 102b
国庆特别节目 102a
国外电子邮件 170b

H

海外节目中心 101a、102a、119a、124b、192a、193a、193b
报道情况 116b
对台编辑部 125b
海外编辑部 125b
海外联络部 125a
海外新闻部 125a
海外制作部 126a
海外专题部 125b
外语新闻部 125b
外语专题部 125b
《海外剧场》 76a
海外落地工作 46b、194b
海外展播 44a
《海峡两岸》 81a、116b
韩金度 307b
韩素真 315a
韩 扬 225a
合理配字幕 170a
合同管理补充规定 267b
合同管理补充规定实施细则 268b
何厚铧 90a
何延锋 228b
何宗就 209a、302b
荷兰RTL4电视台 192a
《黑白世界》 62b
横断学科群围绕信息的“整合”思考 228a
洪民生 21b
侯明古 308a
胡 恩 302b
胡锦涛 32a
胡 旭 20a
胡运芳 146a、306b
互联网站 33b
互联网站国庆专辑 101b
华表奖获奖名录 286b
优秀奖 286b
优秀科教片奖 286b
《华夏风情》(英语) 79b
《华夏掠影》 81a
画面风格 104b
画面造型 104a
《话筒前》 243a
《欢聚一堂》 80b
《欢乐家庭》 83a
环境保护宣传 47b
《环球》 75b
《环球瞭望》(英语) 79a
黄海星 214a
黄惠群 21b
黄金时段电视剧播出一览(表) 338a
八套黄金段 339a
二套黄金段 338b
一套黄金段 338a
黄金时间电视剧 161a、162a、165a
黄金时间电视剧评价 168b
回眸 1
回眸中央电视台国庆50周年庆典直播报道 211b
获得广电总局1998年颁发从事电视工作40年荣誉证书的老同志 24a
获得中央电视台1998年颁发从事电视工作30～39年荣誉证书的老同志 24a
获奖表彰 270
表彰类 296
电影类 286
国际类 295
文稿类 294
文艺类 276
新闻类 270
综合类 287

J

机构 119
机构改革 37
工作体会 38b
基本情况 37a
机构设置 18a、119
机构沿革 17
机关党委 119b、134b
党委办公室 135a
工会 135a
纪委 135a
团委 135b
机关党委1999年度宣传教育工作总结表彰大会(图) 299a
机关党委落实党员三讲教育报告会(图) 135a
基本建设 202b
《基督山伯爵》 251b
基建处 134b
基于COFDM调制的数字ENG系统 180、181a
激光通讯机 186a
吉炳轩 39、152a、155b
《吉祥九九》 94a
计划统计处 134a
计算机2000年问题 50b
计算机2000年问题技术保障会议 155a
《记录历史的瞬间——中央电视台国庆

50周年宣传报道纪实》 239a
纪检室和监察室培训班现场(图) 120b
纪检组 120b
纪录片《百年科技启示录》 92a
纪录片部 126b
纪录片部选题规划暨业务研讨会 148b
纪录片《新中国》 87a、101b
《纪录片之窗》 86a
《纪录中国》 78a
纪念党的十一届三中全会20周年理论研讨会 29
纪委 135a
技术保障 201a
技术工作 49
技术管理办公室 119a、129b
动力处 130b
工程管理处 130b
国际互联网新技术制作机房(图) 130a
技术业务处 130a
科技处 130a
信息通讯处 130b
技术能手 296b
技术事业工作 41a
技术维护奖名录 292b
技术系统 49a、50a
技术业务处 130a
技术制作中心 119a、131a
采录部 131a
动画技术部 132a
节目制作演播室(图) 131a
录制部 131b
音频部 131b
制作部 131b
综合部 131a
技术质量进步 49b
技委会 120a
技委会人员组成 120a
《佳片有约》 86b
《佳艺大世界》 76b
《佳艺剧场》 77a
《佳艺五线间》 76b
《佳艺新视点》 77a
《佳艺影院》 77a
贾廷安 310b
贾文增 303a
《假日体育》 62b
坚决贯彻中央指示精神 搞好突发事件的宣传报道 109a
监察室 120b
简单节目制作设备 189b
健康栏目 179a
《健康之路》 67b
《健美五分钟》 62a
江和平 227b
《江山如此多娇——中央电视台庆祝国庆50周年大型文艺演出》 95b、101b
江泽民 3、4、26、27、31a、31b、43a
为中央电视台建台35周年题词(图) 3
与广电部领导、中央电视台记者合影(图) 4
姜英杰 318b
蒋建忠 21a
蒋耀玢 317a
《交响世界》 72b
《焦点的报告》 169a
《焦点访谈》 31b、32a、59b、169a、176a、212b
《焦点访谈》系列丛书 240b
《焦点访谈·卑劣骗术歪理邪说》系列报道 113b
《焦点访谈·看透李洪志》系列报道 113b
《焦点访谈·亲历》 87b
《教汉语》(英语) 80a
揭批"法轮功"邪教宣传报道 32b、43b、112、113a、167a、193a
揭批"法轮功"报道战役 114a
揭批"法轮功"宣传报道小结 112a、112b
报道战役 114a
第二阶段 114b
第三阶段 114b
第一阶段 114b
快速投入 112a
启报阶段 114b
深入揭批阶段 114b
新闻专题栏目 113a
舆论强势 112a
展开揭批阶段 114b
重量级节目 113a
《重要新闻》 112a
专题栏目投入 113b
揭批"两国论"电视报道研讨会 154a
揭批李登辉"两国论"宣传报道 43b、193a、167a
第二阶段 115b
第三阶段 116a
第一阶段 115a
怒斥"两国论" 115a
旗帜鲜明反台独 116a
晓以大义 115b
《新闻联播》 115a
宣传战役 115a
揭批李登辉"两国论"宣传战役 115a
节目播出管理处 122b
节目播出全自动化 44b
节目播出时间表,1－8套(表) 382
节目创新 150a
节目导视次数增加 178b
节目改动问题 171b
节目更改与预告 170a
节目观众分析 159b
节目管理评估体系 48b
节目海外影响 169b
节目技术质量 201a
节目结构设计 218b
节目经费调整 265a
节目录制情况对照,1996～1999年(表) 323b
节目内容宏观协调配合 171a
节目评价 156b
节目社会影响深度和广度 166b
节目收视地位 158b
节目收视情况波动变化 158b
节目收视情况年度报告 157b
节目收视全貌 158b
《节目语体主持》 227a
节目在各地区收视情况 159b
节目制作(部)公司 139a
节目制作演播室(图) 131a
节目质量 156b、201a
节目主持人 176a
节目资料管理处 122b
节目资源合理利用 178a
节目字幕问题 171b
《今日说法》 33a、34b、67a、176a
《今日影视》 86b
《今日中国》(英语) 78b
金鼎影视奖获奖名录 289a
专题片一等奖 289a
金盾新闻奖获奖名录 275a
金话筒电视节目主持人获奖名录 287a
主持人金奖 287a
主持人铜奖 287a

主持人银奖 287a
金鸡奖获奖名录 286a
特别奖 286a
提名奖 286a
优秀奖 286a
最佳科教片奖 286a
最佳美术片提名奖 286a
金剑奖获奖名录 285b
法制栏目优秀主持人 285b
金 萍 316b
《金土地》 82b
金星奖获奖名录 284a
金鹰奖获奖名录 282b
单项奖 283b
电视动画片类 284a
电视纪录类 283b
电视文艺节目类 283b
优秀电视专题文艺节目 283a
优秀戏曲电视剧 283a
优秀音乐电视节目 283a
中篇短篇电视剧单项奖 283b
最佳长篇电视纪录片 283b
最佳长篇电视剧 282b
最佳电视动画片 283b
最佳电视专题文艺节目 283a
最佳短篇电视剧 282b
最佳儿童电视剧 283a
最佳音乐电视节目 283a
最佳中篇电视剧 282b
最佳综合电视文艺节目 283a
尽快建立我国地面数字电视广播网 209a
尽快完善制片队伍 225a
经费改革 193b
经费收支概况一览(表) 359
《经济半小时》 82a
经济部 128a
经济节目 162a、76a
经济节目奖获奖名录 288b
栏目类一等奖 289a
连续类一等奖 288b
现场类一等奖 288b
信息类三等奖 288b
信息类一等奖 288b
专题类二等奖 288b
经济宣传 47b
经营成果 53b
经营队伍建设 53a
经营风险控制 52b
经营改革 193b
经营工作 52
经营管理 52a、02a
经营管理处 134b
经营管理体制 53a
经营实体整顿工作 44b
《精彩十分》 71b
《精彩早知道》 73b
精品节目制作 201a
《精品赏析》 85b、54b
精品战略 201a
精神文明建设 52a、202a
精神文明建设“金鼎影视奖”获奖名录 289a
敬一丹 306b
镜头语言运用 103b
《聚焦〈焦点访谈〉》 240b
《军事百科》 60b
《军事报道》 60b
军事部 124b
《军事天地》 60a、176b
军事宣传工作 142b
军事演习报道 34a
《军营文化》 60b

K

卡通暨少儿节目 146b
《开国领袖毛泽东》 97a、248a
开门整改 50a
康佳杯中国音乐电视大赛 147a
《康乐年华》 62a
康平 307b
抗议北约暴行宣传 110b、193a
抗议以美国为首的北约袭击我驻南联盟大使馆 193a
《科技博览》 65b、167a
栏目改版 169a
科技处 130a
科技教育节目奖获奖名录 288a
教学类 288b
科普专题类 288b
栏目类 288a
普教类 288b
特别节目类 288a
科技教育宣传 47a
科技下乡活动 91a、169a
科教部 126b
科教节目 216a
《科教片之窗》 86a
制作播出一览(表) 352a
科教兴国战略 28
科索沃危机报道 111a
科索沃战争及我驻南使馆遭以美国为首的北约袭击报道 110b、166b、193a
科学技术进步二等奖 296b
科学普及 217a
《科影通讯》 247a
可持续发展战略 28
《铿锵玫瑰》 93b
孔庆东 148a
《昆仑女神》 97b

L

拉 白 308b
来访的外国重要团组 191a
栏目定位 48a
栏目改版 44a
栏目观众满意度分值 175a
栏目观众满意度指数 175a
栏目介绍 57
栏目优势 215a
《篮球公园》 63a、163b
郎 昆 309a
劳动工资处 133b
劳动模范 296a
老年专题节目奖获奖名录 285a
老同志名录 24
离退休人员管理处 133b
李长荣 215a
《李大钊》 89b
李登辉 115、116
李东生 204a、302a
李功达 315b
李国燃 315a
李海明 308b
《李洪志其人其事》 113a
李 建 303b
李金熔 313b
李近朱 309a
李 娟 310a
李 凯 311a
《李克农》 32a、98a
李岚清 32a、32b、33a、43b
李培森 304a
李 鹏 32a

李瑞环 32a、308a
李树文 37
李铁映 33b
李　挺 226b
李伟民 318a
李先侯 21a
李小沛 314b
李小萍 307a
李晓明 304a
李秀增 315a
李旋宗 304a
李一丁 316a
李　勇 315a
理论和业务研讨会 147
历史上的第一 16
廉政建设 152b
梁希好新闻奖获奖名录 276b
两会报道 167b、210b
两会宣传报道 199a
林景云 22a
林业好新闻奖获奖名录 275b
凌嘉陵 319b
领导班子调整 19a
刘宝顺 151b、202b、302a
刘广全 304b
刘为光 318b
刘习良 142a、144b
刘效礼 307a
刘宜勤 302b
《流金岁月》 85b
《六位诺贝尔奖获得者和优秀青年学者共话未来》 92a
六讯道高清晰度电视转播车 182a
　HDK－79D 便携摄像机 182b
　HDS－7150 视频混合器 182b
　HDW－500 二分之一英寸数字录像机 182b
　高清晰度电视格式 182b
　音频系统 183a
　转播车外形尺寸 183a
六一晚会 97a
陆善家 306a
陆天明 315b
录制部 131b
吕　斌 308b
吕大庆 314b
论点摘编 226
论电视剧的选材 220b
论科教节目的重要性 216a
论文摘要 199
罗　东 19a
罗　干 34b
罗　明 146a、302b

M

马国力 313a
马瑞流 22b
马万明 228a
马伟平 217a
迈入2000年国产动画制作观摩研讨会 150b
满意度调查 159b
满意度指数(表) 174
《猫咪小贝》 250b
毛泽东 1
　为北京电视台(中央电视台前身)题写的台名(图) 1
《梅地亚报》 246b
梅地亚电视中心有限公司 141a
梅地亚中心电视部 192b
《每周一歌》 71a
美国 WGBH 电视台 192a
美国地理电视台 192b
美国全国广播公司(NBC) 192a
美国一频道 192a
美国永动机电影公司 192b
《美能多体育大放送》 64a
《美术星空》 68a
孟启予 20a
孟　欣 312a
秘书处 121b
面对变化中的观众需求 229b
《民众评说"两国论"》 90a
《名段欣赏》 70b
　制作播出一览(表) 349a
《名将说牌》 62b
《名人回眸》 74b
缪署金 306b
《摩托罗拉中国羽毛球天王挑战赛》 64b
《目击历史——〈新闻调查〉幕后的故事》 239b

N

南海影视城 141a
南玉敏 304b
倪　萍 312b
年鉴特约编辑名录 404
年鉴资料员名录 404
年龄分布分析 160a
年中工作会议 153b
农村用户发展现场会议 145a
农民观众 176b
《农业教育与科技》 85a
农业节目 177a
女检察官法庭论辩赛 31a

P

潘　超 314a
潘　霞 316b
潘小扬 316a
培训职称处 133b
培育新的经济增长点 53b
配股工作 53a
配合性宣传报道 101b
《朋友》 74b
彭珮云 34a
频道创新 166a
频道的特征评价 174a
频道的专业特色 48a
频道改版后出现的问题 171b
频道改革 193b
频道观众满意度分值 174b
频道观众满意度指数 175b
频道观众满意度状况 173a
频道节目设置重复 178a
频道介绍 55
频道满意度分析 173a
频道入户率 173a
频道资源 166a
频道资源合理利用 178a
品牌经营与中央电视台广告投放策略研讨会 154a
品牌优势 165b
屏幕语言文字差错 170a
葡萄牙来华摄制组 192a

Q

《綦江虹桥垮塌案审判实录》 241a
企事业改革 42a
《千秋史话》 80b
《牵手》 97a、168b
钱蔚 228a

浅谈栏目优势 215a
浅议影视剧的可视性 221b
《青春与未来》 245a
《青春之歌》大型晚会 31b
《青春中国》 92b
青年部 129b
青年和学生节目 177a
青少节目中心 119a、129a
  动画片部 129b
  青年部 129b
  少儿部 129b
  《相约动画城》专栏剧照(图) 129a
  综合部 129b
清理整顿工作 52b
《情深意长》慰问演出 95a
《情系太行》慰问演出 94b
《请您欣赏》 85a
庆典喜庆氛围营造 104a
庆典叙事框架构建 103b
庆典意蕴空间 104b
《庆祝国庆 50 周年大型文艺演出》 95b
《曲苑杂坛》 74a
屈小平 228b
《全国澳门知识竞猜》特别节目 89b
全国电视对外宣传选题规划会 143b
全国电视剧“飞天奖”获奖名录 276a
全国电视理论期刊研讨会 148b
  研讨会现场(图) 122b
全国电视美术交流会 146b
全国电视诗歌散文研讨会 148a
全国电视事业发展概况统计(表) 320
全国电视文艺“星光奖”获奖名录 279b
全国杜邦杯环境好新闻奖获奖名录 276b
全国妇联委员名录 23b
全国观众评议网 166b
全国广播电视学术论文奖获奖名录 294a
  基础理论二等奖 294a
  决策和管理一等奖 294b
  应用理论二等奖 294a
  应用理论三等奖 294b
  应用理论一等奖 294a
全国广播影视厅局长会议上的发言(摘要) 41
全国环保好新闻先进集体奖获奖名录 276a
《全国男篮甲 A 联赛》 64b
全国平均收视率排名(表) 324、330
全国青联常委、委员名录 23a
全国人大代表名录 23a
全国“三八”红旗手名录 23b
全国社会治安综合治理好新闻 1998 年度电视奖中央电视台获奖名录 273b
全国省级暨计划单列市电视台总编室主任工作会议 146a
全国十大产品质量新闻奖获奖名录 275b
全国十大杰出青年名录 23b
全国体育播音员、主持人业务研讨会 147a
全国“五一”好新闻奖(1998 年度)获奖名录 274b
全国先进工作者名录 23b
全国先进女职工名录 23b
全国性电视工作会议 142
全国性理论和业务研讨会 147
全国音乐电视研讨会 147a
全国影视节目声音学会颁奖暨影视声音技术研讨会 149a
全国影视节目声音学会奖获奖名录 287b
全国影视节目声音学会奖评选会 147b
全国优秀科技音像制品奖获奖名录 288a
  技术推广类二等奖 288a
  科技报道类二等奖 288a
  科普类三等奖 288a
  科普类一等奖 288a
  评委会特别奖 288a
全国优秀新闻工作者 296a
全国政协常委、委员名录 23a
全国总工会第十三届执委名录 23b
《全国足球甲 A 联赛》 64b
全军电视“金星奖”获奖名录 284a
全军电视军事宣传工作年会 142b
全年收视走势分析 159a
全数字非线性译配录音系统 185a
  Fairlight－Plus 24 轨数字音频工作站 185b
  FAME－D324 母线 I/O 数字调音台 185b
  IBM Pr－100 微机处理器 185b
全数字直播型调音台 188a
群众联欢晚会电视转播 100b
群众游行队伍 104a

R

《让生命永存——生物多样性保护与可持续发展》 92b、250b
《让世界了解中国——电视对外报道 40 年》 241b
热门事件报道 168b
《人民不会忘记》 87a
《人民的好记者——中国新闻界弘扬爱国敬业奋进奉献精神晚会》 110b
《人民子弟兵》 60a
人事办公室 119b、133a
  干部管理处 133b
  劳动工资处 133b
  离退休人员管理处 133b
  培训职称处 133b
人事制度改革 44b、51b
人物 300
人物志 301b
《人与自然》 75b
人员分流 38a
任达清 224a
任继胜 20b
日本 KTV 摄制组 192b
日本 NHK 摄制组 192a、192b
日本 TBS 摄制组 192b
日本宝冢想象艺术公司摄制组 192b
日本朝日电视台摄制组 192b
日本富士电视台摄制组 192b
日本每日映画社摄制组 192b
日常宣传工作进步 47a
日常宣传质量 47a
荣获广电总局专业奖励和表彰 296b
  二等奖 296b
  技术能手 296b
  科学技术进步二等奖 296b
  三等奖 296b
  先进个人 296b
  先进集体 296b
荣获国家环保总局表彰 296a
荣获全国广播电影电视系统荣誉称号 296a
  劳动模范 296a
  先进工作者 296a
荣获首都国庆 50 周年筹委会奖励 296a
  嘉奖 296a
  三等功 296a

一等功 296a
荣获中央宣传部、国家人事部和广播电影电视总局授予称号和立功 296a
全国优秀新闻工作者 296a
优秀共产党员 296a
《如歌岁月》 88a
入户率较差的频道 174a
入户率较好的频道 173a
入户率一般的频道 173b
阮若琳 20b
瑞士法语电视台 192a

S

三大改革 193b
三大喜庆宣传报道 43b、193a
三大战役 193a
宣传报道任务 193a
三讲教育 44a、50a、51、152a
三讲教育报告会(图) 135a
三项政治斗争 43b、46a
《商界名家》 82b、242b
《商品的故事》 91b
《商桥》 84a
《商务电视》 83b
《商务调查》 245b
《上下五千年》 249a
少儿·军事·科技·农业频道见第七套节目
少儿部 129b
少儿电视节目 147b
邵昌有 303a
设备购置项目审查会 151a
《社会经纬》 67b、161b、214a
改版 214a
改版后法制专题节目定位 214a
社会新闻部 123b
社会治安综合治理好新闻获奖名录 273b
社教节目中心 119a、123
纪录片部 126b
科教部 126b
《相约夕阳红》制作现场(图) 126a
专题部 126b
综合部 126a
深夜节目 178a
深圳中视国际电视公司 140a
《神州大舞台》 75a
沈好放 316b
沈　纪 22b
审计处 135b
审片组 123a
《生活》 82b、176a、178a
盛亦来 309b
师旭平 313b
《十八罗汉归故里》 90b
十一届三中全会 29、30
《时局——以中国人的视角看世界》 243a
《时事纵横》 59a
《实话实说》 59b、114a、169a、176a
《实话实说·感受坚强》 89a
《实况录像》 63b
《实习生的故事》剧照 136a
《实用电视新闻理论》 243b
《世纪回眸》 86a
《世纪龙腾——全国澳门知识竞猜》特别节目 89b
《世纪之辩》 242a
《世纪之花——99“六一”晚会》 97a
《世界报道》 59a
《世界各地》 76b
世界环境日 90b
《世界环境日》特别报道 90b
《世界经济报道》 82a
《世界名著名片欣赏》 75b
世界女足赛直播 168b
《世界体育报道》 61b
《世界文化广场》 76b
《世界影视博览》 76a
《世界影视城》 76a
世界园艺博览会系列报道 89a
视觉元素调动 104a
收视地位 158b
收视份额 158b、159b
收视率 156a、172b、178a
收视率数据 111b
收视情况波动变化 158b
收视情况大事回顾 157b
收视热点 168b
收视时间 158b
收视数据汇总分析 157a
收视条件 175a
收视效果 175a
《收视指南》 85b
首播中国电视剧制作中心电视剧一览(表) 353
首都各界人民庆祝建国50周年纪念大会直播工作 100b
首都各界迎接新世纪和新千年庆祝活动 117b
首届(1999年)中国新闻名专栏奖中央电视台获奖名录 287a
首届精神文明建设“金鼎影视奖”中央电视台获奖名录 289a
首届梁希好新闻奖中央电视台获奖名录 276b
首届全国电视诗歌散文研讨会 148a
首届全国体育播音员、主持人业务研讨会 147a
首届中国“百佳电视艺术工作者”中央电视台获奖名录 285a
首届中国科技新闻奖中央电视台获奖名录 275a
受众研究会电视部成立大会 149b
受众研究会电视部研讨会 149a
数字电视技术 151a
数字化播出系统改造 50b
数字化多用途录音棚系统 184b
Euphonix2000型24编组24母线数字控制模拟调音台 185a
FAIRLIGHT　MFX-3型八轨数字音频工作站 185a
GENELEC1031A有源两分频音箱 185a
SONY-3324多轨数字录音机 185a
监听系统 185a
数字摄像机 187a
数字视频矩阵和矩阵控制系统 187a
数字视频切换台 187a
数字调音台 188a
数字移动传输系统 180a
CML　SHF功率放大器 180a
CML　UCL-25R微波接收机 180b
CML　UCL-25T微波发射机 180a
NDS　ALTEIA系列合成接收机和解码器 180b
NDS　E3000DVB-T调制器 180a
NDS　E610编码器 180a
低噪声放大双工器 180b
发射端 180a
接收端 180b
微波发射天线 180b
微波接收天线 180b

数字移动传输新技术 180a
水利好新闻奖获奖名录 275b
《瞬间世界》 74b
《丝绸之路》 250a
斯洛文尼亚来华摄制组 192a
四大外宣活动 194a
宋世雄 313a
塑造好人物 写好人物命运 228b
孙长庚 314b
孙 杰 212b
孙素平 311b
孙同耕 21a
孙玉胜 304b

T

台长和副台长简介 19
台内值班制度 51b
《台湾"9·21"大地震两岸寻亲热线》特别节目 90a
谈谈电视剧的录音 223a
谈新中国文献纪录片的创作 213b
唐世鼎 211b
特别报道《为了绿色家园》 169a
特载 26
提高栏目竞争力 48a
体育播音员、主持人业务研讨会 147a
《体育大世界》 61b
体育节目解说水平 170b
体育节目中心 119a、128b
　体育竞赛部 129a
　体育新闻部 129a
　综合部 128b
体育节目主持人与网球赛的转播顾问(图) 128b
体育竞赛部 129a
体育类节目收视意向(表) 163
体育频道见第五套节目
体育频道广告价目(表) 401
体育赛事现场直播 163a
《体育商城》 63b
《体育系列教学片》 63a
《体育欣赏》 64a
《体育新闻》 61a、163b
体育新闻部 129a
《天天饮食》 66a、244a
《天涯共此时》 81a
《天涯共此时·十八罗汉归故里》 90b
田聪明 34、151b
田盛华 143a、317b
《田野》 65a
调整节目经费中餐费等四项费用使用比例的规定 265a
庭审直播 88b
《同心唱祖国》慰问演出 95a
《同一片蓝天》 68b
佟占武 313a
童 宁 311a
统计 320
突发性事件电视报道 46a、109a
图书音像出版物目录 252
《图说〈焦点访谈〉》(一、二) 241a
图文电视部 128b
团委 135b

W

《外国人看中国》(英语) 80b
《外国文艺》 77a
外事处 121b
外宣队伍建设 144a
外宣工作存在的问题 144a
《外语教学》 66b
外语新闻部 125b
外语专题部 125b
晚会质量 171a
晚间时段优化编排 48a
《晚间新闻》 58b
《晚间新闻报道》 168a
万迪基 303b
《万家灯火》 34a、68a
王德新 152b
王东明 317a
王 枫 20a
王光龙 310b
王建宏 308a
王进友 311a
王鲁彬 318a
王 录 306a
王盟盟 318a
王明玉 313b
王 青 311a
王伟国 303b
王 晓 312a
王晓明 309a
王有才 309b
王元林 216a
王晞建 304b
网上直播国庆庆典活动 101b
网站澳门回归专辑 107a
网站队伍建设 99b
网站介绍 98
网站内容 98b
　健康 99a
　经济 98b
　科技 99a
　收视指南 99a
　体育 99a
　网上交流 99a
　文艺 99a
　新闻 98b
　英语节目 99a
网站特点 99b
网站影响 99a
网站宗旨 98a
微波传送系统 186a
微波发射天线 180b
微波接收天线 180b
微波中心机房 183a
　控制机房 183b
　天线房 183b
　微波中心系统 183b
《为了绿色家园——99世界环境日》特别报道 90b、169a
《伟大的旗帜》 248a
《伟业照千秋》文艺晚会 32a
卫视频道入户状况分析 173b
《卫星赛场》 64a
未来广告公司 53b
尉健行 32a、32b、43a
魏 斌 310a
文化程度分布分析 160a
《文化视点》 74a
文献纪录片《李大钊》 89b
文献纪录片创作 213b
文艺节目建设性意见 176b
文艺节目中心 119a、127a
　国际部 127b
　文艺部 127a
　戏曲音乐部 127b
　影视部 127b
　综合部 127a
文艺栏目 102a
文艺晚会《江山如此多娇》 95b、101b
文章篇目辑览 230
　电视播音与主持人 236a
　电视技术 236b

电视事业与管理 230a
电视文艺 234a
电视新闻 231a
电视专题 231b
其他 237a
《纹枰论道》 62b
《闻鸡起舞》 62a
稳中求进 48b、49a
《我是巴西的儿子，我以世界的名义
——访阿维兰热》 93b
无锡中视影视基地股份有限公司 139b
吴达审 300b、304a
吴继尧 317b
吴明训 308b
吴 珊 312b
五城市观众座谈会总结 175a
五个一工程奖获奖名录 285a
系列片 285a
最佳电视剧奖 285a
《五环夜话》 64a
《五环夜话——话里画外》 242b
《五十年·人民的记忆》 248b
五四好新闻奖获奖名录 274b
《五洲风——1999年中英语双语元旦
晚会》 96b
《午间乐园》 71b
《舞蹈世界》 71b
《夕阳红》 65a
西安古城拍摄现场（图） 137b
《西藏风云》 250a
《西藏民主改革40周年》特别节目 96a
西藏宣传 194a
《西游记》 98a、161a、169b
《希望—英语杂志》 66a
喜迎新千年宣传报道 117
报道量统计 117a
报道特点 117b
电视设备 118b
互联网站同步直播 117b
技术手段 118a
良好效益 118b
领导和观众评价 118b
涉及部门人员 118a
为英国BBC上传节目 117b
现场直播 117a
新闻类报道 117a
延时播出 117a
直播现场 118a
重大活动现场直播 117b
准备时间 117b
《戏剧博览》 70a
《戏剧天地》 70a
戏曲·音乐·综艺频道见第三套节目
《戏曲采风》 70b
戏曲音乐部 127b
《戏曲直播》 72a
《戏苑百家》 70b
系列报道《澳门万象》 89b、241a
系列报道《新闻联播·人民不会忘记》
87a
系列动画片《西游记》 98a、161a、
169b
系列片《让生命永存——生物多样性保护
与可持续发展》 92b、250b
系列片《如歌岁月》 88a
系列片《商品的故事》 91b
系列片《新中国科技50年》 91b
系列新闻片《共和国备忘录》 87b
系列专题片《铿锵玫瑰》 93b
系列专题片《民众评说"两国论"》 90a
系列专题片《青春中国》 92b
下发《合同管理补充规定》和《合同管理
补充规定实施细则》的通知 267b
先进党小组 299a
先进党支部 299a
先进个人 296b、297b
先进工作者 296a
先进集体 296b
先进集体先进个人名录 296b
现场直播《1999科技下乡》 91a
现场直播《穿越天门》 88b
《现场直播》 63b
现场直播信号传输系统 186a
现代电视新闻理念 204a
《现在播报》 58b、161a、168a、227b
成功与不足 227b
《相逢2000年》特别节目
45b、117a、118a
节目报道 117a
电视直播 118a
《相聚在党旗下》 240a
《相约动画城》专栏剧照（图） 129a
《相约夕阳红》制作现场（图） 126a
香港、澳门特别行政区及台湾地区交流
与合作大事记 190
享受政府特殊津贴人员名录 300a
北京科学教育电影制电厂 300a
中国电视剧制作中心 300a
中央电视台 300a
中央新闻纪录电影制片厂 300a
项目管理 202b
项目投资科学管理 52b
协同作战 47b
谢尔曼 105a
谢丽虹 315a
心连心艺术团 33a、94b、95a、356
慰问演出活动一览（表） 356
心连心艺术团慰问演出系列 94b
《飞向太空的赞歌》慰问演出 94b
《情深意长》慰问演出 95a
《情系太行》慰问演出 94b
《同心唱祖国》慰问演出 95a
中南海怀仁堂慰问演出 95a
心连心艺术团云南演出现场（图） 127a
辛敏成 223a
新技术开发应用 201a
新技术装备 180a
新设备到货（图） 134a
《新视听》 73a
新书选介 239
《新闻30分》 58a、161a
新闻编辑部 124a
新闻采访部 123b
新闻出版与广播影视事业 28
《新闻调查》 60a
《新闻调查——硝烟中的霸权》
249b
新闻互动 47b
新闻节目 160b、175b
新闻节目大型直播活动统计（表） 355a
新闻节目改版 168a
新闻节目中心
112a、112b、115a、119a、123a
报道情况 115a
地方新闻部 124a
军事部 124b
社会新闻部 123b
新闻编辑部 124a
新闻采访部 123b
新闻评论部 124a
新闻制作部 124b
综合部 123b
新闻类节目收视情况分析 111a
《新闻联播》 33b、58a、160b、176a、176b
《新闻联播·人民不会忘记》 87a
新闻评论部 124a

新闻宣传 40a
新闻制作部 124b
新影厂国庆庆祝活动影片拍摄 102b
新影厂摄影师在澳门特区成立庆祝大
　会现场拍摄(图) 109b
《新中国》纪录片 87a、101b
《新中国第一》 88a、248b
《新中国科技 50 年》 91b
《新中国体育 50 年》 93a
《新中国舞台影视艺术精品选》 249a
新中国新闻事业 50 年百篇优秀论文奖
　中央电视台获奖名录 294a
信息部 128a
信息通讯处 130b
星光奖获奖名录 279b
　　单项奖 282a
　　曲艺杂技 281b
　　戏曲节目 281b
　　小型节目 281a
　　音乐节目 280b
　　优秀栏目 282a
　　专题节目 280a
　　综艺节目 279b、280a
《星光无限》 73b
《星火科技》 85a
行管会 120b
　　人员组成 120b
行政处 122a
行政管理改革 201b
行政管理格局 51b
邢京和 310a
邢质斌 308a
《幸运 52》 83a
性别分布分析 159b
徐楚德 319a
徐国盛 20b
徐　起 306b
徐瑞青 229b
徐　威 155a、314b
许二春 153a、305a
宣传报道 43b、153b
宣传工作 45、48a
　　改革 48a
　　经验 48b、152a
　　遵循的原则 152a
宣传规划处 122b
宣传教育工作总结表彰大会(图) 299a
宣传人民代表大会制度好新闻奖获奖
　名录 273a
宣传任务 35b
宣传思想工作 26
宣传艺术 47a
宣传中国共产党领导的多党合作和政
　协好新闻奖获奖名录 273a
《旋转舞台》 69b
《学唱京剧》 72a
《学科大观》 250a

Y

亚广联儿童电视节目交换会议
　144b
《亚洲金融风暴》 244a
研究处 123a
研究栏目标识应征图案研究(图)
　141b
研讨会 142
阎连俊 305a
阎天颖 210b
《演艺网站》 73b
演职培训处 134b
央视调查咨询中心 139b
杨　君 226a
杨伟光 22b
杨宪文 307b
杨　阳 316b
姚大禹 318a
《业务交流》 246b
一、二、八套节目黄金时段电视剧播出
　一览(表) 338a
一级导演 300b
一级美术师 300b
一级摄影师 300b
一级文学编辑 300b
一级音乐编辑 300b
一天收视走势分析 159b
一周收视走势分析 159a
《一周中国要闻》(英语) 78b
以经济节目为主的综合频道见第二套
节目
以美国为首的北约集团袭击中国驻南
　使馆事件宣传报道 109
　　揭露霸权主义实质 110a
　　节目调整 109a
　　抗议活动报道 110a
　　严正立场反映 110a
　　英雄事迹宣传 110a
　　中央指示精神贯彻 109a
以新闻节目为主的综合频道见第一套
节目
《艺文手册》 74a
译制片播出一览(表) 340
译制片奖领奖代表(图) 279a
《意甲》 63a
《音画时尚》 74a
《音乐电视》(英语) 79b
《音乐电视城》 70a
音乐电视创作 147b
音乐电视研讨会 147a
《音乐空间》 72a
《音乐桥》 71a
音频部 131b
音响效果主任技师 301b
音像出版物目录 251
音像出版物选介 248
《银幕采风》 84b
尹　鸿 148a
尹希元 312b
印发《中央电视台公文处理办法》的通
　知 261a
印发《中央电视台关于党风廉政建设责
任
　制的规定》的通知 258a
英国 WWT 电视台 192b
英语传送频道见第九套节目
《英语新闻》 78b
迎接 2000 年全球电视大联播活动 45b
迎接新千年宣传报道 43b、199a
《荧屏诗坛》 75a
影视部 127b
《影视金曲》 72b
《影视俱乐部》 72b
影视剧可视性 221b
影视声音技术研讨会 149a
《影视同期声》 72b、165b
《雍正王朝》 97b、161a、168b
优势时段和劣势时段 160b、162a、
　162b
优秀党务工作者 299b
优秀党员领导干部 299b
优秀共产党员 296a、299b
优秀节目介绍 87
优秀栏目、优秀节目奖名录 289a
优质工程奖名录 292b
优质管理服务集体奖名录 293a
有奖活动 172a
幼儿节目 177a

《诱惑与操纵——透视“法轮功”黑网》 113b
于广华 22a
于立华 318b
于振铎 220b
余培侠 305a
舆论监督 40a、212b、228a
与地方电视台合作 144a
《原声影视》 76a
袁德旺 313a
袁正明 307b
《阅兵·游行·焰火晚会》 248b
《粤语新闻》 77b
云南昆明世界园艺博览会系列报道 89a

Z

《再就业之友》 66b
《在路上》 244b
在全国广播影视厅局长会议上的发言（摘要） 37、39
在全国宣传部长会议上的重要讲话 26
在全国宣传部长座谈会上的发言（摘要） 34
在职的副局级以上干部 301b
在职的正高级职称人员 301b
在职人员人数统计（表） 359a
《早间新闻》 57a
曾侯乙墓发现发掘 92a
增强政治意识　大局意识　责任意识　为改革开放和社会主义现代化建设服务 199a
增收渠道扩大 53b
《展望21世纪的科学——六位诺贝尔奖获得者和优秀青年学者共话未来》 92a
《战国》研讨会 154b
张长江 307b
张长明 143b、144a、148a、207a、302a
张大勤 219b
张　丹 309b
张福全 318b
张复华 306a
张海潮 153b
张海鸽 305b
张海涛 41
张华山 303b
张家界世界特技飞行大奖赛 88a
张金鹏 311b
张君实 21b
张　敏 314a
张穆然 89a
张　宁 306b
张绍季 22a
张绍林 316a
张万年 34a
张伟中 150a
张文华 226b
张小军 314a
张晓海 312b
张玉山 307a
张　悦 218b、227a
张　哲 221b
张振东 148b
张子扬 312a
章金莱 317a
赵　安 311b
赵德珍 310b
赵化勇 142a、145a、151b、152a、152b、153b、155b、199a、301b
赵立凡 148b、303a
赵少华 143b
赵宇辉 210b、305a
赵忠祥 312a
照明技术交流会 145a
针对栏目的电子邮件 171a
《正大剧场》 75b
《正大综艺》 75a、162a
《正大综艺·西藏民主改革40周年》特别节目 96a
正高级职称人员 301b
正高级专业职务人员名录 300a
　北京科学教育电影制片厂 300b
　中国电视剧制作中心 300b
　中央电视台 300a
　中央卫星电视传播中心 300b
　中央新闻纪录电影制片厂 300b
《政府工作报告》 28
《芝麻开门》 69a
直播国庆50周年阅兵式 171b
直播庆典　艺术展现 226b
直播卫星技术 50b
直播型数字调音台 187b
职工出国（境）探亲、访友、旅游暂行规定 265a
职工出国（境）探亲、访友、旅游注意事项 266a
职工工作和生活条件改善 52b
职工教育工作会议（图） 133a
职工生活 52b
职业分布分析 160a
制片队伍完善 225a
制作（含合拍）电视剧一览（表） 330a
制作部 131b
制作和播出《科教片之窗》节目一览（表） 352a
制作和播出《名段欣赏》一览（表） 349a
制作和播出纪录片一览（表） 347a
中共全国代表大会代表名录 23a
中国“百佳电视艺术工作者”获奖名录 285a
《中国1949》 248a
《中国报道》 77b
中国播音与主持作品奖获奖名录 287b
　电视播音作品二等奖 287b
　电视播音作品一等奖 287b
　电视主持作品一等奖 287b
《中国财经报道》 82a
中国彩虹奖获奖名录 271b
　单项奖 273a
　栏目类 272b
　文艺节目类 272b
　新闻节目类 271b
　专题节目类 272a
中国残疾人事业好新闻奖获奖名录 274a
中国电视“金鹰奖”获奖名录 282b
《中国电视报》 135b、171b、245a
　读者来信 171b
中国电视报社 135b
中国电视纪录片学术奖获奖名录 289a
　长片三等奖 289a
中国电视节目代理公司 139a、191b
中国电视剧制作中心 120a、136a
　重播电视剧一览（表） 354
　首播电视剧一览（表） 353
　在职人员各类专业技术职务统计（表） 360b
中国电视媒体产业新框架 228b
《中国电视周》 249b
中国电视周策划研讨会 151a
中国电视周专题节目 44a
中国电影“华表奖”获奖名录 286b
中国电影“金鸡奖”获奖名录 286a
《中国电影报道》 86a

中国电影电视技术学会照明技术交流会 145a
中国电影青年优秀纪录片奖获奖名录 286b
　优秀奖 286b
《中国风》 78a
《中国服装艺术》 71b
《中国各地》(英语) 79b
中国广播电视国际经济技术合作总公司 138b
中国广播电视受众研究会电视部 157b
中国广播电视新闻奖1998年度电视社教节目奖中央电视台获奖名录 271a
中国广播电视新闻奖1998年度电视新闻奖中央电视台获奖名录 270a
中国广播电视学会99老年专题节目奖中央电视台获奖名录 285a
中国广播电视学会播音与主持作品奖获奖名录 287a
中国广播电视学会电视科技教育节目评奖暨研讨会 149b
中国广播电视学会电视学研究委员会第三届代表大会 142a
中国广播电视学会对外宣传研究委员会成立大会 144a
中国广播电视学会法制节目奖获奖名录 285b
中国广播电视学会经济节目奖获奖名录 288b
中国广播电视学会科技教育节目奖获奖名录 288a
中国广播电视学会受众研究会电视部研讨会 149a
中国国际电视总公司 52a、120a、138a
　电视画廊分公司 140a
　节目制作部 192a
　上海分公司 140a
　体育推广分公司 140b
　西北分公司 140a
《中国国际电视总公司工作简报》 247a
中国国际新闻奖获奖名录 295b
《中国京剧艺术节开幕式暨99新年京剧晚会》 96a
《中国京剧音配像》 75a
中国科技新闻奖获奖名录 275a
《中国旅游》 78a
《中国命运的决战》 97b
中国女足 93b
《中国排球联赛》 65a
《中国人口》 85a
中国人口文化奖获奖名录 284a
　长篇电视剧 284b
　电视专题片 284b
　短篇电视剧 284a
　优秀奖 284b
　中篇电视剧 284a
中国人口新闻奖获奖名录 274a
《中国体育》 61b
《中国投资指南》(英语) 79a
《中国文艺》 81b
《中国武警》 61a
《中国先秦服饰艺术》 244b
《中国新闻》 77b、116b
中国新闻奖获奖名录 270a
　系列特别奖 270a
中国新闻论文奖获奖名录 294b
中国新闻名专栏奖获奖名录 287a
　优秀栏目奖二等奖 287a
　优秀栏目奖一等奖 287a
《中国音乐电视》 70b
中华环保世纪行先进集体、先进个人优秀奖获奖名录 276a
中华环保世纪行组织奖获奖名录 276a
《中华民族》 68a
《中华文明之光》 81b
《中华医药》 78a
《中华艺苑》(英语) 79a
中视电视购物有限公司 141a
中视电视技术开发公司 139a
中视实业发展有限责任公司 138b
中视卫星传送分公司 140b
中视形象设计制作分公司 140a
中视演艺中心 140a
中心(室)主任 119b
中央电视台(1-8套)节目播出时间(表) 382
　第八套 397
　第二套 385
　第六套 393
　第七套 395
　第三套 387
　第四套 389
　第五套 391
　第一套 382
　电视剧频道 397
　电影频道 393
　国际频道 389
　经济为主的综合频道 385
　农业·军事·少儿·科技频道 395
　体育频道 391
　戏曲·音乐频道 387
　新闻为主的综合频道 382
中央电视台1955-1992年大事记 5
中央电视台1998年工作总结表彰大会 152a
中央电视台1999年工作会议 151b
中央电视台1999年年中工作会议 153b
《中央电视台98抗洪报道回眸》 241b
中央电视台9套节目全部直播国庆50周年盛况(图) 103a
中央电视台安全播出奖名录 292b
中央电视台澳门回归电视宣传总结 105a
中央电视台澳门回归宣传报道 105
中央电视台办公室 121a
　保卫处 121b
　法规处 121b
　房管处 122a
　秘书处 121b
　外事处 121b
　行政处 122a
中央电视台报刊选介 245
中央电视台编辑出版的其他新书目录 244
中央电视台编辑出版新书选介 239
中央电视台编委会 120a
中央电视台播出电视剧一览(表) 332b
中央电视台部分图书音像出版物目录 252
中央电视台常驻国(境)外机构人员管理暂行办法 266c
中央电视台重播中国电视剧制作中心电视剧一览(表) 354
中央电视台大事记 363
中央电视台大型文艺晚会播出(直播、录播)一览(表) 357
中央电视台党政工作 50
中央电视台第八套节目满意度评价指数(表) 165b
中央电视台第八套节目全国收视率排名(表) 330
中央电视台第四届职工教育工作会议(图) 133a
中央电视台第五套节目全国收视率排名(表) 330
中央电视台第一、二、三、四、七套广告价目(表) 399

中央电视台第一、二套节目全国平均收视率排名(表) 324
中央电视台电视节目技术优质奖名录 292a
电视剧类 292a
新闻类 292a
专题类 292a
综合文体类 292a
中央电视台电视剧频道广告价目(表) 403
中央电视台电影频道广告价目(表) 402
中央电视台队伍构成概况统计(表) 359
中央电视台对揭批李登辉“两国论”的宣传报道 115
中央电视台对揭批李洪志及邪教“法轮功”的宣传报道 112
中央电视台对喜迎新千年的宣传报道 117
中央电视台对以美国为首的北约集团袭击中国驻南使馆事件宣传报道 109
中央电视台反腐败工作会议 152b
中央电视台分党组 119b
中央电视台各频道满意度变化趋势分析 174b
中央电视台各系统在职人员人数统计(表) 359a
中央电视台工作会议和研讨会 151
中央电视台公文处理办法 261b
中央电视台关于党风廉政建设责任制的规定 258a
中央电视台观众电子信箱 166b
中央电视台观众电子信箱观众邮件 170b
中央电视台观众调查研究工作 156a
中央电视台观众来信综述 166a
中央电视台观众满意度调查年度报告，1999年度 172b
中央电视台观众评议网 157a
中央电视台广告节目意见 169b
中央电视台广告招标现场(图) 128a
中央电视台国庆50周年宣传报道 100
中央电视台和地方台的合作 178b
中央电视台互联网站 33b、98a、101b
中央电视台获得荣誉称号和立功名录 296a
中央电视台机构设置 18a、119
办公室 119a
北京科学教育电影制片厂 120
播出传送中心 119b
财经办公室 119b
广告经济信息中心 119a
海外节目中心 119a
机关党委 119b
技术管理办公室 119a
技术制作中心 119a
青少节目中心 119a
人事办公室 119b
社教节目中心 119a
体育节目中心 119a
文艺节目中心 119a
新闻节目中心 119a
中国电视剧制作中心 120a
中国国际电视总公司 120a
中央电视台分党组 119b
中央卫星电视传播中心 120a
中央新闻纪录电影制片厂 120a
总编室 119a
中央电视台机构沿革 17
中央电视台记者在阅兵村拍摄专题片《大阅兵》(图) 105b
中央电视台技术工作 49
中央电视台技术维护奖名录 292b
中央电视台技术委员会 120a
中央电视台技术系统 49a
中央电视台加强基本建设项目管理的几点意见 202b
《中央电视台简报》 245b
中央电视台建台30周年题词(图) 2
中央电视台建台35周年题词(图) 3
中央电视台节目海外影响 169b
中央电视台节目社会影响深度和广度 166b
中央电视台节目收视情况年度报告 157b
中央电视台经费收支概况一览(表) 359
中央电视台经营工作 52
中央电视台栏目介绍 57
中央电视台老同志名录 24
中央电视台历届台长和副台长简介 19
中央电视台历史上的第一 16
中央电视台领导班子调整 19a
中央电视台南海影视城 141a
《中央电视台年鉴(1999)》 243b
中央电视台年鉴特约编辑名录 404
中央电视台年鉴资料员名录 404
中央电视台频道介绍 55
中央电视台频道满意度分析 173a
中央电视台频道资源 166a
中央电视台品牌优势 165b
《中央电视台屏幕语言文字差错奖罚条例》实行 157b
中央电视台其他音像出版物目录 251a
《中央电视台庆祝国庆50周年大型文艺演出》 95b
中央电视台全国“三八”红旗手名录 23b
中央电视台全国青联常委、委员名录 23a
中央电视台全国人大代表名录 3a
中央电视台全国十大杰出青年名录 23b
中央电视台全国先进工作者名录 23b
中央电视台全国先进女职工名录 23b
中央电视台全国政协常委、委员名录 23a
中央电视台十宗大事 43
中央电视台事业发展概况统计(表) 321
中央电视台首播中国电视剧制作中心电视剧一览(表) 353
中央电视台台领导 119b
中央电视台体育频道广告价目(表) 401
中央电视台网站 44a、50a、98
网站队伍建设 99b
网站内容 98b
网站特点 99b
网站影响 99a
网站宗旨 98a
中央电视台五城市观众座谈会总结 175a
中央电视台先进党支部、优秀党员、优秀党员领导干部、优秀党务工作者名录 299a
先进党小组 299a
先进党支部 299a
优秀党务工作者 299b
优秀党员 299b
优秀党员领导干部 299b
中央电视台先进集体、先进个人名录 296b
先进个人 297b

先进集体 296b
中央电视台心连心艺术团 33a、94b、95a、356
中央电视台心连心艺术团慰问演出活动一览(表) 356
中央电视台新闻节目大型直播活动统计(表) 355a
中央电视台行政管理委员会 120b
中央电视台宣传工作 45
中央电视台业务建设概况统计(表) 322
中央电视台一、二、八套节目黄金时段电视剧播出一览(表) 338a
中央电视台译制片播出一览(表) 340
中央电视台音像出版物选介 248
中央电视台优秀节目介绍 87
中央电视台优秀栏目、优秀节目奖名录 289a
二等奖 289b、291a
特别报道奖 290a
一等奖 289a、290a
优秀节目 290a
优秀栏目 289a
中央电视台优质工程奖名录 292b
中央电视台优质管理服务集体奖名录 293a
中央电视台在国际评奖中获奖名录 295a
中央电视台在职人员各类专业技术职务统计(表) 359b
中央电视台职工出国(境)探亲、访友、旅游暂行规定 265a
中央电视台职工出国(境)探亲、访友、旅游注意事项 266a
中央电视台制作(含合拍)电视剧一览(表) 330a
中央电视台中共全国代表大会代表名录 23a
中央电视台驻港澳记者名录 381a
中央电视台驻外记者名录 381a
中央电视台总编室 122a
中央电视台总体形象 178a
中央领导对中央电视台工作的重要指示 31
中央领导讲话 26
中央领导亲切关怀 43a
中央卫星电视传播中心 120a、138a、145b
代理工作会议 143a
中央新闻纪录电影制片厂 120a、136b
摄影师在1999年国庆大典现场(图) 137a
在职人员各类专业技术职务统计(表) 361b
制作和播出《名段欣赏》一览(表) 349a
制作和播出纪录片一览(表) 347a
《中英语双语元旦晚会》 96b
种荣茂 312a
《种子正传》 251a
重大报道活动 144a
重大活动和重大事件电视收视率 158a
重大题材电视剧 168b
重大宣传报道 45a
技术保证 49a
重点栏目评议 157a
重点宣传工作 199a
重要场次直播和录播 101b
重要节日文艺晚会 168b
重要指示 31
周 寰 316a
周 经 306a
周 锴 315b
周末节目 162b
周末节目吸引力 176a
《周末体育回音壁》 62b
《周末新航线》 72a
《周日话题》(英语) 80a
《周日话题·澳门特首何厚铧专访》 90a
朱宽涛 314b
朱杏娣 21a
朱一民 316b
朱镕基 28、32a、43a
主持风格 179a
主持人 179a
主持人要讲自己的真实感受 227a
主任编辑 300b、301b
主任播音员 301a
主任灯光技师 301a
主任记者 301a、301b
主任技师 301b
驻港澳记者名录 381a
驻南联盟记者顾玉龙作现场报道(图) 111a
驻南使馆遭以美国为首的北约袭击报道 166b
驻外记者名录 381a
《祝你成才》 61a
铸造现代电视新闻理念 204a
专辑 100
专栏节目 161b
专论 199
专题部 126b
专题片《大阅兵》拍摄(图) 105b
专题片《发现曾侯乙墓》 92a
专题片《我是巴西的儿子,我以世界的名义——访阿维兰热》 93b
专题片《新中国体育50年》 93a
专题文艺晚会 168b
专业技术职务统计(表) 359b、360b、361b、362a
专业运作 49a
转播部 132b
准确把握宣传口径 46a
资本运营 53a
《紫禁城》 249b
《综艺大观》 69b
改版 169b
综艺节目 161a、162a
总编室 119a、122a
观众联系处 123a
管理职能 146a
节目播出管理处 122b
节目资料管理处 122b
审片组 123a
宣传规划处 122b
研究处 123a
主任工作会议 146a
总控部 133a
总事故率比较,1990～1999年(图) 323a
邹友开 311b
《走近科学》 65b、243a
《走进电视》 73b
《走军营》 61a
《走入一九九九》 88a
《足球之夜》 62a、163b
《祖国各地》 67a
《祖国颂》大型文艺晚会 33a、95b、101b
做好广播影视工作 加强管理
为扶贫攻坚促进"村村通"做贡献 34

(萧东发 王彦祥)